독·한 사회과학 학술용어사전

"이 책은 2005년 한국학술진흥재단 사전편찬지원사업(A00033)에 의해 출간되었음."
본 책은 한글학회의 감수를 거쳐 출간되었습니다.

독·한 사회과학 학술용어사전

- 발 행 일 | 2008년 8월 30일 초판
- 저　　자 | 정 창 화
- 감　　수 | 장윤선·허영식
- 편　　집 | 편 집 부
- 표　　지 | 임 선 실
- 발 행 처 | 엠-애드
- 발 행 인 | 이 승 한
- 등록번호 | 제 2-2554

- 주　　소 | 서울 중구 필동3가 10-1
- 전　　화 | 02)2278-8063~4
- 팩　　스 | 02)2275-8064
- E-mail　| madd1@hanmail.net
- 정　　가 | 30,000원

ISBN 978-89-88277-72-0 91300

독한 사회과학 학술용어사전

서 문

   3년여 전쟁이 이젠 끝났다. 힘든 전쟁이었지만, 지루하지는 않았다. 지치고 피곤하였지만, 무언가 사명감이 있어 마음만은 역동적이다. 독한 사회과학 학술용어사전편찬 작업에 대한 심리전의 발발원인은 12년 전 독일유학당시(96년-02년) 풀리지 않은 단어의 해석과 의미에서 비롯되었다.
   한국에서 'Allzuständigkeit'를 '전권한성'이라 번역하고 있는데, 독일어 'Allzuständigkeit'는 'für alle zuständig' 즉, '모든 분야에 관할권'이 있다는 뜻으로 번역하는 것이 타당할 것으로 생각되었다. 원래 zuständig라는 단어는 權限의 의미보다는 어떤 일을 맡고, '管轄'한다는 의미가 더 강하기 때문이다. '권한'이란 단어는 오히려 독일어의 Kompetenz를 사용하는 것이 더 타당한 것이 아닌가 하는 생각이 들었다. 또한 Subsidiarität의 번역시 정치학 등에서는 '보조성', 경제학 및 법학 등에서는 '보완성' 그리고 행정학 등에서는 '보완성' 및 '보충성'으로 번역되고 있다. 이러한 용어들이 통일적으로 사용되어야 한다는 생각에서 사전편찬을 적어도 사회과학분야에서만이라도 시작을 해야 되겠다는 신념에서 출발을 하였다.
   다행히 학술진흥재단으로 부터 1년간의 연구지원을 받아 연구진을 구성하였고, 이후 연구비도 받지 않고 사전편찬 작업을 도와준 분들로 재구성된 연구진들에 의해 대작업의 마무리를 할 수 있었다.
   이 사전은 행정학, 정치학, 사회학, 경영학 등 사회과학 분야의 전문학술 용어뿐만 아니라, 이 분야에서 아시아권의 선행연구라고 할 수 있는 일본의 『獨和法律用語辭典(성문당, 1994)』과 독일에서 출간된 라틴어법률용어사전 『Latein im

Recht(Die Wirtschaft,1996)』등에 수록된 단어들을 포함시켰다. 또한 최근에 등장하는 새로운 학술용어 등을 포함시켜서, 새 용어에 대한 독일어 번역이 주는 혼란을 피하고 학술용어의 통일을 시도하였다.

그러나 사전편찬 작업은 단기간에 끝날 수도 없으며, 끝나서도 안된다. 따라서 미비하고 미흡한 점이 적지 않으리라 생각되며, 독자들의 질타와 편달 그리고 향후 개정 및 수정을 위한 충고를 바란다. 향후 이 사전의 완성도는 독자들의 손에 달에 있다고 해도 과언이 아닐 것이며, 개정판을 약속한다.

이 사전작업 마무리되기까지 많은 분들의 도움을 잊을 수 없다. 특히, 무보수로 열정을 담아 준 장윤선 독일어통번역사, 허영식 교수님 그리고 현재 독일 Speyer 국립행정대에 재학중인 한지호孃에게 감사를 드린다. 또한 이 사전이 출판될 수 있도록 해 주신 엠-애드의 이종학 사장님과 편집을 맡아준 이승한 과장님께도 감사드린다. 끝으로 늘상 집안 일에 시간을 할애하지 못하는 상황에서 한결같은 사랑과 인내를 해 준 아내 윤선과 눈에 넣어도 아프지 않을 아들 윤재에게 사랑함과 미안함을 동시에 전한다.

2008년 8월

독일 Münster에서
편저자 정창화 씀

符號, 記號一覽表 (Zeichenübersicht)

☐ 기호설명 (독일어)

m. Nomen, männlich (*maskulinum*) 남성명사
f. Nomen, weiblich (*femininum*) 여성명사
n. Nomen, sächlich (*neutrum*) 중성명사
pl. Nomen, Mehrzahl (*pluralis*) 복수형
v. Verb (*verbum*) 동사
a. Adjektiv oder Adverb (*adjectivum, adverbum*) 형용사 혹은 부사
l. aus dem Lateinischen (*latinum*) 라틴어에서
→ siehe dort (z.B. ; Suizid *m.* → Selbstmord) →을 참조하시오
= ist gleich, gleich ~과 같다.
①②③ Unterschiedliche Übersetzungsalternativen ①②③ 등으로 번역이 가능함
ⓓ Nur oder vorzugweise in der Bundesrepublik Deutschland gebrächlich oder auf Deutschland bezogen 독일어에서
ⓔ Sprachgebrauch in den englischsprachigen Ländern 영어에서
ⓕ Sprachgebrauch in den französischsprachigen Ländern 프랑스어에서
ⓘ Sprachgebrauch in Italien 이탈리아어에서
{**obs-** 固} obsolet 고어나 고어의 의미
d.h. das heißt 즉 혹은 다시 말해서
etc. et cetera → *usw.* 등등
etw. etwas 무엇을
i.d.R. in der Regel 일반적으로, 원칙적으로, 대개
i.e.S. im eigentlichen Sinn/im engeren Sinn 본래의 의미로/좁은 의미로
i.S.v. im Sinne von ~의 의미에서
i.S.d. im Sinne des ~의 의미에서
i.w.S. im weiteren Sinne 넓은 의미에서
jm. jemandem 누군가에게 (인칭의 3격)
jn. jemanden 누군가를 (인칭의 4격)
js. jemandes 누구의 (인칭의 2격)
Präp. Präposition 전치사
usw. und so weiter 등등
z. B. zum Beispiel 예를 들어
z. T. zum Teil 부분적으로
BGB 民 Bürgerliches Gesetzbuch
FamR 族 Familienrecht
FinanzR 融 Finanzrecht
KonkR 破 Konkursrecht
MedR 醫 Medizinrecht
PatR 特 Patentrecht
PlanungsR 行 Planungsrecht
ProzR 訴 Prozeßrecht
SachR 物 Sachrecht
SteuerR 稅 Steuerrecht
StGB 刑 Strafgesetzbuch
StPO 刑訴 Strafprozessordnung
StrR 刑 Strafrecht
VerfR 憲 Verfassungsrecht
VerR 保 Versicherungsrecht
VerwR 行 Verwaltungsrecht
VöR 際 Völkerrecht= internationales Recht
WirtschR 經 Wirtschaftsrecht
ZPO 民訴 Zivilprozessordnung

□ 기호설명
(Zeichenerklärung)

-민- = 민법
-족- = 가족법
-보- = 보험법
-형- = 형법
-파- = 파산법
-행- = 행정법
-헌- = 헌법
-제- = 국제법
-소- = 소송법
-경- = 경제
-융- = 금융관계
-의- = 의학

일반약어
(Allgemeine Abkürzungen)

독일법, 법학지 및 국제조직 등에 관한 일반약어

A

a.A. anderer Ansicht 다른 견해에서
a.a.O. am angegebenen Ort 앞에 인용된 곳
Abb. Abbildung 도표, 도형, 그림
Abk. ① Abkommen 조약, 협정 ② Abkürzung 약어
ABl Amtsblatt 관보
Abs. Absatz 항
Ädg. Änderung 갱신, 개정
AE Alternativentwurf {*StrR*-형} 대안초안
Ag. Antragsgegner 피고소인
AG ① Amtsgericht 지방법원(지원) ② Aktiengesellschaft 주식회사
AGB Allgemeine Geschäftsbedingungen 일반적인 사업약관
AID Artificial insemination with donor's semen (e) 비배우자간 인공수정
AIDS Aquired Immune Deficiency Syndrome (e) 후천성면역결핍증후군
AIH Artificial insemination by husband (e) 배우자간인공수정
AKB Allgemeine Bedingungen für die Kraftfahrtversicherung 교통보험일반약관
allg. M. allgemeine Meinung 일반적인 견해
ALR Allgemeines Landrecht der preußischen Staaten 프로이센의 주법
Angekl. Angeklagter {*StPO*-형소}피고인
Anh. Anhang 추가, 첨부
Anm. Anmerkung 주(註)
Anspr. Anspruch 청구
Anw. Anwalt 변호사
AO Abgabenordnung 조세조례
ArbG Arbeitsgericht 노동재판소
ArbR Arbeitsrecht 노동법
Art. Artikel 조(條)
Artt. Artikel (*pl.*) 여러 조(條)들 (복수형태)
ArztR Arztrecht 의사법
AS Amtliche Sammlung 판례집
Ass. ① Assessor 재판소시보 ② Assistent 조교
Ast. Antragsteller 신청자, 친고자, 고소인
AT Allgemeiner Teil 총칙, 총론
Aufl. Auflage 판(版)
AusfG Ausführungsgesetz 집행법
AusfVO Ausführungsverordnung 집행령
Az. Aktenzeichen 서류번호

B

BAG(BArbG) Bundesarbeitsgericht 연방노동재판소

BAT Bundesangestelltentarif 연방사무직원급여표

BayObLG Bayrisches Oberstes Landesgericht 바이에른주최고재판소

BayVBl Bayerische Verwaltungsblätter 바이에른주 행정간행물

Bd. Band (몇번째)권

BDA Bundesvereinigung der deutschen Arbeitgeberverbände 독일사업자 단체연합 (한국의 전경련에 해당함)

BDI Bundesverband der deutschen Industrie 독일공업연맹

BDisziplG Bundesdisziplinargericht 연방징계재판소

begl. beglaubigt 인증되다, 증명되다

Bekl. Beklagter {*ZPO*-민소} 피고

Bem. Bemerkung 주(注)

betr. betrifft< betreffs > ~에 관해서

Ber. Berufung 상고 (上告)

BerG Berufungsgericht 상고재판소

Berl.Komm. 베를린건축법해설

Beschl. Beschluß 결정 (決定)

Beschw. Beschwerde 항고 (抗告)

Bf. Beschwerdeführer 항고인

Bfg → Ber 상고(上告)

BFH«BFinHof» Bundesfinanzhof 연방재무<재정>재판소

BFHE 연방재무재판소 관보

BGBl. Bundesgesetzblatt 연방법령집

BGH Bundesgerichtshof 연방(최고)재판소, 연방최고법원

BGHSt[E] Entscheidungen des Bundesgerichtshofs in Strafsachen 연방(최고)재판소 형사판례집

BGHZ[E] Entscheidungen des Bundesgerichtshofs in Zivilsachen 연방(최고)법원 민사판례집

BND Bundesnachrichtendienst 연방정보기관

BP Bundespost 연방우편

BPatG Bundespatentgericht 연방특허재판소

BPatGE Entscheidungssammlung des Bundespatentgerichts 연방특허재판소 판례집

BRAK Bundesrechtsanwaltskammer 연방변호사연합회

BRD Bundesrepublik Deutschland 독일연방공화국

BSG«BSozG» Bundessozialgericht 연방사회재판소

BSP Bruttosozialprodukt 국민<국내>총생산

Bsp. Beispiel 보기, 예, 실례, 선례

BT Bundestag 연방하원

BT- Drs. Bundestags-Drucksache 연방의회보고서

BVerfG Bundesverfassungsgericht 연방헌법재판소

BVerfGE Amtliche Sammlung der Entscheidungen des Bundesverfassungsgerichts 연방 헌법재판소 판례집

BVG → *BverwG*

BVerwG Bundesverwaltungsgericht 연방행정재판소

BVerwGE Amtliche Sammlung der Entscheidungen des Bundesverwaltungsgerichts 연방행정재판소 판례집

BZR Bundeszentralregister 연방중앙등록부

bzw. beziehungsweise 또는, 내지, 및

C

ca. circa (zirka) 약, 대략

cand. candidatus ≪Kandidat≫ (어떤 지위의) 후보자, 지원자, 응모자

cand. iur. candidatus *l.* iuris *l.* 사법시험의 응시자, 수험자 ≪cand. jur.≫

CC 'Corps Consulaire' (f)영사단(領事團)

CCC Constitutio Criminalis Carolina *l.* 1532년 칼 5세 (Kaiser Karl)의 법원 조직법

CD 'Corps Diplomatique' (f)외교사절단 (d= *Diplomatisches Korps* (*n.*))

CDU Christlich-demokratische Union 기독교민주연합(기민련)

c. i. c. culpa in contrahendo *l.* 계약교섭상의 과실

cif ≪c.i.f.≫ 'cost, insurance, freight' (e) 운임보험료포함가격

CMR-Übereinkommen (Convention Relative au Contract de Transport International de Merchandise Par Route)-Übereinkommen = Beförderungsvertrag im internationalen Straßengüterverkehr - Übereinkommen 국제화물운송협약승인

c/o bei ~ {(e) '*care of*'} … 방(方), ~씨 댁, 전교(轉交)

Co. ≪CO.≫ Compangie ≪Kompagnie (*obsolet* [*州*])≫ 회사, 상사

Coop. Kooperative {(e) '*cooperative*'} [소비자생활]공동조합

CSU Christlich-soziale Union 기독교사회연합(기사련)

c. t. cum tempore *l.* (대학 강의 시간이) 15분 늦게 시작됨

D

DAAD Deutscher Akademischer Austauschdienst 독일학술교류재단
DAG Deutsche Angestelltengewerkschaft 사무직근로자노동조합
DAV Deutscher Anwaltverein 독일변호사협회
DB Deutsche Bundesbahn 독일국유철도
DBB ①Deutsche Bundesbank 독일연방중앙은행 ② Deutscher Beamtenbund 독일공무원총연맹
DBGM Deutsches Bundesgebrauchsmuster 독일연방실용신안의장
DBP Deutsche Bundespost 독일연방우편
DDR Deutsche Demokratische Republik 독일민주공화국 (구동독을 의미함)
desgl. desgleichen 마찬가지로, 그와 같이
DGB Deutscher Gewerkschaftsbund 독일노동조합연합
DIHT Deutscher Industrie- und Handelstag 독일상공회의소연합회
DIN Deutsche Industrienorm 독일공업품표준규격
Diss. Dissertation 박사학위논문
DKP Deutsche Kommunistische Partei 독일공산당
DM Deutsche Mark 독일마르크 (구화폐)
DÖV Die Öffentliche Verwaltung 공공행정학술지
Doz. Dozent 대학 강사
DPA Deutsches Patentamt 독일특허청
Dr. [jur. ≪iur.≫] Doktor [juris ≪iuris≫] 법학박사
dto. dito ≪ditto≫ 위와 같이, 위처럼
DVBl Deutsches Verwaltungsblatt 독일행정간행물
DVO Durchführungsverordnung 집행령

E

EBV Eigentümer-Besitzer-Verhältnis 소유자-점유자-관계

e. G. eingetragene Genossenschaft 등록된 조합

EG ① Einführungsgesetz 시행법 ② Europäische Wirtschaftsgemeinschaft[en] 유럽경제공동체

Einf. Einführung 입문

Einl. Einleitung 서론, 서문

entf. entfallen, entfällt 탈락하다, 누락되다

Entsch. Entscheidung 판결

entspr. entspricht ~에 필적하는, 상응하는

EP Europäisches Parlament 유럽의회

EPA Europäisches Patentamt 유럽특허청

Erl. Erläuterung[en] 해명, 설명

EuGH Europäischer Gerichtshof 유럽사법재판소

e.V. eingetragener Verein 등록(된) 협회

EV Einstweilige Verfügung 가처분

e.WZ. eingetragenes Warenzeichen 등록(된) 상표

F

f. folgende(r) 이어진 페이지
ff. folgende Seiten 다음 페이지들(2쪽 이상)
FBA Folgenbeseitigungsanspruch 결과제거청구권
F&E Forschung und Entwicklung 연구와 개발
Fa. Firma 회사
FDGB Freier Deutscher Gewerkschaftsbund [구동독의] 자유독일노동조합연맹
FDJ Freie Deutsche Jugend [구동독의] 자유독일청년단
FDP Freie Demokratische Partei 자유민주당 (자민당)
ff. fortfolgende 이하 계속
FG Finanzgericht 재정 법원
FGG Freiwillige Gerichtsbarkeit 비송사건
Fig. Figur {Abbildung} 도형(圖形), 도해(圖解)
Fn. Fußnote 각주
Fschr. ≪FS≫ Festschrift 기념간행물(논문집)

G

GBl Gesetzblatt 법률공보
gegr. gegründet 설립<창립>된
gem. gemäß ~에 따라서, ~에 의하여
GemSenOGB Gemeinsamer Senat der Obersten Gerichtshöfe des Bundes 연방최고법원공동평의회
Ges. ① Gesetz 법, 법률 ② Gesellschaft 사회
ges. gesch. gesetzlich geschützt 법으로 보호된
GesR Gesellschaftsrecht 결사단체법
gestr. gestrichen 말소하다
GewArch Gewerbearchiv 제조업기록보관소
GEW Gewerkschaft Erziehung und Wissenschaft 교육과학조합
GF Geschäftsführer 사무관리자
gg. gegen ~에 대해서
ggfs. gegebenenfalls 경우에 따라서
Ggs. Gegensatz 대립하게, 대등하게
Gläub. Gläubiger 채권자
GmbH Gesellschaft mit beschränkter Haftung 유한회사
GMBl Gemeinsames Ministerialblatt 공동 정부기관 관보
grds. grundsätzlich 원칙적으로
G.o.A. ≪GoA≫ Geschäftsführung ohne Auftrag 사무관리
GV ① Gerichtsvollzieher 집행관 ② Generalversammlung 총회
GVBl Gesetz- und Verordnungsblatt 법령집
GerVollz. ≪GV≫ Gerichtsvollzieher 집행관, 집달리

H

HandelsR Handelsrecht 상법
hmb hamburgisches 함부르크의
h.M. herrschende Meinung 주도적 여론
HR Handelsregister 상업등록부
HRA ≪HR-A≫ Handelsregister A {인적회사용의}상업등록부
HRB ≪HR-B≫ Handelsregister B {자본회사용의}상업등록부
Hrsg. Herausgeber 발행인
hrsg. herausgegeben 발행하다
HS Halbsatz {법률 텍스트에서} 전반부 혹은 후반부
HV Hauptversammlung 주주총회

I

i.A. im Auftrag 대리로, 위탁을 받고
i.d.F. in der Fassung ~형식으로
i.e. id est 즉
IG Industriegewerkschaft 산업노동조합
IGM Industriegewerkschaft Metall 금속산업노조
IGH Internationaler Gerichtshof 국제사법재판소
incl. ≪inkl.≫ inclusive ≪inklusiv≫ ~을 포함하여
InfAuslR **Informationsbrief** Ausländerrecht 외국인법 소식지
insb[es]. insbesondere 특히
insges. insgesamt 총계로, 전체적으로
Inst. ① Instanz 심급
② Institut 연구소
IPR Internationales Privatrecht 국제사법 (私法)
i.V. in Vertretung ~의 대리로
IVF In-vitro-Fertilisation 시험관내 수정

J

JA Juristische Arbeitsblätter 법학활동지
JB　　Jahrbuch 연감
JG　　Jahrgang 연차
JMBJ　Justizministerialblatt 법무부보고서
JR Juristische Rundschau 법학평론
jur. juristisch 법률상의, 법학의
Jura Juristische Ausbildung 법률 실무교육
JuS Juristische Schulung 법학교육
JZ Juristenzeitung 법조인신문

K

Kap. ① Kapital 자본(금) ② Kapitel 장(章)
KfW Kreditanstalt für Wiederaufbau 서독재건금융기관
Kfz. Kraftfahrzeug 자동차
KG ① Kammergericht 고등재판소 ② Kommanditgesellschaft 합자회사
KGaA Kommanditgesellschaft auf Aktien 주식합자회사
Kl. Kläger [민사] 원고(原告)
krit. kritisch 비판적인
KV Konkursvollstrecker 파산 집행인

L

LAB Lastenausgleichsbank 부채조정은행

LArbG Landesarbeitsgericht 지방노동재판소

lat. lateinisch 라틴어로 하면
L/C Letter of Credit ⓔ 신용장
led. ledig 미혼
LG Landgericht 지방법원
Liz. Lizenz {ⓔ *'license'*} 인가, 허가
LKW Lastkraftwagen, 대형화물차량
lt. laut ~ 에 의하면, ~에 따라서
LS Leitsatz 기본원칙
LVerfG Landesverfassungsgericht 주(州)헌법재판소

M

m.Ä. mit späteren Änderungen 추후변경

M&A Merger(s) & Acquisition(s) 기업의 합병이나 취득 등 기업의 경영권을 인수하는 행위들을 통칭(인수합병)

MAD Militärischer Abschirmdienst 국방첩활동

m.a.W. mit anderen Worten 바꿔 말하면

MB Mahnbescheid 독촉장, 지불독촉장

MdB Mitglied des Bundestags 독일연방의회의원

mdl. V[er]hdl. mündliche Verhandlung 구두변론

MdL Mitglied des Landtags 독일주의회의원

MDR Monatsschrift für Deutsches Recht 월간독일법

m.E. meines Erachtens 나의 생각으로는

MEPolG Musterentwurf eines einheitlichen Polizeigesetzes des Bundes und der Länder v. 25. 11. 1977 연방·주동일경찰법(시안)

MPG Max-Planck-Gesellschaft 막스-플랑크-협회

MPI Max-Planck-Institut 막스-플랑크-연구소

mtl. monatlich 매월

m.w.N. ≪mwN≫ mit weiteren Nachweisen 다른 문헌을 참조해서

MWSt. Mehrwertsteuer 부가가치세

N

Nachw. Nachweis *m.* 증명
(Nachweise bei... ~에서 증명됨)

NJW Neue Juristische Wochenschrift 신법률주보

NPD Nationalsozialistische Partei Deutschlands 독일민주사회주의당

NRW Nordrhein-Westfalen 노르트라인-베스트팔렌(독일의 주)

NStZ Neue Zeitschrift für Strafrecht 신형법지(誌)

NuR Natur und Recht (Zeitschrift) 자연과 법(잡지명)

NVA Nationale Volksarmee, (구동독의) 국민군

NVwZ Neue Zeitschrift für Verwaltungsrecht 행정법 간행물

NVwZ-RR Rechtsprechungs-Report der NVwZ 행정법 간행물의 판례집

NWVBl Nordrhein-Westfälische Verwaltungsblätter 노르트라인-베스트팔렌주 행정관보

NZA Neue Zeitschrift für Arbeitsrecht 신노동법지(학회지)

O

o.g. oben genannt[e/er/es] 위에서 언급된, 上記의

OE Offenbarungseid (obsolet 圓) 공시(公示)선서, 공개파산선언

OGH Oberster Gerichtshof 고등법원

OHG Offene Handelsgesellschaft 합명회사, 개방회사

OLG Oberlandesgericht 고등지방재판소, 주고등법원

OLGZ Sammlung der Entscheidungen der Oberlandesgerichte in Zivilsachen 고등지방재판소 민사판례집

ÖTV Gewerkschaft für öffentlichen Dienst, Transport und Verkehr 공무, 운송, 교통노조

OVG ≪OVerwG≫ Oberverwaltungsgericht 상급행정재판소

OVGE ML Amtliche Sammlung der Entscheidungen der OVGe Münster und Lüneburg 뮌스터·뤼네부르크 상급행정재판소 판례집

OWi Ordnungswidrigkeit 질서위반

P

p.F.V. positive Forderungsverletzung 적극적 청구권침해(실제적인 청구권침해)
PKW Personenkraftwagen 승용차
PLZ Postleitzahl 우편번호
PolR Polizeirecht 경찰법
Präs. Präsident 회장, 의장, 대통령
Priv. Doz. Privatdozent 원외강사, 시간강사 (대학의 비전임 교수에 대한 호칭)
Prot. Protokoll 회의록, 의사록, 조서
ProzBev. Prozessbevollmächtigter 소송대리인
ProzR Prozessrecht 소송법
P.S. post scriptum (*l.*) 추신
p.V.V. ≪pVV≫ positive Vertragsverletzung 적극적 계약침해 (실제적인 계약침해)

R

RA, RÄe Rechtsanwalt, Rechtsanwälte (*pl.*) 변호사

RÄin Rechtsanwältin 여성변호사

RAF Rote Armee Fraktion (구서독의) 적군파

RAK Rechtsanwaltskammer 변호사협회

RarbG Reichsarbeitsgericht (독일제국의) 노동고등재판소

Ref. Referendar 사법연수생

Reg. Regierung 정부

RegE Regierungsentwurf 정부안(政府案)

Rep. ① Republik 공화국 ② Repetitor [법학도의 시험을 위한] 보충교사 ③ "Republikaner" 공화주의자, 공화당원

Rev. Revision 상고

RevBekl Revisionsbeklagter 피상고인

RevKl Revisionskläger 상고원고

RG Reichsgericht (1895-1945) (독일제국의) 대법원

RGBl Reichsgesetzblatt 독일제국법령집

RGE Reichsgerichtsentscheidung 독일제국대법원판결

RGSt[E] Sammlung der Entscheidungen des Reichsgerichts in Strafsachen 독일제국의 형사상 대법원판례집

RGZ[E] Sammlung der Entscheidungen des Reichsgerichts in Zivilsachen 독일제국의 민사상 대법원판례집

Ri. a. AG Richter am Amtsgericht 하급지방법원판사

Ri. a. BverfG Richter am Bundesverfassungsgericht 연방헌법재판소판사

Ri. a. LG Richter am Landgericht 지방법원판사

Ri. a. OLG Richter am Oberlandesgericht 지방고등법원판사

Rn. Randnummer 단락별 번호

RPfl Rechtspfleger 사법보조원, 사법관

Rspr. Rechtsprechung 판례, 판결

RsprÜ Rechtsprechungsübersicht 판례집목록

RVO Rechtsverordnung 법령 (법규명령)

S

S. Satz 문, 호(법률·규정 하위단위)
S. Seite 페이지
Sachverst. Sachverständiger 전문가
S[amm]lg. Sammlung 전집, 총서
SchwG Schwurgericht 배심재판소
SED Sozialistische Einheitspartei Deutschlands [구동독의] 독일사회주의 통일당
SelbstVerw Selbstverwaltung 자치
Sem. ① Seminar 세미나 ② Semester 학기
SG Sozialgericht 사회법재판소
s.o. siehe oben 앞의 내용을 참조하시오
sog. sogenannte(r) 소위, 이른바, 자칭(自稱)의
SozG Sozialgericht 사회법재판소
SPD Sozialdemokratische Partei Deutschlands 독일사회민주주의당(사민당)
s.S. siehe Seite ~ 페이지를 보시오
SS Sommersemester 여름학기(한국의 1학기)
s.t. sine tempoe 정각에, 정확히
st.Rspr. ständige Rechtsprechung 확정판례, 확정판결
StA ① Staatsanwaltschaft 검찰청 ② Staatsanwalt 검사
stellv. stellvertretend 대리의, 대임(代任)의
SteuR Steuerrecht 세법(稅法)
str[itt]. streitig 논란의 여지가 있는
StrK Strafkammer 법원의 형사부처
StrProzR Strafprozessrecht 형사소송법
stud. studiosus *l.* 대학생
s.u. siehe unten 아래를 참조하시오
SÜ Sicherungsübereignung 양도담보
SV Sachverständiger 전문가

SZR Sonderziehungsrecht[e] IMF(국제통화기금) 특별인출권

T

TA Technische Anleitung 기술 지침서

TA-Abfall Technische Anleitung Abfall 폐기물취급에 관한 기술 지침서

TA-Lärm Technische Anleitung Lärm 소음방지에 관한 기술 지침서

TA-Luft Technische Anleitung Luft 대기정화에 관한 기술 지침서

TÜV Technischer Überwachungsverein [독일의] 기술정기검사협회

U

u.a. unter anderem 그 중에서도, 특히
Übk. Übereinkommen 조약, 협정
UmwSchR Umweltschutzrecht 환경보호법
unerl. unerlaubt 불법의, 금지된
unerl. Hdl. unerlaubte Handlung 불법행위
unstr. unstreitig 논쟁할 여지없는, 확실한
UPR Umwelt- und Planungsrecht
UrkB Urkundsbeamter [재판소사무국의] 서기관, 법원 서기
Urt. Urteil 판결
u.U. unter Umständen 사정에 따라서

V

v. vom ~의, ~로부터
VA(e) Verwaltungsakt(e) 행정행위
VB Verwaltungsbeschwerde 행정상의 불편
VB Vollstreckungsbescheid 집행명령
VBlBW Verwaltungsblätter für Baden-Württemberg 바덴뷔르템베르크주 행정관보
VerbrSchuR Verbraucherschutzrecht 소비자보호법
Verf. ① Verfassung 헌법 ② Verfahren 소송절차
VerfG Verfassunggericht 헌법재판소
VerfR Verfassungsrecht 헌법
VerkR Verkehrsrecht 교통법
VersR Versicherungsrecht 보험법
VerwArch Verwaltungsarchiv 행정기록 보관소
VerwR Verwaltungsrecht 행정법
VerwRspr Verwaltungsrechtsprechung 행정판결
VG Verwaltungsgericht 행정재판소
VGH Verwaltungsgerichtshof 고등행정재판소
vgl. vergleiche ! ~을 참조하시오!
Vgl. Vergleich 화의(和議), 다협, 조정
V[er]hdl. Verhandlung 변론, 교섭, 심리
Vfg. Verfügung 처치, 처리, 처분
VO Verordnung 법령
VOB [VOB/A] [VOB/B] Verdingungsordnung für Bauleistungen, Teil A und Teil B. 건축업무의 위탁·고용 규정 A부와 B부
Vollstr[eck]. Vollstreckung 집행
vollstrb. vollstreckbar 집행 가능한
VöI Vertreter des öffentlichen Interesses 공익의 대변자<대리인>
VöR Völkerrecht 국제법
Vorb. Vorbemerkung 머리말, 서문
vorl. vorläufig 임시로, 일시적인
vors. Ri. vorsitzender Richter 재판장
Vors. Vorsitzender 재판장, 의장, 회장

W

WASG Wahlalternative Arbeit und Soziale Gerechtigkeit 대안노동과 사회정의당 (좌파)
WE Willenserklärung 의사표시
WirtschR Wirtschaftsrecht 경제법
WiVerw Wirtschaft und Verwaltung 경제 및 행정
WP Wertpapier 유가증권
WPR Wertpapierrecht 유가증권법
WRV Weimarer Reichsverfassung 바이마르제국헌법
WS Wintersemester 겨울학기 (한국의2학기)

Z

ZBR Zeitschrift für Beamtenrecht 공무원법 학술지
ZivK Zivilkammer 재판소의 민사부
ZivProzR Zivilprozessrecht 민사소송법
ZivR Zivilrecht (포괄적으로) 민법
ZLA Zeitschrift für den Lastenausgleich 부담조정에 관한 정기간행물(학회지)
ZollR Zollrecht 관세법
ZU Zustellungsurkunde 송달<배달>장, 송달<배달>증서
zust. zuständig 관할하는, ~ 소관의
zust. zustimmend(er) 찬성을 나타내는, 동감을 표시하는
Zust. Zustellung (서류의) 송달, 배달
ZustBev. Zustellungsbevollmächtigter 인수담당관
Zustkt. Zuständigkeit 관할권
ZwUrt Zwischenurteil 중간판결
ZwVollstr. Zwangsvollstreckung 강제집행
ZwVollstrMaßn. Zwangsvollstreckungsmaßnahme 강제집행처분

독일법의 법 목록(괄호안은 약어)
(Gesetzesregister deutscher Gesetze)

A

Abfallbeseitigungsgesetz (AbfBesG) 폐기물처리법
Abfallgesetz (AbfG) 폐기물법
Abgabenordnung (AO) 납세법
Abgeordnetengesetz 국회의원법
Abhörgesetz 증인심문청취법
Abzahlungsgesetz (AbzG) 분할지불법
Adoptionsgesetz 양자법
Agrargesetz 농업법
Aktiengesetz (AktG) 주식법
Allgemeines Eisenbahngesetz (AEG)
Allgemeines Landrecht für die preußischen Staaten vom 5. 2. 1794 (PrALR) 프로이센주법
Amnestiegesetz 사면법
Anfechtungsgesetz (AnfG) 취소청구법
Apothekengesetz 약국법
Arbeitnehmerüberlassungsgesetz (AÜG) 근로자파견법
Arbeits~
~förderungsgesetz (ArbFördG) 고용촉진법; ~gerichtsgesetz (ArbGG) 연방노동법원; ~unfallversicherungsgesetz 노동재해보상보험법; ~zeitordnung (ArbZO) 노동시간법
Arzneimittelgesetz (ArznG) 약품법
Ärztegesetz 의사법
Asylbewerberleistungsgesetz (AsylbLG) 망명심사법

Asylverordnung 피난소나 수용소 보호령
Atomgesetz (AtomG) 원자력법
Ausländergesetz (AuslG) 외국인등록법
Auslieferungsgesetz (AuslfG) 범죄자인도에 관한 법
Außenwirtschaftsgesetz (AwG) 대외거래법
Außenwirtschaftsverordnung 대외무역에 관한 법령

B

Baugesetz → *Bundes~* (BBauG) [연방] 건축법
Baugesetzbuch (BauGB) 건축법전
Bau- und Raumordnungsgesetz (BauROG) 건축및공간조정법<건축및 국토조정법>
Beamtengesetz → *Bundes~* (연방)공무원법
Beamtenrechtsrahmengesetz (BRRG) 공무원법외규
Berggesetz 광업법
Berufsausbildungsgesetz 직업교육법
Berufsbildungsgesetz (BBiG) 직업훈련법
Beschäftigungsförderungsgesetz (BeschFG) 직업장려법
Betäubungsmittel-Außenhandelsverordnung (BtMAHV) 마약류국제거래규칙
Betäubungsmittelgesetz (BtmG) 마취법
Betäubungsmittel-Verschreibungsverordnung (BtMVV) 마약류처방규칙
Betriebsverfassungsgesetz (BetrVerfG, BetrVG) 경영협의회법
Beurkundungsgesetz 증서작성법
Bewertungsgesetz 과세가격평가법
Binnenschifffahrtsgesetz 하천운항법
Börsengesetz 증권거래법
Bürgerliches Gesetzbuch (BGB) 민법전
Bundes~
~autobahngesetz 연방고속도로법;
~bahngesetz 연방철도법; ~bankgesetz 연방은행법; ~baugesetz 연방건축법;
~beamtengesetz 연방공무원법;
~besoldungsgesetz (BBesG) 연방공무원

급여법; ~datenschutzgesetz (BDSG) 연방정보자료보호법; ~disziplinarordnung (BDO) 연방공무원징계규정; ~fernstraßengesetz (FStrG) 연방도로법; ~grenzschutzgesetz 연방국경경비법; ~haushaltsgesetz 연방예산회계법규; ~immissionsschutzgesetz (BImSchG) 연방환경보호법; ~jagdgesetz (BJagdG, BJG) 연방사냥법;
~kindergeldgesetz 연방자녀수당지급법;
~ministergesetz 연방각료법;
~notarordnung (BNotO) 연방공증인법;
~personalvertretungsgesetz (BPerVG) 공공부문종업원평의회법;
~rechtsanwaltsordnung (BRAO) 연방변호사법; ~rechtsanwaltsgebührenordnung (BRAGO, BRAGebO) 연방변호사수수료법;
~seuchengesetz (BSeuchenG) 연방전염병관리법(예방법); ~sozialhilfegesetz (BSHG) 연방빈민구제법(사회복지법);
~urlaubsgesetz (BUrlG) 연방휴가법;
~verfassungsgerichtsgesetz (BVerfGG) 연방헌법재판소법; ~vertriebenengesetz (BVFG) 연방난민법; ~wahlgesetz (BWahlG) 연방선거법; ~wahlordnung (BWahlO) 연방선거시행령;
~wasserstraßengesetz (WaStrG) 연방수로법; ~zentralregistergesetz 연방중앙범죄등록부법

C

Chemikaliengesetz 화학제품법

D

Datenschutzgesetz → *Bundes~* [연방]정보자료보호법
Depotgesetz (DepG, DepotG)
기탁법(寄託法), 유가물보관업무법
Deutsches Richtergesetz (DRiG)
독일재판관법

E

Ehegesetz (EheG) 혼인법
Eichgesetz (EichG) 계량법
Einführungsgesetz zum Strafgesetzbuch (EGStGB) 형법시행법
Einkommensteuergesetz (EStG) 소득세법
Erbbaurechtsverordnung (ErbbauRVO, ErbBRV) 지상권에 관한 법령
Erbschaftsteuergesetz (ErbStG) 상속세법

F

Fernmeldeanlagengesetz (FAG)
통신시설관리법
Finanzgerichtsordnung (FGO)
연방재정법원법
Fischereigesetz 어업법
Forst~
~gesetz 산림법; ~strafgesetz 산림형법

G

Gaststättengesetz (GastG) 숙식업법
Gebrauchsmustergesetz (GebrMG) 실용신안의장법
Gemeindeordnung (GO) 시읍면조례
Gerichtskostengesetz (GKG) 재판비용법
Gerichtsverfassungsgesetz (GVG) 재판소구성법, 법원조직법
Gerichtsvollziehergesetz 재판집행관법, 집달리법
Geschäftsordnung des Deutschen Bundestages (GOBT) 연방하원의사규칙
Geschmacksmustergesetz (GeschmMG) 의장법(意匠法)
Gesetz betreffend
~ der Gesellschaften mit beschränkter Haftung 유한회사법
Gesetz gegen
~ den unlauteren Wettbewerb 불공정경쟁방지법, 부정경쟁방지법;
~ Wettbewerbsbeschränkungen (GWB) 경쟁제한법
Gesetz über
~ das Bundesverfassungsgericht 연방헌법재판소법; ~ das Bundesverwaltungsgericht 연방행정재판소법; ~ den Vergleich zur Abwendung des Konkurses 파산예방화의법; ~ den Verkehr mit Betäubungsmitteln (BtMG) 마약류관리법;
~ den Versicherungsvertrag 보험계약약관규제법, 보험계약법;
~ den Vertrieb ausländischer Investmentanteile (AuslInvestmG) 외국투자지분의 매각에 관한 법률; ~ den Wertpapierhandel (WpHG) 증권거래법; ~ die Anfechtung von Rechtshandlungen eines Schuldners außerhalb des Insolvenzverfahrens (AnfG)

채권자취소권법; ~ die Angelegenheiten der freiwilligen Gerichtsbarkeit 비송사건법; ~ die friedliche Verwendung der Kernenergie (AtomG) 원자력이용법; ~ die Haftung des Reichs für seine Beamten (RBHG); ~ die Mitbestimmung von Arbeitnehmern 노동자의 공동결정법; ~ die Umweltverträglichkeitsprüfung 환경영향평가법; ~ die Verbreitung jugendgefährdender Schriften (GjS) 청소년 위해서적 유포에 관한 법; ~ Kapitalanlagegesellschaft (KAGG) 자본투자회사법; ~ Urheberrecht und verwandte Schutzrecht (UrhG) 저작권법; ~ Ordnungswidrigkeiten (OWiG) 질서위반법

Gesetz zum
~ Schutz der öffentlichen Sicherheit und Ordnung (SOG) 공공안전보장·질서유지법
Gesetz zur
~ Bekämpfung des illegalen Rauschgifthandels und anderer Erscheinungsformen der Organisierten Kriminalität (OrgKG) 조직범죄방지법; ~ Bekämpfung von Sexualdelikten und anderen gefährlichen Straftaten (SexualdelBekG) 성범죄방지법;
~ Regelung des Rechts der allgemeinen Geschäftsbedingungen 일반적 거래조건법의 규제법; ~ Verhütung von Mißständen auf dem Gebiet der Rechtsberatung 법률상담분야의 폐해방지법; ~ Wahrung der Einheitlichkeit der Rechtsprechung der obersten Gerichtshöfe des Bundes 연방최상급재판소의 판례통일유지에 관한 법률
Gewerbeordnung (GewO) 영업법
Gewerbesteuergesetz (GewStG) 영업세법

Gewerkschaftsgesetz 노동조합법
**Gleichberechtigungsgesetz
(GleichberG, GleiBG)** 남녀평등법
Grund~
~buchordnung 부동산등기법;
~erwerbsteuergesetz 토지취득세법;
~steuergesetz 토지세법 (GrStG);
~stückverkehrsgesetz (GrdstVG) 토지거래법
Grundbuchordnung (GBO) 부동산등기법
Grundgesetz (GG), [das Bonner ~] 기본법
Grundgesetz für die Bundesrepublik Deutschland (GG) 독일연방공화국 기본법
Güterkraftverkehrsgesetz 화물운송법

H

Haftpflichtgesetz (HaftpflG) 배상책임법, 대인배상책임보험법, 책임의무법
Hamburgisches Hochschulgesetz (HmbHG) 함부르크 대학법
Handelsgesetzbuch (HGB) 상법전
Handelsregistergesetz 영업등기부법, 상업등기법
Haushaltsgesetz(HaushG) → *Bundes*
Heimarbeitgesetz (HAG) 가내근로법
Hinterlegungsordnung (HinterlO) 공탁법(供託法)
Hochschulrahmengesetz (HRG) 대학법외규
Höfeordnung (HöfeO) 농지령

J

Jagdgesetz → *Bundes~*
Jugend~
~arbeitsschutzgesetz 청소년노동보호법;
~gerichtsgesetz (JGG) 소년법원법;
~gesetz 청소년법; ~wohlfahrtsgesetz
(JWG) 청소년복지법
**Justizverwaltungskostenordnung
(JVKostG)** 사법행정비용법

K

Kapitalverkehrsteuergesetz 자본거래세법
Kinder- und Jugendhilfegesetz (KJHG) 아동·청소년재정지원법
Kindergeldgesetz 자녀수당법
Kinderwohlfahrtsgesetz 아동복지법
Kommunalabgabengesetz (KAG) 지방조세법
Konkursordnung (KO) 파산법
Körperschaftsteuergesetz (KStG) 법인세법
Kostendämpfungsgesetz (사회보장에서의) 비용 절감법, 비용 감축법
Kostenordnung (KostO) 자율관할권 업무에 관한 비용법
Kraftfahrzeug~
~-Haftpflichtgesetz 자동차(손해)배상의무법; ~steuergesetz 자동차세법
Kraftverkehrsordnung für den Kfz-Güterfernverkehr (KVO) 원거리화물운송법
Krankenhausfinanzierungsgesetz (KHG) 병원재정법
Krankenversicherungsgesetz 의료보험법
Kreislaufwirtschafts- und Abfallgesetz (KrW/AbfG) 순환경제 및 폐기물법
Kronzeugegesetz (KronzG) 공범증인법
Kündigungsschutzgesetz (KündSchG) 부당해고방지법, 해고보호법
Kunsturhebergesetz (KunstUrhG) 예술저작권법

L

Ladenschlußgesetz 폐점시간(제한)법
Landesbauordnung (LBauO) 주건축 질서법
Landpachtgesetz 토지임대차법
Lastenausgleichsgesetz (LAG) 부담조정법
Lebensmittelgesetz (LebMG) 식품(위생)법
Lohnfortzahlungsgesetz (병고시의) 임금지불계속법
Luftreinhaltungsgesetz 대기오염방지법
Luftverkehrsgesetz (LuftVG) 항공교통법

M

Miethöhegesetz (MHG) 임대가격제한법
Mieterschutzgesetz 임대차보호법
Milchgesetz 우유법
Militärregierungsverordnung 165 (MRV 165)
Mitbestimmungsgesetz (MitbestG) 공동결정법
Montan Mitbestimmungsgesetz 석탄·철강 공동결정법
Münzgesetz 화폐법
Mutterschutzgesetz 모성보호법, 임산부(모자)보호법

O

Opferentschädigungsgesetz (범죄)희생자보상법

Opferschutzgesetz (범죄)피해자보호법

Ordnungswidrigkeitengesetz (OWiG) 질서위반법

P

Parteiengesetz (PartG) 정당법
Patent~
~anwaltsordnung 변리사법;
~gebührengesetz (PatGebG) 특허수수료
법; ~gesetz (PatG) 특허법
Personal~
~ausweisgesetz 신분증명서법;
~vertretungsgesetz (PersVertrG, PersVG)
공직자들의 이익 대표법
Personen~
~beförderungsgesetz (PersBefG) 여객운송
사업(면허)법; ~standsgesetz (PStG) 호적
법
Polizei~
~aufgabengesetz (PAG) 경찰임무법;
~gesetz (PolG) 경찰법
Post~
~gesetz (PostG) 우편법; ~strukturgesetz
(PostStruktG) 우편업무구조법;
~verfassungsgesetz (PostVerfG) 우편조직
구성법
Produkthaftungsgesetz (ProdHaftG)
제조물책임법, 생산물책임법
Produktsicherheitsgesetz (ProdSG)
생산물안전법
Publizitätsgesetz (PublG) 공시법

R

Rabattgesetz (RabG) 가격할인법
Raumordnungsgesetz (ROG) 공간(대지)이용계획법
Rechts~
~anwaltsordnung → *Bundes~*;
~pflegergesetz (RpflG) 사법보조원법;
~verordnung(en) (VO(en)) 법규명령
Reichs- und Staatsangehörigkeitsgesetz
국적법
Reichs~
~verfassung 제국헌법;
~versicherungsordnung 제국보험법
Richtergesetz (RiG) → *Deutsches ~* (DRiG) 독일판사법

S

Scheckgesetz (ScheckG) 수표법
Schiffsregisterordnung (SchiffsRegO) 선박등기법
Schulgesetz (SchulG) 학교(교육)법
Schwarzarbeitsgesetz 불법노동방지법
Seuchengesetz → *Bundes~*
Soldatengesetz (SG) 군인(복무)법
Sozialgerichtsgesetz (SGG) 사회재판소구성법, 사회복지관계 재판소 법, 연방사회법원법
Sozialgesetzbuch (SGB) 사회법전
Sozialhilfegesetz → *Bundes~*
Staatsangehörigkeitsgesetz 국적법
Staatshaftungsgesetz 국가배상법, 국가손해배상의무법
Steuerberatungsgesetz 세무상담법
Strafgesetzbuch (StGB) 형법전
Strafrechtsänderungsgesetz (StRÄndG) 형법개정법
Strafprozessordnung (StPO) 형사소송법
Strafvollstreckungsordnung (StVollstrO) 형집행법
Strafvollzugsgesetz (StrVollzG) 형집행법, 행형법
Straßenverkehrs~
~gesetz (StVG) 도로교통법; ~ordnung (StVO) 도로교통규칙; ~zulassungsordnung (StVZO) 도로교통허가규칙

T

Tarifvertragsgesetz 단체협약법
**Telekommunikations|ver|ordnung
(TKO)** 전화통신조례
Tierschutzgesetz 동물보호법

U

Umsatzsteuergesetz (UStG) 판매세법
Umwelthaftungsgesetz (UmwHaftG) 환경파괴배상법, 공해배상책임법
Umweltschutzgesetz 환경보호법
Unfallversicherungsgesetz 재해보상보험법
Untersuchungshaftvollzugsgesetz (U-HaftVollzG) 미결구금집행법
Urhebergesetz (UrhG) 저작권법

V

Verbraucher~
~kreditgesetz (VerbrKrG) 소비자신용에 관한 법; ~kreditgesetz 소비자신용법; ~schutzgesetz 소비자보호법

Vereinsgesetz 조합(결사)법, 협회법

Verfassung 헌법

Verfassungsgerichtsgesetz → *Bundes~*

Vergleichsordnung (VerglO) 화의(和議)법, 조정, 규정

Verlagsgesetz (VerlG, VerlagG) 출판법

Vermögens~
~bildungsgesetz (VermBG) 재산형성법; ~steuergesetz 재산세법

Verordnung über das Erbbaurecht (ErbbauVO) 지상권법

Versammlungsgesetz (VersammlG) 집회법

Verschollenheitsgesetz (VerschG) 실종자법

Versicherungs~
~aufsichtsgesetz (VAG, VersAufsG) 보험감독법; ~steuergesetz 보험세법; ~vertragsgesetz (VVG) 보험계약법

Verwaltungsgerichtsordnung (VwGO) 행정재판소법(규정)

Verwaltungsverfahrensgesetz (VwVfG) 행정소송(절차)법, 연방행정절차법

Verwaltungsvollstreckungsgesetz (VwVG) 행정집행법

Verwaltungsvorschriften (VwV) 행정규칙

Verwaltungszustellungsgesetz (VwZG) 행정서류송달법

W

Waffengesetz 무기류법
Wahlordnung → *Bundes~* [연방]선거법
Wahlkampfkostengesetz 선거비용법
Warenzeichengesetz (WZG) 상표법
Wasser~
~haushaltsgesetz (WHG) 수자원관리법;
~reinhaltungsgesetz 수질오염방지법
Wechsel~
~gesetz (WG) 어음법; ~steuergesetz 어음거래세법, 유통 어음에 부과되는 세금에 관한 법
Wehr~
~beschwerdeordnung (WBO) 군항고규정; ~disziplinarordnung (WDO) 군인징계규정; ~pflichtgesetz (WPflG) 병역의무법; ~strafgesetz (WStG) 군형법
Weimarer Verfassung (Verfassung des Deutschen Reiches vom 11. August 1919) 바이마르공화국헌법
Wertpapier- und Börsengesetz 증권거래법, 유가 증권 및 증권 거래법
Wertpapier-Verkaufsprospektgesetz (VerkaufsprospektG) 유가증권매각사업서책임에 관한 법률
Wirtschaftsprüferordnung 회계사법
Wirtschaftsstrafgesetz (WiStG) 경제형법
Wohngeldgesetz 주택보조금법
Wohnungs~
~baugesetz 주택건설법; ~bauprämiengesetz 주택건설장려금, 보조금; ~eigentumsgesetz (WEG) 주택소유권법

Z

Zivilgesetzbuch (ZGB) 구동독의 민법전
Zivilprozessordnung (ZPO) 민사소송법
Zugabeverordnung (ZugVO) 경품법
Zwangsversteigerungsgesetz 강제경매법
Zweckverbandsgesetz (ZwVG) 목적조합법

국제법 약어
(Internationalrechtliche Abkürzungen)
국제조직 및 국제조약 등 전문약어 수록
(Internationale Organisationen, Verträge und Konventionen)

A

AACM Afro-Asien Common Market 아프리카-아시아 공동시장

ADB Asien Development Bank 아시아 개발은행
≪ⓓ *Asiatische Entwicklungsbank*≫

AI Amnesty International 국제사면위원회

AMF Arab Monetary Fund 아랍통화기금

ANCOM The Andean Common Market 안데스공동시장 ≪ⓓ *Andenpakt*≫

ANZUS-Pact Australia, New Zealand, USA-Pact 호주-뉴질랜드-미국 안보조약
≪ⓓ *Australien, Neuseeland, USA- Pakt*≫

ASEAN Association of South-East Asien Countries 동남아시아국가연합
≪ⓓ *Verband <Vereinigung> südostasiatischer Staaten*≫

ASPAC Asian and Pacific Council 아시아태평양협의회

B

BIPM Bureau International des Poids et Mesures 국제도량형국

BIRPI Bureau Internationaux Réunis pour la Protection de la Propriété Intelectuelle 지적소유권 국제 합동 사무소

BIS Bank of International Settlement 국제결제은행 = → *BIZ*

BIZ Bank für internationalen Zahlungsausgleich 국제결제은행 → *BIS*

C

CCP (OECD) Committee On Consumer Policy (OECD)소비자정책위원회

CERN Conseil Européen pour la recherche nucléaire 유럽공동원자핵공동연구소
≪ⓓ *Europäisches Kernforschungszentrum*≫

CEPT Conference of European Postal and Telecommunications Administration 유럽 우편·전기통신 주관청회의

CIFE Conseil des Fédérations Industrielles d'Europe 유럽기업연합
≪ⓓ *Rat der europäischen Industrieverbände*≫

CIS Commonwealth of Independent States 독립국가연합 = → *GUS*

CMEA Council for Mutual Economic Assistance 경제상호원조회의 → *COMECON* 코메콘, 공산권 경제협력회의

COCOM Coordinating Committee for Export to Communist Areas 대(對)공산권 수출 통제 위원회
≪ⓓ *Internationales Embargo-Gremium gegen Export in sozialistische Länder*≫

COMECON {*obsolet* 困} Communist Economies 코메콘(냉전 시대의 소련·동유럽 사회주의 국가 경제 협력 기관 = → *RGW*.

CSCE Conference On Security and Cooperation In Europe 유럽 안전 보장 협력 회의
= → *KSZE* 유럽 안전 보장 협력 회의

E

EAG Europäische Atomgemeinschaft 유럽원자력공동체

EC ① European Community<-ies> 유럽경제공동체 = → EG → EWG
② (OECD) Environment Committee (OECD) 환경위원회
③ (OECD) Educational Committee (OECD) 교육위원회

ECE {United Nations} Economic Commission for Europe 유럽경제위원회
≪ⓓ Wirtschaftskommission des Wirtschafts- und Sozialrates (der Vereinten Nationen) für Europa≫

ECHR European Convention for Human Rights 유럽인권조약 = → EMR

ECOSOC Economic and Social Council (of the United Nations) (UN의) 경제사회이사회
≪ⓓ Wirtschafts- und Sozialrat (der Vereinten Nationen)≫

ECSC European Commission for Steel and Coal 유럽석탄철강공동체 = → EGKS

EDC European Defence Community 유럽방위공동체 = → EVG

EEC European Economic Community 유럽경제공동체 = → EWG

EFTA European Free Trade Association 유럽자유무역연합
≪ⓓ Europäische Freihandelszone≫

EG Europäische Gemeinschaft[en] → EC 유럽경제공동체

EGKS Europäische Gemeinschaft für Kohle und Stahl → ECSC 유럽석탄철강공동체

EIB European Investment Bank 유럽투자은행
≪ⓓ Europäische Investitions-Bank≫

EMA European Monetary Agreement 유럽통화협정 = → EWA

EMF European Monetary Fund 유럽통화기금 = → EWF

EMR[K] Europäische Menschenrechtskonvention 유럽인권조약 → ECHR

EMS European Monetary System 유럽통화제도 = → EWS

EMU European Monetary Unit 유럽통화단위 = → EWE

EPA Europäisches Patentamt 유럽특허청 → EPO

EPO European Patent Office 유럽특허청 = → EPA

EPU European Payment Union 유럽결제동맹 = → EZU

ESA European Space Agency 유럽우주기구
≪ⓓ Europäische Weltraumorganisation≫

ESC {United Nations} Economic and Social Council 유엔경제사회이사회
≪ⓓ Wirtschafts - und Sozialrat (der Vereinten Nationen)≫

ESCAP {United Nations} Economic and Social Council for Asia and the Pacific 유엔아시아태평양경제사회위원회
≪ⓓ Wirtschafts- und Sozialrat (der Vereinten Nationen) für den asiatischen und pazifischen Raum≫

EUA European Unit of Account 유럽계산단위
≪ⓓ Europäische Rechnungseinheit≫

EuGH Europäischer Gerichtshof 유럽재판소

EURATOM European Atomic Energy Agency 유럽원자력공동체

≪ⓓ *Europäische Atomgemeinschaft*≫

EUREKA European Research Coordination Action 유럽선단기술공동체구상

Eurit European Investment Trust 유럽투자신탁기관

Eurosat European Satellite 유럽 통신위성 회사

EVG Europäische Verteidigungsgemeinschaft 유럽방위공동체 → *EDC*

EWA Europäisches Währungsabkommen 유럽통화협정 → *EMA*.

EWE Europäische Währungseinheit 유럽통화단위 → *EMU*

EWF Europäischer Währungsfonds 유럽통화기금 → *EMF*.

EWG Europäische Wirtschaftsgemeinschaft 유럽경제공동체 → *EEC*

EWS Europäisches Währungssystem 유럽통화제도 → *EMS*.

EZU Europäische Zahlungsunion 유럽결제동맹 → *EPU*

F

FAC Food Aid Committee 식량원조위원회

FAO Food and Agricultural Organisation of the United Nations UN의 국제식량농업위원회
≪(d) *Ernährungs - und Landwirtschaftsorganisation der Vereinten Nationen*≫

FECOM European Monetary Cooperation Fund 유럽통화협력기금

G

GATT General Agreement on Tariffs and Trade 관세 및 무역에 관한 일반협정
≪ⓓ *Allgemeines Zoll- und Handelsabkommen*≫

GUS <GuS> Gemeinschaft unabhängiger Staaten 독립국가연합
→ *CIS*

I

IAEA International Atomic Energy Agency 국제 원자력 기구
≪(d) Internationale Atomenergiebehörde≫

IAO Internationale Arbeitsorganisation 국제 노동 기구 → ILO

IATA International Air Transport Organization 국제 항공 운송 협회
≪(d) Internationale Lufttransportgesellschaft≫

IBRD International Bank for Reconstruction and Development 국제재건개발은행
≪(d) Internationale Bank für Wiederaufbau≫

ICAO International Civil Aviation Organization 국제민간항공기구
≪(d) Internationale Zivilluftfahrtsorganisation≫

ICC International Chamber of Commerce 국제상공회의소
≪(d) Internationale Handelskammer≫

ICFTU International Confederation of Trade Unions 국제(자유)노동조합연맹
≪(d) Internationaler Bund freier Gewerkschaften≫

ICJ ① International Court of Justice 국제사법재판소 = → ICH
② International Council of Justice 국제법률가위원회

ICPO International Criminal Police Organization 국제 형사 경찰 기구 (= → INTERPOL)

ICRC International Committee of the Red Cross 국제 적십자 위원회 = → IKRK

ICSID International Centre for the Settlement of Investment Disputes 국제투자분쟁해결센터
≪(d) Internationales Zentrum für die Beilegung von Investment-Streitigkeiten≫

IDA International Development Association 국제개발협회
≪(d) Internationale Entwicklungsorganisation≫

IDB Inter-America Development Bank 미주개발은행
≪(d) Inter-amerikanische Entwicklungsbank≫

IEA International Energy Agency 국제에너지기구
≪(d) Internationale Energie-Agentur≫

IFAD International Fund for Agricultural Development 국제 농업 개발 기금
≪(d) Internationaler Fond für landwirtschaftliche Entwicklung≫

IFC International Finance Corporation 국제금융공사

IGH Internationaler Gerichtshof 국제사법재판소 → ICJ

IKRK Internationales Kommitte des Roten Kreuzes 국제 적십자 위원회 → ICRC

ILC International Law Commission 국제사법위원회

ILO International Labour Organization 국제 노동 기구 = → IAO

ILHR International League for Human Rights 국제인권연맹
≪(d) Internationale Liga für Menschenrechte≫

IMF International Monetary Fund 국제통화기금 = → IWF

IMO International Maritime Organization 국제해사(海事)기구
≪(d) Internationale Seeschiffahrtsorganisation≫

INTELSAT International Telecommunications Satellite Organization 국제(전기)통신위성기구
≪(d) International Fernmeldesatellitenorganisation≫

INTERPOL 국제 형사 경찰 기구 = → ICPO

IOCU International Organization of Consumer Unions 국제소비자연맹

IPU Inter-Parliamentary Union 국제 의원 연맹
≪ⓓ *Inter-Pallamentarische Union*≫

IRC International Red Cross 국제 적십자사 = → *IRK*

IRK Internationales Rotes Kreuz 국제적십자사 → *IRC*

ITU International Telecommunications Union 국제(전기)통신연합
≪ⓓ *Internationale Fernmeldeunion*≫

IUCN International Union For the Conservation of Nature 국제자연보호연합

IWF Internationaler Währungsfond 국제통화기금 → *IMF*

K

KSZE Konferenz für Sicherheit und Zusammenarbeit in Europa 유럽 안전 보장 협력 회의 → *CSCE*

N

NATO North Atlantic Treaty Organization
북대서양조약기구
≪ⓓ *die NATO oder Westliches Verteidigungsbündnis*≫

NEA Nuclear Energy Association
원자력기구

NGO Non-governmental organization
비정부기구

O

OAE Organisation für Afrikanische Einheit
아프리카 통일 기구 → *OAU*

OAS Organization of American States
미주 기구(美洲機構)
≪⒟ *Organisation amerikanischer Staaten*≫

OAU Organization for African Unity
아프리카 통일 기구 = → *OAE* [현 **AU** *African Union* 아프리카연합]

OECD Organization for Economic Cooperation and Development 경제협력 개발기구
≪⒟ *Organisation für wirtschaftliche Zusammenarbeit und Entwicklung*≫

OEEC Organization of European Economic Communities 유럽경제협력기구

OPEC Organization of Petrol Exporting Countries 석유수출국기구
≪⒟ *Vereinigung erdölexportierender Länder*≫

P

PCT Patent Cooperation Treaty 특허협력조약
≪ⓓ *Patentzusammenarbeitsvertrag*≫

R

RGW {*obsolet-/새*} Rat für gegenseitige Wirtschaftshilfe 경제 상호 원조 회의 → *COMECON*

T

TC (OECD) Trade Committee (OECD)
무역위원회

TDB Trade and Development Board
무역·개발 회의

U

UdSSR {obsolet 냉} 소비에트 사회주의 공화국연방 (略 소련) = → USSR
UN United Nations 국제연합= → VN
UNCC Universal Copyright Convention 세계저작권조약
UNCHR United Nations Commission On Human Rights 유엔인권위원회
《d》 *Kommission für Menschenrechte der Vereinten Nationen*》
UNCITRAL United Nations Commission on International Trade Law 유엔국제무역(통일)법위원회
《d》 *Expertenausschuß der Vereinten Nationen zur Vereinheitlichung des Rechts des internationalen Handels*》
UNCTAD United Nations Conference on Trade and Development 국제연합무역개발회의
《d》 *Konferenz der Vereinten Nationen für Handel und Entwicklung*》
UNDA United Nations Development Agency 유엔개발기구
UNDC United Nations Disarmament Committee 유엔군비축소위원회
UNDP United Nations Development Programme 유엔개발계획
《d》 *Entwicklungsprogramm der Vereinten Nationen*》
UNEF United Nations Emergency Force 유엔 경찰[긴급]군
《d》 *Mobile Eingreiftruppe der Vereinten Nationen*》
UNEP United Nations Environmental Programme 유엔환경계획
《d》 *Umweltprogramm der Vereinten Nationen*》
UNESCO United Nations Educational, Scientific and Cultural Organization 유네스코, 유엔 교육 과학 문화 기구
《d》 *Organisation der Vereinten Nationen für Erziehung, Wissenschaft und Kultur*》
UNHCR United Nations High Commissioner for Refugees 유엔 난민 고등 판무관
《d》 *Hoher Flüchtlingskommissar der Vereinten Nationen*》
UNICEF United Nations Children's Fund 유엔아동기금
《d》 *Kinderhilfswerk der Vereinten Nationen*》
UNIDO United Nations Industrial Development Organization 유엔공업개발기구
《d》 *Organisation der Vereinten Nationen für industrielle Entwicklung*》
UNIDROIT Institut International pour l'unification de droit privé 사법통일을 위한 국제기구
UNITAR United Nations Institute for Training and Research 유엔 훈련 조사 연구소
《d》 *Ausbildungs- und Forschungsinstitut der Vereinten Nationen*》
UNO United Nations Organization 국제연합기구 = → VN.
UNPF United Nations Peacekeeping Force 유엔평화유지군
《d》 *Friedenstruppe der Vereinten Nationen*》
UPU United Postal Union 세계우편연합 《d》 *Weltpostverein*》
USSR Union of Socialist Soviet Republics (*obsolet* 냉) 소비에트 사회주의 공화국 연방 (略 소련)=→UdSSR→ CIS

V

VN [Organisation der] Vereinte[n] Nationen 국제연합 → *UN*

W

WCS World Commodity Protection Strategy 세계천연자원보전전략

WEU Westeuropean Union 서유럽연합 ≪(d) *Westeuropäische Union*≫

WFC ≪**WFCL**≫ World Food Council 세계식량이사회 ≪(d) *Weltnährungsrat*≫

WFP World Food Programme 세계 식량 계획
≪(d) *Welternährungsprogramm*≫

WFTU World Federation of Trade Unions 세계노동조합연맹
≪(d) *Weltgewerkschaftsbund*≫

WGO Weltgesundheitsorganisation 세계보건기구 → *WHO*

WHO World Health Organization → *WGO*

WIPO World Intellectual Property Organization 세계 지적 소유권 기구
≪(d) *Weltorganisation für geistiges Eigentum*≫

WMO World Meteorological Organization 세계 기상 기구
≪(d) *Meteorologische Weltorganisation*≫

WP Warshaw Pact (obsolet 네) 바르샤바조약기구
≪(d) *(der) Warschauer Pakt, die Warschauer Pakt Staaten*≫

WTO World Tourism Organization 세계관광기구
≪(d) *Welt-Tourismus-Organisation*≫

□ 국제원료품협정
(Internationale Rohstoffabkommen)

Getreideabkommen, Internationales ~ (IGA) 국제곡물협정
≪ⓔ International Grain Agreement≫
Kaffeeabkommen, Internationales ~ (ICA) 국제커피협정
≪ⓔ International Coffee Agreement≫
Kakaoabkommen, Internationales ~ (ICCA) 국제코코아협정
≪ⓔ International Cocoa Agreement≫
Tropenholzabkommen, Internationales ~ (ITTA) 국제열대목재협정
≪ⓔ International Tropical Tree Agreement≫
Weizenabkommen, Internationales ~ (IWA) 국제 소맥(小麥) 협정
≪ⓔ International Wheat Agreement≫
Zinnabkommen, Internationales ~ (ITA) 국제 주석 협정
≪ⓔ International Tin Agreement≫
Zuckerabkommen, Internationales ~ (ISA) 국제 설탕 협정
≪ⓔ International Sugar Agreement≫

□ 국제무역 전문약어
(Internationale Handelsabkürzungen)

BA Banker's Acceptance 은행어음인수
≪ⓓ Bankakzept≫
CD Certificate of Deposit 양도성자금증서 ≪ⓓ Depositenzertifikat≫
CP Commercial Paper 기업어음
≪ⓓ kurzfristige Schuldtitel≫
ECP Euro Commercial Paper 유럽상업어음
LBO Leveraged Buy-out 차입금에 의한 기업 매수(인수·합병)
L/C Letter of credit 신용장
M & A Merger(s) and Acquisition(s) 회사합병 및 매수
≪ⓓ Acquisition (von Firmen)≫
MBO Management Buy-out 경영진 기업 인수
MCA Monetary Compensatory Accounts 국경조정금
MMC Money Market Certificates 시장금리연동형 정기예금
≪ⓓ = Geldmarktzertifikate≫
MMF Money Market Fund 머니마켓펀드
OJT on-the-job-training 직장 내(실무상)교육훈련
≪ⓓ berufliche Umschulung/ Schulung in der eigenen Firma≫
PER Price-Earnings Ratio (주가)수익률
R & D Research and Development 연구 및 개발
≪ⓓ Forschung und Entwicklung≫
ROI Return on Investment 투자수익
ROR Rate of Return 투자수익률
≪ⓓ "Investitionsgewinn"≫
OTC over-the-counter 점두등록
≪ⓓ Freihandverkauf≫
TOB takeover-bid <Take-Over-Bid> 공개매수 ≪ⓓ Übernahme-Angebot≫

□ 기타 국제조약 약어 (Andere internationale Abkürzungen)

FTC Fair Trade Commission 인수위원회, 기업연합감독청
≪ⓓ *Kartellbehörde*≫

INGO International Non-governmental Organization 비정부기구
≪ⓓ *internationale nicht-staatliche Organisation*≫

LDDC Least Developed Among Developing Countries 개발도상국중 후개발도상국
≪ⓓ *Unterentwickeltste Länder der Entwicklungsländer*≫

NGO Non-governmental organisation 비정부간기구
≪ⓓ *nichtstaatliche Organisation*≫

NICS Newly Industrialized Countries 신흥공업국

NIEO New International Economic Order 신국제경제질서
≪ⓓ *Neue Weltwirtschaftsordnung*≫

NTB Non-tariff-barriers 비관세장벽
≪ⓓ *nicht-tariffäre Hemmnisse*≫

TNC Transnational Corporation 다국적기업
≪ⓓ *multinationale(s) Unternehmen*≫

TOT Transfer of Technology 기술이전
≪ⓓ *Technologietransfer*≫

TSE Tokyo Stock Exchange 동경증권거래소 ≪ⓓ *Tokioter Börse*≫

□ 독일 연방내각 및 장관 명칭 (Die deutschen Ministerien und Ministerbezeichnungen)

Auswärtiges Amt (AA) 연방외무부
Bundesminister(in) des Auswärtigen
= **Bundesaußenminister(in)** 연방외무부장관

Bundesministerium für Arbeit und Soziales (BMAS) 연방노동사회부
Bundesminister(in) für Arbeit und Soziales 연방노동사회부장관

Bundesministerium des Innern (BMI) 연방내무부
Bundesminister des Innern
= **Bundesinnenminister(in)** 연방내무부장관

Bundesministerium der Justiz (BMJ) 연방법무부
Bundesminister(in) der Justiz
= **Bundesjustizminister(in)** 연방법무부장관

Bundesministerium der Finanzen (BMF) 연방재무부
Bundesminister(in) der Finanzen
= **Bundesfinanzminister(in)** 연방재무부장관

Bundesministerium für Wirtschaft und Technologie (BMWi) 연방경제기술부
Bundesminister(in) für Wirtschaft und Technologie 연방경제기술부장관

Bundesministerium für Ernährung, Landwirtschaft und Verbraucherschutz (BMELV) 연방식량농업소비자보호부
Bundesminister für Ernährung, Landwirtschaft und Verbraucherschutz 연방식량농업소비자보호부장관

**Bundesministerium der Verteidigung
(BMVg)** 연방국방부
**Bundesminister(in) der
Verteidigung** 연방국방부장관

**Bundesministerium für Familie,
Senioren, Frauen und Jugend
(BMFSFJ)** 연방가족노인여성청소년부
**Bundesminister(in) für Familie,
Senioren, Frauen und Jugend** 연방
가족노인여성청소년부장관

**Bundesministerium für Gesundheit
(BMG)** 연방보건부
Bundesminister(in) für Gesundheit
연방보건부장관

**Bundesministerium für Verkehr,
Bau und Stadtentwicklung
(BMVBS)** 연방교통건설도시개발부
**[Bundesminister(in) für Verkehr,
Bau und Stadtentwicklung** 연방교
통건설도시개발부장관

**Bundesministerium für Umwelt,
Naturschutz und Reaktorsicherheit
(BMU)** 연방환자연보호원자력안전부
**Bundesminister(in) für Umwelt,
Naturschutz und Reaktorsicherheit
= Bundesumweltminister**
연방환경자연보호원자력안전부장관

**Bundesministerium für Bildung
und Forschung** 연방교육연구부
**Bundesminister(in) für Bildung
und Forschung** 연방교육연구부장관

**Bundesministerium für
wirtschaftliche Zusammenarbeit
und Entwicklung (BMZ)**
연방경제협력개발부
**Bundesminister(in) für wirtschaftliche
Zusammenarbeit und Entwicklung**
연방경제협력개발부장관

A

A {als Parteibezeichnung, → B → C} 갑(甲)

A. → *absolvo* l. 무죄 판결하다(변소 판결하다)

A. → *antiquo* l. 청구를 기각하다

A. A. → *Aulus Agerius* 인명

a. a. → *ad acta* 법령에 붙이

a.a.O. → *am angeführten Ort* 전게(前揭), 다른 대목에 있어서

ab acta (a. a.) l. 다른 서류들로; 옆으로 치우다

abalienatio l. 양도, 권리이전

a posteriori l. 후천적(後天的)

a priori l. 선천적(先天的)

ab initio l. 시작부터, 처음부터

Abänderung f.변경(變更) <개정(改正), 보정(補正), 수정(修正)>

Abänderung
~ des Vertragsinhaltes 계약내용(契約內容)변경; ~ eines Anspruchs 청구수정(請求修正); ~ eines Gesetzentwurfs 초안(草案)수정; ~ eines Urteils 판결(判決)변경

Abänderungs~
~antrag m.변경신청; ~befugnis f.변경권한(權限); ~klage f.변경의 소(訴); ~kündigung f.변경계고고지(變更契約告知); ~urteil n.변경판결; ~vertrag m.변경유보계약; ~vorbehalt m.변경유보조항

Abandon <Abandonnierung f.> m.면책위부(免責委付)

Abandon n.보험위부

Abandon~
~erklärung f.위부[의사]표시; ~frist f.위부기간; ~recht n.위부권; ~wirkung f.위부효과

abandonnieren v.위부(委付)를 선언하다

Abandonnierung f.위부(委付), 포기

Abbau m.1 철거 2 감원 3 채굴

Abbau~
~gesetz n.철거(撤去)법; ~rechte pl.채굴권(採掘權)

abbedingen v.계약을 통해서 폐지하다

Abberufung f.: **abberufen** v.1 {allgemein} ~을 해임하다 2 {aus einem öffentlichen Amt} {대사, 공사 등} ~를 소환<파면>하다

Abberufung
~ eines Vorstandsmitglieds 이사<중역>진의 해임; ~ eines Liquidators 청산인해임(淸算人解任)

Abbestellung f.: **abbestellen** v.(주문을) 취소하다

abbezahlen <abzahlen> v.분할상환하다, 할부상환하다

Abbildung f.1 {allgemein} 도면 2 {PatR-특} 도해 3 {UrhR-저} 모사

Abbruch m.1 중단, 단절 2 철거, 해체

Abbruch
~ diplomatischer Beziehungen 외교관계단절; ~sarbeit f.철거공사; ~gebot n.철거명령

Abbüßung f.복역; **abbüßen** v.[Strafe ~] {StrR-형} 죄값을 치르다, 복역하다

abcessus l. 출입, 허가; 재산 양도의 몫으로서 신체의 점유를 이전(부족법)

abdicatio l. 포기; 퇴직; 부동산 소유권 포기; 유언에 의하여 후견인으로 지정된 자가 후견인의 지위를 포기함; 부인이 죽은 남편의 무덤위에 열쇠를 내려놓아 남편의 부채를 상환할 의무를 거절함(옛 독일법)

abdingbar a.합의에 의해 변경<절충>할 수 있는

Abdikation f.사직, 퇴위, 기권

Abdingbarkeit f.특약가능성, 합의에

의한 변경가능성
Abduktion *f.*유괴(誘拐)
Aberglaube *m.*미신
Aberkennung *f.*박탈(剝奪), 부인(否認)
Aberkennung
~ der burgerlichen Ehrenrechte 공민권(公民權)의 박탈(公權剝奪); ~ eines Rechts 권리박탈(權利剝奪)
aberratio ictus *l.* 방법 <타격> 착오(錯誤) (Abirren des Stoßes)
aberratio ictus *l.* 객체의 착오(공격대상이 목표에서 벗나가서 다른 대상이 부상당하거나 살해됨)
Abfall *m.*[, radioaktiver ~] [방사성] 폐기물
Abfall~ ~beseitigung *f.*폐기물처리; ~beseitigungsdelikte *pl.*폐기물처리범죄; ~beseitigungsgesetz → Gesetzesregister
Abfassung *f.*기안(起案)<작성(作成), 기초(起草)>; **abfassen** *v.*~을 작성하다
Abfassung
~ einer Klageschrift 소장(訴狀)작성; ~ eines Urteils 판결기안(判決起案)
Abfindung *f.*보상(補償)<배상(賠償)); **abfinden** *v.*~에 대해 보상<배상>하다
Abfindung ~ bei der Entlassung aus dem Arbeitsverhältnis {Entlassung} 일괄보상금지불, ~ beim Erbverzicht 상속방엽 보상<배상>; ~ von Gesellschaftern 사원 보상; ~ von Gläubigern 채권자 보상
Abfindungs
~anspruch *m.*일시보상 청구권; ~erklärung *f.*보상<배상>의사표시; ~vereinbarung *f.* 보상합의; ~vertag *m.*보상<배상>계약
Abführen *n.*①연행 ②지불; **abführen** *v.*①{Personen} ~를 데리고 가다, 끌고 가다 ②{Gelder/ Abgaben abführen} (세금, 공과금 등을) 지불하다
Abgabe *f.*①{i.S.e. Handlung} 인도(引渡) ②{i.S.e. Geldleistung} 사용료(使用料), 공과(公課)
Abgabe
~ an das zuständige Gericht 관할재판소 이송(移送); ~ der eidesstattlichen Versicherung 선서담보제공; ~ einer

Willenserklärung 의사표시<발신>; ~ von Geboten {in Versteigerung} 경매 신청
Abgaben (*pl.*)
öffentliche ~ 공과금
Abgaben~
~entrichtung *f.*공과금납부; ~erhebung *f.* 공과금징수; ~freiheit *f.*공과금면책; ~verpflichtung *f.*공과금지불의무
abgabenfrei *a.*공과면책(免責)〈면세(免稅)〉의
Abgangshafen *m.*출발항(出發港)
abgeändert *a.*변경된
abgeben *v.*
ein Gebot ~ 명령을 발표하다; eine Stimme ~ 투표(投票)하다; eine Willenserklärung ~ 의사표시하다
abgekürzt *a.*요약된<생략된>
Abgelehnter *m.*(*der* ~e) 피회피자(被回避者)
abgeleitet *a.*{i.S.v. Erwerb} ~에 근거하는, ~으로 소급되는
Abgeltung *f.*변제
Abgeltung
~ von Schadenersatzansprüchen 손해배상청구권(損害賠償請求權)
Abgeordneten~
~bank *f.*(국회)의원석; ~haus *n.*① 국회, 의원(議院), 하원 ②{als Ort} 국회의사당
Abgeordneter *m.*(*der* ~e) 국회의원
abgeschlossen *a.*; **formgerecht** ~ 격식에 맞도록 체결된
abgesondert *a.*고립된, 격리된
abgestimmt *a.*; **aufeinander** ~ 동조적인
abgetreten *a.*; ~ **erhalten <haben>** 양도수, 양수
Abgeurteilter *m.*(*der*~*e*) {무죄, 유죄문} 판결자
Abgrenzung *f.*한계설정(限界設定), 경계설정(境界設定)
Abgrenzungs~
~frage *f.*경계/구획[설정/획정]문제; ~möglichkeit *f.* 범위[설정]가능성; ~problem *n.*경제(범위)설정문제

Abgrabung *f.* 절상(切土)
Abhaltung *f.*; abhalten *v.* {einen Termin order eine Versammlung} 개최<거행>하다
Abhandenkommen *n.* 점유이탈(占有離脫); abhanden kommen *v.*[jm. ~] 누구에게서 점유(占有)이탈<상실> 되다; ~Sache *f.* 점유분리물(占有分離物)
Abhandlung *f.* 논문(論文), 저작물(著作物).
abhängig *a.* 의존(依存) <종속(從屬)>하는
abhängig
~e Arbeit *f.* 종속노동;
~e Arbeitsverhältnis *n.* 종속노동관계;
~e Gesellschaft *f.* 종속사회
Abhängiger *m.*(der ~e) 부양인구, 숫자, 피부양자
Abhängigkeit *f.* 의존<종속(성)>
Abhängigkeit
gegenseitige ~ 상호의존; ~sprinzip *n.* 종속성의 원칙; gegenseitige ~ 상호의존
Abhängigkeitsverhältnis *n.* 의존<종속>관계
Abhilfe *f.*; abhelfen *v.* ~을 제기하다 <없애다, 시정하다>; einem Anspruch ~ *v.* 요구를 시정하다
abholen *v.* 인취(引取)하다
Abholfach *n.* {bei Gericht} 우편상
Abholungsanspruch *m.* 인취청구권
Abhör~
~befehl *m.* [, gerichtlicher~] [재판소측의] 도청허가서(盜聽許可書); ~gerät *n.* 도청기; ~maßnahme. *f.* 도청조치
Abhören *n.*; abhören *v.* 엿듣다, 도청하다; heimlich abhören *v.* ~를 비밀리에 도청하다
abigeatus *l.* 가축절도
ab intestato *l.* 법률상의 상속의 순위 (계승)를 근거로 하여
ab irato *l.* 분노(격분, 노여움)에서
Abirrung *f.* (방침, 법칙 등으로 부터의) 일탈(逸脫), 착오(錯誤) (⁎ aberratio ictus)
abiuratio *l.* 맹세코 부정함(맹세하여

비롯); 권리포기; 행위의 맹세(서약, 선서)한 부정(부인, 거절, 거부); 복수하지 않겠다는 구두에서 석방(보석)된 자의 맹세(선서, 서약) (복수단념의 서약(중세))

Abkomme *m.* 자손(子孫). (⁎ Nachkomme)
Abkommen *n.* 합의, 협정, 조약.
Abkommen
bilaterales ~ 양국 간 조약; gegenseitiges ~ 상호협정<조약>; multilaterales ~ 다수국간조약
Abkömmling *m.* 비속(卑屬), 자손(子孫)
Abkömmling
~ absteigender Linie 비속친(卑屬親); ~ ersten Grades 제1촌; ~ gerader <direkter> Linie 직계비속
Abkömmling
erbberechtigter ~ 상속권유<상속인>비속; nichtehelicher ~ 적출<비적출>자
Abkürzung *f.*; abkurzen *v.* ~을 생략 <단축, 간략>하다
Abkürzung~
~ einer Frist 기간 단축; ~ eines Urteils 판결이유 생략
Ablade~ (→ Verlade~)
~dokument <~schein *m.*> *n.* 선적증서(船積證書); ~gebühren *pl.* 선적비용; ~konnossement *n.* 선적선하증권(船積船荷證券); ~lohn *m.* 선적료(船積料)
abladen *v.* 하역(荷役)하다
Ablader *m.* 하역인부
ablatio *l.* 약탈(奪取), 약탈물, 횡령 (설취, 도작)
Ablationstheorie *f.* {StrR-형} 이전설
Ablauf *m.* {Frist, etc.}; ablaufen *v.* [기한] 경과<만료, 말기>하다; 도래하다.
Ablauf
zeitlicher ~ 시간적 경과 과정
Ablauf der
~ mündlichen Verhandlung 구두변론 과정; ~ Verjährungsfrist 시효기간(時效期間)만료; ~ Vertragsverhandlungen 계약교섭경과

Ablauf
~ einer Frist 기간만료, 기한경과;
~ eines Verfahrens 수속과정의 경과;
~ eines Vertrages 계약기간만료
Ablaufs~
~hemmung *f.*시효완성(時效完成)의 정지; ~termin *m.*(期間의) 만료일
Ablaufstermin *m.*[기간]만기일(滿期日)
Ableben *n.*죽음, 사거(死去); **ableben** *v.*사망(하다)
ablegatus *l.* 폐지, 체포(검거), 종결, 별거: 판결 전에 형사소송절차의 진압, (폐기, 면소)
ablegen *v.*~을 이행하다
ablegen
ein Examen ~ *v.*시험을 합격하다; ein Geständnis ~ *v.*자백하다; einen Eid ~ *v.*선서하다; Zeugnis von *etw.* ~ *v.*~에 대해 증언 <증명>하다
ablehnbar *a.*기피하는, 거부하는
Ablehnbarkeit *f.*기피가능성
ablehnen *v.*①{*dinglich*} 거절 <거부, 부결, 각하>하다 ②{*persönlich*} 기피 <회피, 제척>하다
Ablehnung *f.*{*i.S.v.* ①+②} 거절(拒絶), 거부(拒否), 기피(忌避), 회피(回避), 부결(否決), 각하(却下)
Ablehnung
~ als Erbe 상속인배제(相續人排除); ~ der Erbschaft 상속거절(相續拒絶); ~ der körperlichen Durchsuchung 신체검사거부; ~ der Rechtspersönlichkeit 법인격부인(法人格否認); ~ der Vertragsverlängerung 계약갱신거절(契約更新拒絶); ~ der Zugewinngemeinschaft 잉여공동제신청의 각하(剩餘公同制申請却下); ~ des [Pflicht] verteidigers 변호인선임권방기(辯護人先任權放棄); ~ von Richtern 법관의 기피
Ablehnung eines
~ Antrags 신청각하(却下); ~ Angebotes 신입거절; ~ Auftrages 위임거절(委任拒絶); ~ Beweisantrages 증거신청각하; ~ Richters {*seitens einer Partei*} 재판관(裁判官)기피; ~ Richters {*seitens Gericht*} 재판관제척(除斥); ~ Richters {*Richter sich selbst*} 재판관회피; ~ Richters wegen [Besorgnis der]Befangenheit 편파적(偏頗的) 이유에서 기인한 재판관기피; ~ Sachverständigen 감정인기피(鑑定人忌避)
Ablehnung einer
~ Schenkung 증여거부(贈與拒否); ~ Leistung 이행거절(履行拒絶)
Ablehnungs~
~erklärung *f.*기피진술(忌避陳述), 거부표시(拒否表示); ~frist *f.*제척(除斥)<거절, 거부>기간; ~gesuch *n.*기피<회피, 제척>신청; ~grund *m.*기피<회피>이유, 제척원인; ~quote <~rate> *f.*각하율(却下率); ~recht *n.*기피권; ~verfahren *n.*기피수속
Ableistung *f.* **eines Eides** 선서(宣誓)의 이행
ableugen *v.*~을 부인(否認)<거절, 거부>하다
Ablichtung *f.*복사(複寫)
Ablichtung, beglaubigte ~ 인증복사(認證複寫)
Ablieferung *f.*인도(引渡), 교부(交付); **abliefern** *v.*인도<교부>하다
Ablösung *f.*; **ablösen** *v.*변제하다, 상환하다
Ablösungs~
~anspruch *m.*상각청구[권](償却請求權); ~berechtiter *m.*(*der* ~*e*) 상각권리자; ~recht *n.*상각권; ~summe *f.*상각액
Abmachung *f.*; **abmachen** *v.*① {*allgemein*} 합의<동의, 약정>하다 ② {*international*} 협정을 맺다
Abmachung
außergerichtliche ~ 재판외의 합의(裁判外合意); bindende ~ 구속력(拘束力)합의<동의(同意)>; gegenseitige ~ 합의, 동의; internationale ~ 국제적 약정(國際的約定); mündliche ~ 구두합의<동의>; vertragliche ~ 계약상합의; vorläufige ~ 일시적합의(一時的合意)
Abmahnung *f.*; **abmahnen** *v.*[*jn.* von *etw.* ~] ~에게 경고하여 ~을 그만두게 하다.

Abnahme *f.*; **abnehmen** *v.*~을 인수<구입, 수령>하다

Abnahme
~ einer Sache 목적물인취(目的物引取); ~ einer eidesstattlichen Versicherung 선서 담보 림; ~ eines Bauwerkes 건축물인취(建築物引取); ~ eines <des> Eides 선서; ~ eines Fingerabdrucks 지문채취; ~ eines Werkes 청부품(請負品)인취

Abnahme
~frist *f.*인취(引取)<수령(受領)>기간; ~pflicht <verpflichtung> *f.*인취<수령>의무; ~protokoll *n.*인취증명서(引取證明書); ~verweigerung *f.*인취거절; ~verzug *m.*인취지대(遲)

Abnehmer *m.*, **der Abnehmende** *m.*인취인, 수령자, 매수자

Abnehmerland <~staat> *n.*수입국
Abnutzung *f.*; **abnutzen** *v.*자연소모(自然消耗)되다, 손모(損耗)되다.

Abnutzung der Mietsache
임차물자연손모

Abnutzung
natürliche ~ *f.* 자연소모; übliche ~ *f.* 통상손모(通常損耗)

Abnutzungs~
~entschädigung *f.*손모<소모>배상; ~schaden *m.*손모<소모>손해

Abolitionismus *m.*폐지론
Abandonnement *n.* = → *Abandon m.* 면책위부, 방기

ab ovo *l.* 달갈부터; 근원으로 영원하다; 장황한(번잡한, 짜임새 없는)

Abrechnung *f.*청산(請算)<결산(決算)>; **abrechnen** *v.*~을 청산<결산>하다

Abrede *f.*; eine ~ treffen → *Abmachung* → *Absprache*; etw. in ~ stellen *v.*부인(否認)하다

Abriß *m.*|eines Gebäudes| 허물음, 제거

Abrißverfügung *f.*|eines Gebäudes| 철거명령

abrogatio *l.* 폐지(제거, 해고(국외)추방; 해임(파면, 취소, 삭제, 공제); 다른 법령이나 결의(결정)를 통한 법령이나 결의의 폐지(종결)

Abrogation *f.*; **abrogieren** *v.*|obs-고| 폐지<취소>하다

Abruf *m.*; **abrufen** *v.*(상품의) 인도를 청구하다, (무엇을) 불러내다

Abrüstung *f.*군비축소
Abrüstung
nukleare ~ 핵군비축소; konventionelle ~ 재래식 무기 등의 군비 축소

Absatz *m.* 1 |*im Gesetzestext*| 항, 절 2 |*im Handel*| 판매

Absatz |*i.S.v.* ①| vorhergenehender <vorstehender, vorangegangener> ~ 전항 (前項)

Absatz~ |*i.S.v.* ②|
~finanzierung *m.*할부금융; ~rückgang *m.* 판매감소

Abschaffung *f.*; **abschaffen** *v.*폐지<철폐>하다

Abschaffung *f.*; völlige ~ 전폐(全廢)
Abschaffung der Todesstrafe
사형제도의 폐지

abschätzbar *a.*사정(査定)<평가(評價)> 할 수 있는

abschätzen *v.*사정<평가>하다
Abschiebung *f.*강제퇴거(強制退去), 송환(送還); **abschieben** *v.*강제퇴거명령을 내리다, 추방하다

Abschiebungs~
~grund *m.*퇴거 이유<사유>; ~maßnahme *f.*퇴거처분

Abschlag *m.*분할불(分割拂)
Abschlags~
~verfahren *n.*[vollstreckungsrechtliches ~] [민사집행법(民事執行法)] 배당수속(配當手續); ~verteilung *f.*|KonkR-파| 중간<일부>배당(配當); ~zahlung *f.*기한전 지불, 일부변제

abschlägig *a.*부정<거절>하는
abschließend *a.*종국(終局)의
Abschluß *m.*체결(締結), 체약(締約), 종결(終結), 결산(決算); **abschließen** *v.* 1 |einen Vertrag| ~을 체결하다 ② |*i.S.v. Ende*| 끝내다, 끝마치다, 종결하다 ③ |*i.S.v. Haushalt*| 결산하다

Abschluß eines Vertrages
계약 체결
Abschluß~
~agent m.체약대리인; ~bedeingungen pl. 계약체결조건; ~bericht m.{i.S.v. ③} [최종]결산보고; ~courtage f.체결수당; ~freiheit f.{für Verträge} 체결자유; ~kosten pl.체결비; ~ort m.체결지; ~pfleger m.계약체결보좌인; ~provision f.체결수수료, 모집수당; ~prüfer m.검사인; ~rechnung f.결산; ~termin m.계약체결기일; ~vermittler m.체결매개인; ~vollmacht f.체약대리권; ~zwang m.강제적 계약체결 의무
Abschnitt m.장(章), 절(節)
Abschnittsdeckungsverfahren n.기간충족방식
Abschöpfung f.{von Gewinn} 박탈(剝奪)
Abschreckung f.위협(威脅); abschrecken v.~를 겁먹게 하다
Abschreckungs~
~strafe f.위협형(威脅刑); ~theorie f.위협설(威脅說); ~wirkung f.위협력(威脅力); ~zweck m.위협목적
Abschreibung f.; **abschreiben** v.감가상각(減價償却)하다, 공제(控除)하다
Abschreibung f.감가상각
beschleunigte ~ 가속상각(加速償却)
Abschreibungs~
~betrag m.공제액
Abschrift f.등본(謄本), 복사(複寫), 사본(寫本)
Abschrift
eine ~ anfertigen v.사본을 작성하다; etw. in ~ mitteilen v.복본통지(複本通知)하다
Abschrift
~ aus dem Grundbuch 등기부등본
Abschrift
beglaubigte ~ 공증(公證)사본; notariell beglaubigte ~ 공증인인증등본
absehbar a.시야에 있는, 분별할 수 있는
Absehen n.; **absehen** v.[von etw. ~] 면제하다

absehen
von [der-einer] Strafe <Bestrafung> ~ 형을 면제하다; von der Anklage(erhebung) ~ 기소유예 시키다; von der Strafverfolgung ~ 소추면제하다
Absehen
~ von der Strafe 형벌면제; ~ von der Anklageerhebung 기소제기 면제
Absender m.①{Fracht} 하송인 ②{z.B. Briefe} 발송인
Absendung f.; **absenden** v.~을 발송<송부, 하송>하다
absentes l. 육체적 부재자(법원장소, 위치); 또한(질병으로 인한) 정신적 부재자를 위한 상위 개념
Absentismus m.무단결근(無斷缺勤)
absetzbar a.{Steuer} [voll ~] [완전]세액 공제를 받을 수 있는
Absetzbarkeit f.{SteuerR-세} {세액} 공제
Absetzen n.; **absetzen** v.①{einen Termin} ~을 취소하다 ②{von der Steuer} ~을 세액 공제를 하다 ③{Waren, etc.} ~을 판매하다; einen Termin ~ v.기일을 변경하다
Absicht f.①{allgemein} 목적 ②{technisch} 의도, 의사, 의지 ③{StrR-형} 고의
Absicht
betrügerische ~ 사기적 고의<의사>; 기망(欺罔)<기만>의사; böse ~ 악의적 고의; gesetzgeberische 입법자의 의사
Absicht
~ der Schadenszufügung 가해의사<목적>; ~ rechtswidriger Zueignung 불법영득의사<목적>; ~ sich etw. zuzueignen 자기영득의사
absichtlich a.고의로, 의도적으로
Absichts~
~anfechtung f.{KonkR-파} 고의부인; ~delikt n.목적범; ~urkunde f.목적문서
absichtslos a.고의적이 아닌
Absoluta sententia expositore non indiget l. 완전한(명백한) 말은 주석자(해석)를 필요로 하지 않는다

Absolutheit *f.*절대성
absolutio *l.* 무죄 판결함(면소함); 무죄판결,(면소)
absolutio *l.* ab actione *l.* |→ *Abweisung*| 청구기각
absolutio ab instantia *l.* 소 각하, 심급의 취소(폐지), 심급의 석방(면제); (소송법에 따른 이유로) 소송(고소, 고소장)의 거부(기각, 거절) 적절하게(타당하게)또는 지금(목하, 현재)(민사소송); 증거부족으로 인한 방면(형사소송)
absolutio a causa *l.* 집행정지 기간이 없는(보호 관찰기간이 없는, 무조건, 무제한의 무죄 판결함
absolutio a limine *l.* 문턱으로 부터의(법원으로 부터의) 거부(각하, 거절, 되돌려 보내, 항의함); 근거 없는 것으로서 소송(고소, 고소장)의 판사(재판관)의 (법원, 법관의)거부(기각, 거절) (선행한 개념들에 대한 상위개념)
absolutio an actione *l.* 근거 없는 것으로서 소송(고소, 고소장)의 거부(기각, 거절)(민사소송); 고소(기소, 소송, 공소, 공소권자, 검사, 검찰, 고발, 탄핵)으로부터 무죄판결(면소) (형사소송)
Absolutus sententia indicis praesumitur innocens *l.* 법원판결을 통해 무죄 판결을 받은 자는 무죄로 간주 된다
Absolvent *m.*(대학 등) 합격자, 졸업자
absolvo *l.* (A) 나는 무죄를 판결한다 (판결에 대한 표표(투표, 조정, 조검)에서 투표판 위의 표(신호)
Absonderung *f.*; **absondern** *v.*~를 <을> 고립<격리>시키다
Absonderung im Konkurs 파산별제(破産別除)
Absonderungs~
~anspruch *m.*별제[청구]권; ~berechtigter *m.(der ~ e)* 별제권자; ~gläubiger *m.*별제[채]권자; ~recht *n.*별제권(別除權)
Absolutismus *m.* 절대주의
Absorption *f.*;**absorbieren** *v.*흡수하다, 요구하다
Absorptionsprinzip *n.* 흡수주의
Absprache *f.*|→ *Abmachung*, → *Abrede*|;

absprechen *v.*합의<협정, 담합, 협정, 협약, 타협>하다
Absprache
horizontale ~ 수평적 취결; vertikale ~ 수직적 취결
abspracheçemäß *a.*협약 (협정) 에 의한
Abstammung *f.*; **abstammen** *v.*[von jm. ~] ~의 혈통을 잇다, ~의 자손이다
Abstammung
außer<nicht-, un->eheliche ~ 비적출 혈통; eheliche ~ 적출 혈통
Abstammungs~ ~festellung *f.*혈연관계확인; ~festellungsklage *f.*혈연관계확인의 소(訴); ~gutachten *n.*혈통[감정]서; ~klage *f.*혈통확인소(訴); ~nachweis *m.*[{*als Dokument*}] 혈통증명[서]; ~prinzip *n.*혈통주의; ~untersuchung *f.*혈통검사; ~urkunde *f.*혈통[증명]서; ~urteil *n.*혈통[확인]판결
Abstimmung *f.*; **abstimmen** *v.*(구체적 사안에 대해) 투표하다, 표결하다; durch Abstimmung beschließen *v.*투표<표결>을 통해 결정하다
Abstimmung
geheime ~ 비밀평결; öffentliche ~ 공개투표
Abstimmungsgeheimnis *n.*투표 비밀
Abstrahierung <**Abstraktion**> *f.*추상화; **abstrahieren** *v.*추상하다, 특수성에서 보편성을 끌어내다
abstrakt *a.*추상적인, 개념적인
abstrakt
~e Normenkontrolle 추상적 규범통제; ~es Geschäft 무인(無因)의 법률행위
Abstraktheit *f.*추상성, 부인성
Abstraktion → *Abstrahierung*
Abstraktionsprinzip *n.*{*BGB*-민} 무인주의, 무인성(無因性)의 원칙
Abteilung *f.*1 {*in einer Organization, etc.*} -부, -국 (2){*allgemein*} 분할, 구분 (3){*z.B. im Grundbuch*} -란
Abteilungsleiter *m.*부장, 국장
Abtöten *n.*; **abtöten** *v.*살해하다
Abtötung *f.* **der Leibesfrucht** 태아살해

Abtreibung <**Abtreiben** *n.*> *f.*;
abtreiben *v.* 낙태하다
Abtreibende *f.* 낙태자
Abtreibung
illegale ~ 불법 낙태; versuchte ~ 낙태미수; vollendete ~ 낙태기수
Abtreibungs~
~eingriff *m.* 낙태수술; ~handlung *f.* 낙태행위; ~mittel *n./pl.* 낙태수단<방법>; ~strafbarkeit *f.* 낙태죄의 가벌[성]; ~versuch *m.* 낙태미수; ~vorschriften *pl.* {*StrR*-형} 낙태죄 규정
abtrennbar *a.* 분리시킬 수 있는, 분할시킬 수 있는
Abtrennung *f.*; **abtrennen** *v.* 분리<분할>하다
Abtrennung
~ des Verfahrens 수속분리; ~ der mündlichen Verhandlung 구두변론분리; ~ anordnen *v.* 수속분리를 명하다
abtretbar *a.* 양도하는, 넘겨주는
Abtretbarkeit *f.* 양도[가능]성
abtreten *v.*[*etw.* an *jn.* ~] ~을 양도하다, 위임하다, 넘겨주다
Abtretender *m.*(*der* ~*e*) 양도인
Abtretung *f.* 양도
Abtretung
doppelte ~ 이중양도; mehrfache ~ 복수양도
Abtretung
~ des Ersatzanspruchs 손해배상청구권양도<대위>; ~ des Herausganeanspruchs 반환청구권양도; ~ im Prozeß 소송[계속중]양도; ~ von Forderungen 채권양도; ~ zur Einziehung 취입
Abtretungs~
~anzeige *f.* 양도고지; ~betrag *m.* 양도액; ~empfänger *m.* 양도인; ~erklärung *f.* 양도[의사]표시; ~fähigkeit *f.* 양도능력; ~form *f.* 양도 방식; ~geschäft *n.* 양도행위; ~pflicht *f.* 양도의무; ~pflichtiger *m.*(*der* ~~*e*) 양도의무자; ~recht *n.* 양도권; ~urkunde *f.* 양도증서; ~verbot *n.* 양도금지; ~vertrag *m.* 양도계약
Abundans cautela non nocet *l.* 과도한(지나친) 주의(조심, 신중)는 손해될 게 없다
ab urbe condita (a. u. c.) *l.* 시 창건 이후(로마시민의 연도세기 기원전 753년부터)
Aburteilung *f.*; **aburteilen** *v.* 최종 판결을 내리다<언도하다>; 판결을 언도하다
abusus *l.* 오용(남용)/ 강간, 성폭행; 소비(소모), 사용(이용)을 통해 물건(동산)의 (원금, 자산, 본질, 골자)본질을 감소(감축, 축소)
Abwägung *f.* 신중한 검토, 고려; **abwägen** *v.*[비교] 검토<고려>하다
Abwägungs~
~ausfall *m.* 고려의 부재; ~defizit *n.* 고려상의 흠결; ~ergebnis *n.* 검토 끝에 내린 결론; ~fehler *m.* 고려상의 하자<흠결>
Abwägung aller Umstände
제반 사정 짐작(비교형량)
Abwasserabgaben *pl.* 하수공과금
Abwehr *f.* 거부, 저항; **abwehren** *v.* 막다, 저지하다, 허용하지 않다
Abwehr
~ von Rechtsbeeinträchtigungen 권리침해 제거
Abwehr~
~anspruch *m.* 방어청구권; ~handlung *f.* 방위행위; ~klage *f.* 방위배제 소; ~klausel *f.* 예방<방지>조항; ~maßnahme *f.* 예방수단<조치>; ~mittel *n./pl.* 방어수단; ~recht *n.* 방어권
Abweichung *f.*; **abweichend** *a.*; **abweichen** *v.*[von *etw.* ~] ~에서 차이가 나다, 다르다, 벗어나 있다
Abweisung *f.*; **abweisen** *v.*①{*bei Klage*} 각하하다, 기각하다 ②{*i.S.v. Ablehnung*} 거절하다
Abweisung
~ [der Klage] als unbegründet (= ab actione *l.* Abweisung) 청구 이유 기각; ~ der Klage als unzulässig (= ab instanzia *l.* Abweisung) 소 부적법 각하; 부적격 각하
Abweisung, kostenpflichtige ~ 소

송비용 원고 부담 기각
Abweisungsantrag *m.* 기각<각하>신청
abwendbar *a.* 예방할 수 있는, 막을 수 있는
Abwertung *f.* 평가절하
abwesend *a.* 부재시
Abwesender *m.*(*der* ~*e*) 부재자<결근자>
Abwesenheit *f.* 부재, 흠석
Abwesenheit
dauernde ~ 계속적 부재; zeitweise <zeitweilige> ~ 일반적 부재
Abwesenheits~
~pfleger *m.* 부재자 재산관리인; ~pflegschaft *f.* 부재[자 재산]관리; ~verhandlung *f.* 흠식심판 <변론>; ~verfahren *n.* 흠석소속
abwickeln *v.*{*i.S.v. liquidieren*} 청산하다
Abwickler *m.* 청산인
Abwicklung *f.* 청산
Abwicklung
~ der Erbschaft 상속재산;
~ des Konkursverfahrens 파산수속처리
Abwicklungs~
~gesellschaft *f.* 청산회사; ~verfahren *n.* 청산수속
Abzahlung *f.*; **abzahlen** *v.* 대금을 할부변제하다, 분납하다
Abzahlungs~
~finanzierung *f.* 신판(信販); ~geschäft *n.* 할부변제, 할부불 매매; ~kauf *f.* 할부구입; ~schuld *f.* 할부채무; ~vertrag *m.* 할부매매계약
Abzug *m.* 공제(控除)
Abzugsteuer *f.* 원천징수세
a. c. *l.* → *anni currentis*
accedit *l.* 동의하다, 인준하다, 협정, 조약에 가입하다, 진행 중인 소송사건에 참고인으로 출두하나
accepta *l.* 농지단위(7~15헥타르) (토지의 기여와 부피의 단위)
acceptatio *l.* 계약수락, 지불 실행에 대한(교환)위임의 특별한 수락; 교회법규의 국가적으로 지시된 인정
acceptilatio *l.* 영수증; 채무 구술 화

인; 형식적 면세 계약
accessio *l.* 증대; 부차적인 것; 부수적 채무; 가산; 보안에 추가되는 것(부속물); 법률관계에 추가되는 것(보증, 담보권); 소유권 보장 등으로서 결함
Accessio cedit principali *l.* 부차적인 것(부속물)은 본안에 따른다 → *Res accessoria* 부속물
accessio possessionis *l.* 모든 실수(하자)없는 법적지위의 전임자의 점유기간 가산
accessio temporis *l.* 시간가산; 전임자의 취득 시효기간의 계산(참작)
accessus *l.* 교황 선출절차에서 걸어서 다가섬으로 이루어지는 선출(한 후보자가 3/2 다수의 표를 얻을 때까지)
accidentalia negotii *l.* 법률행위의 비본질적인 구성요소, 법률행위의 부수적 규정
accisia *l.* 간접세, 소비세.; 관세
acclamatio *l.* 갈채의 표시 또는 이름을 큰소리로 불러서 결의 또는 선거를 승인
accomandita, accomandisia *l.* 합자회사의 선구자
accusatio *l.* 소송, 소
accusatio contumaciae *l.* 지체된(태만한) 피고소인의 임시(만일, 불시)의 항변을 허용하지 말라는 법정에서의 고소인(원고)의 청구
accusatio inofficiosi testamenti *l.* 신중하지 않은 유언(장)에 대한 소송 또는 항고(로마법에 따르면 유언장을 승인하면서 발생하는 것으로 그 유언장에 의하면 불이익을 받는 사람에게 법상 인성되는 권리)
accusatio suspecti tutoris *l.* 불성실한 후건인의 해임과 징계에 대한 소송
accusator *l.* 고소인
achasius *l.* 돈을 내고 풀려나게 함 (재혼하는 과부가 죽은 남편의 친척에게 과부 생계 보조금의 십분의 일을 지급)
a. Chr. n. *l.* → *ante Christum natum* 그리스도 탄생 전(서력 기원전)

acta *l.* 서류, 서신교환; 잡지; 모음집; 공판의 기록
acquisitio hereditatis *l.* 유산취득
Acta Apostolicae Sedis *l.* 교황청 소재지의 관보
Acta diurna *l.* 시저에 의해 발행된 일일 관보
Acta Eruditorum *l.* 최초의 독일 학술 잡지
acta magistratuum *l.* 로마 고위 관리의 법령(규정)
acta principum *l.* 로마 황제의 칙령
actio *l.* 소권, 소송 {법 개념}
actio *l.* 행위; 청구권; 소송, 소송권; 이익배당(금)의 청구권(주식)
actio ad exhilbendum *l.* 물건의 제시 청구(물건법적 소송에서 주된 청구를 위한 보조 수단)
actio adiecticiae qualitatis *l.* 대리인이 상대방에 대해서 책임을 져야 되는 경우, 그 상대방이 대리인과 본인 사이의 계약에 의거하여 본인에게 직접 그 책임을 묻는 소송
actio ad supplendam legitiman *l.* 유류분 보충 청구
actio aedilicia *l.* 토목 건축 관리(→ *aedilis* 고대 로마의 토목 건축관리관) 소송(감소 또는 매매계약의 해제에 대한 소송 → *actio quanti minoris* 대금감액청구 → *actio redhibitoria* 원상회복청구)
actio aestimatoria *l.* → *actio quanti minoris* 대금감액청구
actio aquae pluviae arcendae *l.* 지하수 등을 자신의 토지에 방류하게 만드는 시설에 대하여 상린자(이웃)에 대하여 그 제거를 요구하는 청구
actio auctoritatis *l.* 담보의 폐기(실패, 부서짐)에 의거한 소송
actio calumniae *l.* 전횡에 의거한 소송, 권리를 남용한 소송
actio civilis *l.* 시민법에 기초한 소송
actio commodati *l.* 대주(대여자)의 반환청구
actio communi dividundo *l.* 공동소유자사이의 물건 분할에 대한 소송, 분할 소송
actio conducti *l.* 세입자가 임차물건 양도에 대한, 또는 계약에 기한 그 임차물건의 사용의 허락을 구하는 청구
actio confessoria *l.* 모든 침해에 대항한 용익물건(→ *servitus* 물건사용권리)에 기한 보호를 위한 소송
actio contraria *l.* 반소, 맞소송; 상호채무 사이에서 반대청구권
actio culposa *l.* 유책 행위
actio de aestimato *l.* 고물 매매 수탁 계약 소송(→ *contractus aestimatorius* 평가의 계약)
actio de deiectis et effusis *l.* 물건을 거리에 쏟아 버리거나 던져서 생긴 손해배상 청구
actio de dolo *l.* 피해에 의한 소송
actio de dote *l.* 지참금의 반환소송 (→ *dos* 지참재산)
actio de in rem verso *l.* 아들 또는 노예의 영업에 있어서 그 영업이 이익을 가져가 준 것에 따라 아버지 또는 주인에 대하여 하는 소송
actio de liberis agnoscendis et alendis *l.* 존속과 비속 친척의 쌍방간 부양권리
actio de pastu *l.* 가축이 모르는 사람의 열매를 모조리 뜯어 먹었기 때문에 그 가축 소유주에 대하여 하는 손해배상 청구
actio de pecunia constituta *l.* 제삼자에 대한 계약이행 약속 소송
actio depositi *l.* 보관된 물건의 반환을 위해 보관자에 대한 공탁인의 청구
actio de recepto *l.* 보증 약속 소송
actio de syndicati, a. ex syndicatu, a. male indicati *l.* 법률고문(법인 단체 따위의) 소송(본분(의무)에 어긋나게 행동한 재판관이나 전권 대표자에 대한 손해배상소송 [→*syndicus* 법률고문] 또는 국가공무원의 직무상의 실수로 인한 소송)
actio directa *l.* 본소
actio doli *l.*→ *actio de dolo* 악의의

소송

actio domini infecti *l.* 이웃 토지로부터 야기된 손해에 기한 소송

actio emphyteuticaria *l.* 소유자와 모든 제삼자에 대한 지상권(세습임차권)에 기한 소송

actio empti *l.* 소유권 양선 그리고 양도에 따른 매매 목적물에 하자가 있는 경우 그 하자에 대하여 악의가 있는 매도인에 대한 매수인의 손해배상청구

actio exercitoria *l.* 선장이 야기한 법률행위적인 채무의 계약이행에 대한 채권자의 선박소유자에 대한 청구

actio ex testamento *l.* 유언에 기한 유산 수취인의 상속인에 대한 채무법상의 청구

actio familiae herciscundae *l.* 상속 분쟁에 있어서 공동 상속인의 청구

actio famosa *l.* 패소 판결을 받음과 동시에 피고의 명에 실추를 야기하는 민사소송

actio fiduciae *l.* 청구권의 소멸에 따른 반환 재산 양도에 대한 양도담보권자의 청구

actio finium regundorum *l.* 경계확인 소송

actio funeraria *l.* 채무자에 대하여 빌려준 장례비용의 반환 청구

actio furti *l.* 절도 소송

actio honoraria *l.* 명예법에 근거하여 (고대 로마의) 대법관 (→ *praetor* 로마 최고의 사법행정장관)으로부터 허용된 소송

actio hypothecaria *l.* 채권자의 물권적 저당권행사

actio iniuriarum aestimatoria *l.* 명예훼손 의한 손해 배상 청구 소송

actio in personam *l.* 채권에 의거한 소송; 채권적 청구

actio in rem *l.* 물권법에 의거한 소송; 물권적 청구

actio in rem scripta *l.* 경우에 따라서는 제3자를 상대로 할 수 있는 개인적 법률관계(권리의무 관계)에 의거한 소송

actio institoria *l.* 종업원의 영업행위에서 발생한 채무에 대하여 영업주에게 묻는 손해 배상 청구

actio indicati *l.* 판결의 이행에 대한 청구

actio legati *l.* → *actio ex testamento* 유언소송

actio legis Aquiliae *l.* 기물 파손에 의거한 청구 → *Lex Aquilia* 불법행위

actio libera *l.* 완전히 변호되어야 할 자유행위

actio libera in causa *l.* 원인 자유 행위

actio libera in causa *l.* 원인에 있어서 자유로운 행위(범행실행에서 제한된 책임 능력을 고려치 않은 자유 범행의 도)

actio locati *l.* 임대료 또는 임차료 지불 및 계약대로 종결 이후에 임대물 반환에 대한 대주 또는 임대인의 청구

actio male indicati *l.* → *actio de syndicatu*

actio mandati *l.* 위임이행 그리고 위임에 의한 행위로 획득된 것의 인도에 대한 위임인의 청구

actio mixta *l.* 손해배상과 마찬가지로 배상금도 포함한 소송

actio nata *l.* 확정기한 있는 급부에 대한 청구

actio negatoria *l.* 소유물방해배제 소

actio negatoria *l.* 부인소권 (否認訴權), 소유물방해배제소송; 소유물 방해의 중단 또는 제거 그리고 정지된 사용이익의 배상에 대한 소유자의 청구

actio negotiorum adheredes et in heredes *l.* 상속인에 대한 채권과 상속인을 위한 채권은 상속된다.

Actioni nondum natae non praescribitur *l.* 아직 발생되지 않은 청구는 시효가 소멸되지 않는다 (청구의 발생과 함께 소멸 시효 기간이 진행을 시작한다)

actio pauliana *l.* 파울루스 소권, 채권자 불이익에 의한 채무자에 대한 청구 ("pauliana"명칭의 유래는 알 수 없음)

actio perpetua *l.* 무기한의 소권
Actio personalis moritur cum persona *l.* 몸소(친히)한 청구는 개인과 함께 죽는다
actio pigneraticia *l.* 채권소멸 이후에 담보물 반환에 대한 담보권 설정자의 청구
actio pigneraticia in rem *l.* → *actio hypothecaria* 저당소송
actio poenalis *l.* 형사소송, 배상소송
actio pro socio *l.* 조합원 간의 분할 청구
actio pro socio *l.* 조합소송, 조합원 전원 소권
actio Publiciana *l.* 시효취득자의 보호소송((고대 로마) 대법관Quintus Publicius 67 v. u. Z.에 의해 시행됨)
actio quanti negtoria *l.* 법적으로 보호받는 생활재와 이익의 침해로 인한 소송
actio quod metus causa *l.* 강박 피해자의 반환에 대한 불법적으로 강박의 피해를 입은 자의 청구 그리고 형사소송
actio rationibus distrahendis *l.* 피후견인의 재산 횡령으로 인한 피후견인의 후견인에 대한 민사상 속죄금 소송
actio redhibitoria *l.* 물건 하자로 인한 매수인의 매도인에 대한 매매 계약 해제 청구
actio rei uxoriae *l.* 이혼 또는 남편의 사망 시에 처가 지참금(→ *dos* 여자의 지참재산)반환에 대한 청구
actio Servian *l.* 임대인, 저당권자의 변제소송("Serviana" 명칭의 유래는 알 수 없음)
actio spolii *l.* 독단적 점유의 침탈에 대한 또는 점유 방해로 인한 소송(보통법)
actio spontanea *l.* 자유의지의(자발적인) 의도된 행위
actio temporalis *l.* 기한이 정해진 소권
actio testantibus *l.* 기록의 증명서에 따라
actio vectigalis *l.* 세습 임차인(소작

인)의 소유자에 대한 반환 청구
actio venoiti *l.* 매도인의 매수인에 대한 대금 지급 청구
actio vi bonorum raptorum *l.* 강도에 대한 청구 그리고 형사소송 1년 내에는 도품의 네배, 그 후에는 도품의 가액만 청구
actio voluntaria *l.* 자발적인, 의도된 행위
actor *l.* 원고, 고소인; 소송능력이 없거나 법인을 위한 소송 대리인 ; 행정 관리자; 관리인(위탁경영자); 사무 관리자
Actore non probante reus absolvitur *l.* 원고가 입증에 실패하면 피고는 자유로워진다(원고는 청구 취지의 사실을 입증해야만 하며 그렇지 않으면 그 소송은 기각되고 아울러 소송비용도 부담한다)
Actor forum rei sequitur *l.* 원고는 피고의 법원을 방문 한다 (장소적으로 피고 주소지 법원이 관할한다)
Actuarius *l.* 법원 서기관
autum ut supra *l.* 위와 같음 (소송기록, 기록의 결말형식)
actus *l.* 행위; 행위; 거래;(→ *servitus* 역권) 정당성을 부여받은 통행지역역, 가축을 타인의 토지위로 이동 시킬 수 있는 것, 가축통과권(독일법) → *ius actus* 가축통과권
actus ad omnes populos *l.* 모든 정부와 담판할 수 있는 외교사절의 전권 (1800년까지)
actus contrarius *l.* 반대 (행위)
actus delicti *l.* 형법상의 의미에서 실행 행위 (1800년)
actus extrinsecus *l.* 외적으로(표면적으로) 발생하는 행위(보통법)
actus legitimus *l.* 조건과 친하지 않은 법률 행위 (예: 해약고지)
Actus me invito non est meus actus *l.* 나의 의지에 반하는 법률행위는 나의 법률행위가 아니다
Actus omissa forma legis corruit *l.* 법률 형식을 준수하지 않는 법률행

위는 성립하지 않는다.
a. d. *l.* → *a dato* 이 날짜로부터
ad absurdum *l.* 불합리함을 논증하다; 철저히 반증하다
ad absurdum. führen *v.[etw. ~ ~]* ~이 불합리함을 논증하다
ad acta *l.* **legen** *v.[etw. ~ ~]* ~을 묵살해 버리다, 중지<포기>하다
a dato (a. d.) *l.* 이의의 날로부터
a dato ad datum *l.* 날짜로부터 날짜까지 (주, 월 또는 더 긴 기간의 기간도래 확정의 원칙)
ad audiendum verbum *l.* 구술 심문에서
Ad calemdas Graecas (solvere) *l.* 그리스력에서 이행 (로마인들만의 달의 첫째 날은 고대로마력 매월 1일 Calendae로 명명했기에 청구를 무기한 영원히 연기 이행을 의미한다)
adcitatio *l.* (소송)당사자 편에서 소송에 참여할 것을 법원을 통한 제삼자 소환(일반 란트법)
addenda *l.* 별첨서류, 추서, 부기
addictio in diem *l.* 더 나은 매수인을 조건으로 한 매매(계약약관 또는 부수계약, 최고가액 청약유보의 매매약관)
ademptio *l.* 박탈, 취소, 제거, 철회
ademptio civitatis *l.* 시민권 박탈
ademptio legati *l.* 유언의 철회
ademptio libertatis *l.* 불법감금
adfixio ad ianuam *l.* 송달되어질 수 없기 때문에 법원서기나 우편, 시자체에 의하여 송달되어진 법원에 중요한 결정문을 대문에 부착한 통지문
adhaesio *l.* 쟁쟁자(반대자, 적대자)의 소송행위로 입회성명
Adhäsionsverfahren *n.* 배상명령절차
ad hastam *l.* 창문으로 (공개적 경매에 있다) → *subhastatio* 경매
ad hoc *l.* 수시적 목적
ad hoc *l.* 이것을 위하여 (대부분 이런 의미에서 사용: 당면 문제에 한해서)
ad honorem *l.* 명예

adhortator *l.* 다른 결정의 선동자(원흉)
Adhuc sub iudice lis est *l.* 지금까지는 법정신의 논쟁이었다(아직 결정되지 않음)
adiectus solutionis caus (gratia) *l.* 채권자중 하나 또는 채권자 대신 수령권자로 지정된 제삼자 (로마법); 계약상의 지불 장구(장소); 권한이 부여된 이행 수령자
ad incertam personam *l.* 불특정 개인을 향한
ad infinitum *l.* 무한(히)
ad interim *l.* 잠정적
ad interim (a. I.) *l.* 그 사이에, 그 동안에
Adäquanz *f.* 상당성(相當性)
Adäquanztheorie *f.* 상당성설
adäquat *l.* 적절<적당, 상당>; ~ kausal 상응하는 인과관계가 존재함
Adel *m.* 유족
Adels~ ~herrschaft *f.* 유족지배제(貴族支配制), 유족정치; ~recht *n.* 유족법
aditio hereditatis *l.* 상속인수; 상속획득
adiudicatio *l.* 분할소송에서 판결에 의거한 배분
adiunctio *l.* 사안의 병합
adiunctus, adiutor *l.* 공범(자)
adiutorium *l.* 군수품에 대한 세금(카롤링 왕조시대)
adlatus *l.* 보좌인; 소송보조인
ad libitum *l.* 마음내로(자유롭게)
admallatio *l.* 인사말 성명, 호칭
ad marginem *l.* 덧붙여, 부차적으로
ad meliorem *l.* 더 나은 것에
admenatio *l.* 가벌성의 칼빔기
administratio *l.* 관리
admissio *l.* 허가; 입장(허가); 독일 제국 직속의원 회의의 입회
ad multos annos *l.* 오래 오래(축하)
ad notam *l.* 기재(명심)
ad oculos demonstrare *l.* 직접증명하다
Adoleszenz *f.* 성년

Adhäsions~
~prozeß m. 부대항소(附帶抗訴);
~verfahren n. 부대항소(附帶抗訴)
aditio l. 상속승인 의사표시
Administration f. {→ Verwaltung} 행정[기관]
administrativ a. 행정적인, 행정의, 관료적인
Administrativ~
~gewalt f. 행정관; ~organ n. 행정기관; ~recht n. 행정고권
Administrator m.(상속)관리인 ≪administrator l.≫
Admission f. 허가, 인가, 면허
adoptieren v.~를 양자로 삼다, 누구를 입양하다
Adoptierender m.(der ~e) 양친
Adoptierter m.(der ~e) 양자
Adoptierung <Adoption> f. 양자연조 (養子緣組)
adoptio l. 입양
adoptio in hereditatem l. 자연상속인의 부존재로 인한 양자 입양을 통한 상속인의 지정
adoptio minus plena l. 입양된 자가 친자의 모든 권리를 얻지 못하는 양자입양(보통법)
Adoptio naturam imitatur l. 입양은 자연 상태(특성)를 모범으로 한다(후견인과 피후견인 간에 적절한 연령차가 존재해야 한다)
Adoptions~
~beschluß m. 양자연조결정(養子緣組決定);
~fähigkeit f. 연조능력(緣組能力);
~testament n. 양자유언(養子遺言);
~verfahren n. 양자연조수속(養子緣組手續);
~verhältnis n. 양자연조관계(養子緣組關係); ~voraussetzungen pl. 양자연조의 조건(條件)
adoptio plena l. 입양된 자가 친자의 모든 권리를 획득하는 양자 입양
Adoptiv~
~eltern pl. 양친, 양부모; ~kind n. 양자; ~mutter f. 양모; ~vater m. 양부;
~verwandtschaft f. 양자연조 혈족관계,

양친자관계
ad pias cause l. (유증, 기부) 경건한 의도로
adprisio, apprisio l. 법률형식의 제한과 점유에 따라 첫 번째로 특유의 이용과 고용주에게 종속되는 소유지(Bifang); 개간지에 대한 소유권
adquisitio l. 소유권 보장 또는 권리 취득
ad referendum l. 보고하기위해; 보도
ad rem l. 본 사안으로
Adressat m. 상대방, 수취인
adrogatio l. 입양의 종류(로마법)
adscriptio l. 서명
adscriptus glebae l. 경작지에 구속된, 농노
Ad turpia nemo obligatur l. 누구도 파렴치함에 대해서는 의무를 지지 않는다
adulter(a) l. 간통을 범한 자
adulterator monetae l. 화폐범
adulterinus l. 간통에서 낳은 아이
adulterium l. 간통(죄) (본래는 유부녀가 남편이 아닌 다른 자와 간통한 경우)
adunatio l. 사용하기 위해
ad usum delphini l. 후계자의 적용에 대해 (왕위계승자); 수업 목적으로
adversarius l. 소송당사자
advocatia l. 교회에 대한 국가의 피보호권; (영주의) 관리인 직책
advocatio l. 변호사(업)
advocatus l. 변호사, 법률고문
advocatus diaboli l. 악마의 대변인 (시복식)(교황이 죽은 자를 복자명부에 넣기) 또는 시성식(성인들의 열에 들어가게 함) 과정에서 반론 진술해야 했던 fidei 지지자의 명칭; 전용된 의미에서: 더 명확한 명제의 입안을 달성하기 위한 목표가 있는 반명제의 지지자들)
Advokat m. {obs-고} 변호사, 변호인
Ächtung f. 법익박탈(法益剝奪)
aedilis l. 시장 관련 사안에 있어서 시장 경찰과 교구 관할권을 수행했던 로마의 하급 관직의9 → magistratus)하나

(→*iurisdictio* (행정)관리)
AEIOU *l.* 모든 육지는(시면) 오스트리아에 종속 된다 또는 오스트리아는 이 세상이 끝날 때까지 존재할 것이다
aequalitas *l.* 평등
aequalitas armorum *l.* 무기의(병기)의 평등 (정당방위로서의 행위 인정을 위한 여러 번 (자주) 요구되는(소환, 신청)원칙 - segisten, 보통법)
aequalitas factorum *l.* 정당방위에서 공격적 그리고 방어적으로 여러 번 요구된 평등(legisten, 보통법)
aequilibrium *l.* 균형(조화)(1700년에 국제법상의 원칙으로서 강대국)
aequitas *l.* 공정(정당)
aequitas canonica *l.* 전범이 되는 공정, 내면의 정당, 법규범위 내에서 행동규범
aestimatio capitis *l.* 대략적인 평가 (피해자의 명예에 따라 그 정도가 조정되는 범규의 확정에 대해)
aestimatio rei *l.* 물건의 가치에 대한 평가 (손해배상에 대한 토대로서)
aetas *l.* 연령대
affectio *l.* 의지, 의도
Affekt~ ~handlung *f.*격정행위(激情行爲); ~täter *m.*격상<격분>범[죄]인
Affektions~
~interesse *n.*애착<감정상>이익; ~preis *m.*격상가액; ~wert *m.*애착<격상[적]>가치
Affidavit *n.*(법정) 선서, (외국인 입국자에 대한) 신원보증
affinitas *l.* 처가(시댁)와의 인적관계
Affirmanti incumbit probatio, non neganti *l.* 부정하는 자가 아닌 주장하는 자에게 입증 책임이 있다
affirmatio *l.* 보험(계약), 화약
affirmativ *a.*긍정 〈확정〉적
After~
~bürge *m.*부보증인(副保證人); ~bürgschaft *f.*부보증(副保證); ~meite *f.*전대차(轉貸借); ~mieter *m.*전대인
agens *l.* 추진자(주동자)
Agent *m.*대리인, 중개업자

agent provocateur *f.* 공작원, 선동자, 고사자
Agentenprovision *f.*대리인수수료
Agenturvertrag *m.*대리점계약
Agere non valenti non currit praescriptio *l.* 권리자에게 자신의 청구가 부당함을 무효화할 수 없는 한 소멸시효의 진행은 정지된다
ager publicus *l.* 지방 (고대 로마에서)
ager vectigalis *l.* 연 이자를 대가로 세습 소작인(임차인)에 이용토록 개방되는 시의 토지
aggratiatio *l.* 사면(특사, 감형)
aggressio *l.* 폭력적(강제적), 불법적 공격
Aggression *f.*공격
Aggressionstheorie *f.*공격이론
aggressio operis ipsius *l.* 시행행위
aggressor *l.* 침략자(공격자, 반대자); 국제법 규정에 상치하여 다른 나라에 선전 포고하거나 부대를 이끌고 다른 나라를 침입하는 나라
aggressura *l.* 폭력적인 공격 (육체적 수행) → *insultus* 모욕, 욕설
Agio <→ *Aufgeld*> *n.*타보(打步), 추징금(追徵金), 할증<초과>금
agnatio *l.* 남자간의 부계 혈족 관계 (독일법); 같은 일족에 속하는 모든 인원의 친척관계(로마법)
agnitio *l.* 인정(청구(요구), 문서의 인정)
agnitoria *l.* 인지에 의한 판결, 인지(認知)에 대한 판결
Agrar~
~genossenschaft *f.*농업공동체<조합>; ~gesetzgebung *f.*농업관계입법; ~güter *pl.* 농산물; ~krise *f.*농업공황; ~markt *m.*농업시장; ~politik *f.*농업정책; ~preise *pl.* 농산물가격; ~produkt *n.*농산<농작> 물; ~recht <gesetz> *n.*농업법; ~reform *f.*농업개혁, 농지개혁; ~staat *m.*농작국; ~zölle *pl.*농업관세
Agrément *n.*{*i.S.d.* *VöR*-제} 아그레망 (신임장)
ahnden *v.*[*etw.* mit Strafe ~] ~을 징벌

로써 다스리다
ähnlich *a.* 유사한
Ähnlichkeitsmuster *n.* 유사의상
a. I. → *ad interim* (*l.*) 잠정적으로
akausal *a.* 인과관계가 없는, 무원인의
Akklamationsorgan *n.* 익체기관(翼替機關)
Akkreditierung *f.*; **akkreditieren** *v.* 신임장을 수여하여 파견하다, 전권을 주다
Akkreditiv *n.* ①신용권 ②{*als Dokument*} 신용장
Akkreditivauftraggeber *m.* 신용장 위탁자
Akkausationsprinzip *n.* {*StrR*-형} 탄핵주의(彈劾主義)
Akt *m.* {*i.S.v. Handlung*} 행위, 동작; ~feier Beweiswürdigung 심증형성행위
Akt
ehebrecherischer ~ 부정행위(不貞行爲);
einseitiger ~ 일방적인 행위;
formbedürftiger ~ 요식행위(要式行爲);
gebundener ~ 기속행위(羈束行爲);
gesetzgeberischer ~ 입법행위(立法行爲);
hoheitlicher ~ 공권행위(公權行爲);
obrigkeitlicher ~ 권력적<공권>행위;
politischer ~ 정치행위; prozessualer ~ 소송상의 행위; strafbarer ~ 범죄행위;
subversiver ~ 파괴행위(破壞行爲);
willkürlicher ~ 독단적 행위; zweiseitiger ~ 쌍방[적] 행위
Akte *f.* [사건] 기록(記錄)
Akten *pl.* 서류(書類), 기록(記錄), 서면(書面), 공문서(公文書)
Akten (*pl.*)
~ einsehen *v.* 서류<기록>를 열람하다;
~versenden *v.* 서류<기록>를 보내다<발송하다>
Akten~
~anforderung *f.* 기록송부(記錄送付)의 촉탁(囑託); ~auszug *m.* 소송기록의 발췌; ~beiziehung *f.* 기록참조<기록참고>;
~einsicht *f.* 기록<서류>열람;
~einsichtsrecht *n.* 기록<서류>열람권;
~inhalt *m.* 기록<서류> 내용; ~lage *f.* 기

록현장(記錄現場); ~lageentscheidung *f.* 기록현장판결; ~lageverfahren *n.* 기록현장 수속; ~register *n.* 기록부, 등기부, 호적부; ~übersendung<~versendung> *f.* 기록송부; ~verwertung *f.* {*als Beweis*} 관청급재판소 기록 서증 이용; ~vorlage *f.* 서류<기록>제공; ~zeichen *n.* 기록<서류>번호
aktenmäßig *a.* 기록<서류>상, 기록<서류>에 따르면
Aktie *f.* 주(株), 주식(株式)
Aktie
~ mit Nennwert 액면주식(額面株式); ~ mit Höchststimmrecht 제한의결권주(制限議決權株); ~ mit Stimmrecht 의결권주(議決權株式); ~ ohne Nennwert 무액면주식; ~ ohne Stimmrecht 의결권주 [식]
Aktie
ausgegebene ~ 발행제주식(發行制株式); eigene ~ 자기주(自己株); gebundene ~ 제한주식(制限株式); gewöhnliche ~ 보통주; junge ~ 신주(新株); nennwertlose ~ 무액면 주식; nicht ausgegebene ~ 미발행주식; stimmrechtslose ~ 의결권에서 배제된 주식
Aktien~
~ankauf *m.* 주식매입; ~anteile *pl.* 주식보유; ~ausgabe *f.* 주식발행; ~besitz *m.* 주식소유; ~besitzer *m.* 주주, 주식소유자;
~beteilgungen *pl.* 회사주주; ~betrag *m.* 주금액; ~bezugsberechtigter *m.* (*der* ~*e*) 신주인수권자; ~bezugsberechtigung *f.* 주식인수권; ~bezugsobligation *f.* 신주인수권부사채; ~bezugsrecht → ~*bezugsberechtigung*;
~börse *f.* 주식거래소; ~brief *m.* 주권(株券); ~buch *n.* 주주명부; ~dividende *f.* 배당금; ~einlage *f.* 주식투자; ~einzahlung *f.* 주식불입(株式拂入); ~einziehung *f.* 주식상환(株式償還); ~emission *f.* 주식발행; ~erwerb *m.* 주식취득; ~erwerber *m.* 주식취득자; ~fond *m.* [주식] 투신(投信);
~futures *pl.* ⓔ 주식선물(株式先物); ~geschäft *n.* 주식 거래; ~gesellschaft *f.* 주식회사(株式會社); ~gesetz *n.* → *Gesetzesregister*;
~handel *m.* 주[식] 거래; ~hinterlegung *f.*

주식예탁(株式豫託); ~holding n.특주[비율]; ~inhaber m.주주; ~investition f.고정자산투자; ~kapital n.주식자본; ~kurse pl.주식상장; ~liste f.주식명부; ~markt m.주식시장; ~mehrheit f.주식의 과반수 보유; ~neuausgabe f.신주발행; ~paket n.대량주(한 개인이 소유한 많은 액수의 주식); ~preise pl.주가; ~recht n.주식회사 관계 법규; ~stimmrecht n.주주의결권; ~teilung f.주식분할; ~übernahme f.주식양수(株式讓受); ~urkunde f.주권, 주식증서; ~verzeichnis n.주식명부; ~wert m.주식액면, 주가; ~wesen n.주식제도; ~zeichner m.주식신입인; ~zeichnung f.주식[인수]신입; ~zeichnungsschein m.주식신입서; ~zertifikat n.주권, 주식증서; ~zusammenlegung f.주식병합; ~zuteilung f.주식할당

aktienbezugsberechtigt a.신주인수권부(新株引受權附)
Aktion f.행동, 동작
Aktion
konzertierte ~ 집단적 행동
Aktionär m.주주(株主)
Aktionärs~
~ [haupt]versammlung f.주주총회; ~liste f.주주명부; ~rechte pl.주주권; ~seite f.주주 측(側); ~verzeichnis n.주주명부; ~vorschlagsrecht n.주주제안권
Aktiva pl.자산, 흑자
Aktiva (pl.)
materielle ~ 유형의 자산(有形資産)
Aktivlegitimation f.적극적 자격; mangelnde ~ 원고적격 흠결
Aktivsaldo m.차변(借邊)잔고
Akzept <**Akzeptation** f.> n.인수, 승낙
Akzeptant f.인수<승낙>인
Akzeptation f.{obs-고}→ Annahme → Abnahme
akzeptieren v.인수하다
Akzession f.첨부
Akzessorietät f.부종성(附從性); limitierte <beschränkte> ~ 제한적종속성
akzessorisch a.부차적인, 부가적인

alapa l. 폭력적 모욕의 형태로서 따귀때림 (Legisten)Alea iacta est : 주사위는 던져졌다(일은 이미 벌어졌다) (이 그리스 속담은 시저가 Rubikon 강을 건너며 한 말로 전하고 있다)
aleator l. 도박꾼(노름꾼)(사행(射倖)영업 또는 협정을 위험한 시도)
alias l. 달리, 그렇지 않으면
Alias <alias l.> m. 별명, 별칭
Alibi n.현장부재증명
alienatio l. 매각<양도, 위임>, 소유권이전(양도)
alienum l. 남의<생소한>
Alimenta cum vita finiuntur l. 생계비 청구는 삶을 마칠 때 끝난다
alimentatio l. 생계비(양육비)
Alimentation f.{obs-고}, 부양, 부조 → Unterhaltsleistung
alimentieren v.~를 부양<부조>하다
Aliquid haeret l. 진척되지 않다(계류중이다) → audacter calumniare...
aliud l. 다른 것, 다른 종류물의 급부
Aliud <aliud l.> n. 합의 대상<계약조건>과 다른 것
Aliudchrakter m.이질성(異質性)
Aliud pro alio invito creditori solvi non potest l. 채권자의 동의 없이 감행 될 수 없다-D. 12.1.2,1
Alkohol~
~delikt n.음주관련 범죄; ~delinquenz f.음주관련 범죄; ~mißbrauch m.과음(過飮); ~täter m.음주관련 범죄자
Alkohol- und Drogenstraftaten pl.명정범죄(酩酊犯罪), 약물범죄(藥物犯罪)
allata l. (결혼할 때) 지참한 재산
Allein~ 독점적~, 유일
Allein~ ~berechtigung f.독점권; ~besitz m.단독점유; ~besitzer m.단독점유자; ~eigentum n.단독<독점>소유; ~eigentümer m.단독소유자; ~erbe m.단독상속인; ~erbenrecht n.단독상속권; ~gesellschafter m.일인회사(一人會社)의 주주; ~händler m.전매자(專賣者); ~importeur m.수입대리점<업자>; ~recht

n.독점권; ~richter m. → Einzelrichter;
~schuldner m.단독채무자; ~sorge f.단독
친권; ~sorgeberechtigter m.(der ~~e) 단독
친권자; ~täter m.단독정범자(單獨正犯
者); ~täterschaft f.단독<정>범; ~ursache
f.유일(唯一)의 원인(原因); ~vertrieb m.
전매(專賣), 일수판매(一手販賣);
~vertriebrecht n.독점판매권;
~vertriebvertrag m.독점판매계약;
~vertriebsvertreter m.독점판매대리상;
~vertretungsbefugnis f.단순대표권한;
~vertretungsrecht n.독점대리권;
~verwaltung f. des Gesamtgutes 합유재
산(合有財産)의 단독관리
alleinig a.단독의, 유일한, 독점적인
alleinstehend a.독신의
Alleinstehender m.(der ~e) 독신자
alleinvertretungsberechtigt a.독점대
리권한의 자격을 지닌
Allgemein~
~begriff m.일반개념; ~gültigkeit f.보편
적 타당성; ~verbindlichkeit f.일반적구속력;
~verbindlichkeitserklärung f.일반적 구속력선
언; ~verfügung f.일반처분; ~wohl →
Allgemeinwohl
Allgemeine
~ Geschäftsbedingungen pl.보통계약약
관; ~ Handlungsfreiheit 일반적 행동의
자유; ~ Rechtsgrundsätze pl.법의 일반원
칙; ~ Versicherungsbedingungen pl.보통
보험약관; ~ Vorschriften pl.통칙(通則)
Allgemeiner
~ Gerichtsstand m.보통재판관할; ~
Gleichheitssatz m.일반적 평등원칙; ~
Teil m.통칙(通則), 총론(總論)
Allgemeines
~ Bürgerliches Gesetzbuch n.일반민법전;
~ Deutsches Handelsgesetzbuch n.일반
상법전; ~ Landrecht n.일반법전; ~
Persönlichkeitsrecht n.일반적 인격권
allgemeingültig a.보편타당한
Allgemeinheit f.공중(公衆)
allgemeinverbindlich a.일반적 구속
력을 지닌, 누구에게나 구속력이 있는
Allgemeinwohl n.공공의 복지, 공익

Allianz f.동맹
Alliierte pl.동맹자, 동맹〈연합〉국
Allmende f.공유물〈지〉
allodificatio l. 사유재산으로 봉토 변
경
allodium l. 처음에는 유산, 그 뒤에
인도(교부)에서(=세금, 공과금) 자유로
워 졌기에 세습재산, 자유 재산이 됨
Allonge f.{어음, 수표 등} 부전(付箋)
alluvio l. 충적토(물가에 있는 토지)
Altaktie f.구주식
Altehe f.구법 기, 혼인, 구혼
Altenheim n.양로원
altera pars l. 다른 부분; 반대되는 것
→ audiaturet...
alter ego l. 또 다른 나; 대리자
Alteri stipulari nemo potest l. 누구
도 다른 이를 위한 서약을 할 수 없다
(오늘날은 제삼자를 위한 계약이 가능
하다)
Alterius nomine agere non licet l.
타자 명의로 거래하는 것은 금지되어
있다(로마법에는 대행(대리)없음)
-D. 50.17.123
alternativ a.선택적인, 택일할 수 있는
Alternativ~
~antrag m.선택적 신청; ~anspruch m.
선택채권; ~entwurf m.{im StGB-형} [구
서독 형법전] 대안[초안]; ~obligation f.
선택채무; ~strafe f.선택형; ~vermächtnis
n.택일유증; vorsatz m.택일적 고의
alternativa obligatio l. 선택의 책임
Alters~
~heim n.[공립] 노인시설; ~rang m.[von
Anmeldungen] [출원] 순위; ~rang {bei
Menschen} 연령순위; ~rente f.노령<노
인>연금; ~ruhegeld n.양로정기금(養老
定期金); ~versicherung f.양로보험;
~versorgung f.양로 수당<보험금>;
~vorsorge f., betriebliche ~ 기업[내] 연
금제도; ~zulage f.연공가봉(年功加俸)
alterum tantum l. 그만큼 한 번 더,
두 배의
Ältestenrat m.{obs-고} 원로원
altius non tollendi servitus l. 이웃

토지의 (법적) 소유자에게 건물 등을 더 높이 건축하거나 증축하는 것을 금하는 기본 지역권(사용권)
altum silentium *l.* 깊은 침묵
alveus derelictus *l.* 황량한(마른) 강바닥을 연안(인근) 지역 주민에 해당(소속)된다
ambassator *l.* 변호사(법률 고문)
ambaxator *l.* 대사
ambitio *l.* 파당성(편파적임)
ambitus *l.* 배후; 국경 시찰; 담을 둘러치기(울타리); 공직에 지원
ambitus civitatis *l.* 시의 명예
Ambulatoria debet esse testatoris *l.* 죽은 자의 의사는 변해야만 한다(유언자 자유의 원칙)
Amendment *n.*ⓒ 수정(修正)
a mensa et toro *l.* 별거(카톨릭 혼인법에 따른 부부의 별거) → *separatio...*
amicabilis compositio *l.* 친절한 의사소통, 호의적인 합의
amicable compositeur *m.*ⓕ 우의중재인
amicitia *l.* 조약(條約)의 형태로서 우호조약
amissio *l.* (권리 또는 물품의) 상실
ammanuensis *l.* 법원서기 (옛 명칭)
Amnestie *f.* 사면(赦免), 특사(特赦);
amnestieren v.~를 사면(특사)하다
a momento ad momentum
→*comqutatio naturalis l.* 자연적 계산법
amortisatic, amorticatio,
amortizatio *l.* 양도 불능의 재산을 소유하고 있는 공공법인(교회)에 대하여 토지 등을 기부한다는 프랑스어에서 근원한 신라딘어 표현, 이것에 반해 국가적 측면에서는 14세기 이래로 이미 de non amortizando 법률안들이 공포되었다; 문서의 무효(실효) 선언; 분할하여 금액 반환 또 분할 지불
Amortisation *f.* 무효선언(회수(回收))
Amortisierung *f.* 소각(消却), 상환(償還), 무효선언(無效宣言)
amotae res *l.* (유산에서) 감춰진 물품들

amotio administrativa *l.* 면직; 1910년 이래로 카톨릭 성직자의 파면에 대한 소송절차(처리)
amotio rerum *l.* (이혼 소송 중인 부부 간의) 물품의 횡령(절취)
amplitatio *l.* (법원의)공판의 연기
amputatio *l.* 신체 손상의 심각한 형태로서의 훼손(북부 이탈리아 규약)
amputatio capitis *l.* 참수
Amt *n.* 1 {*konkret als Ort*} 관청, 사무국 ② {*als eine Befugnis*} 관직, 직무 ③ {*i.S.e. zuständigen Amts*} 당국
Amt
ein ~ antreten *v.* 취임<부임>하다; ein ~ ausüben *v.* 관직에 봉직하다; ein ~ niederlegen *v.* 퇴직하다; *jn.* eines ~ entheben *v.*~를 면직<해임>시키다; von ~s wegen 직무상
Amt
Auswärtiges ~ [구서독] 외무성; öffentliches ~ 공직
amtlich *a.* 직무상의, 관청의, 직권상의
Amts~
~antritt *m.* 취임; ~ausübung *f.* 직권집행; ~befugnis *f.* 직권, 직무권한; ~beleidigung *f.* 관직모욕; ~bescheid *m.* 통지서; ~betrieb *m.* 직권진행<수행>; ~bezeichnung *f.* 직무<신분>표시; ~betrieb *m.* 직무수행<진행>; ~bezirk *m.* 관할구역, 구역; ~blatt *n.* 법률관보, 관보; ~bürgerschaft *f.* {*von Beamten*} 신원보증; ~dauer *f.* ① {*als positive Festlegung*} 임기, ② {*i.S.e. Zeitbegrenzung*} 재직<재임>기한; ~dauer, während der ~ 재임 중; ~delikt *n.* 직무범죄; ~eid *m.* 직무<취임>선서; ~enthebung *f.* {*allgemein*} 면직; ~enthebung, vorläufige ~ 정직; ~entlassung *f.* {*von Beamten*} 공직추방; ~ermittlung *f.* 직권조사<탐지>;
~ermittlungsgrundsatz <~prinzip *n.*> *m.* 직권탐지주의; ~gebrauch *m.* 실무관례; ~geheimnis *n.* 직무상의 기밀; ~gericht → *Amtsgericht*; ~geschäft *n.* 직무; ~gewalt *f.* 직권; ~haftung *f.* 직무배상(공무원의 배상책임); ~handlung *f.* [, rechtswidrige ~] [위법 ~] 직권<직무>행위; ~kleidung *f.* 관

복, 직복; ~mißbrauch m. 직권남용;
~nachfolger m. 후임자; ~niederlegung f. 퇴
임; ~organ n. 관청기관; ~person f. 관리,
청(廳)직원; ~pfleger m. 보호<보좌>인;
~pflegschaft f. 직무상의 보호<보좌>;
~pflicht f. 직권<직무>상의 의무;
~pflichtverletzung f. 직무상 의무위반;
~richter m. 구재판소 재판관<판사>, 간
이재판소 재판관<판사>; ~siegel n. 공인,
관인; ~sitz m. 관할소재지; ~sprache f. 공
용어; ~stellung f. 직무상의 지위;
~tätigkeit f. 직무집행<행위>; ~titel m. 관
기, 관명; ~tracht f. → ~kleidung;
~untersuchung f. 직권탐지;
~untersuchungsgrundsatz m. 직권탐지주의;
~verbrechen n. 직무범죄;
~verschwiegenheit f. 직무상의 비밀보장;
~verschwiegenheitspflicht f. 직무상 비밀
보장의 의무; ~vorgänger m. 전임자;
~vorgesetzter m. (der ~~e) 직무상 관장;
~vormund m. 관청후견인; ~vormundschaft
f. 관청후견; ~walter m. 직무담당자; ~zeit
f. [Ablauf der ~] 임기; ~zimmer n. 사무
실; ~zustellung f. 직권송달
Amtsgericht n. 간이재판소
Amtsgericht
~gerichtsbezirk n. 간이재판소관할구역
analog a. 유추의
analog
~ anwenden v. 유추를 적용하다;
~ anwendbar sein v. 유추가 적용가능하다
analogia l. 유추
analogia
~ in bonam partem l. 피고인 유리 유
추; ~ in malem partem l. 피고인 불리
유추; ~ juris ≪juris≫ l. 법률상 유추
[적용]
Analogie f. 유추[해석], 유사
Analogie~
~schluß m. 유추해석; ~verbot n. 유추금지
analogiefähig a. 유추가 가능한, 유추
할 수 있는
Analyse f.; **analysieren** v. 분석 <분
해>하다
analytisch a. 분석<분해>적인

Anarchie f. 무정부<법률>주의<상태>
anarchis[tis]ch a. 무정부 〈법률〉 주의
적인
Anarchismus m. 무정부<법률>주의
Anarchist m. 무정부주의자
Anathema sit l. 그에게 천벌을! (교황
들 (권력자들)의 저주형태, 대부분 다른
교리를 주장하는 자들에 대해 사용)
anatocismus l. 이자의 이자 요구
anatocismus coniunctus l. 미지급된
이자는 이자의 원금에 가산되며 그 원
금에 다시 이자가 지급 된다
anatocismus disiunctus l. 미지급된
이자는 새로운 원금으로서 이자가 지
급 된다
Anberaumung f. {eines Termins};
anberaumen v. {einen Termin} ~을 정하
다, ~을 지정하다
Anbieten n.; **anbieten** v. 제공하다
Anbieter m./pl. 제공자<사>, 공급자
Anbieterkartell n. 판매서
Anciennitätsprinzip n. 연공서열[주의]
Anderkonto n. 타인[금전 관리 목적 향
[은행]강좌
Andersartigkeit f. 이질성
Änderung f.; **ändern** v. 변경<보정, 수
정> 하다; das Recht ~ v. 법률을 개정하
다
Änderung
~ des Firmennamens 상호명의 변경; ~
des Rechts 법(률)개정; ~ eines Gesetzes
법률개정
Änderungs~
~antrag m. 변경신청; ~befugnis f. 변경권
한; ~beschluß m. 변경결정; ~entwurf m.
수정안; ~klage f. 변경 소(訴); ~kündigung
f. 변경해지; ~recht n. 수정권; ~vorschlag
m. 수정제안
Androhung f.; **androhen** v. ~에게 ~을
하겠다고 위협(협박)하다
Aneignung f. 선점, 소유권 획득, 불법
적인 탈취; **aneignen** v. [sich etw. ~] ①
{StrR-형} 영득(領得)하다 (소유자가 없
는 물건 등에 대한 소유권을 불법으로
획득하다) ②{allgemein} 선점하다, 착

복하다

Aneignung, gewaltsame ~ 강탈
Aneignungs~
~berechtigter *m.(der ~e)* 선점권리자;
~berechtigung *f.* 선점권리; ~delikt *n.* 영득
죄; ~recht *n.* {*i.S.d. BGB*-민} 선점권;
~wille *m.* ⑴{*i.S.d. BGB*-민} 소유의사,
⑵{*i.S.d. StGB*-형} 영득의사

Anerbe *m.*; **Averbin** *f.*(농토의) 단독
상속(인)

Anerbenrecht *n.* 일자상속법[제] <권>

an Erfüllung Statt 이행에 갈음하여

anerkannt *a.* 승인된, 인정받은

anerkennen *v.* 승인하다, 인지하다, 인
낙<인용>하다

anerkennen
die Vaterschaft ~ 부자관계를 인지하다;
eine Schuld ~ 책무를 인정하다; einen
Anspruch ~ 요구를 받아들이다

Anerkenntnis *f.* 승인(承認), 인지(認知)

Anerkenntnis
~ der Unterhaltspflicht 부양의무인지; ~
der Vaterschaft 임의인지(任意認知); ~ des
Anspruchs 채권인낙(債權認諾); ~ im
Prozeß 소송상의 청구인낙(請求認諾)

Anerkenntnis~
~erklärung *f.* 인낙(認諾)의 의사표시;
~protokoll *n.* 인낙조서(認諾調書); ~urteil
n. 인낙판결

Anerkennung *f.* ⑴ {*i.S.d.* Schuldrecht
und *allgemein*} 승인 ⑵{*i.S.d. ProzR*-소}
인낙(認諾) ⑶{*i.S.d. FamR*-족} 인지

Anerkennung
bedingte ~ 조건부승인; freiwillige ~ 임
의적승인; formelle ~형식적승인; gegenseitige
~ 상호승인; reziproke ~ 상호승인

Anerkennung
~ ausländischer Diplome 외국학위인정;
~ ausländischer Urteile 외국판결의 승
인; ~ unehelicher Kinder 비적출자(非嫡
出子)의 승인(承認)

Anerkennung der
~ Rechtsgültigkeit 법적효력승인

Anerkennung von
~ Regierungen 정부승인; ~ Staaten 국

가승인

Anerkennungsurkunde *f.* 인낙증서

Anfall *m.*; **anfallen** *v.* 부수적으로<결
과적으로> 생기다, 발생하다

Anfall
~ einer Erbschaft 상속개시(세습개시)
<귀속(歸屬)>; ~ eines Rechts 권리의 발
생

Anfallprinzip *n.* 귀속주의(歸屬主義)

Anfang *m.* **der Ausführung** 실행개
시, 착수

anfänglich *a.* 원시적인, 처음의

Anfangs~
~kosten *pl.* 개시비용; ~termin *m.* 시기;
~vermögen *f.* {*beim* → *Zugewinn*} 초기재
산

anfechtbar *a.* 논란<이의, 반박>의 여지
가 있는

Anfechtbarkeit *f.* 취소가능성

Anfechtung *f.*; **anfechten** *v.* (무엇에
대해) 이의를 제기하다, (무엇을) 반박
하다; {*i.S.d. KonkR*-파} 부인하다

Anfechtung der
~ Ehe 혼인취소; ~ Ehelichkeit 적출(嫡
出)의 부인(否認); ~ Erbfolge 상속순위
의 부인(否認); ~ Schenkung 증여취소

Anfechtung des
~ Testaments 유언취소; ~ Verwaltungsaktes
~ 행정행위취소

Anfechtung wegen
~ arglistiger Täuschung 사기<기만>으로
인한 취소

Anfechtung
teilweise ~ 일부취소; unverzügliche ~
즉시적인 취소

Anfechtungs~
~befugnis *f.* 취소권, 부인권, 이의<불복>;
~berechtigter *m.(der ~e)* 취소<불복신청>
권[리]자; ~berechtigung *f.* 취소권, 부인
권, 불복, 불복신청권; ~erklärung *f.* 취소
<부인, 불복신청>의사표시; ~frist *f.* 취
소<부인, 불복신청>기간; ~gegner *m.* 취
소상대방; ~grund *m.* 취소원인; ~klage *f.*
취소소송; ~prozeß *m.* 취소<항고>소송;
~recht *n.* 취소권, 부인권; ~urteil *n.* 취소

판결
anfechtungsberechtigt *a.*불복<취소청구>할 수 있는 자격이 있는
anführen *v.*{*i.S.v.* → *zitieren*} (보기, 이유 등) ~을 들다, 언급하다, 열거하다
Anfertigung *f.;* **anfertigen** *v.*~을 작성하다, ~을 생산<제조>하다
Anforderung *f.;* **anfordern** *v.*요구하다
Angabe *f.* **von Gründen** 이유 설명 <표시>
Angaben (*pl.*)
~ zur Person [증인, 감정인등] 인정심문; ~ zur Sache [피고인] 사실관계 설명
angariae *l.* 근무; 세금(공과금), 세금; 국가공무원의 운송에 대한 농부가 마소를 동원하여 하는 부역
Angebot *n.; jm.* ein ~ machen *v.*① {*allgemein*}[계약 등] 신청 ②{*für Sachen*} [물]제공 ③{*i.S.v. Ausschreibung*} 입찰
Angebot
bindendes <verbindliches> ~ 구속력신청; mündliches <wörtliches> ~ 구두신청 hriftliches ~ 서면신청; stillschweigendes ~ 묵시적 신청; tatsächliches ~ 사실상의 신청; wörtliches ~ 구두상의 신청
Angebot
~ der Erfüllung <Leistung> 이행의 제공
Angebots~
~kartell *n.*경함;
~preis *m.*{*bei Ausschreibungen*} 입찰가격
Angehen gegen eigenes Handeln wird niemandem zugestanden 금반언원칙
Angehörige *pl.*; nahe ~ 근친자(近親者)
Angehöriger *m.*(*der* ~*e*) ①친척, 근친자, ②소속원
Angeklagte *f.*여성피고[인]
Angeklagte *pl.*피고인(被告人)
Angeklagter *m.*(*der* ~*e*) 피고인
Angelegenheit *f.*사건
Angelegenheit
~ der freiwilligen Gerichtsbarkeit 비송사건(非訟事件)

Angelegenheit
auswärtige ~ 외교사무; innere ~ 입국문제; nichtstreitige ~ 비송사건
angemessen *a.*적절<정당, 상당>한
Angemessenheit
~ der Notwehrhandlung 위급할 시 행위의 정당성
Angemessenheits~
~erfordnis *n.*상당성(相當性)의 필요[성]; ~klausel *f.*상당성의 규정
angenommen *a.*①{*gedanklich*} ~으로 추측할 때 ②{*tatsächlich*} ~으로 가정할 때
angeschlossen *a.*첨부한
Angeschuldigter *f.*(*der* ~ *e*) 피의자
Angestellte *f.,* **weibliche** ~ 여성사무직근로자
Angestellten~
~versicherung *f.*종업원을 대상으로 한 사회보험; ~zahl *f.*종업원수
Angestellter *m.*(*der* ~*e*) ①{*allgemein*} 피용자, 직원 ②{*im Gegensatz zu Arbeiter*} 종업원
Angestellter *m.,* **leitender** ~ 관리직
Angestifteter *m.*(*der* ~*e*) 피교사자
Angewiesener *m.*(*der* ~*e*) 피지도인
anglo-amerikanisch *a.*영미계통의
Angreifer *m.*; **Angreifende** *m.*공격자
Angriff *m.*; **angreifen** *v.*~를 공격하다, ~을 침해하다
Angriff
gegenwärtiger ~ 급박침해; persönlicher ~ 인신공격; rechtswidriger ~ 위법침해; tätlicher ~ 폭행
Angriffs~
~gegenstand *m.*침해대상; ~handlung *f.* 공격행위; ~krieg *m.*공격전쟁; ~mittel *pl.*공격방법; ~objekt *n.*공격객체; ~wille *m.*공격<침해>의사
Angriffs- und Verteidigungsmittel
*pl.*공격, 방어방법; verspätet vorgebrachte ~ 시기 지(遲:오랠 지) 공격·방어방법
Anhänger *m./pl.*; ~ der ~lehre ~설 지지 학자

anhängig a.1.(→ rechtshängig) 계류 중인 2.(i.S.v. noch ~) 미정인
Anhängigkeit f.(→ Rechtshängigkeit) 계속
Anhang m.[~ zu etw.] 추가
anheuern v.~를 채용(고용)하다
Anhörung f.; **anhören** v.심문 <심문, 청중>하다
Anhörung
öffentliche ~ [als Versammlung] 공청[회], 공개
Anhörung
~ der Eltern 양친심문; ~ des Beklagten 피고인심문; ~ des Schuldners 채무자심문; ~ des Vormundes 후견인심문; ~ des Zeugen 증인심문
animo irato, animo malo l. 흥분상태에서(거래)
animus l. 의도, 의지; (굳은) 결의 (화고한)의도
animus
~ auctoris l. 자기 행위 의사, 자기 범죄 범 의사, 정범의사; ~ belligerendi l. 전의; ~ possidendi l. 점유의사; ~ socii l. 타인 행위 의사, 타인 범죄 가 의사, 가담의사
animus auctoris l. 범인의 의도
animus domini l. 자신의 물품을 소유하려는(사유재산) 그리고 그 물품으로부터 모든 다른 이들을 멀리 떼어 놓으려는 소유자의 의지
animis donandi l. 증여의도, 증여의지
animus fraudandi l. 사기의도
animus iniurande l. 명예훼손, 모욕의 의도
animus malus l. 악의, (화고한)의도 (18세기)
animus manendi et nunquan (ad prius domicilium) revertendi l. (선택된 거처)에 머무르려는 그리고 이전의 거처로 걸코 돌아가지 않으려는 의도(국제사법상 국적원칙 내지는 주거시 원칙의 문제)
animus novandi l. 하나의 요구(청구)

를 삭제하고 그것을 위해 다른 새로운 것을 세우려는 의도
animus obligandi l. 책임의사
animus occidendi l. 살인의도
animus rem sibi habendi l. 물품을 홀로 소유하려는 의지, 소유의지
animus socii l. 공범의사(공범에 대한 의도)
Ankauf m.구입, 구매
Ankäufer m.구입<구매>자
Ankaufsrecht n. [z.B. bei leasing] 매매 완결권
Anker~
~geld n.정박료<선>; ~stelle f.정박지
Anklage f.; **anklagen** v.~를 기소[제기]하다, 고발하다
Anklage
öffentliche ~ 공소
Anklage~
~bank f.피고석; ~behörde f.기소관청; ~erhebung f.공소제기; ~monopol n.기소독점, 공소권 국가전속; ~prinzip n.공소주의; ~rate <~quote> f.기소율; ~recht n.[~ des Staates] [국가의] 기소권; ~schrift f.기소장; ~vertreter m.소추자, 검찰[관], 고발인
Ankläger m.원고인, 공소인
Anknüpfungspunkt m.연결점
Anlage f.1.(i.S.v. technischer Anlage) 설비, 공작물, 공장설비 2.(i.S.v. finanzieller Anlage) 자본, 출자, 투자; 3.(i.S.v. Schriftstücken) 첨부<부수적인> 서류, 부속문서 4.(i.S.v. erblicher Anlage) 소질
Anlage (i.S.v. 1)
genehmigungsbedürftige ~ 인가가 필요한 시설; genehmigungsfreie ~ 인가가 불필요한 시설; ortsfeste ~ 고정시설
Anlage~
~berater m.투자고문; ~beratung f.투자고문; ~beratungsbetrug m.투자고문사기; ~beratungsgeschäft n.투자자문업무; ~beratungsvertrag m.투자자문계약; ~hypothek f.투자저당; ~investitionen pl. 고정자산투자; ~vermöten n.투자재산, 고정자산

Anlagen~
~geschäft n. 수출업; ~ kapital n. 설비투자
anlegen v.~을 투자하다
Anlegerschutz m. 투자자 보호
Anleihe f. 채권, 사채
Anleihe f., **öffentliche** ~ 공채
Anleihe~
~aufnahme f. 기채; ~bedingungen pl. 공채<사채> 조건; ~emission f. 공채<사채> 발행; ~gläubiger m. 공채<사채> 채권자; ~prospekt m. 공채<사채> 모집서; ~schein m. 사채권; ~schuldner m. [채권]채무자; ~tilgung f. 사채 상환; ~zins m. 채권금리
Anleger <Investor m.> f. 투자자
Anlernling m. 견습공
Anliegen n. {schriftliches ~} 청원(請願)
anliegend a. 부수적인; 동봉하는, 첨부하는; 인접한, 이웃의
Anmahnung f. = → Abmahnung → Mahnung; mahnen
Anmelde~ {s. auch → Stichworte Melde~}
~erfordernis n. 신고<등록>의무; ~frist f. 신고<등록>기간; ~gebühren pl. 신고<등록> 수수료; ~kriterien pl. 신고<등록>규준; ~pflicht f. 신고<등록>의무; ~pflichtiger m. (der ~e) 신고<등록>의무자; ~system n. 신고<등록>제도; ~tag m. 출원일; ~verfahren n. 출원<계출>수속절차
anmelden v. 신고<등록>하다
Anmelder <Anmeldende~ m. 출원인
Anmeldung f. 출원, 등록
Anmeldung
~ einer Konkursforderung 파산채권 등록
Almeldungsgegenstand m. 출원대상
Anmerkung f.; **anmerken** v.~에 관해 주석을 달다
Anmerkung
~ des Übersetzers 역주
Annahme f.(→Abnahme); **annehmen** v. ①승낙하다, 수령하다 ②{i.S.e. Handlung, als Entgegennahme} 승인<수리, 인수>하다
Annahme
bedingte ~ 조건부수령<인수>; fehlende ~ 승낙흠결; stillschweigende ~ 묵시적 승인; verspätete ~수령지연; vorbehaltslose ~ 유보수령
Annahme
~ an Erfüllung statt 대물변제; ~ an Kindes statt <= → Adoption> 양자연조; ~ eines Angebotes 신입승낙; ~ der Berufung 항소허가; ~ eines Antrages 신청의 수리; ~ eines Antrages {beim Amt} 신청의 승인; ~ einer Erbschaft 상속승인
Annahme~
~erklärung f. 수락의사표시; ~frist f. 승인<수령>기간; ~kriterien pl. 승인기준; ~pflicht f. 인수<승인>의무; ~revision f. 허가상고; ~verhinderung f. 수령방해; ~verweigerung f. 인수<승인>거절; ~verzug m. 인수<승인, 수령>지체; ~vertrag m. 양자연조계약; ~wille m. 승낙 의사표시; ~zwang m. 인수강제
Annahme f.; **annehmen** v.③{i.S.v. etw. gedanklich ~} ~을 전제로 하다, ~을 가정하다
annahmenbedürftig a. 승낙이 필요한
annalis l. 일 년 지속, 일 년 권한 있는
annatae l. 비어 있는 영지의 대여를 그 영지를 교황청에 인도
annektieren v. [영지] ~을 병합하다
annexio l. (남의 영토) 합병
Annexion f. [영지]병합
anni currentis (a. c.) l. 당 해년도
anni praeteriti (a. p.) l. 지난해에
anno urbis conditae l. (로마) 시의 설립 년도에 → ab urbe condita
annullatio l. 폐지, 무효화, 종결
Annullierung f. 파기, 취소, 무효소송; **annullieren** v.~을 파기하다, ~에 대해 무효소송을 하다
Annuntio vobis gaudium magnum habemus papam l. 내가 너희에게 큰 기쁨을 선언하노라: 우리는 교황이 있다(교황선출 후 선언의 첫 단어)
annus discretionis l. 식별해(14세- 그 연령까지 부모가 종교상의 소속을 규

정했다)
anonym *a.*익명의
Anonymisierung *f.*; **anonymisieren** *v.*익명화하다
Anonymität *f.*익명성(匿名性)
Anordnung *f.*; **anordnen** *v.* ~을 명령하다, 지시하다
Anordnung
auf ~ des Gerichts 재판소명령
Anordnung
abweichende ~ 저촉명령(抵觸命令); besondere ~ 특별명령; einseitige ~ 일방(적) 명령; Einstweilige ~ 가처분; gerichtliche ~ 재판소 명령; gesetzliche ~ {i.w.S.} 규율, 규정; letztwillige ~ 종의처분; nachträgliche ~ 추가명령; polizeiliche ~ 경찰명령; richterliche ~ 재판관명령; schriftliche ~ {als Dokument} 명령서
Anordnung der
~ Urkundenvorlage 문서제출명령; ~ Beweisaufnahme 증거청취<증거조사>명령; ~ Einstellung der Zwangsvollstreckung 강제집행정지명령; ~ Parteivernehmung 당사자심문명령; ~ Zwangsvollstreckung 강제집행명령
Anordnung des
~ persönlichen Erscheinens 본인출두명령
Anpassung *f.*; **anpassen** *v.*[an *etw.* ~] ~에 적응시키다
Anrainer *m./pl.* → *Anwohner*
Anrainerstaaten *pl.*연안국
Anrechnung *f.*산입(算入); **anrechnen** *v.*~을 평가하다, ~을 계산에 넣다
Anrechnung
~ auf die verhängte Strafe 과형기간을 산입하다; ~ der U(ntersuchungs) haft 미결구금을 산입하다; ~ von Teilleistungen 변제를 충당하다
Anrecht *n.*구체적 발생 권리
anrufen *v.*[*ein Gericht* ~] 상소하다; ein höheres Gericht ~ 상급법원에 상소하다
Anschaffung *f.*; **anschaffen** *v.*~을 구입<취득>하다

Anschaffungspreis *m.*구입가액
Anschauung *f.*견해, 학설
Anschein *m.*인상, 걸보기
Anschein
auf den ersten ~ 일견, 외관, 외양
Anscheins~
~beweis *m.*추정증거; ~prokura *f.*표견 포괄 대리권<지배권>; ~vollmacht *f.*표현수권(表現授權)
Anschluß~
부대(附帶)~
Anschluß~
~berufung *f.*부대공소(附帶控訴); ~beschwerde *f.*부대항고(附帶抗告); ~erinnerung *f.*부대이의(附帶異議); ~konkurs *m.*부대파산(附帶破産); ~konnossement *n.*접속선하증권(接續船荷證券); ~pfändung *f.*부대차압(附帶差押); ~rechtsmittel *n.*부대상소(附帶上訴); ~revision *f.*부대상고(附帶上告); ~verfahren *n.*{*KonkR-*과} 긴연수속(牽連手續); ~vertrag *m.*부합계약(付合契約)
Anschrift *f.*; **ladefähige** ~ 완명, 호출장 송달 주소
Anschuldigung *f.*고발, 고소
Anschuldigung
falsche ~ {als *Delikt*} 무고죄(誣告罪)
ansehen *v.*[*etw* als erwiesen ~] ~이 입증되었다고 간주하다
ansetzen *v.*[einen Termin ~] 기일을 정하다, 기일을 잡다
Ansichbringen *n.*영득(領得)
Ansicht *f.*의견, 견해, 학설
Ansicht
nach ~ des Gerichts 재판소측 견해에 따르면; zur ~ 견본으로, 검사하기 위해서
Ansicht
allgemeine ~ 일반견해; herrschende ~ 지배적 견해; gesellschaftliche ~ 사회통념
Anspruch *m.*; *jn.* in ~ nehmen *v.*1 ~에게 요구<청구>하다 (2 ~을 이용하다
Anspruch, einen
~ablehnen *v.*{beim *Gericht*} 청구를 기각하다; ~ abtreten *v.*청구권을 양도하다;

~ anerkennen v.청구권을 인정하다;
~ anmelden v.청구를 관철시키다;
~aufrechterhalten v.청구권을 유지하다;
~ befriedigen v.청구에 만족하다;
~ begründen v.청구권에 대한 이유<근거>를 제시하다; ~ bestreiten v.청구를 부인하다; ~ dem Grunde nach anerkennen v. 청구원인을 인정하다; ~ erheben v.청구하다; ~ geltend machen v.청구를 관철시키다; ~ galubhaft machen v.납득이 갈만한 근거에 기초해 청구하다; ~ insgesamt zurückweisen v.일체의 청구를 기각하다; ~ stellen v.청구하다; ~ substantiieren v.청구원인을 구체화하다; ~ zurückweisen v.청구를 각하하다

Anspruch, sich eines
~~ ~s begeben v.[소송 외] 청구권을 포기하다; ~~ ~s berühmen v.[소송 외] 청구 주장

Anspruch
akzissorischer ~ 종속 청구(권); bedingter ~ 조건부 청구<채권>; befristeter ~ 기한부 청구(권)<채권>; begründeter ~ 이유 청구[권]; bereicherungsrechtlicher ~ 부당이득반환청구(권); deliktischer ~ 불법행위손해배상청구(권); dinglicher ~ 물권적 <물적>청구권; einredebehafteter ~ 항변청구(권); formeller ~ 형식적 청구(권); gesetzlicher ~ 법률상<법정>청구(권); gleichartiger ~ 동종청구(권); hilfsweiser ~ 예비적청구(권); materieller ~ 실질적청구(권); negatorischer ~ 방해배제<부인적> 청구(권); nichtvermögensrechtlicher ~ 비재산적청구(권); obligatorischer ~ 채권적 청구(권); persönlicher ~인적청구(권); posessorischer ~ 소유권기청구(권); prozessualer ~ 소송상청구(권); quasivertraglicher ~ 준계약상의 청구(권); rechtlicher ~ 법적청구(권); schuldrechtlicher ~ 채권법상청구(권); streitiger ~ 계쟁청구(권); übergegangener ~ 이전청구(권); unbegründeter ~ 이유 청구(권); vermögensrechtlicher ~ 채권법상청구(권); vertraglicher ~ 계약상청구(권); vertragsrechtlicher ~ 계약법상청구(권);

vollstreckbarer ~ 집행력청구(권); zivilrechtlicher ~ 민법상청구(권); zuschützender ~ 보전<피보전>권리; zu vollstreckender ~ 집행청구(권)

Anspruch auf
~ bevorzugte Befriedigung 우선변제 수권리; ~ gesetzlichen Schutz 법적보호권; ~Mängelbeseitigung 하자수보(瑕疵修補)의 청구권; ~ positives Tun 적극적 행위<작위>청구(권); ~ rechtliches Gehör 법률상 심문의 권리, 심문청구권; ~ Rücktritt (vom Vertrag) 계약해제청구권; ~ Vertragserfüllung 계약이행청구권; ~ Vormerkungseintragung 등기이전청구(권); ~ wiederkehrende Leistungen 정기급부 청구(권)

Anspruch auf
~ Aufwendungsersatz 비용상환청구권; ~ Auseinandersetzung 분할청구(권); ~ Dividendenzahlung 이익배당청구권; ~ Erbauseinandersetzung 유산분할청구[권]; ~ Erfüllung 이행청구권; ~ Herausgabe 반환청구권; ~ Kaufpreiszahlung 매매대금청구권; ~ Minderung 대금감액청구권; ~ Patenterteilung 특허부여권리; ~ Prozeßzinsen 소송관련이자청구권; ~Rechnungslegung 회계감사청구권; ~Schadenersatz 손해배상청구권; ~ Tun oder Unterlassen 작위, 부작위 청구권; ~ Unterhalt 부양청구[권]; ~ Urkundenvorlage f.문서제출청구권; ~ Wandelung f.해제청구권

Anspruch aus
~ abgetretenem Recht 양수권리 기 청구(권); ~ eigenem Recht 자기 권리 기 청구(권); ~ unerlaubter Handlung 불법행위 기 청구(권); ~ ungerechtfertigter Bereicherung 부당이득 기 청구[권]

Anspruch aus
~ Besitzstörung 점유보특청구권(占有保特請求權); ~ Vertrag 계약상의 청구(권)

Anspruch wegen
~ Besitzentziehung 점유회수청구(권); ~ Besitzstörung 점유방해 기 청구(권)

Anspruchs~
~begründung *f.* 청구이유; ~berechtigter *m.(der ~e)* 권리자, 청구권자; ~erweiterung *f.* 청구권의 확장; ~fassung *f.* 청구(범위)문언; ~grund *m.* 청구기초; ~grundlage *f.* 청구권근거규범; ~häufung *f.* 청구병합; ~konkurrenz *f.* 청구권경합; ~steller *m.* 청구권자; ~summe *f.* 청구액; ~übergang *f.* 청구권이전; ~verjährung *f.* 청구권 실효소멸; ~verwirkung *f.* 권리실효; ~verzicht *m.* 청구포기

anspruchsbegründend *a.* 청구권의 근거가 되는

Anstalt *f.* 시설(施設)

Anstalt
offene ~ {i.S..e. Strafanstalt} 해방시설(解放施設); öffentliche ~ 영조물법인(營造物法人), 공공시설; sozialtherapeutische~ 사회치료시설; städtische ~ 도시영조물(都市營造物)

Anstalts~
~arzt *m.* 시설내의 의사; ~benutzungsordnung *f.* 영조물규칙(營造物規則); ~gewalt *f.* 영조물권력; ~insasse *m.* {zwangsweise, i.S.d. Haft, usw.} 재감자(在監者); ~ordnung *f.* 시설<영조물>규칙; ~personal *n.* 시설직원; ~polizei *f.* 영조물내의 경찰; ~unterbringung *f.* 시설수용; ~vormund *m.* 영조물<시설>후견인; ~vormundschaft *f.* 영조물<시설>후견

anstaltsintern *a.* 시설 내의

Anstandsschenkung *f.* 예의 증여

Anstellung *f.*: **anstellen** *v.* ~를 고용하다

Anstellungs~
~verhältnis *f.* 고용<임용>관계; ~vertrag *m.* 고용<임용>계약

Anstifter *m.* 교사자(教唆者)

Anstiftung *f.* 교사(教唆), 교사범(教唆犯); *jn.* **anstiften** *v.* ~를 선동<교사, 사주>하다

Anstiftung
erfolglose ~ 결과교사; gemeinsame ~ 공동교사(共通教唆); mittelbare ~ 간접교사(間接教唆); ~ versuchte 교사미수(教

唆未遂)

Anstiftung
~ zum Versuch 미수(未遂)의 교사(教唆); Versuch der ~ 교사(教唆)의 미수(未遂)

Anstiftungs~
~handlung *f.* 교사행위(教唆行為); ~mittel *pl.* 교사수단(教唆手段); ~tat *f.* 교사범(教唆犯); ~vorsatz *m.* 교사의 고의(故意)

ante Christum natum (a. Chr. n.) *l.* 서력 기원 전

ante elapsum terminum *l.* 기한 만료(만기) 전에

Anteil *n./m.* 1 {an Sachen} 지분, 할당 2 {an Geldwerten} 배당[금]

Anteil
abgetretener ~ 양도부분

Anteil
~ am Gesamtgut 총재산 지분; ~ am Geschäftsgewinn 이익배당; ~ am Gemeinschaftseigentum 공동 소유 지분; ~ eines Miterben 상속분

Anteil~
~haftung *f.* 지분에 대한 책임; ~schein *m.* 지분소유증서

Anteile *pl.* **gleiche ~** 평등한 지분

Anteils~
~berechtigter *m.(der ~~e)* 지분권리자; ~eigner *f.* 기업가입자, 출자자; ~faktor *m.* 지분; ~gläubiger *m.* 특분적채권자(特分的債權者); ~schein *m.* 특분(特分)증서; ~schuld *f.* 특분적 채무(特分的債務)

anteilig *a.* 지분에 따른

anteilsberechtigt *a.* 지분에 대해 권한이 있는

antezipierte Eignung 예정된 물권변동의 합의

antezipierte Sicherungsübereignung 예정된 담보

antichreticum, antichresis *l.* 이용(수익, 용익) 저당물(담보물, 보증금, 예치금) (이용계약)

Anti-Dumping~
~Regeln *pl.* 반덤핑규제; ~Aufschlag *m.* 반덤핑세[율]

Anti-Folter~
~deklaration f.고문금지선언; ~konvention f.고문금지조약
Anti-Monopolgesetzgebung f.반독과점입법
antipherna → donatio propter nuptial l.
antiquo (A.) l. 나는 옛 것대로 그대로 하며, 포기(기각)한다 (법안에 대한 투표(표결)에서 투표판 표시)
Antrag m.①{allgemein} 신청, 신고, 고소 ②{i.S.v. Klage} 청구 ③{Parlament} 동의
Antrag, einem ~
~ stattgeben v.청구<신청>를 들어주다 (허가하다)
Antrag, einen ~
~ ablehnen v.신청을 각하하다; ~ annehmen v.{i.S.v. tatsächlich ~} 신청을 수리하다 (받아들이다); ~ begründen v.신청에 대한 이유를 밝히다; ~ einreichen v.신청에 대한 안건을 제출하다; ~ stellen v.공식적으로 신청하다
Antrag
aktueller ~ 현실청구(現實請求);
bedingter ~ 조건부청구(條件附請求);
begründeter ~ 근거에 바탕을 둔 청구;
bestimmter ~ 일정한<구체적인> 청구<신청>; formloser ~ 무형식의 신청<청구>; sachdienlicher ~ 적절한 신청<청구>; unbestimmter ~ 불특정한 신청<청구>; unbezifferter ~ 금액 표시 신청<청구>; vorsorglicher ~ 예비적 신청<청구>
Antrag auf
~ Abschluß eines Vertrages 계약체결의 신청(申請); ~ Abweisung der Klage ①~ als unzuverlässig 소(訴)의 각하(却下) 청구(請求) ②~ als unbegründet 소의 기각(棄却) 청구; ~ Anberaumung eines Termins 기일지정 신청<청구>;
~ Anordnung der Sicherheitsleistung 보증제공의 신청<청구>; ~ Anordnung der Untersuchungshaft 구류청구;
~ Beweiserhebung 증거조사<수집>의 신청; ~ Beweissicherung 증거보전신청;

~Eintragung ins Grundbuch 등기신청(登記申請); ~ Ehescheidung 혼인신고; ~ Entmündigung 금치산신청(禁治産申請); ~ Erlaß einer einstweiligen Verfügung 가처분신청(假處分申請); ~ Eröffnung der Haftgründe 구류이유개시의 청구; ~ Eröffnung des Konkursverfahrens 파산수속개시의 신청; ~ Fristverlängerung 기간연장신청; ~ Genehmigung 인가(認可) 신청; ~ Klagerücknahme {als Dokument} 소 취하서; ~ Rechnungslegung 계산제시신청; ~ Registereintragung 등기신청; ~ Urkundenvorlage 문서제출신청; ~ Urteilsberichtigung; 판결경정의 신청; ~ Vollstreckungsaufschub 집행정지신청; ~ Wiederaufnahme <des Verfahrens> 재심신청; ~ Widerspruchsbescheidung {gegen die nächsthöhere Behörde im VerwR-행} 심사청구; ~ Zulassung der Revision 상고[허가]신청
antragen v.[auf etw. ~] {obs-고}→ einen Antrag auf etw. stellen
Antragender m.(der ~e) 신청인
Antrags~
~berechtigter m.(der ~e) 고소권자; 신청권한이 있는 자(者); ~berechtigung f.신청권한; ~delikt n.친고죄(親告罪); ~formular n.신청<출원>서식; ~frist f.신청(申請)<고소(告訴)>기간; ~gegner m.피신청자, 피갑입인(被甲入人)의 상대방; ~recht n. 신청권(申請權); ~rücknahme f.신청취하(申請取下); ~schrift f.신청서; ~steller f. 신청인; ~stellung f.신청; ~verbrechen n. 친고죄(親告罪); ~verfahren n.신청수속; ~voraussetzungen pl.신고요건
Antreffungsvermerk m.원본보지자료시문언
Antretungserklärung f.승인의사표시 (承認意思表示)
Antritt m. **von Beweisen** 입증개시
Antwort f.[abschlägige ~] [거절의] 회답<반답>
anvertrauen v.[jm. etw. ~] ~에게 ~을 위탁하다<맡기다>
anvertraut a.~을 위탁<수탁>한

Anwachsung f.(다상속권자의 탈락에 의한) 상속지분의 승가, 증액;

anwachsen v.끊임없이 증가하다, 늘어나다

Anwalt m.{→*Rechts*~} 변호사, 변호인
Anwalt ~ des Beklagten 피고(인) 변호사<변호인>; ~ des Klägers 원고 변호사<변호인>

Anwalt als ein ~ auftreten v.변호사로 나오다; sich einen ~ nehmen v.변호사를 선임하다

Anwalt beratender ~ 고문변호사; gegnerischer ~상대[방<측>] 변호사<변호인>; klägerischer ~ 원고[방<측>] 변호사<변호인>; prozeßführender ~ 소송을 진행하는 변호사

Anwaltschaft f.변호사직, 변호사계

Anwalts~ ~beiordnung f.변호사의 부첨(附添); ~bestellung f.변호사; ~büro n.<= ~kanzlei f.> 변호사사무소; ~gebühr, gesetzlich festgelegte ~ f.법정에서 소요되는 변호사비용; ~gebühren pl.변호사 수임료; ~haftungsrecht n.변호사의뢰자의 책임권한; ~honorar n.변호사의 보수(報酬); ~kammer f.변호사회(辯護士會); ~notar m.변호사 공증인; ~prozeß m.변호사소송, 필요적 변호사건; ~sozietät f. 공동경영[법률]사무소; ~tätigkeit f.변호사활동; ~zwang m.변호사강제(제도)(辯護士强制制度); ~zustellung f.변호사간의 서면송달(書面送達)

Anwartschaft <~srecht n.> f.기대권
Anwartschaft f. dingliche ~ 물권적 기대권(期待權)

Anwartschafts~ ~berechtigter m. 기대권자; ~recht n. 기대권

Anweisung f.: **anweisen** v.~을 지도하다, ~을 지시<위임>하다, ~을 지정<할당>하다

Anweisung f.{an andere Behörde von Behörde} 훈령(訓令)

Anweisender m.(der ~e) 지도인
Anweisungsempfänger m.지도수취인
anwendbar a. **gewerblich ~** 영업상 이용 가능한

Anwendbarkeit f.적용가능성, 이용가능성

anwenden v.~을 적용<채용, 이용>하다

anwenden analog ~ 유추적용하다; sinngemäß ~ <entsprechend ~> v.~을 준용(準用)하다

Anwendung finden v.~을 적용하다
Anwendung
analoge ~ 유추(해석)적용; entsprechende ~ 준용(準用); rückwirkende ~ 소급적적용(遡及的適用)

Anwendung von Gewalt 폭력 행사
Abwendung f.: **abwenden** v.~을 예방하다<막다>

Abwendung ~ der Zwangsvollstreckung 강제집행(强制執行)의 회피; ~ des Erfolges 결과의 회피; ~ eines rechtswidrigen Angreiffes 위법침해의 방지

Anwendungs~ ~bereich m. 1 {allgemein} 사용범위 2 적용범위<구역>; ~bereich, persönlicher ~ 인적(人的) 적용범위; ~bereich, sachlicher ~ 물적(物的) 적용범위; ~gebiet n. 적용분야 <영역>

anwesend a.출석<출두>한
Anwesender m.(der ~e) 대화자, 입회인
Anwesenheit f.출석<출두>, 입회<재재, 소재>

Anwesenheits~ ~pflicht f.출두의무; ~pflicht des Angeklagten [법정] (형사) 피고인의 재정의무(在廷義務); ~recht n. des (Straf-) Verteidigers 변호사<변호인>의 입회권(立會權)

Anwohner m./pl.부근<지역>주민, 근린자(近隣者)

Anwohnerschutzrechte pl.주민권
Anzahlung f.: **anzahlen** v.~을 할부의 계약금으로 지불하다
Anzahlung
geleistete ~ 전불금(前拂金); erhaltene ~ 전수금(前受金)

Anzeige f. 1 {allgemein} 통지(通知), 고지(告知) 2 {StrR-형} (→ Straf~) 고발(告發), 고소(告訴)

Anzeige öffentliche ~ 공시(公示); schriftliche ~ 서면을 통한 고지(書面告知); unverzügliche ~ 즉각적인 고지<통지>

Anzeige der
~ Abtretung von Forderungen 채무양도(債務讓渡)의 통지; ~ Aufhebung der Vollmacht 대리권취소(代理權取消)의 통지; ~ Geburt 출생신고; ~ Nacherbfolge 후위상속권(後衛相續權)의 고지

Anzeige des
~ Rücktritts vom Vertrag 계약해제통지 (契約解除通知); ~ Versicherungsfalles 보험사건의 통지

Anzeige~
~erstatter *m.*고발자; ~frist *f.*고지기간; ~pflicht *f.*고지<통지>의무; ~verpflichteter *m.(der ~e)* 고지의무자, 통지의무자

anzeigen *v.*~을 알리다, 통지<예고>하다

Anzeigender *m.(der ~e)* 고발<고지>인

anzweifeln <bezweifeln> *v.*~을 의심하다, 반신반의하다

a. p. → *anni praeteriti l.*

Apanage *f.*후속비, (정기적인 고액의) 금전적 원조<지원>

apertura feudi *l.* (소유재산의) 귀속에 따른 봉토 개방

apices iuris *l.* 법학적 궤변(억지설)

apocha *l.* 영수증(수령증)

apocha oneratoriae littera recognitionis *l.* 선하(船荷)증권

apostasia a fide *l.* 배교 (背敎)

a posteriori *l.* 그 다음으로부터; 경험으로부터; 추후에(나중에)

Apostille *f.* {ⓔ *'apostirre'*} 문서진정증서

apostoli *l.* 항소의 허용 (a. reverentiales) 또는 불허(a. refutatorii)에 대한 법원의 결정(지시, 지령)

Apotheker *m.*약제사

Apothekerurteil *n.*약국개설거부판결

appanagium *l.* 지참금(혼수)(영주가문의 아버지 사후에 태어난 아들들에 대한), 왕족의 연금 → *paragium*

Apparat *m.*기구, 기제, 조직
Apparat ~ der Verwaltung 행정기구
apparitor *l.* 항소, 상소(항고)
appelatio *l.* 공소, 상고

Appelations~
~gericht *n.*공소재판소; ~instanz *f.*공소심; ~recht *n.*공소권; ~verfahren *n.*공소수속

appellatio tanquam ab abusu *l.* 종교적 권력(강제적 폭력)의 오용(악용)에 대하여 국가에 이의 제기(불평, 항고)

appensate *l.* 미리 잘 생각하여 계획적으로 처리하는

Apprehensionstheorie *f.*영득주의

apprehensio possessionis *l.* 물품(사안)의 육체적인 점유(취득, 입수); 법에 저촉되는 소유 박탈(취소, 정지)

approbatio *l.* 특정한 직업의 수행에 있어 꼭 필요한 증명서, 국가의 인가 (서류) (의사, 약사, 수의사)

a priori *l.* 과거(옛날, 이전)로부터; 도리(이성적 동기)에 의한; 처음부터, 선험적으로

aquae et ignis interdictio *l.* 수화(水火)금지 ((국외) 추방을 위한 로마인 어록에서)

äquivalent *a.*동시의, 동의의, 적당한, 등가의

Äquivalenz *f.*동의성, 적당성
Äquivalenzprinzip *n.*수지상등의 원칙
Äquivalenztheorie *f.*동등설, 등가설
Arbeit *f.*노동, 노무, 업무
Arbeit abhängige ~ 종속적노동; gefahrgeneigte ~ 위험유해업무<노동>; geistige ~ 두뇌<지적>노동; gemeinnützige ~ 공익노동; gezwungene ~ 강제적노동; körperliche ~ 육체노동; leitende ~ 지휘적노동; nichtselbständige ~ 종속노동; produktive ~ 생산적 노동; unabhängige ~ 비종속적노동

Arbeiter *m./pl.*①{*allgemein*}노동자, 노무자, 피용자 ②{사무직근로자(Angestellten)의 반대어} 노동자

Arbeiter
geistiger ~ 정신적노동자; körperlicher ~

유제노동자; nicht gewerkschaftlich organisierter ~ 비조합원; weiblicher ~ {meist: weibliche Arbeitnehmer} 여성노동자

Arbeiter~
~aktie f.노동자주식; ~eigenschaft f.노동자 신분; ~frage f.노동자문제; ~führer m. 노동자지휘자; ~gewerkschaft f.노동조합; ~leihverhältnis n.인재파견관계; ~rentenversicherung f.노동자연금보험; ~schutz m.노동자보호; ~schutzbestimmung <~norm> f.노동자보호규정; ~schutzgesetze pl.노동자보호법; ~schutzrecht n.노동자보호법; ~unfallversicherung f.(노동자) 재해(보상)보험; ~wohlfahrt f.노동자구제<복리>제도

Arbeitgeber m./pl.고용주, 사용자, 동무선

Arbeitgeber~
~anteil m.고용주<사용자>측 배당금; ~kartell n.고용주<사용자>간 담합; ~seite f.사용자<고용주>측; ~verband m. 고용주<사용자>연합회

Arbeitnehmer m./pl.근로자

Arbeitnehmer m./pl., **ausländischer ~** 외국인근로자

Arbeitnehmer~
~ähnlicher Person f.근로자와 유사한 자; ~aktien pl.종업원<노동자>지주; ~anteil m.종업원<노동자>측 배당금; ~erfindung f. 노동자<피용자, 직무>발명; ~interessenvertreter m. 노동자측의 이해관계 대표자; ~leihverhältnis n.노동자파견관계; ~schaft f.노동자; ~schutz m. → Arbeitnehmerschutz; ~seite f.노동자측; ~überlassung f.파견근로; ~überlassungsvertrag m.노동자 파견 계약; ~verband m.노동자조합; ~versicherung f.노동보험; ~vertreter m.[im → Aufsichtsrat] [감사위원회] 노동자대표자

Arbeitnehmer-Entsendgesetz n.근로자송출법

Arbeits~
~amt n.노동청, 직업소개소; ~ausfall m.[durch Krankheit] [병가] 휴업<휴무>, 노동<작업>중지; ~ausführung f.노동실행;

~bedingungen pl.노동<취업>조건, 작업환경; ~direktor m.(광산, 철광산업체등의) 노무부장; ~einkommen n.(노동)근로소득; ~einstellung f. 1 {i.S.v. Arbeitsstop} 동맹파업<스트라이크>, 작업정지 2 {i.S.v. geistiger Haltung} 노동의식, 작업태도; ~ergebnis n. {i.S.v. gut oder schlecht} 근무 성적<업적>, 일의 결과; ~erlaubnis f. {als Dokument} 노동허가(서); ~fähigkeit f.노동 능력; ~förderung f.노동촉진; ~förderungsgesetz m.고용촉진법; ~gericht n.노동 재판소<법원>; ~gerichtsbarkeit f.노동재판제도<재판권>; ~gerichtsverfahren n.노동 재판 수속; ~gesetzgebung f.노동자 계입법; ~grundrechte pl.노동기본권; ~haus n. 강제노동 교도소<갱생원>; ~kampf m.노동쟁의<분쟁>; ~kampfhandlung <~maßnahme> f.노동쟁의 방책수립<조처>; ~kampfrecht n. 쟁의권; ~konflikt m. 노사 분쟁<갈등>; ~kosten pl.노동비용, 작업 소요 경비; ~kraft f.노동력, 노동<작업>능력; ~kräftebeschaffung f.인재 모집; ~leistung f.작업성과, 노동<작업>능률; ~lohn m. 노동임금; ~lohn m. {als Betrag} 노동임금액; ~losenversicherung f.실업보험; ~losigkeit f.실업; ~markt m.노동시장; ~nachfrage f.노동수요; ~nachweis m. {als Dokument} 직업소개(서); ~ordnung f.노동<작업> 규칙<규정>; ~ort m.노동 장소, 직장; ~pause f.휴식시간; ~pflicht f. 노동의무; ~platz m.근무처<취업지>, 일터; ~platzsuche f.구직활동; ~platzverhältnisse pl.직장환경; ~produktivität f.노동생산성; ~recht n.노동법; ~recht, kollektives ~ n. 노동조합법; ~rechtler m./pl.노동법학자; ~richter m./pl.노동[재판소]재판관<판사>; ~schutz m.노동자 보호, 노동<산업> 재해 방지; ~stelle f.직업<직무>, 직장<근무처>; ~strafe f.종형; ~strafrecht n.노동형법; ~streitigkeit f.{i.S.v. Streik, etc.} 노동쟁의; ~streitigkeit f. {als Prozeß} 노동소송<사건>; ~stunden pl. {i.S.v. Arbeitszeitdauer} 작업<노동>시간; ~tag m.작업일<노동일>; ~tage pl. {i.S.v.

gearbeiteter Zeit} 작업<노동>일수; ~tarif *m*.노동임율; ~tarifvertrag *m*.노동협약; ~suchender *m*.(*der* ~~*e*) 구직자; ~teilung *f*.분업; ~unfähigkeit *f*.(병, 출산으로 인한) 작업<노동> 불능; ~unfähiger *f*.(*der* ~*e*) 작업<노동> 불능자; ~unfall *m*.노동 재해, 작업 사고; ~vergütung *f*.작업<연구> 사례<보수>; ~verhältnis *n*.고용<노사>관계; ~vermittlung *f*.직업소개; ~verpflichtung *f*.노동[력제공]의 의무; ~vertrag *m*.[individueller ~] [개인적] 근로계약; ~vertrag, kollektiver ~ 노동협약; ~verwaltung *f*.작업<노동>관리; ~verweigerung *f*.작업<노동> 거부; ~wille *m*.노동의욕; ~zeit *f*.노동<근무, 근로>시간; ~zeitbeschränkung *f*.작업<노동>시간의 제한; ~zeitfrage *f*.작업<노동>시간 문제; ~zeitregelung *f*.작업<노동>시간규제; ~zeitverkürzung *f*.작업<노동>시간 단축; ~zeugnis *n*.노동<근무>증명서
arbeitsfähig *a*.노동할 수 있는 능력이 있는
arbeitslos *a*.실업의
Arbeitslosen~
~geld *n*.실업수당<보험금>; ~hilfe *f*.실업자<구조금>구제금, 실업보험원조; ~quote *f*.실업[자]율; ~unterstützung *f*.실업자원조; ~versicherung *f*.고용보험; ~zahl *f*.실업자수
Arbeitsloser *f*.(*der* ~*e*) 실업자
arbeitsrechtlich *a*.노동법상의
arbeitsteilig *a*.분업적인
arbeitsunfähig *a*.노동능력이 없는
arbirator *l*. 중재 감정인(평가, 추천인)
arbiter *l*. 중재 판정관(심판원)
arbiter mundi *l*. 세계의 중재 판정관 (그 당시 국가들의 싸움(격렬한 논쟁)에서 중재 판정관 으로서의 로마)
Arbitrage *f*.①재정(裁定) (거래), 차액취득매매 ②중재 재판
Arbitrageklausel *f*.중재조항
arbitrium *l*. 중재판결; 판정(평가, 감정, 의견) ; 판단(의견, 생각)
Arbitrium est iudicium *l*. 그 중재 결정은 하나의 판결이다
arbitrium iudicis *l*. 재판관(판사)의 판단(평가, 고려, 추측)
Architekt *m*.건축자
Architekten~
~haftung *f*.건축자의 책임; ~honorar *n*. 건축자의 보수; ~vertrag *m*.건축[설계위임]계약
Armenpflege *f*.빈민구호
Armutsgefährdungsquote *f*.빈곤위험지수
argentarius *l*. 은행가(은행 소유자)
Argilsteinrede *f*.악의 항변
Arglist *f*.악의의 기망(惡意欺罔), 악의, 사기
arglistig *a*.악의의, 악의적인
argumentum *l*.
~ a contrario *l*. 반사해석; ~ a fortiori *l*. 물론해석; ~ legis *l*. 법률상 이유
argumentum *l*. 입증방법(증명 수단): 입증근거(이유, 논거); 추론(결론)
argumentum ad veritatem *l*. 진실의 증명(입증)
argumentum a maiore ad minus *l*. 일반적인 것으로부터 세부사항으로 논리적 귀결(추론)
argumentum a minore ad maius *l*. 세부 사항으로부터 일반적인 것으로 논리적 귀결(추론)
argumentum e consensu gentium *l*. 대중(국민)의 합의(일치, 합치)에 의한 논리적 귀결
argumentum e contrario *l*. 반대되는 것으로부터의 추론, 반전 추론
argumentum e silentio *l*. 침묵으로부터 추론
Armenanwalt
m.{*obs*-고; → *Prozeßkostenhilfe*} 빈민자 변호사, (빈민 구호법에 의한) 국선 변호인
Armenrecht
n.{*obs*-고; → *Prozeßkostenhilfe*} 빈민무료 소송권, 빈민 구호법
Armenrechts~
{*obs*-고; → *Prozeßkostenhilfe*~}

Armenrechts~
~antrag *m.* 빈민무료소송권의 신청; ~bewilligung *f.* 빈민무료소송권의 부여; ~verfahren *n.* 빈민무료소송 절차

Armutszeugnis *n.* {*obs-*고} 빈민 무료 소송권 증명서, 영세민<생활 보호> 대상 증명

Arrest *m.* (1) {*dinglich-*물} 가차압, 차압 (2) {*persönlich-*인} 구류, 금고

Arrest
dinglicher ~ 물적가차압 ; persönlicher ~ 인적가차압

Arrest~
~anspruch *m.* 가차압 청구권; ~befehl *m.* 가차압명령, 구류명령; ~beklagter *m.* (*der* ~*e*) 가차압 피고; ~beschluß *m.* 가차압 결정; ~gericht *n.* 가차압 재판소; ~gläubiger *m.* 가차압 채권자; ~grund *m.* 가차압 근거; ~hypothek *f.* 가차압저당; ~kläger *m.* 가차압소송의 원고; ~schuldner *m.* 가차압채무자; ~strafe *f.* 금고벌; ~urteil *n.* 가차압판결; ~verfahren *n.* 가차압수속; ~vollziehung <~vollstreckung *f.,* ~vollzug *m.*> 가차압<구류>집행

Arrestation *f.* 금고, 구금

arrestatorium *l.* 구속영장; 파산 절차에서 채권자에 의한 공식적인 소환

arrestieren *v.* ~을 차압하다, ~를 구금<구인>하다

arrestum *l.* 법원의 방지 조치(방책)

arrha *l.* 수부

arrha *l.* 계약금, 예약금, 착수금(계약금)

Arrhalvertrag *m.* 수부계약 (手附契約)

arrha nuptialis, a. sponsalicia *l.* 아침의 선물(결혼 다음날 아침에 신랑이 신부에게 주던 선물), 신랑이 신부에게 주는 약혼 선물

arrha paenitentialis *l.* 해약금(위약금) (예약금은 채무불이행에 대해 바쳐진다)

arrha poenalis *l.* 위약금의 의미에서 예약금

Art *f.* 방법, 종류

articuli reprobati *l.* (작센 법전(독일 최고의 법전)의) 형편없는 항목(조항))

articulus *l.* 짧은 증명(주장), 증명문, 소송상의 질문들

Art und Güte *f.* 품질

Art und Güte *f.,* **mittlerer ~** 중등품질

Artikel *f.* 1 {*im Gesetz*} -조, -조항 (2) {*in Zeitschrift*} 기사 (3) {*i.S.v. Handelsware*} 상품, 부품, 제품

Arzneimittelgesetz → *Gesetzesregister*

Arzt *m.* 의사

Arzt~
~kosten *pl.* 진료비; ~haftung *f.* 의사책임; ~haftungsrecht *n.* 의사책임법; ~haftungsprozeß *m.* 의료과오소송; ~recht *f.* 의사법, 의료과오법

as *l.* 로마의 동전

ascendentes *l.* 친척관계(친족)

Aspekte (*pl.*)
rechtliche <juristische> ~ 법률적 관점; steuerliche ~ 조세상 관점

assaltus → *insultus l.*

assassinatus *l.* 암살

assassinator *l.* 암살 선동자(원흉)

assassinium *l.* 범죄 단체의 암살, 청부살인(북부 이탈리아 규약)

assecuratio *l.* 파벌싸움의 방지를 위한 평화동맹(연합)

Assekurant *m.* <→ *Versicherer*> 보험[업]자(保險業者)

Assekuranz *f.* 보험금부(保險給付), 보험세금

Assessor *m.* <→ *Gerichts~*> 예비사무 가시험최종합격자, 재판소시보

assessor *l.* 배석 재판관(로마, 그리고 독일 제국 대법원(1495-1806)에서, 나중에는 아직 고용되지 않은 판사나 국가 공무원을 일컬음)

Assignatar *m.* [지도증권] 수취인

assignatio *l.* 지시명령, 사용법

assisa *l.* (스위스, 프랑스의)배심 재판, 재판 집회; 몇몇의 법률서적에 대한 명칭(표시)

Assoziation *f.* 1 {*i.S.v. Verband*} 연합[회]<사단, 동맹, 조합> (2) {*i.S.v. geistiger Vorstellung*} 관념연합, 연상

Assoziations~
~abkommen n.연합협정; ~gedanke m.연합<조합>적 사상; ~recht n.{Vereine, usw.} 결사법
assoziieren v.; ①[sich mit jdm ~] ~와 연합<동맹>관계를 형성하다 ②[sich beruflich mit jdm ~] ~와 제휴, 공동경영하다
Asyl n.[politisches ~] [정치] 망명, 비호
Asylant m.비호<망명>자
Asylrecht n.망명권
Aszendent f.<→ Nachkomme> 자손, [직손]존속
Aszendenten~
~erbrecht n.존속상속권; ~mord m.{als Delikt} 존속<비속>살인(죄)
Atom~
~energie f.원자력; ~kraftwerk n.원자력발전소
Attaché m.⒡ 외교관보
Attentat n.; ein ~ verüben v. 암살을 저지르다
Attentat
fehlgeschlagenes ~ n.암살실패; Attentatsversuch m.암살미수
attentatum l. (보통 형법에 있어서) 시도(실험) ; 착수(시작, 공격, 비난)
Attest n.진단서
Attest
ärztliches ~ 진료서
attestatio l. 증명서, 공증
atypisch a.비전형적인;
~es Arbeitsverhältnis n.비정규근로
a. u. c. → ab urbe condita (seit Gründung der Stadt) l. 로마 건국(기원전753년)후
auctio l. 경매
auctor l. 발기인; 법적 지위의 전임자(前任者); 보증인(증인); 선동자(이탈리아 규약)
auctor delicti l. 범죄의 원흉(선동자)(14세기 이탈리아 법률학)
auctor in sensu generali l. 일반적 의미에서 법인 (어떤 형태에서든 범죄에 관여된 자 모두에 대한 명칭 - 18세기)
auctor in sensu speciali l. 본래의 의미에서 법인 (18세기)
auctoris nominatio l. 원흉(선동자)의 명명; 민사 소송에서 소송 고지 (告知)
auctoritas l. 법적권한; 카롤링 왕조의 법령집 명칭(→capitularia); vollbort, 배심원들의 판결 제안에 대한 동료들의 동의(프랑켄 지방법)
auctoritate l. 동의하에
auctor principalior l. 주범(이탈리아 규약)
auctor principalis l. 범죄의 원흉(선동자) (Legisten)
Audacter calumniare, semper aliquid haeret l. 뻔뻔하게 비방해 봐라, 항상 무엇인가 남아있다
Audiatur et altera pars l. 또한 다른 쪽(반대편)도 경청되어야 한다
audientia pacis l. 신의 휴전(중세시대 어느 기간 중 교회가 명한 전투 행위 정지)의 위반에 대하여 그 처벌에 관한 재판(법정)
auditor l. 재판관, 법원의 구성원(일원), 군사재판권의 임원
auditorium l. 로마 관청(당국, 시의회)의 재판 심리가 열리는 큰 홀(법정)
Aufbewahrung f.; **aufbewahren** v.~을 보관하다
Aufbewahrungs~
~gebühr f.보관수수료; ~kosten pl.보관비용; ~ort m.보관지; ~pflicht f.보관의무
aufbürden v. = → auferlegen v.; jm. die Kosten ~ 비용 단(担!: 단, 담) 보 명
Aufenhalt m.체재, 주거
Aufenhalt
dauernder ~ 장기체재; gewöhnlicher ~ 주거지; gegenwärtiger ~ 현재 주거지; ständiger ~ 주소; widerrechtlicher ~ {i.S.v. Verbleib} 불법잔류
Aufenhalts~
~beschränkung f.거주제한; ~bestimmungsrecht n.체재결정권; ~dauer f.체재기간; ~erlaubnis f.{als Dokument} 체재허가(서);

~genehmigung *f.* {*als Dokument*} 거주허 가{시}; ~genehmigung, unbeschränkte ~ *f.* 영 주권; ~ort *m.* 체재<주재>지; ~recht *n.* 체 재 권리, 체재권; ~recht, dauerndes ~ *n.* 영주권; ~staat *m.* 체재국; ~verbot *n.* 체재 <소재>금지; ~zeit *f.* 체재<소재>기간

auferlegen *v.* {*jm. etw.* ~} ~에게 ~을 부과시키다

Auffang~
~bedingung *f.* 보조조항; ~gesetz *n.* 보충적 법률; ~tatbestand *m.* 잔여사안포섭규정; ~täterschaft *f.* 합집정범(合集正犯)

Auffassung *f.* 견해, 이해

Auffassung *f.* **nahezu einhellige ~** 일치 견해

Aufforderung *f.*; **auffordern** *v.* 1 {*zu einer positiven Handlung* ~} ~을 요구하 다 2 {*zu einer Unterlassung von etw.* ~} ~을 도발시키다

Aufforderung zur
~ Anmeldung von Erbrechten 상속인계 출 최고; ~ Anmeldung von Forderungen 채권 계출 최고; ~ Urkundenvorlage 문 서<증서>제출(文書提出)의 최고(催告)

Aufforderung
gerichtliche ~ 재판소 최고; richterliche ~ 재판상 최고; schriftliche ~ 서면 최 고; strafbare ~ {*zu etw.*} 가벌적도발행 위

Aufführungsrechte *pl.* 공연<연기>권

Aufgabe *f.* 1 {*von Schriftstücken*} 송달 2 {*eines Rechts*} 방기 3 {*i.S.v. Pflicht*} 사명 4 {*berufliche, usw.* ~} 임무<사무, 직무>

Aufgabe
~ der Justiz 사법 사명; ~ des Besitzes 점유 방기

Aufgabe~ ~ort *m.* 송달지<우편국>

Aufgaben (*pl.*)
freiwillige ~ {*der Selbstverwaltung*} 수의 사무; staatliche ~ 국가적 사무

Aufgaben~
~überwachung *f.* 업무시행 감독; ~verteilung *f.* 사무배당, 사업 할당

aufgeben *v.* {*i.S.v.* 1, 2, 3} ~을 송 달<방기, 사명>하다

Aufgebot *n.* 공시최고

Aufgebots~
~einrede *f.* 공시최고 항변; ~termin *m.* 공 시최고 기일; ~verfahren *n.* 공시[최고]수 속

aufgedrängt *a.*; ~e Bereicherung 강요 된 부당이득

aufgeführt *a.* 열기된

Aufgeld *n.* <→ *Agio*> 추징금

aufgerufen werden *v.* 호출 받다

Aufhebung *f.*; **aufheben** *v.* 1 {*allgemein-般*} ~을 해소<해제, 폐지>하 다, 취소하다; ~을 무효화 하다 2 {*bei Gerichtsurteilen*} ~을 파기시키다

Aufhebung *f.* 해제(解除); einverständliche ~ 합의해제(合意解除)

Aufhebung der
~ Ehe 혼인취소(婚姻取消); ~ ehelichen Lebensgemeinschaft 부부동거해소(解消), 별거; ~ Entmündigung 금치산선고취소 (禁治産宣告取消); ~ Gütergemeinschaft 부부재산제해소(夫婦財産制解消); ~ Kosten gegeneinander {*im Prozeß*} 소송 비용의 평등부담; ~ Pfändung 차압해소 (差押解消); ~ Verfügung 처분취소(處分 取消)

Aufhebung des
~ Güterstandes 부부재산제변경(夫婦財 産制變更); ~ Konkursverfahrens 파산수 속종결(破産手續終結); ~ Schiedsspruchs 중재판결(仲裁判決)의 취소; ~ Termins 기일취소; ~ Urteils 판결파기; ~ Urteils und Zurückverweisung [판결] 파기<취 소>; ~ Vertrages 계약해제

Aufhebungs~
~anspruch *m.* {*KonkR-*과} 해제청구권(解 除請求權), 파산수속종결청구(破産手續 終結請求權); ~beschluß *m.* 취소결정, {파 산}종결결정; ~klage *f.* 파산종결 구 소, 취소 소; ~urteil *n.* 파산종결 명 판결

Aufholfusion *n.* 회복결합

Aufklärung *f.*; **aufklären** *v.* 1 ~을 설 명<해명>하다 2 ~를 수사<검거>하다

Aufklärung von Straftaten 범죄수사
Aufklärung *f.*; **polizeilich** ~ 경찰수사활동, 검거
Aufklärungs~
~arbeit *f.* 수사실무; ~beschluß *m.* 해명결정; ~maßnahme *f.* 해명<수사>처분; ~pflicht *f.* 해명<수사>의무; ~pflicht, richterliche ~ 재판관의 설명의무; ~rate <~quote> *f.* 검거율; ~rüge *f.* 석명불심분 이의
aufkommen *v.* 비용을 부담하다, 떠맡다, ~을 책임지다; für einen Schaden ~ [손해]로 인해 발생하는 비용을 책임지다
Aufkündigung *f.*; **aufkündigen** *v.* ~을 해제고지하다
Auflage *f.* ①{*als Pflicht*} 부과<준수>사항, 부담 ②{*bei Wertpapieren, Büchern, usw.*} 발행부수
Auflage
jm. eine ~ erteilen *v.* ~에게 부과사항을 지시하다; eine ~ erfüllen *v.* 부과<준수>사항을 이행하다
Auflassung *f.*; **auflassen** *v.* (= die Auflassung erklären *v.*) [토지양도 과] 요식[이전]합의에 이르다, ⓓ물권계약; 요식 합의를 하다
Auflassungs~
~anspruch *m.* 요식합의 청구; ~eintragung *f.* 요식합의 등기기재; ~urkunde *f.* 요식합의 증서; ~vormerkung *f.* 요식합의 가등기
Auflegung *f.*; **auflegen** *v.* ~을 발행하다
Auflegungstag *m.* 발행일
auflösend *a.*; ~e Bedingung 해제조건
Auflösung *f.*; **auflösen** *v.* ~을 해산<해소, 해제, 해방>시키다
Auflösung
~ des Parlaments 중의원해산; ~ einer Ehe 혼인해소; ~ einer Firma 회사해산; ~ eines Arbeitsverhältnisses 고용관계해소
Auflösungs~
~gründe *pl.* 해산<해제>사유; ~urteil *n.* 해산판결; ~verfügung *f.* 해산명령
Aufnahme *f.*; **aufnehmen** *v.* [*jn.* in *etw.*

~] ~를 ~로 입소시키다<받아들이다>
Aufnahme~
~gebühr *f.* 입회금, 가입금; ~kapazität *f.* 수용력; ~verfahren *n.* 입소수속
Aufopferungsanspruch *m.* 희생보상청구권
aufrechenbar *a.* 계상할 수 있는, 차감계산할 수 있는
Aufrechnung *f.* 계상, 상쇄, 차감계산; **aufrechnen** *v.* ~을 상쇄시키다
Aufrechnung
hilfsweise ~ 예비적상살(予備的相殺); gerichtliche ~ 재판상의 상살(相殺)
Aufrechnung im Konkurs 파산 상살
Aufrechnungs~
~anspruch *m.* 상살청구권(相殺請求權); ~einrede *f.* 상살항변(相殺抗辯); ~erklärung *f.* 상살의사표시(相殺意思表示); ~forderung *f.* 상살채권(相殺債權); ~recht *n.* 상살권(相殺權); ~verbot *n.* 상살금지(相殺禁止); ~vereinbarung *f.* 상살약정(相殺約定)
Aufrechterhaltung *f.*; **aufrechterhalten** *v.* {*Aufrecht erhalten*} ~을 지탱<유지>하다
Aufrechterhaltung
~ der behaupteten Ansprüche 청구유지; ~ der gewerblichen Schutzrechte 상업소유권유지; ~ der öffentlichen Sicherheit 치안유지; ~ der Ordnung 질서유지; ~ von wohlerworbenen Rechten 기득권유지
Aufruf *m.*; **aufrufen** *v.* ~를 호출하다
Aufruhr *f.* {*als Delikt*} 소요[죄], 폭동
aufschiebend bedingt 정지조건부
aufschiebende Bedingung 정지조건
aufschiebende Wirkung 집행정지
Aufschub *m.* 연기, 유예
Aufschub
~ der Strafvollstreckung 집행유예; ~ der Zwangsvollstreckung [강제]집행유예
aufsetzen *v.* {*z.B. einen Schriftsatz*} ~을 작성하다<기안을 만들다>
Aufsicht *f.* 감독, 감사

Aufsichts~
~befugnis *f.*감독권한; ~behörde *f.*감독<감시>관청; ~führer *m.(der ~führende)* 감독인, 감사역; ~haftung *f.*감독책임; ~maßnahme *f.*감독처치; ~person *f.*감독자; ~pflicht *f.*감독의무; pflicht, elterliche ~ 양친감독의무; ~pflichtiger *m.(der ~e)* 감독의무자; ~pflichtverletzung *f.*감독의무위반; ~rat → Aufsichtsrat; ~recht *n.* 감독권, 감시권

Aufsichtsrat *m.* 감사위원회
Aufsichtsrats~
~mitglied *n.* 감사위원회 임원진; ~sitzung *f.* 감사위원회 회의; ~vorsitzender *m.(der ~e)* 감사위원회 의장

aufstellen *v.* {Regeln, Hypothesen} ~을 정립시키다
aufteilbar *a.* 분할 가능한
Aufteilung *f.*; **aufteilen** *v.* ~을 분할<분리, 분배, 부여>하다

Aufteilung
~ der (Prozeß)kosten [소송]비용 분할; ~ des Mitverschuldensanteils 과실상살; ~ des Vermögens 재산분배

Auftrag *m.* {1} 위임<위탁>, {2} 명령; etw. in ~ geben *v.* ~을 주문하다
Auftrag~
~geber *m.* 위임자, 주문자; ~nehmer *m.* 수임자, 청부인
auftragen *v.* → jn. beauftragen, jm. einen → Auftrag geben

Auftrags~
~angelegenheit *f.*{VerwR-행} [단체]위임사무; ~annahme *f.*수임; ~ausführung *f.* 위임실행; ~beendigung *f.*위임종료; ~bestand *m.*주문고; ~bestätigung *f.*위임<주문>확인[서]; ~buch *n.*주문장; ~eingang *m.*수주; ~erfindung *f.*위탁발명; ~erledigung *f.* 위임사무처리; ~formular *n.*주문요식; ~gegner *m.*위임상대방; ~kontingentierung *f.*주문분배; ~kontingentierungskartell *n.*주문분배; ~recht *n.*위임권규제; ~schreiben *n.*위임장; ~theorie *f.*위임이론<설>; ~verhältnis *n.*위임관계; ~verwaltung *f.*위임행정; ~wert *m.*수주액

Aufwand *m.*[finanzieller ~] 경비, 비용, 지출
Aufwendungen *pl.*비용, 지출
Aufwendungen
angemessene ~ 상당 비용; entstandene ~ 생 비용<지출, 비 금액>; ersparte ~ 절약 지출; notwendige ~ 필요비<지출>; übliche ~ 유익비<지출>; werterhöhende ~ 증가비<지출>

Aufwendungs~
~ersatz *m.*비용상환; ~ersatzanspruch *m.* 비용상환청구권; ~ersparnis *f.*절약비용; ~kondiktion *f.*비용부당이득

Aufwertung *f.*절상
Aufwertungseffekt *m.*절상 효과
aufzeichnen *v.*~을 기록<기재, 기안>하다, 작성하다; sorgfältig ~ 꼼꼼하게 기록하다
Aufzeichnung *f.*기록(記錄), 기재(記載)
Augenblicks~
~tat *f.*우발범(偶發犯); ~täter *m.*우발범인 (偶發犯人)

Augenschein *m.*; jn./etw. in ~ nehmen *v.*(면밀히, 비판적으로) ~을(를) 관찰하다, 검증하다
Augenschein
richterlicher ~ 재판소검증(裁判所檢證)
Augenscheins~
~beweis *m.*검증; ~einnahme *f.*검증; ~objekt *n.*검증물<대상>; ~protokoll *n.* 검증조서

Augenzeuge *m.*목격증인(目擊證人)
Auktion *f.*; **auktionieren** *v.*경매에 붙이다
Auktionator *m.*경매인
Auktions~
~bedingungen *pl.*경매조건; ~erlös *m.*경매대가, 환가(換價); ~liste *f.*경매목록; ~progtokoll *n.*경매조서; ~spesen *f.*경매수수료; ~termin *m.*경매기일; ~verfahren *n.*경매수속

Aulus Agerius (A. A.) *l.* 옛 서식용지 견본에서 원고와 채권자에 대한 명칭
ausarbeiten *v.*~을 편성하다<기안을 작

성하다>
ausbedingen *v.* [sich *etw.* ~] ~을 조건으로 요구하다
ausbedungen *a.* 약정된
Ausbesserung *f.*; **ausbessern** *v.* ~을 수리<수선>하다, ~을 복구<복원>하다, (훼손된 부분) ~을 제거하다
Ausbeutung *f.*; **ausbeuten** *v.* ~을(를) 채굴<개발>하다, ~을(를) 혹사시키다 (착취하다)
ausbezahlen *v.* ~을 전액 지불하다
Ausbildung *f.*; **ausbilden** *v.* ~을(를) 교육시키다
Ausbildung
berufliche ~ 직업교육[학력]; juristische ~ 법학교육, 법조; schulische ~ ①{*abstrakt als Schulausbildung*} 학교교육 ②{*als Angabe im Lebenslauf*} 학력 ③{*i.S.v. Berufsausbildung*} 학교의 직업교육; betriebliche ~ 기업 현장 직업교육
Ausbildungs~
~freibetrag *m.* 근로학생공제[액](勤勞學生控除額); ~vertrag *m.* 훈육계약(訓育契約)
Ausbleiben *n.* 흠석(欠席); **ausbleiben** *v.* (더 이상) 오지 않다
ausbleiben
unentschuldigtes ~ zum Termin 정당한 이유로 흠석(欠席)하다
ausdehnend *a.* 확장적인
Ausdruck
~ aus dem Computer 컴퓨터 출력;
~ des Willens 의사 표명
ausdrücklich *a.*; **soweit ~ nichts anderes bestimmt ist** 명시적으로 결정되는 범위 내에서
Auseinandersetzung
f. ①{*i.S.v. Teilung/Aufteilung*} 분할, 정리 ②{*i.S.v. Streitfall*} 분쟁, 쟁의, 토론
Auseinandersetzung
~ der Erbschaft 유산분할
Auseinandersetzung
gerichtliche ~ 재판상의 분쟁;
vermögensrechtliche ~ 재산법상의 분쟁;
erbrechtliche ~ 상속법상의 분쟁

Auseinandersetzungs~
~anspruch *m.* 분할청구[권](分割請求權);
~guthaben *n.* 공유물(共有物), 공동재산(共同財産); ~klage *f.* 공유물분할(共有物分割)의 소(訴); ~verfahren *n.* 분할수속;
~vertrag *m.* 분할계약<협정>
Ausfall~
~bürge *m.* 최종부족액지불보증인(最終不足額支拂保證人); ~bürgschaft *f.* 최종부족액지불보증(最終不足額支拂保證)
Ausfertigung *f.*; **ausfertigen** *v.* 정본, [문서 등] ~을 작성하다
Ausfertigung
amtliche ~ 정본(正本); doppelte ~ 부본(副本); dreifache ~ 부본(副本); Erste ~ 제일정본(第一正本); gerichtliche ~ 판결재판소의 정본; vollstreckbare ~ 집행력 정본
Ausforschung *f.*; **ausforschen** *v.* ~을 꼬치꼬치 캐묻다, ~을 찾아내다
Ausforschungs~
~antrag *m.* 모색적증거신청(摸索的證據申請); ~beweis *m.* 모색적증거(摸索的證據)
ausfragen *v.* ~를 심문(尋問)하다
Ausfuhr *f.* 수출(輸出);
ausführen *v.* {*Waren*} ~을 수출하다
Ausfuhr~
~abgabe *f.* 수출세(輸出稅); ~anmeldung *f.* {*als Dokument*} 수출신고(서)(輸出申告書); ~artikel *m.* 수출품(輸出品); ~erlaubnis *f.* 수출허가<면허>(輸出許可); ~erstattung *f.* 수출보조금(輸出補助金); ~handel *m.* 수출무역(輸出貿易); ~kartell *n.* 수출; ~land *n.* 수출국; ~quote *f.* 수출비율; ~subvention *f.* 수출보조금; ~tarif *m.* 수출세율; ~verbot *n.* 수출금지; ~waren *pl.* 수출부품<상품>
ausführbar *a.* ①{*i.S.v. machbar*} 실행할 수 있는 ②{*i.S.v.. exportierbar*} 수출할 수 있는
Ausführbarkeit *f.* 실행가능성
Ausführbarkeit *f.*, **technische ~** 기술적실행가능성
Ausführung *f.*; **ausführen** *v.* ①{*als Handlung*} ~을 행사<시행, 실행>하다 ②{*im übertragenen Sinn*} ~을 설명, 상

술하다
Ausführung *f.* 실행
Ausführung *f.*: gemeinsame ~ 공동 실행
Ausführungen *pl.* der Gegenseite 상대방 변론
Ausführungs~
~anzeige *f.* 집행<실행>고지; ~befehl *m.* 집행명령; ~bestimmungen *pl.* {bei Gesetzen} 시행규칙<규정>; ~frist *f.* 시행<실행>기간; ~gesetz *n.* 시행법; ~handlung *f.* 실행행위; ~handlung, Anfang der ~ 실행행위 개시, 실행착수; ~termin *m.* 시행기일; ~verordnung *f.* 시행령

Ausgabe
f. 1 {i.S.v. Geldausgabe/Geldmengen} 지출 2 {i.S.v. Wertpapieren, usw.} 발행

Ausgabe~
~bedingungen *pl.* 발행조건; ~betrag *f.* 발행가액; ~kriterien *pl.* 발행기준; ~kurs *m.* 발행상장; ~liste *f.* 발행목록; ~menge *f.* 발행부수; ~preis *m.* 발행액; ~verbot *n.* 발행금지; ~verzeichnis *n.* 발행목록

Ausgaben *pl.* 비용, 지출, 세출
Ausgaben (*pl.*)
abzugsfähige ~ 공제액; außergewöhnliche ~ 비상 지출; außerordentliche ~ 임시비; einmalige ~ 임시지출; feste ~ 고정비 용; fortlaufende <fortdauernde> ~ 계속 비; jährliche ~ 세출; notwendige ~ 필요 경비; ordentliche ~ 경영비

Ausgang *m.* 1 {als Ergebnis} 결과, 결론 2 {als Gefangener} 외출 3 {i.S.v. Ein- und ~} 출[입]구

Ausgang
~ des Prozesses 소송결과

Ausgangs~
~gericht *n.*<~instanz *f.*> 현심(現審); ~hafen *m.* 발항항(發航港); ~lage *f.* 현상; ~punkt *m.* 출발점(出發點); ~verfügung *f.* 원처분(原處分)

ausgeben *v.* ~을 지출(支出)하다, ~을 발행(發行)하다

Ausgebeuteter *f.*(*der* ~*e*) 피착취자
Ausgebrochener *m.*(*der* ~*e*) 도망범죄자

ausgefertigt *a.* 작성된, 발행된
ausgeliehen *a.* ~을 빌린
ausgeschlossen *a.*(= ausgenommen) 불가능한, 생각할 수 없는

Ausgleich *m.*; **ausgleichen** *v.* 1 {i.S.v. Schulden/Schaden, usw.} 청산<조정, 보상>하다 2 {i.S.v. gütlichem Ausgleich} 화해, 화의하다 3 {i.S.v. Aufrechnung} 상 살하다

Ausgleich angemessener ~ 적당<상당> 청산; finanzieller ~ 보상(補償)

Ausgleich unter Gesamtschuldnern 연대채무자간청산(連帶債務者間淸算)

Ausgleich~
~anspruch *m.* 청산<보상, 조정>청구권; ~berechnung *f.* 청산<조정>액 산정; ~berechtigter *m.*(*der* ~*e*) 청산<조정>권 자; ~berechtigung *f.* 청산권한; ~betrag *m.* 산정액; ~entschädigung *f.* 보상; ~forderung *f.* 청산<보상, 화의>채무; ~gläubiger *m.* 보상<조정>채권자; ~leistung *f.* 청산<보 상>이행; ~pflicht <~verpflichtung> *f.* 청 산<보상>의무; ~prinzip *n.* 평등배당주의; ~versuch *m.* 화해시도; ~vorschlag *m.* 화해[제]안; ~zahlung *f.* 청산<보상>금의 지불; ~zoll *m.* 조정관세

aushandeln *v.* 교섭(交涉)하다
Aushändigung *f.*; **aushändigen** *v.*[(*jm.*) *etw.* ~] (~에게) ~을 넘겨주다 <교부하다, 인도하다>

Aushang *m.* {i.S.v. Ankündkgung} 고지 판, 공지판

ausklammern *v.* ~을(를) 제외시키다, 배제하다

Auskunft *f.* 해설(解說), 정보(情報)
Auskunft
eine ~ einholen *v.* 조회하다; eine ~ erteilen *v.* 정보를 제공하다; eine ~ verweigern *v.* 정보제공을 거절하다

Auskunft
falsche <unrichtige> ~ 오보(誤報), 잘못 된 정보; mündliche ~ 구두정보(口頭情 報); unvollständige ~ 불완전한 정보

Auskunfts~
~anspruch *m.* 정보청구권(情報請求權);

~berechtigter m.(der ~~e) 정보청구권자; ~erteilung f.정보제공(情報提供); ~haftung f.정보제공의 책임; ~klage f. 정보청구의 소(訴); ~pflicht f.정보제공의무; ~recht n.정보요구권; ~verweigerung f.정보제공의 거절<거부>

Auslagen pl.지출, 입체금(立替金), 비용

Auslagen erstattungsfähige ~ 징수 가능한 지출 <입체금>; notwendige ~ 타당한 지출, 필요한 입체금(立替金)

Auslagen~ ~aufstellung f.입체금계산서; ~befreiung f.비용<입체금>면제; ~ersatz m.[증인의] 비용변상; ~erstattung f.비용변상; ~vorschuß f.비용여납(費用予納)

Ausland n.①{allgemein-때} 외국 ② {i.S.v. Übersee} 해외

Ausland im ~ belegen a. sein 외국<해외, 타지>에 배치되다

Ausländer m./pl.외국인, {in Kurzform: 외인(外人)}

Ausländer~ ~kriminalität f.외국인범죄 [율]; ~poltik f. 외국인정책; ~wahlrecht n.외국인선거권

Auslands~ ~aktien pl.외국주; ~aktiva pl.대외자산; ~anmeldung f.외국출원; ~artikel m./pl.외국상품; ~aufenthalt m.외국체재; ~bankgeschäft n. {vom Inland aus} 대외은행거래; ~besitz m외국자산; ~beteiligungen pl.외국 회사지주; ~bevollmächtigter m.(der ~~e) 외국 위임소송대리인; ~börse f.외국의 증권거래소(證券去來所); ~einkommen n.외국원천소득(外國源泉所得); ~forderungen pl. 외국채권; ~gebiet n.외국영토; ~geschäfte pl.대외거래; ~gesellschaft f.외국회사; ~handel m.외국무역; ~investitionen pl.외국투자; ~investor m.외국투자가<가>; ~nachfrage f.외국수요; ~prozeß m.외국의 소송; ~ recht n.외국법; ~schulden pl.외국채무; ~schuldverschreibung f.외자채(外資

值); ~schutzrecht n.외국보호권; ~steuer f.외국세; ~tat f.[{als Delikt}] 외국범죄; ~tochter[gesellschaft] f.외국<해외>자회사, 다국적기업; ~unternehmen n./pl.외국기업; ~urteil n.외국판결; ~verbindlichkeiten pl.외국채무; ~vermögen n.외국자본 {in Kurzform: 외자}; ~vollstreckung f.외국집행; ~wertpapiere pl.외국증권; ~wohnsitz m.외국주소; ~zustellung f.외국송달

Auslastung f.; **auslasten** v.~을 이용하다

Auslastungsgrad m.[~ von etw.] (시설 등의) 이용율

Auslaufen n.; **auslaufen** v.①{Termine, Fristen usw.} ~이 종료 되다, ~이 만료되다 ②{Schiffe} 출항하다

Auslaufhafen m.발항항

auslegen v.~을 해석하다

auslegen analog ~ 유추[적용-]해석하다; einschränkend ~ 한정적으로 해석하다; eng ~ 엄격하게 해석하다; gegenteilig ~ 반대로 해석하다; locker ~ 유연하게 해석하다; teleologisch ~ 목적[론]적으로 해석하다; weit ~ 광의의 범위에서 해석하다

Auslegung f.(= → Interpratation) 해석

Auslegung abhändernde ~ 변경적 해석; abweichende ~ 이<별>해석; analoge ~ 유추해석; ausdehnende ~ 확장적 해석; authentische ~ 문언상<문리>해석; begriffliche ~ 개념적 해석; berichtigende ~정정적 해석; beschränkende ~ 제한적 해석; bustäbliche ~ 문자해석; einschränkende <restriktive> ~ 축소<한정>해석; enge ~ 억제<엄격>해석; extensive ~ 확대해석; grammatikalische ~ 문법적 해석; großzügige ~ 확장해석; historische <geschichtliche> ~ 역사적 해석; logische ~ 논리적해석; restriktive ~ 축소<한정>해석; richterliche ~ 재판관 해석; sinngemäße ~ 의미 즉 해석; systematische ~ 체계적 해석;

teleologische ~ 목적론적 해석;
unzulässige ~ 부적법 해석;
verfassungskonforme ~ 합헌 해석;
wörtliche ~ 문리<조문[상]>해석
Azslegungs~
~bedürftigkeit *f.*해석의 필요성; ~frage *f.*
해석의 문제; ~freiheit *f.*해석의 자유;
~grundsätze *pl.*해석기준; ~methode *f.*해
석방법; ~regel *f.*해석규정; ~regeln *pl.*
[des Rechts] 해석 원칙; ~vorschrift *f.*해
석규정
Auslieferung *f.*(범인 따위의) 인도,
(상품 따위의) 인도; **ausliefern** *v.*~을
인도하다 공급하다
Auslieferung
~ von Straftätern 범인인도
Auslieferungs~
~anspruch *m.*인도청구권; ~befehl *m.*인
도명령; ~befugnis *f.*인도권한; ~grund *m.*
인도원인; ~haft *f.*인도구금; ~haft,
vorläufige ~ 가인도구금; ~pflicht *f.*인도
의무; ~urkunde *f.*인도증명서; ~verfahren
*n.*인도수속; ~vertrag *m.*[범인] 인도조약
Auslobung *f.*;**ausloben** *v.*[für *etw.* ~]
~에 현상금을 걸다
Auslösung *f.*; **auslösen** *v.*~을 해제하
다
Auslösungssumme *f.*해약금
Ausnahme *f.*예외
Ausnahme~
~bestimmung *f.*예외규정<조항>; ~fall *m.*
예외, 제외일; ~genehmigung *f.*특별허가;
~gericht *n.*특별<비상>재판소; ~klausel *f.*
예외조항<규정>; ~recht *n.*1 예외법 2
비상사태법; ~regel *f.*제외열; ~regelung
<~norm> *f.*예외규정; ~tarif *m.*특별할증
<세율>; ~vorschrift *f.*예외규정<조항>
ausnahmslos *a.*예외 없는
ausnahmsweise *a.*예외로서, 예외적으
로
Auspeitschen *n.*[als Strafart 刑] 태형
Ausreise *f.*출국; **ausreisen** (aus) *v.*출
국하다
austrega legalis *l.* 영주들(제후, 군주)
간의 다툼(싸움, 격렬한 논쟁)에 대한

첫 번째 심급 (審級) → *instantia austregalis*
(1495년의 독일 제국 대법원,1495~1806
년까지의)
Ausrüster *m.* 선박의장인
Ausrüstungsgüter *pl.* 설비재
Aussage *f.*진술, 증언; eine ~ machen
*v.*1 [*allgemein*-般] 진술하다 2 [*i.S.v.*
Zeugenaussagen] 증언하다
Aussage [*i.S.v.* 2]
eidliche<beeidete> ~ 선서증언; falsche ~
위증; nichteidliche<uneidliche, unbeeidete> ~
선서 없는 증언; widersprüchliche 자기모
순의 증언
Aussage
~ des Beklagten 피고인증언(被告人証
言); ~ des Klägers 원고증언(原告証言);
~ des Sachverständigen 감정(鑑定), 감정
인공술(鑑定人供述); ~ des Zeugen 증언
Aussage~
~erpressung *f.*공술 강요, ~genehmigung
*f.*증언허가; ~kraft *f.*증언석명력; ~pflicht
<~verpflichtung> *f.*증언<공술>의무;
~protokoll *n.*[공술]조서; ~verweigerung →
Aussageverweigerung; ~wert *m.*증언증명
력; ~widerruf *m.*증언철회
aussagen *v.* **freiwillig ~** 자발적으로
증언하다
Aussagen (*pl.*)
sich widersprechende ~ 애매한 증언, 자
기모순적인증언
Aussageverweigerung *f.*증언<공술(供
述)>거부
Aussageverweigerungs~
~recht *n.*증언<공술>거부권; ~recht der
Angehörigen 친족증언거부권; ~recht des
Anwalts 변호사증언거부권; ~recht des
Arztes 의사증언거부권; ~recht des Zeugen
증인증언거부권
Ausscheiden *n.*; **ausscheiden** *v.*[aus
etw. ~] 1 [aus einem bestellten Amt, z.
B. Geschäftsführer] 퇴임 2 [*i.S.v.* sich
zurückziehen, z. B. aus einem Prozeß]
탈퇴 3 [aus einer Organisation oder
Firma] 탈회(脫會)<퇴사(退社)>;

Ausscheiden
~ aus einer Firma 퇴사; ~ eines Gesellschafters 역직(役職)<출자자(出資者)>퇴임

Ausschlagung *f.*; **ausschlagen** *v.*~을 방기<거절>하다

Ausschlagung
~ einer Erbschaft 상속[재산]방기<배제>; ~ einer Schenkung 증여방기; ~ eines Vermächtnisses 유증방기(遺贈放棄)

Ausschlagungs~
~erklärung *f.* 방기의 표시; ~frist *f.* 방기기간; ~recht *n.* 방기권

ausschließen *v.*~을 제척(除斥)<제명(除名), 배제(排除)>시키다

ausschließlich *a.*; ~e Gesetzgebung des Bundes 연방정부의 배타적 입법

Ausschließlichkeit *f.* 배타성, 독점

Ausschließlichkeitsbindung *f.* 배타적 구속

Ausschließung *f.* (→ *Ausschluß*)

Ausschließungsgrund *m.* 제척(除斥)<제명(除名), 조각(阻却)>사유

Ausschluß <Ausschließung *f.*> *m.* ①제척 ②배제 ③제명

Ausschluß
~ des Verteidigers 변호인의 제척; ~ von Richtern 법관의 제척

Ausschluß der
~ Aufrechnung 상살가능성배제(相殺可能性排除); ~ gesetzlichen Erbfolge 법정상속순위배제; ~ Haftung 면책; ~ Öffentlichkeit 공개금지(公開禁止); ~ Schuldfähigkeit 책임능력배제; ~ vertraglichen Abdingbarkeit 특약변경배제

Ausschluß, unter ~
~ jeglicher Haftung 책임 면; ~ des Rechtswegs 출소배제; ~ des Widerrufs 철회배제

Ausschluß~
~frist *f.* 제척<실권>기간; ~klausel *f.* 제척<면제>약관<조항>; ~norm *f.* 제척<제외>규정; ~recht *n.* 제척권, 배타적권리; ~wirkung *f.* 배타적항력; ~urteil *n.* 제권

<실권>판결

Ausschluß einzelner Mitgliederstaaten 개별회원국의 제명

Ausschöpfung *f.* **des Rechtswegs** 법적구제, 전 심급 종

Ausschreibung *f.*; **ausschreiben** *v.* ① {*i.S.v. etw.* ausfüllen} ~에 기재하다, 작성하다 ② {*Bauprojekte*} 서면으로 ~에 입찰공고가 나다 ③ {*i.S.v. Einberufung*} 소집하다

Ausschreibung *f.* {*i.S.v.* ②} {*als Dokument*} 입찰(서)

Ausschreibung
offene ~ 일반 경쟁 입찰

Auschreibungs~ {*i.S.v.* ②}
~ablauf *m.* {*zeitlicher ~*} 입찰기간만료; ~datum *n.* 입찰일부; ~dokumente *pl.* 입찰서류<도서>; ~garantie *f.* 입찰보증; ~summe *f.* 입찰금액; ~termin *m.* 입찰기일

Ausschüttung *f.* [~ von Dividenden] [이익] 배당

Ausschüttungs~
~anspruch *m.* 이익배당청구권; ~belastung *f.* {*steuerliche ~*} 이익배당 대 과세; ~beschluß *m.* 이익배당결의; ~sperre *f.* 이익배당금지

Ausschuß *m.* 위원회

Ausschuß
besonderer ~ 특별위원회; ständiger ~ 상임위원회; verein(ig)ter ~ 연석위원회

Ausschuß~
~bericht *m.* {*als Dokument*} 위원보고(서); ~mitglied *n.* 위원; ~sitzung *f.* 위원회

Außen~
~arbeit *f.* {*von Gefangenen*} 외역(外役), ~bereich *m.* {*im PlanungsR-*행}[도시]외부지역; ~dienstmitarbeiter *m.* 외무원(外務員); ~handel → *Außenhandel*; ~stände *pl.* 미회수채권; ~verhältnis *n.* 체외관계(体外關係); ~wert *m.* {통화(通貨)} 대외가치; ~wirkung *f.* 외부[적]효력<효과>; ~wirtschaft *f.* 대외경제; ~wirtschaftsgesetz → *Gesetzesregister*; ~wirtschaftsrecht *n.* 대외경제법(對外經濟法); ~zoll *m.* 역외관세(域外關稅)

Außenhandel *m.*대외무역
Außenhandels~
~bank *f.*외국무역은행; ~beschränkungen *pl.*무역제한; ~überschuß *m.*무역수지 흑자
Außernachtlassen *n.* **des Sorgfalt** 주의의무
außerdienstlich *a.*근무외의
Außerdienststellung *f.*｛*Beamte*｝ 직무 면제(職務免除)
außerehelich *a.*혼인외(婚姻外)의
außertatmäßig *a.*예산외(予算外)의
außergerichtlich *a.*재판외(裁判外)의
außergesetzlich *a.*법규외(法規外)의
außergewöhnlich *a.*이상(異常)
Außerkraftsetzen <**Außerkraftsetzung** *f.*> *n.*; *etw.* **außer Kraft setzen** *v.*~을 폐지하다
außerordentlich *a.*특별(特別)<임시(臨時)>의; ~e Kündigung 즉시해고
außerprozessual *a.*소송외<소외(訴外)>의
außerstrafrechtlich *a.*비형사법적인
Äußerung
dienstliche ~ 직무상의 진술; private ~ 개인적인 진술
Außenverfolgungssetzung *f.*민소(民訴)
Aussetzung *f.*; **aussetzen** *v.* 1 ｛*i.S.v.* Termin, Verfahren, usw.*｝ ｛수속 등｝ 정지하다 2 ｛*Menschen*｝ 유기(遺棄)하다 3 ｛*die Strafe*｝ 유예
Aussetzung ｛*i.S.v.* 1｝
~ des Verfahrens 본소송<수속(手續)>의 정지<중지>; ~ des Termins 기일정지; ~ der Vollstreckung 집행정지
Aussetzung ｛*i.S.v.* 2｝
｛*als Delikt*｝ 유기(죄)(遺棄罪); einfache ~ 단순유기죄
Aussetzung ｛*i.S.v.* 2｝
｛*als Delikt*｝ ~ mit Todesfolge 유기치사(죄)(遺棄致死罪); ~ von Schutzbefohlenen 보호책임자의 유기[죄](遺棄罪)
Aussetzung ｛*i.S.v.* 3｝
~ der Freiheitsstrafe zur Bewährung 자유형(自由刑)의 집행유예(執行猶豫); ~

des Strafrestes 가석방; ~ des Strafrestes zur Bewährung 잔형(殘刑)의 집행유예
Aussetzungs~ ｛*i.S.v.* 1｝
~antrag *m.*정지신청(停止申請); ~beschluß *m.*정지결정(停止決定)
Aussiedler *m./pl.* 이주자
Aussöhnung *f.*; sich **aussöhnen** *v.* 화해하다, ~에 만족하다
Aussonderung *f.*; **aussondern** *v.* ~을 골라내다, 제거하다
Aussperrung *f.*; **aussperren** *v.* 직장폐쇄 시키다
Ausstattungsrecht *f.*독립자금, 장비, 포장(包裝)
Ausstattungsrecht 포장권(包裝權)
ausstehen *v.*~을 아직 다 회수하지 못하다
ausstehend *a.*미회수의
ausstellen *v.*발행하다
ausstellen
einen Scheck ~ 수표를 발행하다; einen Wechsel ~ 어음을 발행하다
Aussteller <**Ausstellender** *m.*>
m.(*der ~e*) 1｛*Wechsel usw.*｝ ｛어음 등｝ 진출인, 발행자 2｛*Urkunden*｝ 작성자 3｛*auf Messen*｝ 출품자
Aussteller ｛*i.S.v.* 2｝
wahrer ~ 원 작성자; scheinbarer ~ 명의인
Ausstellung *f.*｛*i.S.v.* 1/2｝ 발부, 발행, 작성, 진출; ~ des Haftbefehls 체포영장 발부; ~ des Schecks 수표 발부
Ausstellung *f.*｛*i.S.v.* 3｝ 전시회, 박람회, ~박
Ausstellungs~ ｛*i.S.v.* 1｝
~datum *n.*진출일, 발부연월일; ~ort *m.* 진출지; ~tag *m.*진출일
Aussteuer *f.*지참금
Ausstreichen *n.*; **ausstreichen** *v.*~을 말소시키다
Austausch *m.*<→ *Tausch*> 교환, 대체
Austausch~
~geschäft *n.*대물변제; ~pfändung *f.*대체 차압; ~strafe *f.*환형; ~verhältnis *n.*교환 관계; ~vertrag *m.*교환[형]계약

austauschbar *a.* 교환이 가능한
Austauschbarkeit *f.* 교환가능성
austauschen *v.* ~을 교환하다
Austritt *f.* 탈퇴, 이탈; **austreten** *v.* [aus etw. ~](→ *Austreten*) ~에서 탈퇴하다
authentisch *a.*; ~e Interpretation 유권해석
Austrittserklärung *f.* 퇴사의사표시
Ausübung *f.*; **ausüben** *v.* (직업 따위)를 수행하다, ~을 행사하다
Ausübung
unbefugte ~ 권한 외 행사;
widerrechtliche ~ 위법 집행
Ausübung eines
~ Amtes 직무집행, 관직수행;
~ Befugnis 권한행사; ~ Rechts 권리 행사
Ausübung der
~ Strafgewalt 형벌권행사; ~ Ermessens 재량행사; ~ Richteramts 재판관직무실행
Ausübung von
~ Hoheitsrechten 고권 행사;
~ öffentlicher Gewalt 공권력 행사
Auswahl *f.*; **auswählen** *v.* ~를 선임<선택, 선출>하다
Auswahl
~ des Vormundes 후견인 선임
Auswahlrecht *n.* 선택권, 선임권
Auswanderer *m./pl.* 이주자
Auswanderung *f.*; **auswandern** *v.* 이주하다
Auswanderungs~
~betrug *m.* 이주사기; ~freiheit *f.* [외국]이주 자유; ~recht *n.* 이주권
Ausweichklausel *f.* 면책<회피>조항
Ausweis *m.* 신분증명서; **ausweisen** *v.* ①{sich ~} 증명하다 ②{jn. ~ aus} [외국] ~를 추방하다
ausweislich *Präp.* [증거<증명>] ~에서 증명할 수 있듯이
Ausweisung *f.* 추방, 외국퇴거
Ausweisungs~
~befehl *m.* 국외퇴거<추방>명령; ~maßnahme *f.* 퇴거<추방>처분; ~verfügung *f.* 퇴거<추방>결정

auswerten *v.* ~을 평가하다
auswerten
Beweise ~ 증거를 평가하다; Aussagen von Zeugen ~ 증인의 진술을 평가하다; Sachverständigengutachten ~ 감정서를 평가하다; Sachverständigenmeinungen ~ 감정의견을 평가하다
auszahlen *v.* ~에게 임금을 지불하다
Auszahlungsverweigerung *f.* 지불 거절
Auszug *m.* 초본, 발췌
Auszug
aus ~ dem Grundbuch 토지등기부 초본에서 발췌함; aus ~ dem Handelsregister 상업등기부 초본에서 발췌함; aus ~ den (Prozeß)Akten [소송]기록 초본에서 발췌함
Authentica (lex) *l.* 최초의(법률)(이후의 수정과 비교하여)
authentica charta *l.* 규정대로 서명된 (서류로 작성된) 증거서류(문서)
Authentica collatio *l.* Justinianus의 개정집 134의 모음(또한 칙령법 원본, lieber Authenticarum로도 명명됨)
Authenticae *l.* Justinianus 개정법에 대한 명칭; 후에 Irnerius 이래로 Iustiuianns의 소법전에 추가된 독일 황제들의 규정(명령) 법령과 개정법의 233초본(발췌)
Auto *n.* (= *Automobil n.*) 자동차, 차양, 차
Auto~
~diebstahl *m.* 자동차절도; ~führer *m.* 운전수; ~halter *m.* 자동차<차>소유자; ~haftpflichtversicherung *f.* 자동차 책임보험; ~schaden *m.* 차량손해; ~unfall *m.* 자동차사고; ~vermietung *f.* [{als Firma}] [업자] 렌트카 회사; ~werte *pl.* {an der Börse} 자동차주
Automat *m.* 자동[판매]기
Automaten~
~aufstellvertrag *m.* 자동판매기 임대차계약; ~mietvertrag *m.* 자동차판매기 임대차계약
Automatisierung *f.*; **automatisieren** *v.* ~을 자동화하다

Automobil
n. → *Auto* → *Kraftfahrzeug*
Automobilversicherung *f.* 자동차보험
Autonomie *f.* 자주<자립, 자율>성
Autonomist *m.* 자주(자율, 자립)성의 신봉자, 자립주의자
Autopsie *f.* [사체] 해부
Autor *m.* 저작자<권자>
Autorenrecht *n.* 저작권(著作權)
Autorisierung <**Authorisation**> *f.*; **autorisieren** <*jm.* **Authorisation erteilen** *v.*> *v.* ~에게 권한을 부여하다
Autorität *f.* 주권, 권력
Autorität
absolute ~ 절대주권; staatliche ~ 국가주권; territoriale ~ 영토주권
Autoritäts~
~mißbrauch *m.* 권력남용; ~verhältnis *n.* 권력관계

autor rixae *l.* 공격행위의 유발자 (그렇기 때문에 그에겐 정당방위 권한이 없다- 독일법, Legisten, 보통형법)
Auxiliarbedingung *f.* 보조적 조건
auxilium *l.* 보조(도움); 시원에 대한 책임(봉건법); 후에 제출의무, 세금
auxilium ante delictum *l.* 범행전의 보조(도움)
auxilium in delicto *l.* 범행중의 보조(도움)
auxilium post delictum *l.* 범행후의 보조(도움) (현대의: 범죄 비호, 범인은닉)
Aval *m.* 어음보증
Aval~
~akzept *n.* 어음보증인낙; ~kredit *m.* 어음보증신용; ~wechsel *m.* 보증어음
avalieren *v.* 어음을 보증하다
aventura *l.* (소유재산의) 귀속, 해결된 분묘
a verbis ad verbera *l.* 대화에서 폭행으로
A verbis legis non est recendendum *l.* 법률의 원문 표현에서 벗어날 수 없다
Avis *m.* 통지(通知), 송장(送狀)
a vista *a.* 일람불(一覽拂)의

Avistawechsel *m.* 일람불 어음
avoatio → *advocatia* → *advocatio l.*
avocatio actorum *l.* 상급 관청을 통한 기록 요청
avocatorium *l.* 해외에 체류 중인 국민(국적 보유자)의 (귀향)소환
avulsio *l.* 해안 토지 일부분의 파괴와 자연력에 의한 해안의 충적 (귀속력이 있는 관계가 존재하지 않는 한 소유권 보장 근거 없음); Avulsion, 즉 다른 사람의 (외국의) 권력에게 토지를 양도하는 것은 제국의 기본질서(Reichsstandschaft)를 파괴 시킨다
Axiom *n.* 공리(公理)
Axiomatik *f.* 공리론, 공리주의
a.Z. (auf Zeit) 신용(외상)으로
AZ, Az. (Aktenzeichen) 서류번호

B

B {als Parteibezeichnung → A → C} 을(乙)
BAföG (Bundesausbildungsförderungsgesetz) *n.* 연방장학촉진법
Bagatell~
~belästigung *f.* 경미한 침해; ~ betrag *m.* 경미한 액수; ~ delikt *m.* 질서위반; ~ delinquenz *f.* 경미사범; kriminalität *f.* 경미범죄; ~ sache *f.* 경미<소액>사건<사범>; ~ schaden *m.* 경미한 손해; straftat *f.* 경미사범; ~streitigkeit *f.* 소액분쟁
Bagatelle *n.* 간이소송(簡易訴訟), 사소한 것
ballivia *l.* 기사단의 관할구역, 독일 기사단(조합)의 관할구에 대한 명칭
Bande *f.* ①{i.S.D. *Mafia, usw.*} 폭력단 ②{i.S.v. *Straßenbande*} 불량집단
Banden~
~angehöriger *m.*(der ~e) 폭력단관계자; ~bildung *f.* 범죄단체조직; ~kriminalität *f.* 집단범죄; ~mitglied *n.* 범죄단체의 조직원.
Bank *f.* 은행
Bank
bezogene ~ 지불은행; emittierende ~ 발행은행
Bank~
~aktien *pl.* 은행주(銀行株); ~akzept *n.* 은행인수(銀行引受); ~bürgerschaft *f.* 은행보증(銀行保證); ~darlehen *n.* 은행임대(銀行賃貸); ~deposit *n.* 은행예금; ~einlage *f.* 은행예금; ~forderungen *pl.* 은행채권; ~garantie *f.* 은행의 보증; ~geheimnis *n.* 은행비밀(銀行秘密); ~geschäft *n.* 은행 거래<업무>; ~geschäfte *pl.* 은행업무<경영>; ~guthaben *n.* 은행 예금고; ~kapital *n.* 은행자본; ~karte *f.*(=

Bankautomatenkarte *f.*); ~kartenmißbrauch *m.* 신용카드의 남용; ~konto *n.* 은행구좌; ~kredit *m.* 은행신용<대부>; ~lizenz *f.* 은행업면허; ~note *f.* 지폐, 은행권; ~notenumlauf *m.* 은행권유통[고]; ~raub *m.* 은행강도; ~schulden *pl.* 은행채무; ~sicherheit *f.* 은행보증; ~überfall *m.* 은행습격(襲擊); ~überweisung *f.* 은행진입; ~verbindlichkeit *f.* 은행의 책무; ~zinsen *pl.* 은행이자
Banken~
~kommission *f.* 은행위원회; ~konsortium *n.* 은행; ~welt *f.* 은행업계
Bankautomat *m.* 현금자동지불기
Bankautomatenkarte *f.* 현금자동지급기 이용 카드
Bankrott *m.* 파산; **bankrott** *a.* 지불능력이 없는, 파산한
Bankrott~
~handlung *f.* 파산행위; ~straftat *f.* 파산범죄
Bankrotteur *m.* 지불불능자, 파산자
bannitio *l.* 재판장에 의한 소환(프랑켄지방법); 후에(교회)공동체로 부터의 파문(추방), 독일 제국 국외 추방(18세기까지)
bannitus, bannum, bannus *l.* (교회)공동체로 부터의 파문(추방); 법규(권리), 명령하는 것과(강요) 금지하는 것
bar *a.* 현금<현찰>의
bar in ~ erbringen *v.* 현금으로 조달하다; in ~ zahlen *v.* 현금으로 지불하다
Bar~ (= Bargeld *n.*)
~abgeltung *f.* 현금지급<배상, 보상>; ~ablösung *f.* 현금상각(現金償却); ~auszahlung *f.* 현금지불; ~betrag *m.* 현금(총)액; ~dividende *f.* 현금배당; ~einlage *f.* 현금투자; ~forderung *f.* 금전채권; ~

geld n.현금; ~geldumlauf m.현금통화유 통량; ~geschäft n.현금거래; ~gründung f., ~ kauf m.현금구입; ~kaution f.현금 부금(現金賦金); ~verkehr m.현금거래; ~vermögen n.현금재산; ~wert m.현금가 액; ~zahlung f.현금지불; ~zahlungsrabatt m.(→ Skonto n.) 현금할인

Barbiturat n.바르비투르산 제제(진정 제, 수면제로 쓰임)

Basis f., **rechtlche ~** 법적근거

Basis~ 기본~, 기초~

Basis~ ~laufzeit eines Vertrages 계약의 기본적 유효기간; ~stimme f.기초표(基 礎票); ~vertrag m.기본계약

bastardagium, ius bastardiae f. (귀 족의) 사생아의 경우, 사생아가 상속인 인 경우(사생아 이외에 상속인이 없는 경우 그 상속 재산에 대한 대시주(영 주) 또는 군주의 권리)

Bau m.건축<건설>, 건물

Bau~

~abnahme f.건물인취(建物引取); ~arbeiter m./pl.토공(土工); ~aufsicht f. 건축감독 (建築監督); ~ausführung f.공사집행; ~betreuung f.건설관리; ~ betreuungsvertrag m.건축관리계약; ~beschränkung f.건축제 한; ~beteiligte pl. 공사<건축>관계자; ~darlehen n.건축<대부>; ~errichtungsvertrag m.건설공사계약; ~erwartungsland n.공사 예정지; ~fehler m.건물의 하자(瑕疵); ~fertigstellung f.준공(竣工); ~forderung f. 건축채권; ~geldhypothek f.건축저당; ~genehmigung <~erlaubnis> f.건축허가; ~grund m.공사용지(工事用地); ~grundrisiko n.공사용지<토질>; ~grundstück n.주택 지(住宅地), 건축용지(建築用地); ~haftpflichtversicherung f.건축책임[의무] 보험; ~handwerker m./pl. 건축직인(建築 職人); ~handwerkerversicherungshypothek f.건축직인보전저당(建築職人保全抵當); ~herr m.1.건축주, 건축의뢰인 2.U.S. v. Besteller; 발주자; ~herrenhaftung f.건축 주의 책임, 건축업자손해배상책임; ~lastverzeichnis n.[시정촌] 건축부담목 록; ~leitplanung f.건축관리계획;

~maschinenhypothek f.건설기계저당권; ~ prozeß m.건축분쟁소송; ~recht n. 건축 법; ~schadenversicherung f.건설손해보 험; ~sparen → Bausparen; ~träger m./pl. 건축공탁업자; ~unternehmer m./pl.건축 업자; ~unternehmer-Haftpflichtversicherung f.건축업자책임의무보험; ~unternehmer-Risikoversicherung f.건설공사보험; ~werk n.건축물; ~zinsen pl.건설이자(建設利息)

Bauspar~

~darlehen n.주택저축대부; ~gelder pl. 건설저축예금; ~guthaben n.주택저축고; ~kasse f.주택저축조합<은행>; ~vertrag m.주택저축조합계약

Bausparen n.; **bausparen** v.건축 저축 은행에 저축하다

Bausparer m.주택저축조합가입자

beabsichtigen v.~을 의도하다<목적하 다>, ~할 생각이다

beachten v.~을 주의하다<고려하다, 따 르다>, ~에 유의하다

Beamten~

~anwärter m.시용공무원(試用公務員); ~eid m.공무원의 선서; ~haftung f.공무 원의 책임; ~nötigung f.공무원<직무>강 제[죄]

Beamter m.(der ~e) 공무원, 관리

Beamter

~ auf Lebenszeit 종신공무원;
~ auf Probe 시용공무원(試用公務員)

beanspruchen v.~을 요구<청구>하다

Beansprucherstreit → Prätendentenstreit

Beanstandung f.; **beanstanden** v.~에 이의를 말하다, 항의<반대>하다

beantragen v.~을 요구<요청>하다, 신 청하다

beantragen

mündlich ~ 구두로 신청하다; schriftlich ~ 서면으로 신청하다

Beantragung f.<einen Auftrag stellen> 제의<제안>, 신청<출원>

Beantwortung f.; **beantworten** v.~에 답하다, 응답<응수>하다, (편지나 문서 따위에) 답하다

Beantwortungsfrist f.회답기간

beati possidentes *l.* 유리하게 점유하는 자(점유하지 못하는 소유자에 비하여 점유자의 유리한 법률상의 지위; 쉴러에 따라, wallenstein의 죽음: 소유하라, 그러면 권리 안에 살 것이다.
Beatus ille, qui procul negotiis! *l.* 영업(거래)에서 멀리 떨어진 자 행복에 겨우리!(Horaz)
Beaufsichtigung *f*.; **beaufsichtigen** *v.*~을 감독<감시>하다
beauftragen *v.*~에게 (무엇을) 위임<위탁>하다
Beauftragter *m.(der ~e)* 수임자, 위임자, 수탁자
Beauftragter *m.*; **bevollmächtigter** *m.* 대리인
Beauftragung *f.*위임, 위탁
Bebauungsplan *m.*건축의 상세계획
Bedachter *m.(der ~e)* 수유자(受遺者)
bedenken *v.*~에 대해 깊이 생각하다, 고려하다; *jn.* testamentarisch ~ 유증(遺贈)과 관련해 ~를 염두에 두다
bedenkenlos *a.*거리낌 없이, 주저<의심>하지 않는
Bedenkzeit *f.*결정하기 전 고려할 시간, 고려의 시간, 유예기간
bedenklich *a.*고려를 요하는, 이론의 여지가 있는, 의심스러운
Bedeutung *f.*의미, 이의
Bedeutung
eigentliche ~ 본래 의미; entscheidende ~ 결정적 의미; gleiche ~ 동의; rechtlche ~ 법적의미; wörtliche ~ 문언상의 의미
Bedeutungs~
~inhalt <~gehalt> *m.*의미내용; ~wandel *m.*의미변경
bedeutungslos *a.*의미 없는, 중요하지 않은
Bedienungsanleitung *f.*사용방법, 조작법, 설명서
bedingt *a.*조건부의
bedingt auflösend ~ 해제조건; aufschiebend ~ 정지조건부
Bedingung *f.*조건
Bedingung auf eine ~ eingehen *v.*조건에 동의하다; unter der ~ 조건부
Bedingung
eine ~ auferlegen <stellen> *v.*조건을 내걸다; eine ~ erfüllen *v.*조건을 충족시키다; einer ~ entsprechen *v.*조건과 일치시키다
Bedingung der Strafbarkeit 처벌조건
Bedingung der Strafbarkeit
Objektive ~ 객관적 처벌조건
Bedingung
auflösende ~ 해제조건; aufschiebende ~ 정지조건; formelle ~형식조건; gegenseitige ~ 상호조건; gesetzeswidrige <rechtswidrige> ~ 위법 조건; notwendige ~ 필요조건; sittenwidrige ~ 양속 위반 조건; stillschweigende ~ 암묵<묵시>조건; übliche ~ 통상조건; unerlaubte ~ 불법조건; verfahrensmäßige ~ 수속적조건; vertragsmäßige ~ 계약상의 조건; unzulässige ~ 불법<부적법> 조건
Bedingung
Eintritt der ~ 조건의 성취
bedingungslos *a.*무조건의, 제한 없는
bedingungsfeindlich *a.*조건이 불리한
Bedingungs~
~theorie *f.*조건설; ~zusammenhang *m.* 조건관계
Bedrohung *f.*; **bedrohen** *v.*~를 위협하다
Bedrohung
~ von Zeugen 증인을 위협함
Bedürfnisprüfung *f.*수요심사
Bedürftigkeit *f.*빈곤, 부족, 무자력(無資力)
Bedürftigkeits~
~nachweis *m.*무자력(無資力)의 증명; ~prüfung *f.*무자력심사(無資力審査); ~zeugnis *n.*무자력증명서
beeidet *a.*맹세하는, 선서하는
Beeidigung *f.*; **beeiden** *v.*~에 대해 맹세하다, 선서하다
beeidigt *a.*~을 선서로 확증하는, ~를 선서시키는;

beeidigt
~er Zeuge 선서를 한 증인;
~er Sachverständiger 공인감정사
Beeinflussung *f.*; **beeinflussen** *v.*~에 영향을 미치다
Beeinträchtigung *f.*; **beeinträchtigen** *v.*~을 침해하다<방해하다>, ~을 약화시키다
Beeinträchtigung
~ der persönlichen Freiheit 인격자유의 침해; ~ der Verkehrssicherheit 교통안전의 침해; ~ von Rechten 권리침해
Beendigung *f.*종료; **beend(ig)en** *v.*~을 끝내다, 끝마치다
Beendigung
~ der Gütergemeinschaft 부부재산제(夫婦財産制)의 종료(終了); ~ der Schutzdauer des Patent 특허보호기간의 만료; ~ des Rechtsstreits 소송[관계]의 종료
Beerbung *f.*; *jn.* **beerben** *v.*~의 유산을 상속받다
Befähigung *f.*능력, 자격
Befähigung
~ zum Richteramt 재판관자격
Befähigungsnachweis
m. {als Dokument} 자격증명(서)
befangen *a.*불공정한, 편파적인 ; *jn.* für ~ erklären *v.*~를 편파적이라고 단정하다
Befangenheit *f.*불공정, 편파
Befangenheitsablehnung *f.*편파이유 회피<기피>
Befehl *m.*; **befehlen** *v.*[(*jm.*) *etw.* ~] (~에게) ~에 대해 명령<지령>을 내리다
Befehl
richterlicher ~ 재판관명령
Befehls~
~befugnis *f.*명령권; ~gewalt *f.*명령<지령>
befehlsgemäß *a.*명령에 상응하는
befehlswidrig *a.*명령에 저촉<위반>되는
befinden *v.*[über *etw./jn.* ~] ~에 대해 판단을 내리다

befolgen *v.*~을 따르다, 준수하다
Beförderung *f.*; **befördern** *v.* 1 {körperlich} 운송, 수송 2 {in einer Amtsstellung} 승진
Beförderungs~
~anspruch *m.* {i.S.v. 2} 승진청구권; ~anspruch *m.* {i.S.v. 1} 운송청구권[권]; ~bedingungen *pl.*운송약관; ~gegenstand *m.*운송<수송>물; ~kosten *pl.*운송료; ~vertrag *m.*운송계약
Befragung *f.*; **befragen** *v.*~에게 질문<심문>하다
befreiend *a.*면제적인, 면책적인
Befreiung *f.*; **befreien** *v.*[*jn.* von *etw.* ~] 1 {im abstrakten Sinn} ~에게 ~을 면제<면책>해 주다 2 {Personen} 도주
Befreiung
~ vom persönlichen Erscheinen 본인출두면제; ~ von der Zahlungsverpflichtung 지불의무의 면제
Befreiungs~
~übernahme *f.*이행의 인수; ~grund *m.* 면책사유; ~wirkung *f.*면제<면책>효력
Befriedigung *f.*; **befriedigen** *v.*~을 <를> 만족시키다
Befriedigung
abgesonderte ~ 별제변제(別除辨濟); anteilige ~ 부분적 변제, 배당; bevorzugte<vorzugsweise> ~ 우선변제; materielle ~ 물질적 만족; teilweise ~ 일부변제
Befristung *f.*; **befristen** *v.*어떤 일에 기한을 정하다
befristet *a.*기한이 정해진; ~er Arbeitsvertrag *m.*기간제근로계약
Befruchtung *f.*수정
extrakorporale ~ 체외수정; extrakorporale homogene ~ 배우자간 체외수정; extrakorporale heterogene ~ 배우자 외 체외수정; künstliche ~ 인공수정
Befugnis *f.*권한, 권능, 자격
Befugnis, eine ~
~ übertragen *v.*권한을 위임하다; ~ überschreiten *v.*(주어진) 권한을 초월하다

Befugnis, hoheitsrechtliche ~ f.고권적 권한
befugt a.~을 허가하는, 권한을 주는
Befund m.소견, 견해
Befund
geistiger ~ 정신소견; körperlicher ~ 신체소견
begebbar a.(어음 등)을 유통<양도>할 수 있는, 매각할 수 있는, 가양적인
Begebung f.(어음, 채권 따위의) 발행, 유통, 양도; **begeben** v.(어음 등)을 유통시키다, 발행하다; sich eines Rechts ~ v.권리를 포기하다
Begehen n.; begehen v.[eine Tat ~] 범죄를 저지르다
begehen v.①{allgemein} 순회<순시>하다, (장소, 길 따위)를 가다, 지나다니다 ②[eine Straftat ~] 죄를 범하다
Begehung f.①{als Gegenteil einer Unterlassung} 작위 ②[~ einer Straftat] 범행
Begehung {i.S.v. ②}
fahrlässige ~ 과실 행위, 과실범
Begehungs~
~art f.범행방법; ~delikt n.작위범; ~form f.범행형식; ~ort m.범행 장소, 범죄 현장; ~täterschaft f.작위[정]범; ~zeit f.범행 시간
Begehren n.; **begehren** v.~을 요구하다, 갈망하다
Beginn m.; **beginnen** v.~을 개시<시작>하다
Beginn der
~ mündlichen Verhandlung 구두변론 개시; ~ Laufzeit eines Vertrages 계약기간 개시; ~ Patentlaufzeit 특허존속기간 개시; ~ Verjägrung[szeit] 시효 개시기간
Beginn des Geschäftsjahres 년도 시기
Beglaubigung f.; **beglaubigen** v.① {i.S.v. Beurkundung} ~을 공증<공인>하다 ②{diplomatische ~} (외교 사절)을 신임장을 주어 파견하다, 신임하다
beglaubigt a.인증된, 공증된
beglaubigt
amtlich ~ 관청에서 인증한; notariell ~ 공증인을 통해 공증 받은; öffentlich ~ 공증 받은
Beglaubigungs~ {i.S.v. ①}
~form f.인증형식; ~formel f.인증문언; ~gebühren pl.인증수수료; ~urkunde f.인증증서; ~vermerk m.인증문의 기재
Beglaubigungsschreiben {i.S.v. ②} n.(외교사절의) 신임장
begleichen v.; eine Schuld ~ 채무를 갚다, 변제하다
Begleit~
~brief m.<~schreiben n.> 첨부서, 부수서류; ~kriminalität f.부수범죄
Begnadigung f.; **begnadigen** v.~를 사면(赦免)시키다
Begnadigung bedingte ~ 조건부은사
Begnadigungs~ ~gesuch n.{als Dokument} 사면 청원서; ~gewalt f.<~recht n.> 사면권; ~schreiben n.사면서; ~urkunde f.사면증
Begrenzung f.; **begrenzen** v.~을 한정<제한, 국한>시키다
Begriff m.개념
Begriff allgemeiner ~ 일반개념; juristischer ~ 법률[적]<법적>개념; normativer ~ 규범적 개념; übergeordneter ~ 상위개념; unbestimmter ~ 불확정개념
begrifflich a.개념적<상>의
Begriffs~
~bestimmung f.①{allgemein} 정의 ②{als Vertragsklausel} 개념규정; ~bewußtsein n.개념의식; ~bildung f.개념작용; ~inhalt m.개념 내용; ~jurisprudenz f.개념법학; ~merkmal n.개념요소; ~rahmen m.개념범위; ~schwierigkeiten pl.개념간의 문제
begriffsmäßig a.개념상의, 추상적인
begründen v.①[gedanklich etw. ~] 이유를 들다 ②{i.S.v. eine Basis geben} ~에 근거를 두다 ③[ein Unternehmen usw. ~] ~을 설립<설치>하다 ④{ein Büro errichten} ~를 개설하다 ⑤{Wohnsitz, usw.} ~을 설정하다
Begründer m.{i.S.v. ③} 설립자, 발기인

begründet *a.* 1. 이유가 제시된 2. 설립된

begründet
etw. für ~ halten *v.*~은 근거 있다고 생각하다; rechtlich <juristisch> ~ 법률상으로 근거가 있는

Begründetheit *f.* 이유구비성(理由具備性)

Begründetheit
~ einer Klage 청구(請求)의 이유구비성; ~ eines Rechtsmittels 상소(上訴)의 이유구비성

Begründetheits~
~prüfung *f.* 이유구비성 심리

Begründung *f.* 1. 이유, 근거 2. 설립

Begründung eines
~ Antrag[e]s 신청이유; ~ Gesetzentwurfs 입법안 이유[서]; ~ Urteils 판결 이유부

Begründung einer
~ Gesellschaft 회사설립; ~ Verbindlichkeit <Schuld> 채무발생

Begründung
mangelnde ~ 이유흠결; rechtliche ~ 법률상의 이유; schriftliche ~ 서면이유부

Begründungs~
~frist *f.* 이유제출기간; ~pflicht *f.* 이유 의무; ~zwang *m.* 이유[표시]강제

Begünstigter *m.* (*der ~e*) 1. {*bei einer Schenkung usw.*} {증여 등} 수익<수증·후원>자 2. {*bei Versicherungen*} 보험금 수취인 3. {*nach einer Straftat*} 피비호자

Begünstigungsvertrag *m.* 제삼자이익 [보험]계약

Begünstigung *f.* {*als Delikt*} 범인<범죄후> 비호, 우대, 수익, 이익부여; *jn.*
begünstigen *v.* ~에게 호의적이다, ~를 특별히 보아주다

Begünstigung {*i.S.v.* 2}
persönliche ~ {*als Delikt*} 인적[범죄]비호 [죄]

Begutachtung *f.*; **begutachten** *v.* ~을 감정<평가>하다

Begutachtung
negative ~ 소극적<불리>감정; positive ~ 적극적<유리>감정

Begutachtung des Sachverständigen 감정인 감정[의견]

Behandlung *f.*; **bahandeln** *v.* 1. {*allgemein*} ~을 처리<취급>하다 2. {*medizinisch*} ~를 치료<치료처리>하다 3. {*Strafvollzug*} 처우(處遇)

Behandlung
besondere ~ 특별취급; differenzierte ~ 차별적 취급; diskriminatorische ~ 차별적 취급; erniedrigende ~ 모욕적 취급; nichtdiskriminatorische ~ 무차별적 취급; prozessuale ~ 소송상 처리; ungleiche ~ 차별적 취급; unmenschliche ~ 피인간적 취급; verfahrensrechtliche ~ 수속법적처리; vertragsrechtliche ~ 계약법적 처리

Behandlung
~ von Strafgefangenen 수형자처우(受刑者處遇)

Behandlungs~
~abbruch *m.* {*medizinischer ~*} 치료중지; ~art *f.* 취급<치료>방[법]; 처우유형(處遇類型); ~gedanke *m.* 처우사상(處遇思想); ~grundsatz *m.* 처우원칙(處遇原則); ~veto *n.* 치료부인(治療否認); ~vollzug *m.* 배우<처우>행형(配偶<處遇>行刑); ~ziel *n.* 처우(處遇)의 목표(目標)

Behauptung *f.*; **behaupten** *v.* ~을 주장하다, ~에 대해 확언하다

Behauptung
unwahre ~ 사실이 아닌 주장; unbestrittene ~ 반론의 여지가 없는<명백한> 주장

Behauptung
~ ohne Beweisantritt 증거제출이 없는 주장

Behauptung
neue tatsächliche ~ 새로운 사실 주장; rechtserhebliche ~ 법률상의 중요주장; rechtliche ~ 법률상 주장; tatsächliche ~ 사실 주장

Behauptungen (*pl.*)
~ der Gegenseite bestreiten *v.* 상대방[당사자]주장을 반박하다, 상대방의 주장에 이의를 제기하다; ~ aufstellen *v.* ~을 주장하다 ; ~ entkräften *v.* 주장을 반박

하다; ~ präzisieren v.~을 정확<분명>하게 주장을 표현하다
Behauptungslast f.주장에 대한 책임
Behebung f. von Mängeln 하자 제거
Beherbergungsvertrag m.숙박계약
Beherrschung f.; **beherrschen** v.무엇을 잘하다<잘 구사하다>, ~를 지배<통치>하다
Beherrschung
völlige ~ 완전지배; wirtschaftliche ~ 경제적 지배
Beherrschungsvertrag m.[기업 간]지배계약
Behörde f.관청; {i.S.v. bestimmter ~} 당국, 당청
Behörde
mittlere ~ 중급관청; nachgeordnete ~ 하급관청; obere ~ 상급관청; oberste ~ 최고관청; verwaltende ~ 행정관청; vorgesetzte ~ 상급관청; zuständige ~ 관할관청, 권한당국
behördlich a.관청의, 당국의
Behörden~
~auskunft f.관청정보<조회>; ~organisation f.관청조직
Beibehaltung f.; **beibehalten** v.~을 유지<지속, 고수, 보유, 고집>하다
Beibringen n.; **beibringen** v.~을 제출<지참>하다
Beibringungs~
~frist f.제출<지참>기간; ~grundsatz m.제출주의; ~pflicht f.제출<지참>의무; ~verlangen n.제출<지참>요구
beiderseitig a.쌍방의, 상호간의
Beifahrer m.동승<탑승>자
Beifügung f.; **beifügen** v.~을 첨부<부가>하다
Beigeordneter m.(der ~e) 배석원
Beihelfer m.; **Beihelfende** m.방조자
Beihilfe f.종범, 방조; ~ leisten v.범죄에 관여하다
Beihilfe
mittelbare ~ 간접적 종범; straflose ~ 불가벌적 방조

Beihilfe~
~handlung f.방조행위; ~leistung f.방조
Beiladung f.[소송]참가, 직권고지, 제삼자 소환
Beilegung f.조정<중재>, 해결<처리>; außergerichtliche ~ 재판<소송>외 {분쟁}처리; gerichtliche ~ 소송상[분쟁]해결; gütliche ~ 화해적[분쟁]해결
Beiordnung f.; jn. **beiordnen** v.~를 국선<관선> 변호인으로 선임하다
Beirat m.~위원회
Beischlaf m.간음, 방사
Beischlaf m.; ~ mit Kindern 유년자간음(幼年者姦淫)
Beisitzer m.①{als Richter} 배석재판관<판사> ②{als Laie} 배석원<자>
Beispiel f.[konkretes ~] [구체적] 예, 사례
Beistand m.보좌<보조>[인, 원조]
Beitrag m.기여, 부담, 출자
Beitrags~
~anteil m.분담금; ~einheit f.기여단위; ~leistung f.출자 지불; ~pflicht f.출자의무; ~pflichtiger m.(der ~e) 출자의무자; ~satz m.{VersR-보} 보험료율; ~zahlung f.출자불입
Beitreibung f.집행(執行)
Beitreibungsverfahren n.집행수속
Beitritt m.참가<가입, 가맹>; **beitreten** v.[(zu) etw. ~] ~에 참가<가입>하다
beitreten
einer Partei ~ v.입당하다; einem Verein, o.ä. ~ v.특정 단체, 혹은 기타 유사 단체 등에 회원으로 입회<가입>하다
Beitritt m.가입
Beitritt m., freiwilliger ~ 임의가입
Beitretender m.(der ~e) 참가인, 참가당사자
Beitritts~
~antrag m.참가신청; ~erklärung f.입회<가입, 참가>의 의사표시; ~gebühren pl.입회<가입>비; ~gesuch n.가맹<가입>신청; ~wirkung f.참가효력
Beiwohnen v.{einem Ereignis} 출석<참석>하다, 입회하다

Beiwohnung f.동침, 성적교섭, 출석 <참석>

Beiziehung f.; **beiziehen** v.~을 참조 <참고>하다

bejahen v.~을 긍정<시인>하다

behahend a.긍정적인

Bekanntgabe f.; **bekanntgeben** v. → Bekanntmachung

Bekanntmachung f.; **bekanntmachen** v.~을 공시<선고>하다

Bekanntmachung
öffentliche ~ 공식적인 항고<공시, 선고>

Bekanntmachung
~ der Entmündigung 금치산선고(禁治産宣告); ~ der Konkurseröffnung 파산개시 공시(破産開始公示); ~ der Nachlaßverwaltung 상속재산관리(相續財産管理)의 공시(公示); ~ der Registereintragung 등기기재(登記記載)의 통지(通知)

Bekanntmachungs~
~beschluß m.{PatR-특} 항고결정; ~gebühr f.{PatR-특} 출원항고<수수>료

Bekenntnisfreiheit f.신앙의 자유

Beklagteneigenschaft f.피고적격

Beklagter m.(der ~e) 피고[인]; streitgenössischer ~ 공동피고인

Belastung f.; **belasten** v. 1 {allgemein} 부담 지우다 2 {Grundstücke ~} ~을 저당 잡다

Belastung
dingliche ~ 물상<물건적>부담

Belastungs~
~beweis m.유책증거; ~zeugem m.유책사실증인

Beleg m. 1.증거서류 2.영수서

belegbar a.증명할 수 있는

Belegpflicht f.증거자료제출의무

Belegschaft f.{einer Firma usw.} 종업원[전체]

Belehrung f.; jn. **belehren** v.~를 가르치다<지도하다>

Belehrung ~ von Zeugen 증인 대 교시
Belehrungs~
~pflicht f.교시의무(敎示義務)

Beleidiger m.모욕자

Beleidigung f.; **beleidigen** v.~를 모욕하다, ~의 감정을 상하게 만들다

Beleidigung
wechselseitige ~ 상호적모욕(相互的侮辱)

Beleidigungs~
~begriff m.모욕의 개념(概念); ~wille m. 모욕의 의사(意思); ~vorsatz m.모욕고의

Beleihgrenze f. **von Grundstücken** 담보가치(擔保價値)의 제한(制限)

Beleihung f.행정권한위임(行政權限委任)

Bella gerant alii, tu, felix Austria, nube! l. 다른 나라는 전쟁을 수행하고, 너, 운이 좋은 오스트리아는 혼인하라!(국가의 증대를 획득하기 위해서; Matthias Corvinus, 헝가리 왕(1458-1490)의 이행시의 첫 번째 부분)

belli indictio l. 격식을 갖춘 형태의 선전 포고(로마)

bellum l. 전쟁

bellum defensivum l. 방어전

bellum iustum l. 종교전쟁(합법적(정당한) 전쟁)

bellum omnium contra omnes l. 만인의 만인에 대한 투쟁(Platon, Dion Chrysostomas, Thomas Hobbes)

bellum punitivum l. 죄를 지은 적에 대한 처벌전쟁(침략자(공격자)에 대한 보복의 일격)(잔인한 보복 조치)

Bemessung f.; **bemessen** a.계산된, 양정된

Bemessung
~ der Strafe 양형(量刑), 형(刑)의 양정(量定); ~ der Vergütung {seitens Gericht} 보조금액결정

Benachrichtigung f.; **benachrichtigen** v.{jn. (von etw.) ~} ~에게 (~에 대해) 보고하다

Benachrichtigung über die
~ Grundbucheintragung 등기기재(登記記載)의 통지(通知); ~ Grundbuchlöschung [등기]말소통지(抹消通知); ~ Handelsregistereintragung 상업등기부기재(商業登記簿記載)의 통지

Benachrichtigungs~
~pflicht *f.*통지의무(通知義務); ~schreiben *n.*<~brief *m.*> 통지서(通知書)
benachteiligen *v.*~에 손해를 끼치다, ~에 불리하게 하다
Benachteiligung *f.*불이익, 가해, 침해
benannt *a.*지명된<지정된>
Benannter *m.(der ~e)* 피지명자
benedictio *l.* 축복(축성), 축성식; 결혼 준비물(혼수감)
Bene docet, qui bene distinguit *l.* 잘 구별(식별)하는 자가 잘 가르친다
Beneficia non obturduntur *l.* 법률상의 은전(恩典) 선행(은혜, 자선)은 강요되지 않는다 D. 50.17.69의 의미에 맞추어; 그러므로 증여도 또한 수령(인수)을 통한 뒤에 법률상으로 유효하다
beneficium *l.* 선행(은혜, 자선), 특전(편의), 특권< 봉토, 성직, (→ *praebenda*)
beneficium abstinendi *l.* 유산을 상속하기 위한 상속자의 법률상의 선행
beneficium castellanum, b. castrense *l.* 성의 봉토(요새, 성채, 보루)
beneficium cessionis bonorum *l.* 재산 양도의 법률상의 선행(지불불능의 채무자 측에서)
beneficium competentiae *l.* 부득이한 필요의 법률상 선행(단지 채무자의 재산 상태에 따른 손해배상 의무)
beneficium dationis in solutum *l.* 현금 대신으로(지불금액) 물건의 인도(교부, 양도, 포기)의 법률상 선행
beneficium divisionis *l.* 공범의 채무자로서 단지 몫(지분)에 따라 책임을 져야만 하는 것에 대한 항의(의의, 항변, 항고)
beneficium ecclesiasticum *l.* 수입(벌이, 소득)과 연결된 교회의 직책(직위); 성직
beneficium emigrationis dissidentium *l.*국교에 속되지 않은 신민(신하)들의 이민법
beneficium excussionis *l.* 검색의 항변권
beneficium inventarii *l.* (유산 상속자의) 상속 재산 목록 제출권, 재산 목록의 작성(상속인은 상속재산 목록의 제출과 함께 상속 재산에 대한 책임이 제한 될 수 있다
beneficium iuris *l.* 법률상의 은전, 항변
beneficium militare *l.* 진정한 영지, 봉토
beneficium separationis *l.* 상속인(많은 부채를 진) 재산의 상속 중지(분리)에 대한 상속 채권자의 권리
Benefizialerbe *m.*한정책임 상속인
Benennung *f.*; **benennen** *v.*~을 지정<지명>하다
bene vale(valete)! *l.* 잘 있게!
benevole lectori *l.* 친애하는 독자 여러분!(저자의 인사말)
benevolo lectori salutem *l.* 친애하는 독자에 인사를
Benutzer *m.*사용자, 이용자
Benutzung *f.*; **benutzen** *v.*~을 이용<사용, 실시>하다
Benutzungs~
~berechtigter *m.(der ~~e)* 사용<실시>권리자; ~gebühr *f.*사용료; ~recht *n.* [ausschließliches~] [독점적] 이용<사용>권; ~verhältnis *n.*이용<사용>관계; ~zwang *m.*사용강제
beraten *v.*①[sich mit *jm.* ~] ~와 논의<합의>하다 ②[*jn.* über *etw.* ~] ~에 대해 ~와 상담하다
Beratervertrag *m.*계약
Beratung *f.*①{*i.S.e.* Termins} 회의, 합의 ②{*für* Mandanten, usw.} 법률상담 ③{*allgemein*} 조언
Beratung und Abstimmung *f.*{*bei* Gericht} 평결, 평의
Beratungs~
~geheimnis *n.*합의<심의>비밀; ~kommission *f.*<~komitee *n.*> 평의위원회; ~kosten *pl.* 상담료; ~tätigkeit *f.*고문 활동; ~vertrag *m.* 합의 계약; ~zimmer *n.*합의실
berauben *v.*~를 대상으로 약취하다, 빼앗다<강탈하다, 약탈하다>
Berechnung *f.*; **berechnen** *v.*~을 계산

<산정>하다
Berechnung
~ des pfändbaren Einkommens 차압 가능수입 산정; ~ der (Freiheits-)Strafe 형기 계산
Berechnungsgrundlage *f.* 계산 기초
berechtigt *a.* 권리<자격>를 가진
Berechtigter *m.(der ~e)* 권리<권한, 유자격>자
Berechtigter
dinglich ~ 물상권리자; materiell ~ 실질적 권리자
Berechtigung *f.* 권리, 자격
Berechtungsnachweis *m.* 권리<자격> 증명서
Bereich *m.* 범위, 분야, 영역
Bereich
im ~ des Rechts 법 영역<분야>
Bereicherter *m.(der ~e)* 이득자
Bereicherung *f.*, **ungerechtfertigte ~** 부당이득
Bereicherungs~
~anspruch *m.* 부당이득반환청구[권]; ~delikt *n.* 이득죄<범>; ~kette *f.* 부당이득연쇄; ~recht *n.* 부당이득법; ~verbot *n.* 이득금지
bereicherungsrechtlich *a.* 부당이득의
Berg~
~arbeiter *m.* 광업노동자; ~bau *m.* 광산, 광업; ~hoheit *f.* 광업고권; ~recht *n.* 광업법; ~werk *n.* 광산; ~werkseigentum *n.* 광업소유권

Berge~ {→ *Bergungs~*}
~firma *f.* [해난]구조업자; ~geld *n.* [해난]구조보수[료]; ~lohn *m.* [해난]구조보수[료]; ~kosten *pl.* 구조비[용]; ~vertrag *m.* [해난]구조 계약
Berger *m.* [해난]구조업자
Bergung *f.* 해난구조, 구난
Bergungs~
~gut *n.* 구조화물; ~hafen *m.* 피난항; ~kosten *pl.* 구조<구난>비; ~unternehmer *m.* 구조업자; ~verlust *m.* 구난손실(救難損失); ~vertrag *m.* {해난} 구조계약
Bericht *m.* {als Dokument} 보고서; ~

erstatten <**abstatten**>, <**berichterstatten**>
v. 보고서를 작성하다; 보고하다
Berichterstatter *m.* {bei Gericht} 주임 <보고>재판관
Berichtszeitraum *m.* 보고대상기간
berichtigend *a.* 경정(更正)<정정(訂正)>, 보정(補正)하는
Berichtigung *f.*; **berichtigen** *v.* ~을 고치다, 수정하다, 바로잡다
Berichtigung
~ des Grundbuchs 등기부(登記簿)의 경정(更正); ~ eines Urteils 판결경정(判決訂正)<경정(更正)>; ~ von {reinen} Schreibfehlern 오규경정(誤謬更正)
Berichtigungs~
~anspruch *m.* 정정청구권(訂正請求權); ~antrag *m.* 정정신청(訂正申請); ~anzeige *f.* 경정통지(更正通知); ~beschluß *m.* 경정<정정>결정; ~haushalt *m.* 경정예산(更正予算); ~pflicht *f.* 정정의무; ~verfahren *n.* 경정수속
Berichtserfordernis *n.* 보고의무(報告義務)
Berlin-Status *m.* {obs-고} 법적지위
Beruf *m.* 직업
Beruf
einen ~ ausüben *v.* 직무를 수행하다
berufen *v.* 1 [*Personen zu etw.* ~] ~를 ~에 임명하다 2 [*sich auf etw.* ~] ~을 근거로 내세우다<주장하다>
beruflich *a.* 직업상의
Berufs~
~ausbildung *f.* 직업훈련; ~ausbildungsverhältnis *n.* 직업훈련관계; ~ausübung *f.* 직업활동; ~beamtentum *n.* 직업공무원제도; ~bezeichnung *f.* 직업표시, 직서; ~ethik *f.* 직업윤리; ~freiheit *f.* 직업선택의 자유; ~gefahren *pl.* 직업상의 위험; ~geheimnis *n.* 직무비밀; ~genossenschaft *f.* 동업조합; ~gewerkschaft *f.* 직업별 노동조합<노조>; ~haftpflichtversicherung *f.* 직업책임[의무] 보험; ~krankheit *f.* 직업병(職業病); ~richter *m.* 직업재판관(職業裁判官); ~richtertum *n.* 직업재판제(職業裁判制); ~schule *f.* 직업[전문]학교; ~stellung *f.* 직업상의 지

위; ~straftaten pl.직업범죄; ~tätigkeit f.
직업; ~unfähigkeit f.직업불능(職業不能);
~verbot n.직업금지(職業禁止); ~vereinigung
f.직업조합(職業組合); ~verbot n.취업금
지; ~verbrecher m.직업범인(職業犯人);
~wahl f.직업의 선택; ~wahlfreiheit f.직
업선택(職業選擇)의 자유(自由)
berufsmäßig a.직업적인
Berufung f.①{als Rechtsmittel}공소; ~
einlegen v.~에 항소하다; die ~ verwerfen
v.공소를 각하(却下)<기각(棄却)>하다
②{~ in ein Amt} v.~직책에 임명<선임,
위임, 초빙>되다
Berufung {i.S.v. ②}
~ zum Pfleger 보호자선임; ~ zum
Richter 재판관임명; ~ zum Vormund 후
견인 선임
Berufung f.③{i.S.v. sich ~ auf etw.}
원용(援用)
berufungsfähig a.공소를 할 수 있는
Berufungs~ {i.S.v. ①}
~antrag m.공소청구(控訴請求); ~ausschuß
m.{PatR-특} 항고심판부(抗告審判部);
~beantwortung f.공소(控訴)의 답변;
~begründung f.공소이유(控訴理由);
~begründungsfrist f.공소이유제출기간;
~begründungsschrift f.공소이유서(控訴理
由書); ~beklagter m.(der ~e) 피공소인;
~beschwer f.공소의 불복(不服); ~einlegung
f.공소제기(控訴提起); ~erwiderung f.공
소답변서(控訴答辯書); ~frist f.공소기간;
~gegenstand m.공소 대상; ~gericht n.공
소재판소; ~gründe pl.공소이유; ~instanz
f.공소심(控訴審); ~kammer f.[재판소]
공소부(控訴部); ~kläger m.공소인(控訴
人); ~rücknahme f.공소취하(公訴取下);
~schrift f.공소장(公訴狀); ~summe f.{i.S.v.
Mindestbetrag} 공소한도액(控訴限度額);
~urteil n.공소심(控訴審)의 판결;
~verhandlung f.공소의 심리(審理);
~verfahren n.공소수속; ~zurücknahme f.
공소취하(公訴取下)
Berufungs~ {i.S.v. ②}
~ausschuß m.임명위원회(任命委員會); ~recht
n.임명<선임>권; ~verfahren n.임명<초빙>

수속
berühmen v.; sich eines Rechts ~ [소
송외]권리 주장
Besatzungs~
~macht f.점령<주류>군; ~recht n.점령
[시대]법; ~truppen pl.점령군대
Beschädiger → Schädiger
Beschädigter → Geschädigter
Beschädigung f. von Urkunden
문서 손괴
Beschaffenheit f.성질(性質)
Beschäftigte pl.{회사의} 역직원(役職
員)
Beschäftigung f.고용
Beschäftigungs~
~bedingungen pl.고용조건(雇傭條件);
~förderungsgesetz n.취업촉진법;
~losigkeit f.실업(失業); ~politik f.고용정
책(雇傭政策); ~verbot n.고용<취업>금
지; ~verhältnis n.고용관계; ~zeit f.근속
년수(勤續年數); ~zeit, über fünfjährige
~ 근속오년이상
Beschaffung f.조달(調達)
Beschaffngs~
~handlung f.[약품] 조달행위; ~kriminalität
f.마약조달을 위한 범죄행위
Beschaffungs- und Folgekriminalität
f. 수 범죄 파생 범죄
Beschattung f.; jn. **beschatten** v.~를
감시<미행>하다
Bescheid m.<Bescheidung f.>; jn.
bescheiden v.~을 처결<결정, 회답>하
다
Bescheid
abschlägiger ~ 거절회답(拒絶回答)
Bescheidungsfrist f.처리기간(處理期
間)
Bescheinigung f.; **bescheinigen** v.글
로 확인· 증명하다
Beschenkter m.(der ~e) 수증자(受贈者)
Beschlag → Beschlagnahme
Besccchlagnahme f.①차압(差押) ②압
취(押取)
Beschlagnahme
~ durch Pfändung 차압 강제보전

Beschleunigung *f*; **beschleunigen** *v.*
~을 빠르게 하다; ~이 빨리 되도록 촉진하다

beschleunigt *a.*, **~es Verfahren** 신속절차

Beschleunigung
~ des [Prozeß] Verfahrens [소송] 수속의 촉진; ~ des Prüfungsverfahrens 심사[수속]의 촉진

beschließen *v.* ~을 결정<결의>하다
beschlossen *a.* 가결된
Beschluß *m.* 결정<결의>, 심결(審決)
Beschluß, einen ~
~ ausfertigen *v.* 결정서를 작성하다; ~ erlassen *v.* 결정을 내리다; ~ fassen *v.* ~을 결정하다

Beschluß
abweisender ~ 기각결정(棄却決定); einstimmiger ~ 전회일치의결(全會一致議決); stattgebender ~ 인용결정(認容決定); verfahrensbeendender ~ 수속종결[적]결정

Beschluß über
~ die Ablehnung der Erhebung der [öffentlichen] Anklage 공소포각(控訴却下)의 결정; ~ die Aufhebung des Konkursverfahrens 파산종결(破産終結)의 결정

Beschluß zur
~ Eröffnung des Konkursverfahrens 파산개시(破産開始)의 결정; ~ Eröffnung des Vergleichsverfahrens 화의개시(和議開始)의 결정

beschlußfähig *a.* 의결권이 있는
beschlußunfähig *a.* 의결권이 없는
Beschluß~
~fähigkeit *f.* 결의능력(決議能力); ~fassung *f.* 의결(議決)<결정(決定)>; ~fassung *f.* des Gerichts 재판소의 판단(判斷)<합의(合議)>; ~fassung der Gesellschafter 사원(社員)<출자자(出資者)>의 결의; ~freiheit *m.* 결의자유(決議自由); ~sache *f.* 결정사건(決定事件); ~verfahren *n.* 결정수속(決定手續)

beschränkt *a.* 제한된

beschränkt
~e persönliche Dienstbarkeit 제한적 인역권(制限的 人役權)

beschränkt
~ geschäftsfähig *a.* 한정행위능력이 있는; ~ dingliches Recht *a.* 제한물권을 가진; ~ haftend *a.* 한정<유한>책임적인; ~ haftender Gesellschafter *a.* 한정책임사원<출자자>

Beschränkung *f.*; **beschränken** *v.* ~을 한정<제한>하다

Beschränkung
freiwillige ~ 임의적 제한; örtliche <lokale> ~ 장소적 제한; temporäre ~ 잠정적인 제한; zeitliche <temporale> ~ 시간적<시각>제한; zulässige ~ 허용되는 제한<제약>

Beschränkung
~ der Geschäftsfähigkeit 제한행위능력; ~ der Gewährleistung[-spflicht] 하자담보책임(瑕疵擔保責任)의 제한(制限); ~ der Erbenhaftung 상속인책임의 제한

Beschreibung *f.* 1.{*allgemein*} 설명[서], 기술 2.{*PatR*-특} 기재
Beschreibungsteil *m.* {*PatR*-특} 기재부분

beschuldigen *v.* ~를 고소(告訴)<고발(告發)>하다

Beschuldigter *m.*(*der ~e*) 피의자 [in J kein Unterschied zum Angeschuldigten]

Beschwer *f./m.* 불복(不服)
Beschwerde *f.* 1.{*im BGB*-민} 항고(抗告) 2.{*im VerwR*-행} 고정(苦情), 소원(訴願) 3.{*im Widerspruchsverfahren*} 불복(不服)의 의사표시

Beschwerde
eine ~ einlegen <erheben> *v.* 항고(抗告)를 제기하다; eine ~ einreichen *v.* 항고(抗告)를 제기하다; einer ~ abhelfen *v.* 항고를 시정하다

Beschwerde
einfache ~ 일반<보통>항고(抗告); förmliche ~ 규정에 의거한 항고(抗告); sofortige ~ 즉각적 항고; weitere ~ 재항고(再抗告)

Beschwerde~
~abhilfe *f.* 항고의 시정; ~arten *pl.* 항고의 종류(種類); ~begründung *f.* 항고의 이유부(理由符); ~behandlung *f.* 항고처리(抗告處理); ~berechtigung *f.* 항고권리(抗告權利); ~berechtigter *m.(der ~e)* 항고권한자; ~entscheidung *f.* 항고의 재판; ~frist *f.* 항고기간; ~führer *m.* 항고인; ~gebühr *f.* 항고수수료<비용>; ~gegenstand *m.* 항고대상; ~gericht *n.* 항고재판소; ~grund *m.* 항고의 원인<이유>; ~instanz *f.* 항고심(抗告審); ~sache *f.* 항고사건; ~schrift *f.<~satz m.>* 항고장(抗告狀), 항고신청(抗告申請); ~summe *f.* 항고장액(抗告狀額); ~verfahren *n.* 항고수속<처분>; ~wert *m.* 항고한도액<의 가액(價額)>

Beseitigung *f.*; **beseitigen** *v.*~을 배제<제거, 제각>하다

Beseitigungs~
~anspruch *m.* 방해배제청구[권](妨害排除請求權); ~klage *f.* 방해배제(妨害排除)의 소(訴)

Besetzung *f.(= Zusammensetzung)* des Gerichts 재판소의 구성(構成)

Besitz *m.* 점유(占有); **besitzen** *v.*~을 점유하다

Besitz
jm. den ~ entziehen *v.*~의 점유권(占有權)을 탈취(奪取)하다; von *etw.* ~ ergreifen *v.*~의 점유를 획득(獲得)하다

Besitz
abgeleiteter ~ 전래점유; bösgläubiger ~ 악의점유(惡意占有); fehlerfreier ~ 결점이 없는 점유; fehlerhafter ~ 결점이 있는 점유; gutgläubiger ~ 선의점유(善意占有); mittelbarer ~ 간접점유(間接占有); rechtmäßiger ~ 적법점유(適法占有); redlicher ~ 선의점유(善意占有); tatsächlicher ~ 사실상점유(事實上占有); unmittelbarer ~ 직접점유(直接占有); unrechtmäßiger ~ 부적법점유(不適法占有); unredlicher ~ 악의점유(惡意占有)

Besitz~
~anspruch *m.* 점유청구[권]; ~anweisung *f.* 지도인도(指導引渡); ~aufgabe *f.* 점유방기(占有放棄); ~ausübung *f.* 점유의 실행; ~diener *m.* 점유보조자(占有補助者); ~einräumung *f.* 점유명도(占有明渡); ~entziehung *f.<~entzug m.>* 점유탈취(占有侵奪)<탈취(奪取), 이탈(離脫)>; ~ergreifung *f.* 점유획득(占有獲得); ~erhaltung *f.* 점유보호(占有保持); ~erwerb *m.* 점유취득; ~kehr *f.* 점유회수(占有回收)<탈환(奪還)>; ~klage *f.* 점유의 소(訴); ~konstitut *f.* 점유개정(占有改定); ~mittler *m.* 대리점유<매개>자(代理占有<媒介>者); ~mittlung *f.* 대리점유(代理占有), 점유매개(占有媒介); ~mittlungsverhältnis *n.* 대리점유관계(代理占有關係), 점유매개관계(占有媒介關係); ~nachfolge *f.* 점유승계(占有承繼); ~nachfolger *m.* 점유승계자(占有承繼者); ~pfand *n.<= Faust~ n.>* 점유질(占有質); ~recht *n.* 점유할 수 있는 권리; ~schutz *m.* 점유보호; ~schutzklage *f.* 점유보전의 소; ~stand → *Besitzstand*; ~störung *f.* 점유침해(占有侵害); ~störungsklage *f.* 점유침해의 소; ~übergabe *f.* 점유인도(占有引渡); ~übergang *m.* 점유의 이전(移轉); ~übertragung *f.* 점유양도(占有讓渡); ~verhältnis *n.* 점유관계(占有關係); ~verhältnisse *pl.* 점유상태; ~verlust *m.* 점유상실; ~verteilung *f.* 점유권의 분배; ~wechsel *m.* 점유교체(占有交替); ~wehr *f.* 점유보투<방어권>; ~wiedereinräumung *f.* 점유의 재양도; ~wille *m.* 점유의사(占有意思)

besitzen *v.*~을 점유(占有)하다
Besitzer *m.* 점유자(占有者), 점거자

Besitzer
~ der streitbefangenen Sache 계쟁물(係爭物)의 점유자(占有者)

Besitzer
bösgläubiger ~ 악의점유자(惡意占有者); gutgläubiger ~ 선의점유자(善意占有者); mittelbarer ~ 관절점유자(關節占有者); rechtmäßiger ~ 적법점유자(適法占有者); redlicher ~ 선의점유자(善意占有者); unmittelbarer ~ 직접점유자(直接占有者);

unrechtmäßiger ~ 불법<부적법>점유자
(不法<不適法>占有者); unredlicher ~ 악
의점유자(惡意占有者)
besitzerhaltend *a.* 점유보유적(占有保
有的)의
besitzlos *a.* 부점유(無占有)의
Besitzstand *m.* 점유상태
Besitzstandsicherung *f.* 점유상태의 보호
Besoldung *f.* [공무원] 급료(給料)
Besoldungs~
~anspruch *m.* 급료청구권(給料請求權);
~erhöhung *f.* 증급(增給)
Besonderer Gleichheitssatz 특별평등원칙
Besonderer Teil {*in Gesetzen*}
각론(各論), 각측(各則)
besonderes Gewaltverhältnis 특별권
력관계, 특별신분관계
Besonderheit *f.* 특징, 특색
Besonderheit
rechtliche ~ 법적특징(法的特徵);
systematische ~ 제도적 특징(制度的特徵)
Besorgnis *f.* **der Befangenheit**
여(予) 단<편견>위 구(懼), 편파, 공
Besorgung *f.* **eines frenden Geschäfts**
사무관리
Besserstellung *f.* 처우개선(處遇改善)
Besserung *f.* 개선
besserungsfähig *a.* 개선될 수 있는
Besserungs~
~behandlung *f.* 교정처우(矯正處遇); ~fähigkeit
f. 개선능력; ~maßnahme *f.* 개선처분(改
善處分); ~maßnahme, freiheitsentziehende
~ 자유박탈적개선처분(自由剝奪的改善
處分); ~maßregel *f.* 개선처분(改善處分);
~strafe *f.* 개선형(改善刑); ~vollzug *m.* 개
선행형(改善行刑); ~zweck *m.* 개선목적
(改善目的)
Bestallung *f.* **in ein Amt**
[직무] 임명(任命)
Bestallungsurkunde *f.* 임명서(任命書)
Bestand *m.* 존속(存續), [현재] 존립(存立)

Bestandskraft *f.* (행정행위의) 존속력
Bestandteile *pl.* 구성<요소>부분
Bestandteile *pl.*, wesentliche ~ 본질적 구성 부분
Bestandteil
~ des Vertrages 계약의 요소; ~ des
Grundstückes 토지의 구성부분
bestätigend *a.* ~을 확인하는
Bestätigung *f.*; **bestätigen** *v.* ~을 추인
<허가, 인가, 승인>하다
Bestätigung
~ des Empfangs 수령통지(受領通知); ~
des Geschäftsberichts 계산서류(計算書類)의 승인(承認)
Beständigungs~
~schreiben *n.* 확인서(確認書); ~vermerk
m. 확인의 부기(附記)
Bestattungs~
~kosten *pl.* 매장비용(埋葬費用);
~versicherung *f.* 장식[비용]보험(葬式[費
用]保險)
Bestecher *m.*, **Bestechende** *m.* 증회자
(贈賄者)
Bestechung *f.* 증회(贈賄)죄; *jn.*
bestechen *v.* {*als Delikt*} ~를 매수하다
Bestechung {*als Delikt*}
aktive ~ 증회[죄](贈賄罪); passive ~ 수
회[죄](收賄罪)
Bestechungs~
~annahme *f.* <= Vorteils~> 회뢰(賄賂)의
수수(收受); ~delikt *n.* [수]회뢰죄(賄賂
罪); ~gelder annehmen *v.* 회뢰(賄賂)를
수수(收受)하다; ~geschenk *n.* 회(賄)물;
~versuch *m.* 증회미수(贈賄未遂)
Bestehen oder Nichtbestehen *n.* 성
립 또는 불성립, 존부
bestehend *a.* 기존<존립>의
bestellen *v.* 1 {*eine Sache, Werk*} ~을
주문<요약>하다 2 {*jn. in ein Amt ~*}
~을 ~에 임명<선임>하다
Besteller *m.*, **Bestellende** *m.* 주문자
(注文者), 요약자(要約者)
Bestellung *f.* 1 {*einer Sache, etc.*} 주
문, 요약 2 {*jn. in ein Amt*} 임명 선임, 지명

Bestellung
~ des Vertreters 대리인(代理人)의 선임
(選任); ~ des Vormundes 후견인<보호
자>선임; ~ der Ware des Zimmers 부옥
(部屋)의 요약(要約)
Bestellungsverfahren n.지명의 수속
Besteuerung f.과세(課稅); **besteuern**
v.~에 과세(課稅)하다
Besteuerung
internationale ~ 국제과세(國際課稅);
nationale ~ 국내과세(國內課稅)
Besteuerungs~
~objekt n.과세대상; ~recht n.과세권
bestimmen v.①{als Norm} ~을 규정
하다, ~을 정하다 ②[eine Person zu
etw. ~] ~를 (어떤)직책의 후임자로 선
정<지정>하다
bestimmt a.정해진, 특정의, 알려진,
확실한
Bestimmtheit f.확정<특정>[성]
Bestimmtheitsgrundsatz m.특정성의
원칙
Bestimmung f.①{i.S.v. Gesetzesnorm}
조문, 조항, 규범, 규칙 ②{~ einer
Person zu etw.} 선임<지정>
Bestimmungen (pl.)
Allgemeine ~ 일반규정, 총칙; dispositive
~ 임의규정<조항>; notwendige ~ {z. B.
in Satzung, etc.} 소요규정
Bestimmungs~
~hafen m.도달항(到達港); ~land n.도달
국(到達國); ~norm f.법정규범(法定規
範); ~ort m.도달지(到達地)
Bestochener m., **Bestochene** m.수회
자(收賄者)
Bestrafung f.; jn **bestrafen** v.~을 처
벌<징계>하다
Bestrafung
disziplinarische ~ 징계<처분>; strikte ~
엄형[벌]
Bestreitung f.; **Bestreiten** n.논쟁(論
爭), 이론(異論); **bestreiten** v.~을 반박
<부인>하다
Bestreiten mit Nichtwissen
부지부인

Bestreiten
qualifiziertes <substantiiertes> ~ 이유부
부인; schlichtes <unsubstantiertes> ~ 단
순부인
Besuch m.접견(接見), 면회(面會), 방문
(訪問)
Besuchs~
~berechtigter m.(der ~e) 면회대상자;
~beschränkung f.면회제한; ~raum m.면
회실; ~recht n.접견교통권(接見交通權),
방문권(訪問權); ~regelung f.접견<방문>
지정(接見<訪問>指定); ~verbot n.접견
<방문>금지
Betätigung f.행동<실행, 활동, 실현>
Betätigung f., **politische** ~ 정치[적]
활동
Betätigungsfeld n.활동영역
Betäubungsmittel n./pl.마약류
Betäubungsmittel~
~begriff m.약물개념; ~delikt n.약물범죄;
~delinquenz f.약물사범; ~recht n.약물관
련법; ~vergehen n.마약관련범죄
Beteiligten pl.{Beteiligter m.(der ~e)}
[이해]관계인, 가입자
Beteiligten (pl.)
~fähigkeit f.(소송의) 당사자능력
Beteiligung f.①{allgemein} 관여(關
與), 참가(參加), 가입(加入) ②{an einer
Straftat (i.w.S.)} 공범(共犯)
Beteiligung
~ {an einer Firma} = → Firmen~ 자본
참가; ~ des Gerichts 재판소관여; ~ des
Staatsanwaltes 검찰관참가; ~ Dritter am
Rechtsstreit [제삼자]소송참가
Beteiligungen pl.자본참가
Beteiligungs~
~gesellschaft f.참가<관여>회사; ~interesse
n.참가이익; ~klage f.당사자소송;
~pflicht f.참가<분담>의무; ~recht n.참가
권
Betrachtung f.; **betrachten** v.~을 고
찰<고려>하다
Betrachtungsweise f.고찰<고려>방법
Betrag m.가액(價額), [금]액(金額)

Betrag
bezahlter ~ 불제급액; geschuldeter ~ 채권<채무>액; monatlicher ~ 월액(月額); nicht geleisteter ~ 미이행액(未履行額); unbezahlter <unbeglichener> ~ 미불액(未拂額)
Betrauter m.(der ~e) 수탁자(受託者)
betreiben v. ~을 경영<운영>하다
betreiben
die Vollstreckung ~ v.집행을 명하다; ein Geschäft ~ v.영업점을 운영하다; einen Prozeß ~ v.소송을 실행에 옮기다
Betreiber m.[시설] 보유자
Betrieb m.기업(企業), 영업(營業), 회사(會社), 경영(經營)
Betrieb
landwirtschaftlicher ~ 농업; mittlerer ~ 중경영; wirtschaftlicher ~ 경제기업
Betriebs~
~analyse f.경영분석; ~aufseher m.영업감독인; ~aufsicht f.경영 지배; ~aufspaltung f.기업분할; ~ausgaben pl.경영비; ~beschränkung f.경영상의 제한; ~bewertung f.회사가치의 평가; ~blockade f.영업소의 봉쇄; ~bewilligung f.경영허가; ~einrichtungen pl.경영설비; einstellung f.경영중지; ~erfindung f.기업<공장>발명(發明); ~eröffnung f.경영개시; ~form f.경영형식; ~führungsgesellschaft f.경영관리회사; ~gefahr f.<~risiko n.> 영업<사업상>위험; ~geheimnis n.영업<기업>비밀; ~haftpflichtversicherung f.영업책임보험; ~inhaber m.사업주; ~justiz f.기업 내 사법; ~leitung f.경영지휘; ~pachtvertrag f.영업임대차계약; ~rat → Betriebsrat; ~recht n.{i.S.v. Recht zum Betrieb} 경영권; ~stätte f.영업<사업>소, 공장; ~stillegung f.업무정지; ~stillegungsbefehl m.업무정지명령; ~tätigkeit f.사업<영업>활동; ~überlassungsvertrag m.경영위임계약; ~übernahme f.사업인수; ~unfall m.업무상<노동>재해; ~unfallversicherung f.영업상해보험; ~unterbrechung m.영업중단; ~unterbrechungsversicherung f.영업중단

보험; ~vereinbarung f.<~> 취업규칙, [노사협의재도]경영<기업 간>협정, 사업소협정; ~verfassung f.경영조직; ~verfassungsgesetz → Gesetzesregister; ~versicherung f.사업보험; ~zugehörige pl. 기업구성원
betriebsbedingt a.
~e Kündigung 경영상 이유에 의한 해고
Betriebsrat m.1.{als Organ} 사업소종업원대표위원회, 경영<노사>협의회 (2) {als Person} 종업원대표위원, 노사평의원 3.직장대의원회
Betriebsrats~
~mitglied n.경영협의회의 대의원; ~sitzung f.경영협의회의 회의; ~vorsitzender m.(der ~~e) 경영협의회의 장; ~wahl f.경영협의회선거
Betroffener m.(der ~e) 당[사]자, 피해자
Betroffener
~ auf frischer Tat 현행범인
Betrogener m.(der ~e) 피사기자
Betrug m.{als Delikt} 사기(죄)
Betrüger m.사기자
betrügerisch a.사기의, 정직하지 못한
Betrugs~
~tatbestand m.사기죄의 구성요건
Beugehaft f.체납(滯納)<강제(强制), 억압(抑壓)>구금(拘禁)
Beugestrafe f.강제벌(强制罰)
Beugung f. **des Rechts** 법의 왜곡
Beurkundung f.; **beurkunden** v.~을 문서에 기록하다, ~에 등록<등기>하다, ~을 문서로 증명<공증>하다
Beurkundung
falsche ~ 위조문서 작성; gerichtliche ~ 재판상의 서면작성; notarielle ~ 공증증서 인증
Beurkundung
~ des Vergleichs 화해증서작성(和解証書作成)
Beurlaubung f.; ~ **des Angeklagten** 피고인 출석면제

Beurteilung *f.*; **beurteilen** *v.*~을 판단 <판정, 평정, 평가>하다
beurteilen *v.*, **ablehnend** ~ 소극적으로 판단하다
Beurteilungs~
~kriterium *n.*판단<판정>기준; ~spielraum *m.*재량<판단, 판정, 평가>범위<여지>; ~vermögen *n.*판단능력
Bevölkerung *f.*인구
Bevölkerung *f.*, **arbeitende** ~ 노동인구
Bevölkerungs~
~explosion *f.*인구폭발; ~politik *f.*인구정책; ~wachstum *n.*인구증가; ~zahl *f.*인구수
bevollmächtigt *a.*~에게 대리권을 위임한
Bevollmächtigter *m.*(*der* ~*e*) [임의]대리인, 수임자
Bevollmächtigung *f.*전권 위임, 대리권 수여, 전권; **bevollmächtigen** *v.*[*jn.* (zu *etw.*) ~] ~에게 (~을 할) 전권을 주다
bevorrechtigt *a.*특권을 얻은
Bevorrechtigung *f.*특권<특허>부여; bevorrechtigen *v.*~에게 특권을 부여하다
bevorstend *a.*~에 임박해 있는
bevorstend *a.*, **unmittelbar** ~ *a.*~에 절박한
bevorzugt *a.*우선적인, 선호하는
Bewährung *f.*보호관찰(保護觀察)
Bewährungs~
~hilfe *f.*보호관찰<보조>; ~hilfestatistik *f.* 보호관찰{보조}통계; ~proband *m.*보호관찰대상자; ~zeit *f.*보호관찰기간
Beweggrund *m.*연유(緣由), 동기(動機);
Beweggrund *m.*, **niedriger** ~ 저열동기
beweglich *a.*가동적(可動的)인, 가변적인, 탄력적인; ~e Vertragsgrenze 가변적인 조약한계
Beweis *f.*증거, 증명; **beweisen** *v.*① {*i.w.S., abstrakt*} ~을 증명하다 ②{*i.e.S. konkret*} ~을 증거로써 내세우다

Beweis
~ auf Grund Hörensagens 전문증거; ~ des ersten Anschein 표현<일응>증명; ~ des Gegenteils 반증, 반대 증명
Beweis durch
~ Augenschein 검증; ~Parteivernehmung 당사자<본인>심문; ~Sachverständigen 감정; ~Urkunden 서증(書證); ~Zeugen 인증; ~ Zeugeneinvernahme <~ ~ vernehmung> 증인심문
Beweis, einen ~
~ antreten *v.*증거를 제공하다;
~ einbringen *v.*증거를 제출하다;
~ erbringen *v.*입증하다, 증명에 성공하다; einen ~ erheben *v.*증거를 제공하다
Beweis, zum späteren ~ 후일 증거
Beweis
ausschlaggebender ~ 결정적 증거; belastender ~ 유죄방향의 증거; empirischer ~ 경험적 증명; entlastender ~ 무죄방향의 증거; mittelbarer <indirekter> ~ 간접[적]증거<증명>; rechtswidrig erlangter ~ 위법수집증거; unmittelbarer <direkter> ~ 직접증거<증명>; unvollständiger ~ 불완전한 증거; überzeugender ~ 확실한 증명; voller <vollständiger> ~ 완전증거
Beweis~
~angebot *n.*증거제시<제공>; ~anordnung *f.*증거채택결정<지정>; ~anschein *m.*표견증(表見証); ~antrag *m.*증거신청, 증거조청구; ~antritt *m.*증거제시; ~anzeichen *pl.*{*untechnisch*} 증적, 죄적; ~arten *pl.*증거종류; ~aufnahme *f.*증거조사; ~aufnahme von Amts wegen 직권증거조;
~aufnahmetermin *f.*증거조 기일;
~aufnahmeverfahren *n.*증거조수속;
~bedürfigkeit *f.*증명<증거>필요; ~beschluß *m.*증거결정; ~beschlußverfahren *n.*증거결정수속; ~bestimmung *f.*증거목적;
~dokumente *pl.* 증거서류; ~eignung *f.*증거적격; ~einrede *f.*증거항변; ~ergänzung *f.*증거보충; ~ergebnis *n.*증거조결과; ~erheblichkeit *f.* 입증적성; ~erhebung *f.* 입증, 증거수집; ~erleichterung *f.*증명책임의 완화; ~fähigkeit *f.*입증능력; ~frage

f.증거<증명>문제; ~führer m.입증자;
~führung f. 입증[활동]; ~führung, positive
~ 적극적 입증; ~führungspflicht f.입증
의무; ~funktion f.증명<입증수단의>기
능; ~gebühr f.[변호사수수료] 증거입증
수수료; ~gegenstand m.증명<증거>대상;
~grad m.증거정도; ~grund m.증거원인;
~interlokut n.증거의 중간 판결; ~kraft
f.증서<증명>력; ~kraft, formelle ~ 형식
적증명력; ~kraft, materielle ~ 실태적
증명력; ~kraft des Protokolls 조서의 입
증력; ~last → Beweislast; ~maß n.증명
도; ~material n.증거자료; ~mittel n./pl.
증거자료<방법>, 증명물; ~mittelangebot
n.증거자료<방법>제시; ~mittelvorlage f.
증거자료제출; ~not f.입증곤란; ~pflicht
f.증명의무; ~pflichtiger m.(der ~~e) 증
명의무자; ~problem n.입증[성]문제;
~recht n.증거법, 증거규칙; ~regeln pl.증
거규칙<법칙>; ~regeln, gesetzliche ~ 법
정증거규칙; ~schwierigkeit f.입증 곤란
[성]; ~sicherung f.증거보전;
~sicherungsmaßnahme f.증거보전의 처분;
~sicherungsverfahren n.증거보전수속;
~stoff m.증거자료; ~stück n.증거물<물
건>; ~stück, dingliches ~ 물증; tatsache
f.증거사실; ~termin m.증거제출기일;
~thema n.증거<증명>대상; ~urkunde f.
[증명] 증서, [증거] 문서; ~verbot n.증
명금지; ~vereitelung f.[im BGB-민] 증거
방해[행위], [StrR-형] 증거 은닉;
~verhandlung f.증거조 변론; ~verfahren
n.증거수속; ~vermutung f.증거추정;
~vernichtung f.증거인멸; ~verwertung f.
증거이용; ~verwertungsverbot n.증거[이
용]금지; ~vertrag m.증거계약; ~vorteil
m.증거 유리; ~wert m.증명력, 증거가치;
~würdigung f.심증, 증거<비>평가<판
단>; ~zeichen n./pl.「증명기호」
beweisbar a.증명<입증>할 수 있는
Beweisbarkeit f.증명<입증>가능성
Beweise (pl.)
~ sammeln 증거를 수집하다; ~ für eine
Straftat 죄증

Beweise
rechtswidrig erlangte ~ 위법수집증서
beweisen v.~을 증명<증거>하다
beweiserheblich a.입증이 유력한
Beweislast f.입증책임, 증명책임
Beweislast~
~frage f.증명책임의 문제; ~regelung f.
증명책임의 규칙; ~umkehr f.증명책임
의 전환; ~verteilung f.증명책임의 분배
beweispflichtig a.입증의무<책임>가
있는
Bewerbung f.[als Schriftstück] 구직신
청[서]
Bewertung f.; **bewerten** v.~을 판단
<사정, 평가>하다
Bewertung f.; **juristische** ~ 법적판단
Bewertungs~
~grundlage f.사정<평가>근거; ~kriterium
n.판단<평가>기준; ~norm f.평가규범
bewiesen a.증명된, 입증된
Bewilligung f.; **bewilligen**
v.[(jm./etw.) etw. ~] (~에게) ~을 동의
<허가, 승낙>하다
Bewilligung
~ der Prozeßkostenhilfe 소송비용구조의
허가; ~ des Patents 특허 부여
Bewohner m./pl.시민(市民), 이웃
Bewußlosigkeit f.심신상실;
im Zustand der ~ 심신상실의 상태
Bewußtsein n.의식(意識)
Bewußtsein
~ der Rechtswidrigkeit 위법(違法)의 의
식(意識); ~ der Strafbarkeit 가벌성(可罰
性)의 의식
Bezahlung f.; **bezahlen** v.~의 값<돈>
을 지불하다
Bezahlung
sofortige ~즉각 지불; teilweise ~ 일부
지불
Bezeichnung f.; **bezeichnen** v.~을 표
시하다, ~이라 칭하다<명명하다>
Bezeichnung
~ der Erfindung 발명의 명칭
Bezeichnungsschutzrecht n.표장권(標
章權)

Bezeugung *f.*; **bezeugen** *v.*~을 증명<증언, 입증>하다

Beziehung *f.*관계

Beziehung
~außereheliche ~ 혼인외(婚姻外)의 관계; eheähnliche ~ 동서<내연>관계; schuldrechtliche ~ 채권법상의 관계; vermögensrechtliche ~ 재산법상의 관계; vertragliche ~ 계약상의 관계

Beziehungen *pl.*, **diplomatische** ~ 국교, 외교관계

Bezogener *m.*(*der* ~*e*) [어음금액] 지불인

Bezüge *pl.*봉급, 수입

Bezüge *pl.*, **pfändbare** ~ [급료]차압 한정액

Bezugnahme *f.*관련; Bezug nehmen auf *etw. v.*~과 연관되어 있다, 관계하다

Bezugnahme auf Urkunden 문서의 인용

Bezugs~
~akten *pl.*참조기록; ~berechtigter *m.* (*der* ~*e*) {보험금, 신주}인수권; ~indossament *n.*권한배서; ~pflicht *f.*구입<주문>의무; ~recht *n.*신주인수권; ~quellen *pl.*구입원

bieten *v.*(경매 등에서) ~를 부르다, 값을 붙이다

bigamia *l.* 중혼

Bigamie *f.*[이(二)] 중혼

Bigamieverbot *n.*중혼금지

bigamistisch *a.*중혼의

bilateral *a.*양면적인, 쌍방의

bilateralis *l.* 쌍무의

Bilanz *f.*①결과 ②임차대조표

Bilanz~ {*i.S.v.* ②}
~analyse *f.*임차대조표 분석; ~kriminalität *f.*임차대조표범죄; ~wert *f.*장박가액

Bilanzierungs~
~grundsätze *pl.*임차대조표의 원칙; ~methode *f.*임차대조표방법

Billetsteuer *f.*{*obs*-고} 입장세(入場稅), 유흥세

billig *a.*{*als Preis*} 저렴한

Billigung *f.*; **billigen** *v.*~을 승인하다

Billigkeits~
~anspruch *m.*형평청구; ~entscheidung *f.*형평재판; ~erwägung *f.*형평고려; ~haftung *m.*형평책임; ~justiz *f.*형평재판권; ~klausel *f.*형평조항

bindend *a.*구속력 있는, 구속<효력>의

Bindung *f.*구속; ~ erzeugen<binden> *v.* ~를 구속하다, ~에게 의무를 지우다

Bindung
gegenseitige ~ 상대적 구속; gesetzliche ~ 법률상 구속; rechtliche <juristische> ~ 법[률]적 구속;
vertragliche ~ 계약상 구속

Bindungsvertrag *m.*포합계약(抱合契約)

Bindungswirkung *f.*구속력

Binnen~
~konjunktur *f.*①{*i.S.d. EG-Bereichs*} [EC]역내경기 ②{*i.S. innerstaatlicher* ~} 국내경기; ~markt *m.*①{*i.S.d. EG-Bereichs*} [EC]역내시장 ②{*i.S. innerstaatlicher* ~} 국내시장; ~schiffer *m./pl.*내수선(內水船)의 선장(船長); ~schifferei *f.*내수선(內水船)

Bio~
~Ethik *f.*생명과학윤리; ~Industrie *f.*생명공학산업; ~Technologie *f.*생명공학기술

Bis dat, qui cito dat *l.* 빨리 주는 자 두 배로 준다

Bis de eadem re ne sit actio *l.* 같은 일(용건)에 대해서 두 번 판결 내릴 수 없다

Blankett <Blanko> *n.*백지(白紙), 백지(白地)

Blankett~
~fälschung *f.*백지위조(白紙僞造); ~gesetz *n.*백지법(白地法); ~norm *f.*백지규정; ~police *f.*백지보험증서; ~strafnorm *f.*백지형벌규정(白地刑罰規定); ~strafgesetz *n.*백지형법(白地刑法)

Blanko~
~akzept *n.*{*als Dokument*} 백지(白地)<백지(白紙)>인수[서](引受書); ~indossament *n.*{*als Dokument*} 백지식 이서[서](白地

式表記법); ~police → *Blankett*;
~quittung *f.* 백지<백지>영수 서(白紙<白
地>領收書); ~scheck *m.* 백지수표;
~tradition *f.* 백지양도(白地讓渡);
~unterschrift *f.* 백지식서명(白地式署名);
~vollmacht *f.* 백지<백지>위임(장)(白紙<白
地>委任); ~wechsel *m.* 백지어음

blasphemia *l.* 불경(모독, 비방), 특히 신을 모독

Blatt *n.* {*i.S.v. Seite*} 면(面)

Blockade *f.* 봉쇄(封鎖)

Blut *n.* 혈(血)

Blut~
~alkoholgehalt *m.*<~konzentration *f.*> 혈중농도(血中濃度); ~entnahme *f.* 혈액채집(血液採取); ~gruppe *f.* 혈액형;
~gruppengutachten *n.* 혈액형감정;
~gruppenuntersuchung *f.* 혈액형검사;
~schande *f.* 근친상간(近親相姦)

Blutsverwandter *m.*(*der* ~-*e*) 혈족<관계>자

Blutsverwandtschaft *f.* 혈족[관계]

Boden *m.* 토지(土地), 지(地), {*i.S.v.* → *Territorium*} 영토(領土)

Boden~
~kontamination <<~verschmutzung> *f.* 토지오염; ~preise *pl.* 지가, 토지시가; ~recht *n.* 토지법; ~reform *f.* 토지개혁; ~risiko *n.* {건축법상} 토질; ~schätze *pl.* 천연자원;
~verkehr *m.* 토지거래

bona *l.* 재산

bona acquisita *l.* 취득한 재산

bona adventicia *l.* 제삼자의 증여(기부) 또는 자기 일을 통해 추가된 재산

bona castrensia *l.* 전쟁에서 취득한 재산

bona fide *l.* 선의(성의)로써 (반대어 → *dolo malo*)

Bona fidei possessor fructus consumptos suos facit *l.* 선의의 점유자는 소모된 과실을 자신의 소유권으로 만든다(그 점유자는 소유권자에게 그 과실을 본으로 배상할 필요가 없다)

bona fides *l.* 선의

Bona fides praesumitur *l.* 선의는 추정된다(증명 필요가 없다)

bona materna *l.* 어머니로부터 상속받은 재산, 자의 재산

bona recepticia *l.* 처(아내)의 유보재산

bona vacantia *l.* 주인이 없는 상속재산

boni homines *l.* 선한 사람, 자유 시민 또는 귀족 신분의 자유 시민

boni mores *l.* 미풍양속

bonis avibus *l.* 유리한 조짐(징후-)아래

Bonität *f.* 지불능력

Bonner Grundgesetz *n.* 기본법(본에서 제정된)

bonorum cessio → *cessio bonorum* *l.*

bonorum communio *l.* 재산의 공유

bonorum possessio *l.* 상속권; 상속(순위), 계승(고대 로마 대법관 법에 따라 → *ius honorarium*)

bonum *l.* 선, 재산, 복리

bonum advocaticium *l.* (영주의) 관리인 재산(영주권자에게 속하지 않는 농장)

bonum mercatorium, b. negotiatorum *l.* 구매재산(상속받은 것과는 달리 취득한 재산)

bonum naturale *l.* 천부의 재능

bonum oppidularium *l.* 도시, 지역재산(시의 토지)

bonum publicum *l.* 국가의 복지

Bonus *m.* 보너스, 상여금

bordagium : Bord *l.* 봉토(제한된 소유권에 주어진 특별한 영국식 봉토)

Börse *f.* 증권거래소

Börsen~
~aktie *f.* 상장주식; ~einführung *f.* 상장(수속); ~einführungsantrag *m.* [유가증권신규] 상장신청; ~einführungsdokumente *pl.* [유가증권신규] 상장신청서류;
~einführungsverfahren *n.* [유가증권신규] 상장수속; ~einführungsvertrag *f.* 주식상장계약; ~geschäfte *pl.* 주식거래업무;
~handel *m.* 주식 매매; ~kurs *m.* 거래소시세; ~markt *m.* 주식거래시장; ~preis *m.*

주식거래시장가격; ~prospekt m.상장목
론 서; ~termingeschäft n.증권거래소내의
정기거래; ~umsatz m.[, jährlicher ~] 증권
거래소의 [연간]매매고; ~umsatzsteuer f.
증 권거래세; ~welt f.<~kreise pl.> 증권
계; ~werte pl.상장가치; ~zulassung f.(개
인의) 주식 거래 참여 허가, (주식의)
상장(上場)
börsennotiert a.주식시세가 고시<공
고>된, 주식이 상장된
bösgläubig a.악의가 있는
Bösgläubigkeit f.악의
böswillig a.악의가 있는, 의도적으로
나쁜
Böswilligkeit f.악의
Bote m.사자(使者), 전령(傳令)
Botenlohn m.사자료
Botschaft f.①{diplomatische ~} 대사
관,외교시설 ②{i.S.v. Nachricht}
Boykott m.보이코트, 불매동맹
Boykott~
~absprache f.보이코트협정; ~bewegung
f.{im Handel} 불매운동
bra(c)chium ecclesiasticum l. 교회
의 권력
bra(c)chium saeculare l. 속세의 권
력
Brachylogus iuris civilis l. 로마법
요약 입문서(11세기말, 12세기 초, 오를
레앙(Orlelon) 근처에서 무명의 저자에
의해 기록됨)
Branche f.부문
Brandstiftung f.[{als Delikt}] 방화[죄]
Branntweinsteuer f.화주세(火酒稅)
breivi manu traditio l. 간이양도
breve l. 편지; 증거서류; 편지 형식의
교황의 답서
breviarium l. 대작의 발췌; 도식적 조
망
breviarium Alarici l. 서고트 왕국에
사는 로마인을 위한 로마 법규집, 506
년에 알라릭(Alarich Ⅱ)2세에 의해 야
기됨
brevi manu l. 즉석에서, 형식 규정
없이, 직무상의 순서(심급)없이

brevimanu traditio l. 소유권자와 이
미 점유하고 있는 취득자 사이에 합의
를 통한 소유권 보장에서의 인도(양도)
보상
Brief m.서신(書信)
Brief~
~geheimnis n.서신비밀보장권;
~grundschuld f.증권토지채무;
~grundpfandrecht n.부동산담보증서;
~hypothek f.증서저당권; ~kastenfirma
(=Scheinfirma f.) f.위장회사, 가짜 회사
Bringschuld f.지참채무
brocarda, brocardica l. 법률 수업을
위한 법률 텍스트 주해자의 일반 법규
집(단어의 출처는 불확실 - Burchard
von Worms?)
Broker m.ⓔ 중개인
Brokerkommission f.중개료
Brokerage f.ⓔ 중개료
Bruchteil m./n.부분, 지분
Bruchteils~
~aktie f.공유주; ~eigentum n.지분적 소
유권; ~gemeinschaft f.공유급 준공유
Brutto~
~anlageinvestitionen pl.조고정자산투자
(조固定資産投資); ~ausgaben pl.총지출;
~einkommen n.총액<액면>수입;
~inlandsprodukt n.국내총생산;
~investitionen pl.총투자; ~preis m.총 가
격; ~sozialprodukt n.국민총생산, 지엔피
Buch n.{im Gesetz} ~편
Buch~
~abschluß m.장부결산; ~eigentum n.등기
부상의 소유권; ~eigentümer n./pl.등기부
상의 소유자; ~einsichtsrecht f.장부열
람권; ~eintragung f.[등기부] 등기[기재];
~ersitzung f.등기부취득시효; ~führung,
doppelte ~ 복식부기; ~führungspflicht f.부기
<기장>의무; ~haltung f.①{als Abteilung}
회계과, 경리과 ②{allgemein} 부기, 기
장; ~hypothek f.일반저당; ~prüfer m./pl.
회계검사관, 세무관, 계리사; ~prüfung
f.장부검사; ~wert m.태장<장부>가격, 부
가; ~zwang m.기장의무
Bücher führen v.~에 관해 장부에 기

록하다
Budget n.예산
bulla f. (밀랍봉인 보호를 위한)케이스
bulla aurea f. 금인칙서, 제국기본법 1356년
bullati dictores f. 궁중백(왕이나 황제의 지방 주재 대리인 지시를 통해 임명된 박사들)(대학에서 습득된 것이 아니기에 덜 명망 받는 학위)
Bummelstreit m.태업(怠業), 사보타주 {Kurzform von ⓔ'strike'}
Bund und Länder pl.연방정부와 주정부
Bundes~
[hier meist für die Bundesrepublik, jedoch Geltung auch für andere föderativen Staaten] 연방
Bundes~
{→ Ministerien und Titel der Minister im Anhang} ~amt f., Statistisches ~ 연방통계청; ~anstalt f. für Arbeit 연방노동청; ~anstalt für Flugsicherung 연방항공보안청; ~anwalt m.연방 검사<검찰라>; ~anzeiger m.연방관보; ~aufsichtsamt n. für das Kreditwesen 연방신용 제도감독청; ~aufsichtsamt für das Versicherungswesen 연방보험회사감독청; ~behörde f.[, obere ~] [상급] 연방 정부<관청>; ~behörde, oberste ~ 최고연방관청; ~dienstgericht n.연방공무재판소; ~gericht n.[oberstes ~] 연방 [최고] 재판소; ~gerichte pl.연방제재판소; ~gerichtshof m.연방재판소 {Kurzform von BGH}; ~gesetzblatt n.연방 법령 관보, (오스트리아의) 연방 관보(법령, 조약의 공포를 위한); ~gesetzgebung f.연방 입법; ~gesundheitsamt f.연방보건청; ~haushalt m.연방재정; ~kanzler m.연방수상; ~kanzleramt n.연방수상 사무처; ~kartellamt n.연방; ~knappschaft f.연방광부공제조합; ~länder pl.독일의 16개 주; ~minister m.(→ Anhang) 연방 장관; ~mittel pl.연방자금; ~patentgericht n.연방특허 재판소; ~präsident m.연방대통령; ~prüfstelle für jugendgefährdende Schriften 연방성년유해도서검사청; ~rat m.연방참

사원; ~rechnungshof m.연방회계검사원<관청>; ~recht n.연방법; ~regierung f.연방정부; ~richter m./pl. 연방재판관; ~staat m.연방국가; ~tag m.연방의회; ~treue f.연방신뢰; ~verfassungsgericht n.연방헌법재판소; ~versicherungsamt n.연방사회보건청; ~verwaltungsamt n.연방행정청
bundesrechtlich a.연방법상
bundestreu a.연방에 충성하는
Bund-Länder-Streit 연방정부 대 주정부 간의
Burakumin pl.부락민
Bürge m.보증인
Bürge
gesamtschuldnerischer ~ 연대보증인; persönlich haftender ~ 개인보증인; selbstschuldnerischer ~ 신원보증인
bürgen v.보증하다
Bürgen~
~haftung f.보증인의 책임; ~schuld f. 보증인책무
Bürgender m.(der ~e) 보증인
Bürger m./pl. 시민, 주민, 공민, 민간인
Bürger~
~beteiligung f.주민<시민>참가; ~initiative f.시민운동; ~krieg f.내란(內亂), 내전
Bürgerliche Gesellschaft f.시민사회
Bürgerliches
~ Gesetzbuch n.민법전; ~ Recht n.민법, 사법
Bürgermeister m. 1 {bei Städten} 시장 2 {bei kleineren Gemeinden} 촌장 3 {umfassend} 시촌장
Bürgermeister~
~amt n.시장직(市長職); ~verfassung f.지방자치단체 내부의 기관조직; ~wahl f. 시장선거
Bürgschaft f.보증, 보식감, ~ auf erstes Anfordern 즉시이행의 보증
Bürgschaft
akzessorische ~ 종속보증; ~ auf erstes Anfordern 즉시 이행의 보증; einfache ~ 단독보증; gesamtschuldnerische ~ 연대보증; laufende ~ 계속적 보증; persönliche ~ 개인<신원>보증; selbständige ~ 독립

보증; selbstschuldnerische ~ 신원보증;
zivilrechtliche ~ 민사보증
Bürgschafts~
~anspruch m.보증청구권; ~haftung f.보증인; ~leistung f.보증채무의 이행; ~schuld f.보증채무; ~übernahme f.보증인수; ~verpflichtung <~verbindlichkeit> f. 보증채무; ~vertrag m.보증계약
Büro n.사무소
Bürogemeinschaft f.사무소 공동사용
Bürokratie f.관료제<주의>
Bürokratisierung <Verbürokratisierung> f.관료주의화; **(ver)bürokratisieren** v.~을 관료체재화 하다
Buße f.{→ *Geldbuße,* → *Bußgeld*} 벌금, 과료
Bußgeld n.과료; ~ gegen jn. verhängen v.~에게 벌금형을 명하다
Bußgeld~
~bescheid f.벌금<과료> 고지(告知); ~katalog m.{교통위반의} 과료목록; ~sanktion f.과료제재
buticularis l. 헌작(獻酌)장관(프랑켄왕국의 4개의 궁정관직중 하나인)

C

C {als Parteibezeichnung. → A → B} 병(丙)
caducum *l.* 상속인이 없으므로 국가의 소유가 되는 재산
caelibes *l.* 독신자(법률에서의 특수지위)
caespitaticum *l.* 차량(수레, 자동차)또는 정박하고 있는 선박에 의한 목초의 훼손에 대한 과금(세출, 인도)
calamitas *l.* 피해; 사고; 재난
calculus Minervae *l.* 미네르바(지혜, 재능의 신)의 투표용 조약돌(즉 재판관은 동수 득표에서 피고인을 위해서 판결될 수 있다)
calumnia *l.* 진황(誣枉); 비방, 중상, 모략 고의의 거짓의 고발(고소, 기소) (소송비방-Legisten); 양도인의 가까운 상속인에 의한 소유지 양도 불복 (Beispruchsrecht- 옛 독일법)
Calvo-Klausel *l.* 조항
cambium *l.* 교환
camera *l.* 재산보관 장소; 저장실, 왕실의 소유지; 국유지
camerarius *l.* 시(市)의 회계관, 재산관리인
cancellaria *l.* (변호사, 관청 등의) 사무실
cancellarius *l.* (재외 공관의) 사무장; 중부 독일의 서북 지역법에서 법원 서기관
candidatus *l.* 고위관직과 국가시험 지원자
Cannabisprodukte *pl.* 삼<마> 제품
canones apostolici *l.* 교황의 교리
canonicus *l.* 이론가,(교구또는 주교좌 성당의) 참사회원
canonista *l.* 교회법학자(교사), 교회법의 대변자

capax doli *l.* 책임 능력이 있는
capitaneus *l.* 인간집단의 최고 위치에 있는 자; 대수(백작)사이에 귀족(북부이탈리아 규약);또한 범죄의 주요 관계자 (이탈리아 규약)
capitatio *l.* 공과금, 세금, 인두세(人頭稅) 노예와 농노의 세
capite censi *l.* 면세의 로마인 (정치적 의미 없이)
capitis deminutio *l.* 법인의 감축
capitularia *l.* 많은 작은 장(章)들로 나뉘어진 프랑켄 왕들의 법령들
cappellanus sacri palatii *l.* 대보좌 신부, 궁정학교의 지도자
captatio *l.* 이익을 얻으려고 노력하다; 사취하려는 처치(이윤과 이익을 목표로 한 처치); 착복(유도심문)
captio *l.* 기만, 사기; 위험
captura *l.* 체포, 구금; 체포 명령(구속영장)
carcer *l.* 감금, 감옥; 형무소
carnifex *l.* 고대 로마의 고위 관리 수행원과는 달리 노예와 이방인에 대한 사형 집행인
Carolina *l.* 1532년 칼(Kals)5세 황제의 고통스러운 중죄 형사 재판 규정에 대한 간단한 명칭 → *Constitutio Criminalis Carolina*
Carpe diem *l.* 오늘을 즐겨라(Horaz)
carte → *charta* *l.* 편지, 문서
carta partita *l.* 분할된 문서(부분들의 짜맞춤은 참됨을 증명한다)
castellanus *l.* 성주(태수); 지금의 건물 수비 대원
castigatio *l.* 징계
castratio *l.* 거세, 음경제거
casu *l.* in ~ 본건
Casum sentit dominus *l.* 소유자는

우연을 감지한다 (소유자는 물건의 우연한 파괴에 의한 손해를 받아들인다)
casus *l.* 사건; 우연; 일어난 일
casus *l.* 조건, 사정, 장합
Casus a nullo praestantur *l.* 우연에 대해서 누구도 책임질 필요없다 - D. 50.17.23
casus belli *l.* 전쟁 장합, 전쟁 원인
casus belli *l.* 전시
casus fatalis *l.* 사고, 대참사
casus foederis *l.* 동맹
casus fortritus *l.* 순수하게, 예견할 수 없는 우연(일반법)
Casus impotentiae involvit casum voluntatis et vice versa *l.* 불능의 경우 원함과 원하지 않음 그 반대의 경우를 포함한다(예를 들면 우선 소환된 자가 상속인이 될 수 없든지 아니면 상속인이 되길 원하지 않을 경우에 예비(보충) 유산이 발생한다)
casus improvisus *l.* 예측할 수 있는 우연(본래 경솔한 경우-주석자)
casus mixtus *l.* 혼합된 우연(예를 들면 지연(지체, 연기)에서 우연한 사건)
catena *l.* 연쇄(연쇄주석)
cathedra *l.* 강단; 주교구의 수도
cathedraticum *l.* 주교의 통치권 인정에 대한 매해의 부과되는 세금; 교회, 교회법인체 그리고 후원에 의해 수행
causa *l.* 원인
causa
~ actionis *l.* 소권 원인; ~ agendi remota *l.* 간접원인; ~ agendi proxima *l.* 직접원인; ~ criminalis *l.* 범죄원인; ~ data causa non secuta *l.* 원인 여 원인 생; ~ debendi *l.* 채무[취득]원인, 채무 근거; ~ donandi *l.* 증여 원인; ~ judicati *l.* 판결 물 원인; ~ mali *l.* 손해 원인; ~ mortis *l.* 사망원인, 사인; ~ ogligandi *l.* 의무 부 원인; ~ petendi *l.* 청구 이유; ~ solvendi *l.* 변제원인; ~ vindicandi *l.* 반환청구 원인
causa *l.* 법적근거; 사법(소송)사건; 중요용건; 법률상의 중대한 근거
causa belli proxima *l.* 시간상 가까

운(근접한) 전쟁동기
causa belli remota *l.* 시간상 먼 과거사에 속하는 전쟁동기
causa civilis *l.* 민사 소송사건
causa cogniga *l.* 사안의 심리에 따라
causa contrahendi *l.* 계약체결의 목적에 대해
causa criminalis *l.* 형사사건
causa donandi *l.* 증여의 목적
causae ecclesiasticae *l.* (신분)법적지위-, 교회 창립자(후원자)의 법적지위-계약(유언장)사건에 대한 교회의 재판권
causa effidiens *l.* 야기된 동기; 원인
causae maiores *l.* 중요용건(교회법)
causae minores *l.* 대단치 않은 용건 (교회법)
causae synodales *l.* 교회 계명에 대한 공개적인 위반(교구재판에서 벌하여진)
causa falsa *l.* 실제 상황의 무지
causaliter *l.* 원인적
Causa proxima non remota spectatur *l.* 근접한, 멀리 떨어지지 않은 원인에 의하여 평가한다(해상보험법)
causa solvendi *l.* 이행목적, 이행에 관하여, 지불목적에 대하여
causidicus *l.* 변호사(법률고문); 배심원; 면장; 먼저 말하는 자
cautela *l.* 보호책; 계약 등의 체결에서 예방조치
Cautela abundans non nocet → Abundans cautela *l.*
cautio *l.* 보증(담보제공)
cautio damni infecti *l.* 이웃 건물이 붕괴할 경우 예상되는 손실에 대한 보증
cautio iudicatum solvi *l.* 판결 이행에 대한 보증
cautio medicina est arresti *l.* 보증은 압류(차압)를 제거한다
cautio Muciana *l.* 유언자 상황의 준수(엄수, 이행)에 대한 보증 - D.35.1.7, 18과 73
cautio pro expensis *l.* 소송비용에 대한 보증

caveat *l.* 그는 조심한다(보증하다의 의미에서, 손상에 대한 배상 책임을 지다, 경계하다, 주의하다)

Cedi ius personale alii non potest *l.* 일신전속적인 권리는 다른 사람에게 위임될 수 없다

Cedo maiori *l.* 나는 강자에게 굴복한다(Martial)

cellarius *l.* 양조장 주임

censitus, censuarius *l.* 조세징수관; 토지농노

censurae *l.* 교회 형벌제도에서 강화 형벌

censura ecclesiastica *l.* 교회에 대한 위법 행위에 의한 주교의 형벌권

census *l.* 이자(이윤), 교부(인도, 제출, 제출); 시민명부(시민명부 기입은 로마 공화국에서 시민법을 의미)

census promobilis *l.* 두 배의 효력, 미끄러진 이자 (지연될 때 지불될 액수는 계속 상승된다, 대부분 배로)

centenarius *l.* 대수(백작)보다 제한된 재판권을 차지했던 프랑켄시대의 재판관

centumviri *l.* 로마의 100인 법정

cerarii, cerocensuales *l.* 초를 위한 밀랍에서 세금을 납부해야만 했던 그래서 밀랍책임자, 밀랍소작인 교회의 반 자유시민

Certum esse debet consilium testantis *l.* 유언자의 의도는 의심이 없어야만 한다(유언(장)의 이행은 제삼자에 의존되어서는 안된다-Ulpian)

cespitaticum → *caespitaticum* *l.*

Cessante causa cessat effectus *l.* 동기(원인)가 없으면 효력도 없다

Cessante causa cessat lex ipsa *l.* 법이 중단되면 법률도 스스로 중단된다(이때 법은 법률제도로 이해 될 수 있다)

cessat *l.* 정지되었다(제외 되어서는 안되는 문서의 기입)

cessatio a divinis *l.* 공개 예배의 조정, 무거운 법규위반 행위를 범한 유죄자를 속죄로 강요하는 수단으로서 지시 → *interdictio*

cessicius *l.* 후견인

cessil voluntaria *l.* 자발적 양도

cessio *l.* 권리의 양도, 양도, 지금까지의 채권자로부터 제삼자에게 청구 위임

cessio *l.* 양도

cessio legis *l.* 법률 양도

cessio legis *l.* 법률규정에 의한 채권 양도

Cessionarius utitur iure cedentis *l.* 피양도인은 양도법을 향유한다

Cessionarous est pro creditore *l.* 피양도인(청구취득자)은 채권자의 입장이 된다

cessio vindicationis *l.* 인도청구권의 양도

cessip bonorum *l.* 채권자에게 자발적인 재산양도(로마법)

ceteris paribus *l.* 그 밖의 동등한 상황, 다른 사정이 같다면

Ceterum censeo:(Carthaginem esse delendam) *l.* 덧붙여 충고하는데: (Karthago는 파괴될 수 있다)(Cato가 원로원 연설 끝에서 한 성구; 고집세게 직무를 이행하는 확신에 대한 속담

cf. → *confer*

CH → *Confoederatio Helvetica* *l.*

Chance *f.* 기회, 호기(好機); eine gute ~ im Prozeß haben v.소송에서 승소할 기회가 있다

Chancengleichheit *f.* 기회평등, 평등

character indelebilis *l.* 이행하지 않을 수 없는 그리고 포기할 수 없을 정도로 중요한 능력

Charakter *m.* 1 {von Menschen} 성격 2 {als Sacheigenschaft} 성질 3 {i.S.v. besonderer ~} 특징

Charakter
amtlicher ~ {einer Handlung} 직무상의 성질; besonderer ~ 특징; gesetzlicher ~ 법률적 성질; gewohnheitsrechtlicher ~ 관습법적 성격; rechtlicher ~ 법률적 성질

Charakter~
~bildung *f.* 성격형성, 품성도야; ~schuld

f. 성격책임; ~schuldlehre *f.* 성격책임론
charakterisieren *v.*~을 특징지우다, ~의 특징이 되다
Charge d'Affaires *m.*① 대리행사
charta *l.* 문서; 증거서류와 달리 사업문서(→*notitia*); 나중에 헌장(대헌장, *chacte constitutionelle*)
Charta *f.* **der Vereinten Nationen** 국제연합헌장(國際聯合憲章)
Charterer *m.*①{*allgemein*} 계약체결자 ②{*für Schiffe*} 용선자(傭船者)
Chartervertrag *m.*①계약 ②용선계약 (傭船契約)
chartularia *l.* 문서집
Chefartz *m.*의장
chirographum *l.* 식료품(식량) (농장의 식품 비축에서 농부 미망인의 몫)
Chirurg *m.*내과의(內科醫)
chronisch *a.*만성의, 지속적인
CIF-Klausel *f.*(→ *Abkürzungsverzeichnis*) 보험료, 운임 포함가격조항
circuitus *l.* 토지에 대한 실제 소유권이 양식의 부분으로서 공통의 국경시찰
Circuitus est evitandus *l.* 우회로는 예방될 수 있다
circulus vitiosus *l.* 결점이 있는 순환, 논리에서 순환논법, 악순환
citatio *l.* 소환; 호출(장), 소환
citatio arcatoria *l.* 명령형태의 소환
citatio realis *l.* 법정으로 인도
civilitas *l.* 시민권
civis *l.* 시민(이방인과 달리 →*peregrinus*)
civis nobilis *l.* 세습귀족, 명문시민
civitas imperialis *l.* 독일제국 직속도시 (1806년까지)
civitas maxima *l.* 일반군주국, 세계국가(Christian Wolff)
Civitas sibi faciat civem *l.* 누가 국민인지는 국가가 스스로 규정한다
clarigatio *l.* 로마인에게 있어서 선전포고의 전제 조건으로서 명예 회복(변상)에 대한 요구
classicus testis, classici testes *l.* 모범적(전통적)증인, 증인들(연령, 지성과 명망에 따른)

clausula *l.* 약관; 법률행위에서 유보
clausula *l.* 조항, 약관
clausula derogatoria *l.* 미래의 의사변화가 무효인 것에 대한 의사표시의 규정
clausula generalis *l.* 일반[적]조항
clausula privatoria *l.* 유산이 유언장 상속인의 의지에 일치하지 않으므로 인해 상속인이 유산을 잃을 경우 유언의 이행
clausula rebus sic stantibus *l.* 변함 없는 상황의 약관(계약의 계속적 효력이 계약체결에서 근본적으로 유지되는 상황의 존속에 연결 되는가에 관한 유보; 행위 기초의 누락에서 계약의 근거가 없는)
clausula rebus sic stantibus *l.* [동일]사정존속 조항<약관>, 사정불면경 조항<원칙>
clausula salvatoria *l.* 유지되는(손실을 막는) 약관(→ *Carolina*법전의 서문에서; 군주들에게는 그들의 지역에서 유효한 법들을 보존하고 Carolina법전은 그곳에서 단지 보조의 역할이 되는 것에 권한에 있다
Clearing-~ ⓔ
~house *n.*수형교환소; ~stelle *f.*[유가]증권결산소<교환소>
clausula salvatoria *l.* 유지되는(손실을 막는) 약관(→ *Carolina*법전의 서문에서; 군주들에게는 그들의 지역에서 유효한 법들을 보존하고 Carolina법전은 그곳에서 단지 보조의 역할이 되는 것에 권한에 있다
Clementinae *l.* Clementinen(→ *Corpus iuris canonici*의 4번째 부분, 1298년 이래로 발표된 결의와 교황의 결의, 1317년 10월 25일에 발표)
clericus *l.* 성직자
Clericus clericum non decimat *l.* 성직자는 성직자의 십일조를 받지 아니 한다(관계가 있는 사람끼리는 서로 헐뜯지 않는 법이다
clientela *l.* 의뢰인(→*patronus*), 농노,

노예의 법률관계(법정변호인은 법정에서 변호해야만 하며, 그것으로부터 오늘날도 변호사로부터 변호 받는 자를 위한 의뢰인의 명칭이 됨); 소송(변호) 의뢰인 전체
Closing n.ⓒ 건설계약체결(手袋入札締結)
coalitio l. 협회, 동맹
coauctor delicti l. 공범자
Code m.ⓒ 암호번호
Code-Karte f 암호번호
Codes Theodosianus l. 공식적인 황제칙서집 Theodosius II에 의해 유발됨(438년)
codex l. 법전
codex diplomaticus l. 문서집
Codex Euricianus l. Eurich 왕의 서고트 법전(475년경)
Codex Gregorianus l. Gregorian에 의해 조사된 하드리아누스 황제로부터 디오클레티아누스황제까지의 법률집의 모음집(300년경)
Codex Hermogenianus l. Hermogenian에 의해 실시된 디오클레티아누스의 칙서집(300년경)
Codex Instinianus l. 유스티니아누스까지의 황제칙서집(개정판- Codex repetitae praelectionis-534년 효력발생
Codex Iuris Canonici l. 1917년 성령강림제에서 교회법전을 선포, 1918년 5월 19일 → Corpus iuris canonici의 위치에 등장, 1983년 11월 27일 새로운 C. I. C 효력발생
codex juris canonici l. 교회법전
codicillus l. 소법전; 상속인 지정이 없거나 상속권 박탈을 포함하지 않는 유증(遺贈)또는 다른 규정의 정리에 대한 유언의 추가
codificatio l. 법령집(다양의 법규를 통합하여 하나로 포함된 공적인 모음)
codex l. 책, 문헌집; 법률집; 법전(법령집)
codex juris canonici
coelibatus l. 독신(제), 미혼
coercitio l. 형벌권, 공무원의 처분권

Cogitationis poenam nemo patitur l. 생각에 대해서는 누구도 처벌받지 않는다, 사유는 처벌에서 자유롭다-D. 48. 19. 18
cognatio l. 혈족관계
cognitio l. 법률상 조사; 판결(선고)
cognitor l. 소송대리인(로마법), 후에 → procurator
cohabitatio l. 잠식
coheredes l. 공동 상속인
cohortatio l. 경고(재촉, 훈계)
coitus damnatus, c. illicitus l. 근친상간
collaterales l. 방계의 친척
collatio l. 조정(타협, 비교); 화해; 이의 제기; 상속법에서 유언자의 생존 시에 그로부터 미리 받은 것에 대한 계산; 관직위임(교회법)
collectanea l. 문학작품에서 발췌한 모음집, 발췌(부선)
collega l. 관직동료
collegantia l. 합자회사의 이전 형태
collegialia iura l. 협회권, 단체의 사안을 스스로 규정할 수 있는 단체의 권리
collegium l. 협회, 단체, 조합, 길드, 동업조합
collisio l. 대립(충돌), 충돌, 분쟁(마찰) (이해, 책임, 법률의)
colloquium l. 대화, 담화(상의); 회의(집회)
collusio l. 협력, 담합; 형사소송에서 대립 또는 위장(은폐)의 위험
colonatus l. 건축법; 예속된 농부의 임대차(소작), 임대관계
colonia partiaria l. 부분소작, 소작료가 토지수확량의 반으로 계산되는 소작계약
colonus l. 임차인(소작인); 후에 토지에 예속된 반자유시민
Coma n.의식불명, 혼수상태
《 d Koma 》
comes l. 동반자; 법률상 또는 군대의 상담자; 후에 고위 공무원; 중세의 대수(백작)

comes in burgo *l.* 성주(태수)
comes liberorum *l.* 비밀재판장
comes magnus, c. terrae *l.* 방백(方伯)
comes marchae *l.* 변경방백 (후작)
comes palatii *l.* 궁중백(宮中伯)
comitas gentium, c. nationum *l.* 최혜국 조항(국가 상호간의 상거래에서)
comitatus *l.* 일행
comitia *l.* 대중 집회(국회, 의회)
comitia imperii *l.* 독일제국의회
comitiva *l.* 궁중백의 권한; 황제로부터 수여받은 특권
comitiva maior *l.* 귀족의 신분을 부여하고 → *comitiva minor*를 베풀어 주는 법
comitiviva *l.* 권한(자격, 전권), 성년, 전식혼인을 허락, 공증인을 승인, 문장(紋章)을 승인한다
commenda *l.* 합자회사의 발기인인 여자(이탈리아)
commendatio *l.* 권고(추천, 제안); 차용관계의 이유제시에서 상징적 행위
commendator *l.* → *commenda*에서 다른 (→*tractator*)에게 제품들을 위탁해서 상거래를 할 수 있게 하는 파트너; 양쪽이 이윤과 손실을 함께 부담한다.
commenticia emptio *l.* 위장매입
commercia belli *l.* 전쟁 중인 국가 구성원간의 예외적으로 허용된 무역거래관계; 광의에서 전쟁 중인 국가와 그들의 신민의 모든 비전투적인 관계
commilito *l.* 학우(동창), 대학동료
commissa *l.* 관세 착복(횡령)에서 압수된 대상
commissa poena *l.* 상실된 형벌
commissarius *l.* 대리인, 1600년 말까지 외교사절 명칭
commissio *l.* 위원회, 전권위임, 타인에 대한 계산에 관한 업무 집행위임
commissum *l.* 위임; 유죄의 범죄 행위; (봉건 영주에 대한)불충(배반)(→*felonia*)에 의해 상실된 봉토의 징발
committentis comittentes *l.* 위임자(주문자)
commixtio *l.* 마른물건의 혼합(액체

→ *confusio*)
commodatum *l.* 사용대차(使用貸借)(전당포), 임대계약; 임대된 물건
Commodities *pl.*ⓔ 일차생산품(一次産品)
commodum *l.* 이익(유익), 이점
commodum *l.,* stellvertretendes ~ 대[대상]이익
Commodum eius esse debet cuius periculum est *l.* 이익은 (우연적 손실의 위험이나 하자를) 마땅히 부담한다
commodum repraesentations *l.* 할인(어음할인)
commonitorium *l.* 독촉장
Common Law *n.*ⓔ 보통법
commorientes *l.* 같은 사고로 동시에 사망한 자들
Commorientium non videtur alter alterum supervixisse *l.* 같은 사고로 사망한 자들은 동시에 사망한 것으로 추정된다.(다른 로마법-D. 34. 5. 9, 4)
commparatio *l.* 비교
commune trium *l.* 독일 제국 의회에서 세 투표기관
communia *l.* 정의감의 도시
communicatio *l.* 통지(전달), 결합(연락, 관련),상거래
communio *l.* 법률공동체; 계약에 근거하는 단체(→*societas*)달리 대부분 우연한 공동체(→*communio incidens*); 길드; 촌락 공동체
communio prodiviso *l.* 육체적으로 독립한 몫에 대한 재산 공동체
communio proindiviso *l.* 정신적인 몫에 대한 재산 공동체
communis opinio *l.* 국제법상 의견
communitas *l.* 동일한 관심을 갖는 사람들의 집단; 공통의 단체
commutatio *l.* 잘못 바뀜; 형벌이 다른 것으로 변화
compatibilitas *l.* 조화(일치)가능성(한 개인의 두 개 또는 그 이상의 역할에 대한→*incompatibilitas*)
compendium *l.* 편람(교본, 안내서)
compensatio *l.* 상계(차감계산); 보상

(평준화)
Compensatio compensationis non datur *l.* 상계에 대한 상계는 행해지지 않는다
compensatio culpae *l.* 상호작용하는 부책(채무)의 계상(계산, 참작)
compensatio delictorum *l.* 불법행위의 상계(특히 상호간의 명예훼손)
Compensatio est debiti et crediti inter se contributio *l.* 상계는 상호 채무간의 혼동(混同)이다. -D. 17. 2.1
compensatio lucri cum damno *l.* 손익상계
compilatio *l.* 다른 서적에서 수집된 내용의 저서
complementum *l.* 보충(보결, 증보)
compositio *l.* 상해(신체손상), 살인, 물건 손괴에 대한 보상으로서 벌금(과태료)
compossessio *l.* 총 점유물
comprmissum *l.* 중재계약(중재약관)
compromissum plenum *l.* 논쟁이 되는 모든 법률문제에 대한 중재 계약
compulsio *l.* 협박, 강제(강요)
computatio civilis *l.* 민법상의 계산법, 최소 단위로서 날짜에 대한 기간 확정
computatio graduum *l.* (친족관계에 있어서) 촌수 산정(계산)
computatio naturalis *l.* 자연의 시간 계산법, 시점에서 시점으로 기간 확정 (→*a momento ad momentum*)
Computer *m.* 컴퓨터
Computer~
~betrug *m.* {*als Delikt*} 사기[죄];
~mißbrauch *m.* 컴퓨터의 남용; ~sabotage *f.* {*als Delikt*} 방해[죄]; ~spionage *f.* 컴퓨터스파이; ~straftaten <~delinquenz *f.*> *pl.* 컴퓨터범죄
conatus *l.* 시도(형법)
concedo *l.* 나는 동의한다
concepi *l.* 내가 그것을 작성했다, 구상(계획)했다
conceptio *l.* 임신, 임신의 시작
conceptum *l.* 초고, 문서의 초안

conceptum furtum *l.* 훔친 물건(장물)
concessio *l.* (영업)허가, 동의, 인정(양보), 인가, 허락; 다른 국가에서 특정 지역에 있어서 사용할 수 있게 해준 영역
conciliabulum *l.* 비밀의, 불행의(교회의) 집회
concilium *l.* 공회의(교회집회; 대학집회)
conclusio *l.* 결론; 논리적 귀결, 종결
conclusum *l.* 결의(결정)
Conclusum Imperii *l.* 제국의회의 황제로부터 승인된 결의의 의미에서 제국의 결의
concordatum *l.* (국가와 교황청간의) 종교협약, 협정 관련된 영토에서 가톨릭 교회의 법률관계에 대한 로마 교황청과 국가 간의 협정 (약수)
concordia *l.* 단결(협조, 화해); 종교협약
concubinatus *l.* 혼외결합, 지속되는 결혼과 유사한 관계, 첩, 내연의 관계
concursus *l.* 정식결혼에 의하지 않은 동침
concursus *l.* 합류(모임), 폭동(소동, 혼란), 악의의 병발(만남, 해후)
concursus actionum *l.* 청구의 병발; 청구 경합; 소송 경합
concursus causarum *l.* 한 개인에게서 두개의 생계 원인 (하나의 요구의 소멸을 불러온다)
concursus creditorum *l.* 채권자의 합류(모임), 파산
concursus delictorum *l.* 범죄경합
concursus simultaneus *l.* 관념적 경합법(하나의 행위 수 개의 범죄-하나의 행위가 수 개의 형법에 위배되는)
concussio *l.* 공갈(협박); 직권의 악용에 의한 위협(위압)
condemnatio *l.* 유죄 판결; 정당한 나포선으로서 간주되는 배에 대한 해상 전쟁법에서의 결정
condicio *l.* 조건(→*sub condicione*)
condicio affirmativa *l.* 행위의 실행에서 존재하는 조건
condicio casualis *l.* 우연에 의존하는 조건

condicio impossibilis *l.* 불가능한 조건(자연 법칙에 위배되므로)
condicio in fraudem legis adscripta *l.* 법률회피에 대해 첨가된 조건(말의 본래 의미대로: 법률 사기에 대해
condicio iuris *l.* 법률상 전제 조건
concicionalia negotia *l.* 조건부의 법률행위
condicio negativa *l.* 의무불이행에 대한 조건
condicionis implendae causa datum *l.* 조건 이행의 대가로 주어진 기부금
Concicio pendet *l.* 조건이 성취되지 않으면, 법률상의 미해결 상황을 야기한다.
condicio possibilis *l.* 가능조건
condicio resolutiva *l.* 소멸조건
condicio sine qua non *l.* 조건 없이 (아무것도)(발생할 수 없는)조건, (인과 관계에 있어서) 필수적 조건
condicio suspensiva *l.* 유예된 조건
condicitio furtiva *l.* 도둑 또는 도둑의 상속인에게 훔친 물건의 인도를 요구하는 소유자의 청구
condictio *l.* 부당한 이득(확충, 유익); 재판관 앞에 출두하라는 피고인에 대한 고소인의 요구(로마의 민사소송)
condictio *l.* 부당이득[반환][청구]
condictio causa finita, c. ob causam finitam *l.* 업적물의 인도에 대한 청구(업적에 대해 법적근거가 후에 누락되었기에)
condictio indebitendi *l.* 비채변제 부당이득
condictio indebiti *l.* 채무 없이 채무를 이행한 경우에 그 이행물에 대한 인도 청구
condictio ob causam datorum, c. causa data, c. causa non secuta *l.* 법률행위의 의도된 성공성과가 생기지 않았기 때문에 (예: 혼인 체결) 수령자의 인도청구
condictio ob iniustam causam *l.* 허가되지 않은 행위에 의해 획득된 것에 대한 인도 청구

condictio ob turpem causam *l.* 치욕적인 방법으로 수령된 것에 대한 인도청구(그 수령이 법규 또는 미풍양속에 위배된다)
condictio sine causa *l.* 법률상 근거 없이 획득된 것에 대한 인도청구(급부원인의 부존재 또는 누락)
condictio sine causa *l.* 원인 부당이득
conditio *l.* 조건, 상태, 제약
conditio → condicio *l.*
conditio juris *l.* 법 <법정>조건
conditio negativa *l.* 소극적조건
conditio sine qua non *l.* 필연적<불가흠>조건, 조건관계
condominium *l.* 다양한 국가들의 공동 소유물
condominium pro partibus indivisis *l.* 소부분에 따른 공동재산
conductio *l.* 임대계약, 임대차(소작)계약, 고용계약, 공사(원고)계약 그리고 그것으로부터 발생된 세입자의 청구 등등
confarreatio *l.* 로마세습 귀족(명문 시민) 사이의 종교적 혼인체결
confer, conferatur (cr.) *l.* 비교(대조)하라, 비교(대조)된다
confessio *l.* 자백(인정)의 의미에서 고백; 승인(인정), 증언
Confessio Augustana *l.* 아우구스부르그(Augsburg)의 신앙고백, 루터교의 고백
Confessio est non probatio *l.* 자백은 증거가 안된다(현대 형사소송에서)
Confessio est regina probationum *l.* 자백은(소송에서) 증거의 여왕이다 (상대방은 자백을 증명할 필요 없음; 종교재판 소송에서 자백 없이 판결이 이루어질 수 있다)
confessio fidei *l.* 신앙고백
Confessio Helvetica *l.* 개혁파의 고백
confessio in iudicio *l.* 사실의 인정 (로마법); 현대 의미에서 자백
confessio in iure *l.* 상대의 청구 승

인(인정)
Confessio Tetrapolitana *l.* 네 개 도시의 고백(성찬식 교리에서 Strassburg, Konstanz, Memmingen, Lindau 이 네 도시의 구분되는 혁신적인 고백-1530)
Confessus pro iudicato habetur *l.* 소송상 자백(상대청구의)은 판결에 똑같이 존중된다-D. 42.2.3
confidentia *l.* 신뢰; 비밀의 전달(통지)
confinatio *l.* (좋지 않은 상황에) 끌려 들어 감, 강제주거; 체류기간 제한
confines militares *l.* 군사경계선
confinium *l.* (토지)경계선; 경계(국경) 선
confirmatio *l.* 찬성(동의); 확인
confirmatio iuris Germanici *l.* 독일 법에 따른 후견인의 임명 (1548년에서 1577년까지 제국 경찰 원칙 이래로 누구나 관청의 후견인으로 임명된다)
Confirmatio nihil dat novi *l.* 확인 (증명서)은 새로운 것을 주지 못한다
confiscatio *l.* 몰수(압류), 국가를 위한 재산 재산몰수(압류)
conflictatio, conflictus *l.* 분쟁, 싸움; 소송
confoederatio *l.* 국가연합, 연방
Confoederatio Helvetica (CH) *l.* 스위스의 동맹(연합)
confraternitas *l.* 조합(길드), 조합의 연맹
confrontatio *l.* 대립(충돌); 피의자와 증인 또는 피해자의 대질
confusio *l.* 액체혼합; 한 개인에게서의 요구와 책임(채무)의 연맹, 이것을 통해 양쪽다 소멸
Confusione extinguitur obligatio *l.* (청구와 채무의 상호 상쇄를 통해 법률관계는 소멸된다)
Confutatio pontificia *l.* 1530년 8월 3일의 Augsburg 신앙고백 (→*Confessio Augustana*)에 대한 교황의 반박
congressio, congressus *l.* 회합(집회)
coniugium *l.* 혼인
coniunctio *l.* 유산의 같은 소부분에 대한 더 많은 상속인의 지정(공동의 유산 상속분)

coniuratio *l.* 반란(긜탁, 공모); 길드, 동업자조합, 서약한 신도단체
coniurator *l.* 선서보증인
coniux *l.* 부부(남편 또는 처)
coniux binubus *l.* 두 번째로 재혼한 부부
conniventia *l.* 관용; 유죄행위의(유죄의) 고의적 발생 간과
conreus *l.* 공범자
consanguineus *l.* 형제자매, 이복형제자매
consanguinitas *l.* 동일한 아버지의 혈통을 통한 친족관계; 혈족관계 전체
conscriptio *l.* 묘사(재현); 기술; 소유권 양도(처방전); 병역(군복무)에 대한 징집
Consensu contrahitur *l.* 계약은 합의를 통해서 이루어진다
consensu omnium *l.* 만장일치의
consensus *l.* 의사합의; 동의권
consensus *l.* 합의, 동의, 합치 《d Konsensus》
Consensus facit nuptias *l.* (약혼자)의 의사합의는 혼인을 이루게 한다(옛 카톨릭, 또한 이미 로마 혼인법의 견해 -D.50. 17. 30)
consensus gentium *l.* 국민의 합의
consensus omnium *l.* 만장일치의 의견
coonsensus praesumptus *l.* 추정된 동의(승낙)
conservatio pacis *l.* (왕으로부터 임명된 평화유지 수행자에 의한) 평화 유지 보존
consiliarius *l.* 시의회의 의원; 점유자, 조인자
consilium *l.* 숙고, 조언, 평가; 시의회 회의; 판결; 재판관 임능; 선동의 방법 (불법행위의 충고); 충고를 하거나 봉건법정에 참여하기 위해 궁정에 출석 하는 봉신의 의무
consilium abeundi *l.* 충고를 그냥 넘겨버리는 것; 제적의 대수롭지 않은 형태

consilium civitatis *l.* 시참사회
consilium mortis *l.* 살인 결탁(공모, 반란)
consistorium *l.* 교황의 의장직 아래 추기경들의 집회; 개신교에서 합의체의 중앙관청
consobrinus *l.* 형제자매의 아이(조카 (남, 여)
consolidatio *l.* 한 개인에게 소유물과 그 밖의 물권에 대한 결합 ; 광업법에서 여러 광산의 결합
consortes *l.* 공범자
consortes litis *l.* 민사소송에서 공동소송인
consortium *l.* 공동체, 동업조합
conspiratio *l.* 서약
conspiratio plurium in delicto *l.* 음모(모의, 모반), 행위 실행에 대한 시약
constitutio *l.* 규정, 처분, 명령, 법규, 헌법(규약)
Constitutio Criminalis Carolina *l.* 1532년(Karls V)의 형사상의 중죄형사 재판권 규칙
constitutio de feudis *l.* 1037년 (Konrads II)의 봉토법
constitutio de regalibus *l.* 1158년의 광산에 대한 중요 법규(여기서 은광과 염전은 왕권, 왕의 유용한 국가 주권으로서 명명됨; 왕의 광산에 대한 주권은 1356년부터 선제후의 손으로 넘어갔다)
constitutium possessorium *l.* 대리점유, 점유개정
constitutum debiti alieni *l.* 타인의 책임(채무) 이행에 대한 확약
constitutum debiti proprii *l.* 본인의 책임(채무) 이행에 대한 확약
constitutum feudale *l.* 봉토의 혈통 (봉토에 연결된 자본 채무(책임))
constitutum possessorium *l.* 점유토 지관계를 통한 직접 점유의 취득에 대한 점유재계약
consuetudo *l.* 관습(습관), 관습법; 예부터 통용되는 인도, 세금
consuetudo abrogativa *l.* 법률을 상쇄하는 관습 (예: 법률의 오랜 비적용에 의해)
Consuetudo (quasi) altera natura *l.* 관습은 (말하자면, 마치) 제 2의 자연이다(Cicero)
Consul → *Konsul*
consul *l.* (로마제국의)집정관(영사)
consul electus *l.* 선거집정관
Donsitutio Criminalis Carolina *l.* 형법전
consul electus *l.* 선거집정관
consules maris *l.* 상사(商事) 소송사건에서 본래의 행정관청, 후에 상업재판소
consules mercatorum *l.* 상사소송 사건에서 상인의 집단에서 선택된 재판관
consules ultramarini *l.* 지중해 문화권에서 국제거래를 위한 재판소(이전의 영사재파소)
consul missus *l.* 실무영사
consultatio *l.* 자문기관
consultum *l.* 결의(결정)
consultum imperii *l.* 제국의 평가(감정)
consummatio criminis *l.* 범죄(비행)의 완결(완성)
consumptio *l.* 취소(파기); 권리, 법규의 파멸
contestatio *l.* 증인의 소환; 채무자의 재판외의 권고(독촉장)
contio *l.* 정치적 통지의 수령에 대한 국민집회
contra *l.* 대항, 반대
contractus *l.* 계약, 계약문서, 협정
contractus aestimtorius *l.* 고물매매 수탁계약(정해진 기간 안에 물건을 반환하거나 확정된 금액으로 지불하는 것이 수임인의 책임이 되는 것으로, 판매를 목적으로 가치를 결정을 하여 물건인도)
contractus bilateralis aequalis *l.* 결점이 없는 쌍무(쌍방)계약
contractus bilateralis inaequalis *l.* 쌍무의, 하지만 쌍방이 아닌 계약
contractus innominatus *l.* 지명(지정,

명명)되지 않은 계약
contractus mohatrae *l.* 간접적인 대부(대부를 매상고로 간주되는 지불지시에 의해 판매의 목적으로 물건인도)
contractus multilateralis *l.* 여러 면의 계약
contractus pignoraticius, c. pigneraticius *l.* 저당계약
contractus socidae *l.* 감정평가액에 의한 가축인수계약(임대차(소작)계약에서 가축을 포함한 농민의 설비에 대해 임차인은 가축에 대한 위험을 다음문장 "철(鐵)의 가축은 죽지 않는다"에 따라 넘겨 받는다
contractus vitalitius *l.* 은퇴 후 재산보유계약, 종신연금(종신의 부양에 대한 토지에 소유물 양도
contradictio in adiecto *l.* 첨가(부가)된 것에 항변(명사에 일치하지 않는 특징 또는 상태를 표시하는 형용사에서 (예: 더 작은 절반, 목질의 철))
contra ius clarum *l.* 명백한 법규에 반하여
contra legem *l.* 법규에 반하여, 항변에서
contra legem *l.* 법률 위반
contrarius actus *l.* 계약 또 실재 거래를 통한 종결(폐지)
contrarius consensus *l.* 반대의 합의 (소송당사자 사이에 체결된 계약은 먼저 계약의 형태로 다시 무효화(폐지, 종결)되어야 한다는, 형식을 갖추지 않은 소송 당사자의 약정)
contrasignatio *l.* 전문장관에 의한 연서(부서)
Contra tabulas nulla valet usurpatio *l.* 토지등기부의 기재에 어긋나는 소유권 취득은 없다
contraventio *l.* 법률 또는 협정의 위반, 위배행위
contributio *l.* 순전한 세금, 병역 목적을 위한 특별 세금
contrmacia *l.* 법원상 명령에 불복종하는, 법원의 소환에 반항하는
controversia *l.* 논점, 분쟁, 쟁점, 다툼

contubernium *l.* 노예간의 혼인
Contumax confitetur *l.* 불출석한 소송당사자는 출석한 소송상대방의 주장을 시인(자백, 인정)한다
Contumax negat *l.* 불출석한 소송당사자는 출석한 소송당사자의 재의를 부인한다(로마법, 보통법)
Contumax non appellat *l.* 지체자는 항고(상소)하지 않고(이의를 제기한다)
contumelia *l.* 욕설(모욕)
conubium *l.* 혼인; 민사의 혼인 체결에 대한 능력
conucula *l.* 방추, 실패; 여성; 그래서 외가 쪽 혈통에 대한 실패의 위(位)
convalescentia *l.* 추완(追完), 장애의 누락에 따른 법률행위의 합법화
conventio *l.* 협정(관습), 합의, 약정, 계약
conventus *l.* 집회, 회합; 제국 직속위원의 집회, 후에 독일 제국의회
conversio *l.* 재해석, 본래 무효의 법률행위에서 유효한 다른 법률 행위로 해석의 변경
convictio *l.* 범죄자의 이송(증명)
convivium *l.* 동업자 조합
convivium iuratum *l.* 길드
cooperatio *l.* 제휴, 협력
cooptatio *l.* 보결선거, 자기보충
copula *l.* 결혼; 혼인의 신체상 완성
copulatio *l.* 약정; 교회법상의 결혼식
copus delicti *l.* 범죄의 사실구성요건 (1600년); 범죄의 전체적 외견; 범행징후; 유죄 행위에 대한 증거물
Copyright *n.* 저작권
Copyright *n.,* ~ **erlangen** *v.* 저작권을 취득<획득>하다
Copyright~
~-Angabe *f.* 저작권표시; ~-Registrierung *f.* 저작권등록
coram populo *l.* 국민 앞에
coram publico *l.* 사회 앞에, 모든 이의 눈앞에, 공중 앞에
corollarium *l.* 첨가; 전치문으로부터 자명한 추론(결론)
corporatio *l.* 단체(법인체), 법인(체);

동업자조합
corps diplomatique ⓕ 외교단
corpus *l.* 신체, 모임(연합)
Corpus *l.* 제국의회에서 개신교 신분제의 단체
Corpus catholicorum *l.* 제국의회에서 카톨릭 신분제 의회단체
corpus delicti *l.* 죄체, 유죄인정증거
corpus iuris *l.* 법률모임, 법률연합
Corpus iuris canonici *l.* 중세교회법 모임 (1140에서 1317까지; 교회용무에만 관련된 것 아님; 진정의 교회법 → *ius ecclesiasticum*)
Corpus iuris civilis *l.* 동로마 황제 Justinial(527-565)의 법률 서적 모음집
Corpus Juris (Iuris) Canonici *m.* 교회법대전
Corpus Juris (Kuris) Civillis *m.* 법대전
correctio *l.* 징계(체벌)
corruptio *l.* 부패(타락), 매수; 몰락(파멸), 파괴(와해), 타락(풍기문란)
Coup d'Etat *m.* ⓕ 쿠데타, 무력 정변
Courtage *f.* 중매인의 수수료, 중립구전 (仲立口錢)
comparatio litterarum *l.* 문서비교
compascuum *l.* 자치단체 구성원들의 축산법
creator *l.* 창시자; 발기인; 선거인(유권자)
credenda *l.* 교회규칙의 독단적인 부분
creditor *l.* 채권자
credo *l.* 나는 믿는다, 신앙고백
crimen *l.* 범죄; 법규위반행위
crimen ambitus *l.* 부정으로 얻은 관직
crimen barratariae *l.* 매수
crimen continuatum *l.* 계속(속행)된 범죄, 장기 불법행위
crimen de peculatis *l.* 횡령(착복, 은닉)
crimen de residuis *l.* 관직에서 횡령, 국고의 횡령
crimen effracti *l.* 관리인에 의한 도주 범죄 비호

crimen expilatae hereditatis *l.* 상속사건의 횡령(절취)
crimen falsi *l.* 위조범죄
crimen flagrans *l.* 범죄자가 현행범으로 체포된 범죄 →*in flagranti*
crimen incendii *l.* 방화
crimen incestus, c. incesti *l.* 근친상간
crimen laesae *l.* 불경죄(대역죄)
crimen perduellionis *l.* 국가반역죄 (대역죄)
crimen plagii *l.* 불법감금
crimen repetitum *l.* 반복된 범죄, 재범
crimen repetundarum *l.* 직권(권한)의 남용; 능동적, 수동적 공무원 매수
crimen sacrilegii *l.* 교회의 절도(성물절도죄), 교회모독→*pollutio*
crimen syndicatus *l.* 고의적 법의 왜곡행위(법률의 남용)
crimen vis *l.* 삶에 반하는 다양한 폭력 범죄 종류에 대한 집합명명
crimina culposa *l.* 경솔한 불법행위
crimina dololsa *l.* 고의의 불법행위
Crimina morte exstinguuntur *l.* 범죄는 죽음으로 근절된다 -D.48.4.11
c. t. → *cum tempore* 표시된 시간보다 15분 늦게
cucurbitatio *l.* 호박으로 만들기(봉건 영주의 부인, 신부, 친척 또는 인척관계와 동침하여 봉신의 봉건 영주에 대한 불충(배반)(→*felonia*)
Cui bono *l.* 누구에게 이익이 되는가? 누가 그것으로 이익을 보는가?
Cuique defensio tribuenda *l.* 누구에게나 변호는 허락되어야 한다
Cuius regio, eius religio *l.* 군주가 자기영토의 종교를 결정한다(1555년 Augsburg 종교회의에서 결정된 원칙)
culpa *l.* 상위 개념으로서 책임(부채), 협의에서 과실
culpa *l.* 과실, 부주의, 범죄
culpa concurrens *l.* 공동의 과실
culpa in abstracto *l.* 추상적 과실 (일반적 통례의 신중성의 등한시)

culpa in contrahendo *l.* 계약교섭상의 과실 책임
culpa in contrahendo *l.* 계약상의 과실
culpa in concreto *l.* 구체적 과실
culpa in custodiendo *l.* 감독(감시)에서의 과실
culpa in eligendo *l.* 직원(부하직원) 선발에서의 과실
culpa in eligendo *l.* 선임상 과실
culpa lata *l.* 중과실
culpa lata, c. omnis *l.* 가벼운, 경미한 과실
culpa levis *l.* 경과실
culpa luxuria *l.* 의식적 과실
culpa neglegentia *l.* 무의식적 과실
culpa post pactum contrahendum *l.* 계약 종료 후 효력 책임
cum grano salis *l.* 적당히 짐작(고려)하여, 소금 한알 (문자 그대로는 아니-plinius)
cum infamia *l.* 창피스럽게, 창피를 주어서
cum laude *l.* 칭찬으로, 칭찬할 만한 (박사학위 취득절차에서의 평가→magna...→summa...)
Cum principalis causa non consistit, ne ea quae sequuntur locum habent *l.* 본안(중심사항)의 존속 없으면, 그러면 그 뒤를 잇는 것도 똑같은 정도로 적게 존속한다
cum tempore(c. t.) *l.* 시간추가(모임, 행사시작에서), 정각이 조금 지나서
cumulatio *l.* 집적(누적, 반복)
cumulatio actionum *l.* 소송축적
cum viribus hereditatis *l.* 유산에 대한 상속자 보증의 한정
cura *l.* 보살핌, 돌봄, 보호, 감독, 조달(구입), 수고(조력)
cura absentis *l.* 부재자재산관리
cura ansentis *l.* 부재자에 대한 재산관리
cura bonorum *l.* 재산관리(보편적인)
curadebilium *l.* 육체적 결함이 있는 자를 위한 재산관리

cura furiosi *l.* 정신병자를 위한 재산관리
cura in eligendo *l.* 선발에서의 신중성
cura minoris *l.* 청소년 보좌
cura minorum *l.* 미성년자를 위한 재산관리
cura posterior *l.* 미래의 복지; 후의 걱정
cura prodigi *l.* 낭비자를 위한 재산관리
curator *l.* 관리인, 보호자; (공공)시설, 재단의 이익대변을 위하여 위임된 자; 이전에 대학의 감독을 위해 고용된 공무원
curator *l.* 보좌인, [재산]관리인, 보호자
curator bonorum *l.* 재산 관리인; 파산 관리인
curator hereditatis *l.* 상속재산 관리인
curatorium *l.* 감독관청, 관리(행정)위원회
curator massae *l.* 파산관재인
cura ventris *l.* 장래의, 아직 태어나지 않은 상속인을 위한 재산관리
curia regis *l.* Hoftag; 제국궁전법원
curriculum *l.* 경주(경쟁); 경로(생애의 길)
curriculum vitae *l.* 이력서
custodia *l.* 보호(감독)
custodia honesta *l.* 명예형
custodia honesta *l.* 명예를 훼손하지 않는 구금(이전에 금고형); 감금
custodia honoris *l.* 감고
custos *l.* 파수군(경비원), 교회(교회관리인), 박물관(박물관의 전문 직원)의 감독인(관리인)

D

Dachtheorie *f.*[옥근 이론]
Dafürhalten *n.*, nach *imds.* ~ 의 견해
damantio *l.* 유죄판결
damnatio ad fodiendam (h)aremna *l.* 모래 채굴에 대한 유죄판결
damnatio ad latomias *l.* 채석장에서의 작업에 대한 유죄판결
damnatio ad opus publicum *l.* 공공(公共) 작업에 대한 유죄판결
damnatio in metalla *l.* 광산에서의 작업에 대한 유죄판결
damnatio in pistrinum *l.* (압축)방앗간에서의 작업에 대한 유죄판결
damnatur *l.* 유죄판결을 받다; 인쇄는 허락되지 않음(반대어→*imprimatur*)
damnificium *l.* 손실부가
damnosa hereditas *l.* 많은 부채를 진 유산
damnum *l.* 손실, 불이익; 물건 훼손
damnum emergens *l.* 재산손실(놓친(잃은) 이윤과 달이 →*lucrum cessans*)
damnum extra rem *l.* 부차손실
damnum infecti *l.* 건축시설의 붕괴로 인한 손실
damnum iniuria datum *l.* 불법으로 첨가된 손실
Damnum sine iniuria esse potest *l.* 손실은 부당하지 않게 발생할 수 있다
dapifer *l.* 주방장, 궁정취사 담당관, 집사(독일궁정에서 라인강 지역의 궁중백에게 속하는 최고궁내 관직의 하나 - 사옹원 장관)
dardanariatus *l.* 곡식 부당 이득행위(폭리) (로마고리대금업자 Dardanarius에 따라 명명); 후에 상품, 바가지 가격
Darlegung *f.*; **darlegen** *v.*[(*jm.*) *etw.* ~] (~에게) ~을 설명<진술, 주장>하다

Darlegungs~
~last *f.* 진술<주장>책임; ~pflicht *f.* 진술<주장>의무
Darlehen *n.* ≪Darlehn≫ 소비대차(消費貸借), 대부(貸付)
Darlehn
befristetes ~ 기한부소비대차; gesichertes ~ 담보부소비대차; kurzfristiges ~ 단기소비대차; langfristiges ~ 장기소비대차; unverzinsliches ~ 무리식(無利息) 소비대차; verzinsliches ~ 이식부소비대차(利息附消費貸借)
Darlehens~ ≪Darlehns~≫
~anspruch *m.* 소비대차청구[권](消費貸借請求權); ~aufnahme *f.* 소비대차(消費貸借)의 체결(締結); ~bank *f.* 대부은행(貸付銀行); ~empfänger *m.* [소비대차(消費貸借)] 차주(借主)<수령자(受領者)>; ~forderung *f.* 소비대차[기]책무; ~frist *f.* 소비대차<대부>기간; ~geber *m.* 소비대차대주(消費貸借貸主); ~gewährung *f.* 소비대차의 대여(貸與), 대부(貸付); ~gläubiger *m./pl.* 소비대차채권자(消費貸借債權者); ~hypothek *f.* 소비대차저당(消費貸借抵當); ~kapital *f.* 원금; ~nehmer *m.* [소비대차]차주(借主); ~schuld *f.* 소비대차채권(消費貸借債權);
~schuldner *m./pl.* 소비대차채권자(消費貸借債權者); ~summe *f.* 소비대차고(消費貸借高)<금액(金額)>; ~versprechen *n.* 소비대차의 약속(約束); ~vertrag *m.* 소비대차의 계약(契約); ~zinsen *pl.* 소비대차<대부>이자; ~zinssatz *m.* 대부이율<이자>
Darstellung *f.*; **darstellen** *v.* ~을 설명<묘사, 재현>하다
Darstellung, pornographische ~ 외설적인 묘사
dartun *v.* ~을 (→ *darlegen*) 주장하다

Dasein *n.*존재, 생존
Daseins~
~interesse *n.*존재이익; ~vorsorge *f.* {staatliche ~} 국가 생활배려
Daseinvorsorge *f.* 생존배려
Dat census honores *l.* 세금 산정은 명예에 부응한다; 부(재력)는 명성을 가져온다
dat donat dedicat(d.d.d.) *l.* 주다, 바치다, 봉납하다(헌정의 상투어)
Daten *pl.* 정보
Daten
elektronische ~ 전자기록<정보>; falsche ~ 허위기록<정보>; gefälschte ~ 위조된 기록<정보>; persönliche ~ 개인<정보>
Daten-
~abgleich *m.*정보조회; ~aufzeichnung *f.*[elektronische ~] 기록; ~bank *f.*정보회사(情報會社); ~fälschung *f.*{als Delikt} 위조[죄]; ~lösung *f.*취소<인멸>; ~nutzung *f.*정보의사용; ~schutz *m.*<정보>보호; ~schutzkontrolle *f.*정보보호관리감독; ~schutzmaßnahme *f.*정보보호조치; ~scshutzregelungen *pl.*정보보호규칙; ~schutzvorschrift *f.*정보보호규정; ~veränderung *f.*정보변경<위조, 변조>; ~veränderung *f.*{als Delikt} 위조, 변조죄; ~verarbeitung *f.*처리
datenschtzrechtlich *a.*자료의 보호법 적차원에서
datio insolutum *l.* 현금 대신으로 물건인도
Datowechsel *m.*발행일자후정기출급어음
Datum *n.*연월일, 일부
datum *l.* 쓰어진(장소, 시간기재); 후에 시간 기재에 대한 명사구
Datumsangabe *f.*날짜 표시
datum ut retro *l.* 뒷 페이지와 같은 날짜
datum ut supra *l.* 상기와 같은 날짜
Datur beneficium propter officium *l.* 소득(수입)은 직분에 근거하여 주어진다
Dauer *f.* **eines Patents** 특허 존속기간

Dauer~
~arrest *m.* 장기구류; ~delikt *n.*계속범(繼續犯); ~folgen *pl.*후유증(後遺症); ~frachtvertrag *m.*계속운송계약; ~gefahr *f.*계속적 위험; ~mietrecht *n.*영차권(永借權); ~nutzungsrecht *n.*계속적용익권(繼續的用益權); ~pflegschaft *f.*계속적보호(繼續的保護); ~schaden *m.*계속적손해(繼續的損害); ~schuldverhältnis *n.*계속적채권관계(繼續的債權關係); ~wirkung *f.*계속적 효과(繼續的效果); ~wohnrecht *n.*계속적 거주권
D. D. → *Divis l.*
D. D. → *domus divina l.*
d. d. → *de dato* 발행일로부터 *l.*
d. d. → *dicto die l.*
d. d. → *dono dedit l.*
d. d. d. → *dat, donat, dedicat l.*
DDr. →Doctores *l.*
de auditu *l.* 남의 얘기를 듣고(소문으로 말하다)
debellatio *l.* 적군의 군사섬멸로인 종전
debilitatio *l.* 불구로 만듦(약화)(병역 또는 전시 복무에서 풀러나기 위한)
debitor *l.* 채무자
debitor cessus *l.* 제 3 채무자
Debitor speciei casuali interitu rei liberatur *l.* 개인 소유로 규정된 물건의 채무자는 그 물건의 우연한 파멸에 대한(변제로부터)면제된다
debitum *l.* 채무, 책임
debitum alienum *l.* 타인의 채무
debitum feudale *l.* 봉신의 채무(봉토를 근거로 하는 재정적 책임)
debitum proprium *l.* 자신의 채무
decem, decima(pars) *l.* 열 번째 (부분) (항상 10%를 형성하지는 않는 교회에 제시해야 할 것으로의 십일조 - 프랑스 혁명 때까지 지속)
decisio *l.* 결정, 결심; 정보(소식, 결정)
declaratio *l.* (세금 또는 과세금) 신고; 미래의 행동(태도)에 대한 국가의 엄숙한 타협
declaratio limitum *l.* 육지분계선, 몰

락, 국경 분쟁에 대해 결정되는 쇠퇴법정
decreta communia *l.*악의의 결정(의 심스러운 소송문제에 대한 독일제국 대법원의)
decretales epistolae, litterae *l.* 교회 규율의 논란 여지가 있는 개개의 질문에 대한 교황의 답서(이것은 교회법의 일반적인 법적 근원이 된다 → *Corpus iuris canonic*)
decretum *l.* 지령(지시), 처분; 교회법의 법적 근원으로서 공회의 결정; 결의안
decretum de alienando *l.* 당국의 매각(양도, 위임) 승인(후견인에 대한)
Decretum Gratiani *l.* 1140년에 생성된 gratian수도사에 의한 유효한 교회법의 본래 개인의 모음집; 그 이후 → *Corpus iuris canonici*
de dato (d. d.) *l.* 오늘부터
de dato *l.* 금일
de facto *l.* 사실상, 실제상
de jure *l.* 법률상, 법
de lege ferenda *l.* 미래법의 관점에서
de lege lata *l.* 현행법상의 관점에서
Debatte *f.*토론
debitor *l.* 채무자
debitum *l.* 채무
Deckung *f.*상환(償還), 보장(保障), 보상(補償)
Deckung
mangelnde ~ 예금부족(預金不足);
vorläufige ~ 보험의 가보호(假保護)
Deckungs~
~frist *f.*상환<보상>기간; ~geschäft *n.*상환<보상>행위, 자금행위; ~grenze *f.*[유한]진보기금; ~kapital *n.*책임준비금; ~klausel *f.*책임<자금>문구; ~pflicht *f.*진보<상환, 보장>의무; ~schutz *m.*{im VersR-보} 보험 보호; ~verhältnis *n.*보상 관계; ~zusage *f.*, vorläufige ~ [재해][보험]가증서
declaratio honoris *l.* 명예 선서
dedit *l.* 그는 주었다(지불했다)
deditio *l.* 인도, 양도; 적의 엄숙한 복종(귀의, 체념); 무조건 항복
deductis impensis *l.* 비용공제에 따라
deducto aere alieno *l.* 채무공제에 따라
Deduktion *f.*연역법
deduktiv *l.* 연역적인
deduzieren *v.*~을 연역<추론>하다
de facto *l.* 사실로부터, 실제의
defectus *l.* 결핍; 누락, 사건의 비발생
defectus iuris *l.* 재판(법적보호) 거부
Defekt *m.*하자, 흠손
defensio *l.* 변호(법정의)
defensio (necessaria) *l.* 정당방위
defensiv *a.*방어적인
Defensiv~
~allianz *f.*방어동맹; ~krieg *m.*방어전; ~notstand *m.*방어적 긴급피난
defensor *l.* 변호사, 변호인, 법인체의 대리인, 관리인(태수)
defensor fidei *l.* 신앙의 보호자(1521년 교황이 영국왕에게 수여한 칭호)
Defensor pacis *l.* 평화의 수호자(1324년에 완성된 Marsilius von Padua의 유명한 작품)
deferens(-entis) *l.* 다른 이에게 선서를 전가하는 자
deficiente pecunia *l.* 자금부족에
definiert *a.*정의내리는
Definition *f.*; **definieren** *v.*~을 설명하다, ~을 정의 내리다
Definitionsklausel *f.*정의조항<규정>
definitiv *a.*확정적인
Definitiv~
~urteil *n.*확정적 판결; ~vertrag *m.*본계약
definitio *l.* 규정, 지시(명령), 규칙, 법원의 결정
definitivum *l.* 최종 해석(진술), 규정, 채용
Defizit *n.*부족액, 흠손, 적자
defizitär *a.*적자가 나는, 적자를 유발하는
defraudatio *l.* 유죄인 인도(세금, 공과금)의 횡령(착복), 공직에서의 횡령

Defraudation *f.* {SteuerR-세} 탈세
degradatio *l.* 관직 해임 또는 하위공직으로 급수를 내림
degressiv *a.* 체감적인, 감소하는
degustatio *l.* 음미, 포도주시음; 시험으로 구입
De gustibus non est disputandum *l.* 취향에 관하여서는 논쟁이 될 수 없다
de hodierno die *l.* 오늘부터
dehortatorium *l.* 충고; 전쟁 중인 국가가 적국에 살고 있는 신민에게 적군과 관세하지 말라고 하는 지시(명령)
deiectio *l.* 소유물 판매
dei gratia *l.* 신의 자비(본래 주교의, 카롤링거왕조시대 이래로 세속 지배자에 의해 진행된 칭호.
deimitatio *l.* 국경(경계 수정)(修正)
De internis non iudicat praetor *l.* 재판관은 내면에 대한 것은 판결하지 않는다(사유는 법적 평가의 대상이 아니다)
deiuratio *l.* 맹세(서약)한 것에 대한 다짐
de jure *l.* 법률상(당연히)
Dekan *m.* 학(부)장
Deklaration *f.*; **deklarieren** *v.* 1 {i.S.v. Absichtserklärung} ~을 선언(宣言)<선고(宣告)>하다 2 {i.S.v. etw. anmelden} ~을 보고(報告)하다
Deklarations~
~pflicht *f.* 보고의무
deklarativ <deklaratorisch> *a.* 선언형식으로, 선언하는
delatio *l.* 고소(공고); 선서진거; 후견인에 대한 상소(인증초빙)
delatio hereditatis *l.* 유산에 대한 상소
delatio iuramenti *l.* 선서 전가
delator *l.* 밀고자(배신자), 비상(중상)자
delatura *l.* 신고(고발)사례 (프랑켄- 튜링엔 지방법)
delatus *l.* 선서를 전가 받은 자
deleatur *l.* 삭제되다(교정책로)

delegatio *l.* 계좌송금(송금된 돈); 다른 개인에게 정해진 거래 또는 구체적 경우에 대한 직속권능의 위임(양도); 재판권의 양도; 이제까지의 채무자의 원인(등기)에 대한 채무인수
Delegation *f.* 1 {als Personengruppe} 대표자(代表者), 사절단(使節團) 2 {i.S.v. Beauftragung} 부대리(副代理), 위임(委任), 위탁(委託)
Delegations~
~befugnis *f.* 부대리선임권한(副代理選任權限); ~mitglied *n.* 사절원(使節員), 위원회위원
de lege ferenda *l.* 미래의 법규에 따라, 공포되는 법규에서부터(미래의 내용상의 법규형성에 대한 법률 공포기관에의 요구)
de lege lata *l.* 공포된 법규로부터, 유효한 법규로부터
delegiert *a.* 파견된
Delegierter *m.* (der ~e) 대리자
delicta atrocissima *l.* 초기의 중죄, 수 엄격한 사형으로 위협되는 범죄
delicta carnis *l.* 육체에 대한 불법행위
delicta commissiva *l.* 범행의 불법행위
delicta iuris gentium *l.* 모든 민간 대중에게 중벌로 위협받는 범죄
delicta levia *l.* 덜 무거운, 사형으로 위협받지 않는 범죄
delicta manifesta *l.* 명백한(범죄 현장에서 발견된)범죄(이 분류는 1532년 → Constitutio Criminalis Carolina 이래로 독일지역에서는 더 이상 중요하지 않다
delicta mixta *l.* 세속적 또 성직사적 재판권의 직속 권할권에 해당되는 범죄(종교규칙에 따른 법); 과실의 불법행위(보통법)
delicta omissiva *l.* 부작위 범죄
delicta privata *l.* 고소가 있어야만 조치가 취해지는 불법행위
delicta publica delictum, delicta *l.* 공무상 행하어지는 범죄 허락되지 않

은 거래, 손실부가 법규위반행위; 범죄; 좁은 의미에서 의무불이행(중지, 부작위)
delictum consummatum *l.* 종결된 범죄
delictum successivum, d. continuatum *l.* 지속되는 범죄
delictum tentatum *l.* 시도된 범죄
Delikt *n.*①{*i.S.d. BGB*-민} 불법행위 ②{*i.S.d. StGB*-형} 범죄
Delikt {*i.S.v.* ②}→ *Tat, Straftat*
eigenhändiges ~ 자수범(自手犯); erfolgsqualifiziertes ~ 결과적가중범(結果的加重犯); fahrlässiges ~ 과실범(過失犯); gemeingefährliches ~ 공공위험죄(公共危險罪); politisches ~ 정치범; von Amts wegen zu verfolgendes ~ 비친고죄(非親告罪); vorsätzliches ~ 고의범(故意犯); zusammengesetztes ~ 결합범(結合犯)
deliktisch *a.* 불법행위<범죄적>의
Delikts~ {*i.S.v.* ①}
~anspruch *m.* 불법행위청구권(不法行爲請求權); ~fähigkeit *f.* 불법행위능력(不法行爲能力); ~haftung *f.* 불법행위책임(不法行爲責任); ~handlung *f.* 불법행위(不法行爲); ~klage *f.* 불법행위소송(不法行爲訴訟); ~merkmal *n.* 불법행위요소(不法行爲要素); ~recht *n.* 불법행위법(不法行爲法); ~schuldner *m.* 불법행위채무자(不法行爲債務者)
Delikts~ {*i.S.v.* ②}
~fähigkeit *f.* 범죄능력; ~merkmal *n.* 범죄요건; ~natur *f.* 범죄성질, 죄질(罪質); ~ort *m.* 범죄지<현장>; ~qualität *f.* 죄질(罪質); ~schwere *f.* 범죄 중; ~system *n.* 범죄체계(犯罪体系); ~typus *m.* 범죄유형(犯罪類型); ~typus, gesetzlicher ~ *m.* 법적인 범죄유형(犯罪類型); ~unfähigkeit *f.* 범죄무능력(犯罪無能力)
deliktsfähig *a.* 범죄<불법행위>를 저지를 여지가 다분한
deliktsrechtlich *a.* 범죄이론<불법행위법>상
deliktsunfähig *a.* 범죄를 저지를 여지

가 존재치 않는
delinquens(-entis) *l.* 범죄자
delinquent *a.* 비행의, 범죄의
Delinquent *m.* 범죄자, 위반자
Delinquent
jugendlicher ~ 비행청소년
Deliquenz *f.* 비행[성](非行), 사범(事犯), 범죄(犯罪)
Delkredere *n.*[위임] 유상보증(有償保証)
Delkredere~
~fonds *m.* 손해보전준비금(損害保全準備金); ~haftung *f.* 자력보증책임(資力保證責任)
demarcatio *l.* 구획(구분)
dementia *l.* 책임 능력을 불가능하게 하는 정신병
demissio *l.* 해고, 면직(떠남)
Demokrat *m.* 민주론자
Demokratie *f.*①{*allgemein*} 민주주의 ②{*als Staat*} 민주[주의]국가; ~prinzip *n.* 민주주의 원리
Denokratie
streitbare ~ 전투적 민주[국가성]
demokratisch *a.,* **~e Legitimation** 민주적 정당성
demokratisieren *v.* ~을 민주화하다
Demokratisierungsbewegung *f.* 민주화운동
demonstratio *l.* 봉토에서 점유할당(지시); 이름이 아닌 특징에 의한 상속인 표시
De mortuis ni(hi)l nisi bene *l.* 죽은 자에 대해서 좋은 것만 이야기한다 (죽은 자는 더 이상 스스로를 변호할 수 없기 때문에 -Chilon)
Demo *f.* 데모 {*Kurzform von ⓓ 'Demonstration'*}
Demonstrations~
~delinquenz *f.* 시위관련규정위반; ~strafrecht *n.* 시위관련규정위반 시 처벌규정; ~straftat *f.*<~delikt *n.*> 시위범죄사범
denegatio actionis *l.* 소송거절(불허)
De nihilo nil *l.*→*Ex nihilo nil fit*
Denkgesetze *pl.*[Verstoß gegen ~] 사

고법칙[위배]

denominatio f. 서명, 명명
denuntiatio f. 고발(공고), 통지, 요청
denuntiator f. 원고, 밀고자(배신자)
Denunziator m. 통고자(通告者), 소추자 (訴追者)

denunzieren v.; jn. ~ 를 밀고<고발>하다

deo dandum f. 신에게 드리다(부상자, 그의 상속인, 국가에 부가된 목축물의 손실 인도 (공급)

depeculatio f. 절도
dependentia f. 종속(의존), 부속물
deponens(-entis) f. 부인가능 기록한 자; 증인

depopulatio f. 약탈
deportatio (in insulam) f. 이송, 유형(流刑)(섬으로) 또는; 자유가 제한된 멀리 떨어진 장소로

Deportation f. 탈거강제, 추방, 유형
Deposit <Depot> n.; **deponieren** v. 1 {allgemein} 기탁, 기탁금 2 {i.S.d. Geldverkehrs} 예금

Depositar m. 수탁자, 수기자
depositarius f. 보관자
Depositen pl. 예금
Depositen~ {i.S.v. 2};
~bank f. 예금은행; ~buch n. 예금통장;
~gebühren pl. 예금수수료; ~gelder pl. 예금, 공탁금; ~geschäft n. 예금행위; ~konto n. 예금구좌; ~rückzahlung f. 예금불입; ~verkehr m. 예금거래

depositio f. 빚을 갚음, 제거; 공탁(채무책임 이행 또는 화보(보상, 압류)를 위해 공공의 장소에 급부의 목적물을 맡김; 성직자 파면(교회법)

depositio cornuum f. 뿔을 벗음(대학에서 들어오는 신입생들이 등록 전에 벗어던지는 상징적 예식)

depositor f. 공탁인
depositorium f. 보관 장소(보관소)
depositum f. 보관, 보관을 위해 주어진 가동적(움직이는)물건; 보관계약(4개 의요물(要物)계약 중 하나인 로마법에 따라)

depositum f. 기탁<공탁>물, 예금
depositum irregulare f. 공탁대충; 동일한 종유, 품질, 수량의 물건으로 반환 책임이 있는 대체할 수 있는 물건의 공탁

depositum miserabile f. 비상(긴급) 사태시의 공탁

Depot~ {i.S.v. Deposit 2};
~aktien pl. 기탁주(寄託株); ~bank f. 기탁은행(寄託銀行); ~berechtigter m.(der ~e) 기탁자; ~bescheinigung f.[주권]기탁<보관>증서; ~besitz m. 기탁점유(寄託占有); ~gebühr f. 기탁수수료; ~geschäft n. [유가증권] 기탁행위(寄託行爲); ~kosten pl. 기탁비; ~schein m. [유가증권] 기탁증서; ~vertrag n. 기탁계약; ~zinsen pl. 기탁이자

depravatio f. (주화제도의) 악화
deprecatio iniuriae f. 가해진 명예훼손에 대한 용서를 빌어라
deprehensio f. 범죄자의 구금(체포)
depretiatio f. 평가(가치) 인하
deprivatio f. 약탈(강탈); 성직자의 파면

deputatio f. 파견; 초기에는 합의제(동료) 관청의 명칭 → deputatus
deputatum f. 권한이 있는 자; 세금 또는 현물에서 임금(사례, 보수)
deputatus f. 대표단원(의원), (국회)의원(委員)

derelictio f. 소유권의 포기, 소유권 포기의 의미에서 가동적 물건에 대한 점유포기; 토지 등기부에 포기등기를 함으로 토지포기; 국제법에서 다른 국가에 대한 등록 없이 영토주권의 지속되는, 자의의 포기

Dereliktion f. 점유, 소유<권리>방기(放棄)

dereliquieren v.; 동산의 점유소유<권리>권을 방기하다

Deregulierung f. 규제완화(規制緩和)
derogatio f. 폐지(무효화), 법규의 제한; 새로운 법을 통해 법규의 몇몇 규정을 철폐

Derogation f.; **derogieren** v.[부분적]

~을 폐지하다
derogativ *a.*~법령을 부분적으로 폐지하는, ~을 일부 효력 정지 시키는
descendentes *l.* 직계 후손을 위한 상위개념
descriptio *l.* 묘사, 기록(녹음)
desertio *l.* (부대, 선박) 이탈
desertio malitiosa *l.* 나쁜 의도의 이탈(신교의 혼인법에 따른 이혼사유)
deservita *l.* 실행된 근무(변호사, 의사)에 대한 사용료
desideratum *l.* 요망되는 것, 실종자; 결핍
designatio *l.* 공직에 임시적(일시)규정; 공직에 후임자 임명(선임)
desponsatio *l.* 약혼
destinatio *l.* 규정, 최종목표
desitutio *l.* 사임하다; 관직해임, 해직, 파면
Desozialisation *f.* 탈사회화
Destinatär *m.* 신탁수익자, 하수인, 수령자, (해상 화물 교통에서의) 화물의 수취인
Destinations~
~hafen *m.* 도달항; ~ort *m.* 도달<지정>지; ~recht *n.* 지정권
desuetudo *l.* 습관에 따른 비적용에 따른 법의 자연폐지 → *consuetudo abrogativa*
Deszendent *m.* 후계<비속>인, 자손
detentio *l.* 소유 또는 물건의 점유
Determination *f.*; **determinieren** *v.~*을 규정<한정>하다
determinativ *a.* 결정적인
Determinismus *m.* 결정론
deterritio *l.* 처벌(형벌)을 내세우는 위협에 의한 경고(위험)
detractio *l.* 부재자의 비방(중상, 모략); 비밀의 중상(모략)
detractis expensis *l.* 비용의 공제에 따라
detractus personalis *l.* 추징세, 이민자(이주자)의 가져온 재산 세금 → *gabella emigrationis*
detractus realis *l.* 국가에 의한 후계자 없이 죽은 외국인의 유산상속 →

gabella hereditatis
detrimentum *l.* 불리(단점), 손실; 재산불이익
deus ex machina *l.* 기계로 만든 신 (극장의 기계작품으로부터; 줄거리에서 행복한 전환을 주는 뜻밖의 해결자를 표시함); 전용된 의미에서: 뜻밖의 구조자
Deus omen avertat! *l.* 신의 가호를!
deutsch, Deutsche ~, Deutscher ~ Deutsches ~
독일의~, 독일인의~
Deutsche Versicherungs Anstalt (DVA) 독일보험사
Deutschland, das verein[ig]te ~ 통일독일
Deutscher Beamtenbund 독일공무원연합
Deutschlandvertrag *m.* 조약
devastatio *l.* 황폐화(됨), 폐허화(토지악화로 인한 채무자에 대한 저당권자의 소송)
devestitura *l.* 봉토의 박탈
Devisen *pl.* [외국]통화
Devisen~
~händler *m./pl.* 외국환거래인; ~kontrakt *m.* 외국환거래계약; ~kontrolle *f.* 외국환관리; ~kurs *m.* 외국환상장; ~markt *m.* 외국환증권시장; ~recht *n.* 외국환법; ~spekulation *f.* 외국환투기; ~transfer *m.* 외국환거래; ~transfergenehmigung *f.* 외국환거래허가; ~verkehr *m.* 외국환거래
devolutio *l.* 전가, (소유재산의) 귀속, 다른 이에게 권리의 법률상 이행; 항소에서 상급심계속의 효력이 사안을 더 높은 심급으로 보낸다
Devolution *f.* (권리, 의무의) 이행(移行), 양도
Devolutionsrecht *n.* 직무승계권[한]
Devolutiveffekt *m.* <~wirkung *f.*> 이심(移審)의 효과(効果)
d'Hont Wahlsystem *n.* 비례<방식>대표제
dicis causa *l.* 단지 겉으로만
dicta et promissa *l.* 보장되고 약속된

(구매물건의 특성- 판매자가 보증한다)
dictamina *f.* 어록서
dicta probantia *f.* 주장의 이유제시에 대한 전거가 있는 구(句)
dictator *f.* 독재자; 비상시에 6개월간 소집된 임시의 로마의 고위관리; 공승인에 대한 명칭; 지금은 독재자
dicto die(d. d.) *f.* 언급(동지)된 날에
dictum *f.* 격언(잠언, 미사어구), 명언, 말; 명령(지시)
dictum de omni et nullo *f.* 명언
dictum factum *f.* 말 되어진 것, 행하여진 것
Die große Witwerrente 대(大)미망인연금
Die kleine Witwerrente 소(小)미망인연금
Dieb *m.* 도인, 절도범
Diebes~
~gut *n.* 도품(盗品), 장물(臟物)
Diebstahl *m.* {als Delikt} 절도죄(竊盜罪)
Diebstahl
einfacher ~ 단순 절도; bewaffneter ~ 흉기무 절도(凶器持竊盜); räuberischer ~ 강도적 절도(强盜的竊盜); schwerer ~ 가중 절도(加重竊盜); versuchter ~ 절도미수(竊盜未遂); vollendeter ~ 절도기수(竊盜既遂)
Diebstahl
~ geringwertiger Sachen 소액 절도
Diebstahl[s]~
~versicherung *f.* 도난보험(盜難保險);
~versuch *m.* 절도미수(竊盜未遂)
Diei adiectio in dubio pro reo est, non pro stipulatore *f.* 기한의 이익은 채권자가 아니라 채무자에게 속한다 (채무자에 대한 급부이행을 채권자는 고정된 기한 전에 요구할 수 없다). D. 45.1.41.1
Dienst *m.* 복무<직무, 근무>, 고용관계
Dienst, diplomatischer ~ 외교상 직무
Dienst~
~alter *n.* 재 직년수(在職年數); ~anweisung *f.* {an einen Beamten} 직무명령(職務命令);
~aufsicht *f.* 직무감독(職務監督);
~aufsichtsbeschwerde *f.* 직무감독권자의 불복의사표시; ~bezüge *pl.* 직무수입(職務收入); ~eid *m.* 복무선서(服務宣誓); ~enthebung *f.*, vorläufige ~ 정직(停職);
~entlassung *f.* 면직(免職); ~erfahrung *f.* 직무상의 경험; ~erfindung *f.* 직무개발;
~fähigkeit *f.* 복무<직무>능력; ~führung *f.* 복무<직무>집행; ~geheimnis *n.* 직무상의 비밀; ~geschäft *f.* 복무행위, 직무;
~handlung *f.* 복무<직무>상의 행위; ~herr *m.* [öffentlicher ~] [공공]고용주<사용자>;
~jahre *pl.* 복무연한(服務年限); ~leistung → *Dienstleistung*; ~ordnung *f.* 복무규율(服務規律); ~pflicht *f.* 복무<직무>의무;
~pflichtverhältnis *n.* 복무<직무>관계;
~pflichtverletzung *f.* 직무의무위반;
~siegel *n.* 직[무]인; ~stunden *pl.* 복무<직무>시간, ~unfähigkeit *f.* 복무부능력;
~vergehen *n.* 직무범죄; ~verhältnis *n.* 고용관계; ~verschwiegenheit *f.* 직무상의 기밀; ~vertrag *m.* 고용계약; ~vorschrift *f.* 복무<직무>규칙; ~zeit *f.* 1 {i.S.v. Dienstjahren} 복무<직무>연한 2 {i.S.v. reiner Arbeitszeit} 복무<직무>시간; ~zeugnis *n.* 고용증명서
Dienstbarkeit *f.* 역권(役權)
Dienstbarkeit
beschränkt persönliche ~ 제한적 물상역권;
persönliche ~ 인[적]역권
Diensteanbieter *m. pl.* 제공자
Dienstleistender *m.* (der ~e) 근무<업>자
Dienstleistung *f.* 1 {i.w.S.} [근무<업>] 2 {i.S.v. Ableistung eines Dienstes} 직무수행
Dienstleistungs~
~abkommen *n.* 서비스 협정; ~anbieter *m. pl.* 서비스 제공자<사무자>; ~angebot *n.* 서비스제공; ~betrieb *m.* 서비스업체; ~freiheit *f.* 서비스 업종의 자유; ~gesellschaft *f.* 서비스 업종 위주의 사회; ~gewerbe *n.* 서비스업체<산업>; ~marke *f.* 서비스의 질;
~unternehmen *n. pl.* 서비스업자; ~verkehr *m.* 서비스 거래

dienstlich *a.*복무<직무>상의
dies *l.* 날짜, 기한(지불일)
dies academicus *l.* (대학의 학사일정 없이) 축제나 일반 강연으로 휴강하는 날
dies ad quem *l.* 종결일정
dies a quo *l.* 첫 일정
dies ater *l.* 불길한 날, 흉일
dies fasti *l.* 로마인에게 있어 개정(공판, 재판)일
dies intercalaris *l.* 윤일
Dies interpellat pro homine *l.* 날짜는 사람 대신에 독촉(경고)한다(기한을 넘김에 따른 지체는 독촉 없이 시작된다-보통법)
dies nefasti *l.* 로마인이 판결에서 심리하지 않는 날들
Dies offert pro homine *l.* 날자는 사람 대신에 제공한다 (채권자가 정해진 시간에 지불 금액을 받지 못하면 아무런 문제없이 지체된다)
diffamatio defamatio *l.* 나쁜 비방, 중상, 제삼자 앞에서의 다른 이의 과소 평가; 인신공격
Diffamation *f.*; *jn.* **diffamieren** *v.*~를 헐뜯다, 비방하다
differentiae *l.* 문학의 장르; 토착 그리고 타 법률과의 비교(대질)
Differenzial~
~einkommen *n.*차익소득(差益所得);
~tarif *m.*차별세율(差別稅率)
Differenz~
~anspruch *m.*차액청구권(差額請求權);
~geschäft *n.*차액거래; ~gewinn *m.*차익;
~klage *m.*차액청구의 소(訴); ~zahlung *f.* 차액지불; ~zoll *m.*차별관세(差別關稅)
Differenzierung *f.*; **differenzieren** *v.*~을 차별<분화> 하다
Differenzierungsklauseln *pl.*격차조항
Differenzierungstheorie *f.*[개별화세]
diffessio *l.* 부인(부정); 개인문서의 진위를 반신반의함
Difficile est satiram non scribere *l.* (그것에 대해) 풍자화해서 쓸 수 없는 것이 어렵다(Juvenal)

diffidatio *l.* 군주들의 문서에 의한 선전포고; 파벌싸움 통지; 도전; 압력(강압)
diffisio *l.* 중단 또는 재판의 연기
digesta *l.* 발췌(요약), 정리된 결정; 로마 Juristen의 유명한 모아서 편집된 법적감정, → *Corpus iuris civilis*
dignitarius *l.* 고위관직(학위를 받은 사람)
dignitas *l.* 고위 공직(로마)
Diktatur *f.*독재정치
dilatio *l.* 연기
dilatio probatoria *l.* 증거물건(증명수단)이 어느 시기에 언급 되어져야만 하는가 하는 증명기한
dilatorisch *a.*유예<연기, 지연>하는
dilatorium *l.* 연기(유예, 지체)를 위한 지시; 일시적(지연적), 연기하는 일시적(지연적)항변은 때때로 청구와 대립한다(모순된다)
dilatura *l.* 소유권 침해죄에서 추가배상
diligentia *l.* 법률관계 교류에서 필수인 신중성
diligentia *l.* 주의
diligentia quam in suis *l.* 자기 물 동일 주의
diligentia quam in suis *l.* 자신의 용무에서 흔히 시도하듯이 신중함
dimissio, demissio *l.* 면직; 국가공무원의 해고; 해고하다, 면직하다
Ding *n.*물(物), 물권(物權)
dinglich *a.*물권적인
dinglich, ~er Arrest *m.*형사압류
Diplom *n.*학위, 졸업서
diploma(ta) *l.* 문서; 왕이 서명하고 엄격한 형태로 작성된 특별한 왕의 문서
Diplomat *m.*외교관
diplomataria *l.* 문서 모음집
Diplomatenstatus *m.*외교특권
Diplomatie *f.*외교
dira necessitas *l.* 잔혹한 필연성(호라티우스)
directariatus *l.* 도둑질(절도)

director *l.* 지도자
Direkt~
~erwerb *m.* 직접취득; ~import *f.* 직[접]수입; ~investitionen *pl.* 직접투자; ~steuer *f.* 직접세; ~subvention *f.* 직접보조금; ~verwaltung *f.* 관리행정; ~wahl *f.* 직접선거
Direktion *f.* 이사회(理事會)
Direktionsmitglied *n.* 이사회임원(理事會任員)
Direktive *f.* 지령, 지침 {i.S.d. EG-Richtlinie}
Direktor *m.* 이사회의 장
disciplina *l.* 내부 규칙의 유지(지탱)를 위한 설치, 규율; 수업, 학문의 분야
disciplina iuris *l.* 법의 원칙
disciplina legum *l.* 법률의 규정
Discite iustitiam moniti et non temnere divos *l.* 주의해서 정의를 연습하라 그리고 신들을 두려워 말라(베르길리우스)
Diskont *m.* 할인
Diskontkredit *m.* 할인신용
diskontierbar *a.* 어음을 할인하여 살 수 있는
diskontieren *v.* 어음을 할인하여 사다
Diskontinuität *f.* 불연속성
Diskriminierung *f.*; **diskriminieren** *v.* ~을 차별[식별]하다
Diskriminierungsverbot *n.* 차별금지
Diskussion *f.*; **diskutieren** *v.* ~을 논쟁<토론, 의논>하다
Diskussion, öffentliche ~ 공개 토론
diskutieren, eingehend ~ 상론하다
dismembratio *l.* 토지분할에 대한 토지 소유자의 권한(권능)
disparagium *l.* 신분상 어울리지 않는 결혼(파트너의 동등하지 않은 신분)
Dispens *m.*; **dispensieren** *v.*
Dispens
jm. einen ~ erteilen *v.* [법규] ~을 [특별] 면제하다, ~을 법규 적용 면제의 대상으로 삼다
dispensatio *l.* 특수한(구체적) 경우에 대한 법률 규정의 효력정지; 책임으로부터 면제됨
Dispenserteilungsbefugnis *f.* [법규] 면

세 권한
dispositio *l.* 처리, 처분, 규칙
Dispositions~
~befugnis *f.* 처분권(處分權); ~fähigkeit *f.* 처분능력; ~grundsatz *m.* <~maxime *f.* ~prinzip *n.*> 처분권주의; ~norm *f.* 임의 규정(任意規定); ~recht *n.* 처분권(處分權)
dispositiv *a.* 처분하는, 명령하는
Dispositivität *f.* 특약가능성
Dissens *m.* 불합의, 불합치
Dissens
offener ~ 명시적 불합의<불합치>; versteckter ~ 숨겨진 불합의<불합치>
Dissensklausel *f.* 상위조항(相違條項)
dissensus *l.* 견해차, 두 가지 의사 표시의 불일치
Dissertation *f.* <→ Doktorarbeit> 박사<학위>논문
dissociatio *l.* 분리(이탈, 중지), 소멸; 동업자의 해체 결의
Distanz~
~geschäft *n.* 격지거래; ~verbrechen *n.* 이격범(離隔犯); ~wechsel *m.* 원거리어음, 격지어음
distractio *l.* 매각, 판매
distractio pignoris *l.* 담보물건의 매각(담보 채권자의 충족에 대한)
distributio *l.* 분배(예: 파산재산, 상속재산); 유증의 분배
Distribution *f.* 배당, 분배
Distributions~
~kartell *n.* 분배; ~mechanismus *m.* 유통기구; ~organisation *f.* 배당<유통>조직; ~system *n.* 배당<유통>제도; ~verfahren *n.* 배당수속
districtio *l.* 국가의 강권력
Disziplinar~
~behörde *f.* 징계관청<당국>; ~beschwerde *f.* 징벌 대 이의신청; ~bestimmung *f.* 징계<징벌>규정; ~bestrafung *f.* 징벌<징계>; ~entscheidung *f.* 징계재단<재판>; ~frage *f.* 징계문제; ~gericht *n.* <gerichtshof *m.*> 징계재판소; ~gerichtsbarkeit *f.* 징계재판권; ~gewalt *f.* 징계권한; ~komitee *n.* 징계위원회; ~maßnahme<maßregel> 징계처분; ~mittel *pl.* 징계수단; ~norm *f.* 징계<징벌>규정;

~sache *f.* 징계사건; ~strafe *f.* 징계처벌; ~strafgewalt *f.* 징계처벌권; ~strafsache *f.* 징계벌사건; ~urteil *n.* 징계판결; ~verfahren *n.* 징계수속; ~verordnung *f.* 징계령; ~vorschrift *f.* 징벌<징계>규정

disziplinarisch *a.* 규율<징계>상의; 엄격한, 가혹한

divae memoriae *l.* 고인에 대한 기억 (회상)

Diversifikation *f.* 분산

Diversifikations~
~bestrebungen *pl.* 분산운동; ~investitionen *pl.* 분산투자

Diversion *f.* (특히 구동독) 국가에 대한 태업

Divide et impera! *l.* 나누어서 지배하라! (로마인에 의해 실행된, 하지만 그들에 의해 작성되지는 않은 기본원칙; 프랑스왕 루이 14세에 근원)

Dividende *f.* (→ *Gewinnanteil m.*) [이익]배당[금]

Dividende
laufende ~ 계속적 배당[금]; [noch] nicht ausbezahlte ~ 미불[이익] 배당[금]

Dividenden~
~anspruch *m.* [이익]배당청구[권]; ~anteil *f.* [이익]배당분; ~ausschüttung *f.* 이익배당 [금]; ~ausschüttungsanspruch *m.* 이익배당 [금]청구[권]; ~berechtigter *m.* (*der ~e*) [이익]배당청구권자; ~berechtigung *f.* [이익]배당권리; ~beschluß *m.* 배당결정; ~einkommen *n.* 배당소득; ~empfangsberechtigter *m.* (*der ~~e*) 이익배당금 수령권자; ~erhöhung *f.* 배당금증가; ~festsetzung *f.* 배당분확정; ~garantie *f.* 배당보장; ~recht *n.* 이익배당청구권; ~rendite *f.* 배당이회; ~reserve *f.* 배당준비금; ~schein *m.* 배당증 [명]서; ~verteilung *f.* 이익배당; ~zahlung *f.* 이익배당불

Divis (D. D.) *l.* 신들에게

divisio *l.* 출자자에 의한 물건과 권리의 분리; 프랑켄왕에 의한 교회의 재산몰수, 손해배상(배상금)으로서의 십일조

divisio regnorum *l.* 국토분할

divortium *l.* 합의에 의한 이혼(반대→ *repudium*); 후에 이혼, 혼인무효

dixi *l.* 말했다(로마 연사(演士:)의 핵심적 문구)

Dixi et salvavi animam meam *l.* 나는 (의무에 따라, 당연히) 말했고 내 영혼을 구했다(내 양심을 달래다-Hesekiel)

DM~
{→ *Abkürzungsverzeichnis*} ~Anleihe f. 채 {ⓓ'*Mark*'}; ~Auslandsanleihe f. 입외채

Docendo discimis *l.* 우리는 교리를 통해 배운다(Seneca d. Jungere)

docta ignorantia *l.* 학술상의 무지 (Nikolaus von Kues)

doctorandus *l.* 박사학위 논문을 쓰는 자

Doctores (DDr) *l.* 박사; 옳지 않게 개인으로부터 몇몇의 박사 학위를 갖고 있음; korrekt

doctor juris ≪juris≫ *l.* 법학박사
Doctor multiplex *l.*

Doctor honoris causa *l.* 명예박사, 명예박사; 여러 개의 명예박사

Doctor legum *l.* 법학박사; 배심재판의 구성원

Doctor utriusque iuris *l.* 두 개의 법학 박사(세속, 교회법의)

doctrina adulterina *l.* (535년 Justinian에 의해 금지된 개인 법학수업)

Doctrina Bartoli *l.* 중세에 유행했던 이탈리아 악의(고의)-교리(→*dolus*)

documenta *l.* 협의에서의 문서

Dogma *n.* 교의(敎義), 교조(敎條), 독단

Dogmatik *f.* 해석론<학>

Dogmatiker *m.* 해석론[학]자

Dogmengeschichte *f.* 교의사(敎義史), 국민경제사

dogmengeschichtlich *a.* 교의사(敎義史)의, 국민경제사의

Doktor *m.* {*als Titel*} 박사

Doktor~
~arbeit *f.* 학위논문; ~examen *n.* 학위시험; ~titel *m.*, den ~ erwerben *v.* 박사학위를 취득하다

Doktrin *f.* 학리, 이론
Dokument *n.* 문서<증서>, 서류
Dokument
~ gegen Akzept 어음인수서류; ~ gegen Zahlung 지불도

Dokumenten~ ~wechsel *m.* 하위체어음
Dolmetscher *m.* 통역자<인>
Dolmetschereid *m.* 통역자의 선서
Dolo agit, qui petit, quod statim redditurus sit *l.* 다시 반환해야만 하는 것을 갖기를 원하는 자는 사악하게 취급한다(D. 50.17.173,3); 걸립된 이해, 보자르는 권리보호(법적보호) 욕구(필요)의 이의
dolo malo *l.* 간계(술책, 기만), 악의의 걸의(의도)
dolos *a.* 사기의, 악의의, 사해적인
dolus *l.* 고의
dolus *l.*
~ alternativus *l.* 택일적<택일>고의;
~ determinatus *l.* 확정적<확정>고의;
~ derectus *l.* 확정적<확정>고의;
~ eventualis *l.* 미필적<미필>고의;
~ generalis *l.* 개괄적<개괄>고의;
~ indeterminatus *l.* 불확정적<불확정>고의; ~ malus *l.* 악의; ~ subsequens *l.* 사후 고의

dolus *l.* 가해의도(민법의)협의에서 법률 행위 교급의 교환한 기만(사기)
dolus *l.* 걸의(의도), 고의의 법에 반하는 행위(형법상의)
dolus eventualis *l.* 가능한 부정 성공의 의식적인 감수, 조건적 걸의
Dolus non praesumitur *l.* 걸의(의도)는 추정되지 않는다
Dolus semper praestatur *l.* 걸의에 대해 항상 책임져야만 한다
domesticus *l.* 집에 속하는, 토착의, 내국의
domicilium *l.* 주거(거치); 주소(주거지)
domini canes *l.* 주인의 개 (신앙의 문제에서 도미니크회 수도사들의 주의 깊음에 대한 표현으로서 말장난)
domini terrae *l.* 군주

dominium directum *l.* 영주(주권), 시간 귀족의 영직, 소유물
dominium eminens *l.* 영주의 최고 소유물
dominium feudale *l.* 영주권
dominium liberum, d. plenum *l.* 부제한(절대적) 소유물
dominium politicum *l.* 주권의 특유 표현 형식으로의 군주의 소유물
dominium sine re *l.* 청구의(소멸시효에 의해) 약탈된 물권
dominium temporale *l.* 교황의 세속 지배(관할) 구역
dominium utile *l.* 하위 소유물, 유용 소유물
dominus *l.* 주인, 소유자
Domizil *n.* 주소[지]
Domizil, eheliches ~ 혼인 주소
Domizil~
~änderung *f.* 주소변경; ~begründung *f.* 주소설정; ~ort *m.* 주소지; ~recht *n.* 주소시법; ~wechsel *m.* 다시지급어음

domus divina(D. D.) *l.* 황실
donadi animo *l.* 증어 의도에서
donatio *l.* 증어
donatio *l.*
~ conditionata *l.* 조건부 증어; ~ illicita *l.* 불법 증어; ~ mortis causa *l.* 사인증어

donatio ad pias causas *l.* 경건한 목적에서 증어
donatio ante nuptias *l.* 신랑 신부 사이에 증어
Donatio Constantini *l.* 콘스탄티누스의 기증(800년)
donatio honoris causa *l.* 명예표창
donatio inter virum et uxorem *l.* 명예표창
donatio inter virum et uxorem *l.* 부부사이에 증어(로마법과 보통법에 따르면 약간의 특수 경우로 무효가 됨)
donatio inter vivos *l.* 살아 있는 자 사이에 증어
donatio mortis causa *l.* 사인증어
donationis causa *l.* 증어 위

donatio onerosa *l.* 선물 받은 이에게 책임이 부과되는 증여

Donatio Pippini *l.* Pippin의 기증(754년)

donatio propter nuptias *l.* 혼인에 의한 증거(자신의 채무로 인해서 부부가 분리되거나 죽거나 가난해진 경우에 부인에게 기부 -로마법); 미망인 부양 (보통법)

donatio remuneratoria *l.* 감사의 마음에서 이뤄진 증여

donatio sub modo *l.* 정해진 업적물의 의무가 있는 증여

donativum *l.* 군인에게 현금 증여(로마)

donator *l.* 증여자, 기증자(설립 기금 헌납자)

Donator *m.*증여자

dono dedit (d. d.) *l.* 그는 증여했고, 기증했다

donum *l.* 선물

Doppel *n.*부본, 사본

Doppel~
~abtretung *f.*이중양도(二重讓渡);
~ausfertigung *f.*이중정본(二重正本);
~bedingung *f.*중복조건; ~besteuerung *f.*이중<중복>과세(二重<重複>課稅);
~bestrafung *f.*이중<중복>처벌;
~charakter *m.*, ~ der Grundrechte 기본권의 이중적 성격; ~ehe *f.*중혼(重婚);
~irrtum *m.*이중착오; ~kondiktion *f.*이중 부당이득; ~mangel *m.*이중흠결(二重欠缺); ~mord *m.*이인(二人)살인; ~natur *f.*양성(兩性); ~patentierung *f.*이중특허(二重特許); ~verdiener *pl.*<~haushalt *m.*> 맞벌이 부부, 이중소득자, 겸직자;
~versicherung *f.*중복보험(重複保險);
~vertretung *f.*[Verbot der ~] 쌍방대리 [금지]; ~verurteilung *f.*이중유죄선고; ~wirkung *f.*, ~ von Verwaltungsakten 복효적 행정행위, 이중효과적 행정행위;
~zahlung *f.*이중지불

Dorf *n.*마을, 촌락

dos, dotalicium *l.* 지참금, 결혼지참금, 결혼준비금, 혼수

dotarium *l.* (상류층 미망인의) 종신연금

dotatio *l.* 혼수, 결혼준비금, 국가 재원에 기부

Do, ut des *l.* 네가 주도록 나도 준다 (급부와 반대급부)

Do, ut facias *l.* 네가 (무엇인가) 하도록 내가준다

Draufgabe *f.*<~geld *n.*> 계약체결시 교부되는 금전, 계약금

Dreiecks~
~geschäft *n.*삼각관계상의 거래(행위);
~verhältnis *n.*삼각<삼면>관계

dreiseitig *a.*, ~er Vertrag *m.*제삼자간 계약

dringend <dringlich> *a.*긴급한

Dringlichkeit *f.*긴급성[절박성]

Dringlichkeits~
~antrag *m.*긴급동의; ~verfahren *n.*긴급 [소송]수속

Dritt~
~anspruch *m.*제삼자의 청구;
~begünstigter *m.*(*der ~e*) 제3의 수익자;
~erwerber *m.*제3의 취득자; ~geschädigter *m.*(*der ~e*) 제3의 피해자; ~landexporte *pl.*제삼국 수출; ~schaden *m.*제삼자손해;
~schadensliquidation *f.*제삼자손해 청산제도; ~schuldner *m.*제삼채무자;
~schuldnererklärung *f.*제삼채무자 의사표시;
~schuldnerhaftung *f.*제삼채무자 책임; ~staat *m.*제삼국; ~widerspruch *m.*제삼자 이의; ~widerspruchsklage *f.*제삼자의 소(訴); ~wirkung *f.*제삼자의 효력, ~ von Grundrechten 기본권의 사인간의 효력;
~zahlerwechsel *m.*제삼자방지급어음

Dritter *m.*(*der ~e*) 제삼자

Dritter
bösgläubiger ~ {*i.S.v. Erwerber*} 악의적 제삼[취득]자; gutgläubiger ~ {*i.S.v. Erwerber*}선의의 제삼[취득]자; unbefangener <unparteiischer> ~ 편파<불공정> 제삼자; unbeteiligter ~ 무관계 제삼자

Droge *f.*약물

Droge
garte ~ 약물 {ⓔ'*hard*'}; weiche ~ 약물

Drogen~
~abhängiger *m.(der ~~e)* 약물<각성제> 의존자; ~besitz *m.* 각성제<마약류> 소지; ~delikt *n.* 약물<각성제>범죄; ~delinquent *m.* 각성제<마약>사범자; ~delinquenz *f.* 각성제<마약>사범; ~handel *m.* 각성제<마약류>취인; ~konsument *m.* 각성제, 마약등 사용<남용>자; ~mißbrauch *m.* 약물남용; ~ring *m.*[, internationaler ~] [국제] 각성제밀수조직; ~schmuggel *m.* 각성제<마약등> 밀수; ~toter *m.(der/die ~~e)* 약물 사망자

Drohbrief *m.* 협박장
Drohung *f.; jm.* **drohen** *v.* 1) ~를 강박하다 (2) ~를 협박하다
Druck *m.* 1) {*psychisch*} 압박, 압력 (2) {*als Druckschriften*} 인쇄
Druck, ~kündigung *f.* 강요된 해고
Druckschrift<Drucksache> *f.* 인쇄물
duae conformes *l.* 두 가지 동음의, 같은 소송사건 첫 번째 두 번째 심급으로부터 반포된 결정
Dualismus *f.* 이원주의, 이원론
dualistisch *a.* 이원적인
dubiosa *l.* 의심스러운 사안
dubium *l.* 의심
ducatus securus *l.* 호의(수행)에 의한 특정한 인물을 위한 확실한 수행
Duc aut dota! *l.* 혼인하거나 장만하자! (종교 규칙에 따른 법에 따라 -X.5.16.1- 유혹한 자는 유혹당한 자와 혼인해야만 하며 결혼 준비물을 장만해야만 한다; 후에 실무에서는 결혼을 하거나 장만하거나; 현대법에서 이 견해는 낯설다
Duell *n.* *l.* 결투
duellum *l.* 결투
Dulce est desipere in loco *l.* 올바른 시각에서 보면 어리석게 있는 것은 즐겁다(호라티우스)
Duldung *f.*; **dulden** *v.* ~을 수임<인용>하다

Duldungs~
~anspruch *m.* 수임<인용>청구권; ~klage *f.* 집행수인 소(訴); ~pflicht *f.* 수임<인용>의무; ~titel *m.* 수임 구 채무명의; ~verfügung *f.* 수임명령; ~vollmacht *f.* 인용수권(認容授權)

Dumping *n.* 덤핑, 투매(投賣)
Dumpingszoll *m.* 덤핑과세
Dum spiro spero *l.* 숨을 쉬는 한 나는 희망한다(키케로)

Dunkel~
~feld *n.* 암역; ~feldforschung *f.* 암역연구; ~ziffer *f.* 암수

duolum *l.* 채무의 두배
Duo quum faciunt idem, non est idem *l.* 둘이 동일한 일을 했을 때 그것은 그러나 같은 것이 아니다(Terenz)
Duo vel pluria sunt in obligatione, unum in soiutione *l.* 두 개 또는 더 많은 목적물은 그런 방식으로 빚을 진다, 이행의 입적을 통해 발생한 것(선거채무, 양자대인의 의무 → *alternativa obligatio*)
duplicatio *l.* 제2답변(고소인의 항변에 대한 피고의 대답(→ *replicatio*); 사본(소송상대에 대한 문서적 청원서(신청서))
Duplik *f.* 반박서면, 재항변 대 항변
dupondius *l.* 로마 첫해의 학생을 위한 알려지지 않은 춘처의 별명(본래 → 두개의-As-조각 →as)
Dura les, sed lex *l.* 엄격한 법률(정당성에 의거하여 규정이 없이도 결정할 수 있는 재판관에 의한 법률 적용에 대한 원칙 - D. 40.9.12.1에서 발전된)
durante lite *l.* 소송 중에, 소송이 결정되어지지 않는 사이에
durante matrimonio *l.* 혼인한 동안에
Durchfahrtsrecht *n.* [자유] 통행권
Durchfrachtvertrag *m.* 통운송계약, 연락운송계약
Durchfuhr *f.* (외국화물의) 통과(Transit)
Durchfuhrverbot *n.* (외국화물의) 통과 금지
Durchführung *f.*; durchführen *v.* ~을 집행<실행>하다

Durchführungs~
~anordnung *f.* 집행명령; ~befehl *m.* 직무

<집행>상 명령; ~bestimmungen *pl.* 집행규칙, ~gesetz *n.* 시행법(施行法). ~handlung *f.* 집행행위; ~organ *n.* 집행기관; ~verordnung *f.* 집행[명]령; ~vorschrift *f.* 시행규정

Durchgangserwerb *m.* 통과취득
Durchgriff *m.* 대위, 접속
Durchgriffs~
~haftung *f.* 실체파악에 의한 책임;
~erinnerung *f.* 사법보조관 처분 대 이의;
~kondiktion *f.* 부당이득의 직접청구
Durchschnitt *m.* 평균
Durchschnitts~
~einkommen *n.* 평균수입; ~gehalt *n.* 평균급여<임금>; ~kosten *pl.* 평균비용; ~kurs *m.* 평균상장; ~lohn *m.* 평균임금; ~miete *f.* 평균가임(平均家賃); ~qualität *f.* 평균품질

Durchschrift *f.* (먹지를 이용한) 부본 <사본>, 지사 {*Kurzform von* ⓔ '*carbon paper*'}
Durchsetzung *f.* 실행, 관철
Durchsicht *f.* von Schriftstücken 서류<기록문서>열람
Durchsuchung *f.*; durchsuchen *v.* ~을 샅샅이 수색하다
Durchsuchungs~
~befehl *m.* 수색영장(搜索令狀);
~protokoll *n.* 수색조서(搜索調書); ~recht *n.* 수색권(搜索權)
Dürftigkeit *f.* 궁핍, 결핍
duumviri, duoviri *l.* 두 명의 남자(로마에서 동일한 역할에 고용된 두 공무원의 호칭)
dux *l.* 지도자; 군사령관; 장군(공작)

E

eadem res, eadem quaestio *l.* 동일한 대상, 동일한 질문(법적으로 결정된 사안에 대해 항변하기 위한 전제조건임 → *exceptio rei iudicatae*)
ebrietas *l.* 알코올 중독(일반 형법상 책임불능으로 간주되는 경우를 가리킴)
ecclesia *l.* 교회
Ecclesia abhorret a sanguine *l.* 교회는 피를 필요로 하지 않는다(→ *Ecclesia non sitit sanguinem*)
ecclesia filialis *l.* 자(子) 교회
ecclesia mater *l.* 모(母) 교회
ecclesia militans *l.* 분쟁 중인 교회
Ecclesia non sitit sanguinem *l.* 교회는 피에 대해 갈증을 느끼지 않는다(절대 사형을 집행하지 않고 세속 당국에도 그렇게 해줄 것을 요구한다는 교회 형법상의 기본원칙. 12세기 말에 형성됨. → Liber Extra 제3부, 50권에 요약되어 있음)
ecclesia pressa *l.* 억압받고 고통 받는 교회
ecclesia propria *l.* (중세에 영주가) 사적으로 세운 교회
ecclesia recepta, reprobata, tolerata *l.* (국가로부터) 수용받는, 금지된, 묵인 받는 교회
ecclesiastici (homines) *l.* 수도원 사람들, 교회에 소속된 자들
ecclesia triumphans *l.* 승리한 교회
Ecclesia vivit lege Romana *l.* 교회는 로마법에 따라 살아간다(교회는 국가의 법률이 아니라 교리에 따라 결정한다는 말로서, 이에 대해서는 → Lex Ribuaria에 최초로 명시된 바 있다.)
echt *a.* 전형적인, 대표적인
Echtheit *f.* 참됨, 순정(純正), 순수

Echtheit
~ der Unterschrift 서명이 진짜임; von Urkunden 문서가 진짜임이 판명됨
Echtheitsbeweis *m.* 진품증명
Ecklohn *m.* 기준임금, 기본급
Eckzins *m.* 기본이자율
Ede, bibe, lude, post mortem nulla voluptas *l.* 먹고, 마시고, 즐겨라, 죽은 다음에는 아무런 기쁨도 없다(에피쿠루스 학파의 선거 구호)
edictales *l.* 대학 2학년생. 2학년 때 칙법(→ *edictum*)을 공부했기 때문에 이렇게 불렸음
edictum *l.* 제정, 공고, 공포 (칙법은 →학설휘찬[digesta] 또는 →회전[pandectae]의 일부이다)
edidit *l.* 발행하였다(책표지에 들어가는 말)
editio *l.* 발행; 증거를 수집하는 측이 상대편에게 수중에 있는 서류를 제시하라고 요구하는 행위(서류제출신청)
editio princeps *l.* 초판본
editor *l.* 발행인; 예전에는 공공 유희행사의 주최자를 가리켰음(로마)
effectus devolutivus *l.* 이심(移審)의 효력(상소를 제기할 경우, 재심사를 위해 사건이 상급법원에서만 계속되는 것)
effectus suspensivus *l.* 차단(遮斷)의 효력(상소를 제기할 경우, 하급법원의 원심 확정이 방해되는 것)
Effekten { → *Wertpapiere*} *pl.* 유가증권
Effekten (*pl.*)
ausländische ~ 외국[유가]증권;
inländische ~ 내국[유가]증권
Effekten~
~abteilung *f.* (은행의) 증권부; ~bank *f.*

증권은행, 발권(發券)은행; ~beleihung
f.[유가증권] 증권담보대부; ~besitz m.
[유가증권] 증권소유; ~börse f.[유가증
권] 증권거래소; ~deposit <depot> n.[유
가] 증권보관소; ~emission f.[유가증권]
증권발행; ~geschäft n.유가증권취급업
무; ~giroverkehr m.유가증권 대체거래
제도; ~handel m.[유가증권] 증권거래;
~inhaber m.유가증권소지자; ~kauf m.증
권매매; ~kurs m.증권상장; ~makler m.
증권거래<업무> 담당은행원; ~markt m.
증권거래소; ~spekulation f.증권투기;
~termingeschäft n.증권정기취급업무;
~terminhandel m.증권정기거래;
~übernahme f.증권인수; ~verkehr m.증권
거래; ~versicherung f.[유가증권] 증권보
험
Effektiv~
~bezüge pl.실질임금; ~lohn m.실질임금;
~zins m.실질금리
effractio l. 침입
effusum l. 집 밖으로 액체를 따라내
어 버리는 행위(혹은 그 행위로 인한
피해)
EG~ {→ Abkürzungsverzeichnis} EC,
구주연합 {Kurzform von ⓔ'EC',
European Community'}
~Bereich m., im ~ EC역내;
~Empfehlung f.EC권고; ~Entscheidung
f.EC결정; ~Justizsystem n.EC사법제도;
~Kommission f.EC위원회; ~Land n.EC
제국<가맹국>; ~Ministerrat m.EC각료이사
회; ~Mitglieder <Mitgliedstaaten> pl.EC회원
국; ~Partner pl.EC협력국; ~Recht n.EC
법; ~Richtlinie f.EC<구주공동>지침;
~Verordnung f.EC<구주공동>규칙;
~Vertrag m.EC조약; ~Wettbewerbsrecht
n.EC 경쟁법
Ehe f.혼인
Ehe
eine ~ aufheben v.혼인을 취소하다;
eine ~ eingehen <schließen> v.결혼하다,
혼인 서약을 맺다; eine ~ scheiden v.이
혼하다; in wilder ~ leben v.동서(同棲)
<동거>하다, 내연관계에 있다

Ehe
bürgerliche ~ 민사혼(民事婚); frühere ~
전혼(前婚); mehrfache ~ < → Doppelehe,
Bigamie> 중혼(重婚); vorhergegangene
<vorige> ~ 전혼(前婚)
Ehe
anfechtbare ~ 논란의 여지가 있는 혼
인; geschiedene ~ 이혼; gültige ~ 유효
한 혼인; nichtige ~ 무효혼인(無效婚
姻); wilde ~ 동서(同棲), 동거; zerrüttete
~ 파탄혼인(破綻婚姻)
Ehe- und Familienrecht n.혼인·가족
법
Ehe- und Kindschaftssachen pl.혼인
사건 및 친자관계사건
Ehe~
~anfechtbarkeit f.혼인의 취소가능성(取
消可能性); ~anfechtung f.혼인취소(청구);
~anfechtungsklage f.혼인취소의 소(訴);
~anerkennung f.외국에서 맺은 혼인서약
을 승인함; ~aufhebung f.결혼 해소(解
消)<파기(破棄), 중지(中止)>;
~aufhebungsgründe pl.결혼파기의 이유;
~aufhebungsklage f.결혼파기의 소(訴);
~auflösung f.혼인파기; ~beratung f.혼인
상담; ~brecher m.간부(姦夫); ~bruch m.
[{als Delikt}] 간통[죄](姦通罪); ~buch
n.혼인부(婚姻簿); ~erfordernisse pl.혼인
요건; ~erlaubnis n.결혼승낙(結婚承諾);
~erschleichung f.사기결혼, 결혼사기;
~fähigkeit f.결혼자격<능력>;
~fähigkeitsalter n.결혼적령기;
~fähigkeitsbescheinigung f.(= ~~zeugnis
n.) [{als Dokument}] (본국에 법적 결혼
장애 요소가 없음을 증명하는, 외국인
들에게 요구되는) 결혼자격증명[서];
~feststellungsklage f.혼인존재확인(婚姻
存在確認)의 소(訴); ~frau f.처; ~gatte
→ Ehegatte; ~gatten → Ehegatten;
~gemeinschaft f.혼인공동체; ~geschenke
pl.혼인중의 증여물(贈與物); ~gesetz →
Gesetzesregister; ~gut n.처<신부>의 재
산<지참금, 혼수(婚需)>; ~güterrecht n.
부부재산제<법>; ~herstellungsklage f.부
부관계조정의 소(訴); ~hindernis →

Ehehindernis; ~konsens *m.* 결혼<혼인>
계약; ~leben *n.* 결혼생활; ~leute *pl.* 부부;
~lichkeit → *Ehelichkeit*; ~mäkler *m.* 결혼
중매인; ~mäklerlohn *m.* 결혼중매수수료,
결혼소개료; ~mäklervertrag *m.* 결혼중매
계약; ~mann *m.* 남편; ~mündigkeit *f.* 결
혼적령(結婚適齡), 혼기; ~name *m.* 혼인 중
부부의 성; ~nichtigkeit → *Ehenichtigkeit*;
~paar *n.* 부부; ~partner *m.* 배우자; ~prozeß
m. 혼인소송; ~recht *n.*[, internationales ~]
[국제] 혼인법; ~richter *m.* 가정재판소판
사<재판관>, 가정심판관; ~sache *f.* 혼인
사건; ~scheidung → *Ehescheidung*;
~schließender *m.(der/die ~-e)* 혼인체결
자; ~schließung → *Eheschließung*;
~stand *m.* 결혼생활<상태>;
~standsdarlehen *n.* 신혼가정의 융자, 결
혼비용대부; ~streit *m.*[i.S.v. interner
Streit] 부부간의 갈등; ~streitigkeit *f.* 부
부싸움; ~trennung *f.* 별거;
~trennungsprinzip *n.* 별거주의<제도>;
~unfähigkeit *f.* 혼인부적격;
~unmündigkeit *f.* 결혼비적령기; ~verbot
n. 성혼(成婚)금지, 결혼금지; ~verfahren
n. 혼인관계사건, 결혼절차; ~verfehlung
f.(이혼사유가 되는) 배우자의 의무 불
이행; ~vermittlung *f.* 결혼중매;
~versprechen *n.* 혼약(婚約), 결혼의 구두
(口頭)약속; ~vertrag *m.* 부부재산계약;
~wirkungen *f.* 혼인의 효력; ~wohnsitz *m.*
혼인주소; ~wohnung *f.* 부부동거주실;
~zerrüttung *f.* 혼인파탄
ehebrecherisch *a.* 간통<不倫>한
ehefähig *a.* 혼인 능력이 있는
Ehegatte *m.* 배우자(配偶者)
Ehegatte
ausgleichsberechtigter ~ 동등한 권한을
가진 배우자; früherer ~ 전(前)배우자;
geschiedener ~ 이혼한 배우자; getrennt
lebender ~ 별거중인 배우자; schuldiger
~ 생존배우자; überlebender ~ 생존배우
자
Ehegatten *pl.*(= → *Eheleute*) 부부
Ehegatten~
~aussage *f.* 부부증언; ~besteuerung *f.* 부부

과세; ~besuchsrecht *n.* 부부면회[권]; ~erbe
m. 부부상속인; ~erbrecht *n.* 부부간의 상속권;
~freibetrag *m.* 부부공제[액]; ~gesellschaft
f. 부부회사; ~selbstmord *m.* 부부자살;
~testament *n.* 부부공동유언; ~unterhalt *m.*
전배우자 부양
Ehehindernis *n.* 혼인장애, (가톨릭의)
혼배 조당
Ehehindernis
absolutes ~ 절대적 혼인장애;
gesetzliches ~ 법정 혼인장애; relatives
~ 상대적 혼인장애
ehelich *a.* 혼인의, 적출(嫡出)의; *jn.* für
~ erklären *v.* ~의 적출선고(嫡出宣告)를
하다
Ehelichkeit *f.* 적출, 정혼(正婚)
Ehelichkeits~
~anfechtung *f.* 적출불복(嫡出不服);
~erklärung *f.* 적출선고(嫡出宣告);
~vermutung *f.* 적출추정
ehemündig *a.* 혼기에 달한, 결혼 적령
기인
Ehenichtigkeit *f.* 혼인 무효
Ehenichtigkeits~
~erklärung *f.* 혼인무효선언; ~feststellung
f. 혼인무효의 확인; ~feststellungsklage *f.*
혼인무효 확인의 소(訴);
~feststellungsurteil *n.* 혼인무효확인판결;
~grund *m.* 혼인무효의 이유; ~klage *f.* 혼
인무효의 소(訴); ~urteil *n.* 혼인무효 판결
Ehescheidung *f.* 이혼
Ehescheidungs~
~antrag *m.* 이혼신청; ~grund *m.* 이혼원인;
~klage *f.* 이혼청구소송; ~prozeß *m.* 이혼
소송<수속>; ~recht *n.* 이혼법; ~sache *f.*
이혼사건; ~urteil *n.* 이혼판결
Eheschließung *f.* 혼인체결, 결혼(계약)
Eheschließung
bürgerliche ~ 민사혼(民事婚); kirchliche
~ 교회혼; nochmalige ~ 재혼;
standesamtliche ~ 호적상의 혼인 체결
eheunmündig *a.* 결혼 적령기에 달하
지 않은
Ehr~
~bewußtsein *n.* 명예의식; ~gefährdung *f.*

명예가 위태로워짐; ~gefühl *n.*명예심, 자존심; ~verletzung *f.*명예훼손; ~verletzungsdelikt *n.*명예훼손죄(名譽毁損罪)
Ehre *f.*명예
Ehre
äußere ~ 외부적 명예; bürgerliche ~ 공민적(公民的) 명예; innere ~ 내부적 명예; nationale ~ 국민적 명예
Ehren~
~amt *n.*명예직; ~annahme *f.*참가인수; ~bürger *m./pl.* 명예시민; ~eintritt *m.*어음참가; ~gericht *n.*(귀족 따위의) 명예재판소, (변호사, 의사 따위의) 징계재판소, (군대의) 군법회의; ~gerichtsbarkeit *f.* 명예<징계>재판권<제도>; ~gerichtsentscheidung *f.*명예<징계>재판소의 재판; ~gerichtshof *m.*명예<징계>재판소, 군법회의의; ~gerichtsverfahren *n.* 명예<징계>재판소 수속절차; ~konsul *m.*명예영사; ~kränkung *f.*명예훼손(名譽毁損); ~mitglied *n.*명예회원; ~pension *f.* 명예퇴직; ~strafe *f.*명예(박탈)형(刑)(공민권 정지<정직>처분 따위), 강등(처분); ~wort *n.*(약속, 언명 따위의) 명예를 걸고 한 말
ehrenamtlich *a.*(무보수) 명예직의
ehrengerichtlich *a.*명예<징계>재판소의, 군법회의의
Eid *m.*선서
Eid
(*jm.*) einen ~ abnehmen *v.*(~에게) 선서하도록 하다; einen ~ brechen *v.*선서를 파기하다; einen ~ leisten *v.*선서하다; einen ~ schwören *v.*맹세하다; einen ~ verweigern *v.*선서를 거부하다
Eid
etw. unter ~ aussagen *v.*선서 하에 ~을 증언하다; *etw.* unter ~ bekräftigen *v.*선서 하에 ~을 다짐하다; *etw.* unter ~ erklären *v.*선서 하에 증언하다
Eid
außergerichtlicher ~ 재판외의 선서; falscher ~ 위증; gerichtlicher ~ 재판상 선서; notwendiger ~ 필요적 선서

Eides~
~ableistung *f.*선서; ~ablehnung *f.*선서거부<기피>; ~abnahme *f.*선서를 시키는 일; ~delikte *pl.*선서범죄; ~fähigkeit *f.* (만 16세부터 주어지는 법정에서의) 선서 자격(능력); ~formel *f.*선서용 문구 ("나는 선서합니다"라는 말이 들어있는); ~helfer *m.*선서 보조인<보증인>(고대법에서 선서인의 신빙성을 증명하는); ~leistung *f.*선서, 서약; ~mündigkeit *f.*선서적령; ~pflicht *f.*선서의무; ~unfähigkeit *f.*선서무능력; ~unmündigkeit *f.*선서적령에 있어서의 흠결; ~verfahren *n.*선서절차; ~verletzung *f.*선서위반; ~verweigerung *f.*선서거부
eidesfähig *a.*(16세 이상의) 선서 능력<자격>이 있는
eidesstattlich → *eidlich*
eidlich *a.*선서의, 맹세한
eidlich vernehmen *v.*심문하다
eiectio / 폭력을 동원해 무언가(소유물)를 이탈시킴
eiectum / 집 밖으로 물건을 투하하는 행위(혹은 그 행위로 인한 피해)
eigen *a.*자기<자신, 자주>의
Eigen~
~aufgaben *pl.*{*im VerwR*-행} [지방자치단체] 고유사무; ~bedarf *m.*자가<국내>수요(需要); ~besitz *m.*자주점유(自主占有), 사유재산; ~besitzer *m.*자주점유자; ~gebrauch *m.*자기사용; ~händler *m./pl.*자영업자; ~kapital *n.*자기 자본, 자기 자본의 출자; ~macht *f.*, verbotene ~ 자력구제, 자력행사; ~nutz *m.*사리(私利), 사욕(私慾), 이기(주의); ~verschulden *n.* 자기 과실; ~wechsel *m.*약속어음
eigenbezogen *a.*자신과 관련이 있는
eigenhändig *a.*{*i.S.v. geschrieben*} 자필의, 자서(自書)의
Eigenschaft *f.*①{*allgemein*} 성질, 속성 ②{*bei Personen*} 성격 ③{*bei Sachen*} 품질
Eigenschaft
besondere ~ 특별자격; höchstpersönliche ~ 일신전속적 성질; individuelle ~ 개인적

성질; persönliche ~ 개인자격; wesentliche ~ 본질적 성질<속성, 자격>; zugesicherte ~ 보증<확약>속성
Eigenschaftsirrtum *m.*특성상의 착오
eigentlich *a.*본래<고유>의
Eigentum *n.*소유[권]
Eigentum
~ erwerben *v.*소유권을 취득하다; ~ übertragen *v.*소유권을 양도하다; sich das ~ vorbehalten *v.*소유권을 유보하다
Eigentum
ausschließliches ~ 전속소유; belastetes ~ 부담부소유(負擔付所有); beschränktes ~ 제한적 소유; bewegliches ~ 동산소유; entgeltlich erworbenes ~ 유상취득소유; freies ~ 자유재산; geistiges ~ 정신적<무형>소유; gemeinschaftliches ~ 공유; geteiltes ~ 분할소유; gewerbliches ~ 영업상의 소유; lastenfreies ~ 담보<부담> 소유; öffentliches ~ 공공<국가>소유; originäres ~ 본소유; rechtmäßiges ~ 합법소유; treuhänderisches ~ 신탁재산; unbelastetes ~ 부담 소유; unbeschränkites ~ 무제한소유; unbewegliches ~ 부동산 소유; unteilbares ~ 불가분소유; unvollkommenes ~ 불완전소유; unveräußerbares ~ 불가양도소유; vermutetes ~ 추정소유; voll[kommen]es ~ 완전소유
Eigentum
~ zur gesamten Hand 합유(合有)(공동 소유의 한 형태, 각 공동 소유자는 소유물에 대하여 일정한 몫을 차지하나 공동 목적을 위한 통제에 따라야 하며 단독으로 또는 자유로이 이를 처분할 수 없음, 공유와 총유의 중간형태)
Eigentümer *m./pl.*소유자, 소유권자
Eigentümer
alleiniger ~ 단독소유자; alleinverfügungsberechtigter ~ 단독처분권한자; eingetragener ~ 등기소유자; mutmaßlicher <vermutlicher> ~ 추정소유자; rechtmäßiger ~ 적법<정당>소유자; treuhänderischer ~ 수탁자; wirklicher ~ 실제 소유자

Eigentümer
~ zu Bruchteilen (= → *Miteigentümer*) 공유자(共有者); ~ zur gesamten Hand 합유자(合有者)
Eigentümer~
~-Besitzer-Verhältnis *n.*소유자·점유자관계; ~dienstbarkeit *f.*소유자지역권<사용권>; ~gesellschaft *f.*재산회사; ~grundschuld *f.*소유자토지채무; ~hypothek *f.*소유자저당[권]; ~interesse *n.*소유자의 이익; ~nießbrauch *m.*소유·사용·이익(用益權); ~pfandrecht *n.*소유자담보권(擔保權); ~recht *n.*소유자 권리
eigentümlich *a.*고유의
Eigentums~
~anspruch *m.*소유권의 청구권; ~anwartschaft *f.*<~~recht *n.*> 소유권에 대한 권리, 계승권; ~aufgabe *f.* → *Dereliktion*; ~begriff *m.*[, strafrechtlicher ~] [刑法.] 소유권개념; ~beschränkung *f.* 소유권 제한; ~beweis *m.*소유권증명; ~delikt *n.*소유권<재산권>침해; ~delinquenz *f.*소유물범죄행위; ~einrede *f.*소유권 항변; ~entziehung *f.*<~entzug *m.*> 소유권박탈; ~ersitzung *f.*소유권의 취득시효(取得時效); ~erwerb → *Eigentunserwerb*; ~feststellung *f.*소유권확인; ~feststellungsklage *f.*소유권확인의 소(訴); ~frage *f.*소유권문제; ~freiheit *f.* 소유권의 자유; ~freiheitsklage *f.*부인소권(否認訴權); ~garantie *f.*재산권보장; ~herausgabeanspruch *m.*소유물반환청구권; ~klage *f.*소유권청구소송; ~nachweis *m.*소유권증서; ~ordnung *f.*소유권제도; ~recht *n.*소유권; ~schutz *m.*소유권보호; ~störung *f.*소유권 방해; ~streitigkeit *f.*소유권분쟁; ~übergang *m.*소유권 이전; ~übertragung *f.*소유권의 양도; ~übertragungspflicht *f.*소유권양도의 의무; ~verhältnisse *pl.*소유권관계; ~verletzung *f.*소유권침해; ~verlust *m.*소유권 상실; ~vermutung *f.*소유권[소재]추정; ~vermutungswirkung *f.*소유권추정의 효력; ~verschaffung *f.*소유권확보; ~verzicht *m.*소유권방기(所有權放棄); ~vorbehalt →

Eigentumsvorbehalt; ~wechsel *m.*소유권 전환; ~wille *m.*소유권에 대한 의사(意思)
Eigentums- und Vermögensdelikte *pl.*재물범 · 재산범
Eigentumserwerb *m.*소유권 취득
Eigentumserwerb abgeleiteter <derivativer> ~ 소유권 승계취득; originärer <ursprünglicher> ~ 소유권 원시취득
Eigentumserwerb ~ vom Nichtberechtigten 비권리자의 소유권취득
Eigentumserwerbswille *m.*소유권취득 의사
Eigentumsvorbehalt *m.*소유권유보
Eigentumsvorbehalt einfacher ~ 단독소유권유보; erweiterter ~ 광의의 범위에서의 소유권유보; verlängerter ~ 연장적 소유권유보
Eigentumsvorbehalts~ ~kauf *m.*소유권유보매매; ~vorbehaltsklausel *f.*소유권유보조항
Eigenverantwortlichkeit *f.*자기책임
Eigenwechsel *m.*약속어음
Eigner *m.* → *Eigentümer*
Eignung *f.*적임, 적성, 능력
Eignung fachliche ~ 전문적인 능력; persönliche ~ 개인 인성
Eignungstest *m.*적성검사
Eilbedüftigkeit *f.*긴급필요
Einberufung *f.*; *jn.* **einberufen** *v.{i.S.v. Versammlung einberufen}* 인원을 동원<징집, 소집>하다
Einberufungs~ ~befehl *m.*소집명령; ~bekanntmachung *f.*소집통지; ~verfahren *n.*소집수속; ~verlangen *n.*소집희망
einbezahlt *a.*불입(拂入)한, ~을 납부한
einbezahlt, voll ~ 전액 불입<납부>하다
einbrechen *v.*가택에 침입하다
Einbrecher *m.*침입자
Einbringung *f.*①(포로 따위의) 수용,

수감 ②(법률안의) 의회 제출 ③(재판 비용 청구에 대한) 국가의 보상<보증, 담보> ④출자; **einbringen** *v.*~을 출자하다
Einbringung ~ von Anträgen *pl.*신청서 제출; ~ von Sachwerten *pl.* 재산<물>의 출자
Einbürgerung *f.*시민권 부여, 귀화(歸化)
Eindringen *n.*; **eindringen** *v.*[in *etw.* ~] ~에 난입하다
Eindruckstheorie *f.*인상세
Einforderung *f.*; **einfordern** *v.*~을 청구<요구>하다
Einforderungsverzicht *f.*청구<요구>의 방기<放棄>
Einfuhr *f.*<→ *Import*> 수입
Einfuhr direkte ~ 직수입; freie ~ 자유수입; zollfreie ~ 무관세수입
Einfuhr~ {*weitere Stichworte* → *Import~*} ~beschränkung *f.*수입제한; ~deklaration *f.*수입신고서; ~erlaubnis *f.*수입허가; ~land *n.*수입국; ~liste *f.*수입명세서; ~quote *f.*수입률; ~tarif *m.*수입세율; ~umsatzsteuer *f.*수입품거래<매매>세; ~verbot *n.*수입금지; ~waren <~artikel> *pl.*수입품; ~zoll *m.*관세
Einführung *f.*①{*in Fachwissen*} 입문 ②{*als eine Erklärung*} 설명 ③{*Waren*} 수입
Einführung ~ in das Verwaltungsrecht 행정법 입문; ~ in den Sach- und Streitstand 사실급 쟁송 설명
Einführungsgesetz *n.*경과법(經過法), 경과 규정, 시제법(時際法)
Eingabe *f.{als Dokument}* 청원(서), 진정(서)
Eingang *m.{bei Gericht, etc.}* (우편물 등의) 도착, 배달
Eingangs~ ~abgabe *f.*수입세; ~anzeige *f.*(우편물 등) 수취고지, 수령고지; ~bescheinigung *f.*수취<수령>확인서; ~bestimmungen *pl.*

{z.B. in Verträgen} 전문; ~datum n.수취 <수령>일자; ~formel f.{in Gesetzen, → Präambel} 전문; ~nummer f.수취<수령> 번호; ~stelle f.수취<수령>과; ~stempel m.수취<수령> 일부인; ~tag m.수취<수령>일; ~zeitpunkt m.도달일

eingebracht a.~이 출자된, ~이 제출된
eingehen v.~을 체결하다
eingehen
eine Ehe ~ 혼인을 체결하다, 결혼하다; einen Vertrag ~ 계약을 맺다, 체결하다
Eingehung f.체결
Eingehung
~ einer Ehe 혼인 체결; ~ einer Verbindlichkeit 채무 부담; ~ eines Vertrages 계약 체결
eingeklagt a.소송을 제기한
Eingemeindung f.~읍(군, 읍, 면 등을) 보다 큰 시에 병합<편입>하기
eingerechnet <eingeschlossen> a. 포함시키는
eingestanden a.자백한, 시인한
eingestehen v.~을 승인<자백>하다, ~을 시인하다
eingetragen a.등기제의
eingezahlt a.불입(拂入)한
Eingliederungstheorie f.편입설
Eingriff m.침해(侵害), 간섭(干涉)
Eingriff
hoheitlicher ~ 공권력 침해행위; medizinischer ~ (절제)수술; staatlicher ~ 국가간섭; unerlaubter ~ 불법침해
Eingriff~
~ in die persönlich Freiheit [타인] 자유 침해; ~ in [die] Rechte Dritter 제삼자의 권리침해; ~ in den Gewerbebetrieb 상업운영의 침해
Eingriffs~
~kondiktion f.침해부당이득; ~verwaltung f.1{i.S.v. regelnder Verwaltung} 규제행정 2{mittels Rechtseingriff} 침해행정; ~vorbehalt m.침해유보설
Einhaltung f.; **einhalten** v.{Regeln, Gesetze, usw.} ~을 준수하다

Einhaltung von
~ Bedingungen 조건준수; ~ Gesetzen 법률준수; ~ Fristen 기간준수; ~ Verpflichtungen 의무준수
Einheit f.통일<일체>[성], 합일<단일>
Einheit
nationale ~ 국가통일; politische ~ 정치적 통일; soziale ~ 사회적 통일; staatliche ~ 국가적 통일; vertragliche ~ 계약의 완결성; wirtschaftliche ~ 경제적 통일
Einheit
~ der mündlichen Verhandlung 구두변론의 통일성; ~ des Parteivorbringens <vortrages> 당사자 주장간의 일체성
Einheits~
~banksystem n.은행단일제도; ~bedingungen pl.통일조항; ~besteuerung f.통일과세; ~freiheitsstrafe f.자유형(自由刑)의 단일화; ~gewerkschaft f.통일노조; ~gründung f.단독설립; ~hypothek f.단독저당; ~kurs m.단일상장; ~mietvertrag m.통일사용대차계약; ~staat m.단일국가; ~strafe f.단일형; ~tarif m.통일세율; ~täter m./pl.통일적 정범자; ~täterbegriff m.통일적 정범자개념; ~tätersystem n.통일적 정범자체계; ~theorie f.일원세; ~vertrag m.1{allgemein} 일반계약, 약관 2{i.S.v. Vertrag zur deutschen Einheit}통일조약; ~versicherung f.단일보장체계; ~wert m. 과세 표준가격
einhellig anerkannt a.만장일치로 승인하는
einig a.일치<합지>하는
Einigkeit f.일치, 합치
Einigung f.합의, 동의; **einigen** v.{sich über etw. ~} ~에 합의<동의>하다, {bei der → Auflassung} 물적 합의를 이루다
Einigung
außergerichtliche ~ 재판외의 합의<동의>; einverständliche ~ 서로 양해<승낙>한 합의; gütliche ~ 화해적 합의
Einigungsmangel m.합의상의 흠결(欠缺)
Einigungsstelle f.노사공동위원회

Einigungsvertrag *m.*통일조약
Einkammersystem *m.*일원제
Einkauf *m.*구입, 구매; **einkaufen** *v.*~을 구입<구매>하다
Einkaufs~
~kartell *n.*구매
einklagbar *a.*소구(訴求)가 가능한
Einklagbarkeit *f.*소구성(訴求性), 소송제기
einklagen *v.*소구(訴求)하다, 청구소송을 제기하다
Einkommen *n.*<→ *Einkünfte*> 소득
Einkommen
~ aus Grundbesitz 토지소유로 인해 거둬들이는 소득; ~ aus Kapitalvermögen 자본 수입
Einkommen
ausländisches ~ 외국[원천]소득; durchschnittliches ~ 평균수입<소득>; geregeltes ~ [확]정 수입; jährliches ~ 세입; persönliches ~ 개인소득; reelles ~ 실질소득<수입>; unversteuertes ~ 비과세<조세>소득; verfügbares ~ 가처분소득; versteuertes ~ 과세소득; weltweites ~ 전 세계의 소득
Einkommens~
~änderung *f.*소득변경; ~art *f.*소득종류; ~begriff *m.*소득개념; ~berechnung *f.*소득산정; ~besteuerung *f.*소득과세; ~erhöhung *f.*소득증가; ~grenze *f.*소득한도; ~losigkeit *f.*무소득; ~minderung *f.*소득감소; ~nachweis *m.*소득보고[증명서]; ~pfändung *f.*소득차압; ~politik *f.*소득정책; ~quelle *f.*소득원; ~schwankung *f.*소득편차; ~statistik *f.*소득통계; ~steuer *f.*소득세; ~steuerveranlagung *f.*소득세 사정(査定); ~summe *f.*소득액; ~transfer *m.*소득이전; ~übertragung *f.*소득이전; ~verhältnisse *pl.*소득현황; ~verteilung *f.*소득분배; ~zeitraum *f.*소득기간
einkommenslos *a.*무소득의, 소득이 없는
Einkünfte *pl.* → Einkommen 소득, 급여
Einkünfte aus
~ Gewerbebetrieb 사업소득;

~ Grundvermögen 부동산소득;
~ Kapitalvermögen 이자<자산이익>소득;
~ Land- und Forstwirtschaft 농림소득; ~ Vermietung und Verpachtung 임대차소득
Einkünfte
ausländische ~ 외국인의 원천소득; sonstige ~ 기타소득
Einladung *f.* **zur Abgabe eines Angebots** = → *invitatio ad offerendum l.* 신입 유인
Einlage *f.*①{*im Gesellschaftsrecht*} 출자[금] ②{*i.S.v. Spareinlage*} 저금, 예금
Einlage {*i.S.v.* ①}
nicht einbezahlte ~ 미불입(未拂入) 출자; rückständige ~ 미불출자(未拂出資); einbezahlte ~ 불입(拂入)된 출자
Einlage {*i.S.v.* ①}
~ in Sachwerten 물적 출자
Einlage~
~kapital *n.*설립자본 ~pflicht *f.*출자의무; ~schuld *f.*출자채무; ~summe *f.*출자액
Einlagen *pl.*{*i.S.v.* ② → *Depositen*} 예금
Einlagen~ {*i.S.v.* ②}
kurzfristige ~ 단기예금; mittelfristige ~ 중기예금; langfristige ~ 장기예금
Einlagenzins *m.*예금금리
Einlassung *f.*; sich **einlassen** *v.*응소하다
Einlassungsfrist *f.*응소기간
einlaufen *v.*(Schiffe im Hafen) (선박 등) ~이 입항하다
einlegen *v.*~을 공식적으로 발언하다; [Veto gegen *etw.* ~] ~에 대해 거부권을 행사하다
Einleger *m.*{*i.S.v. oben Einlage* ②} 저금자
Einlegung *f.*제기<제출>
Einlegung
~ der Berufung 공소제기<제출>; ~ von Rechtsmitteln 상소제기<제출, 신청>
Einlegungsfrist *f.*제기<제출>기간
einleiten *v.*~을 준비하다, ~을 도입하다; ein Verfahren ~ [소송] 수속을 개시

하다
Einleitung *f.* **eines Verfahrens** [소송] 수속 개시
einlösbar *a.*상환할 수 있는, 대환(兌換)할 수 있는
Einlösbarkeit *f.*상환할 수 있는 가능성
Einlösung *f.*상환, 환불, (의무의 이행)
Einlösung
~ eines Schecks 수표의 상환; ~ eines Versprechens 약속 이행
Einlösungs~
~garantie *f.*지불<상환>보증; ~klausel *f.* 지불<상환>조항, 실효약관; ~ort *m.* 지불<상환>지; ~papier *n.* 상환증권; ~pflicht *f.*지불<상환>의무; ~prämie *f.*상환보험액; ~recht *n.*상환권; ~rückgriff *m.* 제소구; ~tag *m.*상환일; ~termin *m.* 상환기일; ~verpflichtung *f.* 상환의무
Einmann~ 일인~
Einmann~ ~-Gesellschaft *m.*일인회사; ~GmbH 일인유한회사
Einmischung *f.*참여, 관여<간섭>, 중재
Einmischungsklage *f.*간섭의 소(訴)
Einnahmen *pl.*수입, 세입
Einnahmen und Ausgaben *pl.*출납
Einparteiensystem *n.*[일국]일당제도 <주의>
Einräumung *f.*; **einräumen** *v.*~을 허가하다, ~을 인용하다; Besitz ~ *v.* 점유를 허용하다
Einrechnung *f.*; **einrechnen** *v.*산입하다, 셈에 넣다 포함하다
Einrede *f.*항변, 항의
Einrede der
~ Arglist 기만행위에 관한 항고;
~ Aufrechnung 차감계산에 관한 항고;
~ Erfüllung 의무이행에 관한 항고;
~ Haftungsbeschränkung 책임제한에 관한 항고; ~ örtlichen Zuständigkeit 토지관할권에 관한 항고; ~ sachlichen Zuständigkeit 물적 관할권에 관한 항고;
~ Rechtshängigkeit 소송계속<이중기소>에 관한 항고; ~ Rechtskraft 기판력(既

判力)에 관한 항고, 일사부재리원칙에 관한 항고; ~ Unzuständigkeit 비관할권에 관한 항고; ~ Verjährung [소멸]시효에 관한 항고; ~ Vorausklage 선소 항변, 검색 항변

Einrede des
~ nichterfüllten Vertrages 동시이행이 불가한 계약에 관한 항고; ~ Notbedarfs 긴급필요시의 항고; ~ Schiedsvertrag 중재계약에 관한 항고;
~ Zurückbehaltungsrechts 소유권유보에 관한 항고

Einrede → *Einwendung*
aufschiebende <diatorische> ~ 연기 항고, 일시적 연기적 항고; dauernde <peremptorische> ~ 영구적 항고; dingliche ~ 물적 항고; materiellrechtliche ~ 실체법상 항고; prozeßhindernde ~ 방소항변(妨訴抗辯); rechtshindernde <rechtshemmende> ~ 권리를 침해하는 항고; rechtsvernichtende ~ 권리소멸의 항고

Einrede
~ mangelnder örtlicher Zuständigkeit 토지관할권상의 흠결사항에 관한 항고; ~ mangelnder Passivlegitimation 피고적격 부존재의 항고; ~ mangelnder sachlicher Zuständigkeit 물적 관할권의 흠결사항에 관한 항고; ~ unzulässiger Rechtsausübung 권리행사불허용의 항고; ~ verspäteten Vorbringens 제출시기[공격방어방법]지연행위에 관한 항고

einredebegründend *a.*근거에 기초해 항고하는, 항고 근거적인

einredeberechtigt *a.*항고의 권리가 있는

Einredeberechtigter *m.(der ~e)* 항고권리자

Einredebeschränkung *f.*항고 제한
Einrederecht *n.* → *Einrede*
einredevernichtend *a.*항변 소멸적인
Einreichung *f.*; **einreichen** *v.*~을 제출<제기>하다

Einreichung
~ einer Beschwerde 항고제기; ~ einer Klage[schrift] 소상제출, 소제기; ~ eines

Antrages 신청제출<제기>;
~ eines Schriftsatzes 서면제출<제기>
Einreichungs~
~datum n.제출일부; ~frist f.제출기간;
~termin m.제출시기
Einreise~
~bestimmungen pl.입국관리; ~erlaubnis f.입국허가
Einrichtung f.①{i.S.v. Anlage} 시설, 설비 ②{i.S.e. System/Instituts} 제도
Einrichtung
ortsfeste ~ [토지] 고정설비; prozessuale ~ 소송법상 제도; staatliche ~ 국가적 <공유>시설
Einrichtungsgarantie f.제도적 보장
Einschätzung f.평가
Einschätzung, rechtliche ~ 법적평가
Einschiffung f.; **einschiffen** v.승선하다, (배에) ~을 실어 넣다
einschlägig a.해당하는, 속하는, 관계하는
einschließen v.①{gedanklich} 포함하다, 포괄하다 ②{Personen} ~를 감금하다
Einschließung f.포함<포괄>,감금
einschränkend a.제한<규제>적
Einschränkung f.제한<규제>
Einschränkung f.; ~ **erfahren** v.제약을 받다
Einschränkung der Strafbarkeit 처벌범위 제한
Einschreibegebühr f.{Universität} 입학[등록]비<금>
Einschreibung f.; **sich einschreiben** v.~에 입학등록하다
einschreiten v.[gegen etw. ~] ~에 간섭하다, 이의를 제기하다, ~에 조치를 취하다
Einschulung f.; **einschulen** v.~를 입교시키다, ~를 학교에 넣다
einsehen v. = → Einsicht nehmen 열람<조사>하다
einseitig a.일방적인
Einsetzung f.; **einsetzen** v.~를 ~에 앉히다, ~을 지정하다

Einsetzung
~ eines Erben 상속인지정; ~ eines Kunkursverwalters 파산관재인의 위임; ~ eines Testamentvollstreckers 유언집행자의 위임
Einsicht[nahme] f.; ~ in etw. nehmen v.~을 조사<열람>하다
Einsicht
~ in die [Prozeß]Akten [소송]기록<서류>를 열람하다; ~ in die Bücher 회계 <상업>장부를 열람하다; ~ in ein Register 등기를 열람하다
Einsichts~
~recht n.[in die Bücher] [회계장부] 열람권
Einsitzender m.(der ~e) 수용자
einsperren v.; jn. ~ ~를 감금<구금>하다
Einsperrung f.감금
Einspruch m.; **einlegen <erheben>** v.[gegen etw. ~] ~에 대하여 이의를 제기하다
Einspruch gegen
~ die Art und Weise der Vollstreckung 집행방식에 있어서의 이의제기; ~ ein Versäumnisurteil 흠석판결에 관한 이의[신청]
Einspruchs~
~begründung f.<~gründe pl.> 이의제기<신청>의 이유<사유>; ~einlegung f.이의신청서의 제출; ~ergänzung f.이의신청의 보충; ~erwiderung f.이의신청에 관한 답변, 반론; ~frist f.이의신청기간; ~gebühr f.이의신청수수료; ~recht n.이의신청권; ~schrift f.이의신청서; ~verfahren n.이의신청절차
Einstellung f.; **einstellen** v.① ~을 중지<종결>시키다, 정지하다 ②[수속]타결
einstellen
das Verwaltungsverfahren ~ 행정처분집행을 중지하다; Zahlungen ~ 지불을 정지시키다
Einstellung
bedingte ~ 조건부 타결; vorläufige ~

[수속]일시정지
Einstellung *f.*(어떤 사건에 대한) 의 견, 견해, 입장

Einstellung
eine ~ haben *v.*~에 신조를 갖다;
politische ~ 정치적 신조

Einstellung wegen Geringfügigkeit
경미성의 이유로 형사수속절차를 중지 시킴

Einstellung
~ der Zwangsvollstreckung 강제집행중지; ~ des Konkursverfahrens 파산[수속]정지; ~ des Strafverfahrens 형사수속중지; ~ des Verfahrens 수속절차의 중지

Einstellungs~
~antrag *m.*중지신청; ~beschluß *m.*중지결정; ~urteil *n.*중지판결; ~vertrag *m.*입사계약

Einstiegs~
~delikt *n.*초기범죄; ~droge *f.*「초기」<위험 약물>

einstimmig *a.*[만장]일치의
Einstimmigkeit *f.*[만장]일치
einstweilig *a.*잠정적인, 우선의
einstweilig
~em Rechtsschutz *m.*잠정적인 권리보호;
~e Unterbringung *f.*긴급수용;
~e Verfügung *f.*가처분

Eintausch *m.*; **eintauschen** *v.*~을 교환하다

Eintrag *m.*; **eintragen** *v.*~을 등록<등기, 기재>하다

eintragbar *a.*등기로 보낼 수 있는, 기입할 수 있는

Eintragung *f.*등기, 등록<기입>; ~ eines Warenzeichens 상표등록;
~ im Grundbuch 토지등기;
~ im Handelsregister 상업등기부 등기;
~ in ein Register 등기부 기재;
~ ins Güterrechtsregister 부부재산등록부 기재

Eintragung
endgültige ~ 본등기; nichtige ~ 무효등기<등록>; unrichtige ~ 부실<부정>등기<등록>; vorläufige ~ 가등기

Eintragungs~
~antrag *m.*등록출원, 등기신청; ~berechtigter *m.*(*der* ~*e*) 등록<등기>권리자; ~beschluß *m.*등록<등기>결정; ~bewilligung *f.*등기허가, 등기수리; ~erfordernis *n.*등기필요성; ~fähigkeit *n.*등기<등록>능력; ~gebühr *f.*등기료; ~grund *m.*등기원인; ~hindernis *n.*등록조해; ~pflicht *f.*등기의무; ~prinzip *n.*등기주의; ~urkunde *f.*등기[권리]서; ~verfahren *n.*등기신청절차; ~vermerk *m.*등기기입, 메모표시; ~verpflichteter *m.*(*der* ~*e*) 등기의무자; ~voraussetzungen *pl.*등기조항, 기재사항; ~wirkungen *pl.*등기효력; ~zwang *m.*등기강제

eintragungsfähig *a.*등기<등록><기입>가 가능한

eintreibbar *a.*~을 회수<징수, 추징, 독촉>할 수 있는

Eintreibung *f.*;**eintreiben** *v.*~을 회수<징수, 추징>하다, ~을 독촉하다

Eintreibung
gerichtliche ~ 재판독촉; zwangsweise ~ 강제징수

Eintritt *m.*; **eintreten** *v.* 1 {*von Ereignissen*} ~이 시작<발생, 개시> 2 {*einer Person in eine Institution*} ~를 옹호하다, 보증하다 3 {*in eine Firma, Verein, etc*} ~에 입사<입회>하다

Eintritt
~ der Bedingung 조건발생<도래>; ~ der Rechtskraft 효력<기판력>발생; ~ des Erbfalles 상속개시; ~ des Schadensfalles 손해발생; ~ des Versicherungsfalles 보험사고발생; ~ in eine Firma, Gesellschaft, etc. 입사<입회>; ~ in Rechte eines Dritten 제삼자 권리의 대리; ~ in Verhandlungen 교섭의 개시

Eintritts~
~examen *n.*입학시험; ~karte *f.*입장권; ~recht *n.*대리권, 개입권

Einverleibung *f.*; **einverleiben** *v.*[sich *etw.* ~] ~에 ~을 병합하다

Einvernehmen *n.*상호합의, 화합
Einverständnis *n.*{→ *Einwilligung*};
ein ~ erteilen *v.*(= mit *etw.* einverstanden

sein) ~에 승낙하다, 동의하다
Einverständnis
~ des <der> Erziehungsberechtigten 친권자 동의
Einverständnis~
~erklärung *f.* 승낙의 의사표시
einverständlich *a.* 서로 양해된, 합의된
Einwand *m.*; **einwenden** *v.*[gegen *etw./jn.* ~](= Einwand erheben *v.*) ~에 이의제기<항변>하다; 이의제기<반대>하다
Einwand der
~ Arglist 악의적 항고; ~ Nichtigkeit 무효항고; ~ Unverhältnismäßigkeit 불균형성에 관한 항고; ~ unzulässigen Rechtsausübung 허가받지 못한 권리행사에 관한 항변; ~ Unzuständigkeit 비권한에 관한 항고
Einwand des
~ Beklagten 피고의 이의제기
Einwanderer *m./pl.* 이주민
Einwanderung *f.* 이주
Einwanderungs~
~antrag *m.* 이주신고서; ~betrug *m.* 이주사기[행위]; ~land *f.* 이주국
Einweisung *f.*{*in eine Anstalt, usw.*} 수용처분
Einwendung *f.* 항변, 이의; **erheben** *v.*[gegen *etw./jn* ~] ~에 항변하다, 이의제기를 하다
Einwendung
anspruchs[ver]hindernde ~ 청구방해적 항변; anspruchsvernichtende ~ 청구소멸적 항변; dingliche ~ 물적 항변
Einwendungs~
~ausschluß *m.* 항변의 배제; ~durchgriff *m.* 항변의 관철
Einwilligung *f.*[사전]동의, 승낙; **einwilligen** *v.*[in *etw.* ~] ~에 승낙<동의>하다
Einwilligung, eine ~
~ einholen *v.* 승낙을 구하다; ~ erteilen *v.* ~에 승낙<사전 동의> 하다; ~ verweigern *v.* 승낙을 거부하다

Einwilligung
auf Nötigung beruhende ~ 강요로 인한 동의<승낙>; durch Irrtumserregung erschlichene ~ 착오로 인한 동의<승낙>
Einwilligung
ausdrückliche ~ 명시적 동의<승낙>; elterliche ~ 친권자의 동의<승낙>; gerichtliche ~ 재판상의 동의<승낙>; persönliche ~ 본인동의<승낙>; stillschweigende ~ 묵시적 동의<승낙>; vermutete ~ 추정적 승낙
Einwilligung
~ der Eltern 양친<친>의 승낙; ~ des Verletzten 피해자승낙<동의>; ~ zum Heileingriff 치료승낙; ~ zur Klageänderung 소(訴)변경에 관한 동의; ~ zur Klagerücknahme 소(訴)취하에 합의함
Einwilligungslehre *f.* 승낙론
Einwohner *m./pl.*①{*lokal begrenzt*} 주민, 시민 ②{*im umfassenden Sinn*} 인구[수]
Einwohnerzahl *f.* 인구수
Einzahlung *f.*; **einzahlen** *v.* ~을 불입<입금>하다
Einzel~
~anmelder *m.* 단독출원인; ~anwendung *f.* 개별적적용; ~arrest *m.* 독방구금<유치>; ~fall *m.* 특수적<예외적> 사례; 개별사례; ~firma *f.* 개인기업; ~forderung *f.* 개별채권; ~gebühren *pl.* 개별수수료; ~gesetz *n.* 단행법; ~handel *m.* 소매상; ~handelspreise *pl.* 소매물가; ~interesse *n.* 개인[적]이익; ~kaufmann *m.* 자영업 경영상인; ~recht *n.* 고유권, 고유권한; ~rechtsnachfolge *f.* = → *Singularsukzession f.* 특정승계; ~rechtsnachfolger *m./pl.* 고유권의 승계인; ~richter *m.* 단독심판관, 단독판사; ~richterinstanz *f.* 단독판사심(審); ~richtersystem *n.* 단심제; ~schuldner *m.* 개별<단독>채무자; ~stimmabgabe *f.* 단기투표; ~statut *n.* 개별준거법; ~strafe *f.* 단일형(單一刑), 단독형; ~vertretung *f.* 단독대리; ~vertretungsrecht *n.* 단독대리권; ~zelle *f.* 독방

einzelvertretungsberechtigt *a.*단독대리권 자격을 갖춘
einziehbar *a.*회수<몰수>할 수 있는
Einziehung *f.*; einziehen *v.*~을 몰수<징수, 징발>하다
Einziehung
~ des Erbscheins 상속증서폐기; ~ des Vermögens 재산공용폐지; ~ von Steuern 조세 징수
Einziehungs~
~befugnis *f.*몰수권한, 징발권한; ~ermächtigung *f.*징수권한의 위임; ~recht *n.*몰수권; ~vollmacht *f.*징수권한
Einziehungs- und Überweisungsbeschluß *m.*취입명령
Eisenbahn *f.*철도, 국철 {wenn staatlich}
Eisenbahn
private ~ 민간철도; staatliche ~ 국철
eiusdem (anni) *l.* 동일한 (연도)
eiusdem generis *l.* 동일한 방법(범죄 사실 구성요건에 있어 동일한 권리가 기초가 됨)
electio *l.* 선거
electio canonica *l.* 교황, 주교 등을 선출하는 행위
elector *l.* 유권자; 선제후
Electus Romanorum Imperator *l.* 로마 황제로 선출된 자
Element *n.*요소
Element
inquisitorisches ~ 가혹한 요소; juristisches ~ 법률적 요소; rechtsgeschäftliches ~ 법률행위의 요소; soziales ~ 사회적 요소; verbrecherisches ~ 범죄적 요소; wirtschaftliches ~ 경제적 요소
elemantar *a.*근본적인, 기본적인
Elemantar~
~bestandteil *m.*주성분, 구성요소; ~funktion *f.*현실적 요소
elogium *l.* 공공 보도; 감정(鑑定); 이후에는 찬사(讃辭)의 의미로 쓰임
elogium ultimum *l.* 유언장
elterlich *a.*양친<친부모>의
Eltern *pl.*양친, 부모

Eltern *pl.*, eibliche ~ 친부모
Eltern-Kind-Selbstmord *m.*친자심중
Eltern-Kind-Verhältnis *n.*친자관계
Elternteile *pl.*; beide ~ 양친(兩親)
Elternzeit *f.*부모기
emancipatio *l.* 가부장의 권력에서 해방됨
emancipatio iudicialis *l.* 분할상속, 재산권과 관련된 자녀의 독립 등의 문제에 관한 법률 행위
Embargo *n.*통상정지<무역봉쇄, 특정국에 대한 수출입금지>, (외국인 및 외국 선박의) 억류
Embargogremium *n.*금지위원회
Embryo *m.*(Embryonen, Embryos *pl.*) 태아
Embryonenschädigung *f.*태아장애
emenda *l.* 벌금, 배상금(중세 시대 살인에 대한 배상금), 합의금, 정당하지 않은 사유로 구금이나 고문을 당한 것에 대한 피해보상금
emenda Saxonica *l.* 옛 작센법에 따른 벌금(돈을 지급함으로써 법적 처벌을 피한다는 내용)
emendatio *l.* 텍스트의 오류 수정; 배상금(중세 시대 살인에 대한 배상금, 합의금)
emendatio libelli *l.* 소송의 개선(개별 소송 사건에 대해 내용을 추가하거나 수정하는 행위)
Emeritierung *f.*정년퇴직<퇴임>
emeritus *l.* 복무를 마치다, 은퇴하다
emigratio *l.* 입국 이민
Emigrant *f.*이주자
Emigration *f. l.* 이주
eminens, eminentissimus *l.* 탁월한; 폐하(추기경이나 수석 대주교, 종교계 출신의 선제후 등에 대한 칭호로서 사용됨, 예전에는 로마제국 고위 공무원들에게 이 칭호를 사용함)
emissa manu *l.* 손으로 때리는 행위를 통하여
emissio *l.* 유가증권의 발행; 유해 가스, 매연, 악취, 소음 등을 방출하는 행위(→*immissio*)

Emission f.①{i.S.d. Umweltrechts}[물질 등] 방출 ②{Wechsel, usw.} [어음 등] 진출 ③{Aktien/Währung, usw.}[유가증권] 발행; [유가증권] 발행, 기채(起債);
emittieren v.(유가증권) ~을 발행하다, 유통시키다; (오염물질을 대기 중에) 방출시키다, 내뿜다
Emissions~ {i.S.v. ②}
~agio n.{ⓔ'premium'} 발행; ~bank f.(공채 등의) 발행은행; ~betrag m.발행액; ~genehmigung f.발행인가; ~geschäft n.발행업[무]<행위>; ~kurs m.(유가증권의)발행가; ~ort m.발행지; ~politik f.발행정책; ~volumen n.발행고<구>
Emittent m.발행<기채(起債)>자
Empfang m.; **empfangen** v.~을 수령<수리>하다, ~을 인수하다
Empfänger m.수령자, 수취<하수>인
Empfangnahme f.수령, 인수
Empfängnis f.수태
Empfängniszeit f.수태기간
Empfangs~
~anzeige f.수령고지<통지서>; ~bekenntnis f., anwaltiliches ~ 변호사 수취서 {변호사간 서류송달}; berechtigter m.(der ~e) 수령권리자; ~bescheinigung f.수취<수령>[증명]서; ~bevollmächtigter m. (der ~e) 수취대리인; ~bote m.대리수령권자; ~ort m.{i.S.v. ~stelle f.} 수령장소; ~recht n.수령권; ~schein m.수령서, 하물수취서; ~staat m.수령국; ~theorie f.도달주의<론, 설>; ~vertreter m.수령대리인
empfangsbedürftig a.수령이 필요한
empfangsberechtigt a.수령 권리가 있는
Empfehlung f.; **empfehlen** v.[(jm.) jn./etw. ~] (~에게) ~을(를) 추천하다
Empfehlungsschreiben n.<~brief m.> 추천장
emphyteusis l. 세습 임차권의 일종(그리스어를 차용함)
Empirie f.경험적 지식, 경험적 연구방법
empirisch a.경험적인

Empirismus m.경험론
emptio (venditio) l. 매수(매도)
emptio ad gustum l. 시험 삼아 매수함
emptio ad mensuram l. 많은 것 중에서 매수함
emptio per aversionem l. 일괄구매
emptio rei speratae l. 장차 만들어질 예정인 물건을 매수함
emptio spei l. 희망을 매수함(실제로 물건이 발생되지 않을 경우라 하더라도 매수인은 돈을 지불해야 함)
emunitas l. 면책특권(→immunitas를 더 많이 사용함)
Enchiridion l. 소책자(그리스어를 차용함)
End~
~absicht f.최종목적; ~benutzer m./pl.최종사용자; ~entscheidung f.최종결정<판결>; ~ergebnis n.최종결과; ~termin m.최종기한; ~urteil n.최종판결; ~verbraucher m./pl.최종소비자; ~verbrauchspreis m.최종소비가격; ~vermögen n.{Zugewinngemeinschaft} 잉여공동재산, 최종재산
endgültig a.최종적인, 확정적인
Endgültigkeit f.최종<최후> 결정상태, 번복할 수 없음, 확정[력]
Endigungsgrund m.종료원인
Enquete f.① 조사
Enquetekommission f.조사위원회
ensifer l. 칼을 찬사람(왕국 군대의 최고사령관의 자격도 지녔던 작센 선제후에 대한 호칭)
Entäußerung f.; **entäußern** v.[sich etw. ~] ~을 버리다, 포기하다 → Dereliktion
Entbindung f.; **entbinden** v.[jn. von etw. ~] ~에 대해 ~에게 면제<면책>권을 부여하다
Entbindung~
~ von der Schweigepflicht 수비의무 면제
Entdecktwerden n.발각
Entdeckung f.; **entdecken** v.~을 발견하다

Entdeckungsrisiko n.발각<발견>위험
enteignend a.,~er Eingriff 수용적 침해
Enteignung f.[공용]징수
Enteignungs~
~antrag m.[공용]징수청구; ~entschädigung f.[공용]징수배상; ~erklärung f.[공용]징수선언; ~fähigkeit f.징수가능[성]; ~gegenstand m.징수물건<[토]지>; ~gegner m.징수의 대상; ~gesetz n.공용징수법; ~gleich a., ~er Eingriff 수용유사침해; ~recht n.[공용]징수법; ~verfahren n.[공용]징수수속<방법>

Enterbung f.; jn. **enterben** v.~의 상속권을 박탈하다

Entflohener m.(der ~e) 도망[범죄]자
Entführer m./pl.유괴자
Entführer m.(der/die ~e) 피유괴자
Entführung f.유괴; jn. **entführen** v.~를 유괴하다

Entgegenhaltung f.; **entgegenhalten** v.~에 대해서 반론(이의)를 제기하다

Entgegennahme f.수령(受領);
entgegennehmen v. = → Annahme, annehmen

entgegenstehen v.~과 모순되다, 대립되다

Entgelt n.대가<대상>, 요금
Entgelt
monatliches ~ 월정액요금; ~fortzahlung f.급여계속지급법

entgeltlich a.유상(有償)의, 유료의
Entgeltlichkeit f.유상(有償)
enthalten sein v.~이 포함되어 있다
Enthaltung f.; **sich enthalten** v.{bei der Stimmabgabe} 기권하다

Enthebung f.; **entheben** v.[jn. von etw. ~] ~에서 ~를 면직<해직, 해임>시키다

Entjungferungsschaden m.능욕(凌辱)으로 인해 겪게 되는 고통

Entkriminalisierung f.; **entkriminalisieren** v.비범죄화 하다

Entkriminalisierung
verfahrensrechtliche ~ 수속법 개정상의 비범죄화

Entlassenenfürsorge f.{StrR-형} 갱생보호

Entlassener m.(der ~e) 1.{im Arbeitsrecht-로} 해고자 2.{aus einer Anstalt o.Ä.} 석방자

Entlassung f.; **entlassen** v.1.{aus dem Arbeitsverhältnis} ~를 해고하다 2.{aus einer Anstalt} ~를 석방시키다, {bei Gefängnis} ~에서 출옥하다 3.{aus einer Verpflichtung} ~에게 면책<면제>권을 부여하다

Entlassung
~ des Konkursverwalters 파산관재인(破産管財人)의 해임; ~ des Strafgefangenen 수형자(受刑者)의 석방;
~ des Testamentvollstreckers 유언집행자 해임; ~ des Vormundes 후견인해임

Entlassung {i.S.v. 2}
bedingte <vorzeitige> ~ 가석방<출옥>

Entlassungs~ {i.S.v. 2}
~befugnis f.석방권한; ~praxis f.석방실무

Entlastung f. **des Gerichts**
재판소부담을 경감시킴

Entlastungs~
~befugnis f.면책권한; ~beweis <= Exculpations-> m.면책<무죄>증명

entleihen v.~로부터 ~을 빌리다, 차용(借用)하다 → etw. von jm. leihen

Entleiher m.[사용임차] (책 등의) 차용자(借用者), 표절자

Entlobung f.; **sich entloben** v.파혼하다

Entmündigter m.(der ~e) 금치산자
Entmündigung f.; **entmündigen** v.~에게 금치산(禁治産)의 선고를 내리다

Entmündigungs~
~antrag m.금치산[선고]신청; ~beschluß m.금치산결정; ~prozeß m.금치산관계소송; ~sache f.금치산사건; ~verfahren n.금치산수속

Entrechtung f.; **entrechten** v.~의 권리를 박탈하다

Entrichtung f.{Geld} 납부<지불>; **entrichten** v.~을 지불하다 변제하다

Entschädigung f.;**entschädigen** v.[jn.

(für etw.) ~](= Entschädigung für etw. leisten) ~에게 (~을) 갚다, 배상하다

Entschädigung
angemessene ~ 적정수준의 보상[액]; billige ~ 정당한 배상<보상>[액]; finanzielle ~ 금전배상<보상>; freiwillige ~ 임의적 배상<보상>; volle ~ 완전배상<보상>[액]

Entschädigungs~
~anspruch m.[손해]배상<보상>청구권; ~bemessung f.배상액 산정; ~berechtigter m.(der ~~e) 배상<보상>청구권자; ~betrag m.배상<보상>액; ~forderung f.손해배상채권; ~funktion f.손해배상기능; ~klage f.손해배상의 소(訴); ~leistung f.[손해]배상<보상>급부(給付); ~pflicht f.배상<보상>의무; ~pflichtiger m.(der ~~e) 배상<보상>의무자; ~summe f.배상<보상>금<액>; ~vereinbarung f. 배상합의; ~zahlung f.[손해]배상<보상>금 지불

Entscheid m.; **entscheiden** v.~을 결정하다

Entscheidung f. = → Entscheid

Entscheidung, eine ~
~ aufheben v.재판<재결>을 취소하다; ~ aufrechterhalten v.재판<재결>에 대한 자신의 입장을 유지하다; ~ begründen v.[판결]이유를 진술하다; ~ fällen v.판결<재결>을 내리다; ~ nachprüfen <überprüfen> v.재심리를 열다

Entscheidung
~ des erkennenden Gerichts 현 재판; ~ durch Urteil 판결재판; ~ im schriftlichen Verfahren 서면수속 판결; ~ nach Aktenlage 기록 현상 판결; ~ über die [Prozeß]Kosten 소송비용에 관한 재판

Entscheidung
ablehnende ~ 각하(却下)재판; anfechtbare ~ 취소<가능>판결<재판, 재결>; aufhebbare ~ [재판소] 취소가능판결; billige ~ 타당재판; beschwerdefähige ~ 항고판단<심결>; erstinstanzliche ~ [제]일심판결; fehlerhafte ~ 하자재판; gerichtliche ~ 재판소판결; grundsätzliche ~ 중요 원칙적 판결<판례>; höchstrichterliche ~ 최고재판소 판결<판례>; kontradiktorische ~ 대석<대심>재판<판결>; letztinstanzliche ~ 종심재판<판결>; maßgebliche ~ 기준 판결; materiellrechtliche ~ 실체법적 판결; mündliche ~ 구두 판단; nachträgliche ~ 추가재판; persönliche ~ 결단, 개인적결론; rechtskräftige ~ 확정<기판력>판결; richterliche ~ 재판관<재판소>판결; schiedsgerichtliche ~ 중재재판 판결; vollstreckbare ~ 집행력 재판; vorläufige ~ 임시적 판단

Entscheidung
~ ohne mündliche Verhandlung 구두변론이 없는 판결<판단>

Entscheidungs~
~befugnis f.재판권한; ~begründung f. <~gründe pl.> 판결이유, {als Urteilsüberschrift}「판결이유」; ~bildung f. [재판관]자의; ~bildung, [freie] richterliche ~ 재판관 자의; ~erhablichkeit f.재판의 중요성; ~ermessen n.{z.B. des Richters} [재판관]판단재량; ~findung f.재판발견; ~gegenstand m.판결대상; ~gewalt f. 재판권, 재판권한; ~grund m.재판이유; ~gründe pl.「이유」; ~grundlage f.판결의 기초; ~kriterium n.판정기준; ~reife f. 재판의 완성도; ~sammlung f.판례집; ~verfahren n.심리수속; ~verkündung f.판결언도; ~vorschlag m.재판안의 제시

entscheiden v.~에 대해 최종적으로 판결을 내리다

entschieden a.결정된

entschieden a., **noch nicht ~** 미결(未決)의

Entschließung f.; **entschließen** v.[sich zu etw. ~] ~을 하기로 결심하다

Entschluß m.결단<결의>, 결의

Entschuldigung f.; **entschuldigen** v.[sich bei jm. für ~] ~의 이유를 들다

Entschuldigungs~
~beweis m.면책<무죄>증명; ~grund m.면책사유; ~grund m.{StrR-형} 책임조각사유

Entspannung *f.* [*politisch*] [(*détente*)] 긴장완화

entsprechen *v.* ~에 필적하다, 걸맞다, ~에 응하다

entsprechend *a.* ~에 상응<준용>하는;

Entstehung *f.*; **entstehen** *v.* ~이 성립되다, 발생하다

Entstehung
~ des tatsächlichen Schadens 실질적 피해 발생

Entstehungs~
~form *f.* 성립형성; ~geschichte *f.* ~의 발생역사<기원사>; ~grund *m.* 발생원인; ~ursache *f.* 발생원인

Entweichen *n.*; **entweichen** *v.* 도망치다, 달아나다

Entweichungsversuch *m.* 탈옥미수

entwendet *a.* 도난 맞은

Entwendung *f.*; **entwenden** *v.* ~을 훔치다, 가로채다

entwerfen *v.* ~의 기안을 작성하다

entwerten *v.* ~의 가치를 절하<감가>하다

Entwertung *f.* 가격 절하, 감가

Entwicklung *f.* 1. 개발, 발전 2. 전개, 경향

Entwicklungs~
~bank *f.* 개발은행; ~gefahren *pl.* 개발[시점]위험; ~prozeß *m.* 개발과정

Entwidmung *f.* 공용폐지, ~에 대한 공공물 지정의 해제

Entwurf *m.* 기안, 초안

Entziehung *f.* <Entzug *m.*>; **entziehen** *v.* [*jm. etw.* ~] ~가 ~을 더 이상 이용하지 못하게 하다

Entziehung *f.* 철회<박탈>, 취소 (→ *Entzug*)

Entziehung
~ der elterlichen Gewalt 친권 박탈; ~ der Fahrerlaubnis <des Führerscheins> 운전면허박탈; ~ der Konzession 면허취소; ~ der Prozeßkostenhilfe 소송비용원조의 철회; ~ der Vollmacht 대리권 철회; ~ der elektrischen Energie 도전

Entzug des ~ Wortes 발언금지

Entzugs~
~anstalt *f.* 금단치료시설; ~erscheinung *f.* 금단증상

enumeratio *l.* 숫자를 세어 나감

Enumerationsprinzip *n.* [한정] 열거 <예기>주의

enumerativ *a.* 열거하는;

enumerativ *a.*, ~ aufzählen *v.* 열거하다

eodem (die, mense, anno) *l.* 동일한 때(날, 달, 연도)에

eo ipso *l.* 스스로, 그 자체로

episcopus *l.* 주교

epistola *l.* 공개장, 서신

epistola evacuatoria *l.* 부고(訃告); 분실한 증서의 효력이 상실되었음을 (문서를 통해) 선언하는 행위

Equilibrium *n.* 평형상태

equitas *l.*, → *Billigkeit*

Equity *f. e* 형평

erachten *v.* [*etw.* für *etw.* ~] ~을 ~으로 간주하다, 고려하다

Erb~ ~[an]fall *m.* 상속개시; ~anspruch *m.* 상속청구[권]; ~anteil *m.* 상속[지]분; ~anwartschaft *f.* 상속계승권; ~auseinandersetzung *f.* [재판소] 유산분할; ~auseinandersetzungsklage *f.* 유산분할의 소(訴); ~ausschlagung *f.* 상속 방기(放棄); ~berechtigter *m.* (der ~e) 상속권한자; ~baugrundbuch *n.* 지상권등기부; ~baurecht *n.* 지상권(地上權); ~baurechtsberechtigter *m.* 지상권권리자; ~bauzins *m.* 지상권임대료; ~berechtigung *f.* 지상권의 상속권한; ~berechtigter *m.* (der ~e) 상속권리자; ~bescheinigung *f.* = → *Erbschein*; ~besitz *m.* 추정상속인 점유; ~einsetzung *f.* 유증, 상속인 지정; ~einsetzungsvertrag *m.* 상속지정계약; ~ernennung *f.* 상속인지정; ~ersatzanspruch *m.* 상속권보증의 청구권한; ~fähigkeit *f.* 상속능력; ~fall *m.* 상속개시(相續開始); ~folge → *Erbfolge*; ~gut *n.* [*als Vermögen*] 상속재산; ~lasser *m.* 피상속인; ~masse *f.* 상속재산; ~pacht *f.* 영소작권; ~recht *n.* 상속권<법>; ~recht des Staates 국가상속권; ~recht, gesetzliches ~ 법정상속권;

~recht, testamentarisches ~ 유언 상속권;
~schaft → *Erbschaft*; ~schein *m.*상속증
명서; ~scheinverfahren *n.*상속증명서부
여 수속; ~streitigkeit *f.*상속[재산]관 쟁;
~teil *m.*상속분; ~teil, bestimmter ~ 지정
상속분; ~teil, gemeinschaftlicher ~ 합유
상속분; ~teil, gesetzlicher ~ 법정상속분;
~teilung *f.*상속재산분할; ~teilungsklage
*f.*상속재산분할 소; ~teilungsvertrag *m.*
상속재산분할 계약; ~unfänigkeit *f.*상속
무능력; ~unwürdigkeit *f.*상속흠격; ~vertrag
→ *Erbvertrag*; ~verzicht *f.*상속[개시 전]
방기
erbberechtigt *a.*상속권이 있는
Erbe *n.*상속재산
Erbe *m.*상속[인]
Erbe
~ der Seitenlinie 대습상속[인]; ~ erster
Ordnung 제일친등상속[인]; ~ gerader
Linie 직계상속[인]
Erbe
gesetzlicher ~ 법정상속인; künftiger ~
장래상속인; leiblicher ~ 직계상속인;
männlicher ~ 남자<남계>상속인; mutmaßlicher
~ 추정상속속인; rechtmäßiger ~ 법정상
속인; testamentarischer ~유언 상속인;
weiblicher ~ 여자<여계>상속인
Erbe
ein ~ antreten *v.*유산을 상속하다; ein ~
ausschlagen *v.*유산상속을 방기(放棄)하
다
erben *v.*유산을 상속하다
Erben~
~besitz *m.*상속인점유; ~ermittlung *f.*상속
인조사; ~gemeinschaft *f.*공동상속관계;
~haftung *f.*(유산 청구를 하기 위한) 상
속자 보증; ~stellung *f.*상속인지위
Erbeserbe *m.* 한 상속인의 다음 후계자
erbfähig *a.*상속권이 있는
Erbfolge *f.*상속순위
Erbfolge
außerordentliche ~ 특별상속[순위]; gesetzliche
~ 법정상속[순위]; gewillkürte ~ 임의적
(당사자 간 합의에 따른) 상속순위;
ordentliche ~ 보통상속[순위];

testamentarische ~ 유언상의 상속순위
Erbfolge~
~frage *f.*상속순위의 문제; ~ordnung *f.*
상속순위; ~recht *n.*상속권<법>; ~system
*n.*상속제
Erblasser *m.*피상속인
Erbrecht *n.*상속법, 상속권
Erbrecht
internationales ~ 국제상속법; umstrittenes
~ 계쟁(係爭)중인 상속권
Erbrecht
~ des Staates 국가상속권
erbringen *v.*결과를 가져오다, 제공하
다
erbringen
Beweis ~ 증명하다
Erbschaft *f.*상속[재산]
Erbschafts~
~abgabe *f.*상속세; ~ablehnung *f.*상속[재
산]거절; ~anfall *m.*상속재산의 귀속;
~angelegenheit *f.*상속사건; ~annahme *f.*
상속[재산]승인; ~anspruch *m.*상속회복
청구권; ~anteil *m.*상속[재산]지분; ~antritt
*f.*상속승인; ~ausschlagung *f.*상속 배제;
~besitz *m.*상속점유; ~besitzer *m.* 상속권
자; ~besteuerung *f.*상속재산에 대한 과
세; ~forderung *f.*유산채권; ~gegenstand
상속대상물; ~gericht *n.*상속재판소(相續
裁判所); ~gläubiger *m./pl.*유산채권자;
~käufer *m.*상속재산의 매수인; ~kauf *m.*
상속재산 매수; ~klage *f.*상속회복청구
의 소(訴); ~masse *f.*상속재산, 유산;
~prozeß *m.*상속사건소송; ~sachen pl.상
속사건[수]; ~schuld *f.*유산<상속재산>채
무; ~schuldner *m.*유산채무자; ~steuer *f.*
상속세; ~steuertarif *m.*상속세율; ~teilung
*f.*상속재산분할; ~verbindlichkeit *f.*유산
채무; ~vermögen *n.*상속재산; ~verwaltung
*f.*상속재산관리
Erbschein *m.*; öffentlicher Glaube des
~s 상속증서의 공신력
erbunfähig *a.*상속조건을 갖추지 못한
Erbvertrag *m.*상속계약
Erbvertrag
einseitiger ~ 일방적 상속계약;

wechselseitiger ~ 상호석 상속계약
Erdbeben n. 지진
Erdbeben~
~klausel f. 지진조항; ~versicherung f. 지진보험

erdrosseln v.; jn. ~ ~를 교살(絞殺)하다

erectio l. 종교계 관정을 설립함
eremodicium l. 출석하지 않은 당사자가 부재한 가운데 재판을 진행함. 궐석재판의 전신(前身)
erepticia, ereptoria l. 상속받은 재화, 되돌려주어야 할 물건, 상속부적격자가 상속받은 물건

Erfahrung f. 경험
Erfahrung
forensische ~ 법정경험; praktische ~ 실무경험

Erfahrungs~
~[grund]satz m. 경험의 기본원칙; ~tatsache f. 경험적 사실; ~urteil n. 경험적 판단; ~wissen n. 경험적 지식; ~wissenschaft f. (특히 자연과학중) 경험 과학

erfassen v. 1 [im Gesetz etw. ~] ~을 제정하다 2 [etw. gedanklich ~] ~을 이해하다

erfinden v. ~을 발명하다
Erfinder m. 발명가
Erfinder~
~patent n. 발명가특허; ~privileg n. 발명가의 특권<특전>; ~recht n. 발명가의 권리; ~schutz m. 발명가보호.

Erfindung f. 발명
Erfindung f., patent(ier)fähige ~ 특허권을 부여받을만한 발명

Erfindungs~
~begriff m. 발명의 개념; ~gedanke m. [, allgemeiner ~][개념의] 발명사상; ~gegenstand m. 발명의 대상; ~patent n. 발명특허; ~voraussetzung f. 발명의 전제조건; ~wert m. 발명가치

Erfinder~
~benennung f. 발명자명칭; ~recht n. 발명권; ~schutz m. 발명가보호.

Erfolg m. 결과, 효과

Erfolg m., tatbestandlicher ~ 구성요건적결과
Erfolgs~
~abwendung f. 결과회피; ~abwendungsmöglichkeit f. 결과회피가능성; ~abwendungspflicht f. 결과회피의 의무; ~aussicht f. einer Klage 소송의 성공 가능성; ~aussicht eines Rechtsmittels 상소[소송]의 성공 가능성; ~beurteilung f. 성과판단; ~delikt n. 결과범(結果犯); ~eintritt m. 결과발생<도래>; ~haftung f. 결과에 따르는 책임; ~honorar n. 성공보수, 실적수당; ~ort m. 결과발생지; ~qualifizierung f. 결과적 가중; ~unwert m. 결과적 무가치; ~verwirklichung f. 결과의 실현; ~verwirklichungswille m. 결과실현의 의사; ~wert m. 결과에 따르는 가치; ~wille m. 결과<효과>의사

erforderlich a. ~이 필요한, ~이 필수인
erfordern v. ~을 요구하다, ~을 필요로 하다
Erfordernis n. 요건, 요구
Erfordernis n., gesetzliches ~ 법정요건
Erfordernis
~ der Schriftlichkeit 서면상의 요구

Erfüllung f.; erfüllen v. 1 [i.S.v. Leistung] ~을 이행하다 2 [i.S.v. ein Ziel erreichen] 목표을 달성하다
Erfüllung
~ des Vertrages 계약이행; ~ eines Anspruchs 청구권이행(請求權履行); ~ einer Bedingung 조건달성; ~ einer Forderung 채권이행(債權履行); ~ nach Klageerhebung 기소 후 채무이행; ~ unter Vorbehalt 유보조건하의 변제; ~ Zug um Zug 동시이행
Erfüllung
freiwillige ~ 임의적 이행; mangelhafte ~ 불완전이행; teilweise ~ 일부이행<변제>

Erfüllungs~
~akt m. 이행행위; ~angebot n. 이행제공; ~annahme f. 이행수취, 변제수령; ~anspruch m. 이행청구권; ~bereitschaft f. 이행<변

제>준비; ~frist f.이행<변제>기한; ~garantie f.이행보증; ~gehilfe m.이행보조자(履行補助者); ~geschäft n. 이행행위; ~halber 이행을 위하여; ~handlung f.이행<변제>행위; ~interesse n.이행이익; ~ort m.계약 이행지<장소>, (어음의) 지급지, 인도지(引渡地); ~pflicht f.이행<변제>의무; ~surrogat n.변제대상물(辨濟代償物), 대[체]물; ~tag m.이행<변제>일; ~übernahme f.이행인수; ~vertrag m.이행계약; ~verweigerung f.이행거절; ~verzug m.이행지체; ~zeit[punkt] f.[m.] 이행<변제>기

erga omnes *l.* 만인 대
ergänzend *a.*; ~e Auslegung 보충적 해석
Ergänzung *f.*; **ergänzen** *v.*~을 보충<경정(更正)>하다
Ergänzung des
~ Beschlusses 결정경정;
~ Parteivorbringens 당사자진술의 추가;
~ Protokolls 조서 경정; ~ Urteils 판결경정(更正); ~ Vortrages 진술 보충
Ergänzungs~
~gebühr f.보충수수료; ~gesetz n.보충법규; ~klausel f.보충조항; ~richter m.보충판사; ~urteil n.보충<추가>판결; ~schulen 보충학교
ergastulum *l.* 감옥; 노예들의 강제노동 교도소
Ergebnis *n.*결과, 성과
Ergebnis
~ der Beweisaufnahme 증거조사 결과
Ergebnisabführungsvertrag *m.*수익양도계약
Erhaltung *f.*; **erhalten** *v.*~을 유지<보존>하다
Erhaltungs~
~aufwand m.보존비용; ~handlung f.보존행위; ~kosten pl.보존비
Erhängen *n.*; **erhängen** *v.*①{*i.S.v. jn. derart umbringen*} ~를 교살하다 ②{*als Vollstreckung durch Henker*} ~를 교수형에 처하다
Erhebung *f.*; **erheben** *v.*①{*Klage*} 소송을 제기하다 ②{*Gebühren, etc.*} (조세 따위)를 징수하다

Erhebung
~ einer Anklage 공소제기; ~ einer Klage 기소; ~ eines Widerspruchs 이의 제기; ~ von Steuern 조세징수; ~ von Zinsen 이자징수
Erhebungs~
~form f.징수방법; ~organ n.징수기관<관청>
Erinnerung *f.*이의
Erinnerung gegen die ~
~ Art und Weise der Zwangsvollstreckung 강제집행방식에 관한 이의; ~ Erteilung der Vollstreckungsklausel 집행조항공시에 관한 이의; ~ Kostenfestsetzung 비용사정[방법]에 관한 이의
erkennbar *a.*인식할 수 있는
Erkennbarkeit *f.*인식가능성
Erkennen *n.*; antragsgemäß ~ [소송]청구인
Erkenntnis *f.*인식, 지식
Erkenntnis
absolute ~ 절대인식; genaue ~ 정확한 지식; konkrete ~ 구체적 지식; unmittelbare ~ 직접적 지식
Erkenntnis~
~inhalt m.인식내용; ~lehre f.인식론; ~theorie f.인식이론; ~vermögen n.인식능력; ~verfahren n.판결수속
erklären *v.*[*etw. für kraftlos ~*] ~에 대해 무효선고하다
Erklärender *m.*(*der ~e*) 표의자, 표시자
Erklärung *f.*; **erklären** *v.*①{*als Willensäußerung*} ~에 대한 의사표시를 분명히 하다 , ~을 선언<선고, 진술>하다 ; ~을 표시하다 ②{*als Beschreibung*} ~을 설명하다
Erklärung
ausdrückliche ~ 명시적 표현; eidliche ~ 선서의 의사표시; einseitige ~ 일방적 의사표시; förmliche ~ 형식적 선언; Gemeinsame ~ {*i.S.d. VöR*-제} 공동성명; gemeinschaftliche ~ 공동선언; öffentliche ~ 공시; mündliche ~ 구두 의사표시; rechtsgeschäftliche ~ 법적표시;

rechtsgestaltende ~ 형성적 의사표시;
schriftliche ~ 서면상의 의사표시;
stillschweigende ~ 암묵적 표시

Erklärung
~der vorläufigen Vollstreckbarkeit 가집행선언; ~ der Menschenrechte 인권선언; ~ der Nichtigkeit 무효선언; ~ zu Protokoll 조서기재의 의사표시

Erklärungs~
~akt m.표현행위; ~bote m.대리 표시자; ~empfänger m.의사표시 상대방; ~frist f. 표시<표의>기간; ~geschäft n.의사 필요[법률]행위; ~handlung f.표현행위; ~inhalt m.표현내용; ~pflicht f.진술의무; ~theorie f.표시주의; ~urteil n.선언판결; ~wille m.표시의사

Erkundigungspflicht f.검사의무

Erlaß m.; **erlassen**
v.1 {i.S.v. Entlastung} ~에게 ~에 대해 면책<면제>을 부여하다 2 {von Schriftstücken, usw.} 발부<발행> 3 {i.S.v. Befehl einer Behörde} ~을 포고(布告)하다, 공포하다

Erlaß
~ der Strafe 형의 면제(免除); ~ des Haftbefehls 체포영장발부; ~ einer Rechtsverordnung 법령제정

Erlaß, kaiserlicher ~ 칙령

Erlaubnis f.동의, 허가

Erlaubnis, eine ~
~ erteilen v.동의하다, 허가하다; ~ verweigern v.~에 대한 동의<허가>를 거부하다

Erlaubnis, ohne ~ 무허가임

Erlaubnis~
~schreiben n.허가장, 면허증; ~verweigerung f.허가 거절; ~vorbehalt m.허가유보

Erläuterung m.; **erläutern** v.[(jm.) etw. ~] (~에게) ~을 설명<해명>하다

Erlebensfallversicherung f.생존보험

Erledigung f.해결, 종결

Erledigung der Hauptsache
본안[소송]완결<종결>

Erledigungs~
~erklärung f.본안완결의 선언; ~erklärung, beid[er] seitige <übereinstimmende> ~~ 쌍방의 본안완결 선언; ~erklärung, einseitige ~~ 일방[적] 본안완결 선언

Erlös m.순익<대가>, 매상 고, 잉어금

Erlöschen f.; **erlöschen** v.~이 소멸하다, 사라지다, 효력을 잃다

Erlöschen
~ der Gesellschaft 회사[존재]소멸; ~ der Verbindlichkeit 채권 소멸; ~ der Vertretungsmacht 대리권 소멸; ~ des Schuldverhältnisses 채권 소멸; ~ einer Forderung 채무 소멸; ~ einer Hypothek 저당권 소멸; ~ eines Pfandrechts 질권 소멸; ~ eines Rechts 권리 소멸

Erlöschungsgrund m. 소멸원인

Ermächtigung f.; **ermächtigen** v.~에게 권한을 위임하다

Ermächtigung
gesetzliche ~ 법률 위임; rechtsgeschäftliche ~ 법률행위상 대리[권]

Ermächtigungs~
~grundlage f.수권의 근거; ~schreiben n. 위임장; ~theorie f.수권주의<설>

Ermahnung f.충고, 경고

Ermäßigung f.; **ermäßigen** v.~을 경감<감가>하다

ermessen v.~을 평가하다

Ermessen n.재량; etw. in jmds. ~ stellen v.누구의 자유재량에 맡기다

Ermessen
billiges ~ 형평에 따른 재량; freies ~ 자유재량; gebundenes ~ 기속(羈束)재량; gerichtliches ~ 재판소의 재량; pflichtgemäßes ~ 기속(羈束)재량; richterliches ~ 재판관의 재량; umfassendes ~ 완전 재량

Ermessen
nach freiem ~ 자유재량에 따라; nach pflichtgemäßem ~ 기속재량에 따라

Ermessens~
~akt m.재량행위; ~ausübung f.재량행사; ~bereich m.재량범위; ~entscheidung f.재량결정; ~fehler m.재량상의 흠결(欠缺); ~grundsatz m.재량원칙; ~mißbrauch m.자유재량권의 남용; ~reduzierung f.재량

권의 축소; ~richtlinien *pl.* {*an die Verwaltung*} 재량기준; ~spielraum *m.* 자유재량의 여지; ~überschreitung *f.* 재량 [범위]일탈<우월>; ~vorschrift <~norm> *f.* 재량규정

Ermittelnder *m.(der ~e)* 취조관

Ermittlung *f.*; **ermitteln** *v.*①{*i.S.v. polizeilich ermitteln*} ~을 수사하다 ②{*i.S.v. allgemein untersuchen*} ~을 조사<심사, 탐지>하다

Ermittlungen *pl.*
die ~ abschließen 수사를 종결하다

Ermittlungs~
~akten *f.* 수사기록; ~akte *pl.* 수사처분; ~ergebnis *n.* 수사결과; ~organ *n.* 수사기관; ~richter *m.* 수사법관; ~stadium *n.*[im ~] 수사단계; ~tätigkeit *f.* 수사 활동<행위>; ~verfahren *n.* 수사수속

Ermordung *f.*; jn. **ermorden** *v.* ~를 모살(謀殺)하다

Ernennung *f.*; **ernennen** *v.*[*jn.* zu *etw.* ~] ~를 ~ 직위에 임명<지명, 지정>하다

Ernennungs~
~beschluß *m.* 위임<선임>결정<결의>; ~recht *n.* 임명<위임, 선임>권; ~urkunde *m.* 임명장

Erneuerung *f.*; **erneuern** *v.* ~을 갱신하다

Erneuerungsvertrag *m.* 갱신된 계약

erogator *l.* 유언장 집행인

Eröffnung *f.*; **eröffnen**
*v.*①{*allgemein*} ~을 개시<개회>하다 ②[(*jm./etw.*) *etw.* ~] (~에게) ~을 털어놓다, 알리다 ③{*ein Geschäft usw.*} ~을 개업(開業)하다

Eröffnung
~ der Haftgründe 구류사유<이유>의 게시(揭示); ~ der Sitzung {*Gericht*} 개정(開廷); ~ des Hauptverfahrens 공판수속 개시; ~ des Konkurses 파산수속의 개시; ~ des Testaments 유언서의 게시

Eröffnungs~
~antrag *m.* 게시신청; ~beschluß *m.*[공판] 게시결정, 파산선고결정; ~bilanz *f.* 게시

대차대조표; ~verfahren *n.* 공판게시수속

Erpressung *f.*; **erpressen** *v.* ~를 협박하다; versuchte ~ 공갈미수

Errare humanum est *l.* 인간인 이상 실수하게 마련이다(히에로니무스)

erratum, error *l.* 실수, 오류

Errichtung *f.*; **errichten** *v.* ~을 창립하다, ~을 작성하다

Errichtung
~ eines Testament 유언 작성

error *l.* 착오

error *l.*
~ in objecto *l.* 객체 착오; ~ in persona *l.* 인 관 착오; ~ in substantia *l.* 요소 간 착오

error calculi *l.* 산술오류

error facti *l.* 과실행위

error in obiecto *l.* 범죄행위 대상물에 대한 과실

error in persona *l.* 사람을 공격의 대상으로 삼은 과실(이와 반대되는 개념은 → *aberratio ictus*)

error in qualitate *l.* 계약 대상물의 품질에 대한 과실(진품이냐 아니냐)

error in substantia *l.* 계약 대상물의 본질에 대한 과실(금이냐 은이냐)

error iuris *l.* 법적 과실

error juris ≪*iuris*≫ *l.* 법률 착오

error probabilis *l.* 용서받을 수 있는 과실

Errungenschaftsgemeinschaft *f.* 소유 공동제

Ersatz *m.*①{*in Geld*} 보상, 배상 ②{*andere Sachen*} 보충

Ersatz~
~anspruch *m.* 배상청구권; ~befugnis *f.* 보충권한; ~erbe *m.* 후순위상속인; ~freiheitsstrafe *f.* 노역장유치; ~forderung *f.* 보충<배상>청구<채권>; ~geld *n.* 배상금; ~leistung *f.* 배상<보상>급부; ~leistungspflicht *f.* 배상의무; ~mutterschaft *f.* 대리모관계; ~pfleger *m.* 보충보좌인; ~pflegschaft *f.* 보충보좌; ~pflicht *f.* 배상<보상>의무; ~pflichtiger *m.(der ~e)* 배상<보상>의무자; ~schulen *pl.* 대체학교; ~vornahme *f.* 대[체]집행;

~zuständigkeit f.보충관할; ~zustellung f.보충송달
ersatzfähig a.배상 가능한
ersatzpflichtig a.배상의 의무가 있는
Erscheinen n.; **erscheinen** v. 1 {allgemein} ~에 출연하다 2 {vor Gericht} ~에 출두(出頭)하다
Erscheinen [beiderseitiges] persönliches ~ [양당사자간] 본인<자신>출두
Erscheinen ~ von Zeugen 증인출두; ~ vor Gericht 출두(出頭)
Erscheinungspflicht f.출두<출연>의무
Erschießung f.; jn. **erschießen** v.~를 총살<사살>하다
erschlagen v.; jn ~ ~를 때려죽이다, ~를 박살내다
Erschleichung f. eines Urteils 판결 사취<절취>
Erschließung f.; **erschließen** v.~을 개발<개척>하다
Erschließungs~ ~beitrag m.개발분담금; ~genehmigung f. 개발허가
Erschöpfung f. ~ des Instanzenzuges 심급 종결; ~ des Rechtsweges 소송 종결
Erschöpfungseinrede f. des Erben 상속재산부족에 관한 항변
erschwerend a.가중적인, 어렵게 하는
erschwindeln v.[sich etw. ~] ~을 편취<사취(詐取)>하다
ersetzen v.~을 배상<보충>하다
ersetzen (jm.) den/einen Schaden ~ v.(~에게) 손해 배상을 하다; (jm.) die Unkosten ~ v.(~에게) 비용을 상환하다
Ersetzungsbefugnis f.대용권
Ersitzung f.; **ersitzen** v.~시효에 의하여 취득하다
Ersitzungsfrist f.<~zeit> 취득시효기간
Erst~ ~erfinderprinzip n.선발명주의; ~instanz f.[제]일심; ~prämie f.최초보험료; ~produzent

m.제일차 제조업자; ~risikoversicherung f. 제일차위험보험; ~stimme f.제일표; ~täter m.초범자
Erstattung f.; **erstatten** v.[jm. etw. ~] ~을 배상<보상, 상환>하다
Erstattung ~ eines Gutachtens 감정의견의 보고; ~ von Kosten 비용배상<상환>
Erstattungs~ ~anspruch m.비용배상청구권; ~pflicht f. 배상<상환>의무
Erstehung f.; **erstehen** v.~을 취득하다
Ersteigerer <**Ersteigernde**> m.매수인<구매인>
Ersteigerung f.; **ersteigern** v.경매에서 ~을 낙찰시키다, ~을 구매하다
Ersteigerungserlös m.환가대금
erstinstanzlich a.제일심(第一審)의
Erstreckung f. der Rechtskraft <→ Rechtskrafterstreckung> 기판력(旣判力)의 확장
Ersuchen n.; **ersuchen** v.[jn. um etw. ~] ~에게 ~을 청구<의뢰> 하다
Erteilung f.; **erteilen** v.[(jm.) etw. ~] (~에게) ~을 하다
Erteilung ~ der Vollstreckungsklausel 집행문의 교부; ~ einer Erlaubnis 승낙허용; ~ einer Vollmacht 대리권수여; ~ eines Auftrags 위임권의 수여
Ertrag m.수익
Ertrags~ ~berechnung f.수익산정; ~garantie f.수익보상; ~minderung f.수익감소; ~wert m. 수익가액
Ertrag~ ~steigerung f.수익증가; ~steuer f.수익세
eruditio l. 박학다식함
Erwachsener m.성인
Erwachsenen~ ~delinquenz f.성인범죄; ~strafrecht n.성인형법
erwählen v.[jn. zu etw. ~] ~를 ~에 선발<선출>하다

Erwartungshorizont m.기대기준
Erweiterung f.; **erweitern** v.~을 확장하다
Erweiterung des Klageantrages 청구 확장
Erweiterungsinvestition f.설비확장 투자
Erwerb m.; **erwerben** v.[etw. von jdm ~] ~으로부터 ~을 취득하다
Erwerb
~ unter Vorbehalt 유보취득; ~ vom Nichtberechtigten 무권한자의 취득; ~ von Falschgeld 위조통화 취득; ~ von Grundstücken 부동산취득; ~ von Wohnungseigentum 주거재산권 취득
Erwerb
abgeleiteter ~ 소급적 취득; bedingter ~ 조건부취득; entgeltlicher ~ 유상취득; gutgläubiger <redlicher> ~ 선의취득; originärer <ursprünglicher> ~ 원시취득; unentgeltlicher ~ 무상취득; unerlaubter ~ von Falschgeld {als Delikt} 위조통화불법취득[죄]
erwerben v.
gutgläubig ~ 선의취득하다; käuflich ~ 구입하다; rechtmäßig ~ 적법절차에 의거하여 취득하다
Erwerber m.취득자
bösgläubiger ~ 악의적 취득자<자>; gutgläubiger <redlicher> ~ 선의의 취득자<자>
Erwerbs~
~art f.취득방법; ~fähigkeit f.생계 능력, 생업<취업>능력; ~geschäft n.①{als Rechtsgeschäft} 취득행위 ②{i.S.v. Unternehmen} 영리회사; ~grund m.취득원인; ~losigkeit f.실업; ~recht n.[, dingliches ~~] [물건적]취득권; ~tatbestand m.[, dinglicher ~][물건적취득요건; ~tätigkeit f.영리적<소득>활동; ~titel m.취득명의; ~steuer f.영리세; ~unfähigkeit f.취업 불능; ~verhältnis f.취업관계; ~versicherung f.영리보험; ~zeitpunkt m.취득시기
erwerbslos a.실업의

erwerbsunfähig a.취업 불능의
Erwiderung f.답례, 응답; **erwidern** v.[auf etw. ~] {eine Klage, usw.} ~에 응소하다
Erwiderungs~
~frist f.응소기간; ~schrift f.응소장
erwiesen a.입증된, 증명된
Erwirkung f.; **erwirken** v.~을 얻어내다, 이루어 내다
erwirken v.
ein Urteil ~ 판결을 언도하다
erwürgen v.~를 교살하다, ~를 질식사시키다
Erzeuger~
~land n.생산국, 산출국; ~preis m.제조원가
Erzeugung f.; **erzeugen** v.아이를 출산하다, ~을 생산하다
Erzeugnis n.생산물, 산출물
Erzeugnis n., **gewerbliches ~** 기업의 생산물<산출물>
Erziehung f.교육, 양육
Erziehungs~
~anstalt f.{für Jugendliche} 소년원; ~beistand m.양육보호자; ~beistandschaft f.보호후견; ~berechtigter m.(der ~~e) 친권자; ~geld n.양육보조금; ~gewalt f.친권; ~kosten pl.교육<양육>비; ~maßnahme f.교육처분; ~maßregeln pl.보호처분; ~pflicht f.교육의무; ~recht n.[elterliches ~] [친] 양육권; ~strafe f.[Theorie der ~] 교육형[론]; ~urlaub m.육아휴가
erzwingbar a.강제[집행]<강요>가 가능한
Erzwingung f.; **erzwingen** v.~을 강제<협박>하다
Erzwingungshaft f.[강제]구인
essentialia negotii l. 법률 행위의 본질적 내용
essentiell a.필연적인, 본질적인
Est modus in rebus, sunt certi denique fines l. 모든 일에 있어 한도는 있다. 어쨌든 분명한 한계는 있다 (호라티우스)
Et ab hoste doceri l. 적에게도 배울

것이 있다
Etat *m.* 예산
Etat~
~beratung *f.* 예산심의; ~entwurf *m.* 예산안; ~feststellung *f.* 예산확정; ~jahr *m.* 예산연도; ~plan *m.* 예산안; ~summe *f.* 예산액; ~überschreitung *m.* 예산초과
et cetera, etc. *l.* 기타 등등
Et non facere facere est *l.* 포기하는 것도 행동하는 것이다
Euro~
~-Anleihe *f.* 유로차관; ~bond *m.*{c 'Eurobond'} 유로채권; ~bondmarkt *m.* 유로채권시장; ~cheque *m.* 유로수표; ~dollar *m.*{c 'Euro-dollar'} 유로달러; ~dollar-Anleihe *f.* 유로 대 달러 차관; ~dollarmarkt *m.*{c 'euro-dodllar'} 유로 대 달러 시장; ~-Geldmarkt *m.*{c 'euro money'} 유로금융시장; ~-Kapitalmarkt *m.* 유로자본시장; ~-Markantleihe *f.*{c 'Mark'} 유로 대 마르크 차관; ~-Zins *m.* 유로금리
Europa *n.* 유럽
Europa~
~parlament *n.* 유럽<EC>[평]의회<각료이사회>; ~rat *m.* 유럽회의(1949년 이래 유럽통합을 목표로 하는 기구로 본부는 Straßburg에 있음)
Euthanasie *f.* 안락사
Eventual~ 예비적~
Eventual~
~anspruch *m.* 예비적 청구; ~antrag *m.* 예비적 청구<신청>, 부대제의(附帶提議); ~aufrechnung *f.* 예비적 상살; ~maxime *f.* 동시제출주의; ~vorsatz *m.* 미필적 고의; ~widerklage *f.* 잠정적 반소(反訴).
evictio *l.* 추탈
evident sein *v.* ~이 명백하다
Evidenz *f.* 증거
Eviktionshaftung *f.* 추탈담보책임
ex animus *l.* 고의
ex ante *l.* 전, 사전(의)
es aequo et bono *l.* 형평
evectio *l.* 진급, 그리고 반복된 진급에 따른 권리(왕과 귀족들이 주인으로서의 권리를 누림)

evictio *l.* 추출(더 많은 권리를 지닌 제3자에게 주기 위해 소유물을 합법적으로 압수하는 행위)
evidens (-entis) *l.* 명백한, 분명한, 뻔히 보이는, 보고 알 수 있는
evocatio *l.* 소환(1806년까지 외부 법정에 피고인을 소환하던 행위를 가리키는 말)
evocatorium *l.* 소환장
ex abrupto *l.* 돌연, 갑자기
exactor *l.* 세금, 벌금 등을 징수하던 공무원
ex aequo et bono *l.* 형평과 선에 의거하여(법규가 아니라 형평성의 원칙에 근거를 둔 중재 판정에 있어 조문에 반드시 포함되는 문구)
examen *l.* 시험; 벌떼
examen testium *l.* 증인신문
ex bonum et aequum *l.* 선의급 형평 종
ex capite *l.* 머릿속에서, 기억 속에서; 법적 근거로 인해
ex cathedra (Petri) *l.* (베드로의) 의자로부터(신앙과 관련된 교황의 말이 틀릴 수 없는 것처럼 확실하다는 것을 의미함)
exceptio *l.* {→ *Einrede*} 상소, 이의, 항변[권]
exceptio
~ bona fidei possessionis *l.* 선의점유 항변; ~ doli *l.* 악의<사기>항변[권]; ~ ex jure tertii *l.* 제삼자 권리 기 항변; ~ fori *l.* 관할 항변; ~ in rem *l.* 물 대 항변; ~ litis pedentis *l.* 소송계속 중 항변; ~ mali *l.* 사기 항변; ~ pacti de non petendi *l.* 불청구계약<청구불행사약속> 항변; ~ pedentis *l.* 권리구속 항변; ~ peremptoria *l.* 기각적 항변
peremptoria
~ perpetua *l.* 영구적항변; ~ res judicatae *l.* 기판사건<확정력>항변
exceptio compensationis *l.* 상쇄청구에 대한 항변
exceptio de odio et atia *l.* 고소가

악의적이고 야비하다는 내용의 항변(영국 법률)
exceptio dilatoria *l.* 일시적(지연적) 항변
exceptio doli *l.* 기만, 사기에 대한 항변
exceptio domini *l.* 소유권 박탈에 관련된 고소에 있어서 소유권을 주장하는 항변
exceptio excussionis *l.* 먼저 채무자를 대상으로 재판절차를 이행하고, 그 이후에 제3자에 대한 절차를 이행해 줄 것을 요구하는 항변
exceptio iurisiurandi *l.* 박탈당한 권리에 대한 항변
exceptio litis pendentis *l.* 소송 관할에 관한 항변(다른 법정)
exceptiones fori declinatoriae *l.* 법정을 거부하는 항변
exceptiones litis ingressum impedientes *l.* 소송을 방해하는 항변
exceptio non impleti (non rite impleti) contractus *l.* 충족되지 않은 (혹은 제대로 충족되지 않은) 계약에 관한 항변
exceptio obreptionis *l.* 거짓 사실로 현혹시킨 것에 대한 항변
exceptio peremptoria *l.* 파괴적 항변
exceptio plurium (concumbentium) *l.* (가임기간 중) 여러 남자와 관계를 맺은 것에 관한 항변
exceptio refusionis pretii *l.* 적절한 대금을 받고 나서야 선의로 획득한 물건을 내주겠다는 항변
exceptio rei iudicatae *l.* 법적 효력을 지닌 결정에 대한 항변
exceptio spolii *l.* 폭력적으로 소유권을 박탈당한 물건을 재판에 앞서 다시 소유해야 한다는 내용의 항변(교회법)
exceptio subreptionis *l.* 진실을 침묵하는 것에 관한 항변
exceptio temporis *l.* 공소시효에 관한 항변
exceptio vitiosae possessioinis *l.* 잘못된 소유에 관한 항변

excessus *l.* 무절제; 숨어 있는 한계를 넘어섬(예 : 정당방위 시 과잉대응)
exclusiva (sententia) *l.* 특정 국가들이 지닌 권리로서, 자국 추기경들 중 누군가를 교황선출 대상에서 제외시킬 수 있는 권리 → *ius exclusivae*
Exculpation ≪**Exkulpation**≫ *f.*책임조각사유(責任阻却事由), 면책
Exculpationsbeweis *m.*책임조각사유<면책>의 증명
exculpieren ≪**exkulpieren**≫ *v.*; sich ~ 자신의 책임조각사유<면책>를 주장하다
ex commissione *l.* 위탁을 받아
excommunicatio *l.* 교회로부터의 추방(높은 강도의 파문); 성직자 자격 박탈(낮은 강도의 파문)
ex contractu *l.* 계약에 의해
exculpatio *l.* 정당성 입증, 용서 받음
excusatio *l.* 용서 받음; 해방
excusatus *l.* 망명지에서 이송된 자를 처벌하지 않는다는 보장
ex delicto *l.* 허용되지 않는 행위로 인해
executio *l.* 실행, 집행; 법적인 강제집행
executor *l.* 집행인
executor ultimarum voluntatum *l.* 유언장 집행인
exegesis *l.* 해석
exempli causa *l.* 예를 들면, 이러한 사례로 인해
exemptio *l.* 제거; 석방, 해방; 정식 관할권으로부터의 해방; 주교의 판결권으로부터의 해방(교회법); 부담으로부터의 해방(예 : 조세부담)
exequatur *l.* 그가 집행한다; 국가를 대표하는 영사가 국가로부터 권한을 위임받아 국가의 이름으로 어떤 행위를 하는 것; 국제민사법에 있어서 타국에서 내려진 판결을 집행할 수 있다는 선언
Exequatur *f.*(국가가 외국의 영사, 무역 사무관에게 주는) 승인서, 인가장; 승인, 인가

Exequaturverfahren n. 승인수속절차
Exekution f.; **exekutieren** v. ~을 집행하다, ~를 처형하다
Exekutions~
~anspruch m. 집행청구권; ~auftrag m. 집행위임; ~befehl m. {als Dokument} 집행명령[장]; ~befugnis f. 집행권; ~behörde f. 집행관청<당국>; ~beschränkung f. 집행제한; ~frist f. 집행기간; ~gericht f. 집행재판소; ~gewalt f. 집행권; ~intervention f. 집행에 관한 이의; ~organ n. 집행기관; ~recht n. 집행권; ~system n. 집행주의; ~titel m. 집행명의; ~verfahren n. 집행수속; ~wirkung f. 집행 효과
exekutiv a. 집행의
Exekutiv~
~organ n. 집행기관; ~gewalt f. 집행<행정>권; ~komitee n. 집행위원회; ~recht n. 행정권; ~strafe f. 집행처벌
Exekutor m. {im ErbR-법} 유언집행자
exekutorisch a. 집행의, 강제집행의
Exemption f. 제외
exfestucatio l. 작은 막대기(→festuca)를 전달하는 상징적인 행위를 통해 법적 승계인에게 토지를 양도하는 행위, 포기하는 행위
exheredatio l. 상속권 박탈
exheredatio bona mente l. 선의적 의도에서 상속의 일부 혹은 채무의 일부를 제한하는 행위
Exhibitionismus m. 노출증
exhibitum l. 제출, 제출된 문서
exhortatio l. 사기를 북돋움(일종의 응원 행위)
Exhumation (→ *Exhumierung*) f.; **exhumieren** v. (허가를 받아 시체를) 발굴하다
ex hypothesi l. 전제조건에 따라
exilium l. 추방, 타국, 피난처
existent <existierend> a. 기존의<현존의>, 존재하는
Existenz f.; **existieren** v. 존재하다, 실존하다
Existenz~
~fähigkeit f. 생존능력; ~frage f. 존립문제;

~minimum n. 최소 생존한도; ~recht n. 생존권
existimatio l. 국민으로서의 명예
exitus l. 포기, 신소유권 이양 행위의 일부로서 소유물을 내줌; 사망
ex iure l. 법률에 따라
ex jure 《 et iure 》 l. 법
Exkulpation → *Exculpation*, **exkulpieren** → *exculpieren*
Exklusion f. 거절, 배제
ex lege l. 법률 규정, 법률 기
exlex l. 법 이외에 해당하는
ex mandato l. 위임 받은 내용에 따라
exmissio l. 판사의 판결이 지니는 효력에 따라 거주지(토지) 밖으로 밀어냄
ex more et usu l. 관습과 관례에 따라
ex nexu l. 맥락에서 벗어난
Ex nihilio nil fit l. 무에서는 무만 창출된다(멜리소스/루크레티우스)
ex nunc l. 지금부터 (효력이 발생됨)
ex nunc l. 금, 권리발생시점 사정 기
ex officio l. 직권에 의해
exoneratio l. 혐의에서 벗어남
exonium l. 진정한 위기(법정에 출두하지 못하는 사유에 대해 법적으로 인정함)
ex oriente lux l. 동방에서 온 빛; 깨달음은 동방에서 온다(기독교)
Expansion f.; **expandieren** v. ~을 확장하다
Expansionismus m. 확장주의
Expansionspolitik f. 확장정책
expatriatio l. 국외 추방
Expatriation f.; **expatriieren** v. ~의 국적을 박기하다, ~를 국외로 추방하다; jdn {zwangsweise} ~ v. ~의 국적을 박탈시키다
expectativa feudalis l. 봉토 계승권
expensae l. 비용; 재판 비용
expensilatio l. 채무액을 채권자의 장부에 기입함
experimentum crucis l. 십자가의 시험(일종의 신의 판결이라 할 수 있음, '십자가의 시험' 판결이 내려진 경우,

해당 인물들은 양팔을 옆으로 뻗은 채 십자가 앞에 서 있어야 했고, 먼저 팔을 떨어뜨리는 측이 재판에서 지는 것이었다); 일반적으로는 결정적 시도를 의미함

Experte *m.*①{*i.S.v. Gutachter*} 감정인 ②{*allgemein*} 전문가

Expertenkommission *f.*전문가위원회

Expertise *f.*①감정 ②전문지식

Experto credite! *l.* 유경험자를 믿어라!(베르길리우스)

expilatio *l.* 상속받은 물건을 훔침

Explosion *f.*폭발

Explosiva *pl.*폭발물

Export *m.*수출

Export~

~abschwächung *f.*수출둔화; ~anteil *m.*수출당; ~fähigkeit *f.*수출능력; ~förderung *f.*수출촉진; ~gewerbe *f.*수출산업; ~kartell *n.*수출; ~kontrolle *f.*수출관리; ~kredit *m.*수출신용; ~kreditbürgschaft *f.*수출신용보험; ~märkte *pl.*수출시장; ~quote *f.*수출화율; ~subventionen *pl.*수출보조금; ~verbot *n.*수출금지; ~versicherung *f.*수출보험; ~zoll *m.*수출세

exportintensiv *a.*수출 집약적인

Exposé *n.*개진서, 보고서

ex post *l.* 후, 사후적

ex post (facto) *l.* 나중에, (행위) 이후에, 그 이후에

Expressa nocent, non expressa non nocent *l.* 규정 때문에 피해가 발생한다, 아무런 규정도 없으면 피해가 발생하지 않는다(기타 조건이나 기한을 명시하다 보면 법률 행위의 효력이 상실되는 경우가 있다는 뜻)

expressis verbis *l.* 명시적으로

expressis verbis *l.* 분명한 표현으로

ex professo *l.* 직업상

expromissio *l.* 채무 인수

expropriatio *l.* 몰수

Erpropriation *f.*<→ *Enteignung*>[공용]징수

ex proprio rigore *l.* 자력으로, 자기 힘으로

expulsio *l.* 공동체로부터의 추방; 회수(봉건 지주가 흉작이나 의무불이행 등을 이유로 소작인의 농작물을 빼앗는 행위)

exsecratio *l.* 파문(破門), 저주

exsecratio ecclesiae *l.* 교회 모독 → *crimen sacrilegii* → *pollutio*

exsecutio *l.* 행정부, 집행권을 지닌 기관

exspectantia *l.* 계승권(공석으로 남아 있는 교회 고위직에 대해)

exspoliatio *l.* 강탈, 약탈

ex(s)tinctio *l.* 말살, 근절

ex tempore *l.* 즉석에서, 준비되지 않은 상태로

exterminatio *l.* 추방, 국외 추방; 멸종

extern *l.* 외부적

externus *l.* 외국의, 외부의, 타지의; 명사로 쓰일 때는 외국인이라는 뜻을 지님

exterritorial *a.*치외법권의, 치외법령의

exterritorialis *l.* 체류 중인 국가의 권한에 구속되지 않음(개인 혹은 개별 사물 등에 대해 국제적으로 치외법권이 허용됨)

Exterritorialität *f.*치외법권(治外法權)

extorsio *l.* 협박

extra *l.* 바깥의

extradieren *v.*<*ausliefern*> ~을 인도하다

Extradition *f.*< → *Auslieferung*> 인도

Extra ecclesiam nulla salus *l.* 교회를 벗어나면 안식을 얻지 못한다

extraiudicialis *l.* 재판 외의

extrajudizial *a.*재판<법률>외의

extra muros *l.* 울타리 바깥의; 도시 바깥의

extraneus *l.* 낯선, 관련이 없는 인물; 외부인

extraordinär *a.*비상한, 비범한

extra ordinem *l.* (통상적) 규칙에 해당되지 않는

extraterrotorial *a.*역외(域外)적인

Extravagantes *l.* 공식적으로 → Corpus iuris canonici(교회법대전)에 포함되지

않은 부분

extrema unctio *l.* 마지막으로 기름을 바르는 행위(가톨릭 교회법에서 정하는 성무 행위의 일종)

Extremisten *pl.* 과격파집단, 극단주의자

ex tunc *l.* 소급효가 있는

exul, exsul *l.* 추방당한 자(신앙 문제로 인해 추방당한 자)

ex ungue leonem *l.* 발톱을 보면 사자임을 알 수 있다

ex usu *l.* 사용함에 따라; 훈련을 통해

Exzeption *f.* 예외

exzeptionell *a.* 예외적인, 이상한

Exzeß *m.* 과잉

F

fabrica ecclesiae *l.* 교회 자산의 일부로서의 공장. 이 공장의 수입은 특히 교회 건축(혹은 기타 교회가 부담해야 할 것들)에 쓰임
Fabrik *f.* 공장
Fabrik~
~arbeit *f.* 공장노동; ~arbeiter *m.* 공장노동자; ~hypothek *f.* 공장저당; ~schließung *f.* {*i.S.v.* → *Aussperrung*} 공장폐쇄
Fabrikat *n.* 제품
Fabrikations~
~fehler *m.* 제작상의 실수, 생산하자; ~geheimnis *n.* 생산<제조>비밀; ~verfahren *n.* 생산양식, 제조과정
Fabula docet *l.* 이 우화로부터 배울 점은……, 이 이야기가 주는 교훈은……
Fach *n.* 전문[분야], 부문
Fach~
~anwalt *m.* [법 분야] 전문변호사; ~anwalt für Steuerrecht 세무사; ~aufsicht *f.* (하급 행정 단위에 대한 국가의) 행정감독; ~ausdruck *m.*, juristischer ~ 법률[전문]용어; ~behörde *f.* 전문행정기관; ~berater *m.* 전문분야고문; ~bildung *f.* 전문 직업교육; ~gebiet *n.* 전문<전공>분야; ~gelehrter *m.*(*der* ~*e*) 전문가, 전공학자; ~kenntnis *f.*<~wissen *n.*> 전문[적] 지식; ~mann *m.* 전문가; ~planung *f.* 부문계획; ~presse *f.* 전문(학술) 신문; ~schule *f.* 직업전문학교; ~sprache *f.* 전문어; ~zeitschrift *f.*, juristische ~ 법률전문 (학술)잡지
fachkundig *a.* 전문 지식에 기초한, 전문 지식을 바탕으로
facta concludentia *l.* 해결의 실마리를 제공하는 사실
Facta loquuntur *l.* 사실을 이야기하다

Factoring *n.*ⓔ 채권 매수업, 수금 대리업; ~geschäft *n.* 채권 매수 사업, 수금 대리업; ~vertrag *m.* 채권 매수 계약, 수금 대리 계약
factum *l.* 사실
facultas *l.* 능력, 재능, 학부, 어느 한 학문분야의 교사들의 연합
facultas alternativa *l.* 대체권한(제공해야 할 의무를 지닌 서비스 대신 다른 서비스를 제공할 수 있는 권리)
facultas docendi *l.* 대학에서 강의를 할 수 있는 권리
facultates *l.* 상급기관에서 하급기관에 하달한 권리(교회법)
faenus *l.* 대부에서 비롯된 이자, 이자를 지급해야 하는 대부 자체를 칭하기도 함
faenus nauticum *l.* 해외 차관의 경우 더 높은 이자를 지급함(선박, 화물 등에 대한 저당 계약의 전신이라 할 수 있음)
Fähigkeit <→ *Befähigung* → *Qualifikation*> *f.* 능력, 재능, 자격; ~ zum Richteramt 재판관으로써의 자격
Fähigkeit
berufliche ~ 직무능력; geistige ~ 정신적<두뇌>능력; persönliche ~ 개인적능력
Fahr~
~erlaubnis *f.*<~ = *Führerschein m.*> 운전면허; ~gast *m.* 승객; ~schein *m.*(전차권, 버스 등) 승차권; ~verbot *n.* 운전금지
Fahren *n.*; **fahren** *v.* 운전하다
fahren *v.*, ~ **ohne Fahrerlaubnis** 무면허운전, 면허 없이 운전하다
fahrlässig[erweise] *a.* 과실이 있는, 태만한, 부주의한
Fahrlässigkeit *f.* ①{*technisch*} 과실(過

ⅱ.) 2.{allgemein} 부주의, 태만
Fahrlässigkeit
bewußte ~ 과실의 인식; geringe ~ 경미(輕微)한 과실; gewöhnliche ~ 과실; grobe ~ 심각한 과실; leichte ~ 경미한 과실; objekte ~ 객관적 과실; subjektive ~ 주관적 과실; unbewußte ~ 과실의 미인식

Fahrlässigkeits~
~begriff m.과실의 개념; ~bestrafung f.과실범(過失犯)의 처벌; ~beweis m.과실증명; ~delikt m.<~straftat f.> 과실 범죄 행위; ~norm f.과실범처벌규정; ~strafe f.과실처벌; ~tatbestand m.과실구성요건; ~vergehen n.과실범죄; ~vermutung f.과실추정

Fahrerflucht f.<= unerlaubtes Entfernen vom Unfallort> (사고현장 도주 등) 뺑소니

Fahrnis f.{= → Sache, bewegliche ~} 동산(動産)

Fahrnis~
~besitz m.동산점유; ~erbrecht n.동산상속법; ~gemeinschaft f.동산공동체; ~hypothek f.동산저당[권]; ~pfandrecht n. 동산담보권; ~recht n.동산법; ~übereignung f.동산양도

Fahrraddiebstahl f.자전거 절도
Fahruntüchtigkeit f.(운전자의) 운전 불가능 상태, (차량의) 운행 불가
Fahrzeug n.[, versichertes ~] [피보험]자동차

Fahrzeug~
~halter m.차량보유자; ~führer m.운전수
faktisch a.사실상의, 실제적인
fakultativ a.임의<선택>적인
Fakultativklausel f.임의조항
falangagium l. '쇄기요금'(선박을 육지에 정박시키기 위해 지불해야 할 요금)

Fall m.1.{i.S.v. Angelegenheit} 장합 2.{i.S.v. Sache vor Gericht} 사건, 사례, 사안, 소송

Fall, einen ~
~ anhägig machen v.~ 때문에 해당 사안에 대한 소송을 제기하다, 기소하다; ~ verhandeln v.{Gericht} 사건을 심리하다

Fall
der betreffende <vorliegende>~ 본<당해(當該)>사건<소송>; der strittige ~ 소송 진행 중인 사건; der zu entscheidende ~ 판결 사건; der zu verhandelnde ~ 심리 중인 사건

Fall
von ~ zu ~ a.개개의 경우에 따라, 그 때그때 봐서; von ~ zu ~ entscheiden v. 개별적으로 판단하다

Fall~
~analyse f.분석; ~beil n.{f.'guillotine'} 단두대; ~behandlung f.사건처리; ~erledigung f.사건 해결, 사건처리; ~konstellation f. 사실사정, ~ rech n.{e.'case law'} 판례법(判例法); ~untersuchung f.사안의 검토

fällen v.: ein Urteil ~ 판결을 내리다, 판결을 언도하다
fällig a.변제기가 도래한, 만기가 된
fällig
~ werden v.변제기에 이르다, 만기가 되다; noch nicht ~ v.아직은 만기일이 아니다

Fälligkeit f.변제기 도래, 만기
Fälligkeit
bei ~ 변제기[시]; bis ~ 만기일까지; vor Eintritt der ~ 변제기에 이르기 전에

Fälligkeits~
~datum n.변제기; ~frist f.변제기간; ~steuer f.기간세; ~tag m.만료<변제> 일; ~termin m.변제<이행>기; ~zeitpunkt m. vereinbarter ~~ 약정 이행기

Falsa causa non nocet l. 잘못된 동기는 피해를 낳지 않는다(동기에 있어 과실이 있다 하더라도 불복할 권리가 보장되지 않는다는 뜻. 유언에 따라 기부금을 납부할 때는 예외임. 이 경우에는 falsa causa nocet가 해당됨) I. 2.20.31;D. 35.1.17,2 및 72,6

Falsa demonstratio non nocet l. 잘

못된 표시는 해(害)가 되지 않는다(의 사표시를 해석하는 원칙) D. 35.1.33 pr.
falsch a.①{i.S.v. unrichtig} 틀린, 잘못된 ②{i.S.v. gefälscht} 위조의, 허위의
Falsch~ 허위~, 과오~
Falsch~
~aussage f.과실위증(過失僞證), 허위진술죄; ~beurkundung f. im Amt [{als Delikt}] 허위공증[죄]; ~eid m.선서를 한 과실위증(過失僞證); ~geld n.<~münze f.> 위조화폐; ~lieferung f.「이종물(異種物)의 급부(給付)」, 과오인도(過誤引渡); ~münzer m./pl.화폐 위조자; 위폐범(僞幣犯); ~münzerei f.화폐위조
Fälscher m./pl.위조자
Fälschung f.위조; **fälschen** v.~을 위조하다
Fälschung
~ öffentlicher Urkunden 공문서 위조 [죄]; ~ privater Urkunden 사문서 위조 [죄]
falsificatio l. 위조
Falsifikation f.위조<모조>, 반론<논박>; **falsifizieren** v.~을 위조<모조>하다, ~을 반론하다 → Fälschung, fäschen
falsum l. 거짓말, 진실의 왜곡; 위조, 사기
falsus demontratio l. 오. 청구원인 표시
falsus procurator l. {→ Nichtberechtigter} 위조관리인, 무권대리인
falsus procurator l. 권한을 위임받지 않은 대리인, 대행권을 지니지 않은 대리인
falsus tutor l. 위임받지 않은 채 후견인 행세를 하는 자(비후견인)
fama l. 명성, 소문
Fama crescit eundo l. 소문은 퍼지면서 커진다(건드릴수록 더 커진다는 말 - 베르길리우스)
familia l. 가족; 한 명의 주인에게 의존하는 사람들의 공동체(예 : 봉건 시대 부역 영지 내에 귀속된 사람들); l. 제후(봉건 영주)가 운영하는 농장
Familie f.가족, 가정, ~가

Familie f., kaiserliche ~ 왕가
Familien~
~angehöriger m.(der ~~e) 가족구성원, 가족인, 친족; ~angelegenheit f.가정<가사>사건; ~betrieb m.가족 사업<기업>; ~beziehungen pl.가족관계; ~buch n.가족등기부(혼인 후 동회 서기가 작성); ~clan ≪~klan≫ m.씨족; ~darlehen n.가족 간 대부; ~diebstahl m.친족상도; ~einkommen m.가족소득; ~erbfolge f.가족상속[순위]; ~fürsorge f.가정 보호; ~gericht n.가정재판소, 가정법원; ~mitglied n.가족구성원; ~name m.씨, 성명<성씨>, 가족 명; ~recht n.[, internationales ~][國際]가족법; ~register n.호적부; ~registerauszug m.호적초본; ~richter m.가정재판관, 가사심판관; ~sache f.가사사건; ~sachen pl.가정[관]사건; ~stand m.(기혼, 미혼, 이혼 등의)혼인관계; ~unterhalt m.부양, 가족의 생계유지, 호구지책(糊口之策); ~verhältnisse pl.가정환경, 가정 형편; ~vermögen n.가산(家産)
familienrechtlich a.가족법상의
farinagium l. 방아를 이용하기 위해 방앗간 소유주에게 지불하는 요금
faßbar a.{gedanklich} 이해할 수 있는
fas l. 신들이 지닌 법적 고유 영역(로마법)
fasces l. 회초리 다발(로마인들에게 있어 최고위 공공 기관의 상징이었음; 이탈리아 파시스트들이 이 전통을 이어받았던 것에서 '파시스트'라는 표현이 비롯됨)
Fassung f.①{eines Gesetzes usw.} 표현 양식, 용어 ②{z.B. eines Vertrages} 텍스트, 판(版)
Fassung
verbindliche ~ 구속력 있는 정본; geänderte ~ 변경 정본
fasti l.→ dies fasti
Faustpfand n.저당물
Faustpfand~
~gläubiger m.저당물채권자; ~recht n.저당권
fautor delicti l. 범죄로 인해 이득을

보는 사

Favete linguis *l.* 혀를 잘 단속하라; 혀를 잘 관리하고 떠벌이지 말라(호라티우스)

favor *l.* 이익을 봄

Favorabiliores rei potius quam actores habent *l.* 피고가 원고보다 더 유리한 입장이다. → *Actore non probante* ……

favor defensionis *l.* 원고보다 피고가 상대적으로 더 유리한 입장에 놓여 있음(원고는 증거를 입증해야 한다는 부담을 안고 있다)

favor iuris *l.* 법적인 선행 →*beneficium iuris*

favor testamenti *l.* 유언장을 우선시 함(유언장에 적힌 내용을 실행에 옮긴다는 내용. 이는 유언장 해석에 있어 중요한 한 가지 원칙이다)

Fehl~
~betrag *m.* 결손액, 적자; ~bewertung *f.* 잘못된 평가; ~entscheidung *f.* 잘못된 결정; ~konstruktion *f.* 결함이 있는 구조; ~schluß *m.* 잘못된 결론; ~urteil *n.* 오판(誤判)

Fehlen *n.* [~ der Rechtswidrigkeit] [違法性] 흠결(欠缺)

Fehler *m.* 하자<결함>, 오류

Fehler *m.*,
~ in der Tatsachenfeststellung 사실관계 확인상의 오류

Fehler
offener ~ 명백한 오류(誤謬); verdeckter <verborgener> ~ 드러나 있지 않은 오류(誤謬)

Fehler~
~freiheit *f.* 무오류; ~haftigkeit *f.* 오류에 대한 책임

fehlerfrei *a.* 하자가 없는
fehlerhaft *a.* 하자가 있는, 결함이 있는
fehlgegangen *a.* 성공하지 못한
Fehlverhalten *n.* 반사회적 태도
Feiertag *m.* 공휴일, 축제일
Feiertage (*pl.*)
gesetzliche ~ [국가]법적공휴일
Feiertagsarbeit *f.* 휴일근무

Feilhalten *n.*: **feilhalten** *v.* ~을 팔려고 제공<진열>하다

felonia *l.* 불충, 봉건 영주에 대한 불충, 봉건 영주에 대한 배반(중세 라틴어에서 felo는 배반자라는 뜻)

femina semel exclusa, semper exclusa *l.* 여자들은 한 번 제외된 이상 영원히 제외된다(아내와 딸은 상속 대상에서 제외되고, 영원히 포함되지 않는다는 뜻)

feriatus *l.* 업무로부터 해방된
Feriensache *f.* 휴정기간 중 처리 사건
ferita *l.* 신체 상해
Fernbleiben *n.* 흠석
Fernsprechgeheimnis *n.* 전화통신에 있어서의 비밀

ferruminatio *l.* 물건 취득 방법의 일종으로서, 주된 재료와 부재료를 섞어서 엉망으로 만들어 버리는 행위

Fertigstellung *f.*; **fertigstellen** *v.* ~을 완성시키다, 종결하다
Fertigwaren *pl.* 완성품
Fertigungsindustrie *f.* 가공업

Festina lente *l.* 급할수록 돌아가라(수에토니우스의 말 인용, 아우구스투스에게서 비롯된 말)

Festlohn *m.* 계약 임금, 최저임금
Festgenommener *m.* (*der* ~e) 피체포자
festgesetzt *a.* 1 {*i.S.v.* festgestellt} 확정 <확립>된 2 {*i.S.v.* festgenommen} 체포된

Festhonorar *n.* 최저 보수(報酬), 계약 보수(報酬)
Festland *n.* 대륙
Festlegung *f.*; **festlegen** *v.* ~을 확정 <결정>하다
Festlegung *f.* 확정, 결정
Festlegung *f.* **vertragliche ~** *f.* 계약 상의 확정<약정>, 계약조건
Festnahme *f.* 체포(逮捕), 구금(拘禁)
Festnahme
rechtswidrige ~ 불법체포; vorläufige ~ 가유치(假留置)
Festnahme auf frischer Tat 현행범의 체포

Festnahme
der ~ entgehen v. 체포를 면하다
Festnahme~
~berechtigter m. 체포권자; ~grund m. 체포사유<이유>; ~handlung f. 체포행위; ~ort m. 체포 장소<현장>; ~recht n. 체포권; ~zeit f. 체포시일
festnehmen v.; jn. ~ ~를 체포하다
Festpreis m. 고정가격, 공정가격
Festsetzung f.; **festsetzen** v. {= → Festlegung} ~을 확정<사정(查定), 결정>하다
Festsetzung
~ der Entschädigung 보상의 확정; ~ der Quoten 분담액의 확정; ~ der Dividendenhöhe 배당금의 확정; ~ der Vergütung 보상의 사정; ~ des Schadenersatzes 손해배상금의 확정
Festsetzungs~
~beschluß m. {Kosten}{비용} 확정결정; ~gesuch n. {Kosten}{비용} 확정 신청
Feststellung f.; **feststellen** v. ~을 확정<확인>하다
Feststellung
einheitliche ~ 통일적 확정; gerichtliche ~ 재판상 확정; rechtskräftige ~ 확정판단, 심판; richterliche ~ 재판관 확정; tatsächliche ~ 사실 확정; wahlweise <wahldeutige/ alternative> ~ 택일적 확정
Feststellung der
~ Echtheit einer Urkunde 증서의 진부(眞否) 확정; ~ Konkursforderung 파산채권확정; ~ Nichtigkeit 무효확인; ~ Personalien 인물 확인; ~ Schuld 죄책인정; ~ Tatsachen 사실 인정; ~ Vaterschaft 부자관계 확인, 재판인지
Feststellung des
~ Eigentumsrechts 소유권확인;
~ Kausalzusammenhanges 인과관계확인;
~ Sachverhalts 사실관계 확인;
~ Schadens 손해확인; ~ Vorliegens oder Nichtvorliegens 존부(存否)의 확인
Feststellung einer
~ Forderung 채권존부(債權存否) 확인;

~ Konkursforderung 파산채권 확정
Feststellungs~
~anspruch m. 확인청구권; ~antrag m. 확인신청; ~interesse n. 확인 이익; ~klage → Feststellungsklage; ~kraft f. 확정력; ~urteil n. 확정판결; ~verfahren n. 확인절차; ~widerklage f. 확인 반소(反訴); ~wirkung f. 확정효력, ~ von Verwaltungsakten 행정행위의 확인적 효력; ~zwischenklage f. 중간확인의 소
Feststellungsklage f. 확인소송
Feststellungsklage
negative ~ 소극적 확인소송; positive ~ 적극적 확인소송; vorbeugende ~ {VerwR-행} 예방적 무효 확인소송
festuca l. 풀줄기, 막대기(토지 소유권 이양 시 사용하던 상징적 물건 → exfestucatio)
festucatio l. 풀줄기를 던지는 행위
feuda extra curtem l. 국외에 있는 봉토
feudal a. 봉토<봉건제도>의
Feudal~
~staat m. 봉건[제]국가; ~system f. 봉건제; ~verfassung f. 봉건제 국가의 헌법; ~zeit f. 봉건시대
feudalia l. 봉건 군주에게 수여받은 것
feudalistisch a. 봉건제도의
feudastrum l. 봉건 군주에게 수여받은 농민
feudum l. 봉토
feudum iniuratum l. 손을 통한 봉토 (봉건 관계가 맹세가 아니라 손으로 치는 행위를 통해 성립된다는 뜻 → fidelitas feudalis)
Feuer n. 화재, 재해
Feuer~
~schaden m. 화재<재해>손해; ~versicherung f. 화재보험; ~versicherungsklausel f. 화재보험조항
Fiat iustitia, pereat mundus l. 세상은 망하더라도 정의를 세우라(황제 페르디난드 1세의 선거구호였다는 일설이 있음)

fictio *l.* {= → *Fiktion*} 의제
Fictio idem operatur quod veritas
l. 허구와 진실의 효력은 동일하다
fictio iuris *l.* 법적 허구(실제로는 존재하지 않은 사건을 존재한 것으로 인정할 수 있다는 법적 명시)
fiction juris *l.* 법[률상]의제
fictio retroactiva *l.* 임신된 시점에 아이 부모가 부부였을 수 있다는 가정(아이에 대한 적출선고[嫡出宣告]의 전제조건)
fictus possessor *l.* 허구의 소유주
fidefragium *l.* 불충죄
fideicommissum *l.* 무형의 유인, 그 이행에 대해서는 상속자의 양심(fides)에 맡김(로마법); 피상속인의 유언으로 인해 상속인은 제3자에게 재산권 일부(토지이용권 등)을 제공할 의무를 지니는 경우(보통법)
fideicommissum eius quod supererit *l.* 차 순위 상속인은 통상적인 관례에 따라 설정함
fideicommissum familiae *l.* 가문의 세습재산(→maiorat로 쓸 때가 더 많음)
fideiussio *l.* 보증
fideiussio fideiussionis *l.* 연대 보증, 부(副) 보증
fideiussio indemnitatis *l.* 손해배상 보증(보증인은 주 채무자가 변제하지 못한 부분에 대해서만 책임짐)
fideles *l.* 채권자; 심복, 가신, 봉신
fidelitas feudalis *l.* 봉신의 충성서약; 이 서약을 한 후에 봉건 군주에게 충성해야 할 의무가 발생함
fidematio *l.* 공증
fidepromissio *l.* 보증의 옛 형태
fides bona *l.* 선의
fides publica *l.* 국가의 보호약속(예: 치외법권, 자유통행권 등을 통한 보호); 국가 및 국가 기관에 대한 공공의 신뢰
fides punica *l.* 카르타고인의 신의(자기가 내뱉은 말을 잘 지키지 않는 사람을 비꼴 때 쓰는 말)
fiducia *l.* 신뢰; 제3자에 대해서는 타인으로서의 권리를 지니지만 소유주에 대해서는 소유주의 이익과 지시에 합치하는 권리만 지니는 법적 관계를 의미함(재산 관리 수탁 업무)

fiduciae causa *l.* 신탁목적
Fiduziant *m.* 신탁자(信託者)
Fiduziar *m.* 수탁자(受託者)
Fiduziar~
~erbe *m.* 수탁 상속; ~vertrag *m.* 수탁계약
fiduziarisch *a.* 재산 관리 수탁의
fiduziarisch *a.*, ~**es Geschäft** 신탁행위
Fiktion *f.* 의제
Fiktion
gesetzliche ~ 법률상 의제; juristische ~ 법률적 의제
Fiktion
~ der Klagerücknahme 소 취하의 의제; ~ der Volljährigkeit 성년의제; ~ der Wahrheit 진위여부에 관련한 의제; ~ des Geständnisses 자백에 관련한 의제
fiktiv *a.* 의제적인, 허구의, 가상의
Filial~
~leiter *m.* 지점장; ~netz *n.* 지점망
Filiale *f.* 지점, 분국
filiatio *l.* 아들이 됨; 친자 관계 확인 소송, 친아버지임을 인정받기 위한 소송
filius *l.* (= d. Sohn) 적자, 비속
filius mantellatus *l.* 결혼 전에 대어난 아이(이후의 결혼을 통해 합법적으로 인정받은 아이)
Finalismus *m.* 목적주의
Finalität *f.* 목적성
Finanz~
~aufkommen *n.* 세입액; ~aufsicht *f.* 재정 감독; ~ausschuß *m.* 재정<재무>위원회; ~futures *pl.* 유가증권 ; ~gericht *n.* 재정법원; ~gerichtsbarkeit *f.* 재정 재판권<관할>; ~jahr *n.* 회계연도; ~kraft *f.* 재정 능력; ~lage *f.* 재정상태, 자금상태; ~minister *m.* 재무부 장관; ~ministerium *n.* 재무부; ~planung *f.* [mittelfristige ~] [중기] 재정 계획; ~planungsrat *m.* 「재정계획위원회」; ~platz *m.* 금융시장; ~politik *f.* 재정<금융>정책; ~recht *n.* 재정법; ~strafrecht *n.*

재정형법; ~vergehen n./pl.재정범죄; ~verfassung f.재정제도; ~verwaltung f.재정행정; ~welt f.금융계; ~wesen n.금융제도, 금융조직; ~wirtschaft f.금융경제
Finanzen pl.재정
Finanzierung f.; **finanzieren** v.융자를 얻다, 신용대부 하다
Finanzierungs-
~geschäft n.(은행을 통한)자금 조달 업무; ~gesellschaft f.융자회사; ~kosten pl.[zusätzliche ~] [追加] 융자비용; ~leasing n.[~vertrag m.][~계약] 융자계약; ~nehmer m.융자선; ~quelle f.자금원
finanzpolitisch a.금융정책상의, 재정적 제반 조치의
Finder m.습유<습득>자
Finderlohn m.[유실물] 습득자 보상금
Fingerabdruck m.지문(指紋)
Fingerabdrücke abnehmen v.지문을 채취하다
fingieren v.~을 꾸며내다, 지어내다
fingiert a.의제적인, 날조된, 꾸며낸
finis l. 종결, 목적
finis iustitiae l. 처벌의 목적
Firma f.①{untechnisch} 회사, 기업 ② {i.S.d. Gesellschaftsrechts} 상호
Firma, eine ~
~ gründen v.회사를 설립<창립>하다; ~ löschen [lassen] v.회사가 소멸되다
Firma
beklagte ~ 피고회사; eingetragene ~ 등록 회사
firmatio l. 작성인 및 증인이 문서에 서명하고 날인함
Firmen~
~abkürzung f.상호명의 약어; ~anmeldung f.회사설립 신청; ~bezeichnung f.상호; ~eintragung f.회사<상호>등록; ~freiheit f.상호명의 자유; ~kauf m.기업매수; ~mißbrauch m.상호명의 남용; ~name m.{= → Firma} 상호, 회사명; ~register n.{= → Handels~ } 상업등기부; ~schutz m.상호명의 보호; ~tarif m.{im ArbR-로} [勞動組合] 기업

별 협약; ~wagen m./pl.회사소유의 자동차; ~wahrheit f.상호 진실; ~zweck m.[회사] 사업내용<목적>
fiscarius l. 세금 징수 청부인; 국고 채무자
Fischerei f.{als Gewerbe} 어업
Fischerei~
~berechtigter m.(der ~~e) 어업권리자; ~berechtigung f.<~rechte pl.> 어업권; ~genehmigung f.어업면허
fiscus l. 바구니, 돈바구니; 국가의 수입, 즉 국고를 상징하는 표현; 영토 통치를 위해 작게 나눈 구역
Fiscus semper solvendo est l. 국고는 늘 충만해야, 납입되어야 한다 - D. 23.5.2
fiskalisch a.국고의, 재정상의
Fiskal~
~jahr n.회계연도; ~politik f.재정정책; ~verwaltung f.{i.S.v. beschaffender ~} 재무행정
Fiskus m.{= → Staatskasse} 국고
Fix~
~geschäft n.정기거래, 확정구매 계약; ~geschäft, absolutes ~ 절대적 정기 행위; ~[handels] kauf m.확정 매매
fixum l. 정해진 것, 확정된 것; 부대임금에 대비되는 개념으로서의 본봉; 주기적으로 지급되는 보수
Flächennutzungsplan m.토지이용계획
flagitium l. 파렴치한 행위, 악행
flagrans l. 뜨거운, 불타는; 명백한 → crimen flagrans
floreat l. 꽃피어라, 번영하라
florilegium l. 수확된 화초; 명작 모음, 엄선된 작품을 모아놓은 것, 법률용어 모음
Flucht f.도망, 도주
Flucht~
~gefahr f.도주 위험; ~hilfe f.탈출 방조; ~versuch m.탈출 시도, 도주 미수
Flucht- und Verdunkelungsgefahr f.도망·죄증인멸의 위험
Flüchtigkeitsfehler m.부주의로 인한 과실<실수, 오류>

Flüchtling *m.* 난민
Flüchtling
politischer ~ 정치적 난민;
wirtschaftlicher ~ 경제[적] 난민
Flüchtlingspolitik *f.* 난민정책
Flugblatt *n.* 삐라, 전단(傳單)
Flugzeugenführung *f.* 항공기 강취(强取)<강탈>
Fluß~
~fracht *f.* 하천물품운송; ~transport *m.* 하천운송; ~verwaltung *f.* 하천행정
Flexibilität *f.* 유연성, 탄력성
Fobklausel *f.* (→ *Abkürzungsverzeichnis*) 본항 인도조항
fodrum *l.* 군주에게 공물로 바치는 음식; 국왕의 체류권; 로마의 역차세(이탈리아 헌법)
föderal *a.* 연방[조직]의
Föderalismus *f.* 연방주의
Föderalsystem *n.* 연방국가제도
Föderation *f.* 1 {*i.S.d.* Förderalismus} 연방 {2 {*i.S.v.* Zusammenschluß} 연합, 동맹, 조합
Folge *f.* {*i.S.v.* Ergebnis} 결과
schwere ~ 가중결과
Folgenbeseitigungsanspruch *m.* 결과제거청구권
Folge~
~kosten *pl.* 후속적 재정부담; ~ordnung *f.* 순위; ~prämie *f.* 계속보험료; ~sache *f.* 사건과 관련된 부수적인 사건; ~schaden *m.* 필연적 결과로써의 손해; ~wirkung *f.* 결과적 효과
folgern *v.* ~을 추단(推斷)하다
Folgerung *f.* 추단, 결론
Folgerung *f.* logische ~ 논리적 추단
Fonds *m.* 기금, 준비금
fonticus *l.* 상점, 상사의 대리점
Folter *f.* 고문; *jn.* **foltern** *v.* ~을 고문하다
Forderung *f.* 요청<요구, 청구>; **fordern** *v.* [*etw.* von *jm.* ~] ~로부터 ~을 요청<요구, 청구>하다
Forderung, eine ~
~ abtreten *v.* 채권 양도를 하다;
~ anerkennen *v.* 채권 인낙(認諾)하다;
~ geltend machen *v.* 채권을 청구하다; ~ erfüllen *v.* 채권을 이행<변제, 요구> 하다; ~ sichern *v.* 채권을 보증하다
Forderung
~ auf den Inhaber 무기명[식]채권; ~ auf unterlassung 부작위 채권; ~ zur gesamten Hand 합유 채권
Forderung
abgetretene ~ 양도채권; anerkannte ~ 인낙채권; auflösend bedingte ~ 해제조건부채권; ausstehende ~ 미수(未收)채권; bedingte ~ 조건부채권; berechtigte ~ 정당 채권; beschlagnahmte ~ 차압 채권; bestehende ~ 채권 성립; betagte ~ 기한부 채권; bevorrechtigte ~ 우선변제채권; dinglich gesicherte ~ 물건담보채권; einklagbare ~ 소구가능 채권; einredebehaftete ~ 항변 채권; einzutreibende ~ 취입 채권; fällige ~ 변제기 도래 채권; festgestellte ~ 확인 채권; gegenseitige ~ 상호<쌍방>채권; gemeinschaftliche ~ 공동채권; gepfändete ~ 차압 채권; gesicherte ~ 담보 채권; künftig entstehende ~ 장래발생 채권; künftige ~ 장래 채권; nicht übertragbare ~ 양도불가능 채권; strittige ~ 계쟁채권; unpfändbare ~ 집행불능 채권; unverzinsliche ~ 무이식채권; verbürgte ~ 보증부채권; verjährte ~ 소멸시효 채권; verzinsliche ~ 이식부채권; vollstreckbare ~ 집행가능 채권; vorrangige ~ 우선채권; zivilrechtliche ~ 민법상 채권; zu sichernde ~ 비담보채권
Förderung *f.* 조성, 장려, 우우(優遇)조치
Forderungs~
~abtretung *f.* 채권양도; ~anmeldung *f.* 채권신고; ~arrest *m.* 채권차압; ~berechtigter *m.*(*der* ~*e*) 채권자; ~betrag *m.* 채권액; ~erlaß *m.* 채권면제; ~kauf *m.* 채권매매; ~klage *f.* 채권소송; ~pfand *n.* 채권담보; ~pfandgläubiger *m.* 채무자; ~pfandrecht *n.* 채권질(債權質); ~pfändung *f.* 채권차압; ~prätendent *m.* 자기채권주장자; ~prätendentenstreit *m.* 자기채권주장의 소;

~recht n.채권, 청구권; ~summe f.채권액; ~übergang m.채권이전; ~übertragung f.채권양도; ~überweisung f.채권첨부; ~verletzung f.채권침해; ~verletzung, positive ~ f.적극적 채권침해
forenses l. 국내 또는 공동체 내에 토지를 소유한 외지인, 외국인, 공동체 외부의 사람(토지 소유로 인해 관할 법원의 구속을 받음)
forensis l. 법적으로, 법적 의무를 지니는
forestum dominicum, f. bannarium l. 통치자의 숲, 금지된 산림(공공의 목적으로 국가가 몰수한 산림 자원)
forisfactio l. 공무상 범죄
Form f.요식(要式), 형식<방식, 형태>
Form f., **in schriftlicher ~** 서면[형식]으로
Form
besondere ~ 특별방식; gesetzliche ~ 법적 요식(要式); notarielle ~ 공증 양식; schriftliche ~ 서식; vorgeschriebene ~ 법정요식
Form~
~erfordernis n.요식, 방식요청; ~fehler m.요식<방식>상의 하자; ~freiheit f.방식의 자유; ~geschäft n.요식행위; ~mangel m.요식<방식>상의 흠결; ~nichtigkeit f.방식무효; ~verletzung f. 방식위반; ~vorschriften f.요식규정, 수속규정; ~zwang m.요식상의 강제
formal <**formaliter**> a.형식적<상>인, 요식적인, 일정 형식을 갖춘
Formal~
~akt m.요식행위; ~delikt n.형식범; ~entscheidung f.형식적 재판; ~erfordernis n.방식[요청]; ~geschäft n.요식행위; ~kontrakt → ~vertrag; ~obligation f.무인채권; ~prinzip n.요식주의; ~prüfung f.방식심사; ~urteil n.형식적 판결; ~vertrag m.무인<방식>계약
formalis l. → formal
Formalismus m.형식주의<론>
formalistisch a.형식론적인
Formalität f.형식, 방식

formaliter a.형식상으로, 요식으로
formaljuristisch a.형식상 합법적인
formell a.형식<방식>적인
formfrei a.방식이 자유로운
formgerecht a.격식적인
förmlich a.방식<정식>적인
Förmlichkeit f.형식성
formlos a.무방식적인, 불요식적인
formula l. (중세 법전에 사용된) 법률 성구
Formula concordiae l. 일치 신조서 (12개 항목으로 정리된 루터의 가르침 중 마지막 항목)
formula iuramenti l. 서약 문구
Formular n.서식
Formular~
~prozeß m.방식소송[수속]; ~sammlung f.계약서식집; ~vertrag m.정형서 계약
fornagium l. 전제권 및 상품제조 및 판매권을 지닌 군주에게 바치는 오븐 사용료
fornicatio l. 풍기문란죄; 성매매 행위; 미망인과의 성관계(카논법)
Forschung f.연구
Forschung
kriminologische ~ 범죄학 연구; zivilrechtliche ~ 민사법연구
Forschungsinstitut n.연구소
Forstrechte pl.삼림권
fortgesetzt a.연속적인
fortiter in re, suaviter in modo l. 일은 강력하게, (실행)방법은 유순하게
Fortsetzung f.계속
Fortsetzung f., **~ der Ehe** 혼인 계속
Fortsetzungs~
~delikt n.<~straftat f.> 연속범; ~feststellungsklage f.계속확인소송; ~zusammenhang m.「종래의 계속적 관련」
forum l. 로마시대 집회 및 재판이 이뤄지던 공공 광장; 법정, 관할 법원을 포럼이라 부르는 것도 여기에서 유래함
Forum n.①{als Gericht} 법정[지], 재판소, 재판관할 ②{allgemein} 공청회

forum arresti *l.* 가차압 재판관할

forum commune *l.* 일반적인 재판 관할지

forum conexitatis *l.* 공판 관할지

forum contractus *l.* 계약체결지의 재판 관할지(채무 관계로 인한 소 제기 시에 해당됨)

forum contractus *l.* 계약성립지 관할 <법정>

forum delicti *l.* 불법행위<범죄> 재판 관할

forum delicti commissi *l.* 범죄지의 재판 관할지(허용되지 않은 행위시)

forum deprehensionis *l.* 체포 시의 재판 관할지(형사처벌 대상 행위시)

forum domicilii *l.* (피고인의) 거주지의 재판 관할지

forum extraordinarium *l.* 임시 재판 관할지

forum gestae administrationis *l.* 재산관리지의 재판 관할지

forum hereditatis *l.* 상속에 대한 재판 관할지(상속권을 둘러싼 분쟁이 일어났을 경우)

forum incompetens *l.* 관할 재판소 <법정>

forum non conveniens *l.* 부적절한 법원(법적 절차 진행 시 재판 당사자 중 한쪽이 현저한 고통을 받는 경우)

forum prorogatum *l.* 합의된 재판 관할지

forum reconventionis *l.* 반대소송 제기시의 재판 관할지

forum rei sitae *l.* (토지의) 소재지의 재판 관할지

forum rei sitae *l.* 물소재 재판관할

forum solutioinis *l.* 의무이행지의 재판 관할지(채무 관계로 인한 소 제기의 경우)

forum speciale *l.* 특별 재판 관할지

Fracht *f.* 1 {*allgemein*} [물품] 운송 2 {*konkret*} 운송품

Fracht~
~bedingungen *pl.* 운송조건; ~brief *m.* 송장, 화물운송장; ~briefinhaber *m.* 운송장 소지자; ~empfänger *m.* 화물수령인; ~führer *m.* [물품] 운송인<업>; ~führerhaftung *f.* 운송인의 책임; ~gebühr *f.* 운송료; ~geld *n.* 화물운임, 운송비; ~geschäft *n.* [물품]운송업; ~gut *n.* 운송품<화물>; ~gutversicherung *f.* 화물보험; ~kosten *pl.* 운송비; ~papiere *pl.* 운송증서; ~unternehmer *m.* [물품] 운송업[자]; ~versicherung *f.* 운송보험; ~vertrag *m.* [물품]운송계약

fractio *l.* 부분, 일부; 원내 교섭단체, 특정 정당 당원들로 구성된 국회 내의 모임

Frage *f.* 1 {*als konkrete* ~} 질문 2 {*i.S.v. Problem*} 문제, 화제

Frage
entscheidungserhebliche ~ 재판과 관련된 중요 문제; juristische ~ 법률적 문제; materiellrechtliche ~ 실체법상의 문제; tatsächliche ~ 사실 문제; streitige ~ 계쟁(係爭)문제; verfahrensrechtliche ~ 소송 차원의 문제; zur Entscheidung stehende ~ 계속 진행 중인 사건<본건> 문제

Frage~
~recht *n.* [, richterliche ~] [재판관] 발문권<석명권>; ~recht *n.* {*im parlament, usw.*} 질문권; ~stellung *f.* 질문의 설정

Fraktion *f.* [의회] 원내교섭단체, 분파 <파벌>

Franchise~
~geber *m.* 총판권을 주는 사람; ~geschäft *n.* 독점판매, (제조주(主)에게서 받는) 체인점영업권; ~vertrag *m.* 프랜차이즈계약, 독점판매계약

fraternitas *l.* 길드, 조합

fratriagium, freragium fraternitas *l.* 상속에 있어 장자의 특권이 발효되는 경우, 나머지 아들들에게 돌아가는 상속재산

Frau *f.* 여자, 여인<분>

Frau
alleinstehende ~ 독신녀; geschiedene ~ 이혼녀; ledige <unverheiratete> ~ 미혼녀

fraudator *l.* 사기꾼

fraudulös *a.* 사기적인, 사해적인, 위법의

Frauen~
~arbeit *f.* 여성취업, 여자들이 할 수 있는 일, 여성 사업; ~beauftragte *f.* 여성정책담당관; ~kriminalität *f.* 여성들이 저지르는 범죄행위; ~stimmrecht(= ~wahlrecht) *n.* 여성선거권
fraus *l.* 타인에게 피해를 입히는 악의적 행동(이탈리아 북부의 조례); 이윤만 노린 행위(고대 법률학자); 사기; 법률 회피 행위; 도산시 채권자에게 불이익이 돌아가는 것
fredus *l.* 합의금
frei *a.* 자유로운, 독립의
frei
~e Beweiswürdigung *f.* 자유심증주의;
~e Mitarbeiter *m.* 자유협업자
Freie Deutsche Gewerkschaftsbund (FDGB) 자유독일노동연합
Frei~
~aktie *f.* 무상주; ~betrag *m.* {*i.S.v.* Steuer ~} [세금] 비과세액, 면세액; ~beweis *m.* 자유증거<증명>; ~gänger *m.* (일반 직장으로 출퇴근하는) 반자유 구금수; ~gängervollzug *m*「외부통근행형」; ~gelassener *m.*(*der* ~~*e*) 《역사적》 (노예의 신분에서) 해방된 자; ~hafen *m.* 자유항; ~handel → Freihandel; ~makler *f.* 자유중개인; ~rechtslehre *f.* 자유법론론; ~schaffender *m.*(*der* ~~*e*) 자유업자; ~verkehr *m.* {*Börse*} (유가 증권의) 장외거래, 자유거래
Freihandel *m.* 자유무역
Freihandels~
~land *n.* 자유무역국; ~verkehr *m.* 자유무역거래; ~zone *f.* 자유 무역 지역<구역>
Freiheit *f.* 자유; *jm.* die ~ entziehen *v.* ~에게서 자유를 박탈하다
Freiheit
~ des Kapitalverkehrs 자본유통의 자유
Freiheit~
absolute ~ 절대적 자유; bürgerliche ~ 시민적 자유; geistige ~ 정신적 자유; gewerbliche ~ 영업상 자유; individuelle <persönliche> ~ 개인의 자유

Freiheits~
~beraubung *f.* ①{*allgemein*} 자유 박탈 ②{*als Delikt*} 불법감금[죄]; ~beraubung mit Todesfolge 체포·감금치사죄; ~delikt *n.* 자유 대 죄; ~entzug *m.* 자유박탈, 감금; ~krieg *m.* 자유전쟁, (나폴레옹에 대항한 1813-15년간의) 해방전쟁 ~rechte *pl.* 자유권; ~strafe → Freiheitsstrafe; ~verletzung *f.* 자유침해
freiheitsentziehend *a.* 자유 박탈적인
Freiheitsstrafe *f.* {*als Straftat*} 금고형
Freiheitsstrafe
kurze <kurzzeitige> ~ 단기금고형; lange <langzeitige> ~ 장기금고형; lebenslange <lebenslängliche> ~ 무기금고형; zeitige ~ 유기금고형
freiheitsverletzend *a.* 자유를 침해하는
Freilassung *f.*; *jn.* **freilassen** *v.*~를 석방<해방>하다; vorzeitige ~ 가석방
Freilassungspflicht *f.* 석방의무
freisprechen *v.*; *jn.* ~ ~에 대해서 무죄[판결]를 언도하다
freisprechend *a.* 무죄를 언도하는
Freispruch *m.* 무죄 판결[언도]
Freistaat *m.* 공화국
Freistellung *f.*; **freistellen** *v.*[*jn.* von *etw.* ~] ~에게 ~에 대하여 면제시켜주다
Freistellung *f.* ①{*von der Haftung*} 면책, 면제 ②{*i.S.v. Erlaubnis*} {ⓔ'*negative clearance*'} 적용면제
Freistellungs~
~anspruch *m.* 면책청구권; ~garantie *f.* 면책보증; ~erklärung *f.* 면책표시; ~klausel *f.*(= → Freizeichnungs) 면책약속; ~möglichkeit *f.* 면제<면책>의 가능성
Freiwillige Gerichtsbarkeit *f.* 비송사건(非訟事件)
Freiwilliger *m.*(*der* ~*e*) 자원봉사자
Freiwilligkeit *f.* 자원(自願)
Freiwilligkeit *f.* **des Geständnisses** 자백의 자원
Freizeichnung *f.*(계약상의) 책임 한정
Freizeichnungs~
~klausel *f.*(계약상의) 유한 책임 규정, 면책약정; ~vereinbarung *f.*(계약상의) 유한

책임 규정 합의
Freizeit *f.* {*im Strafvollzug*} 여가
Freizeit
~arrest *m.* 주말구금
Freizügigkeit *f.* 자유<임의>이주권, [인] 이전의 자유
fremd *a.* 타[인]의
Fremd~
~abtreibung *f.* 외국으로의 피난; ~arbeiter *m./pl.* 외국인노동자; ~besitz *m.* 타주점유 (他住占有); ~besitzer *m.* 타주점유자; ~bestimmung *f.* 타인에 의한 결정; ~geschäft *n.* 사무관리; ~geschäftsführungswille *m.* 타인의 사무관리의 의사; ~kapital *n.* 타인자본, 외부 지원 자금; ~verletzung *f.* 타인으로부터의 피해; ~währung *f.* 외국 통화, 외화
Fremde *pl.* 외국인
Fremdenpolizei *f.* 외국인경찰
fremdländisch *a.* 타국의
fremdstaatlich *a.* 외국의
Frieden *m.* 평화
Friedens~
~abschluß *m.* 강화<평화>조약체결; ~klausel *f.* {*im ArbR*-로} 강화<평화>조항; ~pflicht *f.* {*im ArbR*-로} (임금 협상 중의) 쟁의 금지 의무, 평화의무; ~recht *n.* {*i.S.d. VölR*-제} 평화법; ~schluß *m.* 강화<평화>조약체결; ~verrat *m.* 평화모반<배반>죄; ~vertrag *m.* 평화<강화, 우호>조약; ~zeiten *pl.* 평시; ~zustand *m.* 평화상태, 평시
Frist *f.* 기간, 기한, 유예(기간)
Frist, eine ~
~ bewilligen <gewähren> *v.* 유예(기간)를 받다; ~ bestimmen *v.* 기간을 정하다; ~ einhalten <wahren> *v.* 기한을 준수하다; ~ [fest]setzen *v.* 기간을 정하다; ~ hemmen *v.* 기한을 지연시키다; ~ unterbrechen *v.* 기간을 중단하다; ~ verkürzen *v.* 기한을 단축하다; ~ verlängern *v.* 기한을 연장하다; ~ versäumen *v.* 기한을 해태(懈怠)하다
Frist
ohne Einhaltung einer ~ 기간<기한> 준수를 하지 않고
Frist
gesetzliche ~ 법정기간; währte <eingeräumte> ~ 유예기한; laufende ~ 기간 중; unbestimmte ~ 불확정기한; vereinbarte ~ 약정기간; verlängerte ~ 연기 기한
Frist~
~ablauf *m.*<~ende *n.*> [유효]기간만료, 기말; ~beginn *m.* 기간개시; ~berechnung *f.* 기간 확정; ~bestimmung *f.* 기간 확정<결정>; ~einhaltung <~wahrung> *f.* 기한 준수; ~hemmung *f.* 기간정지; ~lauf *m.* 기간 진행; ~setzung *f.* 기간확정; ~überschreitung *f.* 기한 초과; ~unterbrechung *f.* 기간중단; ~verlagerung *f.* 기한 변동; ~verlänerungsantrag *m.* 기일 연장 신청; ~versäumnis *f.* 기한해태(懈怠)
Fristen~
~modell *n.* 「기한」; ~regelung *f.* 「기한주의」
fristlos *a.* 즉시, 즉각, 유예 없이
Frucht *f.* 1 {*i.S.v. Leibesfrucht*} 태아 2 {*i.S.d. BGB*-민} → *fructus* 과실
Frucht~
~erwerb *m.* {*i.S.v.* 2} 과실취득
fructuarius *l.* 용익권, 부당이득자
fructuarius *l.* 용익권, 부당이득자
fructus *l.* 열매, 수확물, 이익
fructus civiles *l.* 간접적 열매(예 : 대부이자)
fructus consumpti *l.* 소모된 열매(신뢰성이 떨어지는 소유주가 대체해야 함)
fructus exstantes *l.* 수확을 한, 현존하는 열매
fructus industriales *l.* 직접적 열매(노동을 통해서만 얻을 수 있음)
fructus intercalares *l.* 성직 이행에 따른 수입(성직봉록 지불이 없는 기간 동안의 수입)
fructus naturales *l.* 직접적 열매
fructus pendentes *l.* 계류 중인 열매
fructus percepti *l.* 수확한 열매
fructus percipiendi *l.* 범죄적 성격으로 인해 수확하지 못한 열매

fructus separati *l.* 분리된 열매
fructus stantes *l.* 서 있는 열매
Früchte (*pl.*) {*i.S.v.* ②}
bürgerliche ~ 법정과실; natürliche ~ 자연과실; stehende und hängende ~ 미분리과실
fructus *l.* ①{*i.S.v. natürichen* ~} 과실 ②{*im abstrakten Sinn*} 수익, 이익
fructus
~ civiles *l.* (*pl.*) 법정과실; ~ naturales *l.* (*pl.*) 자연과실; ~ rei *l.* 물 수익
früh *a.* 이전의, 이른, 초기의
Früher erster Termin 구두변론기일
Frustrationsschaden *m.* 정신적 타격으로 인한 손해
Führer *m.* eines Kraftfahrzeugs 자동차운전자
Führerschein *m.* <= → *Fahrerlaubnis*> 운전면허증
Führerscheinentzug *m.* 운전면허증 취소
Führung *f.* 운영<관리, 경영>, 품행<행실>
Führung *f.*, gute ~ 선량한 행실
Führungs~
~aufsicht *f.* 관리감독, 보안관찰; ~zeugnis *n.* 신원 증명서, (고용주의) 인사고과표
fumagium *l.* 화덕 사용에 따른 조세
Fund *m.* 유실물, 습득
Fund~
~büro *n.* 공공습득물, 분실물보관소; ~ort *m.* 발견· 습득 장소; ~sache *f.* 습득물; ~stellennachweis *m.* 습득 장소 확인; ~unterschlagung *f.* 습득물 착복, 습득물 횡령
fundamental *a.* 근본적인, 기본적인
fundamentum agendi proximum *l.* 법적 고소근거(일정한 시점에 소를 제기할 만한 계기나 정황)
fundamentum agendi remotum *l.* 역사적 고소근거(인정받은 권한에서 비롯된 법적 정황)
fundatio *l.* 재단
fundicum *l.* 상사의 국외 지점에 소속된 창고

fundus *l.* 토지, 대지; 비유적인 의미로도 사용(예 : 연극의 근간, 학문이나 교육의 근간 등)
fundus dotalis *l.* 결혼 후 아내 소유에서 남편 소유로 넘어간 토지(남편은 이에 대해 처분권을 지니지는 않음)
Fünf-Prozent-Klausel 5%조항
fungieren *v.* [als *etw.* ~] ~으로써의 직무를 행하다
Funktion *f.* ①기능<성능> ②직능
Funktion
amtliche ~ 직무 기능; bürgendede <garantierende> ~ 보증적 기능; generalpräventive ~ 일반 예방적 기능; gesetzgeberische ~ 입법[적]기능; kriminalpolitische ~ 형사정책적 기능; normierende ~ 규율적 기능; polizeiliche ~ 결찰작용<적 기능>; richterliche ~ 재판관 기능; schlichtende ~ 중개적기능; schützende ~ 보호적 기능; spezialpräventive ~ 특별 예방적 기능
funktionell *a.* 기능적인
Funktionalismus *m.* 기능주의
Funktions~
~fehler *m.* 기능고장; ~garantie *f.* 성능보증; ~mangel *m.* 기능상의 하자
Fürsorge *f.* 감화(感化)<배려>, 감호, 보호; 구호, 구제 사업, 복지 사업
Fürsorge~
~erziehung *f.* 감화교육(感化敎育)<감화사업, 교도사업>; ~gebot *n.* 사회보호의 원칙; ~modell *n.* 복지사업모델; ~pflicht *f.* (피고용자에 대한 고용자의) 복지 보호 의무
fur *l.* 도둑
Fur enim semper moram facere videtur *l.* 도둑은 늘 머뭇거리는 게 분명하다(→*Semper fur moram* ……) D. 13.1.8,1
furiosus *l.* 정신질환자
fur publicus *l.* 재범 절도
furtum *l.* 절도, 횡령도 포함됨
furtum *l.* 절도, 도품
furtum balnearium *l.* 욕탕 절도(욕탕에서 의류를 훔치는 행위)

furtum domesticum *l.* 심부름꾼을 이용한 절도('고용인'을 이용한 절도 행각)

furtum manifestum *l.* 현장에서 발각된 손을 이용한 절도

furtum nocturnum *l.* 야간 절도

furtum usus *l.* 불법 이용(도용)

furtum usus *l.* 사용절도

fusio *l.* (다양한 이해관계의) 융합; 주식회사의 자산을 주식을 받는 조건으로 인수하고자 하는 다른 기업에 양도하는 것

Fusion *f.* (기업 및 조직 간) 합병, 연합

Fusionsvertrag *m.* 합병계약

Fußgänger *m.* 보행자

Fußgängerzone *f.* 보행자 전용 구역

Fußnote *f.* 각주

fustuarium *l.* 로마시대 군대 내 처벌방식 중 하나로서의 고살

G

gabella *l.* 세금, 관세; 특히 소금에 대해 붙던 세금을 지칭함
gabella emigrationis *l.* 퇴거료(해외 이민에 대한 세금) → *detractus personalis*
gabella hereditatis *l.* 후손 없이 사망한 외국인의 유산을 국고에 회수할 수 있는 권리(이후에는 폐지되었으나 대신 외국인에게도 상속세를 매김) → *detractus realis*
gabella immigrationis *l.* 국내로 이민 오는 사람들에게 부과한 세금
Galgen *m.* 교수대
Garant *m.* 보증인
Garanten~
~pflicht *f.* 보증인의 의무, 보장의무; ~stellung *f.* 보증의무관계; ~stellung des Artzes 의사에게 주어지는 보장적 지위; ~verantwortlichkeit *f.* 보장책임
Garantie *f.*; **garantieren** *v.* [(für) *etw.* ~] ~을 보증<담보, 보장>하다, ~을 책임지다
Garantie ohne ~ 보증 없이
Garantie~
~erklärung *f.* 보증서약<선언>(서); ~fonds *m.* 보상자금, 담보기금; ~frist *f.* 보증기간; ~funktion *f.* 담보력; ~haftung *f.* 보증<담보>책임; ~indossament *n.* 담보배서; ~klausel *f.* 보증약관<조항>; ~leistung *f.* 보증[제공]; ~norm <~vorschrift> *f.* 보증<보장>규범<규정>; ~pflicht *f.* 보증채무; ~schein *m.* 보증서; ~schuld *f.* 보증채무; ~summe *f.* 보증 액수; ~übernahme *f.* 보증인수; ~verpflichtung *f.* 보증의무; ~versprechen *n.* 보증약속; ~vertrag *m.* 보증<[손해]담보>계약; ~zusage *f.* 보증 수락<승낙, 약정>
garda regis *l.* 비호권. 비록 신하가 다른 군주에게 예속되어 있다고 하더라도 신하에 대한 왕의 비호권은 효력을 지님
Gastarbeiter *m./pl.* 외국인노동자, 임시 동업자
Gastaufnahmevertrag *m.* 여객숙박계약(旅客宿泊契約)
Gastspielvertrag *m.* 객연 배우의 출연 계약
Gastwirt *m.* 음식점<여관> 주인
Gastwirt[s]haftung *m.* 접객업자(接客業者)의 책임
Gatte *m.* 부(夫)
Gattin *f.* 처(妻)
Gattung *f.* 종류(種類), 종속(種屬), 장르, -류(類)
Gattungs~
~anspruch *m.* 종류채권(種類債權); ~begriff *m.* 유개념, 종속개념; ~bezeichnung *f.* 종(種) 및 속(屬)의 표시; ~kauf *m.* 종류구매; ~sache *f.* 종류물; ~schuld *f.* 종류<불특정물> 채무; ~schuld, begrentze <beschränkte> ~ 한정종류채권
Ge- und Verbote *pl.* 명령 및 금지
Gebäude *n./pl.* 건축물<건물>, 구조<구성>
Gebäude
bewohntes ~ 현재 사람이 살고 있는 건물; unbewohntes ~ 사람이 살고 있지 않은 건물
Gebäude~
~abnahme *f.* ①{*seitens der Behörde*} {官廳} 건물검사 ②{*seitens des Bauherrn*} {注文者} 건물인수; ~bewertung *f.* 건물의 평가; ~dienstbarkeit *f.* 건조물익권(建造物益權); ~feuerversicherung *f.* 건물화재보험; ~grundbuch *n.* 건물등기; ~haftung *f.* 건물책임; ~schaden *m.* 건물손상<파손>; ~schätzung *f.* 건물평가; ~schätwert *f.* 건물의 견적가격; ~versicherung *f.* 건물

보험

Geber <Gebender, der Gebende> m. 양도인

Gebiet n. 1 {als lokales ~} 지역<구역>, 지방 2 {global territorial} 영토 3 {im abstrakten Sinn} 영역, 분야

Gebiet {i.S.v. ⑴, ⑵}
abgetretenes ~ 할양지; ausländisches ~ 외국영토; neutrales ~ 중립국

Gebiet {i.S.v. ⑶}
rechtliches ~ 법률영역; auf dem ~ des Erbrechts 상속법 영역<분야>

Gebiets~
~absprache f. 지역분할협정; ~abtretung f. 영토할양; ~aufteilung f. 지역분할; ~austausch m. 영토교환; ~beschränkung f. 지역제한; ~bestimmung f. 지역약시; ~hoheit f. 영토 주권(⾼權); ~kartell n. 지역; ~körperschaft f. 지방 자치 단체; ~schutz m. 지역보호; ~veränderung f. 영토<영역>변경; ~zugehörigkeit f. 영토소속관계

Gebot n. 1 {als Gegenteil von Verbot} {금지의 반대} 명령 2 {bei Versteigerung} {경매수속} 부르는 값

Gebot
das feste ~ 단위가격; das geringste ~ 최저입찰<경매>가격; 상당성액; das letzte ~ 최고가입찰가격; das rechtliche ~ 법적명령

Gebot des sozialen Ausgleichs 사회조정의 원칙

Gebrauch m.; von etw. ~ machen, **gebrauchen** v. ~을 사용<이용, 행사>하다
Gebrauch
bestimmungsmäßiger <bestimmungsgemäßer> ~ 규정에 따른 사용방법; eigener ~ 자신만의 사용방법; gewöhnlicher ~ 통상적인 사용방법; rechtmäßiger ~ 법규정에 따른 사용[방법]; unbefugter ~ 무권한<부정>사용; unrechtmäßiger ~ 불법이용<사용>; widerrechtlicher ~ 위법적인 사용[방법]; zweckfremder ~ 목적 외의 사용

Gebrauchs~
~absicht f. 사용의 의사; ~anmaßung f. 불법<무단>사용, 도용(盜用); ~anweisung f. 사용설명서; ~artikel <~gegenstand> m. 생활용품, 일상용품; ~berechtigter m. (der ~e) 사용<이용>권자; ~berechtigung f. 사용<이용>권; ~diebstahl m. 도용(盜用); ~entzug m. 사용중지; ~güter pl. [대구]소비재<화물>; ~lizenz f. 사용허가; ~muster → Gebrauchsmuster; ~recht n. 사용권; ~überlassung f. 사용이전, 사용대차; ~unfähigkeit f. 사용불능; ~wert m. 사용<이용>가치; ~zweck m. 사용목적

Gebrauchsmuster n. 실용신안의장(實用新案意匠)

Gebrauchsmuster~
~anmeldung f. 실용신안출원<등록신청>; ~eintragung f. 실용신안등록; ~gebühren pl. 실용신안사용료; ~gegenstand m. 실용신안대상<물건>; ~gesetz → Gesetzesregister; ~registrierung f. 실용신안등록; ~rolle f. 실용신안등록부; ~schutz m. 실용신안보호; ~schutzrecht n. 실용신안보호권

gebrauchsmusterfähig a. 실용신안등록이 가능한

gebrauchsunfähig a. 사용할 수 없는
Gebrauchtwagen m./pl. 중고차
Gebrechen n. (육체적, 건강상의) 결함, 불구;
Gebrechen
körperliches ~ 육체적 결함, 불구
Gebrechlicher m. (der ~e) 불구자, 신체장애자
Gebrechlichkeits~
~pfleger m. 장애인 보호인<간병인>; ~pflegschaft f. 장애인 보호<간병>

Gebühr f. 사용료, 수수료
Gebühr, eine ~
~ erheben v. 수수료를 징수하다;
~ erhöhen v. 수수료를 인상하다
Gebühr
einmalige ~ 일회 지불된 수수료; gesetzliche ~ 법정수수료; zusätzliche ~ 추가사용료<수수료>

Gebühren~
~aufstellung f. 수수료명세서; ~bemessung

f.수수료산정; ~entrichtung f.수수료의 지불; ~erhebung f.수수료의 징수; ~erlaß m.수수료 면제; ~forderung f.수수료 채권; ~freiheit f.무료(無料); ~höhe f.수수료의 금액; ~marke f.[, staatliche ~]수입인지; ~marke, eine ~ aufkleben v.수입인지를 붙이다; ~ordnung f.수수료규정; ~ordnung für Rechtsanwälte 변호사비용에 관한 법률; ~pflicht f.수수료 지불의 무; ~pflichtiger m.(der ~~e) 수수료지불 의무자; ~rechnung f.[수수료] 청구서; ~satz m.요금률, 수수료율; ~schuld f.{i.S.v. zu zahlender Summe} 지불수수료의 총액; ~tabelle f.요금표; ~tarif m.수수료<사용료> 정률; ~vereinbarung f.수수료 합의; ~vorschuß m.수수료<사용료> 선불, 선금; ~wesen n.수수료제도; ~zahlung f.수수료 지불
gebührend a.적절<적당>한
gebührenfrei a.수수료가 없는, 무료의
gebührenpflichtig a.수수료 지불 의무가 있는
Geburt f.출산, ~생
Geburt
eheliche ~ 적출(嫡出); uneheliche ~ 비적출
Geburten~
~buch n.출생등록부; ~eintragung f.출생등록; ~register n.출생등록
Geburts
~anzeige f.출생 공고<고시>, 출생신고; ~datum n.생년월일; ~land n.출생국, 태어난 나라; ~name m.출생시의 성, 친정<친가>의 성; ~ort m.출생지; ~rate f.출생률; ~register n.출생등록부; ~statistik f.출생통계; ~urkunde f.출생증명서
Gedanke m.사고, 사상
Gedankengang m.<~folge f.> 사상의 체계, 사고
gedankenlos a.부주의의, 경솔한
Gedanken~
~freiheit f.사고의 자유; ~losigkeit f.사고하지 않음, 부주의; ~verbindung f.사상의 결속<결속, 연관>, 사상<생각>의 연상
gedeckt a.담보된

gedeckt
nicht ~ 담보 되어 있지 않은
geeignet a.적절<적당>한
Geeignetheit f.적절성, 타당성
Gefahr f.위험[성], 위난
Gefahr
auf eigene ~ [handeln v.] 자기 책임 하에 행동하다; auf ~ des Käufers v.매주위험담보; die ~ geht über auf v.위험이 이전되다; für eine ~ haften v.위험에 대해 책임을 지다<부담하다>
Gefahr
akute ~ 긴급 위험; drohende ~ 긴박한 위험; erkennbare ~ 인식할 수 있는 위험; gegenwärtige ~ 긴박한 위험; objektive ~ 객관적 위험; übernommene ~ 인수 위험; versicherte ~ 보험위험
Gefahr
~ der Verschlechterung 훼손의 위험; ~ des Mißbrauchs 남용의 위험; ~ für die Rechtsordnung 법질서에 반하는 위험; ~ für Leib und Leben 생명 급 신체 대위험; ~ im Verzug 접근 위험
Gefahr~
~abwendung f.위험방지<회피>; ~abwendungspflicht f.위험방지의 의무; ~ ~begriff m.위험[성]개념; ~erhöhung f.위험 증대<증가>; ~güter pl.위험물, 유해물; ~minderung f.위험감소; ~minderungspflicht f.위험감소의 의무; ~standspflicht f.위험유지의무; ~tragung f.위험부담; ~übergang f.위험 이전<전환>; ~übernahme f.위험인수; ~verhinderung f.위험방지
Gefährdung f.; jn. **gefährden** v.~를 위험에 처하게 하다
Gefährdung
~ der Sittlichkeit 공서양속(公序良俗)을 위태롭게 함
gefährdend a.위험에 처한
Gefährdeter m.(der ~e) 위험에 처한 자
Gefährdungs~
~absicht f.위해고의; ~begriff m. 위험성 개념; ~delikt n.위험범, 위태범 ~delikt, abstraktes ~ 추상적 위험범; ~delikt,

konkretes ~ 구체적 위험범; ~haftung *f.* 위험책임; ~vorsatz *m.* 위험<유해>고의
Gefahren~
~abwägung *f.* 위험<위난>판단; ~abwehr *f.* 위험<위난, 피해>방지<회피>; ~abwendungsabsicht *m.* 위난 피 의사; ~ausgleich *m.* 위험균등화, 위험 분배<조정>; ~bereich *m.* 위험영역; ~bereichslehre *f.* [= Lehre vom ~bereich] 위험영역설; ~beseitigung *f.* 위험제거; ~erhöhung *f.* → *Gefahr~*; ~gemeinschaft *f.* 위험공동체; ~quelle *f.* 위험발생원; ~verteilung *f.* 위험분담; ~vorsorge *f.* [, polizeiliche ~][경찰적] 위험배려; ~zulage *f.* 위험수당<가봉>; ~zustand *m.* 위험상태
gefahrgeneigt *a.* ~e Arbeit *f.* 위험 작업
gefährlich *a.* 위험한
Gefährlichkeit *f.* 위험<유해>
Gefährlichkeit
abstrakte ~ 추상적 위험<유해>성; konkrete ~ 구체적 위험<유해>성
Gefährlichkeits~
~grad *m.* 위험[성]정도; ~vermutung *f.* 위험성추정
Gefälligkeit *f.* 호의
Gefälligkeits~
~akzept *n.* 융통어음; ~abrede *f.* 호의 약속; ~indossament *n.* 호의이서; ~miete *f.* 호의가임; ~verhältnis *n.* 호의(好前)관계; ~wechsel *m.* 융통어음
Gefangenen~
~arbeit *f.* 형무작업; ~befreiung *f.* [als Delikt] 도주 죄, 피구금자 탈취죄
Gefangener *m.* (der ~e) 수인, 피수용<구금>자; noch nicht verurteilter ~ 미결수; verurteilter ~ 기결수인<피수용자>
Gefangennahme *f.* 체포
Gefängnis *n.* 1 [als Ort] 감옥, 형무소 2 [als Strafe] 징역<금고, 구류>[형]
Gefängnis~ [i.S.v. ①]
~aufseher *m.* 간수, 교도관; ~personal *n.* 교도<형무>소 직원; ~population *f.* 형무소 총 수용인원; ~strafe → *Gefängnisstrafe*; ~verwaltung *f.* 교도<형무>소 행정(운영); ~wärter *m.* 간수, 교도관; ~wesen *n.* 형무

<교도>소재도; ~zelle *f.* 감방
Gefängnisstrafe *f.* [i.S.v. ②] 징역[형], 금고형
Gefängnisstrafe
lebenslange ~ 무기징역; zur Bewährung ausgesetzte ~ 집행유예부징역형
gefunden *a.* 습득한, 발견한
gegebenenfalls *a.* 필요한 경우에는, 경우에 따라서(약어: ggf.)
gegen ~ 대 <對>
Gegen~
~absicht *f.* 반대목적; ~angebot *n.* 반대신청; ~angriff *n.* 반격; ~anspruch *m.* 반대채권<청구>; ~antrag *m.* ① [i.S.d. ProzR-소] 답변<반대>신청 ② [im Parlament, etc.] 반대제의<제안>; ~anwalt *m.* 상대측 변호사; ~argument *n.* 반론; ~auffassung *f.* ① [in der Lehre] 반대설 ② [allgemein] 이견; ~äußerung *f.* 반대 진술; ~aussage *f.* 반대 증언; ~behauptung *f.* 반대주장; ~bewegung *f.* 반대운동, 반동; ~beweis *m.* 반증; ~beweis, indirekter <mittelbarer> ~ 간접적 반증; ~darstellung → *Gegendarstellung*; ~deckung *f.* 보상; ~einrede *f.* 재항변; ~erklärung *f.* 반대진술<선언, 항의>; ~erwiderung *f.* 답변; ~forderung *f.* 반대채권; ~frage *f.* 반문; ~indizien *pl.* 반대정황사실; ~klage *f.* 반소; ~leistung *f.* 반대급부; ~lieferung *f.* 대응인도; ~maßnahme *f.* 대책; ~meinung *f.* 반대의견, 이견; ~norm *f.* 반대규정; ~partei *f.* 상대편, 반대당; ~partei [bei Staaten i.S.d. VöR-제] 상대국; ~recht *n.* 반대 권리; ~rede *f.* 반대, 항변, 이의; ~regierung *f.* (현 정부에 대항하는) 임시 정부; ~satz *m.* 반대, 대립; ~seite *f.* 상대측, 상대방, 상대국; ~seitigkeit *f.* → *Gegenseitigkeit*; ~sicherheit *f.* 부보증; ~stand *m.* 물, 대상; ~stimme *f.* 반대투표; ~teil *n.* 반대, 역; ~untersuchung *f.* 대심; ~verpflichtung *f.* 상호채무, 쌍무, 반대의무; ~versprechen *n.* 반대약속; ~vorstellung *f.* → *Remonstration* [부당판정] 이의신청; ~vorbringen *n.* 반대[방어방법]제출; ~vorbringen, verspätetes ~ 시

기를 지연시키는[방어방법] 제출; ~vorbringen, unschlüssiges ~일환 반대 [방어방법]제출; ~vormund m.후견감독인; ~wirkung f.반작용; ~zeichnung f.연서, 부서; ~zeuge m.반대 증인
Gegendarstellung f.반론
Gegendarstellung
Recht auf ~ 반론권
gegensätzlich a.반대의, 반대적인
gegenseitig a.{= reziprok a.} 상호<상호적>의, 쌍방의
Gegenseitigkeit { = → Reziprozität} f. 상호성<주의>
Gegenseitigkeitsklausel f.상호주의조항
Gegenseitigkeitsversicherung f.상호보험
Gegenstand f.①{konkreter ~}물, 객체 ②{abstrakter ~} 목적물, 대상, 사항
Gegenstand der
~ Gesetzgebung 입법사항; ~ Klage 소(訴)의 대상
Gegenstand des
~ Berufungsverfahrens 상소심절차 사항; ~ Prozesses 소송대상; ~ Schutzbegehrens 보호요구의 대상; ~ Verbot[e]s 금지대상; ~ Vertrages 계약 대상
Gegenstand
beweglicher ~ 동산물(動産物); geschützter ~ 보호대상; körperlicher ~ 물(物), 객체, 유체물; streitbefangener ~ 소송<계쟁(係爭)>물; unbeweglicher ~ 부동산물; unkörperlicher ~ 무체물; versicherter ~ 피보험물건
gegenständlich a.대상의, 사물의
Gegenstimme f.반대표
Gegenstimme
ohne ~ ad.만장일치의, 반대의견 없이; {im Parlament} 중의일결(衆議一決)
Gegenteil n.반대(사실), 반대말;
Beweis des ~s 반대사실의 증명
gegenteilig a.반대<역>의
Gegenüberstellung f.;
gegenüberstellen v.[jm. jn./etw. ~] ~과 ~을 대비<대조>시키다

gegenwärtig a.현존<현>의
Gegenwartswert m.현재 가치
gegenzeichnen v.~에 부서<연서>하다
Gegenzeichnung f.부서<연서>
Gegner m.상대방, 상대측
gegnerisch a.상대의, 적의, 적대적인
Gehalt n.급료, 급여, {공무원 등}봉급
Gehalts~
~abzug m.급료에서의 공제; ~abzüge pl. {steuerliche ~, etc.} {稅}공제; ~anspruch m.봉급청구권; ~empfänger m.봉급생활자; ~erhöhung f.봉급인상; ~fortzahlung f.봉급의 계속적인 지불; ~kürzung f.감봉; ~pfändung f.(채권자 측의) 급료차압; ~stufe f.{im öffentlichen Dienst} 호봉; ~zahlung f.봉급지급; ~zulage f.수당
geheilt a.치유된
geheim a.비밀의
geheim streng ~ 극비
Geheim~
~abkommen n.비밀협정; ~akten pl.기밀문서; ~haltung → Geheimhaltung; ~polizei f.비밀경찰
geheimhalten v.~을 감추다, 비밀로 하다
Geheimhaltung f.비밀 보장<유지, 준수>
Geheimhaltungs~
~interesse n.비밀보장을 통해 얻는 이익; ~klausel f.비밀 준수 조항; ~pflicht <~verpflichtung> f.비밀 준수 의무; ~vereinbarung f.비밀 준수에 관한 합의; ~versprechen n.비밀보장약속; ~welle m. 「비밀보장」 의사
Geheimnis n.비밀, 기밀
Geheimnis~
~verfahren n.비밀처분<취급>; ~verrat m. 기밀누설
Geheißerwerb m.지시된 사람에게의 인도에 따른 소유권취득
Gehilfe m.①{BGB-민} 보조자 ②{StrR-형} 공범자
Gehilfen~
~haftung f.[~ des Geschäftsherrn] {i.S.d. BGB-민} 사용자책임; ~tätigkeit f.{i.S.d.

StGB-형; 공범행위
Gehirntod *m.*[~lehre *f.*] 뇌사[설]
Gehör *n.*
rechtliches ~ (= Das Rechtliche ~) 법정심문, 심문[수]권리; ~ ~ garantieren *v.* 법정심문을 보장하다; ~ ~ gewähren *v.* 법정심문하다
Geiselnahme *f.* 인질로 잡음, 인질범죄
Geistes~
~anstrengung *f.* 정신적 노력; ~entwicklung *f.* 정신적 발달; ~gestörter *m.*(der ~~e) 정신장애자; ~gestörtheit *f.* 정신장애; ~krankheit *f.* 정신병; ~kranker *m.*(der ~~r) 정신병자; ~schwäche *f.* 정신박약, 저능; ~schwacher *m.*(der ~~e) 정신박약아, 저능아; ~störung *f.* 정신 장애; ~wissenschaft *f.* 정신과학; ~zustand *m.* 정신상태
gekreuzt *a.*
~er Scheck m. 횡선수표
Geladener *m.*(der ~~e) 초출인
Geld *n.* 금, 금전, 화폐, 금원
Geld
ausländisches ~ 외국통화<화폐>; falsches ~ 위조화폐; transferiertes ~ 조입금; umlaufendes ~ 유통화폐, 통화
Geld~
~abfindung *f.*[*i.S.v.* vereinbarte ~] 금전배상; ~abfluß *m.* 화폐유통; ~angebot *n.* 금전제공; ~anlage *f.*[→ *Investition*] 투자, 자금운용; ~anleihe *f.* 융자, 차관; ~anspruch *m.* 금전청구[권]; ~automat *m.* 현금자동인출기; ~betrag *m.*(약간의) 돈, 금액; ~buße *f.* 벌금, 과태료, 범칙금; ~darlehen *n.* 현금대부; ~einheit *f.* 화폐단위; ~einkommen *n.* 금전소득; ~einlage *f.* [금전] 출자; ~entschädigung *f.* 현금 배상<변상>; ~entwertung *f.* 통화팽창; ~ersatz *m.* 환, 어음, 수표(화폐 대용 증권); ~fälschung *f.* 통화위조; ~forderung *f.*[, öffentlich-rechtliche ~] [공법] 금전청구, 채권; ~geber *m./pl.* 자금제공자, 출자자, 물주; ~geschäfte *pl.* 금융업, 금전거래; ~gläubiger *m.* 금전채권자; ~kredit *m.* 금전대부; ~kreislauf *m.* 화폐유통; ~leistung *f.* 화폐 급수, 현금 지불; ~markt *m.* 화폐<금융>시장; ~marktinstrument *n.*<~~papier *n.*> 금융시장증권; ~mittel *pl.* 자금; ~politik *f.* 금융<화폐, 통화>정책; ~rente *f.* 정기금; ~schuld *f.* 금전채무; ~schuldner *m.* 금전채무자; ~sortenschuld *f.* 특정한 화폐에 대한 금전채무; ~spende *f.* 현금 기부, 기부금; ~strafe *f.*[, [*als Straftypus*]] 벌금[형]; ~strafe *f.*[, *im VerwR*-행] 과료; ~summe *f.* 금액, 액수; ~surrogat *n.*(환, 어음, 수표 등) 화폐대체물; ~system *f.* 화폐제도; ~transfer m. 통화거래; ~umlauf *m.* 화폐유통; ~unterschlagung *f.* 금전횡령; ~unterstützung *f.* 금전보조; ~verbindlichkeit *f.* 금전채무; ~verkehr *m.* 금융; ~vermächtnis *n.* 금전유증; ~vermögen *n.* 금전재산; ~wäsche *f.* 돈세탁; ~wechsel *m.* 화폐 교환, 환전; ~wechsler *m./pl.* 환전업자; ~wert *m.* 화폐가치; ~wertänderung *f.* 화폐가치의 변동; ~wirtschaft *f.* 화폐 경제

Gelder *pl.*
öffentliche ~ 공금
Gelegenheit *f.* zur Äußerung
반대의견진술 기회
Gelegenheitstäter *m.* 우발<기회>범인
gelesen und genehmigt[es Protokoll]
확인 인증 [조서]
Geliebtentestament *n.* 애인이 남긴 유언
gelten *v.* ~이 타당<적용, 통용>하다, 효력이 있다
gelten
analog ~ 유추적용하다; entsprechend <sinngemäß> ~ 적합하다; etw. geltend machen *v.* ~을 주장하다
Geltendmachung *f.* 주장, 관철, 시행
Geltendmachung
~ des Zeugnisverweigerungsrechts 증언거절권의 주장; ~ des Vermieterpfandrechts 임대인 유치권; ~ eines Anspruchs 청구권 주장; ~ eines Zurückbehaltungsrechts 소유권유보의 주장
Geltung *f.* 유효, 효력
Geltungs~
~bereich → *Geltungsbereich*; ~dauer *f.*

유효기간
Geltungsbereich m.효력<적용>범위
Geltungsbereich
~ des Gesetzes 법의 효력범위<유효범위>; ~ des ~rechts ~법의 적용범위
Geltungsbereich
örtlicher <räumlicher> ~ 장소적 효력범위; zeitlicher ~ 시간적 효력범위
gemäß a.~에 따라서, ~에 맞게
Gemein~
~eigentum n.공동재산; ~eigentümer m.공동소유자; ~gebrauch m.[자유]공동사용; ~gefährlichkeit = Gemeingefahr f.사회적<공공>위험[성]; ~gläubiger m.공동채권자; ~gut n.공유<공동>재산<물>; ~interesse n.공동이익; ~kosten pl.공통경비, 간접경비; ~nutz m.공익; ~nützigkeit f.공익성; ~schuldner m.파산(채무)자; ~wohl n.공공복리<복지>; ~zweck m.공동목적
Gemeinde m.[시]정촌
Gemeinde~
~angelegenheit f.시정촌의 사무; ~ausschuß m.시정촌의 참사회; ~einrichtung f.시정촌의 시설; ~gebiet n.시정촌의 영역; ~haushalt m.시정촌의 예산, ~last f.시정촌이 져야 할 부담; ~ordnung f.지방 조례; ~organ n.지방기관; ~steuer m.지방세, 지방자치세; ~verband m.작은 지방 자치단체들의 행정연합; ~verfassung f.지방자치단체 내부의 기관조직; ~vertreter m./pl.지방의회대표자; ~verwaltung f.지방행정; ~wahl f.지방선거
gemeinrechtlich a.보통법상의
gemeinsam a.공통의, 공동의
Gemeinschaft f.①{BGB-민} 총유관계 ②{allgemein} 공동체 ③{i.S.d. europäischen ~} EC[공동체]
Gemeinschaft
~ Bruchteilen 분할적 총유; ~ zur gesamten Hand 삼수적공동체
Gemeinschaft
eheliche ~ 혼인관계; häusliche ~ 가족공동체, 가족관계; rechtliche ~ 법률적 단체

gemeinschaftlich a.공동의, 공통의
Gemeinschafts~
~besitz m.공동소유, 공유; ~ebene f.[auf ~] EC {ⓔ'EC level'} [de]; ~interesse n.공동이익; ~recht {i.S.v. ②} n.공동단체법, {i.S.v. ③} EC-법, 법{ⓔ'community'}; ~schuld f.공동부담<채무>; ~unternehmen n.{→ ⓔ'joint venture'} 합자회사; ~verhältnis f.공동관계; ~vermögen n.공동재산; ~versicherung f.공동보험; ~zelle f.집단 감방
Gen~
~manipulation f.유전자조작; ~technik f.유전공학기술; ~technologie f.유전자공학
Genehmigender m.(der ~e) 추인(追認)자
Genehmigung f.; **genehmigen** v.① {im BGB-민} ~에 추인<동의>하다 ② {im VerwR-행} ~을 허가<인가>하다
Genehmigung
(jm.) eine ~ erteilen v.(~에게) 추인<허가>하다; (jm.) die ~ verweigern v.~에게 추인<허가>을 거절<거부>하다
Genehmigung
gerichtliche ~ 재판소 허가; nachträgliche ~ 추인, 사후승낙; nicht rückwirkende ~ 비소급적 추인; rückwirkende ~ 소급적 추인
Genehmigungs~
~erfordernis n.승낙의 필요성; ~fähigkeit m.승낙의 자유; ~system n.허가제; ~vorbehalt m.허가의 유보
genehmigungspflichtig a.허가<인가>를 받을 의무가 있는
General~
~agent m.총대리인; ~anwalt → ~staatsanwalt; ~auftrag m.포괄<일반적>위임; ~amnestie f.일반사면, 대사면; ~bevollmächtigter m.(der ~~e) 전권위원장, 전권사절<대사>; ~bundesanwalt m. 연방검찰총장; ~klausel f. 일반 조항; ~klausel{im Gegensatz zu enumerativer Aufzählung} f.개괄조항; ~konferenz f.총회의; ~prävention f.(범죄의) 일반예방; ~sekretär m.[der Vereinten Nationen][국제연합] 사무총장;

~staatsanwalt *m*.[고등검찰청] 검찰총장;
~streik *m*.총파업 {*Kurzform von*
e *'general strike'*}; ~versammlung *f*.총회;
~vertreter m.총 대리인; ~vollmacht *f*.일
반<포괄>대리; ~vollmacht *f*.포괄대리권,
전권위임; ~vorsatz *m*.개괄적 고의

Generalisation *f*.; **generalisieren** *v*.~
을 일반화하다

generalklauselhaft *a*.일반 조항의
generalpräventiv *a*.일반 예방하는
generell *a*.일반적인
Genfer
~ Abkommen n.제네바조약; ~ Protokoll
n.제네바의정서

genius loci *l*. 해당 지역을 지키는
(선한) 영혼

Genossenschaft *f*.공동<협동>조합
Genossenschaft
eingetragene ~ 등기 종유단체<조합>;
gewerbliche ~ 경제협동조합, 산업조합;
landwirtschaftliche ~ 농업협동조합

Genossenschafts~
~anteil *m*.[공유] 협동조합 재산 배당;
~bank *f*.협동조합 은행; ~bildung *f*.협동
조합 형성; ~gedanke *m*.협동조합 사상;
~gläubiger *m./pl*.협동조합 채권자; ~kapital
n.협동조합의 자산; ~recht *n*. 단체법;
~register *f*.협동조합 등록부; ~schuld *f*.
협동조합의 채무; ~verhältnis *n*.협동조
합의 관계; ~vermögen *n*.협동 조합의
재산; ~versammlung *f*.[단체]조합 총회;
~vertrag *m*.[단체]조합 계약; ~vorstand
m.조합이사[회]; ~wohnung *f*. 조합주택;
~zweck *m*.협동조합의 목적

genossenschaftlich *a*.조합의
gens, gentes *l*. 로당, 대가족, 씨족,
일족

Gentechnologie *f*.유전공학
Gentlemens' Agreement *n*. 신사협
정

Genus perire non potest → *Species
ei perit*, ... *l*.

Genuß~
~recht n.형익권, 이익참가권; ~schein
m. 형익<이익참가>증권

gepachtet *a*.용익임차의
gepfändet *a*.차압된
gerecht *a*.정의<공정>의
gerechtfertigt *a*.정당한, 올바른; *etw*.
für ~ halten *v*.~이 정당하다고 생각하다
Gerechtigkeit, soziale ~ 사회적정의
Gerechtigkeitsgefühl *n*.정의감
geregelt *a*.규칙적인, 정돈된
geregelt
gesetzlich ~ 법적으로 규제하는;
vertraglich ~ 계약상으로 규제하는

Gericht *n*. 1){*allgemein*} 재판 (2){*als
Institution/ Ort*} 재판소, 법정

Gericht
~ der belegenen Sache 사물관할재판소;
~ der ersten Instanz 제일심재판소; ~
der Hauptsache 본안 재판소; ~ der
zweiten Instanz 제이심<상고>재판소; ~
des ersten Rechtszuges 제일심수송재판
소; ~ letzter Instanz 종심재판소

Gericht
bei ~ 법정; bei ~ anhängig a. (sein)계
속중; vor <am, im> ~ 정내

Gericht
an ein ~ verweisen *v*.다 재판소로 이송
하다; bei ~ einreichen *v*.재판소 제출;
ein ~ anrufen *v*.재판소에 소를 제기하
다; einem ~ vorlegen *v*.재판소에 제소
하다; vor ~ erscheinen *v*.재판소에 출두
하다

Gericht
das angerufene ~ 수탁재판소;
das betreffende ~ 당해재판소;
das erkennende ~ 현<수소>재판소;
das entscheidende ~ 재판 재판소;
das ersuchende ~ 수소재판소;
das ersuchte ~ 수탁재판소

Gericht
angerufenes ~ 수탁재판소; angewiesenes
~ 수이송재판소; ausländisches ~ 외국재
판소; ausstellendes ~ 발부재판소; besonderes
~특별재판소; erstinstanzliches ~ 제일심
재판소; ersuchendes ~ 수소재판소;
ersuchtes ~ 수탁재판소; gleichgeordnetes
~ 동급재판소; höheres ~ 상급재판소;

innerstaatliches ~ 국내재판소; innerstaatliches ~ {i.S.d. EG-Rechts}[EU회원국] 국내재판소; internationales ~ 국제재판소; letztinstanzliches ~ 종심재판소; nachgeordnetes ~ 상급재판소; nationales ~ 본국<국내> 재판소; ordentlich besetztes ~ 정식 재판소; ordentliches ~ 통상재판소; übergeordnetes ~ 상급재판소; unteres ~ 하급재판소; unzuständiges ~ 관할위 재판소; zuständiges ~ 관할재판소; zweitinstanzliches ~ 제이심재판소

Gericht
jn. vor ~ verklagen v.~를 고소<고발>하다; jn. vor ~ laden v.~를 소환하다

Gericht
vor ~ als Anwalt auftreten v.재판에서 변호사로 나서다<출정하다>; vor ~ als Zeuge aussagen v.법정에서 증인자격으로 증언하다; vor ~ beweisen v.재판소에서 증명<입증>하다; vor ~ erscheinen v.재판에 출두<출정>하다; vor ~ gehen v.재판하다; vor ~ etw. geltend machen v.재판소<법정>에서 ~을 주장하다

gerichtlich a.법원의, 재판의
gerichtlich
~ bestellt a.재판소에서 임명된; ~ etw. geltend machen v.~을 유효하게 하다

Gerichts~
~akten pl.재판소 기록; ~assessor m.재판관보; ~barkeit → Gerichtsbarkeit; ~beamter m.(der ~~e) 정리, 재판소직원; ~bediensteter m.(der ~~e) 재판소직원; ~befehl m.재판소 명령; ~bescheid m.재정; ~beschluß m.재판소 결정; ~besetzung f.{i.S.v. Zusammensetzung} 재판소 [인적]구성; ~bezirk m.[재판소]관할구역<관구>; ~diener m.정사; ~eingangsstelle f.재판소 수리과; ~entscheidung f.재판, 법정 판결; ~ferien f.[재판소]휴정[기간]; ~gebühren pl.재판소 비용; ~gewalt f.재판권; ~hof m.재판소, 법정; ~kasse f.재판소 회계과; ~kosten pl.재판[소]비용; ~kostengesetz → Gesetzesregister; ~kostenvorschuß m. 재판소비용 잡부; ~kundigkeit f.재판소 현저; ~medizin f.

법의학; ~mediziner m. 법정의; ~ordnung f.법정질서, 재판법; ~organisation f.재판소 조직; ~personen pl.법정 정리; ~pflege f.사법[제도]; ~polizei f.법정경찰[권]; ~präsident m.재판소[소]장; ~protokoll n.재판소조서; ~referender m.수습생; ~saal m.법정; ~sachverständiger m.(der ~~e) 감정인; ~schreiber m.재판소서기관; ~siegel n.재판소 공인; ~sitzung f.법정기일; ~sprache m.법정용어; ~sprengel m.관할구역; ~spruch m.판결; ~stand → Gerichtsstand; ~tag m.공판, 개정일; ~tage pl.{i.S.v. Gesamtzahl} 개정일수; ~tafel m.재판소 개정고지판; ~termin m.재판소 기일, 공판일; ~urkunden pl.재판소 증서; ~urteil n.판결; ~verfahren n.재판<소송>수속; ~verfassung f.재판소구성; ~verfassungsgesetz → Gesetzesregister; ~verhandlung f.재판[소]변론; ~verwaltung f.재판행정; ~vollzieher m.집행관; ~vollzieherkosten pl.집행관 비용; ~vorsitzender m.(der ~~e) 재판장; ~wesen n.재판소 제도<구성>; ~wachtmeister m. 재판소경비관; ~zuständigkeit f.재판소 관할

Gerichtsbarkeit f.재판관할, 재판권
Gerichtsbarkeit
ausschließliche ~ 배타적 재판관할; besondere ~ 특별재판권; Deutsche ~ [재판소]관할; freiwillige ~ 비송사건; inländische ~ 국내관할; Internationale ~ 국제관할; konsularische ~ 영사재판권; Japanische ~ 일본 관할; ordentliche ~ 통상 재판권

gerichtsbekannt <~kundig> a.법원 공중의, 법원에서 공식적으로 인증된
Gerichtshof m.재판소, 법정
gerichtskundig a.법원 공중의, 법원에서 공식적으로 인증된
gerichtsmedizinisch a.법의학적
Gerichtsstand m.재판관할
Gerichtsstand
~ der belegenen Sache 사물관할; ~ der Erbschaft 상속관할; ~ der Geschäftsniederlassung 영업지 관할; ~ der unerlaubten Handlung

불법행위지 관할; ~ der Widerklage 응소관할; ~ des Erfüllungsortes 의무이행지 재판관할; ~ des Sachzusammenhang[e]s 관련재판적; ~ des Wohnsitzes 주소지 관할

Gerichtsstand
allgemeiner ~ 일반재판관할; ausschließlicher ~ 배타적 재판관할; außerordentlicher ~ 특별 재판관할; besonderer ~ 특별재판관할; dinglicher ~ 물권적 재판관할; erweiterter ~ 확대된 재판관할; fiktiver einverständlicher ~ 사실상의 재판관할; gesetzlich bestimmter (= gesetzlicher ~) 법정재판관할; vereinbarter ~ 합의 재판관할

Gerichtsstands~
~klausel f. 재판관할문구<조항·약관>; ~vereinbarung f. 재판관할 관 합의

gerieren v.; sich als etw. ~ 인 체 행동<처신>하다

geringfügig, ~e Beschäftigung f. 서소득자

Geringfügigkeit f. {i.S.v. Bagatelle} 경미성

germanitas f. 친형제자매

Gesamt~
~akt m. 공동<연대>행위, 협정행위; ~ausgaben pl. 세출합계; ~begriff m. 포괄개념; ~besitz m. 전체<포괄>재산; ~betrag m. 잔액, 총액; ~betriebsrat m.(→ Betriebsrat) 전체경영협의회, 전체종업원평의회; ~bevölkerung f. 총인구; ~bürgschaft f. 연대보증; ~eigentum n. 공유재산, 총유; ~eigentümer m./pl. 공유자; ~entschädigung f. 전보상; ~erbe m. 포괄상속인; ~forderung f. 연대채권; ~gläubiger m. 연대채권자; ~gut n. 합유재산; ~haftung f. 연대책임; ~hand → Gesamthand; ~hypothek f. 공동<종괄>저당[권]; ~interesse n. 공동이익; ~kapital n. 총자산; ~kosten pl. 전체; ~liquidation f. 완전해산; ~nachfolge f. 포괄승계; ~nachfolger m. 포괄승계인; ~nachfrage f. 총수요; ~nachlaß m. 포괄상속재산; ~person f. 전체인; ~preis m. 총가격;

~prokura f. 협동지배[권]; ~rechtsnachfolge f. {= → Universalsukzession f.} 포괄[적 권리]승계; ~rechtsnachfolger m. 포괄[적 권리]승계인; ~rechtsordnung f. 전법질서; ~schuld f. 연대채무; ~schuldner m. 연대채무자; ~schuldverhältnis n. 연대채무관계; ~staat m. 집합국가; ~strafe f. 병합형; ~subjekt n. 전체주체; ~summe f. 총액, 전량; ~urkunde f. 전체문서; ~verantwortung f. 포괄책임; ~verbindlichkeiten pl. 총채무; ~verlust m. 전손, 환손; ~vertretung f. 협동대표; ~vermögen n. 전<포괄>재산; ~verweisung f. 총괄[관할]지정; ~vollmacht f. 포괄대리권; ~wert m. 전체적가치; ~wille m. 전체의사; ~wirtschaft f. 총합경제; ~zeit f. 전기간

Gesamthand f. 합유[적]<합수>관계
Gesamthänder m./pl. 합유<합수>자
Gesamthands~ {D}
~anteil m. 합유<합수>지분; ~besitz m. 합유<>;합수 점유; ~eigentum n. 합유<합수>소유; ~eigentümer m. 합유<합수>소유자; ~forderung f. 합유<합수>채권; ~gläubiger m. 합유<합수>채권자; ~schuld f. 합유[적]<합수적>채무; ~schuldverhälnis n. 합유[적]<합수>채무관계; ~vermögen n. 합유<합수>재산

gesamtvertretungsberechtigt a. 공동대표의 권한이 있는

Gesandter m.(der ~e) 외교사절, 공사
Geschädigter m.(der ~e) 피해자
Geschädigter
körperlich ~ 신체적 피해자; mittelbar ~ 간접적 피해자; unmittelbar ~ 직접피해자

Geschäft n. 1 {i.S.v. Rechtsgeschäft} 행위 2 {i.S.v. Laden, usw.} 점, 판매점; ~. wen es angeht (Geschäft für den, den es angeht) 현명(顯名)되지 않은 타인에게의 귀속행위

Geschäft
~ für eigene Rechnung 자기 행위; ~ für fremde Rechnung 타인 행위

Geschäft
abstraktes ~ 무인행위; anfechtbares ~ 취소 행위; bedingtes ~ 조건부행위; befristetes

~기한부행위; dingliches ~ 물건행위; einseitig verpflichtendes ~ 편무행위; einseitiges ~ 일방<단독>행위; entgeltliches ~ 유상행위; fehlerhaftes ~ 하자 행위; fiduziarisches ~ 신탁적행위; formbedürftiges ~ 요식[적]행위; förmliches <formelles> ~ 요식행위; formloses <formfreies> ~ 불요식[적]행위; gegenseitig verpflichtendes ~ 쌍무행위; gegenseitiges ~ 쌍방행위; kausales ~ 유인행위; nichtiges ~ 무효행위; subjektiv fremdes ~ 주관적타인 사무; unentgeltliches ~ 무상행위; zweiseitiges ~ 쌍방행위

Geschäfts~
~abschluß m. 법률행위<계약>체결; ~anteil m.①{i.w.S.} 영업지분 ②{bei einer GmbH} 사원지분; ~bank f.<~banken pl.> 상업은행; ~bedingungen pl.①{i.S.v. Allgemeine ~} ②보통계약약관 ③{als Marktbedingungen} 영업상황; ~bericht m. [{als Schriftstück}] 영업보고[서]; ~besorgung f. 사무관리, 법률행위 위탁; ~besorgung, entgeltliche ~ 유상사무관리; ~besorgungsvertrag m. 법률행위 위탁계약; ~betrieb m.①{im abstrakten Sinn} 업무, 사무 ②{als Unternehmen} 영업<사업>[소] ③{bei Gericht} 개정; ~bezeichnung f.(= → Firma) 상호; ~beziehungen pl. 거래<업무>관계, {Kurzform von ⓔ'connections'}; ~bücher pl. 영업장부; ~fähiger m.(der ~e) 행위능력자; ~fähigkeit f.[beschränkte ~][한정]행위능력; ~forderung f. 영업[상]채권; ~führer m.①{allgemein} 사무관리자, 관리인 ②{einer Zweigstelle} 지점장; ~führung f. ohne Auftrag 사무관리; ~führung ohne Auftrag, echte ~ 사무관리; ~führung ohne Auftrag, unechte ~ 준사무관리; ~führungsbefugnis f. 업무<사무>집행권; ~gang m. 사무처리; ~gebühr f.[변호사]일반수수료; ~geheimnis n. 영업<기업, 업무상>비밀; ~gewinn m. 영업[상]수익; ~grundlage f.[계약<행위>]기초; ~grundlage, Wegfall der ~ 행위기초 상실; ~herr m. 사용자; ~herrnhaftung f. 사용자책임; ~inhaber m./pl. 영업<기업>소유자;

~jahr n. 영업<사업, 재정>연도; ~kapital n.[영업<기업, 유동>]자본; ~lokal n. 영업소; ~ordnung f.①{eines Vereins, usw.}의 사규칙 ②{des Bundestags, usw.} 의회의원규칙; ~papiere pl. 영업용서류; ~praktiken pl. 상방; ~raum m. 영업<사무>소; ~schädigung f. 영업방해; ~schulden pl. 영업채무; ~sitz m. 영업소 주소<소재지>; ~stelle f. des Gerichts 서기과, 사무실; ~stellenleiter m. 사무국장; ~stunden pl. 영업시간; ~tätigkeit f. 영업활동<행위>; ~träger m. 영업공사; ~übergabe f. 영업양수; ~übernahme f. 영업인수, 경영수임; ~übertragung f. 영업양도; ~unfähiger m. (der ~~e) 무능력자; ~unfähigkeit f.[행위]무능력; ~unkosten pl. 영업비; ~unterbrechung f. 영업중지; ~unterbrechungsversicherung f. 영업중지보험; ~veräußerung f. 영업양도; ~verbindlichkeiten pl. 영업<거래>[상]채무; ~verbindungen → ~beziehungen; ~verkehr f.[상] 거래<업무>; ~verlust m. 영업[상]손실; ~vermögen n. 영업재산; ~verteilung f.{bei Gericht} 사무분배; ~verteilungsplan m. 사무분배표; ~wille m. 효과의사; 행위의사 ~zeichen n./pl. 상표, 명병; ~zeit f. 영업<거래>시간; ~zimmer n. 사무실; ~zweig m. 영업<거래>부문<종류>

geschäftsähnlich a. 법률행위와 유사한, 준 법률행위의
geschäftsfähig a. 행위능력이 있는
geschäftsführend a. 업무를 집행하는, 관장하는
geschäftsmäßig a. 영업상의, 업무상의
geschätzt a. 평가된
Geschehensablauf m., **typischer ~** 전형적인 사건의 경과
Geschiedene f. 이혼녀
Geschiedene pl. 이혼자
Geschiedener m.(der ~e) 이혼남
Geschlecht n. 성
beider ~s 양성
geschlechtlich a. 성의
Geschlechts~
~akt m. 성행위; ~ehre f. 정조; ~reife f.

성적성숙, 사춘기; ~verkehr *m.* 성교, 교접

Geschmacksmuster *n.* (상품의) 등록의장(意匠)

Geschmacksmuster~
~anmeldung *f.* 의장등록출원; ~eintragung *f.* 의장등록; ~gesetz → *Gesetzesregister*; ~schutz *m.* 의장등록보호.

geschrieben *a.* 성문의, 성문적인
geschuldet *a.* 책임이 있는, 유책의
Geschworener *m.*(*der/die* ~*e*) 배심원
Geschworenengericht *n.* 배심재판소<제>

geschützt *a.* 보호받는
Gesellschaft *f.* ⑴ {*als Zusammenschluß von Personen zu einem Zweck*} 회사, 조합, 기업체 ⑵ {*im globalen Sinn*} 사회
Gesellschaft
~ auf Gegenseitigkeit 상호회사; ~ des bürgerlichen Rechts 민법상 조합; ~ des Handelsrechts 상법상 회사; ~ mit beschränkter Haftung (→ *GmbH*) 유한회사

Gesellschaft, eine ~
~ abwickeln *v.* 회사를 청산하다;
~ auflösen *v.* 회사를 해산시키다;
~ errichten *v.* 회사를 설립하다;
~ gründen *v.* 회사를 창립하다

Gesellschaft
aufgelöste ~ 해방회사; ausländische ~ 외국회사; bürgerlich[rechtliche]e ~ 민법상<민사>회사; de facto ~ 사실상 회사; handelsrechtliche ~ 상법상 회사; nicht rechtsfähige ~ 법인격[유]회사; private ~ 사설회사; rechtsfähige ~ 법인격 회사; ruhende ~ 휴업상태회사; stille ~ 익명회사; übernehmende ~ 인수회사; verbundene ~ 관련<계열>회사

Gesellschaft
bürgerliche ~ 시민사회; internationale ~ 국제사회

Gesellschafter *m./pl.* 사원, 출자자, 조합원

Gesellschafter
ausgeschiedener ~ 탈퇴 사원;
ausgeschlossener ~ 해임 사원;
ausscheidender ~ 퇴사사원; beschränkt haftender ~ (= → *Komplementär*) 유한책임사원, geschäftsführender ~ 대표<업무담당>사원; persönlich haftender ~ (= → *Kommanditist*) 무한책임사원; stiller ~ 익명사원<조합원>; unbeschränkt haftender ~ 무한책임사원; vertretungsberechtigter ~ 대표사원

Gesellschafter~
~anteil *m.* 사원할당<지분>; ~beschluß *m.* 사원결의; ~einlage *f.* 출자, 주금, 자금; ~liste *f.* 출자자 목록<리스트>; ~versammlung *f.* 조합<사>원<주주, 지주>총회

gesellschaftlich *a.* {*i.S.v.* ⑴} 회사의; {*i.S.v.* ⑵} 사회적인

Gesellschafts~ {*i.S.v.* ⑴}
~anteil *m.* 회사[원]지분; ~auflösung *f.* 회사 해방; ~auflösungsgrund *m.* 회사해방 사유; ~bücher *pl.* 회사장부; ~eigentum *n.* 회사소유; ~einlage *f.* 출자, 주금, 자금; ~einlage, noch nicht geleistete ~ 미불입 주 금<자금>; ~forderung *f.* 회사<조합>채권; ~form *f.* 회사<조합>형태; ~gewinn *m.* 회사 이익; ~gläubiger *m./pl.* 회사<조합>채권자; ~gründer *m./pl.* [회사]발기인; ~gründung *f.* 회사 설립<창립>; ~haftung *f.* 회사 책임; ~interesse *n.* 회사 이익; ~kapital *n.* 회사 자본; ~konkurs *m.* 회사 파산; ~mitglieder *pl.* 조합원, 회사구성원; ~mittel *pl.* 회사 재산; ~name *m.* 사명; ~ordnung *f.* 회사 내 조직; ~organe *pl.* 회사 조직기관; ~recht *n.* ⑴ {*i.e.S.*} 회사<조합>법 ⑵ {*i.w.S.*} 사업단체<법인> 관<법; ~register *n.* 상업등기부; ~satzung *f.* 정관; ~schuld *f.*<~schulden *pl.*> 회사 채무; ~sitz *m.* 영업지; ~statut[en] *n.*[*pl.*] 정관; ~steuer *f.* 자본유통세; ~umwandlung *f.* 회사조직 구성; ~urkunde *f.* 조합계약서; ~verbindlichkeit[en] *f.*[*pl.*] 회사 채무; ~vermögen *n.* 회사<조합>재산; ~verhältnis *n.* 조합<회사>관계; ~vertrag *m.* {*als Dokument*} 조합계약[서], 정관; ~vertreter *m.* 회사대표자; ~vertretung *f.* 회

사[대외]대표; ~zweck m.회사 목적
Gesellschafts~ {i.S.v. ②}
~bewußtsein n.사회의식; ~interesse n.
사회적 이익; ~ordnung f.사회질서;
~pflichten pl.사회적 의무
gesellschaftsähnlich a.{i.S.v. ①} 조합[계약]의
gesellschaftsfeindlich a.{i.S.v. ②} 반사회적인
gesellschaftsrechtlich a.{i.S.v. ①} 회사법상의
Gesetz n.법, 법률, 법규
Gesetz, ein ~
~ ändern v.법률을 개정하다;
~ anwenden v.법률을 적용하다; ~beachten v.법률을 준수하다; ~einbringen v.[법안]
~을 상정하다; ~ nochmals einbringen v.
~을 재상정하다; ~ umgehen v.법을 무시하다(탈법); ~ vorlegen v.~을 상정하다
Gesetz
~ des Entstehungsortes 성립지법;
~ des Erfüllungsortes 이행지법;
~ des Vertragsabschlusses 계약체결지법
Gesetz
allgemeines ~ 일반법규; ausländisches ~ 외국법률, 외국법; einfaches ~ 단순법규; einschlägiges ~ 적용<관계>법규; formelles ~ 법률; geltendes ~ 적용법; geschriebenes ~ 성문법, 성문법률; internationales ~ 국제법; logisches ~ 논리적 법칙; nationales ~ 본국<국내>법; reformiertes ~ 개정법률; spezielles ~ 특별법; striktes ~ 엄격한 법률; ungeschriebenes ~ 불문율; verfassungswidriges ~ 위헌 법률; zwingendes ~ 강행법
Gesetz~ {→ Gesetzes~}
~blatt n.관보; ~buch n.법전; ~entwurf m.초안, 법안; ~entwurf, verworfener ~ 폐안; ~geber → Gesetzgeber; ~gebung → Gesetzgebung; ~mäßigkeit f.법률적합성, 합법률성; ~widrigkeit f.위법성
Gesetze und Verordnungen pl.법규, 법령

Gesetzes~
~analogie f.법률유추[적용]; ~änderung f.법률개정<수정>; ~änderungsvorschlag m.
im Parlament 법률개정<수정>동의;
~anwendung f.법률적용; ~artikel m.법문 조항; ~aufhebung f.해제; ~auslegung f.
법[률]해석; ~beratung f.입법<법안>심의;
~bestimmung f.법률규정; ~bindung f.법률 구속[력]; ~inflation f.법률수요과다; ~inhalt m.법률 내용; ~kenntnis f.법률 지식;
~kodifikation f.법전편집; ~kollision f.법률 저촉; ~konkurrenz f. 법안경합; ~kraft f.법률력; ~lage f.법적입장; ~lücke f.법률 흠결; ~materialien pl.입법자료; ~materie f.법률소재; ~novelle f.소개정; ~recht n.
제정<성문>법; ~reform f.법률개정;
~rezeption f.법 계수; ~sammlung f.법령집<전서>; ~technik f.법률<입법>기술;
~text ~wortlaut~ m.법문; ~übertretung f.법률위반; ~umgehung f.탈법; ~verletzung f.법률침해; ~vorbehalt m.법률유보;
~vorlage f.법[률]안<법안[상정]>, 상정안; ~vorschlag m.법안; ~vorschlagsrecht n.법안권; ~wirkung f.법률 효과;
~wortlaut m.[, nach dem ~] 법문[상], 법규 문언, 법률 본문; ~zweck m.법률 목적
gesetzestechnisch a.입법기술의
gesetzteswidrig → gesetzwidrig
Gesetzgeber m.입법[자]
gesetzgeberisch a.입법적<상>차원의
Gesetzgebung f.입법
Gesetzgebungs~
~akt m.입법행위; ~arbeit f.입법작업;
~ästhetik f.입법미학; ~ausschuß m.입법<개정>위원회; ~beispiel n.입법례;
~beratungen pl.입법심의; ~funktion f.입법<법정>기능; ~gewalt f.입법권, 법률제정권; ~hoheit f.입법고권; ~kommission f.입법<개정>위원회; ~kompetenz f.입법권한; ~methode f.입법방식; ~motiv n.입법동기; ~organ n.입법기관; ~periode f.입법기; ~recht n.입법권, 법제권; ~technik f.입법기술; ~verlauf m.입법경과
gesetzlich a.법정<법률상>의, 법률적인

gesetzlich
~ festgelegt sein v.법제화 되다;
~ festgelegt werden v.법제화되다;
~ festlegen <verankern> v.법을 공포 하다
gesetzlich geschützt
법적으로 보호받고 있는
gesetzlos a.무법의, 법률을 무시하는
Gesetzlosigkeit f.무법, 법률의 무시
gesetzmäßig a.합법의, 법률적 차원에서 합법적인, 법에 따라
gesetzwidrig a.위법의
Gesetzwidrigkeit f.위법[성]
gesichert a.담보<보상>의, 담보<보상>부의
Gesinnungs~
~strafrecht n.심정<지향>형법; ~wechsel m.(정치적) 변절<변심>
Gestalt f.[~ von etw.] 형상, 형태
gestalten v. ~을 형성하다
Gestaltung f.형성
Gestaltungs~
~akt m.[, formeller ~] [f형] 형성행위; ~akt, materieller ~ 실체형성행위; ~fähigkeit f.형성능력; ~formen pl., ~ der Leistungsverwaltung f.급부행정의 행위 형식; ~klage f.(일반적) 형성소송; ~recht n.형성권; ~urteil n.[, negatives ~][소극적] 형성판결; ~wirkung f.형성력
Geständnis n.자백
Geständnis
angenommenes ~ {i.S.v. fiktives ~} 추정 자백; antizipiertes ~ 선행적 자백; ausdrückliches ~ 명백한 자백; außergerichtliches ~ 재판 외 자백; gerichtliches ~ 재판상 자백; fiktives ~ 추정자백; gerichtliches ~ 재판상 자백
Geständnis~
~erzwingung f.자백의 강요; ~protokoll n.자백조서
Gestattung f.; **gestatten** v.[(jm.) etw. ~] (~에게) ~을 허용<허가>하다
gestehen v.~을 자백<고백>하다
gestio l. 지휘, 업체운영, 관리
gestor negotiorum l. (위임 받지 않은 상태의) 사장, 대리 공사

Gesuch n. {als Schriftstück} 신청(서) <청원(서)>
Gesundheit f.건강
Gesundheits~
~[be]schädigung f.건강손상<훼손>;
~gefährdung f.건강위험<악화>;
~schädigung f.건강손상<훼손>;
~verletzung f.건강침해; ~vorschriften pl. 보건법규; ~zustand m.건강상태
Getäuschter m.(der ~e) 피기망자, 피사기자
Getöteter m.(der ~e) (1){bei Unfall} 피해자 (2){bei Delikten} 피살자
getrennt
a.~별
getrennt
~ nach Geschlecht 성별; ~ nach Ursachen 원인별
Getrenntleben n. **von Ehegatten** 배우자간 별거
Gewähr (→ Gewährleistung) 보증; Ohne ~ 보증 없이
gewähren v.[jm. etw. ~] ~에게 ~을 허용하다
gewährleisten v.~을 보장하다
Gewährleistender m.(der ~e) 보증인
Gewährleistung f.보장<보증>
Gewährleistung
~ für Mängel 하자담보;
~ für Rechtsmängel 권리 하자 기 하자담보;
~ für Sachmängel 물 하자 기 하자담보;
~ wegen zugesicherter Eigenschaft 성정 하자 기 하자담보
Gewährleistungs~
~anspruch m.보장<담보> 청구권; ~ausschluß m.보장<담보>면제; ~frist f.보장<담보> 기간; ~klage f.보장<담보>의 소(訴); ~klausel f.보장<담보>조항; ~norm <~vorschrift> f.보장<담보>책임규정; ~pflicht f.보장<담보> 책임

Gewahrsam m.보호<감독, 감시>; 감금<유치, 구류>
Gewahrsam
alleiniger ~ 배타적 지배; tatsächlicher ~ 사실적<상>지배

Gewahrsamsinhaber m.수감자
Gewährung f.허락, 베품
Gewährung
~ rechtlichen Gehörs 심문 보증; ~ von Akteneinsicht 기록열람 허가
Gewährzeichen n./pl.각인, 품질보증
Gewalt f.①{i.S.v. Befugnis} 권력, 권능 ②{i.S.v. körperlicher ~} 폭력, 강제력
Gewalt
~ anwenden v.폭력을 사용하다;
~ ausüben v.{i.S.v. ①} 권력을 행사하다; ~ in der Familie 가정 내 폭력을 행사하다
Gewalt
absolute ~ 절대적 권력; elterliche ~ 친권; exekutive ~ 행정권<력>; gesetzgeberische <gesetzgebende> ~ 입법권; höchste ~ 최고권; höhere ~ 불가항력; öffentliche ~ 공권력; rechtsprechende ~ {= → Judikative} 사법권; staatliche ~ 국권; verfassungsgebende ~ 헌법제정권[력]; vollziehende ~ {= → Exekutive} 행정권
Gewalt~
~androhung f.폭력의 협박; ~anwendung f.폭력 행사<사용>; ~anwendungsvorsatz m.폭력 행사의 결의<결단>; ~begriff m.폭행<폭력>개념; ~begriff, strafrechtlicher ~ 형법상의 폭행개념; ~delikte pl.폭력범죄; ~kriminalität f.폭력범죄; ~maßnahme f.{im VerwR-행} ergreifen v.강제조치<강압 수단>를 시행하다; ~mißbrauch m.{i.S.v. Kompetenz~} 권력남용; ~tätigkeit f.폭력성, 폭력행위; ~verbrechen n.폭력범죄; ~verhältnis n.[besonderes ~][특별]권력관계; ~verzicht m.군사력<무력행사>의 포기
Gewaltenteilung f.삼권분립, 권력분립
Gewaltenteilungsprinzip n.삼권분립주의<원칙>, 권력분립의 원리
Gewässer (pl.)
internationale ~ 공해
Gewässerschutz m.수역<수질>보호
Gewässerschutzdelikt n.수질오탁범죄
Gewerbe n., **verarbeitendes ~** 제조업 (製造業)

Gewerbe~
~anmeldung f.영업신고; ~aufsicht f.(국가의) 영업 감찰<감독>; ~betrieb m.영업 (경영); ~betrieb, eingerichteter und ausgeübter ~ 설립과 동시에 운영 중인 영업; ~betrug m.영업대상의 사기; ~erlaubnis f.영업 인가<허가>; ~freiheit f.영업(행사) 권리; ~genehmigung f.영업 인가<허가>; ~konzession f.[{als Dokument}] 영업면허[서]; ~schein m.영업허가서; ~steuer f.영업세; ~zweig f.[bestimmter ~] [특정] 영업 부문
Gewerbetreibender m.(der ~e) 영업<경영>자, 자영업자
gewerblich a.영업<산업>의
Gewerblicher Rechtsschutz m.영업상의 법적인 권리 보호
gewerbsmäßig a.영업목적의, 직업적인
Gewerkschaft f.노동조합, 노조
gewerkschaftlich a.
~e Vertrauensleute 노동조합신임자
Gewerkschafts~
~beitrag m.조합비; ~mitglied n.노동조합원; ~organisation f.①{allgemein} 노동조합 조직 ②{konkret} 노동조합연합; ~sprecher m.노조대변인; ~zugehörigkeit f.노조가입
gewillkürt a.임의의, 당사자 간 합의에 따른
Gewinn m.이익[배당], 이윤
Gewinn
entgangener ~ {= lucrum cessans l.} 일실이익; reiner ~ 순익; weltweiter ~ 전세계적인 이익
Gewinn und Verlust f.손익
Gewinn- und Verlustrechnung f.손익계산서
Gewinn~
~abführung f.이익 지불; ~abführungsvertrag m.이익 지불 계약; ~abrechnung f.이익계산; ~abschöfung f.「이익 흡상」; ~anteil m.이익배당[금]; ~anspruch m.이익배당청구권; ~anteilsschein m.이익배당증서; ~ausschüttung f.이익배당금의 지불<지출>; ~berechnung f.배당[금]<이익>계산;

~beteiligung f.(근로자에 대한) 이익 분배; ~ermittlung f.이윤<이익배당>계산; ~erzielung f., zur ~ [= lucri causa l.) 이익획득을 목적으로; ~marge f.판매 차익<수익>; ~schuldverschreibung f.이익참가부사채; ~überschuß m.이익의 초과; ~verteilung f.이익배당<분배>; ~verteilungsbeschluß m.이익배당<분배>에 관한 결의<결정>; ~verteilungsplan m.이익배당<분배>; ~verteilungsvereinbarung f.이익배당<분배>에 관한 합의; ~verwendung f.(기업의) 이익금 사용; ~vorrecht n.이익[배당]특권
Gewissensfreiheit f.양심의 자유
Gewißheit f.확신; [, absolute ~][절대적] 확신
Gewohnheits~
~recht n.[, allgemeines ~][一般] 관습법; ~täter <~verbrecher> m.상습범
gewohnheitsmäßig a.관습상
gewohnheitsrechtlich a.관습법상의
gewöhnlich|erweise| a.통상, 통례적으로
gezwungen|ermaßen| a.강제적인
Gift n.독극물
Gift~
~beibringung f.독극물 혼입[죄]; ~mord m.독살; ~mörder m./pl.독살자<범인>
Giralgeld n.장부상의 돈, 대체금(對替金), 장부화폐, 이체화폐
Giro n.1(현금 또는 유가증권의) 대체, 지로 2.어음교환거래, (어음 등의) 배서, 이서
Giro~
~anweisung f.대체<지로>입금; ~bank f.대체<지로>은행; ~depositen pl.대체<지로>자금; ~geschäft n.대체<지로>업무; ~einlagen pl.대체<지로>자금; ~effektenverkehr m.(유가증권) 대체<지로>거래; ~konto n.대체<지로>구좌; ~verbindlichkeit f.이서인<상> 채무; ~verfahren n.대체<지로>수속절차; ~verkehr m.대체<지로>거래; ~vertrag m. 대체<지로>계약; ~zentrale f.어음교환소
Glaube m.믿음, 신용, 신뢰

Glaube
böser ~ 악의; guter ~ 선의; öffentlicher ~ 공신력
Glaubensfreiheit f.신앙의 자유
glaubhaft a.신용이 확실한, 믿을만한; etw. ~ machen a.~을 남득이 가도록 하다
Glaubhaftmachung f.소명(疏明)
Gläubiger m.채권자
Gläubiger
~anfechtung f.채권자취소권; ~verzug m.채권자지체 또는 수령지체
Gläubiger
bevorrechtigter ~ 우선[적]채권자; nicht befriedigter ~ 무배당채권자; nicht bevorrechtigter~ 비우선적채권자; persönlicher ~ 인적채권자
Gläubiger~
~abfindung f.채권자들에 대한 보상; ~anfechtung f.채권자취소[권]; ~aufgebot n.채권자의 공시최고; ~ausschuß m.채권위원회; ~begünstigung f.[{als Delikt}] 채권비호[죄]; ~benachteiligung f.채권자손해; ~befriedigung f.채권자 만족; ~gemeinschaft f.채권자단체; ~recht n.채권자 권리; ~schaft f.파산채권자 단체; ~schuld f.채권자 채무; ~schutz m.채권자보호; ~staat m.채권국; ~versammlung f.[파산]채권자 회의; ~verzeichnis n.채권자명부; ~verzug m.채권의 연기, 채권의 지체
gläubigerschädigend
a.<~benachtigend> 채권자에게 불리한
Glaubwürdigkeit f.신용성, 신빙성
glebae adscriptio l. 향토에 대한 의무, 유전적 예속성
glebae adscriptus l. → adscriptus glebae l.
gleich a.동종의, 동일한
Gleich~
~artigkeit f.같은 종류, 동종; ~behandlung f.동등한<평등한> 대우; ~berechtigung f.[~ von Mann und Frau] [남녀] 동등한<평등한> 권리; ~stellung f.[~ von Männern und Frauen] [남녀] 평

등; ~stellungsbeauftragte *m./f.*평등지위담당관
gleichbedeutend *a.*동의의, 같은 뜻의
gleichberechtigt *a.*동등한 권리를 가진
Gleichheit *f.*평등<동등>[성]
Gleichheit
~ vor dem Gesetz 법아래 평등
Gleichheits~
~grundsatz *m.*평등 원칙; ~recht *n.*동등<평등>권; ~verhältnis *n.*동등관계; ~satz *m.*평등조항
gleichzeitig *a.*동시의
Gleitarbeitszeit *f.*{*Kurzform von* ⓔ *'flexible time'*} 탄력적 근무 시간
Gleitklausel *f.*(임대료나 봉급의 지불에 관한 계약의) 조항 <규정>
Globalsicherheiten *pl.*일괄담보
glossa *l.* 단어, 문장, 법조문 등에 대한 설명, 논평
Glossae Malbergicae *l.* 말베르크 용어집(→Lex Salica[살리카법전]에 등재된 독일 최고[最古]의 법률 용어)
glossarium *l.* 용어모음, 뜻이 모호한 단어들에 대한 설명을 모아 놓은 것
Glossatores *l.* 주해자, (대략 1250년경까지) 용어모음 방식을 통해 →Corpus iuris civilis의 해석 작업을 하던 법률 주해자들
Glückspiel *n.*사행, 도박; unerlaubtes ~ [{*als Delikt*}] 도박죄
Globalzession *f.*전면양도
Gnade *f.*은사(恩赦), 은총, 사면(赦免)
Gnaden~
~akt *m.*사면행위. ~gesuch *n.*[{*als Schriftstück*}] 은사, 청원 [장]; ~praxis *f.* 은사 실무; ~recht *n.*사면권; ~sachen *pl.* 사면사건
Gold *n.*금
Gold~
~abfluß *m.*금<금화>유출; ~anleihe *f.*금화지불공채; ~ausfuhr *f.*금 수출; ~basis *f.*금본위규준; ~bestand *m.*금보유고; ~deckung *f.*정화준비; ~devisen *pl.*금화위체; ~kurs *m.*금상장; ~reserven *pl.*정금준비고; ~währung *f.*금화본위; ~wert *m.*금

화가치; ~zufluß *m.*금 유입
Gottesstrafe *f.*천벌
Graböffnung *f.*분묘 발굴
Grad *m.*도, 정도
Grad
~ der Verwandtschaft 혈연 정도; ~ des Verschuldens 과실 정도
gradus cognationis *l.* 촌수
Graeca non leguntur *l.* 그리스어는 읽히지 않는다(그리스어로 된 규약집은 저작권의 보호를 받는 가운데 용어 발췌도 하지 않고 라틴어로 번역되지도 않았던 것을 가리키는 말)
grammatikalisch *a.*
~e Intepretation 문법적 해석
grassator *l.* 무장한 노상강도(로마법)
gratia *l.* 사면(고대 법률학자)
gratificatio *l.* 자의로 취한 특전; 봉급 외에 일회성으로 지급되는 자금; 채권자 우대 조치
Gratifikation *f.*상여금
Gratisaktie *f.*무상[해당]주
gravamen, gravamina *l.* 이의; 신분의회에 의석을 지닌 특권 계급이 소홀한 법률 관리에 대해 제기하는 이의, 이렇게 제기된 이의는 법률(resolutiones gravaminum)로써 처리했음
gravantia *l.* (형량 판단에 있어) 형량을 무겁게 만드는 정황
gremium *l.* 무릎 위쪽, 위원회, 모임, 조합
Grenz~
~begriff *m.*경계 개념; ~ermittlung *f.*경계<국경>확정; ~feststellung *f.*경계확인; ~feststellungsklage *f.*경계확인의 소; ~linie *f.*경계선, 국경선; ~scheidungsklage *f.*경계확인 소<사건>
Grenzstein~
~beschädigung *f.*경계의 손괴; ~entfernung *f.*경계의 제거; ~verrückung *f.*경계의 이동
grobfahrlässig *a.*중과실의
Groß~
~aktionär *m.*대주주(大株主); ~banken *pl.*대은행; ~eltern *pl.*조부모; ~familie *f.*대

가죽; ~handel *m.*도매(업), 도매상;
~handelspreis *m.*도매물가; ~handelspreise
*pl.*도매물가; ~händler *m./pl.*<→ *Grossist*>
도매상인; ~mutter *f.*조모; ~schaden m.
대규모의 손해; ~stadt *f.*대도시;
~unternehmen *n./pl.*대기업; ~vater m.조
부

Große Strafkammer 대(大)형사부
Grossist *m.*도매상인[업]
Grund *m.*｛1｜*i.S.v. Basis*｝기초, 기본 ｛2｝
｛*i.S.v. Grund und Boden*｝토지 ｛3｝｛*im
gedanklichen Sinn*｝이유<사유>, 원인
근거

Grund~ ｛*i.S.v.*｜1｝
~anschauung *f.*기본사상, 기본견해;
~bedeutung *f.*기본 의미; ~bedingung *f.*기
초<기본>조건; ~begriff *m.*기본[적]개념;
~betrag *m*(연금의) 기본 기여액; ~delikt *n.*기
본범; ~entscheidung *f.*｛*i.S.v. gedanklicher
~*｝기본 판단; ~form *f.*원형; ~freibetrag
*m.*기초공제[액]; ~gebühr *f.*기본수수료;
~gedanke *m.*기본사상, 주지(主旨); ~gehalt
n.<~lohn *m.*> 기본급; ~geschäft *n.*원인
행위, 기본적계약; ~gesetz → *Gesetzregister*;
~kapital *n.*주식 자본, 창업<창립>자금;
~kenntnisse *pl.*기본<기초>지식; ~lage *f.*
근거, 기초; ~lage, rechtliche ~ 법적<법
률상>근거; ~lagenforschung *f.*(학문의)
기초연구; ~lohn m기본임금; ~mandatsklausel
f.「기본대표권」; ~miete f.기본 집세;
~norm *f.*기본규범, 기본규격; ~ordnung
*f.*기본질서; ~ordnung, die freiheitlich-
demokratische ~ 「자유민주주의적 기본
질서」; ~prinzip *n.*기본<근본>원칙;
~problem *n.*기본<근본>문제;
~recht *n.* → *Grundrecht*; ~rechtlich *a.*,
~e Schutzpflicht *f.*기본권 보호의무;
~regel f.기본규칙; ~satz → *Grundsatz*;
~satzentscheidung *f.*기본[적]판례, 원칙결
정; ~steinlegung *f.*｛*als Zeremonie*｝기공식;
~tatbestand *m.*기본적 구성요건; ~ursache
f.주원인; ~urteil *n.*원인판결; ~vermögen
n.｛*nicht i.S.v. Immobilien*｝고정재산;
~verschiedenheit *f.*근본적으로<완전히>
다름; ~vertrag *m.*｛*i.S.d VöR*-제｝기본조약;

~wasser *n.*지하수; ~wasserverschmutzung
*f.*지하수 오염
Grund ｛*i.S.v.*｜2｝
~abtretung *f.*토지양도; ~belastung *f.*토지
부담; ~beschaffenheit *f.*지질, 토지의 상
태; ~besitz *m.*토지소유; ~besitzer *m./pl.*
토지소유자; ~buch → *Grundbuch*;
~eigentum *n.*토지소유; ~dienstbarkeit *f.*지
역권(地役權); ~eigentümer *m./pl.*토지소유
권자; ~eigentumsrecht *n.*토지소유권; ~ertrag
*m.*토지를 통해 거둬들이는 수익; ~erwerb
*m.*토지 취득; ~kauf *m.*토지매매; ~pfand
→ *Grundpfand*; ~pfandrechte *pl.*부동산
에 관한 담보물권; ~preise *pl.*지가; ~steuer
*f.*토지세, 지조(地租); ~steuerveranlagung
*f.*토지세<지조>의 사정(査定); ~stück →
Grundstück; ~verteilung *f.*토지분배
Grund ｛*i.S.v.*｜3｝
aus wichtigem ~ 중대 사유<이유>; ohne
ausreichenden <hinreichenden> ~ 정당
이유
Grund ｛*i.S.v.*｜3｝
gesetzgeberischer ~ 입법이유;
gesetzgebungstechnischer ~ 입법 기술적
이유; "wichtiger ~" 중대[해고]<해약>]이
유
Grundbuch *n.*｛*nur für Grundstücke*｝토
지등기부
Grundbuch~
~abschrift *f.*토지등기 등본; ~amt *n.*토지
등기장; ~auszug *m.*토지등기정본; ~beamter
m.(*der* ~*e*) 등기관리; ~behörde *f.*토지
등기장; ~berichtigung *f.*토지등기 경정;
~berichtigungsklage *f.*토지등기 경정 소;
~blatt *n.*토지등기용지; ~einsicht *f.*토지
등기부열람; ~eintragung *f.*토지등기기재;
~löschung *f.*토지등기말소;
~löschungsverfahren *n.*토지등기말소수속;
~recht *n.*토지등기부법; ~richter *m.*[토지]
등기관; ~ordnung → *Gesetzregister*; ~sperre
*f.*등기 정지력; ~system *n.*토지등기부주
의; ~vermutung *f.*토지등기부 추정력;
~wesen *n.*등기제도; ~zwang *m.*등기강제
grundbuchmäßig <**grundbuchlich**>
*a.*등기부상에서

Grunddienstbarkeit *f.*지역권, 지역익권
Grunddienstbarkeitsberechtigter *m.* 지역권자
Gründe *pl.* → Grund
steuerliche ~ 세법상 이유
Gründe *pl.{eines Urteils}* 「이유」
gründen *v.*~을 설립<창립>하다
Gründer *m./pl.*발기인, 설립자
Gründer~
~aktien *pl.*발기인주; ~bericht *m.*[{als Dokument}] 발기인 보고[서]; ~gesellschaft *f.* 발기인조합; ~haftung *f.*발기인 책임; ~versammlung *f.*창립<설립>총회
Grundpfand *n.*토지담보권
Grundpfand~
~besteller *m.*토지담보설정자; ~brief *m.* 토지담보권증서; ~darlehen *n.*토지담보임차; ~forderung *f.*토지담보채무; ~gläubiger *m.*토지담보채권자; ~recht *n.*부동산담보권; ~schuld → Grundschuld; ~sicherheit *f.* 토지담보
Grundrecht *n.*기본권
Grundrechts~
~fähigkeit *f.*기본권능력; schranken *pl.*, immanente ~ 내재적기본권제한;
~kollisionen *pl.*기본권상충;
~konkurrenzen *pl.*기본권경쟁;
~mündigkeit *f.*기본권의 행사능력;
~träger *m.*기본권주체; ~verletzung *f.*헌법위반<위헌>, 기본권침해
Grundsatz *m.*(= → Prinzip) 원칙, ~주의
Grundsatz der
~ allgemeinen Lebenserfahrung 일반생활 경험칙; ~ Firmenwahrheit 상호진실주의; ~ freien Beweiswürdigung 자유심증주의; ~ Freiheit der [Welt] Meere 공해자유 원칙; ~ Gegenseitigkeit 상호대위주의; ~ gesetzlichen Bestimmtheit der Strafe 죄형법정주의, 명확성 원칙; ~ Gleichheit vor dem Gesetz 법 아래의 평등 원칙; ~ materiellen Wahrheitsfindung 실체진실발견주의; ~ Mündlichkeit 구두주의;
~ Nichtrückwirkung 불소급 원칙;

~ Öffentlichkeit 공개주의<원칙>;
~ ordnungsgemäßen Buchführung 정규부기 원칙; ~ Priorität 우선 원칙;
~ Schriftlichkeit 서면주의;
~ Unmittelbarkeit 직접주의<성 원칙>;
~ Verhältnismäßigkeit der Mittel 수단 균형성 원칙; ~ Verhältniswahl 비례대표 원칙
Grundsatz des
~ numerus clausus der Sachenrechts 물권법정주의; ~ ordre public 공 질서원칙
Grundsatz~
~entscheidung *f.*기본[적]재판<판결> {ⓔ 'leading case'}; ~frage *f.*기본적 설명; ~norm *f.*원칙규범; ~rechtsprechung *f.*기본 판례; ~urteil *n.*기본 판결
grundsätzlich *a.*기본적인
Grundschuld *n.*토지채무
Grundschuld~
~brief *m.*토지채무증권; ~eintragung *f.* 토지채무등기; ~forderung *f.*토지채무채권; ~gläubiger *m.*토지채무채권자
Grundstück *n.*토지
Grundstück
bebautes ~ 건물부토지; belastetes ~ 담보 토지; gemeinschaftliches ~ 공유지; gewerbliches ~ 공업 용지; hypothekarisch belastetes ~ 저당권부토지; unbelastetes ~ 저당권 토지; zu versteigerndes ~ 경매물건 토지
Grundstücks~
~abtretung *f.*토지양도; ~auflassung *f.*(→ Auflassung) 토지양도합의; ~belastung *f.*토지부담; ~benutzung *f.*토지 이용; ~besitz *m.*토지 소유; ~besitzer *m.*토지소유자; ~bestandteile *pl.*토지구성 부분;
~eigentum *n.*토지소유[권]; ~eigentümer *m.*토지소유자, 지주; ~enteignung *f.*토지징수; ~erlös *m.*토지매각대금; ~erwerb *m.*토지취득; ~erwerber *m.*토지취득자;
~erwervsvertrag *m.*토지매매계약;
~grundbuch *n.*토지등기부; ~hypothek *f.* 토지저당권; ~kauf *m.*토지매매;
~kaufvertrag *m.*토지매매계약; ~mieter

*m.*토지임차인; ~mietvertrag *m.*토지임대차계약; ~nutzung *f.*토지사용; ~nutzungsrecht *n.*토지사용권; ~spekulant *m.*부동산투기자; ~spekulation *f.*부동산투기; ~streitigkeit *f.*토지[관]소송[사건]; ~teilung *f.*토지 분리; ~übertragung *f.*토지 양도; ~umlegung *f.*환지; ~vermieter *m.*{*siehe Hinweis* → *Miete*}; ~veräußerung *f.*토지 양도; ~veräußerungsrecht *n.*토지양도권리; ~veräußerungsverbot *n.*토지양도 금지; ~veräußerungsvertrag *m.*토지양도계약; ~verkehr *m.*토지거래; ~verkehrsrecht *n.*토지거래법; ~verpfändung *f.*토지차압; ~versteigerung *f.*토지경매; ~zubehör *n.*토지 종물; ~zusammenlegung *f.*토지 병합<정리>

Gründung *f.* **einfache ~** 단순설립
Gründungs~
~akt *m.*설립<창립>행위; ~aufwand *m.* <= ~*kosten*}설립비용; ~bericht *m.*{*als Dokument*} 설립<창립>보고[서]; ~einlage *f.*회사설립출자; ~fonds *m.*설립자금<준비금>; ~geschäft *n.*설립행위; ~gesellschaft *f.*발기인조합; ~gesellschafter *m./pl.*1 {*umfassend*} 발기인 (2 {*bei der* → *AG*} 원시주주 (3 {*bei der* → *GmbH*}원사자위<출자자>; ~gutachten *n.*설립보고서; ~hauptversammlung *f.*설립총회; ~kapital *n.*설립자본 ~komitee *n.*설립위원회; ~kosten *pl.*설립비[용]; ~kredit *m.*설립신용; ~mitglieder *pl.*발기인, 설립자; ~protokoll *n.*설립의사록; ~satzung *f.*설립정관; ~urkunde *f.*설립증서; ~verfahren *n.*설립수속; ~versammlung *f.*설립총회; ~vertrag *m.*[회사]설립계약

Gruppe *f.* 1 {*als Menschengruppe*}단체<단> (2 {*als Unterscheidung*} 속, 분류
Gruppe {*i.S.v.* (1}
gewalttätige ~ 폭력단; terroristische ~ 과격파
Gruppen~
~boykott *m.*집단 보이콧; ~delinquenz *f.*집단비행; ~einteilung *f.*분류; ~lebensversicherung *f.*단체생명보험; ~versicherung *f.*단체 보험; ~verzeichnis

*n.*분류색인
gültig *a.*유효한
Gültigkeit *f.*유효성, 효력
Gültigkeit
allgemeine ~ 일반적 유효성, 보편적 타당성; rechtliche ~ 법률상 유효성
Gültigkeit
~ eines Vertrages 계약 유효성
Gültigkeits~
~bedingungen *pl.*유효요건; ~dauer *f.*유효기간; ~vermutung *f.*유효의제; ~voraussetzungen *pl.*유효조건
Gummiknüppel <Schlagstock> *m.*경봉(단단한 고무로 만든 곤봉)
Günstigkeitsprinzip *n.* 「유리성 원칙 (有利性原則)」, 유리한 조건 우선의 원칙
Gut *n.*재산
Gut
anvertrautes ~ 수탁재산; eingebrachtes ~ 지참재산
Gutachten *n.*1 {*als Vortrag*} 감정의견 (2 {*als Dokument*} 감정[서]
Gutachten
antizipiertes ~ 「선취 감정서」; ärztliches ~ 의사감정; bautechnisches ~ 건축감정; erbbiologisches ~ 혈액감정; gerichtsmedizinisches ~ 법의학감정; juristisches ~ 법률의견[서]; medizinisches ~ 의사감정; rechtliches ~ 법률문제감정; technisches ~ 기술문제감정
Gutachten~
~entwurf *m.*예비감정, 감정서안; ~präsentation *f.*감정 제공[방법]
Gutachter *m.*감정인
Güte *f.*{*i.S.v. Qualität einer Sache*} 품질
Güte
mittlere ~ 중등 품질
Güte~
~stelle *f.*화해<조정>소; ~verfahren *n.*(기소전의) 화해 절차<수속>; ~verhandlung *f.*화해심리; ~versuch *m.*화해<조정>의 시도; ~zeichen *n.*품질<검사필> 증명서
Gute Sitten *pl.*공서양속(公序良俗), 미

풍양속(美風良俗)
Güter *pl.* 화물, 재산, 부품
Güter~
~abtretung *f.* 재산양도; ~abtretungsvertrag *m.* 재산양도계약; ~abwägung *f.* 법익고려 <형량>; ~abwägungsprinzip *n.* 법익고려 <형량>원리; ~beförderung *f.* 화물운송; ~erzeugung *f.* 부품산업; ~gemeinschaft → *Gütergemeinschaft*; ~kraftverkehr *m.* 자동차화물운송; ~kreislauf *m.* 상품순환; ~nachfrage *f.* 상품수요; ~transport *m.* 부품운송; ~umlauf *m.* 화물유통; ~versicherung *f.* 화물보건
Gütergemeinschaft *f.* 부부공산제
Gütergemeinschaft
allgemeine ~ 재산공동<공통>제;
beschränkte ~ 제한적 재산공동제;
fortgesetzte ~ 계속적 재산공동제
Güterrecht *n.*
eheliches ~ 부부재산제<법>;
gesetzliches ~ 법정부부재산제<법>
Güterrechts~
~register *n.* 부부재산등기부;
~vereinbarung *f.* 부부재산제<관>합의;
~verhältnis *n.* 부부재산관계; ~vertrag *m.* 부부재산계약
Güterstand *m.* 재산 분배 규정
Güterstand
ehelicher ~ 부부간의 재산 분배 규정;
gesetzlicher ~ 법적 재산 분배 규정;
vertraglicher ~ 계약에 기초한 부부재산 분배 규정
Gütertrennung *f.* 부부별산제
Gutglaubens~
~erwerb *m.* 선의취득; ~schutz *m.* 선의 보호
gutgläubig *a.* 선의의, 사람을 의심치 않는
Gutgläubiger *m.* (*der* ~*e*) 선의자
Gutgläubigkeit *f.* 선의성
Guthaben *n.* 은행<당좌>예금
Gutta cavat lapidem *l.* (지속적으로 떨어지는) 물방울이 바위를 뚫는다(오비디우스)
gütlich *a.* 호의적인

H

h. a. → hoc anno *l.*
h. a. → huius anni *l.*
Haager~
~ einheitliches Kaufrecht *n.*헤이그통일매매법; ~ Konvention *f.*헤이그조약
Habe *n.*개인재산
Habe
mitgeführte ~ {*i.S.v. am Körper* ~} 휴대품; persönliches ~ {*i.S.d. Zollrechts*} 개인적 사용품
Habeas corpus *l.* 인신을 보유하라 (1679년 영국에서 개인의 자유를 보호할 목적으로 제정한 인신보호법)
Habeat sibi *l.* 그에게는 그의 의지가 있다(태렌티우스)
Habent sua fata libelli *l.* 작은 책들도 그들의 운명을 지니고 있다(태렌티아누스 마우루스)
Habililationsschrift *f.* 「교수 자격 취득 논문」
habilitatio *l.* (대학에서 강의를 할 수 있는) 권리 취득
habitatio *l.* 제한된 사용권으로서의 개인의 주거권
habituell *a.*습관<적>인, 통상적인
Habitus *m.*태도, 체질
habitus *l.* 성질
Habsucht *f.*식욕, 식탐
Hafen *m.*항(港), 항만(港灣)
Hafen
einen ~ anlaufen *v.*귀항하다; einem ~ auslaufen *v.*출항하다
Hafen
neutraler ~ 중립항; offener ~ 자유항만
Hafen~
~abgaben *pl.*입항세, 정박세; ~arbeiter *m./pl.*항만<부두>노동자; ~behörde *f.*항만청; ~gebühren *pl.*입항세, 정박세;

~meister *m.*항만관리장, (작은 항구의) 항만관리소장; ~ordnung *f.*{1}{*allgemein*} 항만 내 질서유지 {2}{*i.S.v. Rechtsnormen*} 항만 내 규정; ~polizei *f.*항만<해양>경찰; ~verwaltung *f.*항만 관리<관할>; ~vorschriften *pl.*항만관리규정; ~zoll *m.* 항만 세관
Haft *f.*구류<구금>
Haft
jn. in ~ nehmen *v.*~를 구류<구금>하다; *jn.* in ~ halten *v.*~를 유치장에 가두다
Haft
~ beantragen *v.*구류를 청구하다
Haft~
~anstalt *f.*교도소, 감옥; ~befehl *m.*구속영장; ~befehl, richterlicher ~ 재판관의 구속영장; ~dauer *f.*형기, 구류기간; ~entlassung *f.*석방, 출옥, 보석; ~fähigkeit *f.*구류 감당 능력; ~grund *m.* 구속사유; ~ort *m.*구류소, 유치소; ~pflicht → *Hauptpflicht*; ~prüfung *f.*구속 적부심; ~richter *m.*구류재판관; ~sache *f.*구류사건; ~strafe *f.*구류<금고>형; ~urlaub *m.*복역 중 휴가; ~verschonung *f.*구속집행유예; ~zeit *f.*형기
haftbar *a.*배상책임이 있는, 유책의
Haftbarkeit *f.*배상책임
Haftbefreiung *f.*{*im BGB*-민} 면책사유
haften *v.*[für *etw./jn.* ~] ~에 대한 배상 책임을 지다
haften
gesamtschuldnerisch ~ 연대책임을 지다; persönlich ~ 인적책임을 지다; unbeschränkt ~ 무한책임을 지다
Haftender *m.*(*der* ~*e*) 책임자
Häftling *m.*피구금자
Haftpflicht *f.* 책임의무<부담>

Haftpflicht
beschränkte ~ 유한책임; unbeschränkte ~ 무한책임
Haftpflicht des Arbeitgebers
고용주의 배상의무
Haftpflicht~
~gesetz → *Gesetzregister*; ~prozeß *m.*배상의무소송; ~recht *n.*[대인]손해배상법, 책임의무법; ~versicherer *m.*책임보험업자; ~versicherung *f.*[[제삼자<대인>]배상]책임보험; ~versicherung, private ~ 사적책임보험
Haftpflicht
allgemeine ~ 일반책임<배상>의무;
gesetzliche ~ 법정책임<배상>의무;
unbeschränkte ~ 무제한책임<배상>의무;
vertragliche ~ 계약상의 책임<배상>의무
haftpflichtig *a.*책임<배상>의무가 있는
Haftpflichtiger *m.*(*der* ~*e*) 책임[의무]자
Haftung *f.*책임; (*jm.*) die ~ zurechnen *v.*(~에게) 책임을 지우다
Haftung
~ Minderjähriger 미성년자의 책임;
~ Schuldunfähiger 책임무능력자의 책임
Haftung
~ auf Schadenersatz 손해배상책임;
~ aus Gesetz 법률상의 책임; ~ aus unerlaubter Handlung 불법행위에 관한 배상책임; ~ aus Vertrag 계약적<상> 책임
Haftung des
~ Aufsichtspflichtigen 감독의무자의 책임; ~ gesetzlichen Vertreters 친권자<법정대리인>의 책임; ~ Fahrzeughalters 자동차소유자의 책임; ~ Frachtführers 운송인의 책임; ~ Tierhalters 동물 사육자(飼育者)의 책임
Haftung für
~ Erfüllungsgehilfen 이행보조자(履行補助者)의 책임; ~ Dritte 타인<제삼자>이 부담하야 할 책임; ~ Rechtsmängel 권리상의 흠결에 관한 책임; ~ Sachmängel 물적 흠결에 관한 책임;

~ Verkehrssicherheit 교통안전에 관한 책임; ~ Verrichtungsgehilfen 사무 집행과 관련한 보조자 행위에 관한 책임;
~ Verschulden 과실에 관한 책임;
~ Verschulden bei Vertragsschluß 계약체결상의 책임; ~ Verschulden eines Dritten 제삼자의 과실 책임
Haftung
~ mit dem Vermögen 재산책임; ~ ohne Verschulden 무과실책임
Haftung von
~ Gebäudebesitzern 건물점유자의 책임;
~ Kraftfahrzeughaltern 자동차소유자의 책임
Haftung
außervertragliche ~ 계약 외 책임;
beschränkte ~ 유한책임; deliktische <deliktmäßige> ~ 불법행위[상]책임;
dingliche ~ 물적 책임; direkte ~ 직접 책임; gesamtschuldnerische ~ 연대책임; gesetzliche ~ 법정책임; indirekte ~ 간접적 책임; persönliche ~ 인적 책임; solidarische ~ 연대책임; strikte {*verschuldensunabhängige*} ~ 엄격한 책임; subsidäre ~ 보완적 책임; unbeschränkte ~ 무한책임; unpersönliche ~ 비개인적 책임; verschuldensunabhängige ~ 무과실책임; vertragliche ~ 계약적 책임; vorzugsweise ~ 우선적 책임; zivilrechtliche ~ 민사상의 책임
Haftungs~
~anspruch *m.*손해배상<보상>청구권;
~anteil *m.*책임배분; ~ausschluß *m.*책임해제, 면책; ~ausschlußbestimmung <~klausel *f.*> 면책조항<약관>; ~befreiung *f.*면책;
~ begrenzungsklausel *f.*책임한도액규정;
~begründung *f.*책임발생 조건; ~bereich *m.*책임[부담]영역; ~beschränkung *f.*책임제한, 유한책임; ~freistellung *f.*면책;
~grenze *f.*책임 한도; ~grundlage *f.*책임의 기초; ~höchstsumme *f.*책임져야할 최고한도액; ~masse *f.*책임재산<재단>; ~maßstab *m.*책임 기준; ~minderung <~milderung> *f.*책임경감; ~normen <~vorschriften> *pl.* 책임<근거>규정; ~ quote *f.*책임 비율;

~risiko n. 책임위험; ~subjekt n. 책임주체; ~summe f. 배상<보험>금액, 책임<부담>액; ~system n. 책임제도; -übernahme f. 책임인수; ~übernahmevertrag m. 책임인수계약; ~umfang m. 책임 범위; ~unfähiger m. (der ~e) 책임무능력자; ~verhältnis n. 책임관계; ~verpflichtung f. 책임부담; ~verzicht m. 책임 방기; ~zurechnung f. 책임기여도

haftungs~
~ausfüllend a. 책임을 충족하는;
~auslösend a. 책임이 발생되는;
~begründend a. 책임에 근거하는

Hagelversicherung f. 우박보험

Halb~
~bruder m. 부모 중 한쪽만 같은 형제 ①{mütterlicherseits} 이모(異母)형제 ②{väterlicherseits} 이부(異父)형제;
~fertigfabrikat n.<~produkte pl.> 반제품; ~jahr n. 반년, 학기; ~jahr, erstes ~ [, zweites ~] 상반기[하반기]; ~schwester f.(부모 중 한쪽만 같은) 자매; ~tagsarbeit f. 반일(半日)근무, 반나절 근무;
~tagsarbeiter m./pl. 반나절만 일하는 근로자; ~tagsbeschäftigung → ~arbeit;
~waise m.(편모 또는 편부 슬하의)미성년자

Halluzinogene pl. 환각제
Halter m. 보유자
handgeschrieben a. 손으로 쓴, 수서(手書)의

Hand~
~akte f.(들고 다닐 수 있는) 서류철;
~schellen pl. 수갑; ~schenkung f. 직접증여;
~schriftlichkeit f. 자필, 필사

Handel m. ①{allgemein} 무역거래 ②{als Unternehmen} 상업

Handel
innerdeutscher ~ {obs-고} 독일 내 무역거래; internationaler ~ 국제무역<거래>; überseeischer ~ 대외무역
handelbar a. 교역이 가능한
Handeln n. 행위, 작위
Handeln
~ auf eigene Gefahr 자기 위험 행위; ~ in Überschreitung der Vertretungsmacht 권한 외 대리행위; ~ im eigenen Interesse 자기 이익 행위; ~ im Interesse des Verletzten 피해자 행위; ~ unter fremden Namen 본인으로 행세한 법률행위

Handeln
fahrlässiges ~ 과실행위; grobfahrlässiges ~ 중과실행위; gutgläubiges ~ 선의적 행위; konkludentes ~ 추단 행위;
rechtswidriges ~ 위법행위; schuldhaftes ~ 과실행위; schuldloses ~ 무과실행위;
sittenwidriges ~ 양속위반행위

handeln
im eigenen Namen ~ v. 자기 명으로 권한을 행사하다; im fremden Namen ~ v. 타인 명의로 권한을 행사하다; ohne Vertretungsmacht ~ v. 대리권 없이 행동하다

handeln
fahrlässig ~ v. 과실 행위를 저지르다;
schuldhaft ~ v. 유책행위를 범하다;
vorsätzlich ~ v. 고의적인 행위를 범하다
Handelndenhaftung f.[{als Prinzip}] 행위자[자기]책임[주의]
Handelnder m.(der ~e) 행위자
Handelnder
beschränkt schuldhaft ~ 한정책임능력자

Handels~
~abgabe f. 무역세; ~abkommen n. 통상<무역>협정; ~agent m. 대리상, 대리점;
~aktiengesellschaft f. 상사주식회사;
~angelegenheit f. 상사사건, 통상문제;
~artikel m./pl.[거래] 상품; ~assoziation f. 상사조합; ~attaché m.(대사관의) 상무관;
~auftrag m. 무역 위임; ~bank f. 상업은행;
~bedingungen pl. 무역조건;
~beschränkungen pl. 무역 제한 조치, 수입 제한 조치; ~betrieb m. 상사(商社);
~bevollmächtigter m.(der ~e) 업무대리인;
~bezeichnung f. 상표, 상호; ~beziehungen pl.[, internationale ~][國際] 무역거래관계; ~bilanz f. 무역수지, 영업결산;
~bilanzdefizit n. 무역적자;
~bilanzüberschluß m. 무역수지흑자;
~brauch m.<~sitte f.> 거래관행, 상관습;

~bücher pl. 영업장부, 거래대장; ~bündnis n. 상업조약; ~bürgschaft f. 상사 보증; ~delegation f. 통상사절단; ~einheit f. 매매; ~eintragung f. 상업등록; ~embargo n.(특정 국가에 대한) 무역금지; ~firma f. 상사(商社); ~flagge f.(상선의 국적을 표시하는) 상선기(旗); ~flotte f. 상선대 (商船隊); ~forderung f. 상사채권; ~freihafen m. 자유항만; ~freiheit f. 통상의 자유, 자유무역; ~genossenschaft f. 상사조합; ~gericht n. 상사재판소; ~gerichtsbarkeit f. 상사재판권<재판제도>; ~geschäft n. 상업, 상행위; ~geschäft, einseitiges ~ 일방적 상행위; gesellschaft f.[상사]회사, 상사; gesellschaft, eingetragene ~~ 등록된 상사회사; gesellschaft, Offene ~ 합명회사; ~gesetzbuch {→ Gesetzesregister} 상법전(典); ~gesetzgebung f.(상법의) 입법; ~gewerbe n. 상업; ~gewohnheitsrecht n. 상관습법; ~gut n. 상품; ~hafen m. 무역항; ~haus n.(대규모의, 대를 이어 경영하는) 상점, 상사; ~hemmnisse pl.[, nichttariffäre ~][비관세] 무역 장벽, 무역장애; ~index m. 무역지수; ~innung f. 상사동업조합; ~interessen pl. 상업상의 이익; ~kammer f. ①{Kammer bei Gericht} [재판소] 상사부 ②{kommerzielle ~} 상공회의소; ~kapital n. 상업자본; ~kauf m. 상사가 개입된 매매; ~konzession f. 무역허가, 상업면허; ~korrespondenz f. 상업통신[문]; ~kredit f. 상업신용; ~krieg m. 경제전쟁; ~krise f. 무역공황; ~leute pl. 상인; ~macht f. 통상대국; ~makler m. 상업중개인, 거간; ~marke f. 상표; ~maßnahme f. 무역조치; ~monopol n. 상업독점; ~name m. 상호, 상용명; ~nation f. 상업국민; ~niederlassung f.(상사의) 영업소<출장소, 대리점>; ~obligation f. 상사채무; ~organisation f. 상업조직, 무역기구; ~partner m./pl. 무역상대국; ~politik f. 무역정책; ~praktiken pl., unlautere ~ 부당 거래행위; ~privatrecht f. 상사사법; ~protektionismus m. 보호무역주의; ~recht n.[, internationales ~][국제] 상법, 상업(경영)권; ~register n. 상업등기[부];

~registerauszug m. 상업등기부 초본; ~richter m.[상사부] 상사 배석판사; ~sachen pl. 상사 소송사건; ~schiedsgerichtsbarkeit f. 무역중재재판권; ~schiff n. 상선; ~schranken pl. 무역<통상>제한; ~sitten pl. 상관습; ~spanne f. [유통] 매매차액, 가격차; ~sperre f.(특정 국가에 대한) 무역<통상>금지; ~sprache f. 국제 상용어(商用語); ~staat m. 상업국가, 무역국; ~statistik f. 무역통계; ~unternehmen n./pl. 상업적 기업; ~verkehr m. 상거래; ~verkehrssitte f. 상거래관습; ~vertrag m. 통상<상사>계약; ~vertreter m. 상법상의 대리인, 대리상<대리점>; ~vertretervertrag m. 대리상<대리점>계약; ~vertretung f. 상법상 대리, 통상대표부; ~vollmacht f. 상법상 대리권<전권>; ~ware f. 상품; ~wechsel m. 상업 환어음; ~zweig m. 상업부문

handelsgerichtlich a. 상사 재판상의
handelsmäßig a. 상업의, 팔 수 있는
handelspolitisch a. 무역 정책상의
handelsüblich a. 상관습[상]의
handeltreibend a. 상업상의
Handeltreibender m.(der ~e) 상인
Händler m. 판매[업]자, 상[업]인
Handlung f. 행위, 작위, 동작
Handlung
außergerichtliche ~ 재판 외 행위; deliktische ~ 불법행위; einseitige ~ 일방[적]행위; fahrlässige ~ 과실행위; geschäftsähnliche ~ 유사법률행위; gesetzmäßige ~ 적법행위; gesetzwidrige ~ 위법행위; finale ~ 최종행위; homosexuelle ~ 동성애 행위; materiellrechtlich gestaltende ~ 실체 형성행위; prozessuale ~ 소송행위; rechtliche ~ 법적행위; rechtsgeschäftsähnliche ~ 유사법률행위; rechtsgestaltende ~ 형성력 행위; rechtswidrige ~ 위법행위; rechtswidrige und schuldhafte ~ 위법 및 유책행위; schädigende ~ 침해<가해>행위; schuldhafte ~ 유책<과실>행위; sozialschädliche ~ 사회침해적 행위; strafbare ~ 가벌적 행위; unbefugte ~ 무

권 행위; unerlaubte ~ {i.S.d. BGB-민}
불법행위; verbotene ~ 금지행위;
verfahrensgestaltende ~ 수속형성행위;
verletzende ~ 침해행위; vermögensschädigende
~ 재산침해행위; vorsätzliche ~ 고의적
행위; widerrechtliche ~ 위법행위

Handlung
~ unter unmittelbarem Zwang 직접적 강
압에 의한 행위

Handlungs~
~befugnis f.업무권한; ~begriff →
Handlungsbegriff; ~bevollmächtigter m.(der
~e) 업무대리인(業務代理人); ~delikt
n.[, fahrlässiges ~][과실] 작위범(作爲
犯); ~einheit f.업무의 단위; ~entschluß
m.업무상의 결정; ~fähiger m.(der ~e)
행위능력자, 법적 권리 행사자; ~fähigkeit
f.행위능력, 권리행사능력; ~form f.행위
형식; ~formen pl.{i.S.v. Vielfalt} 행위유
형; ~freiheit f. 행위<행동>자유; ~gebot
n.행위명령; ~gehilfe m.행위보조자;
~legitimation f. 행위적격; ~lehre →
Handlungslehre; ~mehrheit f.행위 다수;
~norm f.행위규범; ~objekt n.행위의 객
체; ~ort m. {einer Schädigungshandlung}
가해행위지; ~schuld f.행위책임; ~subjekt
n.행위 주체; ~unfähigkeit f.행위의 부능
력; ~unwert f. 행위의 무가치;
~vollmacht f.행위<상사>대리권;
~vollmacht, handelsrechtliche ~ 상사대리
권; ~wille m.행위의사

Handlungsbegriff m.행위개념
Handlungsbegriff
finaler ~ 목적성 행위개념; kausaler ~
인과적 행위개념; natürlicher ~ 자연적
행위개념; sozialer ~ 사회적 행위개념

handlungsfähig a.행위능력이 있는,
법적 권리행사의 능력이 있는

handlungsunfähig a.행위 능력이 없는
Handlungslehre f.행위론
Handlungslehre
finale ~ 목적적 행위론; kausale ~ 인과
적 행위론; natürliche ~ 자연적 행위론;
soziale ~ 사회적 행위론

Handschellen pl.수갑

handschriftlich a.수서(手書)의, 사필
의

Handwerk n.수공업
Handwerker m./pl.수공업자, 직인(職人)
Handwerks~
~betrieb m.수공업 공장[경영<영업>];
~kammer f.수공업자 회의소

Hanf m.대마

Hang m.성벽(性癖)<성향, 경향>

Hang
verbrecherischer ~ 범죄 성향

Hangtäter m.우범자

Hannibal ad (ante) portas! l. 한니
발이 성문 앞에 와 있다!(키케로, 리비
우스 이후에는 다가올 위험을 암시하
는 공포의 외침으로 사용됨)

Harmonisierung f.; **harmonisieren**
v.~을 통일화시키다, 조화시키다

Härteklausel f.가엄<가혹>조항
Härteklausel
immaterielle ~ 정신적 가엄조항;
negative ~ 소극적 가엄조항; positive ~
적극적 가엄조항

Haschisch n.대마초(환각제)

Haupt~
~organ n.주요 기관

Haupt~
~aktionär m.대주주; ~anklagepunkt m.
공소요점, 기소의 주요 이유; ~anmeldung
f.주요 신청; ~anspruch m. 주요 청구;
~anstifter m.주교사자; ~antrag m.주요
청구; ~ausschuß m.중앙위원회;
~bestandteil m.주요[구성]부분, 주성분;
~beteiligte pl.주요 당사자<관계자>;
~beweggrund m.주요 동기<목적>;
~beweis m. 1{als wichtigster ~} 주요 증
명 2{als Gegensatz zu Gegenbeweis} 본증;
~börsenplatz m.중앙증권거래소의 소재지;
~eigenschaft f.주요 특징; ~einkommen n.
주요 소득; ~erbe m.일반<포괄> 상속인;
~forderung f.주요 채권; ~frachtführer m.
주 운송인; ~fragtgechäft n.주 운송행위;
~frage f.주요문제; ~geschäftssitz m.본 점
<본사>의 소재지<위치>; ~gläubiger m.
정(正) 채권자; ~grund m.주원인, 근본

이유; ~grundsatz m.주요원칙; ~handlung f.주요 행위; ~intervenient m.주 참가인, 주요 참가 소송원고; ~intervention → Hauptintervention; ~klage f.본소; ~kriterium n.주요기준; ~leistung f.주요 급부; ~mangel m.중요한 흠결사항; ~miete f.주 임대차; ~mieter m.주 임차인; ~niederlassung f.본점<본사>; ~obligation f.주요 의무[관계]; ~pflicht f. 주요 의무 [관계]; ~partei f.주요당사자; ~patent n. 원특허; ~prozeß m.본소[송]; ~punkt m. 주안점, 요지; ~sache f.①{im ProzR-소} 본안, 사건 대상 ②{im SachR-물} 본물, 주물; ~sacheerledigung f.본안해결; ~sachenverhandlung f.본안 변론; ~schuld f.①{im Schuldrecht} 주요 채무 ②{i.S.v. Verantwortung} 주요 책임; ~schuldner m.주요 채무자; ~sitz m. einer Firma etc. 본사; ~strafe f.주형(主刑); ~summe f.총액; ~tat f.주범, 주[범죄]행위; ~tatsache f.주요사실; ~unternehmer m.주<원>청부인; ~unterschied m.주요 차이; ~ursache f. 주요 원인; ~verantwortung f.근본책임, 주책임; ~verbindlichkeit f.주요 채무; ~verfahren n.①{allgemein} 본안수속 ②{StrR-형}공판수속; ~verhandlung f.① {allgemein} 변론(기일) ②{StrR-형} 공판[기일]; ~verhandlungsprotokoll n.변론<공판>조서; ~verhandlungstermin m.주요변론기일; ~verhandlungstermin m.{StrR-형} 공판기일; ~verpflichteter m.(der ~e) 주 의무자; ~verpflichtung f.주 요 의무; ~versammlung f.[der Aktionäre] [주주] 총회; ~verteidiger m. 주임변호사; ~vertrag m.주요계약<조약>; ~verwaltung f.중앙 관리 본부; ~voraussetzungen pl. 주요 전제조건; ~wohnsitz m.주 거주지
hauptamtlich a.전임의, 상임(常任)의
hauptberuflich a.본직의, 본업의
Hauptinhalt eines Rechtsgeschäfts 법률행위의 주 내용
Hauptintervention f. (민사소송법에 있어서) 주참가(主參加)
Hauptinterventions~
~klage f.주참가의 소(訴); ~kläger m.주

참가[소송]원고; ~prozeß m.주참가소송
Haus n.가(家), 가옥
Haus~
~arbeit f.①{als Erwerbstätigkeit} 가내노동<공업> ②{als Prüfungsaufgabe} 가정학습, 숙제; ~arrest m.자택연금; ~bank f.[기업] 주거래은행; ~besetzung f.가옥의 불법점거; ~besitz m.가옥의 점유<소유>; ~besitzer m.가옥의 점유자, 집주인; ~bewohner pl.거주인, 집에 세든 사람; ~diebstahl m.친족상도; ~durchsuchung f. 가택수색; ~eigentum n. 가옥소유; ~eigentümer m.가옥소유자, 가주; ~erbfolge f.가족 내 상속순위; ~frau f.주부; ~friedensbruch m.[{als Delikt}] 주거침입[죄], 주거평온침입죄; ~gemeinschaft f.가정, 가족 공동체; ~halt → Haushalt; ~miete f.주택임대; ~ordnung f.거주자 주의사항, 관내규칙; ~suchung f.가택수색; ~suchungsbefehl m.가택수색영장; ~türgeschäft n.방문판매; ~verwalter m.건물관리인; ~verwaltung f.건물관리, 건물관리사무소
Haushalt m.①{i.S.v. finanzieller ~}[경영] 예산 ②{i.S.v. Hausstand}[개인]세대
Haushalts~ {i.S.v. ①}
~ausschuß m.예산위원회; ~beratungen pl.예산심의; ~defizit n.재정적자, 세입부족; ~gesetz n.예산회계법규; ~jahr n. 회계연도; ~plan f.예산안; ~plannung f. 예산안 작성
Haushalt {i.S.v. ②}
gemeinsamer ~ 공동세대; privater ~ 개인세대
Haushalts~ {i.S.v. ②}
~abwasser n./pl.가정배수
Häusliche Pflege 방문간호(거택간호)
Hausrat m.가재도구
Hausrats~
~gegenstände pl.가재도구; ~teilung f.가재도구의 분배; ~teilungsverfahren n.가재도구의 분배절차
Hausse f.호황, 경기 상승, 증권시세의 상승

Hausse~
~spekulant *m.*증권투기자; ~spekulation *f.* 증권투기
Hausstand *m.* 세대
Havarie *f.*<{*auch*} Havarei> 해손(海損), 해손(海損); allgemeine ~ 일반해손; einfache ~ 단순해손; große ~ 대해손; kleine ~ 소해손
Havarie~
~beteiligte *pl.*해손이해관계자; ~klausel *f.*해손조항<약관>; ~schaden *m.*해손손해
h. e. l. → hoc est *l.*
Hehler *m.*장물아비
Hehlerei *f.*장물죄<취득>, 장물 취득(행위)
Hehlereigut *n.*장물
Heil~
~behandlungskosten *pl.*진료비; ~mittel *pl.* 약물, 약제; ~eingriff *m.*치료적 행위, 수술; ~verfahren *n.*의료
Heilung *f.*; **heilen** *v.* 1 {*im rechtlichen Sinn*} 추완(追完)하다, 적법화하다 2 {*im medizinischen~*} ~을 보정<치료, 치유>하다
Heilung
~ der Nichtigkeit 무효행위 추완; ~ rechtswidriger Verwaltungsakten 하자있는 행정행위의 치유; ~ von Fehlern [nachträgliche ~] [사후[적]] 하자 치유; ~ von Prozeßhandlungen 소송행위 추완
Heim *n.* 1 {*i.S.e. Anstalt*} 공공 수용 시설 2 {*i.S.v. Zuhause*} 집, 자택
Heim~ {*i.S.v.* 1}
~bewohner *m./pl.*거주자; ~gesetz → Gesetzesregister; ~ordnung *f.*수용<보호> 시설규정, 기숙사규정; ~träger *m.*경영자; ~unterbringung *f.*거주수용; ~unterbringungsvertrag *m.*거주수용계약; ~vertrag *m.*입개거주계약
Heim~ {*i.S.v.* 2}
~arbeit *f.*가내수공업, 가내 부업; ~arbeiter *m.*가내근로자
Heimat *f.*고향
Heimat~
~hafen *m.*선적항; ~land *n.*{*i.S.v. eigenem Land*} 본국, 자국; ~recht *n.*본국<내국>법; ~staat *m.*본국, 모국
Heimfall *m.*(소유재산의) 귀속;
heimfallen *v.*~에 귀속되다
Heimfall~
~anspruch *m.*(소유재산의) 귀속청구권; ~berechtigter *m.(der ~~e)* 귀속권자; ~recht *n.*[규기] 연고지에서 경기할 수 있는 권리
heimtückisch *a.*교활한
Heirat *f.*결혼, 혼인
Heirats~
~alter *n.*결혼연령; ~erlaubnis *f.*결혼허가; ~fähigkeit *f.*결혼능력; ~schwindel *m.*결혼사기; ~schwindler *f.*결혼사기꾼; ~urkunde *f.*결혼증명서; ~vermittlung *f.*결혼중매; ~versprechen *n.*결혼약속
heiratsfähig *a.*결혼 능력이 있는, 결혼 적령기의
heiratsunfähig *a.*결혼 적령기가 아닌
Helfer *m.*원조자
Helfer
ehrenamtlicher ~ 민간 독지가
Hemmnis *n.*장벽, 장애(물)
Hemmnisse (*pl.*)
nichttarifäre ~ 비관세장벽
Hemmung *f.*; **hemmen** *v.*~에 위해를 가하다, ~을 정지시키다
Hemmung
~ der Fristen 기간 정지;
~ der Verjährung 시효 정지
Hemmungswirkung *f.*정지효과
herabmindern *v.*~을 줄이다<낮추다>, ~을 삭감하다
herabsetzbar *a.*가격을 할인할 수 있는, 가격을 인하시킬 수 있는
Herabsetzung *f.*; **herabsetzen** *v.*~을 감소<감액>하다, ~을 과소평가 하다
Herabsetzung
~ der Strafe 형(刑)의 감형;
~ des Aktienkapitals 감자(減資);
~ des Grundkapitals 자본감소
Heranwachsender *m.(der ~e)* 십팔<이십>세 이하 미성년자

Herausgabe *f.*; **herausgeben** *v.*① *{i.S.v. Sachen herausgeben}* ~을 인도<반환>하다 ②*{i.S.v. Bücher herausgeben}* ~을 출판<편집>하다 ③*{von Wertpapieren, etc.}* ~을 발행하다
Herausgabe~
~anspruch *m.*[소유물]인도<반환>청구권; ~klage *f.*[소유물]반환청구소송; ~pflicht *f.*인도<반환>의무; ~verweigerung *f.*반환거절; ~zeitpunkt *m.*{*i.S.v.* ①} 반환시간 {*i.S.v.* ③} 발행기일
Herausgeber *m./pl.*편집<발행, 출판>자, 출판사
herausverlangen *v.*반환 구
hereditas *l.* 상속[재산], 유산[상속]
hereditas *l.* 유산
hereditas iacens *l.* 잠재적 유산. 상속인을 조사하는 과정이 남아 있거나 유산 상속 의사를 아직 표명하지 않은 경우
hereditas testamentaria *l.* 유언 상속
hereditatis petitio *l.* 상속권 분쟁. 상속권을 지닌 사람에 대해 상속인이 지니는 권리
heres *l.* 상속인
Herkunftsangabe *f.*[제품, 상품]원산지 표시
Hermes Kreditversicherung <**Kreditversicherung**> *f.*수출신용보험
Heroin *n.*헤로인
herrenlos *a.*무주(無主)의, 주인이 없는
Hersteller *m.*제조업자
Herstellerland *n.*생산국
Herstellung *f.*; **herstellen** *v.*①*{allgemein}* ~을 작성하다 ②*{i.S.v. Produktion von etw.}* ~을 제조<생산>하다
Herstellung
~ falscher Urkunden {als Delikt} 허위문서작성[죄]
Herstellungs~
~art *f.*생산형태; ~datum *n.*작성<제조>연월일; ~fehler *m./pl.*제조[상]하자<흠결(欠缺)>; ~kosten *pl.*제조원가, 생산비; ~preis *m.*생산<제조>가격, 원가; ~verfahren *n.*제조방법

Herz~
~tod *m.*{*im MedR*-回} 심장사; ~transplantation *f.*심장이식
Hic Rhodos, hic salta! *l.* 여기가 로도스다, 여기에서 뛰어내리라!(여기에서 네 능력을 보여주라는 뜻), 어느 잘난 체 뻐기는 철인5종 경기 참가자에 관한 이솝 우화에 나오는 말을 라틴어로 번역한 말
Hilfeleistung *f.*[, Pflicht zur ~] 구조[의 의무]
Hilfs~
예비<보조>적
Hilfs- und Föderungssystem 사회부조와 촉진체계
Hilfs~
~anspruch *m.*구조<구원>요청; ~antrag *m.*구조<구원> 신청; ~aufrechnung *f.*구조적 계산; ~beamter *m.*(*der ~~e*) 보조관; ~bedürftigkeit *f.*궁핍, 빈곤; ~begründung *f.*예비적 이유부; ~beweismittel *pl.*예비적 증거 방법; ~einwendung *f.*보조적 이의; ~etat *m.*추가예산; ~mittel *m./pl.*구조<보조>수단; ~norm *f.*보조<보충>적 규정; ~organ *n.* 보조[적]기관; ~patent *n.* 종속적 특허; ~person *f.*보조자; ~pfändung *f.*보조적 차압; ~pflicht *f.*(*i.S.d. StGB*-형) 구조의무, ~richter *m.*판사보, 보조재판관; ~tatsache *f.*보조사실; ~vorbringen *n.* 보조적진술; ~widerklage *f.*예비적 반소; ~wissenschaft *f.*보조학문
hilfsweise *a.*예비로, 추가로
hinc et nunc *l.* 여기에서 그리고 지금
Hinc illae lacrimae *l.* 이런 까닭에 나는 슬퍼한다(그것이 바로 진정한 원인이었다는 뜻 - 테렌티우스)
Hindernis *n.*장애, 지장
Hindernis
nichttarifäres ~ 비관세장벽
Hinderungsgrund *m.*장애 원인
hineinverbringen *v.*~을 반입하다
hinfällig *a.*무효의, 실효(失效)의
Hingabe *f.*인도

Hingabe
~ an Erfüllung statt 대체물 인도; ~ an Zahlungs statt 대체물 인도
hinrichten v.; jn. ~ ~를 처형<사형>하다
Hinrichtungsbefehl m.사형집행명령장
Hinsicht f.관점
Hinsicht
in rechtlicher ~ 법적인 관점에서; in tatsächlicher ~ 사실적 관점에서
hinsichtlich Präp. ~과 관련해서
Hinterbliebene pl.유족, 유가족
Hinterbliebenen~
~bezüge pl.유가족을 위한 연금<국가지원금>; ~rente f.유가족을 위한 연금<국가지원금>; ~versicherung f.유족보험; ~versorgung f.공무원이나 군인 유가족들(특히 미망인 및 고아들)에 대한 원호
Hinterbliebener m.(der ~e) 생존자, 유족
Hintergrund m.배경
Hintergrund
historischer ~ 역사적 배경; rechtlicher <juristischer> ~ 법적 배경; steuerlicher ~ 관세법상 배경; strafrechtlicher ~ 형[사]법상 배경; verfassungsrechtlicher ~ 헌법법상 배경
Hinterlassenschaft f.유산
hinterlegbar a.기탁 가능성이 있는
Hinterleger m.기탁자, 공탁인
Hinterlegung f.기탁<공탁>;
hinterlegen v.~을 기탁<공탁>하다
Hinterlegung
~ [von Geld] bei Gericht 재판소 공탁; ~ von Urkunden 증서공탁
Hinterlegungs~
~befugnis f.공탁의 권한; ~behörde f.공탁관할관청; ~betrag m.공탁금액; ~gebühr f.공탁수수료; ~gericht n.공탁재판소; ~kosten pl.공탁비; ~recht n.공탁권; ~schein m.공탁증서; ~stelle f.공탁소; ~summe f.공탁금액; ~urkunde f.<~schein m.> 공탁증명서; ~verfahren n.공탁수속절차; ~vertrag m.공탁계약; ~zeitpunkt m.기탁일

Hinweis m.고지, 지적
Hinweis
~ auf das Zeugnisverweigerungsrecht 증언거부권의 고지; ~ des Gerichts 재판소 측의 고지
Hinweispflicht f.1 [allgemein] 지적의무 2 [~ des Gerichts] 교시<석명>의무
Hinzufügung f.; **hinzufügen** v.~을 추가하다
hoc anno (h. a.) l. 올해
Hochkonjunktur f.호경기
Hochschule f.대학
Hochschulautonomie f.대학의 자치
Höchst~
~alter n.최고연령; ~angebot n.최고가제공; ~betrag m.최고가액; ~betragsbürgschaft f.한도액의 보증; ~bietender m.최고가신청인; ~frist f.최대기간; ~preis m.최고가격; ~preisfestsetzung f.최고가격 설정; ~stimmrecht n.최고의 결권; ~strafe f.[법정]최고형
Hochverrat m. [als Delikt] 대역[죄]
hoc loco l. 이곳에서, 이 장소에서
Hoc volo, sic iubeo sit pro ratione voluntas l. 나는 그것을 원한다, 따라서 나는 이유가 아니라 의지에 따라 명령한다(유베날리스)
Höhe f.
~ der Verbindlichkeit 채무금액;
~ der Verschuldung 채무<부채>금액;
~ des Schadensersatzanspruches 손해배상청구금액; ~ des Streitwertes 소송물의 가격액수
hoheitlich <**hoheitsrechtlich**> a.고권[적]인, 권력적인, 통치권자의
Hoheits~
~bereich m.(영해를 포함하는) 영토, 통치권(統治權); ~gewässer pl.영해, 내수(內水); ~recht n.[국가] 주권, 고권, 통치권; ~zeichen m. pl.국가주권을 상징하는 표지(標識), (국가 따위에 표시된) 문장(文章)
Holdingfirma (~gesellschaft) f.지주회사
Holschuld f.추심채무(推尋債務)

homagium *l.* 봉신이 군주에 대해 예의를 표함(악수, 입맞춤, 서약)
homicidium *l.* 고사; 살해
homicidium in rixa *l.* 분쟁 중에 일어난 살해
homicidium necessarium *l.* 정당방위로 인한 살해
Homo homini lupus *l.* 인간은 인간에게 늑대다(토마스 홉스)
homo migrans *l.* 변경(邊境) 외부인 (마을의 경계 내에 거주하게 된 타 지역 사람)
homo proprius *l.* 자기 사람, 노예
Homosexualität *f.* 동성애
homosexuell *a.* 동성애의
Homo sum, nil humani a me alienum puto *l.* 나는 인간이다, 인간적인 것 중 낯선 것은 아무것도 없다(테렌티우스)
Honorar *n.* 보수, 사례
Honorar~
~abrede *f.* 보수합의; ~anspruch *m.* 보수청구[권]; ~bewertung *f.* 보수평가; ~festsetzung *f.* 보수확정; ~rechnung *f.* 보수청구서; ~system *n.* 보수제도; ~versprechen *n.* 보수약속; ~verschuß *m.* 보수예납금; ~wesen *n.* 보수제도; ~zusage *f.* 보수약속
Honorar~
~konsul *m.{i.S.v. Ehren~}* 명예영사; ~professor *m.* 명예교수
honoris causa *l.* 명예 때문에
Hora ruit *l.* 시간이 급박하다
Hörensagen *n.*; Zeuge vom ~ 전문 증인
horribile dictu *l.* 말하기에 끔찍한
horror *l.* 끔찍함, 공포
hospites regis *l.* 왕의 손님(왕의 비호를 받는 외지인들을 이렇게 불렀다)
Hotelaufnahmevertrag *m.* 숙박계약
huius *l.* 이것으로부터
huius anni (h. a.) *l.* 올해에는
humanitas *l.* 인도주의
Hungerstreik *m.* 단식 동맹 파업, 단식 스트라이크 {*Kurzform von* ⓔ *'hunger strike'*}
hypotheca *l.* 계약에 의한 저당(로마법); 부동산 근저당권(보통법 이후부터)
Hypothek *f.* 저당권
Hypothek, eine ~
~ aufnehmen *v.* 저당권을 설정하다;
~ bestellen *v.* 저당권을 설정하다;
~ ablösen *v.* 저당권을 상환하다;
~ löschen lassen *v.* 저당권을 말소하다
Hypothek
erstellige ~ 제일저당권; zweitstellige ~ 제이저당권; nachrangige ~ 후순위저당권; vorrangige ~ 선순위저당권
hypothekarisch *a.* 저당(권)의
Hypothekar *m.* 저당권자
Hypotheken~
~ablösungsrecht *f.* 저당권상환청구권; ~abtretung *f.* 저당권의 양도; ~anleihe *f.* 저당권의 융자; ~bank *f.* 부동산[저당]은행; ~belastung *f.* {토지} 저당부담금액; ~bestand *m.* 저당권[현재]존립; ~besteller *m.* 저당권 설정자; ~bestellung *f.* 저당권 설정; ~bewilligung *f.* 저당권 승낙; ~brief *m.* 저당증권; ~darlehen *n.* 저당권대부<신용>; ~eintragung *f.* 저당권[설정]등기; ~forderung *f.* 저당채권; ~gläubiger *m.*[, nachrangiger ~][후순위] 저당권자; ~gläubiger, vorrangiger ~ 선순위저당권자; ~haftung *f.* 저당책임; ~pfandbrief *m.* 저당채권; ~rangfolge *f.* 저당권 순위; ~recht *n.* {*i.S.v. Rechtsgebiet*} 저당권법; ~schuld *f.* 저당채무; ~schuldner *m.* 저당설정자; ~tilgung *f.* 저당권 상환; ~übernahme *f.* 저당<담보>인수; ~urkunde *f.* 저당<담보>증서; ~verschuldung *f.* {토지} 저당<담보>채무; ~versicherung *f.* 저당[담보]보험; ~zinsen *f.* 저당<담보>이자
Hypothese *f.* 추측, 상정(想定), 가설
Hypothese
eine ~ aufstellen *v.* 가설을 세우다
hypothetisch *a.* 가정의, 가설의, 불확실의

I

iactus *l.* 해상 투하(난파를 앞두고 화물을 선박 밖으로 투하하는 행위)
Ibi debet quis puniri, ubi quis deliquit *l.*(범죄를) 저지른 장소에서 처벌을 받아야 한다
ibidem (ib., ibid.) *l.* 동일한 장소에
ictus *l.* 때림, 발작
ICtus *l.*→ iurisconsultus
Ideal~
~konkurrenz *f.*관념적 경합; ~verein *m.* 공익법인
idem *l.* 같은, 동일한
idem per idem *l.* 같은 것은 같은 것으로 (증명한다)
Identifikation *f.*신원확인; identifizieren *v.*신원확인하다, 동일시하다
identisch *a.*동일한, 같은
Identität *f.*개인 식별, 동일성
Identitäts~
~beweis *m.*신원증명; ~feststellung *f.*신원확인; ~nachweis *m.*동일<원산지>증명, 개인 식별; ~prüfung *f.*개인 식별<동일성>심사; ~theorie *f.*동일성설
Ideologie *f.*관념학
id est (i. e.) *l.* 즉, 다시 말해
ignis et aquae interdictio *l.* → aquae et ignis interdictio
ignominia *l.* 좋은 평판을 상실함, 비방, 치욕
ignorantia *l.* 부지, 무지
ignorantia *l.*
~ facti *l.* 사실 부지; ~ juris <iuris> *l.* 법 부지(무지)
ignorantia invincibilis *l.* 불가피한 과실
ignorantia iuris *l.* 법적 과실
Ignorantia iuris nocet *l.* 법에 대한 무지는 피해를 낳는다(법에 대해 모르

고 있었다 하더라도 처벌을 피하는 것은 아니다)
Ignoranz *f.*무지
Illationstheorie *f.*은닉설
illegal *a.*위법(적)인, 불법적인
Illegalität *f.*불법, 위법성
illegitim *a.*위법의, 불법의
Illegitimität *f.*부적[법]성, 위법성, 부당
illiquid[e] *a.*(잠정적) 지불 불능의
Illiquidität *f.*(잠정적) 지불불능
illiquidus *l.* 일정한 시점에 지불하지 않아도 되는, (대금 청구를 받았을 경우) 근거가 입증되지 않은; (일시적) 지급불능, 비유동적인 → insolventia
illustrandi causa *l.* 도해나 설명을 위한 목적으로
illustris *l.* 로마시대 최고위직의 칭호; 사람마다 대제 때부터는 공작, 백작, 주교 등의 칭호로 사용됨('각하'와 유사한 호칭)
Im- und Export *m.*수출입
imbecillitas mentis *l.* 책임 불능
imitatio veritatis *l.* 진실의 왜곡; 넓은 의미에서의 위조
immanent *a.*내재적인, 고유의
immaterial *a.*무형적인, 비물질적인
Immaterial~
~gut *n.*무형(無形)<지적>재산; ~güterrecht *n.*무형(無形)재산권<법>; ~rechtsgut *n.*무형적법익; ~schaden *m.* 비재산적손해
immateriell *a.*비물질적인, 무체의
immatriculatio *l.* 대학 학적부에 이름을 올림으로써 학생 자격을 얻음
Immatrikulation *f.*[대학]학생등록[수속]
immediatus *l.* 직접적인(직접 소를 제

기함. 1806년까지는 제국 당국에 직접 소를 제기했음)
Immigrant *m.*이주자, 이민
immigratio *l.* 입국 이민; 입국 이민자
immissio *l.* (특정 공직에) 임명; (민사소송에서) 피고의 진술; 토지소유권을 법적으로 지정함; 가스, 악취, 소음 등이 이웃 토지나 기타 다른 토지에 미치는 영향
Immission *f.*(대기오염, 공해 물질, 소음, 방사선 따위가) 동·식물에 끼치는 (파급)영향, 환경오염
Immissions~
~schaden *m.*환경오염의 피해;
~schutzdelikte *pl.*환경보호 위반 행위
Immobiliar~
~arrest *m.*부동산차압; ~erbe *f.*부동산상속인; ~fond *m.*부동산 투자 기금; ~kredit *m.*부동산(담보) 신용(대부); ~nachlaß *m.* 부동산 유산<상속재산>; ~pfandrecht *n.* 부동산저당권; ~sachenrecht *n.*부동산[물권]법; ~sicherheit *f.*부동산담보; ~verkehrssteuer *f.*부동산 거래세; ~vermögen *n.*부동산[재산]; ~versicherung *f.*부동산<건물>보험; ~vollstreckung *f.*부동산집행; ~zwangsvollstreckung *f.*부동산강제집행
Immobilien (*pl.*) 부동산
Immobilien~
~firma *f.*부동산업자, 부동산 회사; ~handel *m.*부동산거래(매매); ~makler *m.* 부동산 중매인; ~recht *n.*부동산법; ~sicherheit *f.*부동산담보; ~verkauf *m.*부동산매매; ~versicherung *f.*부동산보험
immobilis *l.* 움직이지 않는; 부동산, 토지
immunitas *l.* 면책특권; 일정한 토지에 대해 자체적인 법적 책임을 근거로 내세울 경우 세금 부담과 법적 책임을 면해주는 것(로마제국, 프랑크왕국, 독일제국의 법); 국민들을 대표하는 최고 기관의 의원을 형사소추로부터 보호하는 법적 조치; 국외에 체류 중인 파견 시설 및 위탁인에 대해 체재국 법률의 지배를 받지 않아도 되게 보호해주는

국제법상의 조치
Immunität *f.*치외법권(治外法權), 면책
Imparität *f.*불평등
Impediment *n.*상해
impedimenta dirimentia *l* (혼인의) 무효장애
impedimenta impedientia *l.* (혼인의) 지연장애
impedimenta matrimonii *l.* 혼인의 장애(상위 개념)
impensae *l.* 책정된 경비 이외의 비용 (기타 경비)
imperator *l.* 원래는 최고 명령권자를 지칭하는 말; 통치자; 황제의 칭호
imperatura *l.* 제국에 대한 완전하고도 실재하는 통치권
Imperialismus *m.*제국주의
imperialistisch *a.*제국주의<적>인
imperium *l.* 명령, 권력, 통치 영역
imperium maritimum *l.* 해상통치권
imperium merum *l.* 상급 재판기관에서의 재판권
impetratio dominii *l.* 지급 대신 담보물에 대한 권리를 부여해줄 것을 요구하는 질권자의 요청
impetus *l.* 격렬함; 활기; 발작적 행위; 공격
Impf~
~arzt *m.*(예방) 접종의; ~gesetz *n.*접종법, 종두법(種痘法); ~pflicht *f.*접종의무; ~schein *m.*<~zeugnis *n.*> 예방접종증명서; ~zwang *m.*접종의무
implicite *l.* 포함된
Import *m.*수입
Import~
~anteil *m.*수입할당; ~bereich *m.*수입부문; ~beschränkung *f.*수입제한; ~deklaration *f.* 수입신고서; ~erlaubnis *f.*수입인가; ~firma *f.*수입회사; ~handel *m.*수입무역; ~kontrakt *m.*수입계약; ~kredit *m.*수입신용; ~land *n.*수입국; ~lizenz *f.*수입면허; ~monopol *n.*수입독점; ~quote *f.*수입할당; ~restriktionen *pl.*수입통제 ; ~steuer *f.*수입세; ~stopp *m.*수입 중지<종결>; ~tarif *m.*수입[관]세율; ~verbot *n.*수입금

지; ~ware *f.*수입품; ~zoll *m.*수입관세
Importeur *m.*수입[업]자
importieren *v.*~을 수입하다
imposito silentio *l.* 부과된 침묵의무에 따라, 침묵하는 조건 하에
Impossibilium nulla est obligatio *l.* 불가능한 것을 해줄 필요는 없다 - D. 50.17.185
impostor *l.* 사기꾼
impressum *l.* 서적, 소책자 등 인쇄물 발행인에 관한 정보. 출판사, 제본업체, 저작권, 판권, 발행인 등에 관한 정보가 포함됨
imprimatur *l.* 인쇄해도 좋다는 선언, 인쇄를 허용함; 시범 인쇄물에 나타난 오류를 모두 수정했으니 이제 인쇄해도 좋다는 확인; 교회 지도자들이 부여하던 인쇄허가를 축약한 말
imprudentia *l.* 부주의; 경솔
imputatio *l.* (죄의) 전가; 가산(加算)
imputatio facti *l.* 성공을 위한 외부의 자극; 행위와 성공 사이의 외부적 맥락(무과실책임)
imputatio iuris *l.* 행위자의 의지가 사건의 원인인 경우; 내부적 맥락(과실책임)
Imputationslehre *f.*귀어론<이론>
in absentia *l.* 흠석, 부재
in absentia *l.* 부재중에
inadäquat *a.*적절하지 못한, 불충분<상당>한
inaedificatio *l.* (특정 장소에) 건물을 짓는 행위; 대지 위에 건축한 건물은 대지의 일부로 간주함
in aeternum *l.* 영원히
inakzeptabel *a.*승낙할 수 없는, 받아들일 수 없는
Inanspruchnahme *f.* 1.{*als Dienst*} 발동 (2.){*eines Rechts*} [권리 등]주장<청구>
Inanspruchnahme
~ eines Gerichtes 재판권 발동; ~ einer Bürgerschaft 보증 청구
in armis *l.* 무장 상태의
Inaugenscheinnahme *f.*검증, 점검

inauguratio *l.* 공식에 취임함
Inauguraldissertation
<= → *Dissertaton*> *f.*학위논문
Inbegriff *m.*총체, 본질
inbegriffen *a.*~에 포함되어 있는
Inbesitznahme *f.*점유, 점거
in bona pace *l.* 선의의 평화 속에서
in brevi *l.* 짧게 (말하면), 요약하자면
incameratio *l.* 회수; 재화를 국고나 왕실 소유로 편입시킴
incapacitas *l.* 경제활동 불능, 정식으로 상속받거나 유산을 취득할 능력이 없는 경우(미혼, 무자녀 등). 이 조항은 이미 오래 전부터 활용되지 않고 있음); 시품 취득 불능(세례 받지 않은 자, 여성 등 - 교회법)
in capita *l.* 머릿수에 따라 유산을 분배함(반대말은 → *per stirpes*)
incarceratio *l.* 투옥, 감금
in casu *l.* 모든 경우에
in casu *l.* 상황, 본건
in casum *l.* 이런 경우에는
in casum contraventionis *l.* 만약 위반했을 경우에는
in casum necessitatis *l.* 위급한 경우에는
incendium *l.* 방화
inceptor *l.* 주동자
incertae personae *l.* 불특정 인물, 불특정 집단
incestuosi liberi *l.* 근친상간으로 태어난 아이
incestus *l.* 근친상간(직계 존비속 간, 형제자매 간의 성관계, 예전에는 이종친 관계의 진척과 사돈 간의 성관계, 나아가 수녀와의 성관계도 근친상간에 포함되었다)
inchoatio delicti *l.* → *incohatio delicti*
Incidit in Scyllam, qui vult vitare Charybdim *l.* 카리브디스를 피하려는 자는 스킬라에 빠진다(비를 피해 빗물이 떨어지는 처마로 들어간다는 뜻 - '샤티용의 발터'가 지은 알렉산더의 노래에서 인용 - 1180)
incitates *l.* 선동자

incognitum, incognito *l.* 익명의, 가명으로 해외에 체류함(국가 원수나 장관 등이 체제국의 동의하에 하는 행위)
incohatio delicti *l.* 시행에 착수함
incompatibilitas *l.* 비호환성; 한 사람이 동시에 여러 개의 공직을 맡을 수 없음(의무가 상충하거나 성실한 직무이행이 불가능할 것을 우려하는 데서 비롯된 조치)
in concreto *l.* 실제로, 구체적인 경우에 있어, 특정 경우에 있어
in contumaciam *l.* 완강함으로 인해, 법원의 출두명령에 대한 완강한 태도 때문에, 다시 말해 출두명령 불복에 따라 (판결을 내림)
incorporatio *l.* 결합, 합병; 편입
in corpore *l.* 전체적으로, 공공의
incriminatio *l.* 고소
inculpas (-antis) *l.* 원고
inculpatus *l.* 피고, 종교재판에 죄인으로 회부된 자(특별종교재판정이 설립된 이후부터는 이를 → inquisitus라 불렀다)
in curia *l.* 시청에서; 법정에서
indebite *l.* 구속력 없이
indebiti solutio *l.* 채무가 없는 돈을 지불함, 허위의 채무를 지불함
indebitum *l.* 허위 채무; (중세의) 공과금, 소비세, 간접세
indemnitas *l.* 손해배상; 형 면제; 정부가 정한 조치를 추후 의회에서 비준함; 국회의원의 직무상 활동에 대해 형사소추 면책특권을 보장하는 것
Indemnität *f.* 면책특권, 불가침권
Independenz *f.* 독립, 자립
in deposito *l.* 보관 중인, 감금 중인
indeterminabel *a.* 결정하기 어려운, 해결할 수 없는
Indetermination *f.* 미결정, 불확정, 우유부단
indeterminiert *a.* 부정의, 미확정의, 우유부단인
Indeterminismus *m.* 비결정론(非決定論)
Index *m.* der Lebenshaltungskosten 생활수준지표

Index librorum prohibitorum *l.* 금서목록; 교회의 허가 없이 읽어서는 안 되는 서적들의 목록(1559년 가톨릭교회가 도입한 제도. 1917년에 법적으로 폐지, 1966년에 교회법상의 효력에 대해서도 효력을 상실시킴)
indicium *l.* 간접증거, 징후; 징표
indictio *l.* 발표, 공시 최고
indiculus inquisitionis *l.* 종교재판명령, 종교재판절차를 진행하라는 프랑크 왕국 국왕의 지시
indigenatus *l.* 국민권, 시민권, 국적; 헌법에 따라 모든 국민을 평등하게 대하고 국외거주자도 보호해야 한다는 권리
indignitas *l.* 상속권 실격
indignus (heres) *l.* 실격된 (상속인)
Indikation *f.* 적응, 징후
Indikation {*im* Ⓓ *Abtreibungsrecht*} eugenische ~ 우생학적 임신 중절 요건; kriminologische ~ 형사학적 임신 중절 요건; medizinische ~ 의학상의 임신 중절 요건; soziale ~ 사회적 임신 중절 요건
Indikations~ {*im* Ⓓ *Abtreibungsrecht*} ~grund *m.* 임신 중절 요건의 사유<이유>; ~lösung *f.* 임신 중절 요건 사유의 해지; ~modell *n.* 임신 중절 요건의 모델
indirekt *a.* 간접적인
Individual~ 개별[적], 개인
Individual~ ~anspruch *m.* 개별적 청구[권]; ~besteuerung *f.* 개인과세; ~eigentum *n.* 개별적 소유[권]; ~haftung *f.* 개별책임; ~persönlichkeit *f.* 개인의 인격; ~prävention *f.* 재범 예방책; ~prinzip *n.* 개인주의; ~prognose *f.* 개인적 예측; ~recht *n.* 개인적 권리, 개인법익; ~rechtsgut *n.* 개인[적]법익; ~sukzession *f.* 단독상속; ~tatsache *f.* 개인적 사실; ~versicherung *f.* 개인보험; ~vertrag *m.* 개별계약
Individualisierung *f.* der Strafe 형벌의 개별화

Individuelles Arbeitsrecht
개별적 근로관계법
Individuum n. 개인
Indiz n. 표시<징후>, 정황<간접>사실
Indizienbeweis m. 간접<정황>증거<증명>
indizieren v. ~을 지시<표시, 지적>하다
indossabel a. 배서(背書)할 수 있는
Indossament n. 배서(背書)
Indossament~
~haftung f. 배서책임; ~schuldner m. 배서책임자; ~verbindlichkeit f. 배서책무; ~ ohne Obligo 무담보배서
Indossant m. 배서[양도]인
Indossatar m. 피배서인, 배서양수인
indossieren v. 배서<양도>하다
Indossierungsverbot f. 배서<양도>금지
in dubio l. 의심되는 경우에는
in dubio pro reo l. 의심스러울 때에는 피고에게 유리하게(모든 문명국에 적용되는 형사소추의 기본원칙; 1811년 형법을 강의하던 학자 슈튀벨에 의해 이 표현이 대두됨; 이 표현의 전신은 → Actore non probante……라 할 수 있음)
indulgentia l. 관대, 관용; 자비; 형의 면제
indultum l. 특전, 관용, 허용; 국제법상 전쟁 발발시점에 전쟁 상대국의 부두에 정박해 있던 적국의 상선의 동과를 허용해주는 행위
in duplo l. 2통 작성하여
Industrie f. 공업, 산업
Industrie~
~abfälle pl. 산업폐기물; ~abgase pl. 산업<공업> 폐기 가스; ~aktie f. 공업주(株); ~anlage f. 공장[시설]; ~anlagenvertrag m. 수출계약; ~arbeiter m./pl. 공장노동자, 산업노동자, 공원; ~betrieb m.1 {als Betriebsform} 공장영업 2.{im konkreten Sinn} 공업<산업>시설, 공장; ~erzeugnis n. 공업생산품; ~firma f. 공업 기업; ~gebiet n. 공업지대; ~gelände n. 공장용지;
~gesellschaft f. 산업사회; ~land n. 공업국가; ~macht f. 공업 대국; ~müll m. 산업<공장>폐기물; ~nation f.[. westliche ~] [서측] 공업국민; ~obligationen pl. 공업<산업>채권; ~papiere pl. 공업주(株); ~produktion f. 공업 생산; ~schuldverschreibungen pl. 사업자채무의 양도권; ~schutzzoll m. 산업보호관세; ~spionage f. 산업스파이; ~staat f. 공업국가; ~unternehmen n./pl. 기업체
Industrie und Handel 공상(工商)
industriell a. 공업의, 산업의
indutiae l. 휴전
in effectu l. 실제로, 사실상
in effigie l. 그림 속에서 (화형이나 처형을 행함 - 예전에는 탈주범이나 사망자에게 내려진 판결을 집행할 때 대체 이 방법을 활용함)
Inempfangnahme f. 수리, 수취
in expensas l. 벌금형에 (처하다)
in extenso l. 상세하게
in facto l. 실제로, 사실상
infamia l. 치욕, 불명예, 명예상실
infamia civilis l. 명예시민권의 박탈
infamia facti l. 불명예스러운 행동으로 인해 여론에 의해 명예가 경감됨. 구체적인 경우에 따라 판사가 확정함
infamia iuris l. 법원의 명예경감 판결에 있어서의 전제조건 및 그 결과
infans l. 아동(스페인, 포르투갈의 왕자와 공주를 가리 영식, 영애[infant]로 부르던 관습도 여기에서 비롯됨)
infantia l. 유년기
infanticidium l. 아동살해
Infantizid m. 영아살해
in favorem l. 누구(혹은 무엇)를 위해서, 누구(혹은 무엇)에게 유리하게
infeudatio l. 관직(혹은 봉토) 수여, 서임
infidelitas l. 불충, 배신; 통치자에 대한 불충행위로 간주될 수 있는 모든 종류의 중죄가 다 포함됨
in fidem l. 신뢰를 위하여; 공증을 위해
Infiltrierung <Infiltration> f.; **infiltrieren** v. 침입하다, 침윤하다, 스며들다.

in flagranti *l.* 불타고 있는 중에; 불타고 있는 도중에(다시 말해 방화현장에서 체포되는 것을 의미; 나중에는 모든 종류의 범죄에 대해 현행범으로 체포된 경우를, 그중에서도 특히 외도를 하다가 현행범으로 체포된 경우를 가리키게 됨 → crimen flagrans)

inflatio *l.* 인플레이션, (통화의) 팽창

Inflation *f.* 인플레이션, 통화 팽창

Inflations~
~gefahr *f.* 인플레 위험; ~gewinn *m.* 인플레를 통한 축재<이득>; ~politik *f.* 인플레이션정책; ~rate *f.* 통화팽창률; ~skala *f.* 인플레의 척도; ~zeiten *pl.* 인플레이션 시대

informal *a.* 비공식의, 약식의

informal ~es Verwaltungshandeln 비공식적 행정행위

Information *f.* 정보; ~ zurückhalten *v.* 정보를 보류하다

Information vertrauliche ~ 비밀정보

Informations~
~austausch *m.* 정보교환; ~besuch *m.* 정보(수집)방문<시찰>; ~diebstahl *m.* 정보탈취; ~empfänger *m./pl.* 정보수령자; ~freiheit *f.* 정보의 자유; ~gesellschaft *f.* 정보화사회; ~pflicht *f.* 정보제공의무; ~verarbeitung *f.* 정보 처리; ~zeitalter *n.* 정보화시대

in foro *l.* 포럼에서, 법정에서

Infrastruktur *f.* 하부구조, 기초구조, 인프라

in fraude *l.* 비열한

in fraudem creditorum *l.* 채권자를 불리하게 만드는 (사기행각)

in fraudem legis *l.* 법을 피하기 위해

ingenuitas *l.* 자유시민의 자격

Ingerenz *f.(l.)* 위험상태의 야기(도로공사 장소의 방치 등), 선행위험행위

Inhaber *m.* 점유자<소유자>, 주인

Inhaber
bösgläubiger ~ 악의적 점유자; eingetragener ~ 등기권리자; faktischer ~ 실체적점유자; gutgläubiger ~ 선의적 점유자; rechtmäßiger ~ 적법점유자

Inhaber~
~aktie *f.* 무기명(無記名)주식; ~anleihe *f.* 무기명공채; ~anteilschein *m.* 무기명채권; ~forderung *f.* 무기명채권; ~indossament *n.* 점유자의 배서<이서>; ~klausel *f.* 지참인불식문언; ~konossement *n.* 무기명선적증권; ~obligation *f.* 무기명채권; ~papier *n.* 무기명증권; ~scheck *m.* 무기명수표; ~schuldverschreibung *f.* 무기명채권증권<채권>; ~tratte *f.* 무기명식 환어음

Inhaftierte *pl.{als Gesamtheit}* 수용인원

inhaftieren *v.*; *jn.* ~ ~를 구금<유치>하다

Inhaftierter *m.(der/die ~e)* 복역수(服役囚), 유치인(留置人)

Inhaftierung <= Inhaftnahme> *f.* 체포, 구치<구류, 유치>

Inhaftnahme *f.* 체포<구류, 투옥>

Inhalt *m.* 내용

Inhalt
wesentlicher ~ 취지

Inhalts~
~bestimmung *f.* 내용결정; ~verzeichnis *n.* 목록

inhibitio *l.* 제한, 금지; 형 부과

inhibitorium *l.* 압류저당권에 있어 (청구대금의) 몰수금지(채무자에게 모든 종류의 처분권을 포기할 것을 요구함)

in honorem *l.* 명예롭게

Initiativ~
~antrag *m.* [의원][입법] 발안(發案)신청, 제안; ~begehren *n.* 국민발안(國民發案); ~gruppe *f.* 발안단체; ~monopol *n.* 독점적 발안(법안)권; ~recht *n.* [국회] 발안권(發案權), 의안제출권

Initiative *f.* 선도<주도>, 발의, 창의권

iniuria *l.* 일체의 위법행위; 일체의 인사상 상해(신체상해, 법적 지위를 훼손하는 행위, 명예를 실추시키는 행위 등); 좁은 의미에서는 말이나 행동을 통해 명예에 손상을 주는 행위를 의미함(모욕 행위)

iniuriarum (causa) *l.* 모욕(으로 인해 소를 제기하다)

iniusta possessio *l.* 불법적 소유
in jure cessio *l.* 법정에서 물러남; 재화를 양도하기 위한 가(假) 재판(로마법)
Injurie *f.*모욕, 비방, 명예훼손
Inkasso *n.*[대금] 징수, 회수, 수금
Inkasso~
~agent *m.*대금 징수원; ~auftrag *m.*대금 회수의 위임; ~beauftragter *m.*대금 징수 대리인; ~bevollmächtigter *m.*현금회수의 위임권자; ~büro *n.*대금 징수 인수업; ~gebühr *f.*대금 징수 수수료; ~geschäft *n.*대금징수업; ~indossament *n.*추심배서; ~kosten *pl.*대금 징수 비용; ~mandat *n.* 대금 징수 위임; ~provision *f.*대금징수 수수료<경비>; ~unkosten *pl.*대금징수 잡비; ~vollmacht *f.*현금 회수에 관한 전권; ~zession *f.*신탁적 채권양도
inkompetent *a.*무자격<무능력>의
Inkompetenz *f.*무자격, 무능력
Inkorporation *f.*{einer Gesellschaft} {회사 등} 설립<창립>
Inkrafttreten *n.*
① ~ {eines Gesetzes} {법률의} 시행
② ~ {eines Vertrages etc.} {계약 등} 발생
Inkriminierung *f.*; **inkriminieren** *v.* 죄를 씌우다, ~를 고발하다
Inland *n.*국내, 본국
Inländer *m./pl.*자국민, 내국인
Inländer~
~behandlung *f.*자국민 취급, 내국인 대우
inländisch *a.*내국<국내>의
Inlands~
~abgabe *f.*국내세입; ~anleihe *f.*국내 공채; ~aufträge *pl.*국내주문; ~erzeugnis *n.* 국산품; ~forderung *f.*국내채권; ~geschäft *n.* 국내거래; ~handel *m.*국내무역<상업>; ~markt *m.*국내<대국>시장; ~nachfrage *f.*내수; ~preis *m.*국내(판매)가격; ~preise *pl.* 국내물가; ~produktion *f.*국내생산; ~unternehmen *n.*국내기업; ~verbindlichkeiten *pl.*국내채무; ~vermögen *n.*국내재산; ~währung *f.*국내통화; ~ware *f.*국내 상품

In magnis et voluisse sat est *l.* 큰 일에 있어서는 의지만 있는 것으로 충분하다(프로페르티우스)
in margine *l.* 주변적으로
in medias res *l.* 일의 중심에서, 본론으로
in memoriam *l.* 기념하여, 기억하여
in mora *l.* 지연되고 있는
in natura *l.* 실제로
innehaben *v.*~을 점유<소유, 관리>하다
Innen~
내부~
Innen~
~ausschuß *m.*[des Bundestages][[원방]회의] 내무위원회; ~bereich *f.*{im VerwR-행}[도시]내부지역; ~gesellschaft *f.*내부조합; ~gesellschafter *m.*내부조합원; ~minister *m.*내무장관; ~ministerium *n.* 내무부; ~verhältnis *n.*내부<대내>관계
innerbetrieblich *a.* 기업<사>내의
innerparteilich *a.* 1 {i.S.d. ProzR-소} 당사자간 ② {politisch} 당내적인
innerstaatlich *a.*국내의
in nomine *l.* 누구(무엇)의 이름으로, 전권을 위임 받아
innovatio monetae *l.* 통화의 평가절하
in nuce *l.* 중심적으로, 핵심적으로; 요약하자면
Innung *f.*상공업<동업>조합, 길드
Innungs~
~beschluß *m.*동업조합 결의; ~bezirk *m.* 상공업조합의 담당구역; ~kasse *f.*상공업조합의 금고; ~krankenkasse *f.*조합 의료 보험; ~mitglied *n.*조합원; ~vorstand *m.*조합이사[회]
inoffiziell *a.*비공식적인, 사적의
in omnem eventum *l.* 모든 경우에 있어
In ore duorum vel trium testium *l.* 증인 2인 혹은 3인의 입을 통하여 (대개 진실이 밝혀진다 - 통상적 증거이론)
In pari turpitudine melior est causa possidentis *l.* (행위에 있어) 양측 모

두가 파렴치한 행위를 했을 경우, 소유주의 법적 지위가 소유권을 제기한 자의 법적 지위보다 더 낫다 →*condictio ob turpem*……
in partibus infidelium *l.* 무신론자들의 영역에서(해당 교구가 실제로는 더 이상 존재하지 않은 경우 주교의 호칭 뒤에 첨가하는 말)
in peius *l.* 더 나쁜 방향으로의 개악 → *reformatio in peius*
in perpetuam rei memoriam *l.* 어떤 일을 영원히 기억하기 위해
in perpetuum *l.* 영원히
in persona *l.* 친히, 몸소
in persona *l.* 본인[자], 자분
in pleno *l.* 전원이 모여서, 결원 없이
in praefixo termino *l.* 예정된 기한 내에
In praeteritum non vivitur *l.* 과거 속에 살아가지 않는다(지나간 시간에 대해서는 부양권을 인정하지 않는다, 사생아가 친부에게 청구하는 경우는 예외)
in praxi *l.* 실생활에 있어; 판결문에 있어
in praxi *l.* 실제
inquantus *l.* 경매
inquisitio *l.* 법정에 의한 조사, 법정이 증거를 수집한다는 것은 독일 내 일반적인 종교재판의 대원칙이었음
inquisitio haereticae pravitatis, Sanctum Officium *l.* 이단자들을 처벌하기 위해 설치된 교회의 특별법정, 추기경회의, 1542년부터는 교황청 내 최고 기관
inquisitus *l.* 종교재판의 피고인, 특별종교재판에 회부된 피고
in puncto *l.* 그 점에 관해서
Inquisition *f.*규문[주의], 종교재판소
Inquisitions~
~maxime *f.*<~prinzip *n.*> 직권탐지주의; ~prozeß *m.*규문[주의]소송
inquisitorisch *a.*규문적인, 가혹한, 종교 재판관 같은
Inrechnungstellung *f.*청구서 발생<작성>

Insassenversicherung *f.*탑승자보험, 승객보험, 동승자 보험
Insel~
~reich *n.*섬나라, 도국; ~volk *n.*도민, 도국민족
Insemination *f.*{*im MedR*-㊞} 수정; künstliche ~ 인공수정
Insichgeschäft *n.*자기계약행위, 자기계약
Insider-Handeln <~-Trading> *n.*내부거래
insimulatio *l.* 의심, 고발
insinuatio *l.* 법정으로부터의 송달물; 증여자가 문서화한 의사표시
insolvent *a.*지불불능의
insolventia *l.* 채무자의 파산, 지급불능 → *illiquid*
Insolvenz *f.*지불불능, 도산
Insolvenz~
~kriminalität *f.*도산범죄; ~risiko *n.*도산위험
in spe *l.* 기대 속에서, 장차
in specie *l.* 구체적으로
inspectio ocularis *l.* 눈을 통한 감정(鑑定), 시찰
Inspektion *f.*; **inspizieren** *v.*~을 조사<수사, 감사>하다
Instandhaltung *f.*; **instandhalten** *v.*~을 정리<정돈, 손질>하다
Instandhaltungs~
~arbeiten *pl.*보전작업; ~kosten *pl.*보전비용
Instandsetzung *f.*; **instandsetzen** *v.*회복하다, 수선하다
Instandsetzungs~
~arbeiten *pl.*수선작업; ~kosten *pl.*수선비용
instantia *l.* 심급
instantia *l.* 심급기관, 법적 절차를 행함에 있어 특정한 단계(상급 법원으로의 소송 이행)
instantia austregalis *l.* 황제 직속 인물들(기관들) 간의 분쟁을 조정하기 위한 중재법원
Instanz *f.*[재판]심급, ~심

Instanz
alle ~en 전 심급; erste ~ 제일심; frühere ~ {i.S.v. Vorinstanz} 전심; höchste ~ 최상급심; höhere ~ 상급심; in der ersten ~ 일심단계; letzte ~ 최종심; untere ~ 하급심; vorige ~ 현심; zuständige ~ 관할재판소; zweite ~ 재이심

Instanzen~
~weg *m.*법정심급순서; ~zug *m.*법정심급[제]

in statu nascendi *l.* 생성 단계에
in statu quo *l.* 현재 상태의, 변화시키지 않은(→ status quo로 사용하기도 함)
instigatio *l.* 교사(선동의 일종)
Institut *n.*(1){als konkrete Einrichtung} 연구소, 학원 (2){allgemein} 제도

Institut~
~garantie 제도보장
institutio corporalis *l.* (교회) 관청의 소유로 편입시킴
institutio heredis *l.* 상속인 지정
Institution *f.*(1){als konkrete Einrichtung} 설비, 제정, 조직 (2){allgemein} 제도
institutionalisieren *v.*~을 제도화<관습화>하다
institutionell *a.*제도적인, 공공기관의; ~e Garantien 제도적 보장
Institutiones *l.* 기관(→Corpus iuris civilis의 일부)
institutum *l.* 설립
instructio *l.* 교훈, 지시; 선동의 일종
Instruktion *f.*; **instruieren** *v.*알리다<전하다>, 지시하다<가르치다>

Instruktions~
~befugnis *f.*훈령권(訓令權); ~fehler *m.* 설명<지도>상의 하자; ~pflicht *f.*설명의무

Instrument *n.*(1){als Schriftstück} 증서, 문서, 증권 (2){als Mittel zu etw.} 수단<도구>
instrumentum *l.* 도구; 법률 행위에 관한 공문서

instrumentum guarentigiatum *l.* 집행가능한 공문서

Instrumentum Pacis Monasteriensis (Osnabrugensis)(IPM/IPO) *l.* 뮌스터(오스나브뤼크)의 평화협정(1648년 체결된 베스트팔렌 강화조약)
instrumentum privatum *l.* 사문서
instrumentum probationis *l.* 증거자료

instrumentum publice confectum *l.* 공공 기관에 근무하는 서기가 작성한 문서(이는 사문서에 해당함)

instrumentum publicum *l.* 공문서
instrumentum sceleris *l.* 범죄 도구
insubordinatio *l.* 반항, 상사에 대한 불복

in subsidio *l.* 위급한 경우에는; 2차적으로

insufficientia *l.* 불충분; 과잉부채 → *illiquid* → *insolventia*

insula in flumine nata *l.* 하천에 생성된 섬(소유는 물의 흐름에 따라 정해진다)

insultatio *l.* 모욕, 비방, 조롱
insultus *l.* (비방에 뒤따르는) 행동을 통한 공격(→*aggressura*)
in summa *l.* 요약하면, 한마디로 말하자면

Insurgent *m.*반란자, 모반자, 선동자
insurrectio *l.* 정부 와해를 위한 봉기
in suspenso *l.* 결정되지 않은, 확실하지 않은
intabulatio *l.* 토지대장에 등재함, 예전에는 토지대장(Grundbuch)은 지적대장(Landtafel)이라 불렸음

integer vitae scelerisque purus *l.* 순전히 삶이 변화한 것이고 죄는 없다 (호라티우스)

integritas *l.* 무결함, 평판이 좋음
Integrität, territoriale ~ 영토보전

Intellekt *f.*지능, 지성
intentio *l.* 의도; 법적 주장; 원고 측에서 권리를 주장하기 위해 물건들을 제출하는 행위

intentio fundata *l.* 확실한 근거를 지닌 소 제기 권한(보통법에 명시된 규정

에 근거하여)
inter alia *l.* 다 중
Inter arma silent leges *l.* 무기의 아래에서는('전쟁 중에는'라는 뜻) 법률도 침묵한다(키케로)
interceptio *l.* 절도; 횡령
intercessio *l.* 법률 행위를 통해 타국이 부과하는 의무를 지게 됨; 친선 차원의 조언을 통해 국가 간의 문제를 중재함
intercursus *l.* 관대함
interdependentia *l.* 상호의존, 서로 의지함
interdictio, interdictum *l.* 금지; 소유관계를 보호하기 위한 금지 조치; 소유권 보호 소송; 교회의 행위를 금지함(카논법); 금치산 선고(프랑스 법)
interdictio ignis et aquae *l.* → *aquae et ignis interdictio*
interdictum unde vi *l.* 폭력적인 방법으로 박탈당한 소유물에 대해 소유권을 재인정해 달라는 소송
interdictum uti possidetis *l.* 토지소유권 침해 시 법적 대응수단
interdictum utrubi *l.* 동산소유권 침해 시 법적 대응수단
in tergo *l.* 뒷면에, 뒤쪽에(예컨대 어음의)
interim *l.* 임시의
interimisticum *l.* 임시 규정; 이혼절차가 진행되는 동안 일시적으로 별거, 부양의무, 양육권 등을 인정하는 것
interitus rei *l.* (이행 불가능으로 인한) 사안의 소멸
interlocutio *l.* 중간 판결, 중간 결정
intermedium *l.* 중간 기간; 두 개의 약속 사이의 기간
in termino *l.* 정해진 시점에
interna corporis *l.* 의회 내의 영업체(이 영업체는 판사의 권한의 일종인 헌법일치성 심사권에 구속되지 않는다)
internationalis *l.* 국가 간의
internuntius *l.* 처음에는 외교관의 의미로만 사용, 이후 2급 특사도 포함되다가 오늘날은 교황이 파견한 하위 등

급 특사를 가리키는 말이 됨
interpartes *l.* 당사자 간
Inter~
~bank[en]markt *m.* 은행[상호]간 거래<시장>
Interdependenz *f.* 상호의존
Interesse *n.* 이익, 이해
Interesse
~ an sofortiger Feststellung 즉시확정에 대한 관심(이익)
Interesse
allgemeines ~ 일반적 이익; berechtigtes ~ 정당한 이익; besonderes öffentliches ~ 특별한 공익; einseitiges ~ 일방적 이익; empirisches ~ 경험적 이익; fehlendes ~ 이익의 부존재; fehlendes öffentliches ~ {StrR-형}공익상의 흠결; gegenseitiges ~ 상호[적] 이익; gemeinsames ~ 공통<공동>이익; gesellschaftliches ~ 사회적 이익; legitimes ~ 적법이익; mittelbares ~ 간접이익; nachweisliches ~ 증명할 수 있는 이익; nationales [vitales] ~{중대}국익; negatives ~ 소극적<신뢰> 이익; objektives ~ 객관적 이익; öffentliches ~ 공공 이익, 공익; positives ~ 적극적<이행> 이익; privates ~ 사적이익, 사익; prozessuales ~ 소송상의 이익; soziales ~ 사회적 이익; versicherbares ~ 피보험이익; wirtschaftliches ~ 경제적<재산적>이익

Interessen (*pl.*)
kollidierende ~ 저촉<대립>이익; widersprechende ~ 모순되는 이익; widerstreitende ~ 상반<상대적>되는 이익

Interessen~
~abwägung *f.* 이익형량, 이익의 신중한 검토<고려>; ~abwägungstheorie *f.* 이익고려설; ~ausgleich *m.* 이해 조정; ~gegensatz *m.* 이익의 대립; ~gemeinschaft *f.* 이익공동체, (기업 간) 이익협동체; ~jurisprudenz *f.* 이익법학; ~kollision *f.* 이해관계의 충돌; ~lage *f.* 이해관계의 상황; ~theorie *f.* 이익설; ~verband *m.* 이익<압력>단체; ~verhältnis

*n.*이해관계; ~verletzung *f.*이익의 침해; ~widerstreit *m.*이익의 상반
Interessent *m.*관심 있는 사람, 이해관계인
Interferenztheorie *f.*간섭설
Interimwechsel *m.*가어음
Interims~
중간
Interims~
~aktie *f.*중간배당주, 가수권; ~dividende *f.*중간배당[금]; ~kabinett *n.*잠정내각; ~regierung *f.*임시정부
Interlokut *n.*중간 판결<결정>
Intermission *f.*(병증세의) 중절, 간헐, 중간 휴식, 간격
international *a.*국제[적]인
internationalprivatrechtlich *a.*국제사법상의
internationalrechtlich *a.*국제법적인
internationalstrafrechtlich *a.*국제형법상의
Internierter *m.*(der ~e) 격리 수용된 사람
Internierung *f.*; *jn.* **internieren** *v.*~를 격리수용하다
interpellatio *l.* 중단, 이의, 질의, 경고; 국회의원의 대정부 질문, 특정 사안에 있어 정보를 공개하라는 내용의 질문임
Interpellation *f.*대정부질의요구
Interpellationsrecht *n.*대정부 질의권
Interpol → *Abkürzungsverzeichnis*
interpretatio *l.* 해석
interpretatio *l.* (→ *Auslegung*) 해석
interpretatio *l.*
~ extensiva *l.* 확장해석; ~ logica *l.* 논리해석; ~ restrictiva *l.* 축소해석
interpretation *l.* { → *Auslegung*};
interpretieren *v.*~을 해석하다
Interpretations~
~frage *f.*해석상의 문제; ~methode *f.*해석법<방법>; ~regel *f.*해석 규칙
interregnum *l.* 중간 통치권, 과도 정부
interrex *l.* 과도기 통치자(로마)

intertiatio *l.* 분실했다가 되찾은 물건에 대해 소유권을 주장하는 법률 행위 (프랑스 법)
interusurium *l.* 중간 이자, 현금 지불시의 할인, 할인액(이자가 발생하지 않는 채무를 채무기일 이전에 갚을 경우 채권자에게 돌아가는 이익, 혹은 기한 이전에 채무액을 변제할 경우 채권자와의 합의 하에 그 기간만큼의 이자를 경감시킬 수 있다면 채무자에게 돌아가는 이익을 가리킴)
Intervenient *m.*[소송] 참가인, 중재자
interventio *l.* 중재, 조정; 이의 제기, 위협 또는 무력을 행사하며 한 국가가 다른 국가의 사안에 개입하는 행위(국제법)
interventio accessoria *l.* 부자적 중재, 소송 당사자 중 한 측에 제3자가 개입하는 행위
Intervention *f.*; **intervenieren** *v.* 1 {*i.S.d. ProzR-s*} [소송] ~에 참가하다 {2} {*i.S.v. sich einmischen in etw.*} ~에 간섭<개입>하다
Intervention {*i.S.v.* 1}
selbständige ~ 독립[당사자]참가; streitgenössische ~ 공동소송의 보조참가
Intervention {*i.S.v.* 2}
bewaffnete ~ 무장간섭; persönliche ~ 대인적 간섭, 개인적 개입; solidarische ~ 연대간섭; unerlaubte ~ 위법<부당>간섭
Interventions~ {*i.S.v.* 1}
~antrag *m.*참가신청; ~berechtigter *m.* (*der ~e*) 참가인; ~berechtigung *f.*참가권; ~interesse *n.*참가이익; ~klage *f.*(지불명령, 행정처분 등에 대한 제삼자의) 소송참가; ~prozeß *m.*참가소송; ~recht *n.*(내정)개입권, 간섭권; ~streitigkeit *f.*참가소송사건; ~wirkung *f.*개입적 효력
Interventions~ {*i.S.v.* 2}
~kurs *m.*개입; ~politik *f.*간섭정책; ~recht *n.*간섭권; ~stelle *f.*개입소; ~währung *f.*개입통화; ~zahlungen *pl.*개입지불금
Interzonenhandel *m.*{*obs-고*} 「동서 간 무역」

Intestat *n.*[{*als Person*}] 유언을 남기지 않은 사람
Intestat~
무유언
Intestat~
~erbe *f.*법정 상속인; ~erbfolge <~sukzession> *f.* 법정 상속 순위; ~nachluß *m.* 무유언유산
inthronizatio *l.* 상징적 행위를 통한 취임식 거행
intimatio *l.* 공공 기관으로부터의 송달물; 부고 공개
Intimsphäre *f.* 사생활권
intitulatio *l.* 직함을 부여함, (서적의) 제목을 붙임
Intoxikation *f.* 중독
intra muros *l.* 울타리 내에서; 비공개적으로
in triplo *l.* 3배로, 3통을 작성하여
intus *l.* 내재하는, 내면의
in- und ausländisch *a.* 국내외의
in usum delphini *l.* → *ad usum delphini*
Invalide *m.*(부상, 사고, 질병 등에 의한) 노동<근무, 취업> 불능자<상해자>
Invaliden~
~rente *f.* 상해 보험 연금; ~versicherung *f.* 상해 보험
Invalidität *f.* 근무<작업, 취업>장애
invasio *l.* 무력을 동원하는 가운데 다른 국가의 영토에 침입하는 행위
invecta et illata *l.* 도입하거나 입수한 물건(임대인이나 소작인이 임대하거나 소작을 얻은 공간에 도입하거나 입수한 물건)
Inventar *n.* 재산목록; 자산, 재고품; 부동산
inventarium *l.* 재고조사 시 작성한 물건 목록
Inverzugsetzung *f.* 수령지대
investieren *v.*[in *etw.* ~] ~에 투자<출자>하다
Investition *f.*; **investieren** *v.* 투자<출자>하다, (자금을) 투입하다

Investitions~
~anleihe *f.* 투자채권; ~anreize *pl.* 투자장려; ~aufwendungen *pl.* 투자비용; ~ausgaben *pl.* 투자지출; ~bank *f.* 투자 금융 은행; ~bedingungen *pl.* 투자조건; ~entscheidung *f.* 투자의 판단; ~fähigkeit *f.* 투자능력; ~geschäft *n.* 투자활동<업무>; ~güter *pl.* 투자재; ~gütergewerbe *n.* 투자재부문; ~güterhersteller *m./pl.* 투자재생산자; ~kapital *m.* 투자 자본; ~kosten *pl.* 투자 경비; ~neigung *f.* 투자경향; ~tätigkeit *f.* 투자행동; ~wert *m.* 투자가치; ~zertifikat *n.* 투자증서
investitura *l.* 관복을 입음; 공직 또는 토지소유권을 부여함
investitura per anulum et baculum *l.* 반지와 지팡이를 든 채 관복을 입음 (종교계 출신의 제후들이 교회가 부여하는 권한을 받을 때 반지와 지팡이를 들고 관복을 입은 데서 유래한 말; 예전에는 군주가 종교계 제후에게 관직이나 봉토를 하사할 때 이렇게 함)
Investment~
~bank *f.* 투자은행; ~banking *n.* 투자은행 업무; ~fond *m.* 투자기금; ~kapital *n.* 투자 자본; ~management *n.* 투자관리; ~risiko *n.* 투자에 따르는 위험; ~zertifikat *n.* 투자증권
Investor *m.* 투자자, 출자자
Investor ausländischer ~ 해외투자자
inveteratio *l.* 공소시효
invita Minerva *l.* 미네르바의 의지에 반하여(자격을 부여받지 않은 채로)
invitatio ad offerendum *l.* 신입 유인
Inviti non legitimantur *l.* 누구도 자신의 의사에 반하여 합법화(혼인 선언을 선포함)할 수 없다
Inzahlungnahme *f.*(중고품) 할인 인수 (판매)
Inzest *m.* 근친상간
inzident *a.* ≪inzendenter *l.*≫ 부수적인
Inzident~[er~]
~feststellungsklage *f.*(→ *Zwischenfeststellungs~*)

중간확인의 소(訴); ~widerklage *f.*중간 반소(反訴)

IPM *l.* → *Instrumentum Pacis Monasteriensis*

IPO *l.* → *Instrumentum Pacis Osnabrugensis*

Ipse dixit *l.* 그가 스스로 그렇게 말했다(여기에서 '그'는 피타고라스를 가리킴 - 피타고라스학파의 독단적 표현들에 대해 키케로가 한 말)

Ipse fecit *l.* 그가 그것을 스스로 만들었다

ipsissima verba *l.* 어떤 사람이 한 바로 그 말, 그 사람 고유의 말

ipso facto *l.* 바로 그 사실에 의하여

ipso iure *l.* 법률로 인해, 법률 그 자체로 인해, 법률에 맞게

ipso iure *l.* [법률상]당연

Ipso iure compensatur *l.* (제상[과 부] 판결을 선단한 후) 법률에 근거해 계상된다

Imperator Rex (IR) *l.* 황제와 국왕

Inzucht *f.*근친결혼

Irreleitung <~führung> *f.*오도, 헷갈리게 함

irrelevant *a.*사소한, 하찮은

irreparabile tempus *l.* 만회가 불가능한 시간

irrig *a.*그릇된, 잘못된

Irrtum *m.*착오

Irrtum
~ bei <in> der Erklärungshandlung (= → *Erklärungsirrtum*) 표시상의 착오; ~ im Beweggrund <Motiv> (= → *Motivirrtum*) 동기(動機)의 착오; ~ im Kausalverlauf 인과관계상의 착오; ~ im Objekt 객체의 착오

Irrtum über ~
~ das Vorliegen von Entschuldigungsgründen 책임조각사유(責任阻却事由)의 착오; ~ das Vorliegen von Rechtfertigungsgründen 위법성조각사유(違法性阻却事由)의 착오; ~ den Erklärungsinhalt 내용상의 착오; ~ Tatumstände 행위사정에 관한 착오

Irrtum
beachtlicher ~ 고려 시 착오;

beiderseitiger ~ 쌍방간의 착오; entschuldbarer ~ 면책가능성의 착오; gegenseitiger ~ 상호간의 착오; rechtlicher - 법률상의 착오; sachlicher ~ 사실적 착오; tatsächlicher ~ 사실상 착오; unbeachtlicher ~ 고려하지 않을 시 착오; wesentlicher ~ 중요<본질적>한 착오

irrtümlich *a.*틀린, 착오의, 잘못된

Irrtums~
~anfechtung *f.*착오<과오> 취소(청구); ~kategorie *f.*착오의 종류; ~lehre *f.*착오이론; ~vorschriften *pl.*착오규정

Irrtumsvorschriften *(pl.)*
bürgerlichrechtliche ~ 민법 착오 관련 규정

Isolations~ (Isolier~)
~haft *f.*격리 감금; ~zelle *f.*(교도소의) 독방

Itai-itai-Krankheit *f.*이다이이다이병

Ita ius esto *l.* 그렇게 해야 합법적인 것이 될 것이다

item *l.* 요긴대, 나아가

iter *l.* 비상 통로

itio in partes *l.* 표결에 있어 다양한 당사자 또는 동료집단이 분리되는 것 (→ *ius eundi in partes*)

iudex *l.* 판사

iudex ad quem (appellatur) *l.* (판결 번복을 위한 상소심의) 판사

iudex a quo *l.* (제1심 판결을 내린) 판사

iudex civitatis *l.* 도시의 판사

iudex curiae *l.* 왕궁의 판사

iudex inhabilis *l.* 부적절한 판사, 자기 자신이 개입되거나 친척이 개입된 사건 등의 사유로 직무 이행권리가 법적으로 배제된 판사(상대적 불능)

iudex in propria causa *l.* 자기 자신이 관련된 사건의 판사

Iudex iudicet secumdum allegata et probata partium *l.* 판사는 (오직) 소송 당사자들이 제출하고 증명한 것에 대해서만 심판한다(재판의 원칙)

iudex loci *l.* (해당 지역의) 관할 판사

iudex ne eat ultra petita partium *l.*
→*Ne eat* ······
Iudex non calculat *l.* 판사는 계산하지 않는다(계산은 소송 당사자들이 제시한다)
iudex pedaneus *l.* 경범죄 판사
iudex suspectus *l.* 편파 판결의 의심이 가는 판사
iudicatio *l.* 유죄판결
iudicatum *l.* 판결 언도, 판결
iudicatura *l.* 재판, 법적 선고
Iudicis est ius dicere, non dare *l.* 재판관의 업무는 판결을 언도하는 것이지, 판결을 창출하는 것이 아니다
iudicium *l.* 판결; 법의 집행; 상급 법원; 오성
iudicium altum *l.* 완전한 민사재판권을 지닌 브란덴부르크의 연방주 법원
iudicium aulicum (imperiale) *l.* 제국의 추밀고문관
iudicium bassum *l.* 촌락 법원
iudicium camerae *l.* 독일제국 대법원의 본래 명칭
iudicium capitale *l.* 상급 재판기관에서의 재판권
iudicium civitatis *l.* 시립 지방법원
iudicium comitiale *l.* 연방주 지방법원
iudicium Dei *l.* 신의 판결
iudicium duplex *l.* 이중 판결(경계설정과 관련된 소송에 있어 가능할 때가 있음)
Iudicium ius facit inter partes *l.* 판결은 양자 사이에서 정의를 창출 한다
iudicium liberum *l.* (14-15세기 베스트팔렌과 북독일에서 중죄를 논죄하기 위해 설치된) 특별재판, 비밀재판
iudicium maritimum *l.* 해양재판
iudicium parium *l.* (피고와) 동일한 신분의 사람들로 구성된 법정, 특히 제후의 재판정을 가리킴
iudicium provinciale *l.* 지방법원
iudicium villae *l.* 촌락 법원
iunctim *l.* 서로 뗄 수 없이 연관된 두 정치적 요구권 사이에 존재하는 불

가분관계
iunioratus *l.* 말자 상속권; (친등 관계에 상관없이 막내아들이 세습지를 상속한다는 내용의 상속법; 반대말은 → *senioratus*)
iura *l.* 법(pl. → *ius*); 법학
iura caesarea reservata *l.* 황제에게 유보된 권한, 황제 단독으로(i. c. r. illiminata) 혹은 선제후들과 공동으로(i. c. r. liminata) 행사함
iura domestica *l.* 국내법, 국가 관습
iura in re aliena *l.* 타인의 물건에 대한 (제한된) 권리
iuramentum *l.* 선서, 서약
iuramentum calumniae *l.* 위험방지선서
iuramentum diligentiae *l.* 열성선서 (악의적 방치 또는 실종으로 인해 제기된 이혼 소송 시 열성을 다해 해당 인물의 거소를 조사하겠다는 원고 측의 확약)
iuramentum in litem *l.* (물건 등의 가치에 대한) 평가 선서
iuramentum intergritatis *l.* 성실선서 (혼인체결에 있어 결혼예고 공시를 면제해줄 것을 신청할 때)
iuramentum manifestationis *l.* 공시선서
iuramentum necessarium *l.* 필연적 선서, 판사가 법원에 출두한 소송 당사자에게 하는 선서
iuramentum oboedientiae *l.* 교회 지도자들에게 하는 순종선서
iuramentum purgatorium *l.* 결백선서
iuramentum suppletorium *l.* 충족선서
Iura noscit (novit) curia *l.* 법은 법원이 안다(소송 당사자들이 법규에 대해 증명자료를 제출할 필요가 없다) C. 44 X de appell 2.28
Iura ossibus inhaerent *l.* 법은 뼈에 매달려 있다(일부 민사재판에서는 외국인에게 출신국의 법률을 적용한다는 속인주의)
iura personalissima *l.* 당사자 자신에

재만 인정되는 권한(예컨대 용익권, 노후를 위한 재산 보유분 등은 상속할 수 없다) → *Actio personalis* ……

Iura Prutenorum *l.* (14세기) 프로이센 수도회 관구의 토지법, 독일어로 번역됨

iurare in verba magistri *l.* 스승의 말에 서약하다(호라티우스)

iura singularia *l.* 헌법에 따라 각 연방주에 부여된 권한; 예외적인 경우에 통상 관례를 깨는 특별권

iura singulorum *l.* 독립된 주권을 지닌 국가로서 연방주(봉건 국가)들이 지닌 권한, 제국 정부의 관할과 제국의회의 결의에 구속되지 않는 권한; 회원의 권리 등 개인이 누리는 권한

iuratio *l.* 선서시킴

iuratus *l.* 배심원

iureconsultus, iurisconsultus(ICtus) *l.* 법학자

iure gestionis *l.* 경영권에 의해

iure imperii *l.* 국가 주권에 의해

Iure naturae aequum est neminem cum alterius detrimento et iniuria fieri locupletiorem *l.* 자연법에 따르면 누구도 타인에게 피해를 주거나 부정한 방법으로 부를 축적하지 않는 것이 옳다

iuridicus *l.* 배심원

iurisdictio *l.* 재판권; 군주나 통치권자의 주권(교회법)

Iurisdictio administrativa *l.* 행정

iurisdictio alta *l.* 상급 재판기관에서의 재판권

iurisdictio bassa *l.* 하급 재판기관에서의 재판권

iurisdictio colonaria *l.* 농민의 강제의무(노예를 빌리고 길들일 수 있는 지주의 권리)

iurisdictio contentiosa, i. iudicialis *l.* 쟁송사건 관할권

iurisdictio in foro externo *l.* 내부적 법률 위반이 발생했을 시 교회가 지니는 관할권

iurisdictio in foro interno *l.* 양심에 위배되는 행위가 발생했을 시 교회가 지니는 관할권

iurisdictio non contentiosa *l.* 임의적인, 쟁송의 여지가 없는 관할권

iurisdictio voluntaria *l.* 임의적 관할권

Iuris ignorantia cuique nocet, facti vero ignorantia non nocet *l.* 법에 대해 모르면 누구나 피해를 입는다, 그러나 사실에 대한 무지는 그렇지 아니하다 - D. 22.6.9.pr.

iurisprudentia *l.* 법학, 법률학

iurisprudentia cavens, i. cautelaris, i. heurematica *l.* 예방법학(법적 관계를 체결하기에 앞서 취할 수 있는 법적 예방조치를 연구하는 학문)

iurisprudentia heroum *l.* 제후의 민법(영주와 옛 독일제국직속의원 형족들에게 적용되던 가족법 및 상속법)

iuris quasi possessio *l.* 준점유

iurista *l.* 법학자, 법률학자

iuris vinculum *l.* 법적 구속 →*obligato*

ius *l.* 법을 총칭하는 말, 혹은 각각의 법을 지칭하기도 함

ius (jus) *l.* 법, 법률, 법규, ~권, 권리

ius ~
~ ad rem *l.* 대인법; ~ civile *l.* 시민법;
~ cogens *l.* 강제법; ~ commune *l.* 일반법, 보통법; ~ dispositorum *l.* 임의법; ~ ecclesiasticum *l.* 교회법; ~ generale *l.* 일반법; ~ gentium *l.* 만민법; ~ hereditatis *l.* 상속법; ~ honorarium *l.* 명예법; ~ mercantile *l.* 상[인]법; ~ non scriptum *l.* 불문법; ~ positivum *l.* 실정법, 성법; ~ possidendi *l.* 점유 권리; ~ privatum *l.* 사법; ~ sanguinus *l.* [Grundsatz des ~]혈통주의; ~ scriptum *l.* 성문법; ~ soli *l.* [Grundsatz des ~] 생지주의

ius abdicationis *l.* 거부권(→*abdicatio*) (부부공동재산에 대한 남편 또는 아내의 권리도 여기에 해당됨)

ius abstinendi *l.* 자녀가 부친의 유산 상속을 거부할 수 있는 권리(오늘날의 상속포기권에 해당 - 로마법)

ius accrescendi *l.* 상속지분증가취득법(공동 상속인 및 유산 수취인 중 누군가가 포기할 경우, 상속인에게 돌아가는 지분이 증가한다는 법)

ius acquisitum *l.* → *ius quaesitum*

ius actorum conficiendorum *l.* (공) 문서를 작성할 권리

ius actus *l.* 이웃의 토지에 가축을 통과시킬 수 있다는 내용의 방목권; 통로로서의 토지 이용과 관련된 정의(正義) 실현 방식

ius ad bellum *l.* 전쟁권

ius adcapitulandi *l.* 차기 국왕의 투표참가를 포기하도록 결정할 수 있는 선제후들의 권리

ius ad rem *l.* 대물권(물건에 대한 지배를 허용하는 권한)

ius advocatiae ecclesiasticae *l.* 교회에 대해 국가가 지니는 비호권(1918년 교회와 국가가 분리된 이후 폐지됨) → *ius circa sacra*

ius Aelianum *l.* 기원전 200년경을 살다간 섹스투스 아엘리우스 파에투스 카투스가 모은 소송문구 모음

ius aequum *l.* 공정법, 신뢰와 믿음을 고려하는 공정한 법

ius albinagii *l.* 타국인의 재산에 관한 권리, 배반자의 재산에 관한 권리, 소유재산의 귀속권(타국인의 유산을 귀속시키거나 특별 상속세를 요구할 수 있던 봉건 지주의 권리)

ius alluvionis *l.* 증가취득법(바다나 하천으로 인해 토지가 된 곳을 토지소유주가 자기 땅으로 합병할 수 있는 권리) → *alluvio*

ius appellationis *l.* 항소권; 특히, 국민이 교회 권력의 판결에 불복하여 국가 기관에 항소하는 경우를 가리킴

ius aquae *l.* 용수권, 해상권

ius armorum, i. armandiae, i. armaturae *l.* 군대를 유지할 수 있는 권리(주권을 지닌 국가에게 주어지는 자주국방권. 예전에는 → *ius territorii et superioritatis*라고도 불림); 군수권

ius avocandi *l.* 소환권

ius belli ac pacis *l.* 전쟁 및 평화에 관련된 법(이는 후고 그로티우스의 작품의 제목으로 쓰이기도 함 -1625)

ius braxandi *l.* 양조 정의, 양조권

ius canonicum *l.* 카논법(넓은 의미에서 교회가 제정한 모든 법을, 좁은 의미에서 중세에 제정된 교회법을 가리킴)

ius capitale *l.* 사망세(가족 중 누군가 사망하면 봉건 지주에게 바쳐야 했던 세금)

ius cavendi *l.* 국가 이익에 피해가 발생하는 일을 막기 위해 국가 차원에서 예방조치를 취할 수 있게 한 법

ius circa sacra *l.* 교회에 대해 국가가 지니는 권리 → *ius advocatie ecclesiasticae*

ius civile *l.* 민법

ius civitatis *l.* 시민법; 도시법

ius cloacae *l.* 하수구권(하수구 배관을 이용할 수 있는 권리)

ius coercendi *l.* 반항하는 부역자에 대해 행사하는 강제부역권

ius cogens *l.* 강행법(어떤 경우에도 기피할 수 없는 법, 합의를 통해서도 불가능)

ius collectandi *l.* 봉건 지주의 무한조세징수권; 기부금모금권

ius collegii *l.* 자신들의 권리가 침해당했을 경우 신분의회 의원들이 봉건 군주의 지시 없이 회의를 소집할 수 있는 권리

ius commune *l.* 보통법(로마법 및 카논법, 나아가 이 두 가지 법이 독일 내에서 변화된 형태 등에 대한 학문적 분석 작업에서 비롯된 법)

ius compascendi *l.* 토지소유주 및 토지이용권자에게 공동으로 주어진 목축권

ius compascui *l.* 제3자의 토지에 대해 여러 명에게 주어진 목축권

ius compasculationis *l.* 공동체 일원인 자는 가축을 공동체 소유의 토지에 방목할 수 있는 권리

ius compasculationis reciprocum *l.* 토지소유주 여러 명이 각자 소유한 땅을 하나의 공동체용 토지로 통합한 후,

모두가 이를 이용하게 하는 행위

ius complanandi *l.* 평정권(신분의회의 표결에서 표가 분산되어 결정이 나지 않을 경우, 봉건 지주가 표를 행사하여 법적 결정을 내리는 권리)

ius concursus *l.* 예측행동권(하급 법원에서 재판이 실패할 것을 예측하여 국왕이 해당 사건을 왕궁 법원에 회부하는 권리)

ius conductus *l.* 수행권(타지방 여행자를 보수를 받고 안내해줄 수 있는 권리)

ius congrui *l.* 분할분구매권(예전에는 한 덩어리였다가 분할된 토지의 공동 소유자들에게 주어지는 권리. 자신이 모르는 사이에 토지의 일부가 매각된 경우, 해당 토지에 대한 적절한 액수 및 권한이 적은 자가 손해 본 액수를 지급하면 정해진 기한 내에 그 토지를 다시 매입할 수 있다는 권리 - 선매권)

ius conubii *l.* 신분이 다른 계층과 혼인할 수 있는 권리. 이후 그 범위가 외국인까지 확대됨(로마법)

ius correctionis *l.* 훈육권(예전에는 이것이 형법상 정당성을 입증하는 수단이 됨)

ius coxae loquandae, i. c. locandae *l.* 자신에게 예속된 이들 중 누군가가 결혼할 경우, 지주가 새신랑의 침대에 다리를 올려둘 수 있던 권리

ius coxae luxandae *l.* (여인의) 엉덩이를 원위치에서 벗어나게 할 수 있는 권리(→ *ius coxae loquandae*와 일맥상통)

ius creditionis *l.* 프랑스 귀족들에게 주어진 권리. 일상생활에 필요한 물자를 징발한 후 일정 기한이 지난 후에야 대금을 지불해도 되는 권리

ius cruentationis *l.* 들것에 눕힐 권리(→*ius feretri*와 동일). 들것에 눕힌 채로 이뤄지는 재판. 혈액채취(중세시대 신의 판결 → *ordalium*)

ius curiae *l.* 왕궁의 권한

ius denominandi *l.* 공직자 임명 시 제안권

ius de non appellando *l.* 최후 심급 기관의 권리 → *privilegium de non appellando*

ius detractus *l.* (봉건 지주의 권리. 유산몰수나 해외로 이탈하는 자들에게 세금을 징수하는 방법 등으로 국내 자산이 국외로 흘러나가는 것을 유보할 수 있는 권리)

ius dispositivum ius divinum *l.* 양보적 권리(정당들에 의한 수정이 가능); 신의 권한(신구약성서에 기록된 권한; 그러나 → *ius naturale*는 *ius indivinum*의 일부로 간주되기도 함)

ius doctorandi *l.* 황제의 학위수여 특권(지금은 국가 권한의 일부가 됨)

ius ecclesiasticum *l.* 교회법(교회의 존재 및 행정, 교회 당국 및 신도들과의 관계 등에 관련된 제반 규칙)

ius eminens *l.* 특별 권한; 위기상황에서 국가가 민법에 명시된 내용을 침해할 수 있다는 내용의 권한; 국가비상사태법

ius emporii *l.* 개시권(중세 도시가 떠돌이 상인에게 물건을 내려놓고 판매를 개시할 것을 요구할 수 있던 권리)

ius episcopale *l.* 주교의 재판권; 봉건 지주가 신교 봉건국가의 교회들에 대해 지닌 감독권

Ius est ars boni et aequi *l.* 법(법률의 적용)은 선하고 강한 것들의 도구이다 D. 1.1.1. pr.

ius eundi in partes *l.* 제국직속의회의 권한. 종교 문제에 있어 입장이 분리될 경우, 각기 다른 종파의 법이 차격이 되어 표결할 수 있는 권한(→ Instrumentum Pacis······에 명시되어 있음 - 나중에는 이에 대한 해석이 매우 광범위해짐)

ius evocandi *l.* 법원 고유의 권한에서 파생된 국왕의 권한으로서, 모든 법적 사안을 스스로 판단할 수 있는 권리

ius exclusivae *l.* 오스트리아, 스페인, 프랑스가 지녔던 특별 권한. 교황선출이 마감되기 이전에 '자신들의 마음에 들지 않는 추기경을 선거부적임으로

지정할 수 있는 권리
ius exuviarum *l.* → *ius solii*
ius faldagii *l.* 축사권, 울타리제거권 (퇴비 수집을 위해 타인의 양떼를 자신의 토지 위해 배치시킬 수 있는 권리)
ius feretri *l.* 들것에 눕힐 권리 → *ius cruentationis*
ius feriae nundinarum *l.* 박람회 참가 상인들이 입성한 것에 대해 세금을 징수할 수 있는 권리
ius fetiale *l.* 국제법에 대한 통찰력을 보여주는 로마 최고의 법, 제정사제단을 일컫는 fetiale에서 명칭이 비롯됨; 이후에는 이것이 전쟁 및 평화에 관련된 법 → ius bello ac pacis로 발전함)
ius foederis *l.* 동맹권
ius forale, i. forense, i. fori *l.* 상권 (商權)
ius franchisiae, i. franchitiarum *l.* 거소를 침해받지 않아도 된다는 파견인의 권리
ius generale *l.* 일반법(분야별로 전형적인 범죄에 대해 통상적으로 적용되는 법규; 반대말은 → *ius speciale*)
ius gentium *l.* 만민법(지금은 국제법을 지칭하는 말로 변질됨. 예전에는 로마인과 비로마인 사이, 혹은 비로마인과 비로마인 사이의 법적 관계를 설명하기 위해 로마인들이 제정한 민법을 가리키는 말이었음)
ius gistii *l.* 숙소제공권(프랑스)
ius gladii *l.* 생사에 관한 법, 상급 심급기관에서의 재판권
ius glandeniarium *l.* 비육권(돼지에게 도토리를 먹이기 위해 타인 소유의 산림을 이용할 수 있는 권리)
ius grutiae *l.* 벌류권(뗏목을 띄울 수 있는 권리, 목재의 종이 지정되어 있지 않음)
ius honorarium *l.* 로마의 법정 주인들이 제정한 법(→*ius praetorium*이라고도 불림)
ius honorum *l.* 로마에서 공직자로서 승진할 수 있는 권리
ius hospitandi *l.* 숙소제공권

ius humanum *l.* 인간법(→*ius divinum*에 대한 반대개념)
ius imaginum *l.* 문장(紋章)을 보유할 수 있는 권리; 로마의 관직 귀족들이 망자의 밀랍마스크를 아트리움에 걸고 장례행렬 시에도 소지할 수 있었던 권리
ius imperii *l.* 제국법
ius in agro vectigali *l.* 세습 토지를 공동체 토지에 임차함
ius in personam *l.* 청구권
ius inquisitionis *l.* 프랑크왕국의 몇몇 법정들이 국고 관련 소송에 있어 스스로 조사하고 심판할 수 있던 권리
ius in re *l.* 물권
ius in sacra *l.* 교회 권력
ius inspectionis et cavendi *l.* 교회의 국가감독권
ius inter gentes *l.* 국가 간에 통용되는 법, 국제법
ius intradae *l.* 입성권(제후가 처음으로 도시에 입성할 때 성대한 행사를 열 수 있는 권리)
iusiurandum *l.* 선서, 서약
iusiurandum manifestationis *l.* 공시선서
iusiurandum necessarium *l.* 판사의 선서, 필연적 선서
iusiurandum voluntarium *l.* 소송 당사자의 선서
ius laganum *l.* 토지접촉법(중세시대, 토지소유주는 자신의 토지에 접촉한 물건들을 자기 것으로 만들 수 있다는 법)
ius lignandi *l.* 벌목권(건축용 및 난방용 목재를 타인 소유의 산림에서 가져다 써도 된다는 권리; 지푸라기나 바람에 떨어진 가지에 제한된 적도 빈번함)
ius litorum *l.* 넓은 의미에서의 연안법
ius manuarium *l.* 자구권
ius naturale *l.* 자연법
ius naufragii *l.* 좁은 의미에서의 연안법(일종의 토지접촉법, 이 법으로 인해 13세기 해상에서 난파한 자들은 몸과

가진 것 모두를 왕에게 바쳐야 했음 - 이후 몇 세기 동안 이 법은 크게 완화됨)

ius non scriptum *l.* 불문법, 관습법

ius obstagii *l.* 감금법(채무자가 채무액을 완전히 변제할 때까지 자발적으로 인질상태에 놓이는 것을 가리킴 - 1577년 제국경찰법으로 감금법을 금지했으나 그럼에도 불구하고 관행이 계속 이어짐)

ius offerendi et succedendi *l.* 상환권(순위가 낮은 저당채권자가 자기보다 순위가 높은 사람들에게 채무액을 변제해주는 대가로 보다 높은 순위를 차지할 수 있는 권리)

ius optionis *l.* 선택법; 투표법

ius originis *l.* 출신법

ius pascendi *l.* 방목권

ius perpetuum *l.* 대규모 세습시 임차권

ius poenitendi *l.* 계약한 것을 후회할 경우, 계약을 취소할 수 있는 권리

Ius posterius derogat priori *l.* 나중 법이 앞선 법을 폐지 한다

ius postliminii *l.* 전쟁포로의 권리, 귀환 후 (로마법에 따라 상실했던) 권리를 되찾을 수 있는 권리

ius postulandi *l.* 법정에 직접 출두하고 소를 제기할 수 있는 능력

ius potandi *l.* 음주권

ius praedae *l.* 포획권(중립성을 침해한 개인 소유의 선박을 나포할 수 있는 권리)

ius praesentandi, i. praesentationis *l.* 공직자 임명 시의 제안권

ius praetorium *l.*→ *ius honorarium*

ius praeventionis *l.*→ *ius concursus*

ius prensionis *l.* 사람에게 적용되는 형벌권 및 공권력

ius primae noctis *l.* 초야권(결혼 첫날 밤 봉건 지주가 신부를 차지할 수 있었고, 신랑은 일정 액수를 바침으로써 이를 피할 수 있었다고 전해 내려온다)

ius primariarum precum *l.* 최초청원권(봉건 지주가 권좌에 오른 후 최초로 지명해야 할 공직에 자기가 원하는 인물을 임명할 수 있던 권리)

ius primi liciti *l.* 경매 시 최초입찰자의 권한

ius privationis *l.* 세습시 임차인의 권리, 소작인이 소작 이자를 지불하지 않을 경우 소작권을 박탈할 수 있던 권리

ius privatum *l.* 사법(私法), 민법

ius propinandi, propinationis *l.* 포도주소매권

ius protimeseos, protimiseos *l.* 선매권

ius publicum *l.* 공법, 국법

Ius publicum privatorum pactis mutari non potest *l.* 공법(국법)은 개인 간의 계약으로 개정될 수 없다

ius quaesitum *l.* 정당하게 취득한 권리

ius quarteriorum *l.* 피난인의 거소를 침해할 수 없다는 내용의 법을 도시 전체에 확대해서 남용하던 법

ius quasi possessionis *l.* 준점유권

ius Quiritum *l.* 로마의 정시민(正市民)이 지닌 권리

ius ratium *l.* 벌류권(뗏목을 띄울 수 있는 권리, 목재의 종이 지정되어 있음)

ius recadentiae *l.* 취소권(상속받은 물건을 원위치에 반환함 → *Paterna paternis* ……)

ius receptionis *l.* 교회 권력에 따라 종교단체를 수용하고 허용할 수 있는 권리 → *ius circa sacra*

ius reformandi *l.* 종교개혁권(1555년 아우크스부르크 화의를 통해 봉건 지주들에게 부여된 권한, 자신이 통치하는 영토 내에서 우선적 종파를 지정할 수 있는 권한; 다른 종교를 지닌 자는 이민을 떠날 수 있었다)

ius regalium *l.* 국왕의 권한, 왕권, 기타 이용가치가 있는 특권

ius resistendi *l.* 저항권

ius respondendi *l.* 로마 황제가 뛰어난 법학자들에게 수여한 권리, 법률을

감독하고 그 결과를 법원에 제출하면 실제로 반영된다는 권리(이후 이 권한은 법학부 내 판결위원회에게로 이양됨)
ius retorsionis *l.* 보복권
ius revolutionis *l.*→ *ius recadentiae*
ius Romanum *l.* 로마법
ius sacrum *l.* (로마인들의) 신법(神法)
ius sanguinis *l.* 혈법(국적 부여의 기본원칙으로서의 혈통주의)
ius scriptum *l.* 성문법
ius sequela *l.* 국가에 대한 복종 및 방위의 의무
ius singulare *l.* 규칙에 어긋나는 권한; 특권
ius soli *l.* 출생지법(국적 부여의 기본원칙으로서의 출생지주의)
iussor *l.* 지적재산권자
ius speciale *l.* 각 개인, 물건, 관계에 따라 특별한 규정이 요구되는 규준(반대말은 → *ius generale*)
ius spolii *l.* 노획권(독일 국왕들이 1220년까지 행사했던 권한, 성직자 출신의 제후가 사망한 후 그 사람의 동산을 군주가 차지해도 좋다는 권리; 이후 봉건 군주 및 지주, 교황, 주교들이 이 권한을 도입하여 죽은 가톨릭 성직자의 유산을 자기 것으로 취함)
ius stolae *l.* 성직자의 스톨라세를 징수할 수 있는 권리(세례식 등 스톨라를 두르고 집전하는 성스러운 예식에 대해 사례비를 받을 수 있는 권리)
ius strepae *l.* 교황이 황제의 거취를 결정할 수 있던 권리
ius strictum *l.* 엄격한, 자구에 얽매이는 강행법
ius suffragii et honorum *l.* 능동적 및 수동적 투표권
iussus *l.* 명령(일종의 응원 행위일 때도 있음), 권한 부여, 지시
iusta causa *l.* 법적으로
ius talionis *l.* 동일한 것으로 보복하는 법(중세시대 형사소추의 원칙)
iusta possessio *l.* 합법적 소유
ius territorii et superioritatis *l.* 영토주권

iustificatio *l.* 정당화(구금재판의 경우에 있어)
iustitia *l.* 정의의 여신; 법률 행위, 법정
iustitia denegata *l.* 재판 거부
Iustitia nemine neganda *l.* 정의는 누구에게도 거부되어서는 안 된다
iustitia protracta *l.* 법적 절차의 지연
Iustitia regnorum fundamentum *l.* 정의는 국가의 근간이다
iustitiarius *l.* 수석 판사; 왕궁 판사; 영주 관할 재판에서의 판사; 법원 행정관; 행정 및 회계 업무를 담당하는 법률가
Iustitia suum cuique tribuit *l.* 정의는 각자에게 자기 몫을 나눠 준다(키케로), 줄여서 → suum cuique라고 말하기도 함
iustitium, iuris stitium *l.* (전쟁, 혁명, 천재지변 등으로 인한) 법률 행위의 중단
ius tollendi *l.* 제거권(임대인, 차용자, 소작인, 용익권자, 저당 채권자, 제1상속인 등이 지닌 권한, 임대 장소에 자신이 갖다 놓은 물건을 다시 제거해도 된다는 권리)
iusto tempore *l.* 정당한 시점에
ius transitus *l.* 통과권(자국 내 타국의 영토에 대해)
ius utrumque *l.* 양쪽 법(로마법과 카논법을 학문적으로 분석하고 융화시키면서 보통법으로 발전시킴)
ius visitationis *l.* 수색권(평화 시에는 해상 약탈이나 마약 거래의 의심이 가는 경우, 국적 선박이 타국 깃발을 단 개인 소유 선박을 정지시키고 수색할 수 있었다)
ius vitae ac necis *l.* 생사에 관한 법 (nex=살해, 사망)
ius vocandi, i. vocationis *l.* 상소권, 항소권

J

Jagd *f.*수렵
Jagd~
~aufsicht *f.*수렵 감독; ~berechtigter *m.*(*der* ~*e*) 수렵권리자; ~berechtigung *f.*수렵권<면허>; ~erlaubnis *f.*수렵면허; ~genossenschaft *f.*수렵조합; ~pacht *f.*수렵용임차; ~recht *n.*{*als subjektives Recht*}수렵법[권]; ~vergehen *n.*수렵법위반, 밀렵; ~wilderei *f.*{*als Delikt*} 밀렵[죄]
jagdrechtlich *a.*수렵법상의
Jahrbuch *n.*[Statistisches ~][통계]연보, 연감
Jahrbuch
~ der Kriminalität 범죄백서; ~ der Umwelt 환경백서; ~ der Wirtschaft 경제백서
Jahres~
~abschluß *m.*연말결산; ~ausgaben *pl.* 세출; ~beitrag *m.*일년분 회비[총액]; ~bericht *m.*[{*als Schriftstück*}] 연도<연차>보고[서]; ~bilanz *f.*연도<연간>대차대조표; ~einkommen *n.*일년 소득, 급여 연수; ~einnahmen *pl.*세입; ~frist *f.*일 년 기한; ~gebühr *f.*연수수료; ~gehalt *n.*연봉, 연간급여; ~gewinn *m.*연간수익; ~nettoumsatz *m.*연 순매상고; ~periode *f.*일년 기간; ~rechnung *f.*연도회계<계산>; ~schluß *m.*연말; ~umsatz *m.*연도<연간>매상고; ~urlaub *m.*연차유급휴가; ~verdienst *m.*연소득; -verlust *m.*연도 손실; ~verzeichnis *n.*연차색인; ~wirtschaftsbericht *f.*연차경제보고서; ~zins *m.*연리
Joint Venture *n.*합병[회사]
Joint Venture-Vertrag *m.*합병계약
Judikative *f.*사법권<기관>
Judikatur *f.*판결, 선례, 재판
Judiz(→*Judizium*) *n.*판단[력], 판정, 판결

judizieren *v.*재판<판단, 판정>하다
Jugend *f.*소년, 청소년
Jugend
~ und Auszubildendenvertretung 청소년 및 교육생 대표
Jugend~
~amt *n.*소년보호소; ~arbeit *f.*소년노동; ~arbeitslosigkeit *f.*[*als Anzahl*]; 소년 실업[률]; ~arrest *m.*소년구류; ~fürsorge *f.*청소년보호; ~gericht *n.*[가정재판소 내] 소년재판소<재판부>; ~gerichtshilfe *f.*소년사법보조인; ~kriminalität *f.*소년범죄; ~richter *m.*소년재판소; ~sachen *pl.*[청]소년사건; ~schutz *m.*소년보호; ~schutzvorschriften *pl.*소년보호규칙; ~strafgesetzgebung *f.*소년형법입법; ~strafrecht *n.*소년형법; ~strafsache *f.*소년[형사사건]; ~täter *m./pl.*비행소년; ~strafvollzug *m.*소년행형
Jugendlicher *m.*(*der/die* ~*e*) 청소년
Jüngstenrecht (→ *Minorat*) *n.*막내아들의 상속권
Junktim *n.*(법안 동의) 부대, 연계
Junktim-Klausel 불가분조항
Junktimvorlage *f.*{*politisch*} 부대법안
Junta (→ *Militärjunta*) *f.*혁명위원회
Jura { → *Jurisprudenz*} 법학, 법률학
Jurisdiktion *f.*재판[관할]권, 재판권력
Jurisdiktion
unter der ~ von ~관내
Jurisdiktion
interne ~ 내부재판권
Jurisprudenz *f.*법학
Jurisprudenz
prakitsche ~ 실용법학
Jurist *m.*(→ *Volljurist*) 법률[전문]가, 법조인, {제일차국가법학시험 합격 법학부 학생}

Juristen~
~ausbildung f.법조인 양성<교육>;
~kreise pl.법조계; ~recht n.법조인법;
~stand m.{"die Juristen"} 법조인 인구;
~tag m., Deutscher ~ 법조인 대회
Juristin f.여성법률가<변호사>
juristisch a.법률상의, 법정의
Juristische Person f.법인(法人);
ausländische ~ 외국법인; gemeinnützige
~ 공익법인; inländische ~ 국내주재
법인
Juristische Person
~ des öffentlichen Rechts 공법인(公法
人); ~ des Privatrechts 사법인(私法人)
jus→ *ius*
Justitiar m.법률고문
Justiz f.사법
Justiz~
~angelegenheit f.사법사무; ~aufsicht f.
사법감독; ~aufsichtsbehörde f.사법감독
청; ~ausbildung f.법조인 교육<양성>;
~ausbildungssystem n.법조인 교육<양
성>제 도; ~ausschuß m.사법위원회;
~autorität f.사법관헌; ~beamter m.(der
~e) 사법관료; ~behörde f.[{i.S.v.} zuständige
~]사법관청<[당국]>; ~demokratisierung f.
사법민주화; ~förmigkeit f. der Verwaltung
행정과정 사법형식화; ~gewalt f.사법권;
~hoheit f.재판고권, 사법권; ~minister m.
사법<법무>대신; ~ministerium f.사법<법
무>성; ~abrigkeit f.사법관헌; ~organ n.
사법기관; ~organisation f.재판소<사법>
구성<제도>; ~pflege f.사법;
~polizeibeamter m.(der ~e) 사법경찰직
원; ~praxis f.사법 실무; ~prüfungsamt n.
사법시험국; ~reform f.사법개혁; ~staat
m.사법국가; ~statistik f.사법통계;
~stillstand f.재판휴지; ~typus m.사법;
~verfassung f.사법제도; ~verwaltung f.사법
행정; ~verwaltungshandeln n.사법행정행
위; ~verweigerung f.사법거부; ~wesen n.
사법제도
justizökonomisch a.사법상의 경제적
측면의

K

Kabinett *n.*내각
Kabinetts~
~minister *m./pl.*내각장관; ~mitglied *n.*각료; ~mitglieder *pl.*각료; ~order *f.*각령; ~sitzung *f.*각의; ~verordnung *f.*정령
Kaduzierung *f.*|= *Ausschluß säumiger Gesellschafter*| [회사발기인] 실권선언
Kaduzierungsverfahren *n.*실권선언 수속 절차
Kaiser *m.*|*als Stellung*| 황제; |*als Person*| 황제폐하
Kaiserhaus *n.*황실
Kalender~
~jahr *n.*역년; ~tag *m.*역일
Kammer *f.*[재판소]부, 합의체
Kammer für
~ Baulandsachen [지방재판소]건축부;
~ Handelssachen [지방재판소]상사부;
~ für Strafsachen 형사부
Kammer~
~beratung *f.*합의체의 심의; ~sitzung *f.*합의기일; ~system *n.*합의제; ~vorsitzender *m.*합의체의 의장
Kammergericht *n.*고등재판소
Kampf *m.* **ums Recht** 권리경쟁
Kampfparität *f.*쟁의대등성
Kampfabstimmung *f.*결선 투표, 표 대결
Kandidieren *n.*;**kandidieren** *v.*[für etw. ~] ~에 입후보하다, 출마(出馬)하다
Kandidat *m.*후보자
Kandidatur *f.*후보
Kann~
~kaufmann ≪Kann-Kaufmann≫ *m.*임의적 상인; ~vorschrift <-norm, ~bestimmung> *f.*재량<임의, 권한>규정

Kanzlei *f.*1 |*allgemein*|사무국 ⑵ |*i.S.v. Anwaltsbüro*|법률사무소
Kanzlei~ |*i.S.v.* ⑵|
~anschrift *f.*법률사무소의 주소; ~personal *n.*법률사무소의 사무원; ~schild *n.*[법률]사무소의 표식
Kanzlerprinzip *n.*연방수상의 정책적 권위리
Kapazitäts~
~auslastung *f.*1 |*i.S.v. Arbeitskraft*| 노동력 이용[도] ⑵|*von Maschinen*| 생산 시설의 과도 이용
Kapital *n.*자본
Kapital
~ anlegen *v.*자본을 투자하다;
~ einbringen *v.*자본금을 출자하다;
~ erhöhen *v.*자본금을 늘리다;
~ herabsetzen *v.*자본금을 줄이다
Kapital
angelegtes ~ 출자<투입>자본;
eingebrachtes ~ 출자 자본<금>; fiktives ~ 의제자본; flüssiges ~ 유동자본;
ruhendes ~ 유휴자본; stimmberechtigtes ~ 의결권자본
Kapital~
~abfindung *f.*위금(元金)에 대한 보상; ~aktie *f.*자본주; ~anlage<~investition> *f.*투자(投資), 출자; ~anleger<~investor> *m./pl.*투자회사; ~anteil *m.*자본 배당, 출자 몫<지분>; ~anteilschein *m.*자본 배당<출자 지분>증서; ~aufnahme *f.*증자(增資); ~aufsplittung *f.*주식<출자>분할; ~aufstockung *f.*증자(增資); ~ausschüttung *f.*투자배당; ~berichtigung *f.*투자 개선; ~beschaffung *f.*자본조달; ~beschaffungsvertrag *m.*자본조달 계약; ~besitz *m.*자본 점유<소유>; ~besitzer *m.*자본 점유자<소유자>; ~besteuerung *f.*자

본과세; ~beteiligung f.자본 출자<참가>; ~bewertung f.자본평가; ~bildung f.자본구성<형성>; ~deckungsverfahren n.투자상환절차; ~dividende f.투자배당금; ~einkünfte pl.<~einkommen n.> 자본수입<소득>; ~einlage f.[자본]출자; ~einlageschuldner m.투자의무자; ~erhaltung f.자본<기본금>유지; ~ erhaltungsprinzip n.기본금유지 원칙; ~erhöhung f.[자본] 증가, 증자; ~erhöhungsbeschluß m.증자결의; ~ertrag m.자본이자<수익, 배당>; ~ertragsteuer f.자본 이자세; ~flucht f.자본 도피<유출>; ~fluß m.자본유통; ~geber m.자본주, 출자자; ~gesellschaft f.합자회사; ~gewinn m.자본수익<이윤, 이득>; ~haftung f.지분책임; ~herabsetzung f.자본감소, 감자; ~investition f.투자; ~kosten pl.자본비용; ~kraft f.자본력; ~losigkeit f.무자본; ~markt m.자본시장; ~mehrheit f.주주의 과반수; ~nachfrage f. 자본수요; ~nutzung f.자본이용; ~reserven pl.자본준비금; ~rücklagen pl. 자본준비금; ~situation f.자본상태; ~strafe f.사형; ~summe f.자본[금]액; ~tilgung f.자본 상환; ~transfer m.<~übertragung f.> 자본이동<양도>; ~überschuß m.자본초과; ~umlauf m.자본유통; ~umwandlung f.자본변경; ~vermögen n.자본재산; ~verkehr m.자본<투자>거래; ~verkehrskontrolle f.자본거래규제; ~verkehrsteuer f.자본<투자>거래세; ~verlust m.자본[매각]손실; ~verschuldung f.자본채무; ~versicherung f.자본보험; ~verteilung f.자본분배; ~verzinsung f.자본 이자; ~wert m.자본가치; ~zahlung f.자본 지불; ~zeichnung f.신주발행의 행사; ~zinsen pl.자본 이자; ~zufluß m.자본유입

Kapitalisierung f.자본화; kapitalisieren v.자본화하다
kapitallos a.무자본의
Kapitel n.{im Gesetz/Vertrag} 장(章)
Karenz (→Karenzzeit) f.대기기간
Karenz~ ~entschädigung f.대기기간 보상; ~frist f. 대기기간; ~klausel f.대기기간문구; ~zeit f.유예 기간, 저작권 보호기간, 지불정지기간
Karriere f.경력, 이력
Karriere kriminelle ~ 전과(前過)
Karte f.{i.S.v. → Kreditkarte} 카드
Kartei f.카드식 색인(목록)
Kartell n.카르텔, 기업연합
Kartell~
~abrede f.카르텔<기업연합> 합의<협정>; ~amt n.카르텔<기업 연합> 감독청, 공정거래위원회; ~anmeldung f.카르텔 신청; ~aufsicht f.카르텔 감독; ~behörde → ~amt; ~bestimmungen pl.카르텔<기업연합> 관리 규정; ~bildung f. 카르텔 결성, 기업 연합; ~gericht n.카르텔<기업연합> 재판소; ~gesetz → Gesetzesregister; ~mitglieder pl.카르텔<기업연합> 구성 인원; ~recht n.카르텔 결성<협정> 법규, 독점금지법; ~rechtsverstoß m.독점금지법위반; ~register n.카르텔 등록, 통상제한, 협정 등록부; ~senat m.평의위원회; ~teilnehmer m./pl.<합병>카르텔결성 가맹사; ~verbot n.<합병> 카르텔 결성 금지; ~vereinbarung f.<합병> 카르텔 합의; ~verstoß m.카르텔 위반; ~vertrag m. 카르텔 협정<합병계약>; ~zweck m.카르텔의 목적

Kartell
angemeldetes ~ 등록된 기업연합; internationales ~ 국제 기업연합; verbotenes ~ 금지된 기업연합
Karten~
~aussteller m./pl.카드 발행업자; ~inhaber m./pl.카드 소유자<보유자>
Kaskoversicherung f.차량보험, 선체보험
Kassa~
~geschäft n.즉시거래, 현물거래; ~handel m.즉시거래, 현물거래; ~kurs m.(현금 거래에 대한) 공정 시세
Kassation f.파기
Kassations~
~gericht n.공소재판소; ~klausel f.파훼

(破棄)문구; ~verfahren n.판결취소절차
Kasuistik f.결의론<주의>, 사례분석
Kategorie f.유형, 범주
Kategorien (pl.)
~ der Haftung {= Haftungskategorien}
책임유형; ~ des Rechts 법의 범주
Kategorisierung f.; **kategorisieren** v.
~을 유형<분류>화하다
Kauf m.; **kaufen** v.~을 매매<구입, 구매>하다
Kauf
~ auf Probe 견본매매; ~ auf Zeit 시간매매; ~ gegen bar 현금불<매매>; ~ mit Rückgaberecht 해제권유보수매매; ~ nach Muster 「견본 상」 매매; ~ nach Probe 견본매매; ~ von Anteilen 지분매취; ~ zur Probe 시험매매
Kauf~
~abschluß m.구매계약 체결; ~agent m.구매 대리인; ~angebot n.<~antrag m.> 구매신청; ~antrag f.구매주문; ~auftrag m.구매 지시<주문>; ~gegenstand m.구매 대상, 구매 품목; ~geld n.[매매] 매입 대금, 매상고(賣上高), 계약가격; ~geschäft n.구매행위; ~haus → Kaufhaus; ~kraft f.구매력; ~leute pl.상인; ~objekt n.구매 대상, 구매 품목; ~offerte f.(문서를 통한) 구매 제시; ~option f.장래매매, 매매계약; ~preis m.구매가격<대금, 대가>; ~preisforderung f.구매대금의 청구; ~preisminderung f.구매가격 인하; ~preisschuld f.구매대금상의 채무; ~preiszahlung f.구매대금의 지불; ~recht n.[internationales ~~][국제] 매매법; ~sache f., bestimmte ~~ 특정물; ~verhandlungen pl.매매 교섭; ~vertrag m.매매계약; ~vorvertrag m.매매요약; ~wert m.매매가격
Käufer m.<= Kaufender, der ~e> 구매자, 매수자
Kaufhaus n.백화점
Kaufhaus~ ~diebstahl m.백화점 절도
Kaufmann m.상인
Kaufmann
ordentlicher ~ 상법상 상인; selbständiger

~ 독립상인
Kaufmännische Angestellte 상업사용인
Kaufmanns~
~begriff m.상인 개념; ~brauch m.상관습; ~eigenschaft f.상인 자격<성질>; ~ware f.상품
Kausa f.(→ causa)
kausal a.원인의, 인과의
kausal
~es Geschäft n.유인(有因)의 법률행위
Kausal~
~begriff m.인과 개념; ~geschäft n.원인행위; ~verhältnis n.인과관계; ~verlauf m.[, typischer ~] [유형적]인과[관계]경과; ~zusammenhang → Kausalzusammenhang
Kausalität f.인과[관계]성
Kausalität
haftungsausfüllende ~ 책임충전적인과관계; haftungsbegründende ~ 책임창설적인과관계; hypothetische ~ 「가정적」인과관계; überholende ~ 「능가적」 인과관계
Kausalität
~ der Unterlassung 부작위 인과관계
Kausalitäts~
~begriff m.인과관계의 개념; ~beweis m.인과관계증명; ~beweisführung f.인과관계입증; ~element n.인과관계요소; ~faktor m.인과관계의 요소; ~irrtum m.인과관계상의 착오; ~prinzip n.인과관계주의; ~theorie f.인과관계설; ~vermutung f.인과관계 추정
Kausalzusammenhang m.인과<원인>관계, 인과성
Kausalzusammenhang
adäquater ~ 상당인과관계
Kausalzusammenhangstheorie f.인과관계설
Kautelarjurisprudenz f.예방법학
Kaution f.1.{i.S.v. Sicherheit} 담보금 2.{i.S.d. Mietrechts, etc.} 보증금 3.{bei Haftnahme} 보석금
Kautions~
~bestellung {<~gestellung> f.담보<저당>대기; ~leistung f.담보<부금><금부<제공>;

~pflicht ƒ담보<부금>[급부]의무;
~rückzahlung ƒ보석금<보증금>의 반환;
~summe ƒ보석금<보증금> 전액;
~verpflichtung ƒ보석금<보증금> 의무;
~zahlung ƒ보석금<보증금> 지불의무
Kavaliersdelikt n.(범법적) 비신사적 행동, 불명예스러운 행동
Kellerwechsel m.허무어음, 공어음, 빈어음
Kenntnis ƒ지식, 인식
Kenntnis
positive ~ 적극적 인식; jn. zur ~ nehmen v.~의 존재를 알아차리다(알다)
Kennzeichen n.표식, 표준, 특징, 기장
kennzeichend {charakteristisch} a.특유의, 독특한
Kennzeichnung ƒ표기
Kern~
~vermögen n.자산; ~vorschrift ƒ중심규정
Kettenarbeitsvertrag m.연쇄적 근로계약
Kettengeschäft n.연쇄점(連鎖店), 체인스토어
Kfz-Steuer
ƒ{Kfz → Abkürzungsverzeichnis} 자동차세
Kidnapping n.유괴
Kind n.자공, {Kleinkind} 아동
Kind
angenommenes ~ 양자; außereheiiches ~ 서자; eheliches ~ 적출자; leibliches ~ 실자; nichteheliches <uneheliches> ~ 비적출자, 적출; ungeborenes ~ <= Fötus m.> 태아; unterhaltsberechtigtes ~ 부양청구권자 자공, 요부양자
Kinder~
~arbeit ƒ아동근무<노동>; ~freibetrag ƒ아동공제; ~geld n.아동원조금; ~kriminalität ƒ아동 범죄
Kinder-Nachversicherung 어린이추가보험
Kindes~
~annahme <~adoption> ƒ양자연조; ~mißhandlung ƒ자공학대; ~tötung ƒ영아살, 영아 살인; ~verhältnis n.친자관계;

~vermögen n.자 재산
Kindschafts~
~recht n.친자법; ~sachen pl.친자관계사건
Kirchen~
~recht n.교회법; ~steuer ƒ교회세
klagbar a.소구(溯求)할 수 있는, 고소할 수 있는
Klagbarkeit ƒ소구(溯求)가능성
Klage ƒ소, 고소
Klage, eine ~
~ abweisen v.청구를 기각하다; ~ androhen v.소송수속<기소>에 대해 위협하다; ~ anstrengen v.소송을 제기하다; ~ begründen v.소 이유를 밝히다; ~ einreichen <einbringen> v.소를 제출하다; ~ erheben v.소를 제기하다; ~ erwidern v.응소하다; ~ kostenpflichtig abweisen v.소송비용 원고부담에 대한 청구를 기각하다; ~ substantiieren v.소의 근거를 밝히다, 구체화 하다; ~ zurücknehmen v.소를 취하하다
Klage
anhängige ~ 단속중 소; deliktische ~ 불법행위 기 소; dingliche ~ 물건적<법상>소; getrennte ~ 별 소송수속, 별소; negatorische ~ 소극적 소; persönliche ~ 대인 소; petitorische ~ 소유권반환 구 소; possessorische ~ 소유권 소; privatrechtliche ~ 사법상 소; schuldrechtliche ~ 채권법상 소; substantiierte ~ 이유 구비 소; unabhängige ~ 별소, 독립 소; unzulässige ~ 부적법 소; vermögensrechtliche ~ 재산법상 소; vorbeugende ~ 예방소송
Klage auf
~ Anerkennung der Vaterschaft 인지 소; ~ Anfechtung der Ehelichkeit 혼인취소 소; ~ Aufhebung der Ehe 호인해소 소; ~ Aufhebung der Gütergemeinschaft 부부공동제취소 소; ~ Aufhebung des Widerspruchbescheides 재결취소 소; ~ Besitzeinräumung (= auf Einräumung des Besitzes) 점유회수 소, ~ Eigentumsverschaffung 소유[권]회복 소; ~ Erteilung der

Vollstreckungsklausel 집행문부여 소; ~ Feststellung 확인 소; ~ Feststellung der Echtheit einer Urkunde 증서급/부확인 소; ~ Feststellung der Nichtigkeit des Testaments 유언무효확인 소; ~ Feststellung der Nichtigkeit einer Gesellschaftsgründung 회사설립무효 소; ~ Feststellung der Nichtigkeit eines Gesllschaftsbeschlusses <Gesellschafterbeschulusses>결의무효확인 소; ~ Feststellung einer Konkursforderung 파산채권확정 소; ~ Herausgabe 반환 소; ~ Löschung der Eintragung [eines Rechts] im Grundbuch (→ *Lösungsklage*) 등기말소 구 소; ~ Nichtbnestehen der Vaterschaft 적출자부인 소;
~ Rechnungslegung 청산제시 소;
~ Rückgabe 반환 소; ~ Unterlassung 부작위 구 소; ~ vorzuweise Befriedigung 우선변제청구권소; ~ Wandelung 교환 소; ~ Wiedereinräumung des Besitzes 점유회수 소; ~ Wiederherstellung der ehelichen Gemeinschaft 부부관계조정 소; ~ Zahlung 지불청구 소; ~ zukünftige Leistung 장래 급부 소

Klage aus
~ Eigentum 소유권 기소;
~ Geschäftsführung ohne Auftrag 사무관리 소; ~ unerlaubter Handlung 불법행위 기 소; ~ ungerechtfertigter Bereicherung 부당이득 기소

Klage gegen
~ die Erteilung der Vollstreckungsklausel 집행문부여 이의 소

Klage~
~abweisung *f.*소송의 기각;
~abweisungsantrag *m.*소송기각신청;
~änderung *f.*소 변경; ~anspruch *m.*소 청구; ~antrag *m.*소(訴) 제기; ~anerkenntnis *n.*청구의 인낙; ~ausschlußfrist *f.*[소] 제척기간; ~beantwortung *f.*소송상의 답변; ~befugnis *f.*소권, 소송권능, 원고적격; ~begehren *n.*소(訴) 소원; ~begründung *f.*소 이유부; ~beitritt *f.*소송참가; ~berechtigter *m.*소 제기 권한자; ~berechtigung *f.*소구권; ~einreichung *f.*

제출, 소제기; ~ergänzung *f.*소 추가;
~erhebender *m.*(*der* ~~*e*) 제소인;
~erhebung *f.*소 제기, 제소(提訴);
~erhebungsfrist *f.*소 제기기간; ~erhebung, mündliche ~ 구두 제소; ~erweiterung *f.*소송의 확대; ~erwiderung <~beantwortung> *f.*소송상의 답변; ~erwiderungsfrist *f.*답변서제출기간; ~erwiderungsschrift *f.*답변서; ~erzwingung *f.*소추강요;
~erzwingungsverfahren *n.*기소강제절차;
~forderung *f.*기소채권; ~frist *f.*기소<제소, 제소>기간; ~fristablauf *m.*제소기간 만료; ~gegenstand *m.*소의 대상<목적물>, 소송물; ~grund *m.*청구 원인, 제소 이유; ~häufing *f.*[, eventuelle ~][예비적] 소 병합; ~häufung, objektive ~ 객관적 소 병합; ~häufung, subjektive ~ 주관적 소 병합; ~interesse *n.*, fehlendes ~ 소송상의 이해관게에 있어서의 흠결;
~möglichkeit *f.*소<제소>가능<사유>;
~punkt *m.*소의 쟁점사안; ~recht → *Klagerecht*; ~rechtstheorien *pl.*소권학설;
~rubrum *n.*당사자 표시, 관결 모두부분;
~rücknahme *f.*소 취하; ~rücknahmeantrag *m.*[als Dokument] 소 취하[서]; ~schrift *f.*<~schriftsatz *m.*> 소장; ~verbindung *f.*소 병합; ~verfahren *n.*소송수속; ~verwirkung *f.*소 실효; ~verzicht *m.*청구 포기;
~voraussetzungen *pl.*소송적<소>조건;
~voraussetzungen, subjektive ~ 원고적격;
~vortrag *m.*소 사실진술; ~weg *m.*|분쟁해결| 소송수속 선; ~zurücknahme *f.*소 취하; ~zurückweisung *f.*소 각하;
~zustellung *f.* 소장송달

klageabweisend *a.*소를 기각하다
klagen *v.*고소하다, 소송을 제기하나
Kläger *m.*, **Klägerin** *f.*원고(女)
Kläger, Klägerin
anwaltlich vertretener ~ 변호사 대리 원고; nicht prozeßfähiger ~ 소송무능력자
Kläger *pl.*원고
Kläger~
~bank *f.*원고석; ~eigenschaft *f.*원고적격
Kläger und Beklagter 원피고
Klagerecht *n.*소권(訴權)

Klagerecht
außerordentliches ~ 비상소권; direktes ~ 직접소권; persönliches ~ 대인소권
Klasse *f.* 분류, ~류
Klassen~
~einteilung *f.* 분류표; ~gebühr *f.* 분류별수수료; ~kampf *m.* 계급투쟁
Klassifikation *f.*; **klassifizieren** *v.*~을 분류하다
Klausel *f.* ①{*allgemein*}조항, 문구, 약관 ②{*i.S.v. Vollstreckungsklausel*} 집행문
Klausel
bedingte ~ 조건부조항; befreiende ~ 면제약관<조항>; ①"Fünf-Prozent-~"5%조항; kassatorische ~ 파기문구; salvatorische ~ 구제조항; unbedingte ~ 무조건조항; wettbewerbsbeschränkende ~ 경쟁 제한적 조항
Klausel~
~erteilung *f.* 집행문부여; ~erteilungsantrag *m.* 집행문부여신청; ~erteilungsverfahren *n.* 집행문부여수속
Klein~
~aktionär *m.* 소수주주; ~fachhandel *m.* 전문소매점; ~gewerbe *n.* 소규모영업<소업>; ~gewerbetreibender *m.*(*der ~e*) 소규모영업자; ~handel *m.* 소상; ~kriminalität *f.* 경미한 범죄, 미죄, 소범죄
Kleine Strafkammer 소(小)형사부
Klient *m.* 의뢰자, 고객
Klientel *f.* {변호사의} 의뢰자전체
Knebelvertrag *m.* 속박적 계약
Know-how ≪know-how≫ *n.* ⓔ 노하우, 기술, 비결
Know-how~
~Begriff *m.* 개념; Geber *m.* 공여자; ~Gebühr *f.* 료; ~Nehmer *m.* 피공여자; ~Vergabe *f.* 공여; ~Vertrag *m.* 계약
Koalition *f.* 연합
Koalitions~
~freiheit *f.* 연합<단결>자유, 단결권; ~kabinett *n.* 연립내각; ~recht *n.* 연합권; ~regierung *f.* 연립정권; ~verbot *n.* 연합금지
Kode-Karte → Code-Karte

Kodifikation *f.* [법전] 편찬, 성문화
Kodifikationsstreit *m.* 법전논쟁
Koexistenz *f.*
friedliche ~ 평화공존
Kollegial~
~beschluß *m.* 합의체 결의; ~gericht *n.* 합의체재판소; ~prinzip *n.* 합의제[원칙]
Kollektiv~
~arbeitsvertrag *m.* 노동단체계약; ~delikt *n.* 집합범; ~haftung *f.* 단체책임; ~prokura *f.* 협동업무대리; ~verbrechen *n.* 집합죄; ~verschulden *n.* [전원] 집합적 책임; ~versicherung *f.* 공동보험; ~vertrag *m.* 집단계약; ~vertretung *f.* 공동대리; ~vollmacht *f.* 공동대리권
Kollektivegesellschaft *f.* 합명회사
Kollektives Arbeitsrecht *n.* 집단적 근로관계법
Kollision *f.*; **kollidieren** *v.*(차량이) 충돌<저촉>하다, (이해관계가) 충돌하다
Kollisions~
~fall *m.* 저촉 장합; ~gefahr *f.* 저촉 위험; ~gesetz *n.* 저촉법; ~norm *f.* → *Kollisionsnorm*; ~recht *n.* 준거법; ~recht, internationales ~ 국제 저촉법[규]
Kollisionsnorm *f.* 충돌<저촉>규정
Kollisionsnorm
allgemeine <generelle> ~ 일반적 충돌규정; einseitige ~ 일방적 충돌규정; zweiseitige ~ 쌍방적 충돌규정
Kollusion *f.* 공모, 결탁
Kolonial~
~land *n.* 식민지; ~politik *f.* 식민[적]정책; ~recht *n.* 식민지법; ~system *f.* 식민지제도<주의>; ~verwaltung *f.* 식민지행정
Kolonie *f.* 식민지
Koma ≪Coma≫ *n.* 혼수, 의식불명
Kombination *f.* 조합
Kombinationswirkung *f.* 조합 효과
Komitee *n.* 위원, 위원회
Kommandit~
~anteil *m.* 자본 분담; ~beteiligung *f.* 출자; ~einlage *f.* 출자; ~gesellschaft *f.* [단순]합자회사; ~gesellschaft und Aktien 주식합

자회사
Kommanditist m.(합자 회사의) 유한책임사원

Kommentar m.(1){mündlicher ~} 개인적 비평, 말참견 (2){schriftlicher ~} 주석<주해, 논평> (3){als Publikation} 주석

kommerziell a. 상업의, 상업적인

Kommission f.(1){als Rechtsgeschäft} 문옥, 위탁 (2){i.S.v. Expertengruppe} 위원회

Kommission {i.S.v. (2)} besondere ~ 특별위원회; Europäische ~ 구주위원회; internationale ~ 국제위원회; ständige ~ 상치위원회

Kommissionär m.{상업상} 문옥

Kommissions~ {i.S.v. (1)} ~antrag m.위원회의 동의; ~beschluß m.위원회 결의; ~bericht m.{als Dokument} 위원회보고[서]; ~protokoll n.[위원회]의 사록; ~sitzung f.[위원회]회의

Kommissions~ {i.S.v. (1)} ~agent m.문옥대리인; ~gebühren pl.위탁수수료; ~geschäft n.문옥영업, 수수료판매; ~gut n.위탁품<화물>; ~handel m.문옥상; ~tratte f.위탁수형; ~vertrag m.문옥계약; ~verkauf m.위탁판매; ~vertrag m.중개계약; ~ware f.문옥부품, 위탁화물; ~wechsel m.위탁어음

kommissionsweise a.문옥<위탁>

Kommissivdelikt n.{→ Handlungsdelikt} 작위범

kommunal a. 지방<시정촌>의; ~e Selbstverwaltung 지방자치

Kommunal~ ~abgabe f.지방공과<세>; ~angelegenheit f.지방[자치]사무; ~anleihe f.{als Wertpapier} 지방공채<증권>; ~aufsicht f.지방자치감독; ~aufsichtsbehörde f.지방자치감독관청; ~bank f.지방은행; ~beamter m.(der ~e) 지방자치단체 공무원, 시정촌사원; ~besteuerung f.지방과세; ~gebühren pl. 지방공과; ~obligation f.지방공채; ~schuldverschreibung f.자치체채; ~steuer f.지방<시정촌>세; ~politik f.지방자치정책; ~verband m.지방<공공>기관;

~verfassung f.지방자치단체 내부의 기관조직; ~verwaltung f.지방행정; ~wahl f.지방선거

Kommune f.지방단체, 시정촌

Kommunikation f.통신, 통달, 교통

Kompatibilität f.호환성

Kompensation f.; **kompensieren** v.~을 보상<상쇄>하다

Kompensations~ ~befugnis f.상쇄권; ~geschäft m.구상무역; ~lage f.상쇄상태; ~wirkung f.상쇄 효과; ~zahlung f.보상, ~zoll m.교역관세

kompetent a.권한<권리>이 있는

Kompetenz f.권한

Kompetenz f.; staatliche ~ 국가적 권한

Kompetenz~ ~abgrenzung f.권한 한정; ~bereich m.권한범위; ~beschränkung f.권한 제한;~frage f.권한<재판권>문제; ~Kompetenz f.관할시정 권한, 권한 확장 권한; ~konflikt m.권한의 저촉, 권한쟁의; ~streit(igkeit) m.[f.] 권한 쟁의; ~überschreitung f.권한 초월; ~verhältnis m.권한<과한>관계; ~verteilung f.권한분배; ~zuweisung f.권한시정

Kompilation f.집대성

Komplementär m.(합자 회사의) 무한책임사원

Kompromiß m.타협, 절충

Kompromißtheorie f.절충설

Kompulsion f.강제, 협박, 강요

Komputation f.계산[법]

Kondiktion f.부당이득 반환청구권

Kondiktions~ ~beklagter m.(der ~e) 부당이득반환 소<소송>피고; klage f.부당이득반환 소; kläger m.부당이득반환 소 <소송>원고; ~schuldner m.부당이득 채무자

Kondition f.조건

Konditionenkartell n.동일계약체결조항

konditionieren v.~의 조건을 붙이다

Konditions~ ~geschäft n.조건부[법률]행위; ~schenkung f.조건부증여; ~vermächtnis n.조건부유증;

~verhältnis n. 조건관계
kondizieren v. 부당이득반환을 청구하다
Konferenz f. 회의
Konferenz der Gleichstellungs- und Frauenministerinnen, -minister, -senatorinnen und -senatoren der Länder (GFMK) 연방주의 여성부 장관, 여성정책 담당 부서장 협의회
Konfirmation f.; **konfirmieren** v. 견진성사를 하여주다
Konfiskation f.; **konfiszieren** v. ~을 몰수하다
Konflikt m. 분쟁
Konflikt
bewaffneter ~ 무력분쟁; internationaler ~ 국제적 분쟁; noch nicht gelöster ~ 미해결 분쟁; ungelöster ~ 미해결 분쟁; unlösbarer ~ 해결 문제
Konflikt~
~lösung f. 분쟁해결; ~recht n. 저촉법; ~täter m. 갈등범인
Konformität f. 일치, 합치
Kongreß m. 회합
König m. 왕
Königreich n. 왕국
Konjunktur f. 경기
Konjunktur~
~aufschwung m. 경기상승; ~aussicht f. 경기현통; ~bericht f. 경기보고[서]; ~lage f. 경기상태; ~theorie f. 경기이론; ~verlauf <~zyklus> m. 경기순환; ~zuschlag m. 경기부가세
konkludent a. 추론할 수 있는, 단정적인, 명확한
konkret a. 구체적인
konkret a.; **~e Normenkontrolle** 구체적 규범통제
Konkretheit f. 구체성
Konkretisierung f.; **konkretisieren** v. ~을 구체화하다
Konkurrent m. 경쟁<경합>상대
Konkurrentenklage f. 경쟁자소송, 경업자소송
Konkurrenz f. 경합, 경업<경쟁>;
konkurrieren v.①{i.S.v. Ansprüchen, usw.}

~와 경합하다 ② {wettbewerblich} ~와 경업<경쟁>하다
Konkurrenz~ {i.S.v. ②}
~anspruch m. 경합적 청구권; ~beziehung f. 경합관계; ~verhältnis n. 경합관계
Konkurrenz~ {i.S.v. ②}
~ausschluß m. 경업피지; ~beschränkung f. 경업제한; ~betrieb m. 경쟁적경영; ~erzeugnisse pl. 경쟁제품; ~fähigkeit f. 경쟁<경업>능력; ~firma f. <~unternehmen n.> 경업, ~geschäft n. 경업사[행위]; ~kampf m. 경쟁적 투쟁; ~klausel f. 경업<경쟁>약관<조항>; ~produkt n. 경쟁적 제품<생산물>; ~unternehmen n./pl. rudwodd <기>업; ~verbot n. 경업금지; ~verbot, vertragliches ~ 경업금지의무
konkurrierend a; ~e Gesetzgebung f. 경합적 입법
Konkurrent m. 경쟁적, 경업[사]
Konkurs m. 파산
Konkurs, den ~
~ abwenden v. 파산을 막다; ~ anmelden v. 파산을 신청하다; ~ beantragen v. 파산을 신청하다
Konkurs~
~anmeldung f. 파산신청; ~anspruch m. 파산청구권; ~antrag m. 파산신청[서]; ~erklärung f. 파산선언; ~eröffnung f. 파산선고; ~eröffnungsantrag m. 파산선고 신청; ~eröffnungsbeschluß m. 파산선고 결정; ~fähigkeit f. 파산능력; ~forderung f. [, festgestellte ~][확정]파산채권<청구>; ~gericht n. 파산재판소; ~gläubiger m. 파산채권자; ~grund <~ursache f.> m. 파산원인; ~hindernis n. 파산장애; ~klausel f. 파산조항; ~masse f. 파산재단; ~ordnung → Gesetzesregister; ~quote f. 파산할당; ~recht n. 파산법; ~sache f. 파산사건<소송>; ~schuldner m. 파산[채무]자; ~schuldnerverzeichnis n. 파산자명부; ~straftat f. 파산죄; tabelle f. 채권표; ~verfahren n. 파산수속; ~vergleich m. 파산상 화해; ~verwalter m. 파산관재인; ~verwaltung f. 파산(재단)관리; ~voraussetzungen pl. 파산개시 조건;

~vorrechte *pl.*파산 선취특권
Konnexität der Foderungen 채권의 견련성(牽聯性)
Konnossement *n.*선적증권, 선하증권 (船荷證券)
Konsens *m.*합의, 약정
Konsensprinzip *n.*합의주의, 합의원칙
Konsensual~
~theorie *f.*합의론; ~vertrag *m.*합의계약
konsentieren *v.*{→ *zustimmen*} 동의하다
Konsignatar *m.*{상품} 인수인, 하수인, [위탁]인수인
Konsignation *f.*상품 인수위탁
Konsignations~
~geschäft *n.*판매위탁행위; ~lager *m.*위탁상품창고; ~verkauf *m.*위탁[품]매매<판매>; ~vertrag *m.*위탁매매계약; ~ware *f.*위탁 매매품, 판매위탁품
Konsortialvertrag *m.*공동계약
Konsortium *n.*기업연합, 신디케이트
Konspiration *f.*{*als Delikt*} 음모(죄)
konstituieren *v.*~이 구성<제정>되다
konstituierend *a.*구성적인
konstitutionell *a.*{*politisch*} 입헌적인, 헌법에 의거하여
konstitutiv *a.*설정<구성, 창설>적인
Konstruktives Mißtrauensvotum 건설적 불신임제도
Konstruktionsfehler <~mangel *m.*> 구조상 흠함<하자>, 설계상의 하자<오류>
Konsul *m.*영사(領事)
Konsular~
- abkommen *n.*영사조약; ~bezirk *n.*영사관구; ~gerichtsbarkeit *f.*영사재판[권]; ~jurisdiktion *f.*영사재판권[한]; ~recht *n.*영사법; ~vertretung *f.*영사대표; ~wesen *n.*영사제도
Konsulat *n.*영사관
Konsulats~
~beamte *pl.*영사관관원; ~befugnisse *pl.*영사관 권한; ~gebühren *pl.*영사수수료
Konsultation *f.*답합<상담>, 협의
Konsultation f., gegenseitige ~ 상

호협의
Konsum *m.*소비
Konsum~
~artikel *m.*소비재; ~güter *pl.*소비재; ~kredit *m.*소비신용; ~steuer *f.*소비세
Konsumentenkredit *m.*소비자신용
Konten~ (*pl.*) (→ *Konto~*)
~inhaber *m.*구좌가입자; ~pfändung *f.*구좌차압; ~saldo *n.*구좌잔고
Konterbande *f.*전시금제품(戰時禁制品)
Konterrevolution *f.*반공산주의혁명
Konterrevolutionär *m.*반공산주의혁명가, 반 혁명가
konterrevolutionär *a.*반혁명적인
kontinental *a.*대륙[적]의
Kontinental~
~recht *n.*대륙법; ~schelf *n.*대륙<붕>
Kontingentierung *f.*수량 할당, 분담 책정
kontinuerlich *a.*연속적인
Kontinuität *f.*연속성
Konto *n.*(은행)구좌, 감정, 계산
Konto~
~abschluß *m.*결산; ~buch *n.*당좌예금계좌; ~korrent → *Kontokorrent*
Kontokorrent *n.*교호계산, 당좌계정
Kontokorrent~
~berechnung *f.*교호계산; ~forderung *f.*교호계산채권; ~gläubiger *m.*교호계산구좌 채권자; ~geschäft *n.*교호계산행위; ~kredit *m.*교호계산신용; ~saldo *n.*교호정산잔액; ~schuld *f.*교호정산채무; ~verhältnis *n.*교호정산관계; ~verbindlichkeit *f.*교호계산채무; ~verkehr *m.*교호계산취인; ~vertrag *m.*교호계산계약; ~zinsen *pl.*교호계산구좌 이자
Kontrabande *f.*전시금제품(戰時禁制品)
kontradiktorisch *a.*{*allgemein*} 모순적인, 쟁송적인
kontrahieren *v.*계약을 체결하다
Kontrahierungs~
~freiheit *f.*계약체결의 자유; ~zwang *m.*계약체결의 강제
Kontrakt *m.* → Vertrag
kontraktbrüchtig *a.*계약 위반적인

Kontraktfreiheit *f.* → *Kontrahierungs~*
Kontravention *f.* 위반
Kontroll~
~beamter *m.*(*der* ~~*e*) 감독관리; ~befugnis *f.* 감독<감시>권; ~dichte *f.* 밀도; ~gewalt *f.* 감독권; ~mechanismus *m.* 통제 기제; ~organ *n.* 감독<관리>기관; ~recht *n.* 감독<감시>권; ~vorschrift *f.* 감독규정
Kontrolle *f.* 감독, 관리, 감시
Kontrolle
administrative ~ 행정[적]감독;
allgemeine ~ 일반감독
Kontroverse *f.* 토론, 분쟁, 논쟁
Konvention *f.* [, internationale ~] [국제] 조약, 규약
Konventional~
~scheidung *f.* 편의이혼; ~strafe *f.* 위약금
Konvergenzdelikt *n.* 다중<집단>범죄
Konversion *f.* ①변환, 전환 ②무효행위 전환
konvertibel *a.* 전환<교환>가능한, 태환성이 있는
Konvertabilität *f.* 태환성, 전환<교환>성
Konvertierung *f.*; **konvertieren** *v.* ~을 변환<전환>하다; 종교를 개종하다
Konzentrationsmaxime *f.* 집중주의원칙
Konzern *m.* 콘체른, 관계회사
Konzern~
~abschluß *m.* <관계회사>간 결산; ~aktien *pl.* 관계회사 주; ~betriebsrat *m.* 그룹종업원평의회; ~firmen *pl.* 관계[제]회사; ~gesellschaft *f.* 관계회사; ~recht *n.* 법; ~verbindlichkeit *f.* 채무
Konzession *f.* 면허<허가>, 인허, 특허
Konzessions~
~erteilung *f.* 면허<특허>부여; ~inhaber *m.* 면허<특허>의 소지자; ~pflicht *f.* 면허<특허>의무; ~system *n.* 면허주의; ~urkunde *f.* 면허서; ~verfahren *n.* 면허수속
Kooperation *n.* 협력, 협동
Kooperationsprinzip *n.* 협동의 원칙
Kooptationsrecht *n.* 자기보충권

Kopie *f.* 복사
Kopie *f.*, **beglaubigte** ~ 인증을 거친 복사물
Kopierverbot *n.* 복제 금지
Koppelungsgeschäft *n.* (다른 물건을 사야 구입할 수 있는) 연결구매
Koppelungsverbot *n.* 부당결부금지
Körper *m.* {*menschlicher* ~} -체, 신체
Körper~
~behinderter *m.*(*der* ~~*e*) 신체부자유자; ~beschädigung *f.* 신체상해; ~integrität *f.* 신체 완전성; ~strafe *f.* 체벌, 신체형; ~verletzung → *Körperverletzung*
körperbehindert *a.* 신체장애가 있는
körperlich *a.* ①{*i.S.v. nicht geistig*} 육체[적]의 ②{*i.S.v. gegenständlich*} 유체적인
Körperschaft *f.* 사단, 단체
Körperschaft
gemeinnützige ~ 공익사단;
öffentlich-rechtliche ~ 사단법인;
privatrechtliche ~ 사법상 사단법인;
rechtsfähige ~ 권리능력 사단법인
körperschaftlich *a.* 단체의, 법인의
Körperschafts~
~beschluß *m.* 사단<단체>결의; ~organ *n.* 사단<단체>기관; ~recht *n.* 사단법; ~satzung *f.* 사단정관; ~steuer *f.* 법인세; ~steuerrecht *n.* 법인세법; ~vermögen *n.* 사단재산
Körperverletzung *f.* [신체]상해; ~ mit Todesfolge {*als Delikt*} 상해치사[죄]
Körperverletzung
fahrlässige ~ {*als Delikt*} 과실상해 [죄];
vorsätzliche ~ {*als Delikt*} 상해(죄)
Körperverletzungs~
~delikt *n.* 상해죄; ~vorsatz *m.* 고의적 상해
Korporation *f.* 사단, 법인
Korporations~
~mitglied *n.* 사단구성인; ~organ *n.* 사단기관; ~zweck *n.* 사단 목적
Korps *n.* ⓕ, **Diplomatisches** ~ 외교사절단
Korrelat *n.*, **notwendiges** ~ 필요공동

연대
Korrespondenz f.[연락] 통신
Korrespondenz~
~anwalt m.통신변호사; ~gebühr f.통신변호사의 비용
Kosten pl.(1.)[allgemein] 경비, 비용 (2.)[i.S.v. ProzR-소] [소송]비용
Kosten (pl.), **auf eigene ~** 자비로
Kosten
~ auferlegen v.[jdm die ~] 비용을 부담하다; ~ aufheben v.[gegenseitig die ~] 소송비용[평등]을 부담하다; ~ beitreiben v.비용을 회수하다; ~ decken v.비용을 부담하다; ~ erstatten v.비용을 지불하다; ~ festsetzen v.비용을 확정하다; ~ teilen v.비용을 분담하다; ~ übernehmen <~tragen> v.비용을 부담하다
Kosten
anteilige ~ 비용 분담; angefallene <entstandene> ~ 비용 발생; außergerichtliche ~ 재판외 비용; einmalige ~ 일회적비용; erstattungsfähige ~ 상환가능 비용; feste ~ 확정경비<비용>; fixe ~ 고정경비<비용>; laufende ~ 통상경비; variable ~ 변동경비<비용>
Kosten
~ der Wiedervereinigung 통일에 드는 비용
Kosten~
~anordnung f.비용지불명령; ~anschlag m.비용견적; ~anspruch m.비용 청구권; ~anstieg m.비용 증가; ~anteil m.비용 부담; ~antrag m.소송비용부담청구; ~auferlegung f.비용 부과(賦課); ~aufhebung f.비용의 무효화<폐지>; ~aufstellung f.비용 명세서; ~aufwand m.지출, 경비; ~befreiung f.비용 면제; ~berechnung f.[als Dokument] 비용 계산[서]; ~beschluß m.비용결정; ~betrag m.비용[전]액; ~entscheidung f.비용 부담자 판정; ~entscheidung nach Bruchteilen 깨진 물건에 대한 비용 부담자 판정; ~erhöhung f.비용 증액<증가>; ~ersatz m.비용 상환<배상>; ~ersatzanspruch m.비용 상환<배상>청구권; ~erstattung f.비용의 보상<반제>; ~erstattungsanspruch m.비용보상<반제>청구권; ~erstattngspflicht f.비용보상<반제>의무; ~festsetzung f.소송비용 확정<사정>; ~festsetzungsbeschluß m.소송 비용확정<비용사정액>결정; ~festsetzungsverfahren n.소송비용확정 수속; ~herabsetzung f.소송비용 감액; ~inflation f.코스트 푸시 인플레이션(임금 수준과 이에 수반되는 생산비 상승으로 인한 인플레이션); ~last f.비용 부담[의무]; ~marken pl.수입인지; ~pflicht f.비용지불의무; ~pflichtiger m.(der ~~e) 비용지불의무자; ~rechnung f.[als Dokument] 비용계산서, 원가계산서;
~satz m.경비율; ~schätzung f.경비평가; ~schuldner m.비용채무자; ~teilung f.비용 분담; ~tragung f.비용부담; ~übernahme f.비용 인수; ~urteil n.소송비용판결;
~verteilung f.비용배분; ~voranschlag m.[als Dokument] 비용견적[서]; ~voranschlag, unverbindlicher ~ 지단 변경 견적서;
~vorschuß m.비용납부; ~wert m.비용;
~wertschätzung f.비용의 평가; ~wesen n. 소송비용제도; ~zahlung f.비용지불;
~zahlungs(ver)pflicht(ung) f.비용지불의무
kostenfrei a.무비용의, 비용이 면제된
kostenlos a.무상의
kraft Präp.
kraft Präp., **~ Gesetzes** 법률에 의거하여
Kraft f.[i.S.v. Wirkung] 효력
Kraft
außer ~ setzen v.무효가 되다, 폐지되다; außer ~ treten v.효력을 잃다; in ~ sein v.유효하다, 효력을 받하다; in ~ setzen v.시행되다
Kraftfahrzeug n.자동차
Kraftfahrzeug~
~diebstahl m.자동차절도; ~eigentümer m.자동차보유자; ~führer m.자동차 운전수; ~haftpflichtversicherung f.[강제]자동차[손해배상]책임보험, 자배책보험;
~halter m.차량보유자; ~kaskoversicherung f.임의가입 자동차를 대상으로 한 책임

보험; ~steuer f.자동차세; ~versicherung f.자동차 보험; ~zulassung f.자동차 운행허가
kraftlos a.무효의
Kraftloserkärung f.무효<실효>선언<선고>
Kranken~
~anstalten pl.종합병원(시설); ~behandlung f.환자 치료; ~bescheinigung f.진단증명서; ~geld n.병상수당, 건강보험금; ~kasse f.의료보험(조합); ~pflege f.간병(看病), 간호, 수발; ~schein m.의료보험 진찰권; ~unterlagen pl.{Kurzform von ⓓ "Krankenkarte"} 환자진찰서류; ~versicherung f.①{i.S.v. Institution} 의료보험회사 ②{i.S.v. Versicherungsschutz} 의료보험, 질병보험; ~versicherungsträger m.건강보험기관
Krankenhaus n.병원
Krankenhaus~
~aufnahmevertrag m.입원계약; ~bahandlung f.병원치료; ~kosten pl.입원비
Kredit m.신용
Kredit m., **zinsloser ~** 무이자신용대부
Kredit, einen ~
~ aufnehmen v.대부를 받다; ~ bewilligen <geben> v.신용공여(信用供與)하다
Kredit~
~akzept n.신용인수; ~angebot n.신용공여; ~anstalt f.<~institut n.> 금융기관; ~antrag m.신용 신청; ~aufnahme f.신용인수, 대입; ~auftrag m.신용 위임; ~bank f.신용 은행; ~bedingungen <~konditionen> pl.신용조건; ~betrug m. 신용사기; ~bewilligung f.신용 공여; ~bürgschaft f.신용보증; ~fähigkeit f.신용능력; ~forderung f.신용 기 청구권; ~geber m (신용) 대부 제공자, 신용공여자, 여신자; ~genossenschaft f.신용조합; ~geschäft n.신용<대부>거래; ~gewährung f.신용공여, 여신 업무; ~institute pl.신용기관, 금융기관; ~karte f.신용카드; ~kauf m. 신용매매; ~limit n.신용한도; ~linie f.신용대부의 상한선; ~marge f.신용<외상>한도액, 신용장 개설 한도; ~markt m.신용시장; ~nehmer m.신용피공여<수익>자; ~risiko n.신용위험; ~rückzahlung f.신용 반환; ~schädigung f.명예훼손; ~schuld f.신용채무; ~sicherheit f.신용담보; ~summe f. 신용액; ~tilgung f.신용상환; ~verkauf m.신용매매; ~verkehr m.신용거래; ~vermittlung f.대부<신용>매개; ~vermittlungsverbot n.대부매개금지; ~versicherung f.신용보험; ~vertrag m. 신용계약; ~wechsel m.융통어음; ~wesen n. 신용제도, 은행기관; ~wirtschaft f.신용경제, 금융계; ~wucher m.신용상의 폭리<고리대금, 부당이득> 행위; ~würdigkeit f.신용 능력; ~zinsen pl.신용이자; ~zusage f.신용<융자>약속

kreditfähig a.신용력이 있는
Kreuzverhör n.①{Zivilverfahren} 교호심문 ②{Strafverfahren} 규문
Krieg m., **kalter ~** 냉전(冷戰)
Kriegs~
~dienstverweigerung f.병역<군복무> 거부; ~dienstverweigerungsrecht n. 병역<군복무> 거부권; ~gefahr f.{im VerR-国} 전쟁위험; ~gefangener m.(der ~~e) 전쟁포로; ~gericht n.(→ Militär~) 군법회의; ~geschädigter m.(der ~~e) 전쟁피해자; ~klausel f.전쟁위험조항; ~lasten pl.전시부담; ~recht n.{i.S.d. VöR-제} 전시 국제법; ~schaden m.전쟁 피해, 전쟁에 의한 손해; ~schuld<~verantwortung> f.전쟁의 책임; ~völkerrecht n.전시 국제법; ~verbrechen n.전쟁범죄; ~zeit f.전시(戰時); ~zustand m.전시상태, 계엄 상태
Kriminal~
~anthropologie f.범죄인류학; ~biologie f.범죄생물학; ~delikt n.형사범; ~fall m.형사사건; ~justiz f.형사사법; ~politik f.형사정책; ~psychiatrie f.범죄정신의학; ~psychologie f.범죄심리학; ~sanktion f.형사제재; ~soziologie f.범죄사회학; ~sanktion f.형사제재; ~statistik f., polizeiliche ~ 경찰범죄통계; ~strafe f.

형사벌; ~strategie *f.*범죄전략론
Kriminalisierung *f.*; **kriminalisieren** *v.* ~을 범죄시하다
Kriminalisierungstheorie *f.*범죄화 이론
Kriminalistik *f.*범죄수사학
Kriminalität *f.*[→ *Delinquenz*] 범죄, 범죄성; schwere ~ 중 범죄
Kriminalitäts~
~bekämpfung *f.*범죄와의 전쟁; ~rate <~quote> *f.*범죄율; ~theorie *f.*범죄성 이론; ~zunahme *f.*<~zuwachs · ~anstieg *m.*> 범죄증가
kriminalpolitisch *a.*형사 정책적<~성>의
kriminalpolizeilich *a.*형사<사법>경찰상의
Kriminologe *m.*범죄학자
Kriminologie *f.*범죄학
Kriminologie
empirische ~ 경험적 범죄학; historische ~ 역사적 범죄학; Kritische ~ 비판적 범죄학; Neue ~ 신 범죄학; traditionelle ~ 전통적 범죄학; vergleichende ~ 비교적 범죄학
kriminologisch *a.*범죄학의, 범죄학에 속하는
Krise *f.*공황
Krise
allgemeine ~ 일반 공황; politische ~ 정치상 공황; wirtschaftliche ~ 경제적 공황
Krisenmanagement *n.*위기관리
Kriterium *n.*기준
Kriterium
ein ~ erfüllen *v.*기준을 충족시키다
Kritik *f.*비평, 비판
kritisch *a.*비평적인
Kronzeuge *m.*공범 증인(감형을 받을 목적으로 공범자에 대해 불리하게 증언 하는), 주요 증인
Kronzeugenregelung *f.*공범자증인에 관한 규정<제도>
Kultur *f.*문화
Kulturhoheit *f.*문화고권, 교육자치권

Kultusministerium *n.*주정부의문교부
Kumulation *f.*병합<중첩>, 누적, 축적, 저장
Kumulationsprinzip *n.*병과주의(倂科主義)
kumulativ *a.*병합<중첩>적인, 누적되는, 축적되는
kündbar *a.*해고<해제, 계약>고지를 할 수 있는
Kündbarkeit *f.*해고<해제, 계약>고지 가능성
Kunde *m.*취인선(取引先), 고객
Kundenliste *f.*고객명단
Kundgabe *f.*1 [*i.S.v. Äußerung*] 선언 2 [*förmliche* ~] 광고, 통고
kündigen *v.*1 [*jn.* ~] 해고를 통지하다 2 [*Verträge*] 해약<해지, 취소>하다
Kündigung *f.*[*i.S.v.* 1] 해고, [*i.S.v.* 2] (계약의) 해지<해약>, 폐지 통고
Kündigung
außerordentliche ~ 비상<특별, 계약 외> 해고<고지, 해약>; betriebsbedingte ~ [*im ArbR-*로] 경영상 이유에 기초한 해고; fristlose ~ 즉시해고<고지, 해약>; ordentliche ~ 통상<계약상> 해고 <고지, 해약>; sofortige ~ 즉시해고<고지, 해약>; sozial gerechtfertigte ~ [*im ArbR-*로] 사회적 정당 해고; verhaltensbedingte ~ [*im ArbR-*로] 피용자측과 관계된 해고; vorzeitige ~ 기간 경과 전 해고<고지, 해약>
Kündigung
~ aus wichtigem Grund 중대이유 해고<고지, 해약>; ~ des Vermieters 임대인 계약고지; ~ eines Darlehens 금전소비임자 해약
Kündigungs~
~beschränkung *f.*해고<해제>고지 제한; ~erklärung *f.*해고<해제>고지 의사표시; ~freiheit *f.*해약의 자유; ~frist *f.*해고<해제>고지기간; ~frist, angemessene ~ 적절 해고<해제>고지기간; ~frist, gesetzliche ~ 법정해고<해제>고지기간; ~grund *m.*해고<해제>고지이유; ~hindernis *n.*해고 장해; ~klausel *f.*해고<고지> 관 동의조

항; ~kriterien *pl.*해고규준; ~recht *n.*해고<해제, 계약고지>권; ~schreiben *n.*해고<해제, 계약고지>상; ~schutz *m.*해고<계약고지>보호; ~termin *m.*해고<해제, 고지>기일; ~verbot *n.*해고<계약고지>금지; ~zeitpunkt *m.*해고<해약고지>시점
Kunstfehler *m.*, **ärztlicher ~** 의료상의 과실
Kuppelei *f.*음행매개죄(淫行媒介罪), <매춘>개입; 매춘알선
Kuppeleiverbot *n.*매춘알선금지
Kupon *m.*쿠폰, 회수권
Kuponsteuer *f.*세
Kurantgeld *n.*유통화폐, 통화[량]
Kuratel *f.*재산관리인, 후견인
Kurs *m.*상장, 주가
Kurs
höchster ~ 최고 주가; letzter ~ 최종 주가; niedrigster ~ 최저 주가; sinkender ~ 하락세에 있는 주가
Kurs~
~abfall *m.*주가하락; ~anstieg *m.*주가상승; ~bericht *m.*(증권) 시세표; ~bewegung *f.* 주가<환율>변동; ~differenz *f.*환차(還差); ~fähigkeit *f.*유통력; ~gewinn *m.*주식환차이익금; ~makler *m.*거래 중개인; ~manipulation *f.*주가 조작; ~rendite *f.*주가<상장>수익율; ~schwankung *f.*주가 변동<동요>; ~sicherungsklausel *f.*위체가치보증조항; ~steigerung *f.*상 상장; ~sturz *m.* 시세 폭락; ~veränderung *f.*상장 변경; ~verlust *f.*주식 환차 손실; ~wert *m.*시세, 유통가치; ~werte *pl.*상장명병
Kurz~
단기~
Kurz~
~arbeit *f.*조업<노동시간> 단축; ~arbeiter *m.*조업 단축 근로자; ~arbeitergeld *n.*조업 단축 근로자 수당<보조금>; ~arbeitsphase *f.*조업단축기간; ~arrest *m.* 단기구류; ~fristigkeit *f.*단기; ~schriftprotokoll *n.*속기조서
kurzfristig *a.*단기적인
Kurzzeit~
~häftling *m.*단기수형자; ~strafe *f.*단기형

kurzzeitig *a.*단기의
Küsten~
~gewässer *n.*해안수, 연해, 영해(領海); ~meer *n.*연해

L

Lade~
~frist *f.*선적기한; ~gebühren *pl.*선적비용; ~kosten *pl.*선하비용; ~papiere *pl.*선적서류; ~schein *m.*선하증권

Laden~
~diebstahl *m.*가게 좀도둑질; ~miete *f.* 가게세; ~schluß *m.*폐점; ~schlußgesetz *n.*폐점시간법, 폐점법; ~schlußzeit *f.*폐점 시간

Lader (→*Auflader*) *m.*하역인부, 짐게차

Ladung *f.*; **laden** *v.*[*jn.* vor Gericht ~] ~를 법정에 소환하다

Ladung *f.*{1}{*vor Gericht, etc.*} 소환; {*als Schriftstück*} 소환장 {2}{*i.S.v. Last*} (운송) 화물

Ladung {*i.S.v.* {1}} gerichtliche ~ 재판소 측의 소환; förmliche ~ 정식 소환; nochmalige ~ 재소환; öffentliche ~ 공시소환

Ladung {*i.S.v.* {2}} ~ zum Termin 기한 내 호출; ~ zur mündlichen Verhandlung 구두변론을 위한 소환

Ladungs~ {*i.S.v.* {1}} ~fähigkeit *f.*소환가능성; ~frist *f.*소환<호출>기간<기한>; ~recht *n.*소환 권한; ~schreiben *n.*<~schrift *f.*> 소환<호출>장; ~termin *m.*소환<호출>기일; ~zustellung *f.*소환장 송달

laesio *l.* 침해; 법적 손해

laesio enormis *l.* 과다한 손해(추후 구매계약을 일방적으로 파기할 수 있는 사유가 됨 - 보통법)

Lage *f.*{1}{*abstrakt als Situation*} 사정<상태, 상황> {2}{*i.S.v. Position*} 지위

Lage
prozessuale ~ 소송상의 상황; rechtliche ~ 법률상의 상황; tatsächliche ~ 사실상

의 상황; wirtschaftliche ~ 경제적 상황

Lager *n.*창고[보관]

Lager~
~bestand *m.* 재고품; ~frist *f.*[무상]보관기간; ~gebühren *pl.*창고비; ~geschäft *n.* 창고위임행위; ~gut *n.* 창고품; ~halter *m.* 창고영업자; ~haltung *f.*창고보관; ~haus *n.*창고; ~hausgeschäft *n.*창고[보관<예>]영업; ~kosten *pl.*창고비용; ~papier *n.*창고예증서; ~schein *m.*창고예증권; ~vertrag *m.*창고기탁계약; ~versicherung *f.*창고보험

Laie *m.*소인

Laienrichter *m.*소인재판관, 소인

Land *n.* 1 {*i.S.v. Grund und Boden*} 토지, 육지 {2}{*i.S.v. Bundesland*} {3}{*i.S.v. Staatsgebilde*} 국, 영지

Land~
~arbeiter *m./pl.*농부, 농업노동자; ~besitz (→*Grundbesitz*) *m.*토지소유; ~besitzer *m.* 토지소유자; ~eigentum *n.*토지소유; ~erwerb *m.*{*i.S.v.* ~*beschaffung*} 토지의 조달; ~fracht<~transport *m.*> *f.*육상운송; ~gericht → *Landgericht*; ~gemeinde *f.*정촌; ~pacht *f.*토지용익임대차; ~parzelle *f.* 토지; ~schenkung *f.*토지증여; ~streicher *m.*부랑자, 떠돌이; ~tag *m.*주의회; ~tagsabgeordneter *m.*(*der* ~~*e*) 주의회 의원

Länder~
~gerichte *pl.*주의 재판소

Landes~
[각]주

Landes~ {*i.S.v.* {2}}
~angelegenheit *f.*주의 사무; ~anstalt *f.* 주영조물; ~aufsicht *f.*주감독; ~aufsichtsbehörde *f.*주감독관청; ~ausführungsgesetz *n.*주시행법; ~bank *f.*

주 중앙은행; ~beamter m.(der ~e) 주 공무원; ~behörde f.주 관청; ~ebene f. 주; ~gesetze pl.주 법률; ~gesetzgebung f.주의 입법; ~girozentrale f.주의 중앙 진출 은행; ~haushalt m.주정부예산; ~justizminister m.주 사법대신; ~justizprüfungsamt n.주 사법시험위원회; ~justizverwaltung f.주 사법행정[관청<부>]; ~kreditanstalt f.주 토지신용은행; ~polizei f.주 경찰; ~recht n.주의 법률, 주법; ~regierung f.주정부; ~richter m./pl. 주재판관; ~steuer f.주세; ~verfassung f. 주 헌법; ~verfassungsgericht n.주 헌법재판소; ~versicherungsanstalten (LVA) 주보험청; ~vertretung f.주 대의회; ~verwaltung f.주 행정; ~verwaltungsgericht n.주 행정재판소

Landes~ {③ i.S.v. National~}
~erzeugnis n.국산품; ~gesetze pl.국내법, 본국법; ~grenze f.국경; ~sitte f.나라의 풍습; ~sprache f.국어; ~verrat m.[{als Delikt}] 국가반역죄, 모반죄; ~verteidigung f.국방

landesrechtlich a.주법(州法)상의
Landgericht n.지방재판소
Landgerichts~
~bezirk m.지방재판소 관할구역; ~präsident m.지방재판소장
Landwirt m.농업<농장> 경영자, 농부
landwirtschaftlich a.농업[상]의
Landwirtschaft f.농업
Landwirtschafts~
~betrieb m.농업기업; ~erzeugnisse pl.농산물; ~genossenschaft f.농업조합; ~gericht n.지방재판소의 농업부; ~minister m.농업부 장관; ~politik f.농업정책; ~sachen pl.지방재판소 농업부
langfristig a.장기[간], 장기적
langsichtig a.장기 지불의
Längstlaufzeit f.최장기간
Langzeit~
~häftling <~bestrafter> m.장기수형자; ~strafe f.장기형
lanzeitig a.장기의
lapsus l. 추락, 하강; 과오, 과실

lapsus calami l. 오탈자
lapsus linguae l. 실언; 말실수(경솔하게 내뱉은 말)
Last f.(Lasten pl.) 부담, 책임
Lastenausgleich m. ≪구서독≫ (2차 세계대전과 연관된 피해의 보상의 위한) 부담 조정 (Abk. LA)
Lastenausgleichgesetz n.부담 조정법 (Abk. LAG)
Lastenausgleichsabgabe f.부담 조정세
lastenfrei a.부담이 면제된, 부담 없는
Lastkraftwagen m./pl.대형화물자동차
lateralis l. 방계의, 옆으로(옆 방향 상속인은 즉 방계 상속인을 가리킴)
latifundium l. 대규모 토지 보유
latio l. 로마에서의 법률 공포
latro l. 도적, 절도범
latrocinium l. 강도, 노상강도
latro famosus l. 습관성 절도범
latro publicus et famosus l. 재범 절도범
laudatio auctoris l. 작성자를 호명함 (소유권 분쟁에 있어 직접 소유자가 간접 소유자를 지정하는 동시에 분쟁의 시작을 알리는 행위
→ auctoris nominatio)
laudemium l. (봉신, 소작인 등) 예속된 자를 봉건 영주나 지주에게 내주는 행위, 소유권 이전에 따라 법적 관계를 재정비하기 위한 절차임
laudum l. 임시 판결 → arbitrium
Lauf m. einer Frist 기간의 경과
Laufzeit f.(법률, 요금의) 유효기간
Laufzeit
~ einer Hypothek 저당권의 유효기간;
~ eines Vertrages 계약의 유효기간;
~ eines Wechsels 어음의 유통기간
laus l. 칭송; → magna cum laude → summa cum laude
l. c. l. →loco citato
Leasing n.; **leasen** v.~을 임차하다 빌려 쓰다
Leasing~
~firma f.임대회사; ~geber m./pl.임대업

자; ~gegenstand *m.*임대대상[물] <물건>; ~geschäft *n.*임대업무; ~nehmer *m./pl.*임대이용자; ~periode *f.*임대기간; ~raten <~gebühren> *pl.*임대금; ~vertrag *m.*임대계약

Leben *n.*; **leben** *v.*생활하다, 살아있다
Lebender *m.(der ~e)* 생자
Lebens~
~bedarf *m.*생활필수품; ~begriff *m.*생명에 대한 개념; ~dauer *f.*(1.)*{eines Menschen}* 수명, 생존 기간 (2.)*{z. B. eines Rechts}* 유효기간; ~erfahrung *f.* 생활<인생>경험; ~erhaltung *f.*생명<생의>보존; ~erwartung *f.*예측 수명; ~fähigkeit *f.*생활<생존>능력, 생존력; ~führung *f.*행장(行狀), 생활태도, 처신; ~führungsschuld *f.*행장(行狀)에 대한 책임; ~gefahr *f.*생명의 위험[성]; ~gefährdung *f.*생명의 위해<위독>; ~gemeinschaft, eheliche ~ 부부동거; ~grundlagen *pl.*생활의 기반; ~haltungskosten *pl.*생활비; ~haltungskostenindex *m.*생활수준지표; ~länglicher *m.(der ~e)* 무기형수형자; ~lauf *m.*이력서; ~mittel *pl.* 1. *{i.S.v. Fertigprodukten}* 식물 (2.) *{Rohgüter}* 농산물; ~raum *m.* 생활권; ~umwelt *f.* 생활환경; ~unterhalt *m.* 생계; ~versicherer *m./pl.* 생명보험회사; ~versicherung → *Lebensversicherung*

lebensgefährlich *a.*생명이 위험한
lebenslang *a.* 1. *{allgemein}* 평생의, 종신의 (2.) *{StrR-*형*}* 무기형의
lebenslänglich *a.*무기형의
Lebensversicherung *f.*생명보험
Lebensversicherung
einfache ~ 생명보험; gemischte ~ 혼합생명보험
Lebensversicherung
~ auf den Erlebensfall 생명 보험;
~ auf den Todesfall 사망 보험;
~ mit Gewinnbeteiligung 이익배당 보험
Lebensversicherungs~
~anspruch *m.*생명 보험 계약 기 청구권; ~bedingungen *pl.*생명 보험 약관; ~fall *m.*생명 보험 사고; ~gesellschaft *f.*생명

보험사; ~police *f.*생명 보험 증서; ~prämie *f.*생명보험금; ~summe *f.*생명보험총액; ~vertrag *m.* 생명보험계약
lectio *l.* (텍스트의 특정 부분에 대한) 해석, 봉독
ledig *a.*미혼의, 독신의
Ledige *f./pl.*; **Lediger** *m.(der ~e)* 미혼자, 독신의 방
legal *a.*합법<적법>의
legalis *l.* 법에 따라, 법률에 의거해
Legaldefinition *f.*법률적 개념 규정
Legal~
~interpretation *f.*입법자 자신의 법률 해석, 다른 법령의 법적 해석, 법정해석; ~servitut (→*Dienstbarkeit*) *n.*법정지역권; ~zession *f.*법정 양도
legalisatio *l.* 공증(서명, 증명서, 사본 등의 진정성을 확인하는 절차)
Legalisierung <**Legalisation**> *f.*;
legalisieren *v.*~을 인정<공인, 확인>하다, ~을 적법화하다
Legalität *f.*합법<적법>성
Legalitätsprinzip *n.*기소법정주의
legatum *l.* 유증, 유산
legatum alimentorum *l.* 생계비 유산
legatum annuum *l.* 퇴직금 유산
legatum debiti *l.* 채무 유산
legatum dotis *l.* 신부 지참금 유산
legatum liberationis *l.* 채무면제 유산
legatum nominis *l.* 청구권 유산
legatus *l.* 사절(使節), 교황청의 전권위임자 및 사절
Legatus a latere *l.* 추기경급의 사절 (→*intermuntius* → *muntius*)
lege artis *l.* 기술적 (완성도의) 법칙에 따라
lege et fide *l.* 법과 신뢰를 통해
Legem breve esse oportet *l.* 법은 짧아야 한다 →*Legis breves* ……
leges *l.* 법률(→*lex*의 복수형)
leges barbarorum *l.* 라틴어로 정리된 게르만 민족의 부족법, 게르만 민족법
Leges breves sunto, ut facilius teneantur *l.* 법은 짧아야 한다, 그래야

준수하기도 쉽다
leges Romanae *l*. 게르만제국 영토 중 옛 로마제국에 속하는 땅에 살던 신하들이 집대성한 로마법전
legifer *l*. 입법자
legisactio *l*. 로마제국 민사소송의 절차
legislatio *l*. 입법
Legislations~ → *Gesetzgebungs~*
legislativ *a.{politisch}* 입법의, 입법을 통한
Legislative *f*.①*{allgemein}* 입법권 ② *{als Organ}* 입법기관
legislator *l*. 입법기관; 중세에는 대개 법학자, 판결을 내리는 자, 배심원 등을 지칭함
Legislaturperiode *f*.회기, 입법부의 임기
legitim *a*.적법의
legitima persona standi in iudicio *l*. 소송능력
legitima portio *l*. 법으로 정해진 최소분, 유류분
legitimatio *l*. 합법화, 공증, 사실임을 입증함, 인정, 혼인선언
legitimatio *l*.
~ ad causam *l*. 사건간 적확[성];
~ ad processus *l*. 기소간 합법[성];
~ personae *l*. 인격간 적법[성]
legitimatio ad causam activa *l*. 원고 적격
legitimatio ad causam passiva *l*. 피고 적격
legitimatio ad processum *l*. 소송 적격
Legitimation <Legitimierung *f*> *f*. 정당성<화>
Legitimations~
~funktion *f*.적격기능; ~papier *n*.면책<이행>증권; ~urkunde *f*.신분증명서; ~wirkung *f*.적격<면책>효력
legitimatio per rescriptum principis *l*. 국가적 행위에 의해 사생아에게 적출선고를 내림
legitimatio per subsequens matrimonium *l*. 부모의 추후 혼인에 의해 사생아에게 적출선고를 내림
legitim[atis]iert *a*.~을 합법화<정당화>하는
legitimieren *v*.권한 부여를 하다, ~을 정당화<합법화>하다
legitimiert *a*.합법적으로 인정된
legitimiert
aktiv ~ 원고적격의; passiv ~ 피고적격의
Legitimität *f*.적법[성], 정당성
Legum Doctor (LL. D.) *l*. 영국에서 법학박사를 가리키는 말
Lehre *f*.학설, 이론, ~설<~론>
Lehre
ablehnende ~ 부정설; ganz üverwiegende ~ 대다수의 학설; gefestigte ~ ~정설; herrschende ~ und Rechtsprechung; wissenschaftliche ~ 통설·판례; zustimmende ~ ~긍정설
Lehre
ein Teil der ~ 일부의 학설
Lehre
~ und Rechtsprechung; 학설·판례; ~ vom Kausalzusammenhang 인과 관계론; ~ vom Tatbestand 구성요건의 이론
Lehrling *m*.도제
Leibes~
~frucht *f*.태아; ~strafe *f*.신체형
leiblich *a*.신체(육체)의
Leiche *f*.시체, 사체
Leichenöffnung <~schau> *f*.사체 해부
leichfertig *a*.경박한
Leih~
~arbeit *f*.차용 노동; ~arbeiter *m*.차용 노동자; ~arbeiterunternehmen *n./pl*.노동자 파견업무; ~arbeiterverhältnis *n*.차용 노동관계; ~arbeitsvertrag *m*.파견근로계약; ~frist *f*.사용대차기간, 대본(貸本)기간, 임대기간; ~gebühr *f*.임대비용, 사용업자 비용; ~gebühr *f*.{*bei Leiharbeit*} 파견비용; ~mutter *f*.대리모; ~mutterschaft *f*.대리모관계; ~schein *m*.차용서, (전당포의) 담보영수증, (도서관의) 서적 대출 양

식(서식); ~vertrag *m.* 사용대차계약;
~wagen *m.* 임대차(賃貸車); ~zeit *f.* 사용대차기간; ~zins *m.* 대부이자(貸附利子)
Leihe *f.*; **leihen** *v.[jm. etw. ~]* ~에게 ~을 임대해주다, 빌려주다
Leistender *m.(der ~e)* 급부(給付)자
Leistung *f.*; **leisten** *v.* 급부<변제, 이행>하다
Leistung
~ an Erfüllungsstatt 대물변제;
~ ohne Rechtsgrund 불법원인의 급부;
~ von Sacheinlagen 현물제공<출자>;
~ Zug um Zug 교환적 급부
Leistung erfüllungshalber 변제 급부
Leistung
abgekürzte ~ 단축급부; einmalige ~ 일회적 급부; geistige ~ 정신적 급부; geldwerte ~ 현금 가치와 동일한 가치 급부; regelmäßig ~ 정기<연속적>급부; wiederkehrende ~, sukzessive ~ 계속적 급부; teilbare ~ 가분급부; teilweise ~ 일부급부; übertarifliche ~ 노동협약의 수준수당의 지급; unentgeltliche ~ 무상급부; unmögliche ~ 불가능 급부; unteilbare ~ 불가분급부; unvertretbare ~ 불대체적 급부; vereinbarte ~ 합의 급부; vertrag(sgegenständ)liche ~ 계약상의 급부; vertretbare ~ 대체적 급부; wiederkehrende ~ 회귀적 급부; zusätzliche ~ 부가급부
Leistungs~
~angebot *n.* 급부<이행>의 제공; ~annahme *f.* 급부의 수취; ~anspruch *m.* 급부청구; ~auftrag *m.* 급부<이행>위탁; ~austausch *m.* 급부교환; ~befehl *m.* 급부명령; ~begriff *m.* 급부<이행, 변제>개념; ~beschreibung *f.* (건축법상) 공정표; ~bilanz *f.* 경영수지; ~bilanzdefizit *n.* 경영적자자; ~empfänger *m.* 급부수령자; ~entgelt *n.* 급부대금<보수>; ~erbringung *f.* 급부이행; ~fähigkeit *f.* 급부능력; ~fähigkeit, finanzielle ~ 재산상의 급부능력; ~fähigkeit, wirtschaftliche ~ 경제적 급부능력; ~frist *f.* 급부기간; ~garantie *f.* 급부보증; ~gegenstand *m.* 급부의 목적[물];

~hindernis *n.* 급부<이행>장애; ~interesse *n.* 이행<적극적>이익; ~klage *f.* 지급액 청구소송, allgemeine ~ 일반적 이행소송, 일반적 급부소송; ~konditkion *f.* 급부교환부당이익반환; ~lohn *m.* 능률급; ~nachweis *m.* 급부명령; ~ort *m.* 급부<이행>지; ~pflicht *f.* 급부, 작위>의무; ~pflichtiger *m.(der ~e)* 급부<이행, 작위>의무자; ~schuld *f.* 급부 책임; ~schuldner *m.* 급부채무자; ~störung *f.* 급부장애, 이행장애; ~termin *m.* 급부기일; ~unvermögen *n.* 이행불능; ~urteil *n.* 급부판결; ~verbot *n.* 급부금지; ~verbot an Drittschuldner 제3채무자; ~vermögen *n.* 급부능력; ~versprechen *n.* 급부약속; ~vertrag *f.* 의무계약; ~verwaltung *f.* 급부행정; ~verweigerung *f.* 급부<이행>거부<거절>; ~verweigerungsrecht *n.* 급부<이행>거부<거절>권; ~verzögerung *f.* 급부지체; ~verzug *m.* 급부지체 ~voraussetzung *f.* 급부의 조건; ~wille *m.* 급부의 의사; ~zeit *f.* 이행<변제>기; ~zwang *m.* 급부강제

Leit~
~fall *m.* 지도판례; ~gedanke *f.* 중심사상, 근본사상; ~planke *f.*, ~prinzip *m.* 지도원칙; ~satz *m.* 판시(判示); ~zins *m.* 할인율, 통지예금이자율

leiten *v.* ~을 주재하다, 관리하다
Leitende Angestellte 중간간부
lenocinium *l.* 중매, 성매매 알선
lenocinium vulgare *l.* 매춘
Lesung *f.* 독회(讀會)
Lesung *f.*, **Erste <Dritte> ~** 제1<제3> 독회
lethalitas vulneris *l.* 치명적 상처
Letter of Intent 계약의향서
Letzt~
~bietender *m.(der ~~e)* 최고가신청인 ~instanz *f.*
letztendlich *a.* 최후로, 마지막으로
letztgennant *a.* 방금 말한, 전기(前記)의
letztwillig *a.* 유언의
leudesamio *l.* 메로빙거왕조 시대에 신하들이 하던 서약

leudum *l.* 배상금(중세 시대 살인에 대한 배상금), 합의금, 고살에 대한 보상금 → emenda *l.*남유럽에서는 세금의 뜻으로 쓰임

leugnen *v.*~을 부정<부인>하다

Leumund *m.*세평, 평판, 소문

Leumundszeugnis *n.*(피고의) 품행 증명서, 신원증명서

leuteratio *l.* 순화(작센왕조 소송법의 도구)

levis notae macula *l.* 추잡함

lex *l.*법, 규칙, 성문법

lex *l.* [*pl.*, leges] 법, 법률, 법규, 법문

lex~

~ abrogata *l.* 폐지법률; ~ aeterna *l.* 영구법; ~ causae *l.* 준처벌; ~ contracta *l.* 체결<약정>; ~ declaratoria *l.* 선언적 법률; ~ divina *l.* 신의법[률]; ~ domicilii *l.* 주소지의 법률; ~ ecclesiastica *l.* 교의법; ~fori *l.* 법정지[의]법[률]; ~ fundamentalis *l.* 기본법; ~ generalis *l.* 일반적 법률<규정>; ~ gentium *l.* 만민의 법률, 만민법; ~ humana *l.* 인의법, 인간적법; ~ loci actus *l.* 행위지법; ~ loci contractus *l.* 계약체결지법; ~ loci delicti *l.* 불법행위지법<토지의법>; ~ loci rei sitae *l.* 물의소재지법; ~ loci solutionis *l.* 의무이행지법; ~ moralis *l.* 도덕계법률; ~ naturalis *l.* 자연법<의법률>; ~ non scripta *l.* 불문법; ~ obsoleta *l.* 실효법률; ~ patriae *l.* 본국법; ~ positiva *l.* 제정법, 성문법; ~ publica *l.* 공법, 국법; ~ rei sitae *l.* 소재지법; ~ salica *l.* 법전; ~ scripta *l.* 성문법; ~ situs *l.* 소재지의 법률; ~ specialis *l.* 특별법<규정>

lex aeterna *l.* 변함없는, 천부적으로 타고나서 양심에 각인된 자연법, 모든 법률의 근간이 됨

Lex Alamannorum *l.* 슈바벤공국의 국민법(8세기), → Pactus Alamannorum 에 근거함

Lex Anastasiana *l.* 로마제국의 수많았던 고리대금방지법 중 하나(506), 이후 이 법은 보통법에 통합됨(채권매수인은 채권의 명목가가 아니라 실질 구매가격에 대해서만 청구권을 지녔다)

Lex Angliorum et Werinorum, hoc est Thuringorum *l.* 튀링겐족의 부족법, 802년 아헨 제국의회에서 공포됨

Lex Aquilia *l.* (기원전 287년경 제정된) 노예 및 가축 살해 시의 손해배상을 내용으로 하는 유명한 로마법; 재물 손괴 및 불성실한 전권위임자에 관한 내용도 포함하고 있음

Lex Baiuvariorum *l.* 바이에른의 국민법(750)

Lex Burgundiorum *l.* 부르고뉴의 국민법, 제정자인 군도바트 국왕(506)의 이름을 따 Lex Gundobada라 불리기도 함

lex causae *l.* 주요 논점에 관한 권리(국제 사법에 있어 주요 논점에 대한 결정권을 지닌 측이 부수적 논점에 대해서도 결정권을 지닌다)

lex commissoria *l.* 권리상실 조항(적절한 시기에 변제를 하지 않았을 경우 채무자는 계약 내용에 포함된 권리를 상실한다는 내용의 계약조항)

lex dispositiva *l.* 처분법(계약 당사자들 간에 합의가 이뤄지지 않을 때에만 적용)

lex divina *l.* 신법(神法)

lex domicilii *l.* 거주지법

Lex duodecim tabularum *l.* 기원전 451년 로마에서 제정된 유명한 법, 12표법

lex Falcidia *l.* 보통법에 통합되어 오늘날도 적용되는 법으로서, 상속으로 인해 부담이 발생하는 것에 대한 대응수단이 되고 있다. 필요하다면 상속자에게 유산의 4분의 1을 보장한다는 것을 내용으로 함 → quarta Falcidia

lex ferenda *l.* 공포되어야 할 법

lex fori *l.* 법정지법

Lex (Ewa) Francorum Chamavorum *l.* 니더라인 지역에 거주하는 프랑크 부족의 법(아헨 제국의회[802]와 관련하여 기록되었을 것으로 추측됨)

Lex Frisionum *l.* 프리슬란트의 국민

법(802년 기록)

lex humana *l.* 인간에 의해 창출된 법 → *ius humanum*

lex imperfecta *l.* 불완전한 법규(법규를 무시할 때 의도했던 법적 효과가 나타나는 경우)

Lex interpellat pro homine *l.* 인간을 대신하여 법이 경고 한다

lex lata *l.* 공포된 법

lex loci actus *l.* 행위지법

lex loci celebrationis *l.* 혼인거행지법

lex loci contractus *l.* 계약체결지법

lex loci delicti commissi *l.* 불법행위지법

lex loci solutionis *l.* 이행지법

lex minus quam perfecta *l.* 조금 덜 완전한 법규(법규를 무시할 때 의도했던 법적 효과가 나타나지만, 이와 동시에 다른 효과, 그중에서도 특히 형법상의 효과를 초래함)

lex monetae *l.* 통화유통지법(계약서에 명시된 통화를 근거로 적용해야 할 법을 결정 - IPR)

Lex nova ad praeterita trahi nequit *l.* 새로운 법이 지난 법에 연관되어서는 안 된다(소급효과를 지니면 안 된다) C. 1.14.7; C. 10.31.65

lex patriae *l.* 본국법

lex perfecta *l.* 완전한 법규(법규를 존중할 경우에만 의도했던 법적 효과가 나타나는 경우)

lex personalis *l.* 사람, 그 사람의 국적 혹은 주소지에 따라 결정되는 법

Lex posterior derogat priori *l.* 나중 법이 예전 법보다 우선된다(새로운 법을 적용해야 한다)

lex prohibitiva *l.* 요구 또는 금지하는 법(무시할 경우 행위가 무효화되는 결과가 초래됨)

Lex prospicit, non respicit *l.* 법은 뒤가 아니라 앞을 내다 본다

lex rei sitae *l.* 소재지법

lex Rhodia de iactu *l.* 해손에 대해 로도스섬에 적용되는 법, 선박이나 적하에 대한 대규모 손해를 막고 이를 구제하기 위해 도입된 공동해손제도(로마법을 거쳐 현대 법에도 통합됨)

Lex Ribuaria *l.* 리부아리아세 프랑크족의 부족법(7세기까지 거슬러 올라감)

Lex Romana Burgundiorum *l.* 부르고뉴제국에 거주하는 로마인들에게 적용된 법, 506년 이전까지 집대성된 법

Lex Romana Raetica Curiensis *l.* 스위스 쿠어 지방에서 8세기 집대성된 법전

Lex Romana Visigothorum *l.* → Breviarium Alarici Lex Salica *l.* 프랑크족의 한 분파인 살리에르족의 법전(507-511년에 걸쳐 성립)

Lex Salica emendata *l.* ·Lex Salica 를 803년 카롤링거인들이 재정비한 것, 70개의 장으로 나뉘어 있음

Lex Saxonum *l.* 작센족의 부족법(802년 아헨 제국의회에서 제동됨)

Lex specialis derogat legi generali *l.* 특별법이 일반법에 우선된다(특별법이 적용되어야 한다)

Lex superior derogat legi inferiori *l.* 상급법(예 : 헌법)이 하급 법규에 우선된다

Lex Thuringorum *l.* ·Lex Angliorum et Werinorum, hoc est Thuringorum Lex Visigothorum *l.* 7세기 중엽부터 서고트제국 내 서고트인과 로마인에게 적용된 법

lex voluntatis *l.* 계약 당사자들이 법적 분쟁 해소를 위해 선택한 법

libelli famosi *l.* 익명의 비방글

libellus *l.* 중상문, 소장(訴狀)

libellus appellatorius *l.* 항소심 법원에 제출하는 항소의사의 서면 표시

libellus conventionis *l.* 법정에 소장을 제출함

libellus repudii *l.* 결별 편지

liber; liberi *l.* 아들; 자녀

liber *l.* 문서, 책, 서적; 원래는 35개의 알파벳으로 기록된 1500-2500줄 분량의 문서를 가리키던 말

liberae imperii civitates *l.* 자유 제

국도시
Liberalisierung *f.*; **liberalisieren** *v.* 자유화하다
Liberalisierung
~ des Finanzmarktes 금융시장의 자유화
liberalitas *l.* 선물, 자의적 희사품
liberatio *l.* 면제, 석방, 해방
Liber Extra (X) *l.* Liber decretalium extra를 줄여서 부르는 말. →Decretum (Gratiani) vagantium, 그라티아누스의 훈령에 정확히 포함되지 않은 훈령(그 레고리우스 9세의 훈령은 →Corpus iuris canonici [교회대법전]의 제2권에 포함됨, 1234년 발간됨)
liber homo *l.* 자유인
liberi naturales *l.* 내연의 처 (→*concubinatus*)에게서 태어난 자식
Liber Papiensis *l.* 랑고바르드 법전, 11세기 말 →Lombarda에서 비롯된 법
liber recognitionum *l.*; **resignationum** *l.*; **traditionum** *l.* 도시의 대장, 부동산 소유권 이전 기록이 등재됨(이전대장이라고도 불림)
Liber Sextus *l.* 1234년부터 훈령과 공의회 결정 등을 집대성하여 제정된 →Corpus iuris canonici [교회대법전]의 제3권. 보니파티우스 8세에 의해 작업이 시작되었고 1298년 대학에 송달한 후 간행됨
libertinus, libertus *l.* 노예 신분에서 해방된 자; 해방된 노예의 자녀들을 집합적으로 libertini라고 부름
liberum arbitrium *l.* 자유의지, 의지의 자유
libitum *l.* 임의
libri feudorum *l.* 랑고바르드의 봉건법
libri terribiles *l.* 끔찍한 책들(안에 끔찍한 형벌들이 수록되어 있다고 하여 →*digesta*[유스티니아누스 법전]의 마지막 3권을 이렇게 불렀다)
licentia *l.* 허가; 허가 받은 석사 학위; 발명 이용권(특허)
licentia docendi *l.* 대학에서 강의를 해도 좋다는 허가

licentia poetica *l.* 시적 자유
Lichtzeichenanlage *f.* 교통신호등
licitatio fructus *l.* 경매; 소유권 분쟁이 진행되는 동안에는 소유권 및 토지 위에 자란 열매를 수확할 수 있는 권리를 법정이 한쪽 소송 당사자에게 부여하는 것
licitum *l.* 허가받은 것; 경매 명령
lictores *l.* (고대 로마의) 고위 관리 수행원, 관직 종사자
Liebe *f.* 사랑, ~애(愛)
Liebe *f.*, **gleichgeschlechtliche** ~ 동성애
Liebhaber~
~interesse *n.* 지나친 애착; ~preis *m.* 상식을 벗어난 비싼 값(가격); ~wert *m.* 애호가에게만 통용되는 가치
Liefer~
~angebot *n.* 급부의 제공; ~anweisung *f.* 급부명령; ~auftrag *m.* 배달의 위탁, 배달 주문; ~bedingungen *pl.* 배달<납입>의 조건; ~embargo *n.* 금수(禁輸); ~frist *f.* (물품의) 인도기일(引渡期日); ~garantie *f.* 급부보증; ~kosten *pl.* 급부<배달>비용; ~ort *m.* 급부<배달>지; ~schein *m.* 인도증(引渡證); ~sperre *f.* <제품 등의>급부금지; ~termin *m.* 인도기일; ~verzug *m.* 인도 지연; ~zeit *f.* 인도시기
Lieferant *m.* 급부(給付)자
Lieferung *f.*; **liefern** *v.* ~을 급부(給付), 하도(荷渡), 인도(引渡)하다
Lieferung
~ gegen Abruf 신입 급부배달; ~gegen Barzahlung; 현금불 급부<배달>
Lieferung
fortgesetze <sukzessive> ~ 계속적 급부; mangelhafte ~ 하자 급부; ordnungsgemäße ~ 약정급부; unvollständige ~ 부정<불완전>급부; verspätete ~ 지연급부; vorzeitige ~ 시기전의 급부
Lieferungs~
~angebot *n.* 급부<인도>의 제공; ~annahme *f.* 인수, 급부의 승낙; ~bedingungen (→*Lieferbedingungen*) *pl.* 인도<급부>조건; ~verpflichtung *f.* 인도<급부>의무책임;

~vertrag *m.*공급 계약, 정기 거래 계약
Liegegeld *n.*체선료(滯船料)
Liegenschaft *f.*부동산, 토지
Liegenschafts~
~anteil *m.*토지부분; ~kataster *n.*토지등기부; ~recht *n.*물권법, 부동산물권; ~übertragung *f.*부동산<토지>양도
Limitation *f.*제한, 한정; **limitieren** *v.*~을 제한(한정)하다
limitiert *a.*제한된, 한정된
linea inferior *l.* 비속 친척관계
linear *a.*{i.S.d. Erbrechts} 일률적인
linea recta *l.* 직계 친척관계
linea superior *l.* 존속 친척관계
linea transversa *l.* 방계 친척관계
Linie *f.*{i.S.d. Erbrechts} 족, 계층 [친족]계
Linke *f./pl.*; **Linken** {politisch} 좌파
Linksverkehr *f.*좌측통행
liquet *l.* 그것은 분명하다, 그것은 명백하다
liquid *a.*지불능력이 있는, 청산(淸算)할 수 있는
liquidatio *l.* 청산; 비용 계산; 사업 종료 후의 자산분배
Liquidität *f.*(파산기업의) 지불능력, 유동자산 (현금, 유가증권, 적축금)
Liquiditätsquote *f.* 청산비율
Liquidation *f.*; **liquidieren** *v.*(빚 등을) 청산<변제>하다, (회사 등)을 정리하다
Liquidations~
~anteil *m.* 청산배당분; ~antrag *m.* 청산신고; ~beschluß *m.* 청산결정; ~bilanz *f.* 청산임차대조표; ~erlös *m.* 청산잉여금; ~geschäft *n.* 청산행위; ~gesellschaft *f.* 청산회사; ~gewinn *m.* 청산이익; ~kurs *m.* 청산상장; ~masse *f.*(파산) 정리 재산; ~quote *f.* 청산배당률; ~preis *m.* 청산가격; ~verfahren *n.* 청산수속; ~verkauf *m.* 청산매매; ~vorrecht *n.* 청산선취특권; ~zweck *m.* 청산목적
Liquidator *m.* 청산인, 파산 관재인(管財人)
Liquidität *f.* 자본 유동성

lis *l.* 소송[수속]
lis *l.* 법정 분쟁
lis pendens *l.* 계속사건, 소송물
lis pendens *l.* 소송계속, 권리구속
Liste *f.* 목차, 명부
Liste *f.* ~ **der Gesellschafter** 출자자 명부
Listen~
~preis *m.* 가격표(시세표)에 나와 있는 가격; ~wahl *f.* 명부식 비례 대표제 선거
Listung *f.*[~ von Wertpapieren] 상장
Listungskriterien *pl.*[증권거래상의]상장기준(基準)
litem lite resolvere *l.* 분쟁을 분쟁으로 중재하다, 분쟁 사안을 더 큰 분쟁 사안으로 해결하려 하다
litemonium *l.* 완전히 해방되지는 않은 노예가 주인에게 바치는 보호세
lite pendente *l.* 계류 중인 사건에 있어
Literae (epistulae) non erubescunt *l.* 편지는 붉어지지 않는다(말할 때보다 글로 쓸 때 더 거침없어지고, 종이는 인내심을 지니고 있다는 뜻 - 키케로)
liti, laeti, leti *l.* 반자유의 몸, 반자유의 노예
litigatio *l.* 법정 절차, 소송
litis consortes *l.* → *consortes litis*
litis contestatio *l.* 분쟁 확정, 개시
litis contestation *l.* 쟁점결정
litis denuntiatio *l.* 분쟁선포
Litisdenunziation *f.*{obs-고} 소송고지 → *Streitverkündung*
litis renuntiatio *l.* 소 취하
litterae apostolicae *l.* 교황의 교서
litterae clausae *l.* 봉인된 서신
litterae induciales *l.*; **quinquennales** *l.* 유예 혹은 일시중단 서신(모라토리엄, 국가가 지불을 일정 기간 유예케 하는 특권)
litterae patentes *l.* 공개된 서신 → *patenta*
litterarum obligatio *l.* 부채액을 부채 대장에 기입함
Lizenz *f.* 허가, 인가, 특허

Lizenz
ausschließliche ~ 전속 실시권; einfache ~ 통상 실시권; eingetragene ~ 등록 실시권; gebührenfreie <unentgeltliche> ~ 무상 실시권; gegenseitige ~ 상호 실시권
Lizenz~
~dauer *f.*실시허락유효기간; ~bereitschaft *f.*실시허락의 용의; ~einräumung *f.*실시권; ~erteilung <~gewährung> *f.*공여; ~geber *m.*실시권 허락자; ~gebiet *n.*실시허락지역; ~gebühr *f.*실시효; ~inhaber *m.*실시허락관리자, 실시권자; ~nehmer *m.*실시권피허락자; ~produkte *pl.*실시허락제품; ~träger *m.*실시권자; ~vergabe *f.* 실시권; ~vertrag *m.*실시허락; ~verwaltung *f.*실시허락의 관리; ~waren *pl.*제품
lizensieren *v.*허가<인가>하다
LL. D. *l.* → Legum Doctor
Lobbying *n.*로비 활동
loca *l.* 여러 명의 파트너가 참가하는 조선업체에 있어 각 파트너가 선박에 대해 지니는 지분
loca credibilia *l.* 1874년까지 헝가리에서 국가 공인으로 인정되던 공증업소
loca montis *l.* 채권 지분, 주식의 전신이라 할 수 있음 → montes
locatarius *l.* 소작인
locatio *l.* 임차, 소작을 줌; (채권자들의) 우선순위 확정
locatio conductio *l.* 돈을 받고 물건이나 인력에 대한 일시적 사용권을 보장해준다는 내용의 쌍방 계약
locatio conductio operarum *l.* 근로계약
locatio conductio operis *l.* 업무계약
locatio conductio operis irregularis *l.* 변칙적 업무계약(주문자가 재료를 납품하지만 가공자가 동일한 품질의 다른 재료를 사용함)
locatio conductio rei *l.* 임대 및 소작계약
locator *l.* 임차인, 소작을 주는 사람; 중세 동방식민운동 시절에는 식민지배 업체 운영자를 가리킴

loci communes *l.* 공공 광장; 공용의 산림이나 목초지를 의미하기도 함
Lockspitzel *m.*첩자, 끄나풀
Lockvogelfahndung *f.*미끼를 이용한 수사
loco *l.* 소
loco *l.* 대신, 대리로, 그 자리에(이미 존재하여 손에 닿는, 그 자리에서 조달할 수 있는 물건을 Lokoware라고 부르는 것이 여기에서 기인됨)
loco citato (l. c.) *l.* 위의 인용문에서
Loco-Geschäft (Lokogeschaft) *n.*즉시취인
loco sigilli (L. S.) *l.* 압인 대신에
locus *l.* 장소, 지점; 벌채(삼포식 경장의 일부)
locus ad quem *l.* (어음 등의 지불이 가능한) 장소
locus a quo *l.* (어음 또는 우편환 발행인의) 거주지
locus minimae resistentiae *l.* 저항이 제일 약한 지점
Locus regit actum *l.* 장소가 법률 행위를 지배한다, 행위에 있어 장소가 결정적이다(행위지에 적용되는 형식만 존중하는 것으로도 법적 유효성은 충족된다 - IPR)
Logik *f.*논리[학]
logisch *a.*논리적인, 논리학상의
logisch *a.*; **~e Intepretation** *f.*논리해석
Lohn *m.*[노동자의]임금<임료>노임, 급료
Lohn-~
~ und Gehaltserhöhung *f.*임금 및 급료의 인상; ~ und Gehaltspfändung *f.*임금 및 급료의 차압; ~ und Preispolitik *f.*임금 및 물가정책
Lohn~
~abtretung *f.*급료청구의 양도; ~anspruch *m.*임금<급료>지불청구(권); ~berechnung *f.*임금(賃料)계산; ~einkommen *n.*임료(賃料)소득; ~erhöhung *f.*임금 인상; ~ersatz *m.*임금보상; ~festsetzung *f.*임금확정; ~forderung *f.*임금채권; ~fortzahlung *f.*

[*im Krankenheitsfall*] 임금지불계속;
~fortzahlungsprinzip *n.*임금계속지급의무;
~kosten *pl.*(세금을 포함한) 임금총액;
~kurve *f.*임금곡선; ~niveau *n.*임금수준;
~pause *f.*임금인상의 일시적인 동결;
~pfändung *f.*(채권자를 위한) 임금차압,
임금의 일부 압류; ~pfändungsbeschluß
*m.*급료차압결정; ~pfändungstabelle *f.* 급
료차압 제한의 목표; ~pfändungsverbot
*n.*급료채권의 차압금지; ~politik *f.*(기업
측의) 임금정책; ~quote *f.*임금비율, 국
민 총생산량에 대한 임금의 몫; ~runde
*f.*노동조합들과 고용주 단체들이 (매년)
하는 임금 협상; ~standard *m.*임금수준;
~steuer *f.* 근로소득세; ~struktur *f.*임금
구조; ~tüte *f.*임금<봉급>봉투;
~verhandlungen *pl.* 임금교섭<협상>;
~zahlung *f.*임금의 지불
lokal *a.*국부(局部)의, 한 지방의, [문
법] 장소의
Lokal~
~regierung *f.*지방정부; ~steuer *f.*지방세;
~verwaltung *f.*지방행정
Lombard   *m.*동산질대부(動産質貸付),
전당표, 동산 저당 대부 은행 (13세기
초 Lombardei 상인이 창시함)
Lombard~
~geschäft *n.*(은행이 해주는) 동산 담보
(질권 담보) 대부; ~zinsfuß *m.*동산 저당
대차(貸借) 이자율
Lombarda, liber Lombardae *l.* 랑고
바르드 법의 체계적 제시(11세기 말)
Lombardierung *f.*~을 저당 삽힘
longa manu traditio *l.* 팔을 쭉 뻗어
소유권을 이전하는 행위(멀리 떨어진
곳에서 토지를 가리키며 양도선언을
하는 것)
longi temporis possessio *l.* 장기간
의 소유(시효에 의한 취득의 전제조건)
Löschung *f.*; **löschen** *v.*[*etw.* aus/von
etw. ~] ~을 지우다, 삭제하다
Löschung
~ einer Dienstbarkeit 지역권<사용권>의
말소; ~ einer Eintragung 등기말소; ~ einer
Hypothek 저당권말소; ~ eines Warenzeichens

상표말소
Löschung
freiwillige ~ 임의적 말소; gerichtliche ~
재판소 말소
Löschung von Amts wegen
직권상의 말소
Löschungs~
~anspruch *m.*말소청구(권); ~antrag *m.*
말소<취소>신청; ~anzeige *f.*말소고지;
~benachrichtigung *f.*말소통지; ~bewilligung
*f.*말소의 허가; ~bescheinigung *f.*말소증
권; ~frist *f.*말소기간; ~klage *f.*< ~ Klage
auf ~> 말소청구의 소; ~prinzip *n.*말소
주의; ~verfahren *n.*말소수속; ~vermerk
*m.*말소의 기재; ~vormerkung *f.*말소의
부기예고등기
Lösegeld *n.*인질의 몸값
Lösung *f.*[~ von Problemen] 해결
Lösungsweg *m.*해결방법, 문제해결의
가능성 (~ Lösungsmöglichkeit)
Lotse *m.*(해양) 수로 안내인, (항공)항
공기 유도 안내인
Lotsendienst *m.*수로 안내 업무, 항공
기 유도 안내 업무
Lotterie *f.*부첨(富籤), 복권, 재비
Lotterie *f.*, unerlaubte ~ 부첨죄
Lotterie~
~geschäft *n.*부첨행위; ~gewinn *m.*부첨이
득; ~verbot *n.*부첨금지; ~veranstaltung *f.*부
첨; ~vertrag *f.*부첨계약
Loyalität *f.*성실, 충성, 존중
Loyalität
~serklärung 충성선언; ~spflicht 성실의
무; ~spflichten 충실의무
L. S. → loco sigilli
lucida intervalla *l.* 밝은 기간(정신질
환자가 이성을 완전히 되찾는 짧은 순간)
Lücke *f.* im Recht 법의 결함
lucri causa *l.*이득
lucri causa *l.* 이유으로 인해
lucrum *l.* 이유
lucrum cessans *l.*일실이익
lucrum cessans *l.* 놓쳐버린 이유
Lucrum cessans est quasi damnum
l. 이유을 놓치는 것은 손실과 같다

luctuosa *l.* 사망세(가족 중 누군가 사망하면 바쳐야 했던 세금)

ludus *l.* (민법상의 의미에서의) 유희, 도박, 기술이 수반되어야 하는 놀이

Luft~
~fahrt *f.*비행, 항공; ~fahrt-Bundesamt *n.* 연방항공청; ~fahrthaftpflichtversicherung *f.* 항공책임보험; ~fahrtversicherung *f.* 항공보험; ~piraterie *f.* 비행기 납치, 하이잭킹; ~raum *m.*, territorialer ~ 영공, 영역; ~recht *n.* 항공법, 영법; ~transport *m.* 항공운송; ~transportpolice *f.* 항공운송보험증권; ~transportversicherung *f.* 항공운송보험;~transportversicherungsvertrag *m.* 항공운송보험계약

Lüge *f.* 거짓말, 허위, 날조

Lüge *f.*, **schriftliche ~** 서류상의 허위<날조>

Lügendetektor *m.* 거짓말 탐지기

lustrum *l.* 로마인들이 5년이라는 기간을 일컫던 말

luxuria *l.* 방종, 방탕; 형법상 인정되는 부주의(위험을 인식하면서도 피해가 발생하지 않기를 바라고 하는 행위)

Luxus~
~artikel *m./pl.* 사치품; ~steuer *f.* 사치세

lynchen [북아메리카의 치안판사 Ch. Lynch(1736- 1796)의 이름에서] *v.* ~에게 린치를 가하다, ~를 사형에 처하다

Lynchjustiz *f.* 린치, 사형(私刑)

lytae *l.* 강의를 들어도 되지 않는 자들(로마 법률학교의 4학년)

M

Macht *f.* 권력, 세력, 동력
Macht~
~befugnis *f.* 권능, 권한; ~bereich <~sphäre *f.*> *m.* 권력<고권>범위; ~mittel *pl.* 권력수단; ~verhältnis *n.* 세력<권력>관계
Mädchen~
~handel *m.* 부녀자 인신매매, (외국으로의) 창녀 인신매매; ~name *m.* (기혼여자의) 결혼 전의 성, 친정의 성
Magna Charta *f.* 마그나 카르타, 대헌장
Mahn~
~bescheid *m.* 지불명령, 지불 독촉; ~gebühr *f.* 독촉료; ~kosten *pl.* 지불 독촉수속을 밟는데 있어서의 수수료; ~schreiben *n.* 최고[독촉]장, 제고장(戒告狀); ~verfahren *n.* 독촉<제고>절차, 지급명령
Mahnung *f.*; **mahnen** *v.* ~에게 지불독촉을 하다
Majestät *f.* 폐하
Majestätsbeleidigung *f.* 불경[죄], 대역[죄]; 상관을 모욕하는 발언<행동>
Majorität (→ *Mehrheit*) *f.* 다수; absolute ~ 과반수; einfache ~ 단순다수; relative ~ 비교다수
magister *l.* 장인(匠人), 스승; 학위 이름
magister aulae *l.* 의전관
magister civium *l.* 시장(市長)
magister curiae *l.* 궁내 교육 · 의전 담당관
magister navis *l.* 선장
magister scholarium *l.* 수도원학교 또는 대성당부속신학교 총장
magistratus *l.* 로마의 고위 관직; 이후 도시의 고위 관직
Magistratsverfassung *f.* 지방자치단체 내부의 기관조직

Magna Charta Libertatum *l.* 1215년 6월 15일 제정된 대헌장; 영국 헌법의 근간
magna cum laude *l.* 매우 우수함(박사 학위의 성적 등급)
magnificus *l.* Rektor magnificus의 축약형, 대학의 총장을 부를 때 쓰는 정중한 호칭
maiestas *l.* 존엄(국가 최고 권력과 직위를 일컫는 말)
maior aetas *l.* 성년(成年)
maioratus *l.* 장자 상속권, maior=장자(상속순위 결정 시, 같은 친등 관계에 놓인 상속인들 중 먼저 태어난 사람에게 분할하지 않은 가문의 재산을 상속시킨다는 내용; 반대말은 → *minoratus*)
maior domus *l.* 궁내성 장관(프랑크 왕국의 궁내 수석 장관)
maiorennis *l.* 성년의
maiori cedo *l.* → *cedo maiori*
maioritas *l.* 다수, (선거나 표결에 있어서의) 다수 득표; 하급기관의 법규보다 상급기관의 법규가 더 상위에 있음
Majoritäts~ · *Mehrheits~*
Makler *m.* 중매인(仲買人), 부동산 거간
Makler~
~büro *n.* 중매영업소; ~courtage *f.* 중개[수수]료; ~gebühr *f.* 중개수수료, 소개료; ~gewerbe *n.* 중매업, 중개업, 소개업; ~lohn *m.* 중매수수료; ~provision *f.* 중매수수료; ~vertrag *m.* 중매계약
malae fidei possessor *l.* 불성실한 소유자
mala fama *l.* 나쁜 평판
mala fide *l.* 악의적인, 믿을 수 없는, 소신에 어긋나게
mala fide *l.* 악의
mala fides *l.* 불성실함, 신뢰할 수 없음

mala fides superveniens nocet *l.*
불신의 소지가 발생하면 피해가 돌아
간다(카논법[c. 20 X de praesc. 6.26]
및 이후에는 보통법에 의거해 취득시
효 기간 내내 해당 취득자가 신용을
잃지 않아야 한다는 뜻; 이와는 달리
로마법에서는 Mala fides superveniens
non nocet가 적용됨 - D. 41.1.48.1; C.
7.31.1,3)
maledictio *l.* 저주
maleficium *l.* 범행, 악행, 범죄
maleficus *l.* 흉악범
Male parta male dilabuntur *l.* 부적
절한 취득은 결국 불쾌하게 끝난다(불
법으로 취득한 것은 번성하지 않는다 -
그나에우스 나에비우스)
malitia *l.* 악, 악의
Malitia supplet aetatem *l.* 악의는
나이를 보충한다(나이 어린 자가 나이
를 속임으로 인해 미성년자에 대한 보
호도 누락된다)
Malitiis non est indulgendum *l.* 악
의에 대해서는 배려할 필요가 없다, 전
횡은 허용되지 않는다 - D. 6.1.38
malitiosa desertio *l.* →desertio malitiosa
mallus *l.* (고대 게르만의) 민회, 자유
민총회; 봉건국가의 의회, 법정위원회
mallus legitimus, publicus *l.* 진정
한, 거짓 없는 민회, 자유민총회
mancipatio *l.* 구매자가 구매 대상물을
손으로 잡거나 만지는 행위(이로써 사
전에 미리 구매대금을 지불했다는 전
제 하에 구매계약이 충족됨; 이후 법률
분야에까지 이 관행은 확산됨 →
negotia per ······ - 로마법)
mancipium *l.* 노예, 물건의 소유권을
구매하는 것도 지칭함; → *manumissio*
[예속의 최하위 등급]가 일어나기까지
매각된 사람이 처한 상태
Mandant *m.*[변호]의뢰인, 의뢰자
Mandat *n.*①{*i.w.S.*} 위임관계 ②{*im
Parlament, usw.*} 의석
Mandat {*i.S.v.* ①}, **ein ~**
~ ausüben *v.*위임 권한을 행사하다; ~
niederlegen *v.*위임 권한 행사를 중지하

다; ~ übernehmen *v.*위임을 받다
Mandatar *m.*수임<수탁자>자
mandatarius *l.* 외교 사절; 변호사
Mandats~
~ausübung *f.*위임수행; bürgschaft *f.* 위
임보증; ~entzug *m.*위임 취소<해약>;
~niederlegung *f.*위임중지; ~prozeß *m.*영
장승소; ~theorie *f.*위임설; ~verteilung *f.*
의석배분
mandatum *l.* 위임; 판사의 지시; 상부
의 업무지시; 의원직 부여(의원 위임);
국제법상의 위임(위임 통치령); 형법상
의 교사(教唆)
mandatum praesumptum *l.* 추측되는
(소송) 위임
mandatum qualificatum *l.* 신용 위임
Mangel *m.*①{*i.S.v. Fehler*} 하자, 결함,
결점 ②{*i.S.v. Nichtvorhandensein*} 결여,
결핍, 부족
Mangel
~am Tatbestand 구성요건; ~ an Bestimmtheit
주장의 일관성; ~ an Beweiskrift 증거
력의 결여; ~ an Masse 파산재단의 부
족; ~ an Sorgfalt, ~ im Recht 권리의
하자
Mangel {*einer Sache, oben* ①}
einem ~ abhelfen *v.*결함을 시정하다;
einen ~ feststellen *v.*하자<결함>를 인정
하다; einen ~ geltend machen *v.*결함을
관철시키다
Mangel
bekannter ~ 기지의 하자<결함>;
erkenntbarer ~ 인식 가능한 하자<결함>;
geringer ~ 작은 수준의 하자<결함>;
grober ~ 심각한 수준의 결함; offener ~
명백한 하자; produktionsbedingter ~ 제
조상의 결함; verborgener<versteckter> ~
잠재되어 있는 하자; verfahrensmäßiger
~절차적 측면에서의 하자
Mangel
~ am Tatbestand 실시[구성요건]의 결함
Mangel~
~anspruch *m.*하자담보청구권; ~anzeige
*f.*하자[의]통지; ~folgeschaden *m.*후속손
해, 하자결과손해; ~freiheit *f.*하자의 부

존재<상태>; ~haftigkeit f.하자 결함상태; ~schaden m.하자손해, 결함피해

Mängel - (pl.)
~ansprüche pl.하자보증청구권; ~anzeige f.하자(瑕疵) 클레임 (흠 있는 물품이라는 통고); ~beseitigung f.하자의 제거<수보(修補)>; ~beseitigungsanspruch m. 하자제거<수보>청구권; ~einrede f.하자에 대한 이의제기; haftung f.하자담보책임; ~rüge f.(구입물품의) 결함통고; ~rügefrist f.결함통고에 대한 문의 기간

mängelbehaftet (mangelhaft) a.하자<결함>가 있는, 불완전한

mängelfrei a.하자<결함>가 없는

mangels Präp.
~ Masse 파산 재단(財團) 부족의 이유 때문에; ~ Sorgfalt 주의하지 않았기 때문에

Manifestation f.; **manifestieren** v.공시 선서를 하다, ~을 표명하다<밝히다>

manifestum l. 공표(특히 정부가 자신의 행위를 정당화하기 위해 발표하는 것); 해양법상으로는 적하물에 대해 법정에서 공증 받은 증서(증명서)

Mankohaftung f.결손 책임

mannitio l. 피고에게 보내는 법정 출두 요구(프랑크왕국 법)

mansio l. 숙소, 야영지; (우편마차의) 역참; 소규모 농장

mansionarius l. 숙소 주인; 영주의 장작지(mansus)에 예속된 자

mansionaticum l. 숙소 세금

mansionaticus l. 안전한 도로의 감독관

mansus l. (중세시대 한 가족을 부양하기에 적절하다고 판단되던) 농지면적을 가리키는 단위

mansus indominicatus l. 부역 영지, 강제노동 영지

Mantelgesetz n.기본틀법

Manteltarifvertrag m.개괄적 단체협약

manuarium ius → ius manuarium

manubiae l. 약탈물

manubialis l. 약탈물에서 얻은 수익으로부터

manubiarius l. 약탈물 배당분

manufidelis l. 수탁자

manu firmatio l. 봉건국가 규정에 의거한 특권; 비호, 전서; 특전; 증서의 서명 및 증서 자체

manumissio l. 가부장의 → manus에서 벗어나는 것

manu propria (m. p.) l. 친수

manus l. 손; 가족에 대한 가부장의 권력(로마법, 독일법의 가부장권[Mund]에 해당)

manus clavium l. '열쇠권'(부부공동재산에 관한 아내의 권리)

manus iniectio l. 치형 개시동작으로 손을 갖다 대는 행위; 독단적으로 노예를 포박하는 행위(인종의 자력구제 행위)

Manuskript n.원고<원본>, 등본

Manus manum lavat l. 한 손이 다른 손을 씻는다(세네카 및 페트로니우스 아르비테르)

manus mortua l. 죽은 손(교회의 소유지)

manus pretium, manupretium l. 수공업의 가치(노동에 대한 대가)

marchio l. 후작

mare clausum l. 폐쇄된 해양(개방된 해양 중 주권 국가가 통치권을 지니는 영해)

mare liberum l. 자유로운 해양, 공해 (公海)

Marke f.상표, 표장(標章)

Marken~
~artikel m.정품(상표가 품질, 규격을 보증하는 상품); ~bestandteil m.상표의 구성요소; ~bezeichnung f.상표; ~gebrauch m.상표[의]사용; ~inhaber m.상표 소유(자); ~recht n.상표권[법]; ~schutz m.상표[의]보호; ~ware (↑ Markenartikel) f. 정품

Markt m.시장 {Lesung bei abstrakter Bedeutung}, {Lesung als Ort des Verkaufs von Gegenständen}

Markt
ausländischer ~ 외국시장; freier ~ 자유

시장; gemeinsamer ~ 공동시장; Gemeinsamer ~ 통합시장; inländischer ~ 국내시장
Markt~
~analyse *f.*시장분석; ~anteil *m.*시장점유지분; ~anteilsrate *f.*시장점유율; ~aufteilung *f.*시장[의]분할; ~beeinflussung *f.*시장의 영향력; ~beteiligung *f.*시장참가; ~freiheit *f.*시장자유; ~gegebenheiten *pl.*시장의 정황; ~information *f.*시장정보; ~konzentration *f.* 시장집중[력<도>]; ~kurs *m.*상장; ~macht *f.*시장지배력; ~öffnung *f.*시장해방; ~ordnung *f.*시장질서; ~position <→ ~stellung> *f.*시장지위; ~preis *m.*시장가치; ~stellung *f.* beherrschende ~ 시장 지배적 지위; ~struktur *f.*시장구조; ~teilnehmer *m./pl.*시장 활동 참가자; ~wert *m.*시장가치; ~wertausgabe *f.*{*von Wertpapieren*} 시가발행; ~wirtschaft *f.* [, soziale ~] [사회적] 시장경제; ~zugang <~zutritt> *m.*시장진입<접근>; ~zugangsbeschränkung *f.*시장진입의 제한; ~zugangshemmnisse *pl.*시장진입에 있어서의 장애
mas, masculus *l.* 남자, 남성
massa bonorum *l.* 전체 자산
Massaker *n.*학살
Masse *f.*①{*i.S.v. Menschenmassen(n) (pl.)*}대중 ②{*i.S.v.* Konkursmasse}[파산]재단(破産財團)
Masse {*i.S.v.* ①}
anonyme ~ 무명의 대중
Masse~ {*i.S.v.* ②}
~anspruch *m.*파산재단(破産財團) 청구[권]; ~forderung *f.*파산재단(破産財團) 채권; ~gläubiger *m.*파산재단(破産財團) 채권자; ~kosten *pl.*파산재단(破産財團) 비용; ~schuld *f.*파산재단(破産財團)채무; ~verwalter *m.*파산재단(破産財團)관리인; ~verzeichnis *n.*파산재단(破産財團)목표
Massen *pl.*(*die ~*) 대중
Massen~
~medien *pl.*매스 미디어, 대중매체; ~mord *m.*대량 학살, 집단살인; ~produkt *n.*대량 생산품; ~produktion *f.* 대량생산;

~verfahren *n./pl.*(다수인을 대상으로 하는) 대량 절차; ~verwaltungsakt *m.*(다수인을 대상으로 하는) 행정행위
Maßgabe *f.*; nach ~ dieser Bestimmung 이 규정<준거>에 따라서<비례하여>
maßgebend <maßgeblich> *a.*결정적인, 구속력 있는, 중요한
Maßnahme *f.*처치, 처분, 보안제재
Maßnahme
~ des Gerichts 재판소의 처분; ~ des Gemienschuldners 파산자의 처치
Maßnahme
endgültige ~ 최종적인(최후의) 처분; erzieherische ~ 교육적 처분(처치); freiheitsbeschränkende ~ 자유제한의 측면이 강한 처치; geeignete ~ 적정수준의 처치; notwendige ~ 필수불가결한 처치; polizeiliche ~ 경찰 처분; rechtswidrige ~ 위법 처분; schützende ~ 보호적 처분; sichernde ~ 보안<보전>처분; temporäre ~ 중간<일시적>처분; vertrauensbildende ~ 신뢰 구축이 가능한 처치; vorläufige ~ 가처분
Maßnahmegesetz *n.*처분법
Maßnahmen (*pl.*)
~ gegenüber Personen 대인적 처분; ~ gegenüber Sachen 대물적 처분
Maßregel *f.*조처, 방책, 방법, 수단
Maßregel
~ der Besserung und Sicherung 보안처분; ~ zur Sicherung und Besserung 「안보급 개선의 처분」
Maßregel~
~system *n.*안보처분제도; ~vollzug *m.* [보호, 처분]처분의 행형
mater familias *l.* 주부
Material~
~delikt *n.*실질법; ~fehler *m.*자재의 하자(결함); ~kosten *pl.*재료<원료>비, 자재비; ~vertrag *m.*유인계약
Materialien *pl.*입법자료
materialisierbar *a.*<*realisierbar*> 현실화 시킬 수 있는
materiell *a.*물질의
materiellrechtlich *a.*실체법상의

materna *l.* 모계 유전형질

Mater semper certa est, pater est, quem nuptias demonstrant *l.* 어머니는 늘 확고하다, 혼인을 기피하는 측은 아버지다(혼인 지속기간 내에 태어난 자녀는 남편의 자녀로 간주한다는 내용) D. 2.4.5

matricula *l.* 학적부; 목록; 특히 대학에 등록한 학생들의 학적부를 가리킴

matrimonium *l.* 혼인

matrimonium ad morganaticam, ad legem Salicam *l.* 천한 신분의 여성과의 결혼, 귀천상혼, 귀족들의 정식 혼인 외의 혼인

matrimonium consummatum *l.* (약혼자들이 동침함으로써) 완성된 혼인

matrimonium legitimum *l.* (국법에 일치하는) 합법적 혼인

matrimonium putativum *l.* 상상상의 혼인(혼인을 무효화하거나 반박할 여지가 있으나 혼인 당사자 중 한 명 혹은 양측이 이를 모르고 있었던 경우)

matrimonium ratum *l.* 교회 규범에 일치하는 혼인

Maximal~
~arbeitszeit *f.* 최상노동시간; ~arbeitsleistung *f.* 투입 노동 시간당 거둬들일 수 있는 최대의 능률; ~betrag *m.* 최고액; ~versicherungssumme *f.* 최고보험금액; ~zinsen *pl.* 최고이자; ~zinssatz *m.* 최고이율

Mea culpa, mea maxima culpa *l.* 내 탓이오, 내 큰 탓이로소이다(가톨릭 고해성사시 통상적으로 사용되는 문구)

media eruendae veritatis *l.* 진실 추적수단, 예컨대 고문(증거와는 다른 의미임)

mediatus *l.* 간접적으로; 제국과 황제의 직접적인 지배를 받지 않고 중간에 다른 지배자를 둔 경우를 가리킴(1806년까지)

mediatio *l.* 중개; 두 국가 사이에 분쟁이 일었을 때 제3국이 적극 중개하는 것

mediator *l.* 중개인

medio *l.* 중간에(매월의 중간에 결제해야 하는 방식의 선물거래를 '보름거래'[Mediogeschäft]라 부름)

Medio tutissimus ibis *l.* 중간으로 가면 가장 안전하다(중용이 최상이다 - 오비디우스)

Mediation *f.* 중개, 중재

Mediator *m.* 중개<중재>인

Medikamente *pl.* 의약<품>

Medizin *m.* 의학

Medizin *m.*, **forensische <gerichtliche>** ~ 법의학

Medizinrecht *n.* 의료법

Meer *n.* 바다, 해양

Meeres~
~gebiet *n.* 해역; ~schutz *m.* 해양보호; ~umweltschutz *m.* 해양환경의 보호; ~verschumutzung *f.* 해양오염

Mehr~
~arbeit *f.*(i.S.v. Überstunden) 과잉노동; ~aufwendungen *pl.* 비용증액, 가중<증가>비용; ~betrag *m.* 증가<증가>액; ~erlös *m.* 초과 판매액; ~kosten *pl.* 초과비용; ~stimmrechtsaktie *f.* 다중의결권주(식); ~täterschaft *f.* 다수정범; ~verkehr *m.* 부정, 복수의 이성 관계

mehrdeutig *a.* 다의(多義)적인, 애매모호한

Mehrdeutigkeit *f.* 다의성(多義性)

Mehrfach~
~besteuerung *f.* 다중과세; ~täter *m.* 수회(數回) 행위[범죄]자

Mehrheit *f.* 다수, 복수, 다원

Mehrheit
~ von Gläubigern 채권자다수

Mehrheit *f.* 과반수

Mehrheit
absolute ~ [절대적]과반수; beschlußfähige ~ (→ Quorum) 정족수; einfache ~ 과반수이상, 단순다수; erforderliche ~ 필요과반수; relative ~ 상대적<비교>과반수

Mehrheits~
~beschluß *m.* 다수결<결정, 결의>; ~bildung *f.* 다수의 형성; ~entscheid

<~entscheidung *f.*> *m.* 다수결<판단, 판결>; ~interesse *n.* 다수이익; ~meinung *f.* 다수의견<견해>; ~prinzip *n.* 다수결원칙의 원리; ~vertretung *f.* 다수대표; ~votum *n.* 다수의견<투표>; ~wahl *f.* 직접투표<선거>, 다수대표제; ~wahlrecht *n.* 다수 대표제; ~wahlsystem *n.* 직접선거제도; ~wille *m.* 다수의사
Mehrstimmrechtsaktie *f.* 다수의결권주
mehrstufig *a.* 여러 부분으로 된
Mehrtäterschaft *f.* 다수실행정범(多數實行正犯)
Mehrwertsteuer *f.* 부가 가치세
Mehrzahl *f.* 다수, 복수
Meiji~
~restauration *f.* 명치유신; ~verfassung *f.* 명치헌법
Meineid *m.* {*als Delikt*} 위증; einen ~ schwören *v.* 위증하다
Meinung *f.* ①[, *allgemeine* ~] 의견[일반]이해 ②[, *wissenschaftliche* ~] 학설, ~설, ~론
Meinung
abweichende ~ 이설(異說), 다른 의견<설, 학설>, 포착의견; einhellige ~ 통설; herrschende ~ 지배적 견해; irrige ~ 틀린 견해; persönliche ~ 개인적 견해<의견>
Meinungs~
~äußerung *f.* 의견<표현>발표;
~äußerungsfreiheit *f.* 의사표현의 자유;
~austausch *m.* 의견교환; ~bildung *f.* 세론형성; ~freiheit *f.* 의견발표<세론(世論)>의 자유; ~umfrage *f.* 세론조사;
~verschiedenheit *f.* 의견의 상위<불일치, 충돌>
Meistbegünstigung *f.* 최혜국대우; 최적조건
Meistbegünstigungs~
~behandlung *f.* 최혜국대우; ~klausel *f.* 최적조건문구, 최혜국 조관(條款)
meistbietend *a.* 최고 가격의, 값을 가장 많이 부르는
Meistbietender *m.*(*der* ~*e*) 가장 높은 가격을 부르는 이

Meister *m.* 마이스터, 장인, 기능장
Meister~
~brief *m.* 장인 자격증, 기능장 자격증; ~prüfung *f.* 장인 시험, 기능장 시험
Meistgebot (→*Höchstgebot*) *n.* 최고 입찰(낙찰) 가격
melancholia *l.* 우울(책임불능의 원인이 됨)
Melde~ → *Meldung*
~frist *f.* 신고 기한<기간>; ~pflicht *f.* 신고<보고>의무; ~pflichtiger *m.*(*der* ~*e*) 신고<보고>의무자; ~vorschrift *f.* 신고<보고>규정; ~zwang *m.* 신고의 강제
Melior est conditio possidentis *l.* 소유주의 법적 지위가 더 낫다 - D. 6.2.9,4
Melius est favere repetitioni quam adventicio lucro *l.* 우연적 이윤보다는 반환청구를 유리하게 판정하는 것이 낫다
membrana *l.* (증서의 재료로서의) 양피지
Memento mori *l.* 죽음의 기억
memorandum *l.* 기록해두어야 할 것; 메모; 외교 분야에 있어서는 정책을 상세하게 설명한 문서를 가리킴
Memorandum (→*Denkschrift*) *n.* 상서(上書), 각서, 진정서
memoratorium *l.* 법적 절차에 관해 전문가가 작성하고 서명한 증명서
Menge *f.* 양(量)
Menge *f.*, **beschlagnahmte** ~ 압수량
mensa academica *l.* 대학교 구내식당, 멘자(Mensa)
Mensch *m.* 인(人), 일생, 인류
Menschen~
~ansammlung *f.* 군중; ~dasein *n.* 인류의 존재; ~handel *m.* 인신매매; ~leben *n.* 인생;
~mord *m.* 살인; ~raub → *Menschenraub*;
~recht → *Menschrecht*; ~verstand, der gesunder ~ 건전한 상식; ~würde *f.* 인간의 존엄과 가치
Menschenraub *m.* ①{*mit Gewalt*} 인신약취 ②{*ohne Gewalt*} 유괴
Menschenrecht *n.* 인권

Menschenrechte *pl.*인권
Menschenrechte, allgemeine ~ 기본인권
Menschenrechts~
~beschwerde *f.*인권소원; ~erklärung *f.*인권 선언; ~kommitee *n.*인권전문위원회; ~schutz *m.*인권보호; ~verletzung *f.*인권침해
mensis praeteriti (m. pr.) *l.* 지난 달
mensura poenae *l.* 형량 판정
Mentalreservation *f.*심리 유보, 의중유보(意思留保)
meo voto *l.* 내 의견으로는
merces *l.* 임대 이자
meritum *l.* 수입
Merkmal *n.*표식, 징표
Merkmal
besonderes ~ 특징; besonderes persönliches ~특별한 일신적인 요소
Methode *f.* [1.] [*allgemein*] 방법 [2.], [*wissenschaftliche* ~] 연구법
Methode
analytische ~ 분석적 방법<연구법>; deduktive ~ 연역법[법]<연구법>; empirische ~ 경험적<연구>방법; teleologische ~ 목적론적인 방법; wissenschaftliche ~ 연구법
Methodenlehre *f.*연구방법론, 방법론
Methodik *f.*연구법, 방법론
methodisch *a.*방법론의, 방법적인
Methodologie *f.*연구방법론
methodologisch *a.*연구방법론적인
metropoliticum *l.* 대주교의 법정, 대주교구 재판소의 판결에 불복하는 항소에 있어서의 2심 법정
metus *l.* (불법적 협박에 의해 야기된) 공포감
Miet~
~bedingungen *pl.*임차조건; ~besitz *m.*임대차상의 점유; ~dauer *f.*임대차 기간; ~einnahmen *pl.*임차 수입, 임대료 수입; ~entschädigung *f.*임대료 손해배상; ~erhöhung *f.*임대료<임차료> 증액<인상>; ~forderung *f.*임료(賃料)<임차료>

청구권; ~gegenstand *m.*임대차물; ~haus *n.*[i.S.v. gemietetem Haus] 차가(借家); ~herabsetzung *f.*차가 임료의 감액; ~jahr *n.*임대차년도; ~kaution *f.*부금(負金); ~kosten *pl.*임료; ~nebenkosten *pl.*부수적인 비용; ~objekt *n.*임대차의 목적물; ~räume *pl.*임대차실; ~recht *n.*[사용] 임대차법 ~sache *f.*임대물(賃貸物); ~streitigkeit *f.*임료(賃料) 분쟁; ~verhältnis *n.*[사용]임대차 관계; ~verlängerung *f.*차가(借家)계약의 갱신; ~vertrag für ein Haus 가옥임대차계약; ~vertrag für ein Grundstück 토지임대차계약; ~vorauszahlung *f.*임료의 예납(預納), 임대료 선불; ~wagen *m.*렌트카, 택시; ~wert *m.*[사용]임대[차]료; ~zins *m.*(→ *Miete*) [사용]임대차임료; ~zinforderung *f.*임료 청구권<채권>; ~zuschlag *m.*추가 임대

Miete *f.*임대차, 임대료
Miete
fällige ~ 변제기; rückständige ~ 미불임금<임료(賃料)>; vereinbarte ~ 합의<약정>임료(賃料)
Mieter *m.*임대[차]인
Mieterschutz *f.*임대차인<세입자>의 보호.
mildern *v.*~을 경감<완화, 감형>하다
Milderungsgrund *m.*감형[의] 이유
miles legalis militiae *l.* 대략 법률을 수호하는 임무를 띤 기사를 가리키는 말(법학자에게 귀족 신분을 부여할 때 이 호칭이 사용됨 - 14세기부터)
miliare bannitum *l.* 군중집회 금지구역
Milieutäter *m./pl.*환경 범인
Militarismus *m.*군국주의
Militär~
~angehöriger *m.(der ~e)* 군인; ~gericht *n.*군사 재판, 군사법정, 군법회의; ~gerichtsbarkeit *f.*군사 재판권; ~gerichtswesen *n.*군사재판제도; ~hoheit *f.*군사고권, 군지휘권, 군사주권; ~justiz *f.*군사사법; ~recht *n.*군인법 ~richter *m.*군사 재판관; ~strafe *f.*군형법; ~strafgericht *n.*군사형사재판소;

~strafgerichtsbarkeit *f*.군사형사재판권<관할>; ~strafgesetz *n*.군형법; ~strafgesetzbuch *n*.군사 형법전; ~strafverfahren *n./pl.*군사형사수속절차; ~verbrechen *n./pl.*군인 범죄; ~vergehen *n./pl.*군인 범죄
Minamata-Krankheit *f*.미나마타병
Minder~
~betrag *m.*부족액, 차액; ~kaufmann *m.* 소상인; ~leistung *f*.급부의 부족; ~wert *m.*가치감소, 감가(減價), 인하가격
Minderheit *f*.{*i.S.v.* Minderheit in der Bevölkerung} 소수
Minderheit rassische ~ {*i.S.v.* Anzahl} 소수 인종 [수]
Minderheitenschutz *m.*소수의 보호
Minderheits~
~aktionär *m.*소수의 주주; ~meinung *f.* 소수의견; ~partei *f.*소수[정]당; ~vorschlag *m.*소수의 의견 제안; ~wahlrecht *n.*소수대표제
minderjährig *a.*미성년의
Minderjäriger *m.*(*der ~e*) 미성년자
Minderjährigkeit *f*.미성년
Minderung *f*.; **mindern** *v.*{대가, 대금} ~을 감액하다
Minderung der Erwerbsfähigkeit 감소된 소득능력
Minderung des Kaufpreises 대금(판매금액)의 감액
Minderungs~
~anspruch *m.*감액청구권; ~klage *f.*대가감액; ~recht *n.*대가감액권리
Minderwertigkeit *f*.열세, 열등함
Minderwertigkeitskomplex *m.*열등감, 열등관념, 열등의식 콤플렉스
Mindest~ **<Minimal~>** 최저, 최소
Mindest~
~arbeitsbedingungen *pl.*최저노동조건; ~alter *n.*최저 연령; ~anforderungen *pl.*최소한의 조건<자격요건>; ~bedingungen *pl.*{*erfüllen v.*} 최소한의 요건; ~betrag *m.*최소액; ~betrag, einzuzahlender ~ 최소 불입액(拂入額); ~einkommen *n.*최저수입; ~einlage *f.*최저 출자금<불입금>; ~erbteil *n.*최저법정상속분; ~forderung *f.* 최저 요구<청구>, 최소한의 자격; gebot *n.*최저경매가액; ~gebühr *f.*최저<최소한>수수료; ~gehalt *n.*최소급료; ~länge *f.* der Freiheitsstrafe 자유형의 단기 형량; ~lohn *m.*최저<최소>임금<노동>;
~nennbetrag *m.*{*von Aktien*} 최저액면가, 최저의 명목가치; ~prämie *f.*최저보험료; ~preis *m.*최저 가격; ~preisfestsetzung *f.* 최저 가격 확정; ~reserven *pl.*(금융 기관의) 최저 준비금; ~satz *m.*최저율, 최저액; ~stammkapital *n.*자본금최저액; ~standard *n.* [~festsetzen *v.*] 최저기준 [확정]; ~umsatz *m.*최소매상
Mineralöl~
~preis *m.*석유가격; ~steuer *f.*석유세
Minima non curat praetor *l.* 재판관은 사소한 일(사소한 법적 손해)에 관해서는 신경 쓰지 않는다 - D. 4.1.4
minister *l.* 국가 관직 종사자; 조수; 조수의 조수
Minister *m.*장관
~ ohne Geschäftsbereich (= ~ ohne Portefeuille) 무임소장관
Minister → *Fachministerbezeichnungen siehe Anhang*
Minister~
~anklage *f.*장관 탄핵; ~konferenz *f.*①내각회의 ②각국<가맹국의>장관 회의; ~präsident *m.*수상, 국무총리, 주정부 수상; ~rat *m.*내각평의회(구동독, 프랑스 등의 정부를 가리킴)
Ministerium *n.*-성, -부
minor *l.* 미성년의, 미성년자
minor aetas *l.* 미성년
minoratus *l.* 말자 상속권, minor=말자 (막내에게 가문의 유산을 상속시킨다는 내용의 상속순위; 반대말은 →*maioratus*)
minoritas *l.* 소수, (선거나 표결에 있어서의) 소수 득표
Minorität *f.*소수
Minoritäts~
~vertretung *f.*소수대표; ~wille *m.*소수의사

Mischvertrag *m.*혼합계약
misera contribuens plebs *l.* 세금을 바쳐야 하는 가난한 백성(16세기 초 헝가리의 법학자가 사용한 표현)
missio canonica *l.* 사제의 사명; 가톨릭교회 내에서 집행권을 부여하는 일
missio in bannum regis *l.* 압수, 자산 몰수
missio in possessionem, m. in bona *l.* 판사가 채무자의 소유물이나 자산을 채권자에게 할당하는 행위
missi regis *l.* 왕의 특사
missive *l.* 공개장
Mißachtung *f.*무시, 경시
Mißachtung
~ der Menschenrecht 인권유린;
~ des Gerichts 법정모욕
Mißbrauch
~ der Amtsgewalt {공무원} 직권남용; ~ der Verfügungsmacht 처분권한의 남용; ~ der Vertretungsmacht 대리권한의 남용; ~ einer Befugnis 권한남용; ~ eines Rechts → *Rechtsmißbrauch*; ~ von Kindern, sexueller ~ 어린아이를 대상으로 한 성적학대
mißbrauchen *v.*{1}{*allgemein*} ~을 남용<오용>하다 {2}{*sexuell*} ~을 강간하다
Mißbrauchgefahr *f.*남용<오용>의 위험
Mißinterpretation <**Mißdeutung**> *f.* 오해, 곡해, 잘못 해석
mißhandeln *v.*~를 학대하다; *jn.* körperlich ~ ~를 신체적으로 학대하다
Mißhandlung *f.*학대, 가혹행위; körperliche ~ 신체적 학대<가혹행위>
Mißkredit
in ~ bringen *v.*~의 평판을 나쁘게 만들다, 명예를 훼손하다;
in ~ kommen(geraten) *v.*신용을 잃다, 평판을 망치다
Mißtrauens~
~abstimmung *f.*{*im Parlament*} 불신임결의; ~antrag *m.*불신임에 대한 동의; ~votum *n.*불신임에 대한 투표; konstruktives ~ 건설적 불신임결의에 대한 동의

Mitangeklagter *m.*(*der* ~*e*) {*StR*-형} 공동피고인
Mitanmelder *m./pl.*공동 출원인
Mitanstifter *m./pl.*공동 교사자(敎唆者)
Mitanstiftung *f.*공동 교사(敎唆)
Mitbeklagter *m.*(*der* ~*e*) {*StR*-형} 공동피고[인]
Mitbenutzung *f.*; **mitbenutzen** *v.*~을 공동사용<이용>하다
Mitbenutzungsrecht *n.*공동사용<이용>권
Mitberechtigter *m.*(*der* ~*e*) 공동권리자
Mitbeschuldigter *m.*(*der* ~*e*) {*StR*-형} 공동피의자
Mitbesitz *m.*공동점유<소유>
Mitbesitzer *m.*공동점유<소유>자
Mitbestimmung *f.*공동결정[제도]
Mitbestimmungs~
~frage *f.*공동결정제도의 문제; ~recht *n.* 공동결정권
Mitbeteiligter *m.*(*der* ~*e*)공동관계자
Mitbeteiligung *f.*참여
Mitbevollmächtigter *m.*(*der* ~*e*) 공동수임인(共任人)
Mitbewerber *m.*경쟁자<-업, -사>
Mitbürge *m.*공동보증인
Mitbürgerschaft *f.*전체 시민
Miteigentum *n.*공유, 공동소유<공유>재산
Miteigentum
~ an Grundstücken 토지의 공유; ~ nach Bruchteilen 지분 공동수유; ~ zur gesamten Hand 총수적 공동소유
Miteigentümer *m.*공동소유자
Miteigentums~
~anteil *m.*공동소유할당<지분[권]>; ~recht *n.*공동소유권
Miterbe *m.*공동상속인
Miterbe
gesetzlicher ~ 법정상속인;
testamentarischer ~ 유언상의 상속인
Miterfinder *m.*공동발명자
Mitgewahrsam *m.*공동보호<감독>
Mitgewahrsamsinhaber *m.*공동보유

<감독>자
Mitgift f.(→ *Aussteuer*) 가입 지참금, 결혼 자금, 혼수
Mitglied n.①{*in einer Firma*} 사원, 회원 ②{*als Ausdruck der Mitgliedschaft*} 성원, 구성원
Mitglieder~
~beschluß m.사원의 결의; ~liste f.사원 명부; ~versammlung f.사원<성원>총회; ~versammlung, außerordentliche ~ 임시 총회; ~versammlung, ordentliche ~ 정기 총회; ~verzeichnis n.회원명부; ~zahl f. 사원수, 회원 수
Mitgliedschaftsrecht n.사원<회원>권
Mitgliedstaat m.가맹국
Mitgliedstaat
unter ~en 가맹국간
Mitgliedsversammlung → *Mitglieder~*
Mithaftung f.공동책임
Mithilfe f.공조
mitigantia l. 감형 사유
Mitinhaber m.공동지주<소유자>
Mitläufer m./pl.단순가담자
Mitmieter m.공동임차인
Mitnahme f.반출
Mitschuld f.공동책임, 공범, 같은 죄에 연루됨
mitschuldig a.공동책임의, 같은 죄에 연루된
Mitschuldiger m.(*der ~e*) 공동책임자, 공범자
Mitschuldner m.공동채무자
Mittäter m.공범자
Mittäterschaft f.공범 관계
Mittäterschaft
mittelbare ~ 간접공동[행위 정]범; sukzessive ~ 승계적인 공동[정]범; verabredete ~ 사전에 미리 공모한 공동 정범
Mitteilung f.; (*jm.*) eine ~ machen v.(~에게) 전달<통지>하다
Mitteilung
erforderliche ~ 필요<필연>로 하는 통지; mündliche ~ 구두통지; öffentliche ~ 공표; schriftliche ~서면통지

Mitteilungspflicht f.통지<고지>의무
mittel- und langfristig a.중장기적인
mittelfristig a.중기적인 차원의
Mittel n./pl.수단, 처치, 처분
Mittel (*pl.*)
unlautere ~ 부정한 수단; untaugliches ~ 불가능한 수단
Mittel
~ der Gewaltanwendung; 폭행수단; ~ zur Besserung 개선처분; ~ zur Beweisführung 입증방법
mittelbar a.간접적인, 간접의
Mittelbarkeit f.간접성, 간접적임
mittellos a.빈곤한, 빈털터리의
Mittellosigkeit f.빈곤, 무일푼
Mittellosigkeitsnachweis m.무일푼임을 입증하는 증명서
mittels *Präp.* ~을 통해서, ~의 도움으로
Mittelsperson f.중개<중재>인
Mitunterschrift f.연서
Mitunterzeichner m.공동서명자
Miturheber m.공동저작권자
Miturheberrecht n.공동저작권
mitverantwortlich a.공동 책임이 있는, 연대 책임이 있는
Mitverantwortlichkeit f.공동<연대>책임
Mitverpflichteter m.(*der ~e*) 공동의무자
Mitverschulden n.기여과실
Mitverschulden
anrechenbares ~ 상살 과실; beiderseitiges ~ 상호간의 과실; zehnprozentiges ~ 1할의 과실상살
Mitverursachng f.과실상살
Mitwirkungspflicht
f. *des Beteiligten* 당사자의 협력의무
Mitwirkungsrecht n.참여권
mobilia l. 동산, 이동할 수 있는 물건
Mobilia ossibus inhaerent l. 동산은 뼈에 매달려 있다(동산은 소유주의 거주지 규약에 예속 된다 →*lex domicilii*)
Mobiliar n.①{*i.S.v. beweglicher Sache*} 동산 ②{*i.S.v. Möbeln*} 가구

Mobiliar~
~exekution *f.*동산집행; ~hypothek *f.*동산저당; ~kredit *m.*동산저당신용; ~pfand *n.* 동산질; ~pfändung *f.*동산차압; ~sachenrecht *n.*동산물권법; ~sicherheit *f.*동산담보; ~vermögen *n.*동산재산 ~versicherung *f.* 동산보험; ~zwangsvollstreckung *f.*동산강제집행
Mobilien *pl.*동산
Modellklausel *f.*조항
moderamen inculpatae tutelae *l.* 정당방위의 수준
moderator *l.* 조절자, 지도자, 통치자
Modifikation *f.*; **modifizieren** *v.*~을 변화<변경>시키다
modus *l.* 양(量)
modus acquirendi *l.* 취득 방법
modus procedendi *l.* 진행 방법
modus vivendi *l.* 공생과 상생의 방법
Möglichkeit *f.*가능성
Möglichkeit
konkrete ~ 구체적 가능성; logische ~ 이론적 가능성; objektive ~ 객관적 가능성; potentielle ~ 잠재적 가능성; subjektive ~주관적 가능성
Möglichkeit
~ der Erfolgsabwendung 결과회피가능성; ~ des Erfolgseintritts 결과발생의 가능성
molestia poenae *l.* 형량
Molotow-Cocktail *m.*화염병
Monarchie *f.*①{*allgemein*} 군주주의 ②{*als Staat(sform)*} 군주국
Monarchie
absolute ~ 절대군주제; konstitutionelle ~ 입헌군주제
Monat *m.*월
monatlich *a.*월차, 월별
Monats~
~abschluß *m.*월말결산; ~bericht *m.*월간보고; ~entgelt *n.*월 보상액수; ~frist *f.*1개월의 기한; ~gehalt *n.*월급; in drei gleichen ~ 3개월의 기간 동안 평등하게
monitorium *l.* 경고장
monitum *l.* 경고

Monitum *n.*(*l.*) 투매<발언>[권]
monogamish *a.*일부일처제의
Monogamie *f.*일부일처제
Monopol *n.*독점, 전매
Monopol
gewerbliche ~ 공업적 독점; lokales ~ 지방적 독점; natürliches ~ 자연독점; privates ~ 개인적 독점; staatliches ~ 국가적 독점; tatsächliches ~ 사실적 독점
Monopol~
~behörde *f.*[독점]거래위원회; ~bereich *m.*독점의 범위; ~betrieb *m.*독점적 경영<기업>; ~charakter *m.*독점적 성질; ~gebiet *n.*독점구역; ~gesellschaft *f.*독점사회; ~handelsgesellschaft *f.*{*in der ehemaligen DDR*} 전매공사; ~organisation *f.*독점적 조직 ~recht *n.*독점권; ~situation *f.*독점상태; ~stellung *f.*독점[적]<전매>; ~unternehmen *n.*독점[적]기업
monopolisieren *v.*독점하다
Monopolisierung *f.*독점
Monopolist *m.*독점 영업자, 독점 기업<자본>가
Montan~
~industrie *f.*석탄·철강 산업; ~mitbestimmung *f.*석탄·철강공동결정제도; ~mitbestimmungsgesetz *n.*광산업공동결정법; ~union *f.*석탄·철강공동결정기구
montes *l.* 중세시대 이탈리아에서 국가에 차관을 보장할 목적으로 결성된 연합
monumenta *l.* 넓은 의미에서의 증서
mora *l.* 지연
mora accipiendi *l.* 수취 지연, 채권지체
mora ex rei fit *l.* 경고 없는 지연
Mora perpetuatur obligatio *l.* 지연은 책임을 영원히 유지 시킨다
mora solvendi *l.* 이행 지연, 채무 지체
moratorium *l.* 각각의 채무자 또는 특정 채무자에게 일시적인 지불유예를 허용하는 조치 → litterae induciales
Moratorium *n.*(법적인) 지불유예, (국가 간) 모라토리움

morbus *l.* (행위능력에 제한을 가하는) 질병
Mord *m.*모살(謀殺), 살인
Mörder *m.*(→ *Mord*) 모살자
mortificatio *l.* 차용증 및 기타 증서에 대한 무효선언 → *amortisatio*
mortis causa *l.* 사망으로 인해
mortis causa capio *l.* 사망으로 인한 취득
mortis causa donatio *l.* 사망으로 인한 증여(피증여인이 증여인보다 더 오래 산다는 조건 하에)
mortuarium *l.* 교회에 귀속되는 유산; 사망한 성직자의 유산이 주교에게 귀속되는 것
Mortuus redhibetur *l.* 사망자(노예)는 되돌려준다(매입한 노예가 우연히 사망한다 하더라도 매매계약 해제는 유효하다)
mos *l.* 버릇, 습관, 관습
motio *l.* 움직임; 인상(印象); 특정한 개별 사안에 대해 자문을 구하는 국회의원들의 요청
Motiv *n.*동기
Motiv
gesetzgeberisches ~ 입법동기; wirtschaftliches ~ 경제적 동기
Motivirrtum *n.*동기의 착오
Motoraddiebstahl *m.*오토바이절도
motu proprio *l.* 자발적 동기에서
moventia *l.* 스스로 움직이는 물건, 즉 짐승
m. pr. *l.* → *manu propria*
m. pr. *l.* → *mensis praeteriti*
Mulier taceat in ecclesia *l.* 부녀자는 교회 안에서 침묵하라(교회의 축성직, 교수직, 집행직에서 여자들은 제외된다는 뜻 - 고린도전서 14.34에 의거)
multa *l.* 벌금형, 벌금, 각종 처벌
multilateral *a.*다자간, 타국간의
multinational *a.*다국적의
Multiplarbuße *f.*「배가자료」
multum, non multa *l.* 다독(다양한 독서가 아니라 많은 양을 읽는 것)(플리니우스의 'Aiunt enim multum legendum esse, non multa'에서 비롯된 말)
Mündel *n.*피후견자<인>, 미성년자
Mündelvermögen *n.*피후견자[의]재산
mündig *a.*성년이 된
Mündigkeit *f.*성년
Mündigkeits~
~alter *n.*성년; ~erklärung *f.*성년 선고
mundium *l.* 보호권 (후견권 등)
mündlich *a.*구두의
mündliche Verhandlung *f.*구두변론
Mündlichkeit *f.*구두
Mündlichkeits~
~grundsatz <~prinzip *n.*> *m.*구두심리주의[원칙]
Mundraub *m.*경미한 수준의 절도; 음식물 절도, 일용품 절도
mundum *l.* 정서(淨書)
Mundus vult decipi ergo decipiatur *l.* 세상은 속고 싶어 한다, 따라서 속을 것이다(세바스티안 브란트의 평론집 '바보들의 선박[Narrenschiff]에서 인용, 1494)
municipium *l.* 독립적인 도시공동체 (로마법)
munus *l.* 서비스, 선물, 기부
munus publicum *l.* 공직 인수 의무
Münz~
~delikt *n.*화폐범죄; ~fälschung *f.*주화위조; ~hoheit *f.*통화주권, 화폐 주조권; ~recht (↑*Münzhoheit*) *n.*국가의 조폐권
Muß-Bestimmung
<~norm, ~vorschrift> *f.*강행<효력, 의무> 규정
Mußkaufmann *m.*필연적 사인, 상법상의 상인
Muster *n.*{*i.S.v. Gebrauchmuster*} 의장
Muster~
~exemplar *n.*견본; klauseln *pl.*보통규약, 규범조항; ~prozeß *m.*판례가 될 재판; ~register *n.*의장등록부; ~satzung *f.*보통 <모범>정관; ~schutz(→*Gebrauchsmusterschutz*) *m.*실용신안 보호; ~vertrag *m.*모범규약
mutatio libelli *l.* 소장(訴狀) 수정
mutatio monetae *l.* 통화의 평가절하 (재료의 가치가 떨어지는 동전을 새로

이 발행하면서 옛 동전의 유통을 금지하는 행위)

mutatis mutandis *l.* 필요한 변용/수정을 가하여

Mutmaßung *f.*; **mutmaßen** *v.* ~을 추측<가정>하다

Mutter *f.* 모(母)

Mutter~ 모~

Mutter~
~gesellschaft *f.* 모회사; ~recht *n.* 모권; ~schaft *f.* 모성, 어머님 됨, 어머니다움; ~geld *n.* 임신수당 ~schutz *m.* 모성보호, (법률에 의한) 임산부<모자> 보호법; ~schutzvorschrift *f.* 모성보호규정; ~sprache *f.* 모국어

mutuum *l.* 대부(貸付)

mutuus consensus *l.* (계약체결의 전제조건으로서의) 상호합의

mutuus dissensus (consensus in contrarium) *l.* 계약파기 합의

N

Nach ~추가, ~후의
Nachahmung *f.*; **nachahmen** *v.*~을 모방<모조, 위조>하다, ~를 본받다; identische ~ ~을 똑같이 위조하다
Nachahmungs~
~freiheit *f.* 모방의 자유; ~kriminalität *f.* 모방범죄
Nachanmeldung *f.* 추가 등록
Nachbar *m.* 이웃, 인인(隣人), 근린(近隣)
Nachbar~
~gebäude *n.* 인지(隣地) 건물; ~grundstück *n.* 인지(隣地); ~klage *f.* 인인(隣人)소송; ~prozeß *m.* 인인(隣人)소송<사건>; ~schaft *f.* 근린(近隣); ~(schafts)verhältnis *n.* 상린<인인>관계; ~staat *m.* 인접국; ~streit *m.* 인인<근린>분쟁; ~recht *n.* 상린권(相隣權)
Nachbesicherungspflicht *f.* 담보물보충의무
Nachbesserung *f.*; **nachbessern** *v.* [하자의] 수보(修補)하다, ~을 수선<개량>하다
Nachbesserungs~
~anspruch *m.* 하자청구(권); ~pflicht *f.* 하자수보의 의무 ~recht *f.* 하자 수보권
Nachbildung *f.*; **nachbilden** *v.*~을 복제하다
Nachbürge *m.* 부(副)보증인, 연대 보증인
Nachbürgschaft *f.* 부(副)보증
nachdatieren *v.* (편지, 서류 등에) 실제 작성일보다 이전의 날짜를 적어 넣다
Nachdruck *f.* 재 인쇄, 복제, 복사
Nacheid *m.* 사후 선언
Nacherben~
~recht *n.* 후[순]위 상속권<법>
Nacherbfolge *f.* 후위상속

Nachfolge *f.*; **nachfolgen** *v.*~을 승계하다, ~의 후임이 되다
Nachfolge~
~organisation *f.* 승계조직; ~staat *m.* <대개 *pl.*> (해체된 대국의 영토에 생긴 작은) 승계(계승)국
Nachfolger *m.* 승계인, 후임자
Nachfrage *f.*①{*i.S.v. Anfrage*} 융합 ② {*wirtschaftliche* ~} 수요
Nachfrage {*i.S.v.* ②}
private ~ 민간 수요
Nachfrage~
~druck *m.* 수요압력; ~inflation *f.* 수요초과 인플레이션; ~schwankung *f.* 수요변동; ~überhang *f.* 수요초과
Nachfrist *f.* 유효기간, 기간 연장
nachgemacht *a.* {*Geld, etc.*} 위조된<모조된>
Nachgründung *f.* 사후설립
Nachholung *f.*; **nachholen** *v.* 추완(追完)하다, 민법에서 법률적으로 필요한 요건을 구비하지 못한 법률행위가 뒤에 필요한 요건을 보충하여 이를 유효하게 성립하는 일
Nachholung
~ einer Handlung 행위의 추완; ~ einer Prozeßhandlung 수송행위의 추완
Nachholungsfrist *f.* 추완(追完)기간
Nachhypothek *f.* 후위저당[권]
Nachhypothekar *m.* 후위저당권자
Nachindossament *n.* 기한 후 배서
Nachindossant *m.* 거절 증서 기간 후 이서인
Nachindossatar *m.* 거절 증서 기간 부 이서양수인
Nachkomme *m.* 자손<비속(卑屬)>
Nachkonkurs *m.* 수속종결이후의 파산
Nachlaß *m.*①{*auf einen Geldbetrag o. Ä.*}

할인 (2){i.S.d. Erbrechts} 유산, 상속재산

Nachlaß~ {i.S.v. (2)}
~abwicklung f.유산의 처리<청산>;
~anspruch m.[대]유산청구[권];
~auseinandersetzung f.유산분할; ~besitz m.유산<상속재산>점유; ~einheit f.유산[의]통일; ~forderung f.유산<상속재산>채권; ~gegenstand m.유산[의 목적]물; ~gericht n.유산 재판소; ~gläubiger m./pl.상속<유산> 채권자; ~grundstück n.유산토지<부동산>; ~haftung f.상속재산책임 ~inventar n.유산목록; ~konkurs m.유산<상속재산>의 파산; ~kosten pl.유산비용; ~kostenschuld f.유산비용채무; ~pfleger m.유산관리<보호>인; ~pflegschaft f.유산관리<보호>; ~prozeß m.유산관련 소송<사건>; ~regulierung f. 유산정리;
~sache <oft: ~sachen pl.> 유산사건;
~schuld f.유산<상속재산>채무;
~schuldner m.유산<상속재산> 채무자;
~streitigkeit f.유산분쟁; ~verbindlichkeit f.상속<유산분할>사건; ~verfahren n.상속<유산분할>사건절차; ~vermögen n. 유산재산, 상속재산; ~verteilung f.유산분배; ~verwalter m.유산 관리인; ~verwaltung f.유산관리, 관재(管財); ~verzeichnis n. 유산목록<목표>

nachlässig a.부주의한, 소홀한
Nachlässigkeit f.[, grobe ~][중]과실
Nachlieferungsanspruch m.지연 회복이행청구권
Nachmieter m./pl.사후<임대차관계 종결 후>의 임차인
Nachpfändung f.재 압류
Nachprüfung f.; **nachprüfen** v.사후조사 (事後審査)를 시행하다
Nachprüfbarkeit f.사후조사(事後審査) 가능성; Bei der Frage der Nachprüfbarkeit und der juristischen Kontrolle des Subsidiaritätsprinzips in Art. 3b EGV geht es genau genommen um die Prüfung
nachrangig a.후순[위]<후위>의
Nachrangigkeit f.후순위
Nachrede f.험담, 비방, 중상

Nachrede f., üble ~ 악평
nachreichen v.추후에 보충 제출하다
Nachrichten pl.정보
Nachrichtendienst m.국가 기밀 정보기관(특히 군사, 정치, 경제 분야)
Nachschieben n. von Gründen 후일기장<추종>
Nachschuß~
~forderung f.추납(追納)금 채무; ~haftung f.추납(追納))채권; ~kapital n.추가 자본금; ~pflicht f.주주의 추가 투자의 의무, 추납 의무; ~prämie f.추납보험료; ~zahlung f.추납 금불
Nachsendung f.; **nachsenden** v.[(jm.) etw. ~] (~에게) ~을 추가로 발송하다
nachstehend a.후위의<후술의>; 나중에 나오는, 다음의
Nachsteuer f.추징세
Nachsichtwechsel m.일람후정기출급어음
Nachtarbeit f.야업, 야간업무
Nachtarbeiter m.야공자(夜工者), 야간업무 노무자
Nachtat f.후사행위
Nachtat
mitbestrafte ~ 불가벌<공법>적 사후행위
Nachteil m.불이익<이해>, 불편
Nachteil
einen ~ abwenden v.불이익을 피하다; einen ~ erleiden v.불이익<불편>을 감수하다; jm. einen ~ zufügen v.불이익을 가하다
nachteilig a.손실의, 유해한, 불리한
Nachteilszufügung f.불편을 끼침
Nachtrags~
~anklage f.[{als Schriftsatz}] 추가소 [서]; ~haushalt m.보정(補正)예산; ~verteilung f. im Konkurs 파산의 추가배당
nachträglich a.나중의
Nachverfahren n.사후수속절차
Nachversicherung f.추가보험, 보험확장
nachvertraglich a.; ~e Pflicht 사후효 (事後效)를 갖는 계약 의무
Nachweis m.; **nachweisen** v.[(jm.)

etw. ~] (~에게) ~을 증명<입증>하다
Nachweis
~ der Echtheit 진부(眞否)보증<증거>;
~ der Schuld 유죄의 증거, 유책증거;
~ der Zahlungsfähigkeit 지불능력의 증거; ~ des Gegenteils 반대사실의 증명
Nachweisbarkeit *f.*증명이 가능함
Nachweispflicht *f.*보증<증명>의무
nachweisbar *a.*증명<증거>이 가능한
Nachwirkung *f.*여후효(餘後效)
Nachzahlung *f.*; **nachzahlen** *v.*추가로 지불하다, 후불하다
Nachzugsaktie *f.*후배주
Name *m.*성명, 이름
Name
~ der Handelsfirma 무역회사의 상호(商號);
~ des Antragstellers 신청자의 성명;
~ des Ausstellers 발행인의 성명;
~ des Berechtigten; 권리자의 성명;
~ des Grundstückseigentümers 토지소유자의 성명
Name
falscher ~ 위명(僞名), 거짓이름;
gewerblicher ~영업 명칭
Name
im eigenen ~n 자기 이름으로; im fremden ~n 자기이름 이외의 명칭으로
namenlos *a.*무기명의, 무명의, 이름이 알려지지 않은
Namens~
~aktie *f.*기명(記名)주[식]<권>; ~aktie *f.* [vinkulierte ~] [양도제한부] 기명 주식; ~aktienschein *m.*기명 주식 증서; ~änderung *f.*개명, 명의 변경; ~indossament *n.*기명 식양서; ~liste *f.* <~buch *n.*>[인]명부; ~papier *n.*기명식 유가증권; ~recht *n.*상호권<법>; ~schutz *m.*상호명의 보호; ~stempel *m.*기명날인, (이름, 주소, 성명을 새긴) 스탬프, 도장; ~unterschrift *f.*서명; ~verzeichnis *n.*명부, 인명색인; ~zeichen *n.*자기 이름의 약식 표기; ~zertifiket *n.*상호명의 증명서
Nämlichkeit *f.*동일성
Nämlichkeit
die ~ von *etw.* ~의 동일성

narrator *l.* 나레이터, 소송 당사자 중 법정에서의 발언권자(프랑크왕국 법)
nasciturus *l.* 장차 태어날 생명, (법적 주체로서의) 태아
Nasciturus (nasciturus) *m./l.* (= Leibesfrucht)태아
Nasciturus pro iam nato habetur, quotiens de commodis eius agitur *l.* 그 편이 유리하다면 수정된 태아는 이미 태어난 아이로 취급 한다
Naßauskiesungsbeschluß *m.*자갈채취 사건
natio *l.* 부족, 국민, 백성
Nation *f.*국민, 국가
national *a.*국민의, 국가의
National~
~bank *f.*중앙은행; ~bewußtsein *n.*국민<국가>의식; ~eigentum *n.*국민재산; ~einheit *f.*국민통일 ~einkommen (→ *Volkseinkommen*) *n.*국민소득; ~flagge *f.*국기(國旗); ~gefühl *n.*국민감정; ~grenze *f.*국경; ~ökonomie (→*Volkswirtschaftslehre*) *f.*(국민)경제학; ~staat *m.*단일 민족 국가; ~versammlung *f.*국민의회; ~verteidigung *f.*국민방위; ~vertretung *f.*국민대표회
Nationalität *f.*국적
Nationalitäts~
~bescheinigung *f.*국적증명서; ~frage *f.*국적문제; ~gefühl *n.*국민감정<사상>; ~nachweis *m.*국적증명서; ~prinzip *n.*속인주의, 국적주의
Natur *f.*①자연 ②성질, 특성
Natur *f.*, **juristische** ~ 법률적 특성
Natur~
~recht *n.*[윤리학] 자연법; ~rechtsdenken *n.*자연법사상; ~rechtslehre *f.*자연법학
Natural~
~einkommen *n.*현물수입<소득>;
~erfüllung *f.*현물이행(現物履行);
~herstellung <~restitution> *f.*등가보상;
~kauf *m.*직접매매; ~leistung *f.*현물<현품>급부(給付); ~lohn *f.*현물 급여;
~obligation *f.*(청구권이 없는) 자연채무;
~restitution → ~*herstellung*; ~schutz *m.*자연의 보호; ~schutzgebiet *n.*자연보호

지역
naturalia negotii *l.* 법률 행위 중 당연하지만 수정이 가능한 부분
naturalis *l.* 자연적
Naturalisation (→ *Einbürgerung*) *f.*;
naturalisieren *v.* 귀화하다
Naturalisation
direkte ~ 직접귀화; indirekte ~ 간접귀화; volle ~ 완전귀화
Naturalisationsgesetz *f.* 귀화법
naturalis obligatio *l.* → *obligatio naturalis*
natural(iter) *a.* 자연[적]
naturgemäß *a.* 자연에 부합된, 자연에 합당한
nauta *l.* 선원, 선장(승객들의 물건에 대해 하위 또는 최고의 책임을 지닌 자)
Nazi~
~Gewaltverbrechen *pl.* 나치폭력범죄; ~Justiz *f.* 나치 독재하의 사법
NB *l.* → *nota bene*
ne vis in idem *l.* 일사부재리[의원칙]
→ *ne bis in dem*
Neben~
~abrede *f.* 계약서 이외의 구두 약속; ~absicht *f.* 부수적 의도, 저의; ~amt *n.* 겸직, 부직; ~anspruch *m.* 부대<종속>청구권; ~antrag *m.* 부수적 신청; ~bedingung *f.* 부대조건; ~bestimmung *f.* 법률행위의 부관(附款); ~beschäftigung *f.* 부대적<주가적> 활동, 부직<부업>; ~beweis *m.* 증증; ~einkünfte *pl.*<~einkommen *n.*> 부(副)수입; ~folge *f.*<부수적> 결과<효과>; ~forderung *f.* 부대 청구; ~gewerbe *n.* 부업; ~intervenient *m.* 보조적 중재사<개입자>; ~intervention → *Nebenintervention*; ~klage *f.* 부대소송(附帶訴訟), 공소참여; ~kosten *pl.* 1.{*i.S.v. zusätzliche* ~} 별도<종속>비용 2.{*bei Wohnungsmiete*} (월세 이외의) 부대비용; ~leistung *f.* 종 합부; ~linie *f.*(혈통상의) ~계, 철도의 지선, 지선도로; ~organ *n.* 부수기관; ~pflicht *f.*[, unselbständige ~] 부수적 의무; ~sache *f.* 부차적인 것, 지엽 말단의 일;

~schuld *f.* 부수적 책임; ~strafe *f.* 부가형(附加刑); ~strafrecht *n.* 특별형법; ~täter *m.* 동시정범(同.犯)자; ~täterschaft *f.* 동시[정]범; ~ursache *f.* 부수적 원인; ~verdienst *m.* 부수입; ~vereinbarung *f.* 부수적 합의; ~verpflichtung *f.*[, vertragliche ~] [계약] 부수[적]합의; ~vertrag *m.* 부수적 계약; ~wirkung *f.* 부작용; ~zweck *m.* 부수적 목적
nebenamtlich *a.* 검직의, 부직의
Nebenintervention *f.* 보조 참가
Nebenintervention
selbständige<parteiische> ~ 독립당사자 참가; streitgenössische ~ 공동소송 보조 참가
Nebeninterventions~
~prozeß *m.* 보조참가소송; ~verfahren *n.* 보조참가수속
ne bis in idem *l.* 동일한 것을 두 번 취급하지 않다(이미 법적 판결을 받은 범죄에 대해서 다시 소를 제기할 수 없다는 일사부재리의 원칙)
necessitas *l.* 긴급사태
Necessitas non habet legem *l.* 긴급사태는 법을 모른다
Necessitas probandi incumbit illi, qui agit *l.* 증거는 원고로 인해 필요하다
Ne eat iudex ultra petita partium *l.* (민사소송에 있어) 재판관은 소송 당사자들의 요구를 넘어서지 않는다 → *Iudex iudicet* ……
Neffe *m.* 조카
Neffen und Nichten *pl.* 생질(甥姪)
Negation *f.*; **negieren** *v.* ~을 부인<부정>하다
Negativ~
~attest *n.*[소환판정의무]이의회답, 불문증명; ~beweis *m.* 부정적 증명
Negativa non sunt probanda *l.* 부인(否認)은 증명할 수 없다
negativ *a.* 거부적인, 부정의
negativ
~e Koalitionsfreiheit 소극적 단결권; ~es Interesse 소극적 이익

neglectio *l.* 소홀, 태만
neglentia *l.* 부주의
negligentia *l.* 부주의
negotia claudicantia, negotium claudicans *l.* 절름발이 법률 행위(한 측에는 적용되지만 다른 측에는 [아직] 적용되지 않는 규정, 예컨대 계약 상대방에 대해 구속력을 행사하는 미성년자에 대한 규정)
negotia inter vivos *l.* 생존자들 간의 법적 거래
negotia mortis causa *l.* 소유인의 사망 이후의 법적 관계에 대한 규정
megotia per aes et libram *l.* 구리와 저울을 이용하는 법적 거래(동전으로 주조되지 않은 구리가 유통될 당시에 태동된 관행; *l.* 측량기사[libripens]가 미리 합의한 양을 저울 위에 올려 측량하면 매수자가 구매할 물건을 손으로 잡았다 → *mancipatio*)
Negoziation *f.*(은행을 통한) 유가 증권 매각
Negoziator *m.* 유가 증권 매각자
negotiorum gestio *l.* (위임 없는) 업체 운영
negotium *l.* 사업, 법적 거래
negotium dissimulatum *l.* 감춰진 법적 거래
negotium mixtum cum donatione *l.* 제값을 치르지 않고 취득한 물건('우애 매수')
negotium nullum *l.* 무효의 법적 거래
negotium simulatum *l.* 위장 거래
Neigung *f.* 경향
Neigung
antisoziale ~ 반사회적 경향;
verbrecherische ~ 범죄적 경향
Neigungstäter *m.* 기호<성비, 경향>범인
Nemini res sua servire potest *l.* 누구도 자기 소유의 물건에 대해 사용권(이용권 또는 저당권)을 부여할 수 없다 → *Nulli res* …… →*Res propria* …… (현대 법에서는 소유주에 의한 저당을 인정한다)
nemo *l.* 누구도, 아무도
Nemo cum duobus vel pluribus testamentis decedere potest *l.* 누구도 둘 또는 그 이상의 유언장을 남길 수 없다 - I. 2.7.2(현대 법에서는 가능하다, 그러나 가장 최근 날짜가 기입된 것만이 유효하다)
nemo dominus membrorum suorum *l.* 자기 몸의 주인은 아무도 없다(망자의 사체 및 생존자의 신체에 대해서는 소유권이 인정되지 않는다 - 로마법)
Nemo invitus agere cogitur *l.* 누구도 자신의 의지에 반하여 소송을 제기하도록(법적 권한을 행사하도록) 강요당하지 않는다
Nemo invitus compellitur ad communionem *l.* 누구도 자신의 의지에 반하여 공동체에 소속되지 않는다
Nemo iudex in sua causa *l.* 누구도 자신에 관한 사안에 있어 재판관이 되지 않는다
nemo iudex sine actore *l.* 원고가 없으면 재판관도 없다, 원고가 없는 곳에는 재판관도 없다
nemo judex sine auctore *l.* 불고불리의 원칙
Nemo liberalis, nisi liberatus *l.* (채무로부터) 자유의 몸이 되지 않은 자는 베풀지도 못한다
Nemo plus iuris ad alium transferre potest quam ipse habet *l.* 누구도 자신이 소유한 이상의 권리를 타인에게 양도할 수 없다
Nemo prohibetur pluribus exceptionibus uti, quamvis diversae sunt *l.* 각기 다른 여러 개의 항변을 하지 못하도록 금지된 사람은 없다
Nemo pro parte testatus pro parte intestatus decedere potest *l.* 일부는 유언장에 의해, 나머지는 법률에 의거해 유산을 상속시킬 수 있는 이는 아무도 없다(강력한 성격을 띤 이 로마법은 시간이 지남에 따라 완화되어, 나중에는 일부는 유언을 통해 나머지는 상

속법에 의거해 상속시킬 수 있게 되었음)

Nemo prudens punit, quia peccatum est, sed ne peccetur *l.* 재판관은 죄를 지은 것에 대해서가 아니라 앞으로 죄를 짓지 않도록 하기 위해 처벌을 내린다(플라톤의 말을 세네카가 인용)

Nemo simul actor et iudex *l.* 누구도 원고인 동시에 재판관이 될 수 없다

Nemo tenetur se ipsum prodere *l.* 누구도 자기 자신에게 부담을 주라고 강요받지 않는다

Nemo ultra posse obligatur *l.* 누구도 자신의 능력을 넘어서는 의무를 지니지 않는다(불가능한 것을 기대할 수는 없음)

Nenn~
~betrag *m.* 액면가, 명목가치; ~kapital *m.* 액면자본; ~wert *m.* eines Wertpapiers 유가증권의 명목가치; ~wertaktie *f.* 액면주식; ~wertausgabe *f.* 액면발행

Nennung *f.*; **nennen** *v.* ~를 지명하다
nennwertlos *a.* 명목가치가 존재하지 않는

Ne procedat iudex ex officio *l.* 재판관은 공무상 소송을 지휘하는 것이 아니다(법률 주해자)

ne quid nimis *l.* 너무 많지 않게, 모든 것은 정도껏(테렌티우스)

nervus probandi *l.* 주된 증거사유
nervus rerum *l.* 만물의 두뇌(돈)

Ne sede vacante quid innovetur *l.* 공직을 수행함에 있어 새로운 사항이 추가되지 않는(어떤 결정적인 지시도 내리지 않아야 하는)

netto 순~
Netto
~auslandsvermögen *n.* 대외순자산; ~betrag *m.* (비용과 세금을 공제한) 실액(實額); ~bezüge <~einkünfte> *pl.* 순수입; ~dividende *f.* 순배당금; ~einkommen *n.* [, steuerpflichtiges ~] [과세] 순수입; ~gewinn *m.* 순(이)익; ~inlandsprodukt *n.* 국내총생산량; ~investitionen *pl.* 순투자; ~kreditaufnahme *f.* 순 신용 조달액; ~miete *f.* 순임금; ~prämie *f.* 순 보험료 ~preis *m.* 실제 가격, 정가(正價); ~produktionswert *m.* 순생산액; ~schaden *m.* 순 손해; ~sozialprodukt *n.* 순 사회 생산액; ~verkaufspreis *m.* 순 판매가격; ~verlust *m.* 순 손실 ~wert *m.* (감가상각비를 제한) 순 고정자산

Netz *n.*
~fahndung *f.* 전산수색; ~vertrag *m.* 계약의 연쇄

Neu~ 신~, 재~

Neu~ ~abschluß *m.* eines Vertrages 갱신; ~aktie *f.* 신주; ~anmeldung *f.* 신규출원, 신규 신고; ~ausgabe *f.* von Aktien 신주발행; ~berechnung *f.* 재계산<산정>; ~bildung <~organisation> *f.* 신<재>설립; ~eintragung *f.* 신규 등기; ~erwerb *m.* 신규취득; ~festsetzung *f.* 새로운 결정, 신규 확정; ~gründung *f.* 신규 설립; ~kriminalisierung *f.* 신범죄화; ~unternehmen *n.* 신규영업; ~verschuldung *f.* 신규 차입액; ~verteilung *f.* 신규배당 <분배>; ~wahlen *pl.* 재선; ~wert *m.* 잉여가치; ~wertversicherung *f.* 신품가격보험; ~zulassung *f.* (자동차의) 신규 인가

Neue Bundesländer
구동독지역의 새로운 주 (신연방주)

Neue Fassung
개정신법

Neuerung *f.* 개정<개혁>, 갱신
Neuerungs~
~recht *n.* 개정권; ~verbot *n.* 개정의 금지

neugegründet <neu gegründet> *a.* 새로 신설된, 새로 설립된

Neuheit *f.* 신규성
Neuheits~
~gutachten *n.* 신규성에 대한 감정; ~schonfrist *f.* 신규성침해제척기간

neutral *a.* 중립의, 중립적
Neutralität *f.* 중립(상태)
Neutralität
absolute ~ 절대적[국외]중립; bedingte ~ 조건부[국외]중립; dauernde ~ 영구적[국외]중립; partielle ~ 일부[국외]중립;

totale ~전부[국외]중립; unbedingte ~ 무조건[국외]중립
Neutralitäts~
~bruch *m.*[국외] 중립파기, 중립침범; ~erklärung *f.*[국외] 중립선언; ~pflicht *f.* [국외] 중립의무; ~politik *f.*[국외] 중립정책; ~theorie *f.*중립설; ~verletzung *f.* [국외] 중립위반
nexum *l.* 속박, 넓은 의미에서는 'per aes et liberam'(→ *negotia per aes* ······) 방식으로 체결된 모든 종류의 거래를 뜻하고, 좁은 의미에서는 즉각적인 집행권이 수반되는 정식 대부를 뜻함; 법적 구속력
nexus *l.* 자신의 몸을 담보로 삼은 채무자
nexus subditelae *l.* 발생적 신하(1781년 이래 오스트리아에서는 발생적 신하가 세습 신하를 대체함)
Nicht~
불<미, 비>~
Nicht~
~abnahme <~annahme> *f.* der Leistung 미수령; ~abschluß *m.* eines Vertrages 계약의 미체결; ~abtretbarkeit *f.*불가양도성; ~anerkennung *f.*미승인; ~annahme *f.* 인수거절; ~annahme eines Antrags ①{*inhaltlich*} 신청의 미승낙 ②{*i.S.v. Nichtentgegennahme*} 신청의 불수리; ~ansässiger *m.*(*der* ~*e*) 비 거주 외국인; ~anwedbarkeit *f.*비적용성; ~anwendung *f.*비적용; ~anwesenheit *f.*부재; ~anzeige *f.*① {*allgemein*} 미통지 ②{*von Verbrechen*} 미신고; ~auflösung *f.* einer Menschenansammlung {*als Delikt*} 집회해산불이행(죄); ~ausführung *f.*불이행<사용>; ~auslieferung *f.*{*StrR*-형} (범죄인의) 불인도; ~ausschüttung *f.*[~ von Dividenden] [배당금의] 미배당; ~ausübung *f.*[~ eines Rechts][권리의] 미행사<미실시>; ~beachtung *f.*무시; ~befolgung *f.* von etw. 미준수; ~beitreibbarkeit *f.*회수<취입>불가능; ~benachrichtigung *f.*불고지; ~benutzung *f.*미사용; ~berechtigter *m.*(*der* ~*e*) 비권리자, 무권자; ~besitzer *m.*비점유자; ~bestehen *n.*①{*i.S.v. Nichtexistenz*} 부존립 ②{*einer Prüfung*} 낙제; ~bestreiten *n.*거부; ~beweisbarkeit *f.*증거불충분; ~bewilligung *f.*미허가<합의>; ~bezahlung *f.*지불하지 않음; ~-EG-Staat *m.*EC 회원국 이외의 국가; ~ehe *f.*불성립혼, 무혼인; ~ehelicher *m.*(*der/die* ~~*e*) 비적출자; ~ehelichkeit *f.*비적출성; ~eigentümer *m.* 비소유권자 ~einmischung *f.*[~ in innere Angelegenheiten] [내정] 불간섭<개입>; ~eintragung *f.*미등기; ~eintritt *m.* einer Bedingung 조건미발생; ~entstehen *n.*불성립<발생>; ~erfolgsdelikt *n.*불결과범; ~erfüllung *f.*불이행; ~erfüllung, Schadenersatz wegen ~ 불이행으로 인한 손해배상; ~erklärung *f.*미표시; ~erneuerung *f.* eines Vertrages 규약의 미갱신; ~erscheinen → *Nichterscheinen*; ~erweislichkeit *f.*증명이 불가능함; ~gebrauch *m.*부적용<채용, 사용>; ~genehmigung *f.*허가거부; ~haftung *f.*면책; ~handeln *n.*{*i.S.v. Unterlassen*} 비행위<작위>; ~jurist *m.*비법률가; ~kaufmann *m.*비상인; ~leistender *m.*(*der* ~~*e*) 불이행자; ~leistung *f.*불이행; ~lieferung *f.*부도; ~mitgliedstaat *m.*조약비체결국; ~öffentlichkeit *f.*비공개; ~ratifizierung *f.*비준이 되지 않음; ~rückwirkung *f.*효력의 불소급; ~schuld *f.*{*i.S.v. Verbindlichkeit*} 불채무, 비채무; ~schuldvermutung *f.*(= → *Unschulds*) 무책임<무죄>의 추정; ~teilnahme *f.*불참가; ~übereinstimmung *f.*[~ von Willenserklärungen] [의사표시의] 불일치<합치>; ~übertragbarkeit *f.*불양도[성]; ~unterzeichnerstaat *m.*조약<협정>무체결국; ~urteil *n.*비<무>판결; ~verantwortlichkeit *f.* 무책임; ~veräußerung *f.*불양도; ~vermögensschaden *m.*비재산의손해; ~vorhandensein *n.*흠결, 부재; ~vorhandensein eines Willens 의사의흠결; ~vollstreckbarkeit *f.*집행불가능; ~vollziehung *f.*불집행; ~vorhandensein *n.* 존재치 않음; ~vorhersehenkönnen *n.*예견불가능; ~wissen *n.*부지, 무지; ~zahlung *f.*지불되지 않음; ~zulassung *f.*미허가<등록>; ~zurechenbarkeit *f.*미기여;

~zustandekommen n.미성립
nicht~
~bestehend a.부존재적인; ~beweisbar a.증거<증명>불능의; ~diskriminatorisch a.무차별적인; ~erfüllt a.불이행의; ~erweisbar <nicht erweislich> a.증명할 수 없는; ~gesetzlich a.비법률적 측면의; ~monetär a.비금전적인; ~öffentlich a.비공개의; ~öffentlich a. {i.S.v. noch nicht öffentlich} 미공개의; ~qualifiziert a.무적합한; ~rückwirkend a.불소급적인; ~verantwortlich a.무책임한; ~vorhanden a.부재의; ~wirtschaftlich a.비경제적인
Nichte f. 질녀(姪女)
Nichten und Neffen pl. 생질(甥姪)
Nichterscheinen n.미출두, 결석, 부재
Nichterscheinen
~ einer Partei im Prozeß 일방당사자의 결석
Nichterscheinen
,unentschuldigtes ~ 면책사유의 부재
Nichtweisbarkeit
<**Nichtweislichkeit**> f.증명불능
nichtig a.무효(無效)의.
Nichtigkeit f.무효.
Nichtigkeit
absolute ~ 절대적 무효; beiderseitige ~ 상호적 무효; teilweise ~ 일부무효; relative ~ 상대적 무효; rückwirkende ~소급적 무효
Nichtigkeit von Verwaltungsakten 행정행위의 무효
Nichtigkeits~
~beschwerde f.무효의 항고; ~einrede f.무효의 이의; ~einwand m.무효의 항거; ~erklärung f.무효의 선언; ~grund m.무효이유<원인>; ~klage f. 1 {i.S.v. Ehe ~} 혼인무효의 소 2 {PatR-} 무효<특히 취소>소송 3 {im VerwR-}행 무효 확인 소송; ~urteil n.무효판결; ~verfahren n.무효[확인]절차
Nichtzulassungsbeschwerde f.항고거절, 이의제기
Nidation f.(l.) [수정]란의 (자궁 내) 착상
Niederlassung f.영업소, 대리점

Niederlassung
ausländische ~ 외국지점; gewerbliche <geschäftliche> ~ 영업소
Niederlassungs~
~freiheit f.거주이전의 자유; ~freiheit von Rechtsanwälten 변호사 개업의 자유; ~recht n.개업의 자유, 거주권
niederlegen v. 1 {ein Amt~} ~에서 퇴위<퇴직>하다 2 {etw. schriftlich~} ~에 기하다, 적어두다 3 {i.S.v. ~hinterlegen} ~을 보관시키다, ~을 공탁하다
Niederlegung (→ Hinterlegung) f.보관 시킴
Niederlegungs~
~ort m.보관지; ~frist f.보관기간
Niederschrift f.; **niederschreiben** v.~을 기록해두다
Niederstwertprinzip n.최저가치주의
Niedrig~
~steuerland n.저과세국; ~zins f.저리; ~zinspolitik f.저[금]리 정책
Nießbrauch m.용익권(用益權)
Nießbrauch
~ an Grundstücken 토지의 용익권; ~ an Rechten 권리상의 용익권
Nießbraucher m.용익권자(用益權者)
Nießbrauchs~
~berechtigter m.(der ~-e) 용익권리자<권자>; ~besteller m. pl.용익권 설정자; ~bestellung f.용익권의 설정; ~gläubiger m. pl.용익채권자; ~recht n.용익권
Nihil fit sine causa l. 원인 없이 일어나는 일은 없다
Nihil probat, qui nimium probat l. 너무 많이 증명하려 하면 아무것도 증명되지 않는다
Nil admirari! l. 그 어떤 것에도 감탄하지 말라(호라티우스)
Nitimur in vetitum semper cupimusque negata l. 우리는 늘 금지된 것을 하려하고 거절당한 것을 원한다(오비디우스)
N. L. l. → Non liquet
N. N. l. → nomen nescio → nomen nominandum
N. N. l. →Numerius Negidius

nobilitas *l.* 귀족, 관직에 있는 귀족
nobilitas codicillaris *l.* (세습귀족이 아니라) 작위 수여에 따른 귀족
nochmalig *a.* 재차, 다시 한번
nocivi homines *l.* (국가에) 해가되는 사람들, 중세에는 상습범을 가리킴
nolens volens *l.* 싫든 좋든 (자발적이든 아니든, 원하든 원치 않든 상관없이 - 아우구스티누스)
nomen *l.* 이름; 채권
Nomen est omen *l.* 이름이 이미 암시한다 (플라우투스)
nomen nescio (N. N.) *l.* 나는 그 이름을 알지 못함, 이름을 모름
nomen nominandum (N. N.) *l.* 지명해야 할 이름
Nomen verum esse, nomen bonum esse *l.* 채권은 정당하고 선하다 (자신이 매도한 물품에 대한 대금청구서가 '정당하고 선하다는' 것을 채권자가 보증한다는 뜻, 다시 말해 채권자가 대금청구서의 법적 정당성 및 채무자의 지불능력에 대해 책임을 진다는 뜻)
Nomina et debita ipso iure sunt divisa *l.* 유산은 법에 의거해 분배되었다 (로마법은 공동 상속인들에게 세습된 채권과 채무를 즉시 분배할 것을 요구했으며, 상속인들 간의 공동 자산은 발생하지 않았다)
nominal *a.* 액면가의, 명목가치에 따른
Nominal~
~betrag (↑*Nennbetrag*) *m.* 액면액(額面額); ~einkommen *n.* 명목 소득; ~kapital *n.* 주식회사의 설립 자본금; ~teilhaber *m.* 명목상의 사원; ~wert (↑*Nennwert*) *m.* ①[~ einer Verbindlichkeit] 액면 ②{*einer Währung*} 액면가; ~vertrag *m.* 유명계약; ~zins *m.* 권면이식, 명목금리
nominatio *l.* 정비, 개정; 누구(무엇)를 찾아내어 이름을 공표하기; 이름을 호명하며 후보를 제청함
nominatio auctoris *l.* → *auctoris nominatio*
nomine *l.* 누구(무엇)의 이름으로, 이름하에, 직함 하에
nomine proprio *l.* 자신의 이름으로

Nominierung *f.*; **nominieren** *v.* ~를 (후보자로) 지명하다
nondum concepti *l.* 아직 생산되지 않은 것
Non liquet (N. L.) *l.* 그것은 불분명하다 (키케로의 말을 로마법에서 인용한 것으로서, 판결을 내릴 수 없는 사건에 대해 쓰는 표현)
non liquet *l.* 전위불명 [상태]
Non olet *l.* 그것은 악취를 풍기지 않는다 (여기에서 말하는 그것은 돈이다. 수상쩍은 것에서 비롯된 돈이라 하더라도 악취를 풍기지는 않는다는 뜻 - 베스파시아누스 황제가 공중 화장실에도 세금을 매긴 것에 대해 수에토니우스가 기록을 남긴 것에서 비롯된 표현이지만 그 이전에 이미 키케로가 이 표현을 사용한 바 있다)
Non omne quod licet, honestum *l.* (법적으로) 허용된 것이라 해서 모두 도덕적으로 흠결이 없는 (명예로운) 것이 아니다 (예컨대 매매혼)
non plus ultra *l.* 이 이상 최고는 없는 (최상의 것; 최고의 것)
Non scholae, sed vitae discimus *l.* 우리는 학교를 위해서가 아니라 삶을 위해서 배운다 (세네카)
nonusus *l.* (권리를) 활용하지 않음
Norm *f.* (→ *Bestimmung* → *Vorschrift*) 규정, 규범, 조항, 조문
Norm
generalklauselhafte ~ 일반조항 성격이 강한 규정; zwingende ~ 집행규정
Norm~
~setzung *f.* 규범설정(規範設定); ~setzungsakt *m.* 규범설정행위; ~setzungsverfahren *n.* 규범설정절차; ~system *n.* 규범체제; ~widrigkeit *f.* 규범위반.
Normalarbeitszeit *f.* 정규노동시간
normativ *a.* 규범적인
Normative Schaden(sbegriff) 규범적 손해 (개념)
Normativbestimmungen *pl.* 규범결정론; System der ~ 준칙주의

Normen~
~flut f.법규의 범람<과잉>; ~kollision f. 규범<규정>세촉; ~kontrolle f.[, abstrakte ~] 규범심사<통제>; ~kontrolle, konkrete ~ 구체적 규범심사<통제>; ~ kontrollverfahren n.법령 심사 <통제> 수속; ~schutz m.규범보호; ~theorie f. 규범설; ~vertrag m.규범적 효력을 갖는 계약; ~verträge pl.규범[정립]계약

normieren v.~을 일률적으로 규정<규제, 조문화> 하다

Normierung f.규격의 통일화

Normierung f., **gesetzliche** ~ 조문화

normwidrig a.법규위반의, 규범에 어긋나는

Normwidrigkeit f.법규위반

Not~
~adressat m.비상 지불 인명인; ~erbe m. 필연적<규정>상속인; ~erbrecht n.필연<법정>상속권<법>; ~fall m.위급[상황]; ~frist f.불변기간, 확정기간; ~hafen m.긴급 피난항; ~hilfe f.긴급 구조, 비상 구제; ~hilferecht n.긴급 구조권; ~lage f.긴급사태; ~staatsanwalt m.긴급검찰; ~prärogative f.비상대권; ~recht → Notrecht; ~testament n.위급<긴급>시 유언; ~veräußerung f.긴급매각; ~verkauf m.긴급매각; ~verordnung f.긴급명령; ~verordnungsrecht n.긴급명령[고]권; ~wehr → Notwehr; ~weg m.비상출구<통로>; ~zuständigkeit f.긴급관할권

nota l. 주해, 통지; 증서; 국제관계에 있어 정부가 공시하는 공고

nota bene! (NB) l. 주의하라!

nota censoria l. 풍기감찰관의 비난 (풍기문란죄의 경우)

Notar m.공증인

Notar
vor dem ~ unterzeichnen v.공증인의 증명 아래 [문서]~에 서명하다

Notar~
~gebühren pl.공증인수수료; ~kosten pl. 공증인비용

Notariat n.공증인의 직책, 공증인 사무소<과>

Notariats~
~akt m.공증행위; ~angestellte f./pl.공증인 인력 관리부서 직원; ~gebühr f.공증비용; ~ordnung f.공증인규칙; ~testament n. 공증유언서; ~urkunde f.공증서; ~wesen n.공증제도

notariell a., ~ **beglaubigt** 공증인이 확인한

Notarisierung f.공증의 증서화

notarius l. 공공 증서를 발행하는 공무원

Note f.(1 {i.S.v. Geldnote} 은행권, 화폐 2 {diplomatische ~} [외교] 상서(上書), 외교 문서, 통첩

Noten~
~ausgabe f.은행권발행; ~ausgaberecht n. 은행권 발행권; ~austausch m {diplomatischer ~} 상시교환, 외교 문서 교환, 통첩 교환; ~bank f.발권 은행; ~bankemission f.발행은행의 발행; ~emission f.은행권발행; ~umlauf m.은행권유통

Notierung f., **fortlaufende** ~ 지속적인 상장

notificatio l. 통지, 고지, 알림

Notifikation f.(→ Benachrichtigung) 통지, 고지, 보고; ~ des Rückgriffes 소구의 통지

nötigenfalls a.부득이할 경우, 필요한 경우

Nötigung f.; **nötigen** v.[jn. (zu etw.) ~] (1 {BGB-민} ~에게 (~을 하도록) 강제하다 2 {StrR-형} ~에게 (~을 하도록) 강요<강박>하다

Nötigungs~
~handlung f.강요행위; ~mittel pl.강요<강제>수단<방법>; ~notstand m.강제긴급피난; ~zweck m.강제목적

notitia l. 단순한 증거문서

notitia dignitatum l. 405년 발행된 로마 궁정 및 제국의 관직표

Notlage f.긴급 상태, 궁지, 궁정(窮境)

notorietas l. 분명함, 명백함, 널리 알려짐

Notrecht n.[staatliches ~] 비상대권

Notstand *m.* 비상<긴급>사태
Notstand
defensiver ~ 방어적 긴급 피난 사태; entschuldigender ~ 책임조각사유의 긴급 사태; rechtfertigender ~ 정당화사유; sozialer ~ 사회적 긴급피난; übergesetzlicher ~ 초법적 긴급피난; übergesetzlicher rechtfertigender ~ 초법적 정당화사유의 비상사태
Notstands~
~bestimmungen *pl.* 긴급피난의 규정; ~exzeß *m.* 과잉피난; ~gesetzgebung *f.* 긴급입법; ~lage *f.* 긴급피난의 상황; ~prinzip *n.* 긴급피난의 원인; ~situation *f.* 긴급피난의 상태; ~täter *m.* 긴급피난의 관련자
notula *l.* 초안, 짧은 설명
Notwehr *f.*, gerechtfertigte ~ 정당방위
Notwehr gegen Sachen → *Sachwehr*
Notwehr~
~befugnis *f.* 정당방위의 권리; ~exzeß *m.* 정당방위의 과잉 대처; ~handlung *f.* 정당방위행위; ~lage *f.* 정당방위의 상황; ~mittel *pl.* 정당방위의 수단; ~recht *n.* 정당방위의 권리; ~wehrrecht *n.* 정당방위권; ~wille *m.* 정당방위의 의사
notwendig *a.* 필요한, 불가피한
Notwendigkeit *f.* 필요<필연>[성]
Notwendigkeit
betriebliche ~ 경영상의 불가피성
Notzucht *f.* 성폭행, 강간
novatio *l.* 정비; 변경(기존의 채무관계를 다른 채무관계로 바꾸기 위해 새로운 법률관계를 맺고 옛 법률거래를 중단시키는 행위)
Novellae (leges) *l.* (→Codex Iustiniani 의 종결 이후 공포된) 새로운 법률
novellae leges *l.* 법률개정, 추가 법률
Novelle *f.* 개정법, 수정 법령
Novellierung *f.* (법률의) 수정(개정)
novum *l.* 새로운 범죄구성요건
noxa *l.* 손해; 짐승으로 인해 야기된 피해(예전에는 노예로 인한 피해도 포함됨)

Noxa caput sequitur *l.* 피해는 동물을 따라다닌다(소 제기 시점에 손해를 야기한 동물의 주인인 자가 배상한다는 뜻) D. 9.1.1,12
noxae deditio *l.* 손해를 야기한 짐승을 넘겨줌으로써 손해배상책임으로부터 벗어나는 것
nuda praecepta *l.* 유언장 중 정확히 누구에게 혜택이 돌아갈지 불분명한 부분
nuda proprietas *l.* 벌거벗은 소유권(이용할 수 없는 소유권, 예컨대 봉건 지주에 대한 신하의 소유권)
nudis verbis *l.* 솔직히 말하자면
null und nichtig *l.* 무효의
Nulla poena sine crimine *l.* 범죄가 없으면 처벌도 없다
Nulla poena sine lege *l.* 법이 없으면 처벌도 없다(특정 행위에 대한 처벌 여부는 법에 의해 결정되어야 한다는 안젤름 포이어바흐의 말)
nulla poena sine lege *l.* 법률, 형벌
nulla poena sine lege-Grundsatz *m.* 죄형법정주의
Nullifizierung *f.*; nullifizieren *v.* ~을 폐기<폐지>하다, ~을 법적으로 무효로 선언하다
Nulli res sua servit *l.* 자기 소유의 물건에 대해 사용권을 부여할 수 없다 (D. 8.2.26) →*Nemini res* ...... →*Res propria* ......
nullitas *l.* 무효
Nullum crimen sine lege (poena legali) *l.* 법(형법)이 없으면 범죄도 없다(오직 법만이 어떤 행위가 범죄인지 판단할 수 있다)
Nullum officium sine beneficio, nullum beneficium sine officio *l.* 교회록(敎會綠)이 없으면 성직도 없고, 성직이 없으면 교회록도 없다
Numerius Negidius (N. N.) *l.* 피고 및 채무자를 가리키던 고어(古語)
numerus clausus *l.* 제한된 숫자(대학입학자격, 법관자격 부여 시의 정원)

numerus clausus *l.* **der Sachenrechte** 물권법정주의

Nummer *f.*(1){*allgemein*} 번호, 수 (2) {*einer Zeitschrift*} 책의 권수, 간행

nummus unus *l.* (유일한) 한 개의 동전; 명목 가격

nunciatio *l.* 이의

nuncius *l.* 변호사

nuncupatio *l.* 구두합의, 엄숙한 서약

nunquam otiosus *l.* 절대 한가하지 않은

nunquam retrorsum *l.* 절대 되돌아가지 않는

nuntius *l.* 교황의 특사

Nurnotar(Nur-Notar) *m.*변호사 증인

Nutzanwendung *f.*(우화 따위에서 끌어낼 수 있는 유익한) 교훈

Nutzbarkeit *f.*유용성, 이용가능성

Nutzen *m.*; **nützen** *v.*이용<사용>하다, ~에 유익하다, ~에 도움 되다

Nutz~

~nießer *m.*수익자(受益者), 용익권자, 부당 이득자; ~pfand *n.*용익담보, 용익<수익>질

nützlich *a.*유익<유용>한

Nutzung *f.*이용, 유익, 수익, 용익

Nutzung als Wohnraum 주택 사용

Nutzung

alleinige ~ 독점이익; gemeinsame ~ 공동이익; wirtschaftliche ~ 경제적 용익

Nutzungs~

~ausfall *m.*용익의 손실; ~befugnis *f.*용익<사용>권; ~berechtigung *f.*사용권; ~dauer *f.*용익<사용>기간; ~eigentum *n.*수용소 유권; ~entschädigung *f.*이용이익손실의 배상; ~möglichkeit *f.*용익<사용>가능성; ~pfand *n.*이용<수익>질; ~pfandrecht *n.*이용<수익>질[권]; ~recht → *Nurtzungsrecht*; ~schaden 이익손해<손모>; ~überlassung *f.*사용<이용>대차; ~vergütung *f.*용익대금; ~verhältnis *n.*용익관계; ~wert *m.*이용가치

Nutzungsrecht *n.*용익<사용>권

Nutzungsrecht

alleikniges ~ 독점용익권; allgemienes ~ 통상사용권; ausschließliches ~ 부속용익권; unbeschränktes ~ 무제한용익권

O

Obdachloser *m.(der ~e)* 부랑자
obductio *l.* 부검
Ober~
~aufsichtsbehörde *f.* 상급감독청; ~befehl *m.* 총사; ~begriff *m.* [, juristischer ~] 상위 [법률]개념; ~gericht *n.* <= oberes Gericht> 상급재판소; ~haus *n.* 상원; ~hoheit *f.* 주권, 통치권; ~instanz *f.* 상급심; ~landesgericht *n.* 고등재판소; ~staatsanwalt *m.* 상급검사; ~staatsanwaltschaft *f.* 고등 검사청; ~verwaltungsgericht *n.* 상급행정재판소
oberinstanzlich *a.* 상급심의
Oberstes Landesgericht {*Bayern*} 주의 고등재판소
Obhut *f.* 감독<후견>; 보호<비호>
Obhutspflicht *f.* 감독의무
obiter dictum *l.* 방론
obiter dictum *l.* 덧붙여 말하자면; 상급법원 및 최고법원이 판결을 내릴 때 추가해야하는 법적 표현(영국법)
objektiv *a.* 객관적인
objektiv *a.*; ~e Ordnung 객관적 질서
objektivistisch *a.* 객관주의적인
Objektivität *f.* 객관[성]
oblatio *l.* 공급, 지불, 이행; 봉건국가에서 상급자에게 소유물을 바쳤다가 해당 물건을 즉시 다시 임대하는 행위
oblatio libelli *l.* 소장의 전달
Obliegenheit *f.* 부진정의무
obligatio *l.* 책무, 채무; 채무증서(채권) → *iuris vinculum*
obligatio alternativa *l.* 선택채권
obligatio bilateralis *l.* 쌍방적 채무관계
obligatio bilateralis inaequalis *l.* 불완전한 쌍방적 채무관계
obligatio civilis *l.* 청구권이 있는 채권

obligatio correalis *l.* 상호 채권, 복수 채무자 또는 복수 채권자와의 채무관계
obligatio ex contractu *l.* 계약에서 비롯된 책임
obligatio ex delicto *l.* 범죄에서 비롯된 책임
obligatio ex lege *l.* 법에 의거한 책임(물권에 의거해 추가로 발생하는 채무)
obligatio in solidum *l.* 복수 채무자 혹은 복수 채권자에 속하는 개인이 전체를 변제하거나 청구할 수 있는 채무관계
obligatio naturalis *l.* 채권자에게 청구권이 없는 자연채권
obligatio pro rata *l.* 복수 채무자 혹은 복수 채권자에 속하는 개인이 자신의 배당분만 변제하거나 청구할 수 있는 채무관계
obligatio quasi ex contractu *l.* → *quasicontractus*
obligatio quasi ex delicto *l.* → *quasidelictum*
obligatio unilateralis *l.* 일방적 채무관계
obligatorisch *a.* 의무적인, 필수의; 절대적인
obliegen *v.* [*etw.* obliegt *jm.*] ~의 책임<의무>이다
Obliegenheit *f.* 의무, 책무, 책임
Obliegenheitsverletzung *f.* 의무<책무>위반
obligatio *l.* 채무
obligatio
~ alternativa *l.* 선택채무; ~ facultativa *l.* 임의채무; ~ naturalis *l.* 자연채무, 현물납부

Obligation *f.*①{*i.S.d. SchuldR*-채} 채무[관계] ②{*als Wertpapier*} 사채, 채무증서
Obligationen~
~ausgabe *f.*사채의 발행; ~gläubiger *m.*사채채권자; ~recht *n.* 채권법
obligatorisch *a.*①{*i.S.d. SchuldR*-채} 채권법상의, 채무적인 ②{*i.S.v. Zwang*} 강제적인
Obligierter *m.*(*der ~e*) 채무자
Obligio *n.*(*l.*) 채무, 채권
Obrigkeit *f.*관헌, 당국
obrigkeitlich *a.*관헌적인, 당국으로부터의, (관계) 당국의
obrogatio *l.* 법률폐지 또는 개정에 관한 건의
observantia *l.* 규칙, 출신, 관례, (특별) 관습법
observantia interpretativa *l.* 법해석 능력이 있는 관습법
observantia iudicialis *l.* 법정의 관례
Observanz *f.*①{*von Rechtsnormen*} 계율 준수 ②{*von Personen*} 특색, 형식 ③관습법
obses *l.* 인질, 볼모
obsessio viarum *l.* 노상강도
Obsiegen *n.*; **obsiegen** *v.*{*im Prozeß*} (재판에서) 승소하다; teilweise ~ 일부 판결에서 승소하다; voll ~ 전면적으로 승소를 거두다
obsignatio *l.* 봉인, 결정, 확인, 승인
obstagium *l.* 감금, 채무액을 완전히 변제할 때까지 자발적으로 인질상태에 놓이는 것을 가리킴 → ius obstagii → *pactum obstagii*
obstagius *l.* 인질상태를 통한 보증
Obstruktion *f.*의사 진행 방해; 저지<저해>
obszön *a.*음란한, 외설적인, 파렴치한
occasio *l.* 부수적 계기(원흉적 동기)인 →causa에 대한 반대개념으로 - 법률 주해자들)
occasio legis *l.* 특정한 법을 제정하게 된 계기
occisio *l.* 살해

occupatio *l.* 점거, 주인 없는 물건을 고의로 취득; 자국 군대의 타국 점령; 형사 처벌 대상인 소유권강탈
occupatio bellica *l.* 전리품
occupation bellica *l.* [전시]점령
occupation pacifica *l.* 평시점령
Offenbarung *f.*; **offenbaren** *v.*[(*jm.*) *etw.* ~] (~에게) ~을 공시하다
Offenbarungs~
~eid *m.*{*obs*-고} 개신<명고>선어<선고>; ~pflicht *f.*개시선언의무; ~termin *m.*개시선언기일
Offene Handelsgesellschaft
합명주사
offenkundig *a.*누구나 알아챌 수 있는, 아주 분명한
Offenkundigkeit *f.*명백함
Offenkundigkeit
~sprinzip *n.*현명(顯名)의 원칙
Offenlegung *f.*; **offenlegen** *v.*(출원)~을 공개<공시>하다
Offenlegungsschrift *f.*공시 공보
Offenmarkt *m.*공개<개시> 시장
Offenmarktpolitik *f.*공개 시장 정책
offensichtlich *a.*명료한, 분명한
offensio *l.* 위법행위
offensio iniusta *l.* 합법적 공격(정당방위 성립의 전제조건)
offenstehend *a.*{*Zahlungen, usw.*} 미결제<결산> 상태의
öffentlich *a.*공공연한, 주지의
öffentlich
~e Fürsorge *f.*공공(공적)부조;
~e Schulen 국·공립학교
Öffentlicher Dienst 공공부문종사자
Öffentlichkeit *f.*①{*Menschenmenge*} 공중 ②{*vor/bei Gericht*} 공개
Öffentlichkeit
~ der (Parlaments)debatten 의사<의회>의 공개; ~ der Gerichtsverhandlung 변론의 공개; ~ des Verfahrens; 수속의 공개
Öffentlichkeit, die ~
~ ausschließen *v.*공개 하지 않다;
~ wiederherstellen *v.*재공개 하다

Öffentlichkeits~
~grundsatz <~prinzip *n.*> *m.*공개주의, 재판 공개주의
öffentlich-rechtlich *a.*공법(公法)상의
öffentlich-rechtlich
~e Geschäftsführung ohne Auftrag 공법상의 사무관리; ~er Vertrag 공법상의 계약
offerieren (= → *anbieten*) *v.*(팔기 위해) ~을 내놓다, 제공하다
officialis *l.* 공직자; 주교 법정의 판사; 주교구 내 합의재판소
officium *l.* 의무, 노동, 근무; 성직; 로마 최고 성직자(→ *dignitas*)에 대한 반대 개념으로서의 하급 성직자
Offizial~
~grundsatz <~prinzip *n.*> *m.*직권주의
~delikt *n.*비친고죄(非親告罪), (피해자의 고소나 고발 없이도 공소되는) 공공범죄; ~klage *m.*공소; ~klageverfahren *n.*공소절차; ~maxime *f.*직권주의;
~verteidigung f.국선변호
offiziell *a.*공무의, 직무상의
Öffnungsklausel *f.*개방조항
"Ohne Verschulden keine Haftung" 과실 책임
Okkupation *f.*; **okkupieren** *v.*~을 점령하다, ~을 (불법으로) 점유<선점>하다
OLG → *Abkürzungsverzeichnis*
OLG-Rechtsprechung *f.*고등법원 판례
Oligarchie *f.*과두정치
Oligopol *n.*소수독점, 과점(寡占)
Öl~
~preis *m.*석유가격, 유가(油價);
~preiserhöhung *f.*석유가격 인상;
~preispolitik *f.*석유가격정책
olim possessor, hodie possessor, semper possessor *l.* 예전 소유주, 지금의 소유주, 영원한 소유주(자주 점유자가 처음뿐 아니라 마지막에도 점유권을 지닌다는 기본원칙)
Ombudsmann *m.*(관청의 횡포에 대처하여 시민 권익을 옹호하는) 민원 봉사

수임자, 고충처리위원
omissio *l.* (형사처벌 대상인) 부작위
Omissivdelikt n.부작위(不作爲) 범죄
→ *Unterlassungsdelikt*
omnia iudicia esse absolutoria *l.* (원고측의 모든 요구를 법적으로 해소했을 경우) 모든 판결은 (피고의) 석방을 지지하는 쪽으로 내려진다 - I. 4.12.2
Omnia iura in scrinio pectoris habet *l.* 그(교황)의 가슴속 함에 권한이 보관되어 있다(교황수위설을 표현하는 보니파티우스 8세의 말, 교황은 가톨릭교회의 제약 없는 우두머리다, papa superat concilium=교황이 공의회보다 우선한다)
Omnis condemnatio est pecunaria *l.* 모든 유죄판결은 벌금형으로 처리된다(로마 민사소송에 있어 오랫동안 지배적이던 기본원칙) 가이우스 4.48
onus, onera *l.* 부담, 업무, 노고
onus fabricae *l.* 교회건축 의무
onus probandi *l.* 입증 의무
onus publicum *l.* 공공세금
OPEC-Länder
pl.{ → *Abkürzungsverzeichnis*} OPEC 회원국
ope exceptionis *l.* 항변에 의거하여 (청구권이 소멸된다)
operae fabriles *l.* 공장 업무(자유의 몸이 된 자가 자신의 후견인에게 지니는 의무)
operae liberales *l.* 자유 업무(로마법에 따르면 근무규정에 구속되지 않는 업무를 가리킴. 이에 따라 의사나 변호사들은 사전에 합의된 보수 대신 사례비를 받았다)
operae officiales *l.* 자유의 몸이 된 자가 후견인에 대한 존경심에서 행하는 업무
operis novi nunciatio *l.* 이웃의 건축계획이 자신에게 손해를 끼칠 경우에 제기하는 이의
Opfer *n.*①{*allgemein*} 피해자 ②[~ *einer Straftat*] 범죄피해자;
wiederstandsloses ~ 저항하지 않는 피해자

Opferbefragung f. 피해자조사
Opiat n. 아편 함유 마취약, 아편제
opinio l. 의견, 확인, 견해
opinio communis l. 일반적인 (지배적인) 의견
opinio iuris l. 법적 견해
opinio necessitatis l. 필요성에 대한 확신(관습법 적용을 위한 일종의 조건)
Opium n. 아편
Opium
unbefugtes Rauchen von ~ 아편흡입[죄];
unbefugter Besitz von ~ 아편소지[죄]
Opium~
~gesetz n. 아편법; ~handel m. 아편 매매
Opportunitäts~
~ermessen n. 편의재량; ~prinzip n.⑴ {strafrechtliches ~} 기소편의주의 ⑵ {verwaltungsrechtliches ~} 행정편의주의
oppositio l. 대립, 반대, 저항, 반항, 항의
Opposition f.; **opponieren** v. [gegen etw. ~] ⑴{i.S.v. Protest, protestieren} ~에 반대<반론>하다 ⑵{i.S.v. politisch ~} 야당의 입장에 서다
Oppositions~
~parteien pl. 야당
oppressio, oppressus l. 억압, 압도
optima fide l. 최고의 신뢰로
optima forma l. 최고의 형식으로
optime l. 최상의, 최선의, 우선적으로
optimum l. 최고
optio l. 선택권, 국적 선택 의사표시; 선택, 결정투표
Option f.; **optieren** v. [für/gegen etw. ~] ~을 선택<결정>하다
Options~
~ausübung f. <선거권>의 행사; ~berechtigter m. (der ~e) 선거 권리자; ~dauer f. <선거>기간; ~erklärung f. <선거권>표시; ~frist f. <선서>기한제한 ~gewährung f. <선거권>의 부여; ~klausel f. <선거>문구<조항>; ~preis m. 선택비용; ~vertrag m. <선거>규약
opus l. 작품; 작품; 건축 작품; 학문; 예술

O quae mutatio rerum! l. 오, 이 얼마나 많이 변했는가!(옛 후렴구)
Ora et labora l. 기도하라 그리고 일하라(베네딕트회의 규칙)
oratio Severi l. 부부간의 예외적 증여(원래 로마법은 이를 인정하지 않았으나 혼인이 지속되는 도중에 배우자가 사망할 경우 증여를 인정함)
orbis l. 법 우주적 국제법공동체
orbis terrarum l. 지구 궤도
orbus l. 자녀가 없는 자(법적으로 특수한 지위를 가짐); 원래 이 단어는 물건을 훔치거나 약탈하는 것 혹은 고아가 되거나 부모를 여의는 것을 뜻함
ordalium l. 신의 판결
Order f. (군사 및 직무상의) 지도, 명령
Order~
~forderung f. 지도채권; ~klausel f. (유가증권의 수취인) 지시문구; ~konnossement n. 지도선적증권; ~lagerschein m. 지도식창고증서; ~papier n. 지시 증권; ~police f. 지도식 보험증권; ~scheck m. 지시 수표 ~ticket n. {i.S.v. Auftragsformular} 신임서
Ordnung f. 규율, 질서
Ordnung
äußere ~ 외부질서; gesellschaftliche ~ 사회적 질서; innere ~ 내부질서<규율>; öffentliche ~ 공의 질서, 공서; öffentliche ~ und gute Sitten 공서양속 (公序良俗); politische ~ 정치적 질서; soziale ~ 사회적 질서; staatliche ~ 국가적 질서; verfassungsmäßige ~ 헌법상의 질서; wirtschaftliche ~ 경제적 질서
ordnungsgemäß a. 정식의, 질서<조유>의, 규칙에 적합한, 규정에 따라
Ordnungs~
~gemäßigheit <~mäßigkeit> f. [규칙]적합; ~geld n. 과태료; ~haft f. 감치(監置); ~mittel n. 질서재재; ~polizei f. 교통경찰 및 치안경찰; ~prinzip n. 질서의 원칙; ~strafe f. 1 {i.S.v. Geld} 법령 위반의 벌 (징계, 과료) 2 {als Strafart} 법령 위반에 관한 징계; ~vorschrift f. 질서<정식>규정; ~widrigkeit → Ordnungswidrigkeit

ordnungswidrig *a.*반질서적<질서위반>인, 법령<규정> 위반의, 불법적인
Ordnungswidrigkeit *f.*질서위반[행위], 법령위반, 불법
Ordnungswidrigkeitsvorschrift
<~norm> *f.*{*in Gesetzen*} 법령 위반 규정
Ordre Public ≪ordre public≫ *m.*공서
ore et digito resignare *l.* 입과 손을 이용하여(작센인들이 토지를 포기하거나 양도할 때 엄숙하게 거행한 행위)
Organ *n.*①{*i.S.e. Organisation*} 기관, 공공 단체 ②{*i.S.v. menschlichem ~*} 장기
Organ {*i.S.v.* ①}
~ der Rechtspflege 사법기관;
~ der Rechtsprechung 재판기관
Organ {*i.S.v.* ①}
ausführendes ~ 시행기관;
gesetzgeberisches ~ 입법기관; höchstes ~ 최고기관; staatliches ~ 국가기관;
verfassungsgebendes ~ 헌법제정기관
Organ~ {*i.S.v.* ①}
~auftrag *m.*기관위임; ~haftung *f.*공공단체가 져야할 책임; ~leihe *f.*기관책임<사무 ~persönlichkeit *f.*기관인격;
~streit <~streitigkeit *f.*> *m.*기관<공공단체문의>쟁송; ~ walter *m.*기관담당자
Organ~ {*i.S.v.* ②}
~spende *f.*장기(臟器)의 제공; ~spender *m./pl.*(이식을 위한) 장기제공자;
~transplantation *f.*장기 이식
Organisation *f.*①{*allgemein*} 조직, 법인 ②{*VöR-*제} 기구
Organisation
gemeinnützige ~ 공익단체;
gesellschaftliche ~ 사회단체;
internationale ~ 국제조직; nichtstaatliche ~ 비정부 조직; politische ~ 정치[적]단체<조직>; private ~ 사조직; staatliche ~ 국가기관; wirtschaftliche ~ 경제적 조직
Organisations~
~fehler *m.*조직의 오류<결함>; ~form *f.*조직형태; ~gewalt *f.*조직권; ~grad *m.*

조직률; ~recht *n.*조직법<권>;
~verschulden *n.*조직[체] 책임
organisatorisch *a.*조직상의
original *a.*원본의, 출처 상 진짜인
Original *n.*원본, 원문
Original~
~ausfertigung *f.*현증서; ~exemplar *n.*원본; ~kopie *f.*원본복사; ~unterschrift *f.*원 저명; ~urkunde *f.*증서원본; ~werk *n.* {*im UrhR-*저}원전, 원서
originär *a.*본원의, 근본적으로 새로운, 독자적인
Ort *m.*장소, - 소, 위치
Ort der
~ Ausstellung <= Ausstellungsort> 발행지, 진출지; ~ belegenen Sache 물의 소유지; ~ Festnahme 체포 현장; ~ Handlung; 행위지; ~ Leistung <→ *Leistungsort*> 이행지; ~ (Haupt)Niederlassung 본점소재지; ~ Tat 범죄현장; ~ unerlaubten Handlung 불법행위지
Ort des
~ angerufenen Gerichts 법정지;
~ Schieds (gerichts)verfahrens 중재지;
~ Ursprungs < =→ *Ursprungsort*> 발생의 개소; ~ Vertragsabschlusses 위액 체결지
örtlich *a.*{*i.S.v.* → *territorial*} 지역적
Orts~
~angabe *f.*장소의 지시<기재>, 주소;
~gehörde *f.*지방관청; ~besichtigung *f.*현지<현장>시찰; ~polizei *f.*지방경찰;
~polizeibehörde *f.*지방경찰청;
~satzungsrecht *n.*자치입법권; ~statut *n.*현지법; ~termin *m.*현장검증
ortsüblich *a.*그 지방 관례인
Ost-West-Handel *m.*동서무역
Ost~
~handel *m.*대동구무역; ~politik *f.*동방정책
ostdeutsch *a.*구동독의, 동부지역의
Ostdeutsche *pl.*구동독지역의 옛 동독시민
Ostdeutschland 구동독 동부지역
Ostgebiete (*pl.*)
Deutsche ~ [제국[시대]의]동부지역

otium cum dignitate *l.* 값진 휴식, 유유자적

P

p. a. *l.* → pro anno
Pacht *f.*; **pachten** *v.*~을 임차하다,
Pacht~
~besitz *m.* 용익임대차점유; ~besitzer *m.* 용익임대차점유자; ~dauer *f.* 용익임대차기간; ~gegenstand *m.* 용익임대차의 대상물<취지>; ~grundstück *n.* 용익임대차[의 토]지; ~objekt *n.* 용익임대차물; ~preis *m.* 용익임대차료; ~verhältnis *n.* 용익임대차관계; ~vertrag *m.* 용익임대차계약; ~wert *m.* 용익임대차의 가치; ~zins *m.* 용익임대차료
Pächter *m.* 용익임차인
pacificatio *l.* 화평; 평화 중재
Pacta sunt servanda *l.* 계약은 충족되어야 한다(토마스 홉스)
pactum, pacta *l.* 계약(pacta는 복수형); 구두계약, 구두합의; 메로빙거 시대에는 법률을 지칭하기도 함
pactum addictionis in diem *l.* → addictio in diem
pactum adiectum *l.* (계약서 외의) 구두계약
pactum antecedens *l.* 요물계약에 있어 계약 당사자들 간의 사전 합의
pactum antichreticum *l.* 질권자와 질권설정자 간의 계약, 질권자가 이자 대신 저당물을 이용하겠다는 내용
pactum cambii *l.* 어음계약
pactum confraternitatis *l.* (왕가 간의) 상속에 대한 상호계약
pactum conventum *l.* 합의
pactum de contrahendo *l.* 예약
pactum de deponendo *l.* 장차 유지할 것에 대한 계약
pactum de dolo non praestando *l.* 의도에 대해서는 책임을 묻지 않겠다는 합의(의도에 대한 문책은 무효임)

pactum de heredidate tertii *l.* 장차 상속권을 지니게 될 것으로 판단되는 자와 다른 한 사람이 아직 살아있는 제3자의 유산에 대해 맺는 계약
pactum de mutuo dando *l.* 대부 예약
pactum de non cedendo *l.* 양도<불양도의>합의
pactum de non compensando *l.* 어떤 종류의 계상도 유효하지 않다는 내용의 합의
pactum de non distrahendo *l.* 매각권 배제에 관한 계약
pactum de non licitando *l.* 계약에 명시된 의무, 경매에 참가하지 않겠다는 내용
pactum de non petendo *l.* 무형의 면제계약
pactum de non petendo *l.* 청구...<불청구>의 합의
pactum de quota litis *l.* (로마에서는 금지되었던) 분쟁 대상물에 대한 변호사의 지분 요구
pactum de re sperata *l.* 범위가 불확실한 물건에 관한 계약
pactum de retrovendendo *l.* 재매수권, 재구매권
pactum de spe *l.* 발생 여부가 불확실한 물건에 관한 계약
pactum displicentiae *l.* 매수취소에 관한 부가조항, 이 조항으로 인해 매수인은 일정 기한 내에 구매를 취소할 수 있음
pactum dotale *l.* 부부재산권에 관한 계약
pactum fiduciae *l.* 양도 담보에 관한 계약
pactum hereditarium *l.* 상속 계약

pactum in favorem tertii *l.* 제3자에게 유리한 계약

pactum legitimum *l.* 법적 합의

pactum ne dolus praestetur *l.* (장차 발생할) 의도에 대해서는 대변하지 않는다는 내용의 계약(허용되지 않음), 장차 발생할 채무자의 의도에 대해서는 책임을 면제해주지 않는다는 뜻

pactum nudum *l.* 청구권이 없는 타협(무청구권 계약; 반대말은 → *pactum vestitum*)

pactum nuptiale *l.* 혼인계약

pactum obstagii *l.* 채무자의 자발적 감금에 관한 계약 → *obstagium*

pactum praetorium *l.* 집정관에 의한 타협(법정 당국이 청구권을 부여한 무형의 계약)

pactum protimiseos *l.* 선매수권

pactum reservati dominii *l.* 소유권 유보

pactum subiectionis *l.* 굴복계약, 오늘날에는 주로 지배권계약으로 쓰임

pactum successorium *l.* 상속 계약 → *pactum hereditum*

pactum successorium affirmativum, p. s. acquisitivum *l.* 새로운 상속권을 발생시키는 효력을 지닌 상속인지정계약

pactum successorium conservativum *l.* 기존 상속권을 유지시키는 효력을 지닌 상속인지정계약

pactum successorium dispositivum *l.* 피상속인의 사망 후 유산을 제3자에게 귀속시킨다는 내용의 계약

pactum successorium negativum, p. s. renuntiativum *l.* 상속포기계약

pactum successorium restitutivum *l.* 유산을 제1상속인에게 귀속시키고 이로써 제3자는 그 다음 순위의 상속인이 된다는 내용의 계약

pactum unionis *l.* 연합(가입)계약, 법인계약

pactum vestitum *l.* 청구권을 지닌 타협(유청구권 계약; 반대말은 →*pactum nudum*)

Pactus Alamannorum *l.* 알레만족의 국민법(7세기 초)

Pädagogische Freiheit 교육의 자유

padenctae *l.* 전집, 학술집성

pallium *l.* 두 갈래로 나뉜 주교의 견장, 관결권을 상징함

palmarium *l.* 변호사가 승소할 경우 특별 보수를 요구하는 것

pandectae *l.* 회전 또는 학설휘찬(법률가의 권리를 → Corpus iuris civilis 내에 집대성한 것)

panem et circenses *l.* 빵과 서커스의 놀이(고대 로마의 유베날리우스)

papinianistae *l.* 대학 3학년생, 법학(→ *responsa prudentium*)과 파피니아누스를 공부했기에 이렇게 불림

Paradigma *m.*모범, 본보기, 범례(範例)

paragium *l.* 왕족의 세비(歲費), 나중에 대어난 왕자들에게 보상금으로 하사한 영지 → *apanagium*

Paragraph *m.*조, 조항, 조문, 상

Parallel~
~**bestrafungsnorm** <~**bestimmung**> *f.*양벌규정(兩罰規定, 쌍벌규정(雙罰規定)이라고도 함, 위법행위에 대하여 행위자를 처벌하는 것 이외에 그 업무의 주체인 법인 또는 개인도 함께 처벌); ~**bestrafungsprinzip** *n.*양벌주의(兩罰主義, 쌍벌주의(雙罰主義)라고도 칭함, 당사자 쌍방을 다 같이 처벌하는 주의); ~**einfuhr** <~**import** *m.*> *f.*병행주입; ~**einfuhrverbot** *n.*병행주입[의]금지; ~**vertrag** *m.*평행계약

parapherna *l.* → dos에 속하지 않는 아내의 토지자산

par condicio creditorum *l.* (파산절차에 있어) 모든 채권자에게 적용되는 동일한 조건(즉 우선순위가 없다는 뜻)

Parentel *n.*친족

parentela *l.* 친척관계; 한 조상으로부터 태어난 후손의 총칭

Parentelsystem *n.*상위 등급 세열 우선 상속 순위제(1등급: 자식 및 그 자손, 2등급: 부모 및 그 자손, 3등급: 조부모 및 그 자손)

pares *l.* 동등한 자, 동일한 신분에 속

한 자
pari *l*. 평가, 액면가격
Pari~
~kurs *m*. 액면상장, 위계등가; ~wert *m*. 등가, 액면 가격
Par in parem non habet imperium *l*. 동등한 자는 동등한 자에 대해 지배권을 지니지 않는다(국가의 소유권에 대한 특권이 여기에서 비롯됨)
par in pares *l*. 같은 것들(사람들) 중의 같은 것
Pariser Konvention *f*. 파리조약
paritas *l*. 동수(同數), 의회 내에 서로 다른 파벌을 지닌 의원의 수가 같은(예컨대 의회 내에 구교와 신교 의원의 수가 동일함)
Parlament *n*. 국회, 의회, 의원
parlamentum *l*. 신분의회; 프랑스의 최고 법정; 현대적 의미에서의 의회
Parlamentarier *m./pl*.[국회]의원
parlamentarisch *a*. 국회의, 의회의
parlamentarisch
~e Demokratie 의회민주주의;
~es Regierungssystem 의원내각제, 의회정부제
Parlamentarismus *m*. 의회주의, 대의정치
Parlaments~
~auflösung *f*.[국회]해방; ~mitglied *n*.[국회]의원; ~präsident *m*. 국회(의회) 의장; ~satzung *f*. 의원규칙; ~sitzung *f*. 국회 회기; ~vorbehalt *m*. 의회유보; ~wahl *f*. 국회의원 총선거
parochus proprius *l*. 관할 목사(교회법은 혼인체결에 있어 이를 중시함)
parricidium *l*. 친족살해
pars pro toto *l*. 전체를 위한 개체(부분)
Partei *f*. ①{*im Prozeß, usw.*} 당사자, 상수방 ②{*politische* ~} 개당
Partei {*i.S.v.* ①}
~ kraft Amtes 직무상의 당사자
Partei {*i.S.v.* ①}
beitretene ~ 참가당사자; beklagte ~ 피고; beschwerte ~ 불복당사자; erschienene

~ 출석당사자; erschienene ~ {*bei Gericht*} 출정당사자; geladene ~ 호출당사자; klägerische ~ 원고 beweispflichtige ~ 호출당사자; obsiegende ~ 승소 [당사]자; prozeßführende ~ 승소당사자; richtige ~ 정당당사자, säumige ~ 차석당사자; unterliegende ~ 패소 [당사]자; vertragschließende ~ 계약체결의 당사자
Partei {*i.S.v.* ②}
demokratische ~ 민주당; konservative ~ 보수당; liberale ~ 자유당; politische ~ 정당
Partei~ {*i.S.v.* ①}
~abrede *f*. 당사자[간]의 합의; ~änderung *f*.[소송]당사자의 변경; ~änderung, gewillkürte ~ 임의적당사자변경; ~antrag *m*. 당사자의 신청; ~autonomie *f*. 당사자 자유, 자치; ~begriff *m*. 당사자개념; ~behauptungen *pl*. 당사자의 주장; ~betrieb *m*. 당사자수행[주의]; ~eid *m*. 당사자[의]선언; ~einvernahme *f*. 당사자심문 ~fähigkeit *f*. 당사자능력; ~handlung *f*. 당사자행위; ~interesse *n*. 당사자의 이익; ~prinzip *n*. 당사자주의; ~prozeß *m*. 본인<당사자>소송; ~stellung *f*. 당사자 지위; ~streit *m*. 본인<당사자>소송; ~vereinbarung *f*. 당사자의 합의; ~verhältnis *n*. 당사자관계; ~vernehmung *f*. 당사자 심문(審問) (민사소송에서 당사자가 증인처럼 심문받는 증거 방법); ~verfahren *n*.(당원에 대한) 당기 위원회의 심사; ~verschulden *n*. 당사자과실; ~vorbringen *n*.<~vortrag *m*.> 당사자공술<주장>; ~wechsel *m*. 당사자교체; ~wille *m*. 당사자[의]의사; ~zustellung *f*. 당사자송달
Partei~ {*i.S.v.* ②}
~führer *m*. 당수; ~minderheit *f*. 당내의 소수파; ~mitgliedschaft *f*. 당원 자격; ~organ *n*. {*i.S.v. Presseorgan*} 당 기관, 당 집행부; ~register *n*. 당적; ~resolution *f*. 당의; ~spenden *pl*. 정치헌금; ~streitigkeit *f*. 정당내의 분쟁; ~tag *m*. 전당대회; ~zentrale *f*. 당 본부
Parteien {*i.S.v.* ①}
beide ~ 양당사자

Parteien~ {i.S.v. ①}
~gleichheit f.당사자 간 평등; ~prozeß m.당사자 소송
Parteien~ {i.S.v. ②}
~finanzierung f.정치보조금[세]; ~kabinett n.정당의[일부 국고] 보조; ~privileg n.정당특권
parteiisch a.편파적인, 중립적이 아닌
parteilich a.당사자의, 당(파)의, 편파적인
partes decisae l. → Liber Extra의 훈령, 범죄구성요건이 누락된 부분
partes Digestorum l. 법학 강의를 위해 학설휘찬(→*digesta*)에서 발췌한 부분, 7가지 부분으로 구성됨
partes pro indiviso l. 권한의 분할가능성, 개념상의 분할
partiarischer Vertrag 이익참가 계약
participatio l. 행위에의 참가, 참여; 상법상으로 보면 조인트벤처의 전신
Partizipationsschein m.이윤 배당; 참가 증명서
Parturiunt montes, nascetur ridiculus mus l. 산들이 산고 끝에 우스꽝스러운 생쥐 한 마리를 낳는다(경미한 대가를 위해 많은 노력을 기울이는 것 - 호라티우스)
Passage f.통행, 통과
Passage f., **Recht auf freie ~** 자유통행권
Passagier m.여객, 승객
Passagierbeförderung f.여객운송
Passagierbefördemgsvertrag m.여객운송규약
passim l. 광범위하게, 도처에; 자주(인용구에서)
Passiva (pl.) **<Passivsaldo** m.> 적자; 대변에 기입된 자기 자본 및 타인 자본, 대변; 부채
Passivlegitimation f.피고적격(민사 소송에서 피고가 자기 권리를 관철시키는)
passus contradicti l. 제국직속의회 선제후들의 선출포기에 대해 제기하는 이의

Paß <=Reisepaß> m.여권
Paßverlängerung f.여권연장
Paßverlängerungsantrag m.여권연장[의]신청
Patent n.특허권
Patent, ein ~
~ anmelden v.특허를 출원하다;
~ erhalten v.특허를 획득하다; ~ erteilen v.특허권을 부여하다; ~ verletzen v.특허권을 침해하다
Patent~
~abteilung f.특허부; ~amt n.특허청; ~anmelder m.특허출원인; ~anmeldung f.특허출원; ~anspruch m.특허청구; ~anwalt m.변리사; ~anwaltsbüro n.변리사 사무소; ~anwaltskammer f.변리사협회; ~anwaltsordnung <~gesetz n.> f. 변리사법; ~ausübung f.특허[의] 실시; ~begehren n.특허청구; ~berichtigung f. 특허[청구의] 보정; ~berühmung f.특허사칭; ~beschreibung f.특허명세서; ~bestimmungen pl.특허규칙; ~brief m.특허장; ~dauer <~laufzeit> f.특허존속기간; ~erteilung f.특허부여; ~fähigkeit f.특허권을 받을 자격이 있음; ~gebühren pl.[특허권]사용료; ~gericht n.특허재판소; ~gesetz → *Gesetzesregister*; ~gesetzgebung f.특허입법; ~inhaber m.특허권 소유자; ~klasse f.특허구분<분리>; ~klassifizierung f.특허분류; ~laufzeit f.특허존속기간; ~lizenz f.특허실시허락; ~lizenzinhaber m.특허실시권자; ~lizenzvertrag m.특허실시계약; ~löschung f.특허의 소멸; ~Pool n.특허풀제(制); ~prozeß m.특허소송<사건>; ~prüfung f.특허심사; ~prüfungsverfahren n.특허심사수속; ~recht n.①als subjektive Recht, 특허권②als Rechtsgebiet, 특허법; ~register n.특허등록; ~sache f.특허사건; ~schutz m.특허보호; ~steuer f.특허세; ~strafrecht n.특허형법; ~streit m.특허 분쟁<소송(사건)>; ~umgehung f.특허우회; ~urkunde f.특허증; ~veräußerung f.특허의 양도; ~verfahren n.특허[부여]수속절차; ~verletzung f.특허침해; ~verletzungsprozeß m.특허침해소송<사

건>; ~verwaltung *f.*특허행정; ~wesen *n.* 특허제도

patenta, patentes litterae *l.* 공공의, '공개 된'이라는 의미의 patens에서 비롯된 말; 공증 받은 문서; (사업승인 또는 장교임명 등에 관한) 상부의 발표; 발명품에 대한 독점권을 인정하는 증서

patent(ier)fähig *a.*특허권을 받을 조건을 갖춘, 특허 자격이 있는

patentieren *v.*특허<특허권>을 주다

patentiert *a.*특허권을 부여한

Patentierung *f.*특허부여

Patentierungs~
~verbot *n.*특허금지; ~zwang *m.*특허강제

Pater(is) est quem nuptias demonstrant *l.* 혼인이 증명된 자가 아버지이다 - D. 2.4.5

pater familias *l.* (무제한 지배권을 지닌 로마의) 가부장

Paterna paternis, materna maternis *l.* 아버지의 유산은 부계에, 어머니의 유산은 모계에 귀속된다(제1상속인 및 제2상속인의 부재시) → *ius recadentiae*

paternitas *l.* 아버지 신분, 부자 관계

patibulum *l.* 목에 거는 목재 처벌도구; 십자가 형태의 목판, 범죄자를 기둥(palus)에 매달았음

Patriae in serviendo consumor *l.* 조국을 위해 충성하는 동안 나는 만신창이가 되었다(비스마르크)

Patria est, ubicunque et bene *l.* → *Ubi bene*......

patria potestas *l.* 가부장의 권력(로마법)

patrimonium *l.* 아버지로부터 상속받은 것; 상속분; 소유물; 제후의 사유재산; Patrimonialgüter는 부계 세습재산을 의미함

patrocinium *l.* 후견인의 (의뢰인[→ *clientela*]에 대한) 보호; 성직자(비호 후견인)가 주교 교구 또는 교회를 보호하는 것; 혜택 부여; 대변, 변호, 법정에서의 후원

Patronatserklärung *f.*후원의 표시

patronatus *l.* 석방자와 석방된 자 간의 신탁관계; 교회에 대한 후견

patronus *l.* (의뢰인 및 석방자의) 후견인, 후견자; 교회의 수호성인

Patt-Situation *f.*무승부 상태, 우열 미정 상태

pauperies *l.* 빈곤; 특히 짐승으로 인해 야기된 손해

pauschal *a.*총괄적인, 일괄적인

Pauschal~
~abfindung *f.*일괄 변제; ~betrag *m.*총액; ~entschädigung *f.*일괄 보상; ~gebühr *f.*총액 확정효; ~honorar *n.*일괄 보수; ~preis *m.* 일괄가격; ~preisvertrag *m.*일괄가격<정액> 규약 ~vergütung *f.*일괄변상; ~versicherung *f.*포괄보험

Pauschale *f.*변제 총액

pax *l.* 평화

pax Dei *l.* 신의 평화

Pax Romana *l.* 로마의 평화(로마법 하에 지중해 연안 전체가 평화롭게 공생하는 것)

Pazifismus *m.*평화주의

Pazifist *m.*평화주의자

pazifistisch *a.*평화주의적인, 평화주의의

p. Chr. n. *l.* → *post Christum natum*

peccatum *l.* 신의 규정에의 불복; 상위개념으로서의 죄, 그리고 법적 처벌을 받아야 할 과오에 대한 상대개념으로서의 죄; 형법상의 죄, 범죄

Peccatum intra et extra *l.* (트로이 성벽의) 내부와 외부에서 죄를 저지른다(양쪽 모두에서 범죄가 발생한다 - 호라티우스)

peccatum mortale *l.* 죽음에 이르는 죄

peccatum originale *l.* 원죄

peccatum sodomiticum *l.* 인간과 짐승 사이의 음란행위

peccatum veniale *l.* 사면 가능한 죄, 면제 가능한 죄

Pectus facit iurisconsultum *l.* 가슴(심장)이 법학자를 만든다

peculatus *l.* 제거, 착복, 공적 자금 또

는 공적 배상금 횡령; 이후 횡령을 의미하는 표현으로 쓰임

peculium *l.* 자산, 특별자산

pecunia *l.* 돈(pecus=작은 가축에서 유래), 자산

pecuniariter agere *l.* 배상을 청구하다

pecunia traiectitia *l.* → *faenus nauticum*

pedagium *l.* 다리 및 교각 통행세

pedum curvum *l.* 목자의 굽은 지팡이(주교의 등급을 표시하는 도구)

pedum rectum *l.* 목자의 곧게 뻗은 지팡이(교황의 등급을 표시하는 도구)

Pension *f.* 퇴직연금, 은납

Pensionierung *f.* (1){*allgemein*} 퇴직 (2) {*i.S.v.* → *Emeritierung*} 은납

Pensions~

~**alter** *n.* 연금 수령 연령<정년>; ~**anspruch** *m.* 퇴식[연금]청구권; ~**berechtigung** *f.* 연금을 받을 자격; ~**kasse** *f.* 연금기금, 연금 공제 금고(共濟 金庫); ~**versicherung** *f.* 연금보험; ~**zahlung** *f.* 연금지불

pensum *l.* 할당량, 할당노동량, 숙제

per aspera ad astra *l.* 거친 길을 지나 별을 향해(고생 끝에 낙이 온다)

per aversionem *l.* 일괄(구매)

perceptio *l.* 수령

perceptio fructus *l.* 제거 또는 수집을 통해 과실을 취득하는 행위; 수집; 특정 물건의 결실 및 이용권을 활용할 권리

perclusio *l.* 차단; 임차인의 차단권(임대료를 지불하지 않은 임대인을 퇴거하지 못하게 강제로 막는 행위)

percussio *l.* 신체상해

percussio clerici *l.* 성직자 폭행; 카논법은 성직자에 대한 폭행을 파문으로 처벌하라고 규정함

perduellio *l.* 대역죄

peregrinus *l.* 로마 시대에 비로마인, 즉 외국인을 부르던 호칭

perem(p)tio *l.* 파괴; 영락; 무효청구항변(지연적 항변의 반대개념)

per exemplum *l.* 예를 들어

per fas *l.* 적법한 절차에 따라; 합법적으로

per fas et nefas *l.* 합법적이든 불법적이든(어떤 방법으로라도)

perfidia *l.* 비열함

perforatio *l.* (증서의) 천공(증서에 대한 질책, 즉 증서 내용에 대해 논쟁을 하기 위한 행위, 사문서에 해당)

periculum *l.* (우연히 파괴될) 위험, 위험부담; 로마에서는 판결문을 지칭하기도 함

Periculum est emptoris *l.* (매수한 물건이 우연히 파괴될) 위험은 매수인에게 해당된다(로마법의 기본원칙[D. 16.6.13] 이었지만 지금은 적용되지 않는다; 물건 양도시점까지는 원칙적으로 매도인이 책임을 진다)

Periculum est locatoris *l.* (계약에 합치하는 사용으로 인해 발생한) 위험에 대해서는 임대인이 책임진다

periculum in mora *l.* 지연의 위험(지체하는 행위 속에 위험이 도사리고 있다)

periurium, periuratio *l.* 거짓 진술, 위증

Per liberam personam nobis adquiri non potest *l.* 우리는 자유인에 의해서 (어떤 권리도) 취득할 수 없다(예전에는 법적 문제에 있어 대리인을 내세우는 행위가 원칙적으로 배제되었다; 지금도 혼인체결이나 유언장 작성 등 당사자가 직접 해야만 하는 법적 사안에 대해서는 여전히 배제된다)

per mandatarium *l.* 전권위임자에 의하여

permissio *l.* 허가, 승인

permixtio *l.* 혼합

permutatio *l.* 교환, 바꿈; 이전

per nefas *l.* 부당하게

per pedes *l.* 걸어서

perpetratio mali *l.* (태만의 반대개념으로서의) 악행

perpetuarius *l.* 세습 임차권자

perpetuatio fori *l.* 관할권 지속(분야와 지역에 따라 정해진 소송법원의 관

할권은 관할법원을 정하는 요건이 변하더라도 침해되지 않고, 소송개시가 결정적 요인이라는 뜻)
perpetuatio obligationis *l.* 책임의 영원한 지속(지연에 의하여)
per procurationem *l.* 대리인에 의하여(봉건 영주 가문의 혼인체결에 있어 대리인을 통하는 방법이 가능했음)
per rescriptum principis *l.* 국가 권력 또는 제후의 권력에 의하여 → *legitimatio*
per se *l.* 그 자체로; 자명하게
per se *l.* 당연, 절대
per se *l.*
~ rechtswidrig sein *v.*당연<절대> 위법<불법>이다; ~ ungültig sein *v.*당연<절대> 무효다
peremptorisch *a.*실권(失權)적인, 무효로 하는, 실효시키는
permanent *a.*계속적인, 항구적인
Permanenzwirkung *f.*계속적 효과
persecutio *l.* 법적 소추; 법률보호의 박탈
Person *f.*방, 인, 자
Person
anonyme ~ 무명씨; geschäftsfähige ~ 한정능력자; bevollmächtige ~ 대리인; geschäftsfähige ~ 행위능력자; geschäftsunfähige ~ 행위무능력자; delinquenzgefährdete ~ 범죄를 저지를 가능성이 다분한 사람; jugendliche ~ 미성년자; juristische ~ (des öffentlichen Rechts) (공법상의) 법인; nahverwandte ~ 근친자; natürliche ~ 자연인
persona grata *l.* 환영받는 인물
persona minus grata *l.* 처음부터 선출대상에서 제외되는 인물
persona non grata *l.* (주재국 정부로부터) 환영받지 못하는 외교관, (더 이상) 환영받지 못하는 인물(기피 대상)
Personal~
~akten *pl.*인사 기록 카드; ~angaben *pl.* 인적자료, 신상명세서; ~angelegenheit *f.* 인사 문제; ~arrest *m.*인적구류; ~entscheidung *f.*인사결단; ~exekulation *f.*

인적 집행<보전, 부족>; ~haftung *f.*인적 책임; ~hoheit *f.*대인고권(對人高權); ~konzession *f.*인적허가; ~kredit *m.*대인(對人) 신용, 신용대출; ~politik *f.*인사정책; ~prinzip *n.*속인주의; ~rat *m.*사업소 사원<직원> 대표위원회, 공공부문종업원평의회; ~statut *n.*속인법, 국적주의; ~steuer *f.*대인세(對人稅); ~überschuß *m.* 인적 자원의 과잉; ~union *f.*인적동맹 <군합국(君合國)>, 인적 동군 연합(人的 同君聯合): 둘 이상의 독립군이 한 군주를 모시는 명목상의 연합); ~vertretungsgesetz → *Gesetzesregister*
Personal(itäts)prinzip *n.*속인주의
Personen~
~aufsicht *f.{i.S.v. ~überwachung}* 신변관리; ~bedingt *a.*, ~e Kündigung 일신상 사유에 의한 해고; ~beförderung *f.*여객운송; ~beförderungsvertrag *m.*여객운송규약; ~gesellschaft *f.*인적회사(人的會社), 합명(合名)회사; ~haftung *f.*인적사항; ~kult *m.*개인숭배; ~register *n.*인원명부, 인명 색인; ~recht *n.*신분법; ~schaden *m.*신체상해, 인적 손실; ~sorge *f.*친권, 신상[의]감; ~sorgeberechtigter *m.*친권자; ~sorgeberechtigung *f.*친권권한; ~stand → *Personenstand*; ~transport[vertrag] *m.*여객운송[규약]; ~vereinigung *f.*단체; ~versicherung *f.*대인보험, 인보험(人保險)
Personenestand (↑Familienstand *m.*) *m.*혼인관계
Personenstands~
~änderung *f.*혼인관계 변동; ~angelegenheit *f.*혼인관계; ~fälschung *f.* 혼인 빙자; ~klage *f.*혼인관계소송; ~register *n.*혼인 명부; ~urkunde *f.*혼인 증서; ~verfahren *n.*혼인 관계 확인 절차
persönlich *a.*인[격]적인, 개인적인
persönlich
~ Abhängigkeit *f.*인적종속성
Persönlichkeit *f.*인격
Persönlichkeits~
~beurteilung *f.*인격의 됨됨이에 관한 평가; ~entwicklung *f.*인격 계발(발전);

~konstellation f.인격적 상태<관계>;
~merkmale pl.인격특성; ~profil n.인격;
~recht n.[, allgemeines ~] [일반적]인격
권; ~schutz m.인격[권]의 보호; ~störung
f.[, schwere ~] [중대한] 인격상애; ~unwelt
f.인격적 환경; ~urteil n.인격판단<판
정>; ~verletzung f.인격침해
per stirpes *l.* 친족 관계에 따른 (유산
분할); 반대말은 → *in capita*
persuasio, persuasus *l.* 설득(일종의
교사 행위)
pertinentia *l.* 부속물, 부품
pertinentia comitatus *l.* 백작 직위와
관련된 수입
Perversion *f.* 성도착증
Perversion *f.*, **sexuelle ~** 성도착증
per vota maiora *l.* 다수결에 의해
Pessima tempora, plurimae leges *l.*
좋지 않은 시기일수록 법이 많이 생겨난
다
Petent *m.* 청원자
Petition *f.*; **petitionieren** *v.* [um *etw.*
~] 청원서를 제출하다
petitio *l.* 청원, 청구, 소 제기권; 관청
또는 입법기관에 제기하는 청원 또는
이의; 물권 소송을 지칭
Petitions~
~kommission *f.* 청원위원회; ~ordnung *f.*
청원규칙; ~recht n. 청원권
Petitionär → *Petent*
petitio principii *l.* 증거물 절취, 불확
실한 문장을 증거로 사용함(논리학)
petitor *l.* 청원인, 관직 지원자; 민사소
송의 원고
Petitori incumbit probatio *l.* 증거
제시는 원고의 의무이다
petitorisch *a.*; ~e Einwendung 본권에
기한 항변
petitorium *l.* 합법적 고소(점유권 소송
으로 인해 재산권 소송권이 발동됨; 이
와는 반대로 소유권 소송은 특정 물건
에 대한 소유에 관련됨 → *possessorium*)
Petitorium absorbet possessorium
l. 합법적 고소는 소유로 인한 소송을
흡수한다

petitum *l.* 소송 신청서; 청원 신청서
Pfand *n.* 담보, 질
Pfand~
~auslösung *f.* 담보물을 되찾음;
~auslösungsrecht *n.* 담보물을 되찾을 권
리; ~besitzer *m.* 질적 점유자; ~besteller
m. 실현설정자; ~bestellung *f.* 담보<질>설
정[행위]; ~einlösung *f.* 저당물<담보물>
을 되찾음; ~forderung *f.* 질채권; ~freigabe
f. 담보<질의>해소; ~geber *m.* 담보<질
권>; ~gegenstand *m.* 담보<질>물<자산>;
~gläubiger *m.* 저당권자, 질권자(質權者),
질권설정자; ~hinterlegung *f.* 담보의 공
탁; ~indossament *n.* 입질배서; ~inhaber
m. 질권 소유자; ~kehr *f.* [저당권자로부
터] 저당물을 부당 탈취, 피차압물;
~leihhaus <~~anstalt *f.*> *n.* 공설 전당포;
~nahme *f.* 차압, 질취(TIIIQ); ~nehmer *m.*
질권자, 질권설정자; ~objekt *n.* 질물;
~recht → *Pfandrecht*; ~sache *f.* 질<담
보>물; ~schein *m.* 질증권; ~schuld *f.* 질채
무; ~schuldner *m.* 질채무자; ~sicherheit *f.*
질담보; ~siegel *n.* 차압봉인; ~veräußerung
f. 담보<질>매각; ~verkauf *m.* 질<담보>
매각처분; ~versteigerung *f.* 담보경매;
~verwertung *f.* 담보<질>매각
pfändbar *a.* 차압<담보>할 수 있는, 저
당물로 압류할 수 있는
Pfändbarkeit *f.* 차압<압류>가능성, 압
류 대상이 됨
Pfändbarkeitsgrenze *f.* 차압가능한계
pfänden *v.* ~을 차압<압류>하다
Pfandrecht *n.* 담보권, 저당권
Pfandrecht
~ an Forderungen 채권질;
~ an beweglichen Sachen 동산담보;
~ an Rechten 권리질
Pfandrecht
allgemeines ~ 일반적 질권; älteres ~ 우
선 질권; bedingtes ~ 조건부 질권;
besitztloses ~ 무점유 질권; besonderes ~
특별 질권; dingliches ~ 물건담보;
gesetzliches ~ 법정 질<담보>권;
irreguläres ~ 불규칙 질권;
kaufmännisches ~ 상사 질권;

nachrangiges ~ 후순위 질권;
privillegiertes ~ 특별<우선> 질권;
vertragliches ~ 계약상의 질권
Pfändung f.차압<압류>
Pfändung und Überweisung
차압과 취입
Pfändung
gerichtliche ~ 재판상의 차압; mehrfache ~ 이중차압
Pfändung~
~anordnung f.차압<압류>명령; ~anzeige f.차압<압류>고지; ~auftrag m.차압<압류>위임; ~befehl m.①{als Dokument} 차압<압류>의 적지 ②{als Anordnung} 채권의 차압<압류>명령; ~betrag m.차압[압류]액수; ~beschluß m.차압<압류>규정; ~frist f.차압<압류>기간; ~gesuch n.차압<압류>신청; ~gläubiger m.차압<압류>채권자; ~grenze f.차압<압류>제한; ~klausel f.차압<압류>약관<문구>; ~pfandrecht n.차압<압류>질권; ~protokoll n.차압<압류>조서; ~recht n.차압<압류>권; ~schutz m.차압<압류>금비; ~verbot n.차압<압류>금지
Pflege~
~eltern pl.양부모; ~kind n.양자; ~versicherung f.수발보험
Pfleger m.보좌인
Pflegerbestellung f.보좌인의 임명
Pflegschaft f.보호, 후견, 재산관리
Pflicht f.의무, {i.S.v. übertragene ~} 임무, {i.S.v. schuldrechtliche ~} 채무
Pflicht
ausdrückliche ~ 명백한 의무<채무>; gesetzliche ~ 법정의무; rechtliche ~ 법률상의 의무; sittliche <moralische> ~ 도덕적 의무; verfassungsrechtliche ~ 헌법상의 의무; vertragliche ~ 규약상의 의무
Pflicht zum
~ Erscheinen vor Gericht 법정으로의 출두 의무
Pflicht zur
~ Aufklärung der Parteien 석명의무;
~ Aussage (vor Gericht) 공술의무;

~ Eidesleistung; 선언의 의무;
~ Erfolgsabwendung; 결과회피주의;
~ Herausgabe der Früchte 결실반환의무;
~ Strafverfolgung; 소추의 의무;
~ Unparteilichkeit 공평의무; ~ Vorlage von Urkunden 문서제출의 의무
Pflicht~
~aufgaben pl.[~ der Verwaltung] [행정의] 필요사무; ~aufgaben, weisungsgebundene ~ 지도필요사무; ~aufgaben, weisungsfreie ~ 비지도 필요사무; ~beitrag m.사무수수료<회비>; ~beitritt f.강제가입; ~bewußtsein n.의무의식; ~einlage f.의무출자; ~erfüllung f.의무<임무>이행; ~mitgliedschaft f.강제적 일원; ~teil m.유류분; ~verhältnis n.의무관계; ~verletzung f.의무위반; ~versicherung f.의무보험; ~verletzung f.[, objektive ~] [객관적] 의무위반; ~verteidiger n.국선변호인
~verteidigung f.국선변호.; ~widrigkeit f. 의무위반; ~widrigkeitszusammenhang m. 의무위반관계
Pflichten~
~kollision f.의무의 충돌; ~widerstreit m. 의무대행<항쟁>
Pflichtiger m.(der ~e) 의무자
Pflichtigkeit f.의무
Pflichtteil m.유류분
Pflichtteils~
~anspruch m.유류분의 청구[권]; ~ausschlagung f.유류분의 방기; ~berechtigter m.유류분 권리자; ~berechtigung f.유류분권[한]; ~entziehung f.<~entzug m.> 유류분의 박탈; ~erbe m.유류분의 상속인; ~ergänzung f. 유류분 증가<보충>; ~ergänzungsanspruch m.유류분 증가<보충>청구권; ~herabsetzung f.유류분 감소; ~klage f.유류분청구의 소; ~quote f.유류분 비율; ~recht n.유류분 권리<권한>
pia corpora l. 너그러운 재단
piaculum l. 속죄양; 속죄해야 할 부당함
pia fraus l. 경건한 거짓 행위
Picketing n.ⓔ 피케팅
pignoratio l. 저당

pignoris capio *l.* 담보물 이용(로마법에서 보장한 일종의 자력구제책)
Pignoris causa indivisa est *l.* 담보물의 법적 근거(관계)는 분할되지 않는다(담보물이 전체 채무에 대해 책임을 진다, 분할담보의 경우에는 각각의 담보물이 전체 채무에 대한 책임을 진다) D. 21.2.65
pignus *l.* 동산담보
pignus in causa iudicati captum *l.* 채권자를 위해 법정이 채무자의 자산을 압류하는 행위
pignus insulae *l.* 건축비 부담자가 지니는 특별 저당권
pignus irregulare *l.* 보증금
pignus iudiciale *l.* 판사의 저당권
pignus legale *l.* 법률에 의거한 저당권
pignus publicum *l.* 공문서에 명시된 저당권
pignus voluntarium *l.* 법률 행위를 통해 취득된 저당권
pinxit *l.* 누구누구가 (그것을) 그렸다
placet *l.* 마음에 듦, 명사로 쓰이면 승인, 인가 등의 뜻
placetum *l.* 비준, 승인; 교회 규정에 대한 국가의 동의 등
placitum *l.* 감정(鑑定); 정의, 규정; 예전에는 법원의 심리를 의미함
Plädoyer *n.* 법정변론(변호사의 변론과 검사의 논고)
plaga *l.* 출혈이 동반되는 신체상해
plagiarius *l.* 인신 약취범, 영혼을 판 자
Plagiat *n.* 표절(작품)
Plagiator *m.* 표절자
plagiator *l.* 지적 재산 절도범
plagium *l.* 인신 약취
plagium literarium *l.* 표절, 문학적 도용
plagium militare *l.* 강제 징집
Plakat *n.* [~ anbringen *v.*] 플래카드, 게시, 벽보
plakatieren *v.* ~을 명백히 밝히다, ~을 게시하다 ~을 선전<광고>하다

Plan <**Planung**> *m.* 계획, 구상, 복안
Plan~ {→ *Planungs~*}
~feststellung → *Planfeststellung*;
~wirtschaft *f.* 계획경제
Planfeststellung *f.* 계획 확정
Planfeststellungs~
~beschluß *m.* 계획 확정 결정; ~verfahren *n.* 계획 확정 수속
Planungs~
~ausschuß *m.* 계획위원회; ~zeitraum *m.* 계획기간
plebiscita *l.* 평민결의(로마 평민회의인 concilia plebis의 결의); 오늘날은 국민투표를 지칭
Plebiszit *n.* 국민투표, (고대 로마의) 평민 결의
plena pubertas *l.* 완전한 사춘기, 성년, 즉 만 18세(입양자와 피입양자 간의 연령 격차를 규정하는 표현이기도 함)
Plenar~
~beschluß *m.* 연합결정; ~sitzung *f.* 연합의회
pleno iure *l.* 완전한 권리를 수반하여
plenum *l.* 특정 단체의 전체회의
Plenum *n.* {des ~-Gerichts} 단체, 전체회의, 의회 의원의 총회
Plenus venter non studet libenter *l.* 배가 부르면 공부하기 싫어진다
plus petitio *l.* 원고의 부당한 과잉청구(는 소 거부로 이어진다)
poena *l.* 벌, 벌금, 과금; 손해
poena confessi *l.* 소송시, 상대측의 주장에 대해 응답하지 않은 것에 대한 처벌
poena conventionalis *l.* 위약벌
poena dupli *l.* 이중처벌(원래의 행위에 대해 이중으로 처벌하는 것)
poena extraordinaria *l.* 특별처벌(해당 행위에 대한 처벌규정이 법에 없거나 정확히 명시되어 있지 않을 때 판사의 재량에 따라 부과)
Poena maior absorbet minorem *l.* 더 큰(무거운) 처벌이 낮은 처벌을 흡수한다
poena medicinalis *l.* 교화처벌(교회법)

poena praeclusi *l.* 처벌에 의한 (소송법정에 출두하지 않은 피고인의 항변을) 배제
poena recusati *l.* (선서)거부에 따른 불이익
poena suspectionis *l.* 혐의처벌
poena talionis *l.* 보복처벌
poena vindicativa *l.* 보복처벌(교회법)
poenitentia *l.* 참회(고해성사를 받는 신부가 면죄 조건으로 내리는 벌)
poenitentiaria Romana *l.* 면제를 위한 교황의 사법기관
Police *f.*(= → *Versicherungsschein*) 보험증권; beitragsfreie ~ 보험료를 떼지 않는 보험
politia *l.* 경찰
Politik *f.*①{*als positives Tun*} 정책 ② {*abstrakt*} 정치
Politiker *m.* 정치가
Polikliniken *pl.* 국민병원
politisieren *v.* 정치적 관심을 불러일으키다
Polizei *f.* 경찰
Polizei~
~aufgaben *pl.* 경찰업무; ~aufsicht *f.* 경찰감시<감독>; ~beamter *m.*(der ~e) 경찰관, 사법순사; ~beamter {*i.S.v. Hilfsbeamter der StA*} 경찰관; ~befehl *m.* 경찰명령; ~befugnisse *pl.* 경찰권한; ~behörde *f.* 경찰청; ~boot *n.* 경찰용 선박; ~delikt *n.* 경찰범; ~ermikttlung *f.* 경찰조사; ~fahrzeug *n.*①{*umfassend*} 경찰차량 ②{*i.S.v. Streifenwagen*} 순찰차; ~funk *m.* 경찰무선; ~funktion *f.* 경찰역할; ~gewahrsam *m.*(경찰) 유치장, 감금; ~gewalt *f.*(법적 권한으로서의) 경찰; ~haft(↑Polizeigewahrsam) *f.* 경찰구류; ~hoheit *f.* 경찰고권; ~hubschrauber *m.* 경찰 헬리콥터; ~kontrolle *f.* 경찰의 검문(통제); ~motorrad *n.* 경찰오토바이; ~organisation *f.* 경찰조직; ~recht *n.* 경찰법; ~schutz *m.* 경찰보호; ~staat *m.* 경찰국가; ~statistik *f.* 경찰통계; ~strafe *f.* 경찰형벌; ~strafrecht *n.* 경찰형법; ~struktur *f.* 경찰기구; ~tätigkeit *f.* 경찰활동; ~verlautbarung *f.* 경찰발표; ~verordnung *f.* 경찰명령; ~verwahrung *f.*{*als Ort*} 경찰유치소; ~verwaltung *f.* 경찰행정; ~vorschrift *f.* 경찰규정; ~zuständigkeit *f.* 경찰관할; ~zwang *m.* 경찰강제
polizeilich *a.* 경찰의
pollicitatio *l.* 현상금 걸기, 일방적 약속
pollutio *l.* 더럽힘; 교회모독 → *crimen sacrilegii*
polygam *a.* 일부다처(一夫多妻)의
Polygamie *f.* 일부다처제(一夫多妻制)
Polygamieverbot *n.* 일부다처제의 금지
Polygraph *m.* 폴리그래프, 다원(多元) 기록기(의학에서 심장의 박동, 혈압을 측정하는 카르디오 그래프나 범죄학에서 거짓말 탐지기로 쓰는 기록 장치) (→ Lügendetektor *m.*)
pönal *a.* 형사(법)상의
pönalisiert *a.*[~ *sein*] 처벌받는
Pönalisierung *f.* 처벌하기
Pönologie *f.* 형사법학
pontifex maximus *l.* 최고위직 사제, 지금은 교황을 지칭하는 말
Popularklage *f.* 대중적<민중> 공소<소명>
Pornographie ≪Pornografie≫ *f.* 외설(물, 작품)
Portfolio *n.* 증권투자; 영인본 화집(畵集)<사진집>
Portfolio-~
~Gewinn *m.* 증권투자이익; ~Investment *n.* 투자
portio congrua *l.* 적당한 할당량(성직자의 충분한 생계비)
portio legitima *l.* → *legitima portio*
portio statutaria *l.* 살아남은 배우자의 상속권(정관[Statuten], 다시 말해 각 봉건국가의 법에 명시되어 있는 경우가 많았기 때문에 이렇게 불림)
positio *l.* 양측 소속당사자들이 법원에 제출한 문서에 명시된 개별 입장표명
posito *l.* 그런 경우에는
positiv
~e Forderungsverletzung 적극적 채권 침

해, 적극적 계약침해;
~e Koalitionsfreiheit 적극적 단결권;
~e Vertragsverletzung 적극적 계약침해
positivrechtlich *a.* 성법상의
posessio *l.* 점유
Positus in conditione non est positus in dispositione *l.* 조건부로 상속한 것에 대해서는 처분권을 주장할 수 없다. 조건이 명시된 부분에 대해서는 상속증여를 할 수 없다(로마법)
possessio *l.* 소유
possessor bonae fidei *l.* 신뢰할 만한 소유주
possessorisch *a.* 점유<상>의, 소유권과 관련한
possessorium *l.* 소유권에 관한 소(재기)
possessorium ordinarium *l.* 상해요인으로부터의 소유권 보호(→interdictum unde vi가 발전된 형태)
possessorium summariissimum *l.* 가속화된 소유권 분쟁(보통법)
possessor pro possessore *l.* 자신이 상속인이 아님을 인지하고 있는 유산소유자
Post *f.* 1 {als Sendung} 우편물 2 {als Ort} 우편국
Post~
~beförderung *f.* 우편운송; ~gebühr *f.* 우편료; ~geheimnis *n.* 통신(通信)의 비밀; ~gut *n.* 우편발송화물; ~scheck *m.* (우편) 대체환(對替換); ~sendung *f.* 우편물; ~sparen *n.* 우체국예금; ~zustellung *f.* 우편물 배달; ~zustellungsurkunde *f.* 우편물 송달증서<수리증서>
post Christum natum (p. Chr. n.) *l.* 기원후
posteriora *l.* 뒤따르는 것
Postetativbedingung *f.* 수의조건
post eventum *l.* 무엇의 결과에 따라
post festum *l.* 축제가 끝난 뒤에, 너무 늦게
post hoc, sed non propter hoc *l.* 무엇에 따라, 그러나 그것 때문은 아닌!
postmortal *a.* 사후의

post mortem *l.* 사후(死後)에
post scriptum (p. s.) *l.* 추신
postulationsfähig *a.* 변론능력이 있는
Postulationsfähigkeit *f.*, mangelnde ~] 변론능력[흠결]
postumus *l.* 남긴 것(사람)
post urbem conditam (p. u. c.) *l.*
→ ab urbe condita
potestas *l.* 권력, 공권력
Potestaktivbedingung *f.* 수의(隨意)조건
potestas clavium *l.* '열쇠권'(교회법)
potestas feudalis sublimis *l.* 봉건권력
potestas iurisdictionis *l.* 가톨릭교회의 통치권; 통치자의 재판권
Potsdamer Erklärung *f.* 포츠담선언
p. p. *l.* → praeter propter
Präambel *f.* (헌법, 조약 따위의) 전문(前文)
praebenda *l.* 성직록, 교회자산에서 지급되는 연금
praecedentia *l.* 선행권(先行權)
praeceptum *l.* 양(量)
praecipuum *l.* 선취 유증, 특정인에게 미리 주기로 법으로 정해 놓은 유산(사망한 부모 측의 혼인에서 태어난 자식에게 주는 상속분), 혹은 살아남은 배우자가 유산으로 차지하는 가재도구
praeclusio *l.* (소송당사자 중 한 측을 특정한 권리와 행위로부터) 배제
praeclusoria (sententia) *l.* 파산분쟁에 있어 법정에 출두하지 않은 채권자를 판결로써 배제시키는 행위
praeco *l.* (중세 때의) 법정 하인
praeda *l.* 노획물(전리품)
Praedia vicina esse debent *l.* 토지는 인근에 있어야 한다(토지사용권에 있어) D. 8.3.5.1 등
praedium *l.* 토지소유, 소유지
praedium dominans *l.* 경작용 토지(토지사용권에 있어; 경작용 토지에 대해서는 각 소유주가 권한을 지님)
praedium serviens *l.* 봉사용 토지(토지사용권에 있어; 봉사용 토지에 대해

서는 각 소유주가 의무를 지님)
praedo *l.* 무장 강도; 폭력탈취범
praeemptio *l.* 선매수
Präfekt[urgouverneur] *m.*지사, 지방장관, 도지사
praeiudicium *l.* 예비판결(상급법원의 판결로서 이후의 결정에 있어 기준을 제시함); 진행 중인 소송에 있어 결정적인 역할을 하게 될 예비신문
Präjudiz *n.*; **präjudizieren** *v.*선결하다, 예단하다
praelati nullius *l.* 주교로부터 독립적인 고위 성직자
praelatus *l.* 고위 성직자
präjudiziell *a.*선결적인, 판례<선례>에 해당하는
Präjudizienrecht *n.*선례법
Präjudizwirkung *f.*선례구속력
Präklusion *f.*배제, 배척, 제권(除權), (저당물 따위의) 되찾을 권리 배제, 제권 판결, 실권(失權)
Präklusions~
~prinzip *n.*실권주의; ~theorie *f.*실권설<론>; ~wirkung *f.*실권<차단>력
präklusiv *a.*실권(失權)의, 배제하는
Präklusiv~
~frist *f.*실권(失權)기간; ~urteil *n.*실권(失權)판결
Praktikant *m.*실습생, 견습생, 도제(徒弟)
Praktiker *m.*실무자, 실지(實地) 경험자
praktisch *a.*; ~e Konkordanz 규범조화
Prämie *f.*①{*Versicherung*} 보험료 ②{*als Zugabe zu etw.*} 할증금, 상금
Prämien~
~befreiung *f.*보험료 지불 면책; ~betrag *m.*보험료 지불 액수; ~periode *f.*보험료 기간; ~reserven *pl.*책임준비금; ~satz *m.*보험료[율]; ~sparen *n.*할증금저축, 장려금이 있는 저축; ~sparvertrag *m.*할증금저축 규약; ~zahlung *f.*[, einmalige ~] 보험료<장려금> 지불; ~zuschlag *m.*부가보험료
praemissis praemittendis *l.* 앞서야 할 것을 앞세운 뒤에(즉 직함과 칭호를

먼저 부른 뒤 이름을 부르는 것을 가리킴)
praemonitio *l.* 경고; 상기시킴
praeparatio mediorum *l.* 준비행위
praepositus *l.* 상급자; 수석 신부
praerogativa *l.* 예비선거, 특권, 우선권
praescripta verba *l.* (소 제기에 있어) 본질적인 사실
praescriptio *l.* 선두에 놓음; 특별한 유보권; 공소시효 및 취득시효와 관련된 항소, 항변; 이후에는 공소시효 및 취득시효 자체를 가리키는 말로 쓰임; 형사사건의 공소시효
praescriptio *l.*
~ acquistiva *l.* 취득시효; ~ extinctiva *l.* 소멸시효; ~ acquisitiva *l.* 취득된, 권리를 부여하는 시효
Praescriptio dormit *l.* 공소시효는 잠잔다(공소시효는 방해받는다, 소멸시효가 중단 중이다 - 보통법)
praescriptio extinctiva *l.* 소멸된, 권리를 해제하는 시효
praescriptio immemorialis *l.* 기억할 수 없는 공소시효, 아주 오래 전의 공소시효
Praescriptio interrumpitur *l.* 공소시효가 중단된다(기존의 공소시효가 만료된다는 뜻, 만료사유를 제거한 후에는 새로운 공소시효가 시작된다) C. 7.39.7,5
praescriptio longi temporis *l.* 선한 믿음 속에서의 지속적 소유를 통해 취득한 소유물(로마법에서 정하는 취득형태)
praescriptio mendacii *l.* 거짓 항변, 거짓 사실에 의한 현혹
praescriptio temporis *l.* 권한 만료
praesentatio *l.* (어음 등의) 제출, 제출
Präsentations~
~frist *f.*정시기간; ~pflicht *f.*정시의무; ~(-wert)papier *n.*정시증권
praesentatum (praes.) *l.* (문서를) 제출한
Präsident *m.*①{*von Staaten*} 대통령 ②{*von Institutionen*} 장[관] ③{*von*

Unternehmen} 사상
Präsident
~ des Obersten Gerichtshofes 최고재판소장; ~ des Bundesgerichtshofes 연방재판소장
Präsidentschaft *f.*대통령<의장>의 지위<직>, 대통령<의장>의 임기
Präsidialsystem *n.*대통령제
praesumptio *l.* 용의, 혐의(특정한 전제조건이 충족될 경우 특정 사실을 진실로 간주하라는 법적 명령)
praesumptio facti *l.* 경험에 의한 가정, 즉 특정 사건이 증명될 경우 다른 사건도 어느 정도 진실로 간주해도 좋다는 가정
praesumptio iuris *l.* 법적 근거에 의한 추측(반증이 허용됨)
praesumptio iuris et de iure (contrariam probationem non admittens) *l.* 법적 추측, 법에 의한 추측(반증이 허용되지 않음) c. 30 X de spons. 4.1
praesumptio Muciana *l.* 남편의 채권자에게 유리하게 돌아가는 추측으로서, 부부재산이 남편 소유일 것이라는 추측
praesumptio pro rege *l.* 왕에게 유리한 추측(절대왕권주의 및 입헌군주제의 기본원칙)
Präsumtion *f.*추정, 전제
präsumtiv *a.*추정적인, 예상한, 가정적인
Prätendentenstreit *m.*왕위 계승 요구자들간의 분쟁
praeter legem *l.* 법 이외의, 법적 권한 이외의(예컨대 관습법)
praeter propter (p. p.) *l.* 거의 정확하게, 대략
praetextus *l.* 핑계
praetor *l.* 로마의 집정관
Praetor eligat idoneiorem *l.* 집정관(재판관)이 (여러 명의 원고 중에서) 적절한 인물을 선택한다 - D. 47.23.2
Praetor ius dicere potest, facere non potest *l.* 집정관(재판관)은 판결

을 내릴 수는 있다, (그러나) 판결을 창출할 수는 없다(로마법의 기본원칙)
praevaricatio *l.* 부정(不正), 공직자의 부정행위
praevaricatio impropria *l.* 법률 대변인의 부정
praevaricatio propria *l.* 원고의 중회죄(贓賄罪, 증회죄(贓賂罪)라고도 함, 뇌물을 주거나 줄 의사를 표시함으로써 성립하는 범죄를 말함)
praeventio *l.* 범죄행위를 통한 예방; 방지
Prävention *f.*(= → Verhinderung) 예방
Präventions~
~forschung *f.*예방연구; ~prinzip *n.*예방주의; ~theorie *f.*예방설<론>
präventiv *a.*예방의
Präventiv~
~maßnahme *f.*예방조치, 예방책; ~system *n.*예방제도
Praxis *f.*실무, 업무
Praxis~
~erfahrung *f.*실무경험; ~wissen *m.*실무[적] 지식
Präzedenzfall *m.*}*der* Rechtsprechung} [판례의] 선례
präzisieren *v.*(앞서 보다) ~을 좀 더 정확<분명>하게 규정<표현>하다
precario *l.* 청원에 따라, 철회요구에 따라
precarium *l.* 몇 차례가 되든 철회요구에 따라 사용대차가 실현되는 것(자의에 의한, 철회 가능한 소유권이전)
Preis *m.*대가, 가격
Preis~
~abschlag *m.*감가(減價), 할인(인하); ~absprache *f.*(생산자간) 가격 담합; ~absprache, vertikale ~ 수직적 가격협정<담합>; ~änderung *f.*가격의 변경; ~angabe <~auszeichnung *f.*> *f.* 가격의 표시; ~anhebung *f.*가격인상; ~anstieg *m.* 가격<물가> 상승; ~bemessung *f.*가치평정; ~berechnung *f.* 가치평정; ~bildung *f.* 가격<물가> 형성; ~bindung *f.*(법적 규제나 협정에 따른) 가격<판매가> 준수

의무; ~diskriminierung f.가격차별;
~entwicklung f.물가<가격> 추세<동향>;
~ermäßigung f.가격할인; ~festsetzung f.
가격확정<설정>; ~fixierung f.가격 확정;
~gefüge n.물가<가격> 구조, 가격관계;
~gleitklausel f.[제품] 가격<시가(時價)>
조정 조항; ~herabsetzung f.감가, 가격인
하; ~kartell n.가격 카르텔<협정>; ~liste
f.가격표, 시세표; ~nachlaß m.할인; ~politik
f.물가정책; ~senkung f.가격인하;
~stabilität f.물가<가격>안정; ~steigerung
f. 물가<가격>상승<등귀(騰貴)>;
~steigerungsrate f.물가상승률; ~stopp m.
(정부 당국의) 가격 동결; ~wettbewerb
m.가격경쟁
Preise pl.물가
Premierminister m.국무총리, (내각의) 수상
Premierministeramt n.국무총리실
Presse f.보도, 출판
Presse~
~erzeugnis n.출판물; ~freiheit f.보도<출판, 신문 등>의 자유
pretium l. 가격, 돈; 대가
pretium iustum l. 합당한 가격
pretium virginitatis l. 실제로 동침을 했다는 표식으로 신부가 건네주던 지참금
prima facie l. 일응<일견>의, 첫인상은
prima facies l. 첫인상('첫인상 증거' 란 첫 번째로 받은 인상에 따른 증거를 가리킴)
Prima facie-Beweis m. (반증이 없는 한 사실의 입증·추정에 충분하다고 보는) 일단 채택된 증거
primär a.제일[차]의, 원칙적으로, 우선적으로
Primärleistungspflicht f.주성과 이행의무
primatus l. (가톨릭 교리에 의하면) 교회 최고 권력으로서의 교황
Primi motus non sunt in potestate nostra l. 최초의 (범죄적) 생각들은 우리의 권한에 속하지 않는다(최초의 범

죄적 생각에 대해서는 처벌할 수 없다는 뜻 - 법률주해자들)
Primogenitur f.(상속, 특히 왕위 계승시의) 장자 상속권
primogenitura l. 장자 상속권(중세어; 고전적으로는 primogenita[-orum]으로 표현함)
primo loco l. 첫 번째 위치로
primus acquirens l. (가족 중) 첫 번째로 봉토를 취득한 자
primus inter pares l.동료 중의 제1인자
princeps l. 1인자; 발기인, 우두머리, 상급자, 최상급자; 제후
princeps delicti l. 공격자
Princeps legibus solutus l. 제후는 법으로부터 해방된다(제후는 법을 만드는 사람이지 법에 예속된 자가 아님)
Principiis obsta! l. 시작부터 막아라!(위험한 사태에 초기부터 대비하라!)
Prinzip n.(→ *Grundsatz*) 원칙, 원리, ˜ 원칙<주의>
Prinzip
akzessorisches ~ 종속주의;
oberstes ~ 제일원칙
Prinzip der
~ formellen Wahrheit 형식적진실주의;
~ freien Beweiswürdigung; 자유 심증주의;
~ gesetzlichen Beweisregeln 법정증거주의; ~ Gesetzmäßigkeit der Verwaltung 법률· 행정의 원칙; ~ Gewaltenteilung 권력분리주의; ~ Gleichbehandlung 동일화<평등>의 원칙; ~ Gleichheit von Leistung und Gegenleistung 납부·반대납부 평등의 원칙; ~ Haftung ohne Verschulden 무과실책임주의; ~ materiellen Wahrheit 실체적 진실주의;
~ Mündlichkeit 구두주의;
~ Nichteinmischung 불간섭주의;
~ Nichtrückwirkung von Gesetzen [법률의]효력불소구의원칙;
~ Parteibeständigkeit 당사자항정주의;
~ Parteiengleichheit 당사자 대등의 원칙<주의>; ~ Privatautonomie 사적 자치의 원칙; ~ Verschuldenshaftung 과실책임주

의; ~ Waffengleichheit 무기 평등의 원칙; ~ Zweispurigkeit der Strafen; 이원주의

Prinzip des
~ öffentlichen Glaubens 공신의 원칙
Prinzipal *m.* 주인, 주임
prinzipiell *a.* 원칙적인, 원칙(신조)에 따르는
Prinzipien~
~frage *f.* 원칙상의 문제; ~streit *m.* 원칙상의 문제에 있어서의 분쟁
prioritas *l.* 우위; 우선, 시간적 우선순위; 우선권(Prioitätsrechte); 우선권이라는 뜻)
Priorität *f.* 우선[권]<지위, 순위>
Prioritäts~
~aktie *f.*(→ *Vorzugsaktie*) 우선주; ~anspruch *m.* 우선청구권; ~frist *f.* 우선기간; ~grundsatz *m.* 우선성의 원칙; ~papier *n.* 우선증권; ~prinzip *n.* [im Grundbuchrecht] 순위주의; ~recht *n.* 우선권; ~streit *m.* 우선권계쟁; ~vorrecht *n.* 우선권
prior loco potior iure *l.* 위치적으로 먼저, 더 많은 권한을 지님(명부에 등록한 순위가 중요하다는 뜻)
prior tempore potior iure *l.* 시간적으로 먼저, 더 많은 권한을 지님(먼저 온 사람이 밥도 먼저 먹는다)
privat *a.*; **~e Schulen** 사립학교
Privat~
~autonomie *f.* 사적자유<자치>; ~bank *f.* 민영<개인>은행; ~besitz *m.* 사유물, 사유재산; ~betrieb *m.* 사기업; ~delikte *f.* 사[소]범[죄]; ~dozent *f.* (대학의) 강사(비전임 교수에 대한 호칭); ~eigentum *n.* 사적<개인>소유, 사유재산; ~grundstück *n.* 사유지; ~haushalt *m.* 세대; ~haushalte *pl.* 개인가계부분; ~klage → *Privatklage*; ~person *f.* 사인; ~recht → *Privatrecht*; ~schule *f.* 사립학교; ~schulfreiheit *f.* 사립학교의 책임; ~sphäre *f.* 사적영역; ~testament *n.* 사적유언; ~universität *f.* 사립대학; ~unternehmen *n.* 사기업; ~unternehmer *m.* 사기업 경영자;

~urkunde *f.* 사문서, 사증서; ~vermögen *n.* 사유재산; ~versicherung *f.* 개인보험, 사보험
privatim *l.* 특별히; 비밀리에
privatio *l.* 강탈
privatio beneficii *l.* 성직자의 지위를 상실함
Privatisierung *f.*: **privatisieren** *v.* 사유화(민영화)하다
privativ *a.* 박탈적인, 결여적인
Privatklage *f.* 사인소추, 사소(私訴)
Privatklage~
~delikt *n.* 친고죄; ~verfahren *n.* 친고죄 소송추속 절차
Privatkläger *m.* 소인(私訴人), 사소원고
Privatrecht *n.* 사법(私法)
Privatrecht *n.*, **internationales ~** 국제사법
privatrechtlich *a.* 사법상의
Privatrechts~
~geschäft *n.* 사법상의 법률행위; ~ordnung *f.* 사법제도
privilegium canonis *l.* (본래 규칙에 어긋나는) 우선권 또는 특별권
privilegium causae *l.* (가톨릭) 성직자의 특권, 이에 따라 성직자를 공격한 자는 자동적으로 추방당함
privilegium de non aliendo ab imperio *l.* 파산절차에 있어 특정 채무를 우선적으로 충족시켜주는 것
privilegium de non appellando *l.* (제국직속추도법원의) 제국으로부터 추방당하지 않는 특권
privilegium de non evocando *l.* 국왕에게 항소할 수 있는 권리로부터의 해방(최종 심급기관은 영토 내에 존재한다) → *ius de non* ……
privilegium exigendi *l.* 파산절차에 있어 특정 채권자의 요구를 우선적으로 충족시켜주는 것
privilegium favorabile *l.* 특정 그룹이나 무리에게 유리한 법규
privilegium immunitatis *l.* (가톨릭) 성직자를 모든 관직으로부터의 면제시킴

privilegium odiosum *l.* 특정 그룹이나 무리에게 불리한 법규
privilegium Paulinum *l.* 한 편이라도 세례를 받지 않은 부부의 혼인을 무효화 할 수 있는 권리, 바오로 특전
pro anno (p. a.) *l.* 매년
pro arrha *l.* 착수금으로, 선수금으로
Probare debet, qui dicit, non qui negat *l.* 증명은 부인하는 자가 아니라 주장하는 자가 해야 한다 - D.22.3.2
probatio *l.* 증인 또는 증명서를 통한 입증; 증거사유, 증거도구; 비준, 승인
probatio accusationis *l.* 유죄 입증증거
probatio diabolica *l.* 악마의 입증(소유권 입증)
probatio excusationis *l.* 무죄 입증증거
probatio in aeternam memoriam *l.* 영원한 기억을 위한 증거; 증거확보, 분실 위험이 있는 증거도구의 안전한 보관
probatio pro exoneranda conscientia *l.* 양심을 대신하는 것(선서에 의해서가 아니라 증거도구에 의해 입증하는 행위)
Probatum est *l.* 그것은 도움이 된다
probi viri *l.* 이탈리아의 중재판정소 구성원들
pro bono publico *l.* 공익을 위하여
processus *l.* 진행, 진보, 소송
processus executivus *l.* 강제집행소송(예 : 어음소송)
processus simultaneus *l.* (예비)소송 및 맞소송을 원칙적으로 함께 심리하고 판결하는 것
proclamatio *l.* 선언, 공포
procuratio *l.* 주문 조달; 경영; 소송 진행
procurator *l.* (로마제국의) 지방 총독, 경영자, 감독관; 소송 대리인; 외교 문제의 전권 대리인
prodigus *l.* 낭비자
prodominus *l.* 봉건 영주의 대리인
pro domo *l.* (자신의) 가문을 위하여, 자기 자신을 위하여
producta sceleris *l.* 범죄의 생산물(범죄로 인해 생성된 물건)
professio fidei *l.* 신앙선서, 신앙고백 (성직에 종사하는 모든 이가 이 절차를 밟아야 했음)
professio iuris *l.* 생득권 신고
pro forma *l.* 형식상
progenitur *l.* 후손
pro hedere gestio *l.* 상속과 같은 행위방식
prohibitio *l.* 방해, 금지
proles *l.* 자식, 후손(프롤레타리아는 자손이 많은 사람이라는 의미에 가까움)
prolocutor *l.* 프랑크왕국 법정 절차에 있어서의 수석 발언권자
pro memoria *l.* 기억을 위해, 각서, 회고록; 진정서
promissio *l.* 약속
promissorium *l.* 서면 약속
pro mortuo *l.* 사망 (선고)
promotio *l.* 장려, 성공, 승진
promotor iustitiae *l.* 종교계 소송의 원고측 대변인
promulgatio *l.* 법 또는 법안의 공포; 특정 법률의 합헌성에 관한 발표
pronuntiatio *l.* 특정 민사관계(예컨대 특정 물건에 대한 소유권)의 존부에 관한 판사의 판결
pro patria *l.* 조국을 위해
propinquitas *l.* 이웃관계; 친척관계
propositio *l.* 제안, 제의, 정부 제안사항의 요약본; 범죄구성요건
propositum *l.* 의도, 의향, 계획
propria auctoritate *l.* 자기 자신의 완전한 권위에 의하여
propria causa *l.* 자기 자신에 관련된 사안에 있어
propria manu *l.* 손수
propricidium *l.* 자살
proprietarius *l.* 특정 물건의 소유주
proprietas *l.* 소유
pro rata temporis *l.* 일할계산...
prorogatio *l.* 이전(移轉), 연장, 지연

prorogatio fori *l.* 관할지에 관한 합의
prorogatio imperii *l.* (로마 고위관리가 지닌) 공권력의 이전(임기 만료 후 특정 지역에 대한 통치권을 이양하는 것)
proscriptio (p. imperii) *l.* 추방(18세기까지의 독일 제국 국외 추방)
proscriptio bonorum *l.* 특정 채권자에게 채무자의 자산을 배정했다는 내용을 공시함(나머지 채권자들도 참가할 수 있도록 하기 위한 조치 - 로마의 파산절차에 있어)
protectio *l.* 보호; 보호통치권, 신탁통치국
Protectio non insolvit subiectionem *l.* 보호통치권이 예속을 의미하지는 않는다(국제법상의 기본원칙)
protestatio *l.* 이의, 항변, 암묵적 행위에 따른 추론에 대한 항의; 공공 소유임을 토지대장에 기입함; 어음의 인수(지불) 거절, 어음의 향방과 관련된 특정사안을 공문서로 기록해둠; (해난 사고를 알리는 선장의) 항해 보고, 선장이나 선원이 선박 및 적하의 해난 사고에 대해 공식적으로 진술하는 행위
protestatio facto contraria *l.* 효력이 없는 항의, 암묵적 행위가 침묵을 통한 의사표시라고밖에 해석될 수 없기 때문에 효력이 인정되지 않음
protestatio pro conservandis exceptionibus *l.* 기존 보유 물권을 위함하는 토지대장상의 오류에 대한 항변
protestatio pro conservando iure et loco *l.* 물권을 등록시켜줄 것에 대한 강제적 권한을 예약하는 행위
protocollum actorum *l.* 구두로 진행되는 절차가 개최될 때마다 누적 기록된 조서
protonotarius civitatis *l.* 도시의 서기 (市記)
pro toto *l.* 전체를 위하여
pro und contra (Kontra) 갑론을박
Pro-~
~Kopf-Einkommen *n.* 국민일인당 소득;

~Kopf-Verbrauch *m.* 국민일인당 소비
Probe~
~exemplar *n.* 견본; ~fahrt *f.* 시운전; ~zeit *f.* 시험<시용>기간
Problem *n.* 1 {*konkret*} 문제 (2) {*i.w.S.*} 과제, 화제
Problem~
~bereich *m.* 문제영역; ~kreis *m.* 관련문제; ~lösung *f.* 문제해결; ~stellung *f.* 문제의 소재, 문제제성
Problematik *f.* 문제성, (특정 사안에 관련된 종합적인) 문제(점)
Produkt *n.* 제품, 생산<제조>물<품>
Produkt mangelhaftes<mängelbehaftetes> ~ 흠결 상품<제품>
Produkt~
~beobachtungspflicht *f.* 재조물감시주의; ~haftung → *Produkthaftung*; ~kategorie *f.* 제조품분야; ~piraterie *f.* 상품해적[행위]; ~sicherheit *f.* 부품<제조품>안전[성]
Produkthaftpflicht *f.* 제조물책임의무
Produkthaftpflichtversicherung *f.* 제조물 배상책임보험
Produkt(en)haftung *f.* 제조물 책임
Produkthaftungsprozeß *m.* 제조물책임소송
Produktions~
~anlage *f.* 제조시설; ~faktor (*m.*) Arbeit 생산요소노동; ~faktor Boden 생산요소토지; ~faktor Kapital 생산요소자본; ~güter *pl.* 생산재; ~kapazität *f.* 제조능력; ~mittel *pl.* 생산수단; ~rate *f.* 공율; ~stop *m.* 제조차-지; ~tätigkeit *f.* 생산 활동; ~verfahren *n.* 제조공정
Produktivvermögen *n.* 생산재
Produzent *m.* 제조원<[업]자>
Profit *m.* 이윤
Profit~
~erziehung *f.* 이윤의 획득; ~streben *n.* 이윤의 추구
Prognose *f.* 예측, 예보, 예후
Prognose~
~forschung *f.* 예측연구; ~theorie *f.* 예측론리

Progressiv(straf)vollzug m.분류처우
Projekt n.프로젝트, (대규모 연구, 사업의) 계획
Projektfinanzierung f.시설조달자금
Projektil m.탄환, 총환
Prokura f.업무대리권[상사]지배권
Prokura
jm. ~ erteilen v.~에게 대리권을 부여하다; jm. ~ entziehen v.~에게서 대리권을 박탈하다
Prokurist m.업무대리인
prompt (= → unverzüglich) a.즉시, 신속한, 즉각적인
Promulgation f.; **promulgieren** v.(법령 등)을 공포하다
Prolongation f.; **prolongieren** v.(지불 기한을) 연기하다, (어음 등을) 갱신하다
Prolongationswechsel m.갱신 어음
Prorogation f.(민사소송 당사자간) 관할 합의; ~ durch rügeloses Einlassen 응소관할
Prospekt m.(기업의) 재정 상황표, 설명서, 취지서; ~haftung f.사업서책임
Prostituierte f.매춘<매음>부
Prostitution f.매음, 매춘
Protektion f.보호
Protektionismus f.보호주의
protektionistisch a.보호주의의
Protektions~
~maßnahme f.보호처분; ~mittel m.보호방법
Protest m.거절, 비판
Protest~
~anzeige f.거절증서; ~frist f.거절시기; ~gebühr f.거절비; ~gläubiger m.거절채권자; ~streik m.항의파업; ~wahl f.비판선거; ~wähler m./pl.비판표자
Protest m.{als Dokument = ~note f.} (어음이나 수표의) 인수(지불) 거절, 거절 증서; **protestieren** v.(어음의) 인수<지불>를 거절하다, 거절증서를 작성하다
Protokoll n.조서<회의록, 의사록, 의정서

protokollieren v.~을 기록하다, ~의 의정서<조서, 회의록>를 작성하다
Protokoll der
~ Augenscheinseinnahme 실황견문조서; ~ mündlichen Verhandlung; 구두변론조서; ~ Vorstandssitzung 취제역회의사록; ~ Zeugenvernehmung <~einvernahme> f. 증인신문조서
Protokoll~
~aufnahme f.조서<의사록, 기록> 작성; ~berichtigung f.조서의 정정; ~führer m. 서기관, 구술 필기자
Protokollant m.조서작성자, 속기관
Protokolle (pl.)
stenographische ~ 속기록
provenientia l. 출신지
providentia l. 주의, 배려, 염려
Provision f.모집수당, [계약체결] 수수료
Provisions~
~anspruch m.수수료청구권; ~forderung f. 수수료채권
proviso l. (예컨대 어음 등의) 지급; 공직 부여(교회법)
provisor imperii l. 제국의 성직자 대리인
provisorisch a.잠정적인, 일시적인
provisorium l. 일시적 처분; 임시적 상태
provocatio (ad agendum) l. 간청, 도전; 소 취하를 위해 개별적으로 제기된 탄원(보통법)
proxeneta l. 상거래 중개인
proxeneticum l. 중개료
prozessual a.소송<수속>상의
Prozessualist m.소송법학자
Prozessualistik f.소송학[론]
prozessieren v.소송을 제기하다
Prozeß m.①{i.S.e. Streitsache} 소송 ② {i.S.v. Geschehensablauf} 작동, 운행, 과정
Prozeß, einen ~
~ betreiben v.소송을 진행하다;
~ fortführen v.소송을 속행하다;
~ führen v.소송을 진행하다;

~ gewinnen v.승소하다; ~ versschleppen v.소송의 진행을 지연시키다; ~ verlieren v.패소하다
Prozeß, einem ~
~ beitreten v.소송에 참가하다
Prozeß
anhängiger ~ 소송계속(係屬)중인 소송[수속], 심리중인 소송; gewonnener ~ 승소소송; rechtshängiger ~ 심리중인 소송[수속]; summarischer ~ 간이소송; verschleppter ~ 절차상의 진행이 더딘 소송

Prozeß~
~ablauf m.소송경과<과정>; ~abweisung f.소의 취하; ~agent m.소송대리인; ~akte f.소송기록, 소송서류; ~antrag m.제소(提訴); ~anschauung f.소송관; ~anwalt m.소송대리인, 변호사; ~art f.소송의 종류; ~art, gleiche ~ 동종의 소송[수속]; ~aufrechnung f.소송상의 상쇄, 차감; ~ausgang m.소송[의] 결과 ~aussetzung f.소송의 연기; ~bedingung f.소송의 조건; ~beendigung f.소송의 종료; ~beginn m.소송의 개시; ~beitritt m.소송참가; ~beschleunigung f.소송[수락의]촉진; ~beteiligter m.(der ~e) 소송관계자<관계인>; ~beteiligung f.소송관여; ~betreibung f.소송의 추행; ~betrieb m.소송활동; ~betrug m.소송사기; ~bevollmächtigter m.(der ~e) 소송대리인; ~dauer f.소송의 존속기한; ~einrede f.소송상의 항변; ~fähiger m.(der ~e) 소송을 할 수 있는 능력을 갖춘 사람; ~fähiger, beschränkt ~ 제한적 소송능력자; ~fähigkeit f.소송능력; ~fall m.소송[사건]; ~führender m.(der ~e) 소송당사자; ~führung f.소송추행(訴訟追行); ~führungsbefugnis f.소송추행(訴訟追行)권한; ~führungsrecht n.소송(진행); ~führungstechnik f.소송 진행기술; ~gebilde n.소송형태; ~gebühr f.{Rechtsanwalt} 소송수수료; ~gegenstand m.소송의 취지<대상>; ~gegner m.(민사 소송의) 소송당사자; ~gericht n.관결법원; ~gesetze pl.수속법;

~handlung f.소송행위; ~hindernis n.소송(상의)침해; ~intervention f.소송참가; ~kosten pl.소송비용; ~kostenhilfe f.소송비용 보조금; ~kostenvorschuß m.소송비용의 예납(豫納); ~lage f.소송상태; ~legitimation f. 소송권능; ~leitung f.소송지휘; ~mandat n.소송위임; ~mangel m.소송상의 흠결; ~material n.소송자료; ~maxime f.소송주의(원칙); ~nachfolge f.소송승낙; ~objekt n.소송의 대상; ~ökonomie f.소송경제; ~ordnung f.소송절차; ~ort m.소송지; ~partei f.(민사소송에서의) 소송당사자; ~recht → Prozeßrecht; ~risiko n.소송에 관련된 위험부담; ~sache f.소송사건; ~standschaft <~übernahme> f.소송신탁, 제3자의 소송담당; ~standschaft, gewillkürte ~ 임의적 소송담당; ~stoff m.소송자료; ~strafe f.소송벌; ~subjekt n.소송물<의주체>; ~tätigkeit f.소송활동; ~technik f.소송의 기술; ~trennung f.소송분리; ~unfähiger m.소송무능력자; ~unfähigkeit f.소송무능력; ~unterbrechung f.소송중지; ~urteil n.확정판결; ~verbindung f.변론의병합; ~verfahren n.소송 수속절차; ~vergleich m.소송상의 화해; ~verlauf m.소송경과; ~verschleppung f.소송수속의 지연; ~vertrag m.소송 규약; ~vertreter m.① {im ProzR-소} 소송대리인 ② {StrR-형} {i.S.v. Anklage ~} (본건의) 담당검사; ~vertretung f.소송대리; ~verzicht m.소송상의 방기(放棄); ~verzögerung f.소송지체; ~vollmacht f.소송위탁<대리권>; ~vollmacht, schriftliche ~ 소송위임장; ~voraussetzung → Prozeßvoraussetzung; ~vorschrift f.소송법상의 규정; ~zinsen pl.소송 비용

prozeßfähig a.소송 능력이 있는
prozeßhindernd a.소송 진행을 저지하는, 방소(妨訴)적인 (민사소송에서, 피고가 원고에 의하여 제기된 소송 요건에 결함이 있음을 주장하는 행위)
prozeßökonomisch a.소송 진행상 경제적<능상의>인
Prozeßrecht n.소송 관계법, 재판 관계법

Prozeßrechts~
~doktrin *f.*소송관계법학설; ~norm *f.*소송관계법상의 규정; ~verhältnis *n.*소송관계법상의 관계; ~verhältnis, formelles ~ 형식적 소송관계; ~verhältnis, materielles ~ 실체적 소송관계; ~wissenschaft *f.*소송(관계)법학, 재판(관계)법학
prozeßunfähig *a.*소송 능력이 없는
Prozeßvoraussetzung *f.*①{*im ZPO*-민소} 소송조건 ②{*im StPO*-형소} 소송요건
Prozeßvoraussetzung
absolute ~ 절대적 소송요건; allgemeine ~ 일반적 소송요건; besondere ~ 특별적 소송요건; fehlende ~ 소송조건<요건>흠결; formale ~ 형식적 소송요건; materielle ~ 실체적 소송조건; negative ~ 소극적 소송조건; notwendige ~ 필연적 소송조건; positive ~ 적극적 소송조건; relative ~ 상대적 소송조건
prudentes *l.* 고대 로마의 법학자
prüfen *v.*~을 검사<심사, 조사>하다; *etw.* von Amts wegen ~ 직권..기..조사..
Prüfung *f.*; **prüfen** *v.*①{*i.S.v. Untersuchung/untersuchen*} ~을 검사<심사, 조사> 하다 ②{*i.S.v. Feststellung/feststellen*} ~을 확인하다 ③{*i.S.v. Examen <ablegen>*} ~을 시험하다
Prüfer *m.*조사<심사>관
Prüfung
formelle ~ 형식적 심사; materielle ~ 실체적 심사
Prüfung
~ der Echtheit oder Unechtheit 진부(眞否)의 확인; ~ der Patentanmeldung 특허출원의 심사; ~ des Vorliegens oder Nichtvorliegens 존부(存否)의 확인
Prüfungs~
~antrag *m.* 심사<조사>청구; ~ausschuß *m.* 심사<시험>위원회; ~bescheid *m.* 심사보고서; ~kommission *f.* 심사<시험>위원회; ~niederschrift *f.*조사명세서; ~recht → *Prüfungsrecht*; ~termin *n.*{*im Examen*} 시험기일; ~verfahren *n.* 심사<시험>수속
Prüfungsrecht *f.*심사<조사>권

Prüfungsrecht
erstes ~ 제1차적 판단권; formelles ~ 형식적심사권; materielles ~ 실질적심사권; richterliches ~ 재판소의 심사권
Prügelstrafe *f.*태형(笞刑)
p. s. *l.* → post scriptum
Psychiatrie *f.*정신의학
Psychopathie *f.*정신병(질)
Psychologie *f.*심리학
Psychose *f.*정신병, 정신 이상
pubertas *l.* 미성년
publicatio *l.* 공개, 발표; 판결 또는 법률의 선포
publicitas *l.* 널리 알려짐, 공공성; 널리 공개됨
Publikation *m.*공시(공개), 출판, 간행
Publikationsfreiheit *f.*출판의 자유
Publikumsgesellschaft *f.*공개주식회사
Publizität *f.*(기업현황의) 공시[성]
Publizität *f.*, negative ~ 소극적 공시성
Publizitäts~
~grundsatz *m.*공시원칙; ~prinzip *n.*공시<공언>의 원칙; ~system *f.*공시제도; ~wirkung *f.*공신력
p. u. c. *l.* post urbem conditam → *ab urbe condita*
punctatio *l.* 계약서 초안; 예비 계약서; 가계약
punctum saliens *l.* 중대한 항목, 결정적 견해
Punitivität *f.*엄벌주의
purgatio *l.* 정화(범죄에 대한 의심을 해소시킴)
purgatio morae *l.* 채무를 지고 있는 내용을 제공함으로써 지연절차를 중단시킴
purgatorium *l.* 결백선서
purificatoria *l.* 정신순화 판결
purus putus *l.* 자신의 전문 분야 외에는 아무것도 이해하지 못하는 사람 (이런 자들을 폄하하여 '전문 분야만 아는 바보[Fachidiot]'라 부름)
Putativ~
~delikt *n.*오상범죄; ~notstand *m.*오상피

난(誤想避難, 긴급피난의 요건인 사실, 즉 자기 또는 타인의 법익에 대한 현재의 위난(危難)이 없음에도 불구하고 그것이 있다고 오신하여 행한 피난행위); ~notwehr *f.* 오상방위[행위](誤想防衛, 정당방위의 요건이 되는 사실, 즉 자기나 타인의 법익에 대한 현재의 부당한 침해가 없는데도 불구하고 그것이 있다고 잘못 생각하여 행한 방위 행위); ~rechtfertigung *f.* 오상정당화

Q

qout generationes, tot gradus *l.* 번식행위만큼의 등급이 존재한다(태어난 자녀가 많을수록 친척도 늘어난다)
quadruplex iudicium *l.* 로마 법정의 백인회(centumviri)의 총회, 여기에 소속되지만 원래는 독립적인 원로원 4인에 의해 조직되는 총회임
Quae ad agendeum sunt temporalia ad excipiendum sunt perpetua *l.* 시간적으로 제한된 소송청구는 상소를 통해 영원히 지속시킬 수 있다
Quae non sunt simulo, quae sunt ea dissimulantur *l.* 나는 존재하지 않는 것은 기만하고 존재하는 것은 감춘다(위장거래는 유효하지 않고 감춰진 법적 거래는 때에 따라 유효할 수 있다)
Quae sit actio? *l.* 어떤 것이 소송 가능한 권한인가?
quaestio *l.* 질문; 조사, 논의; 증거입증을 위한 고문
quaestio Domitiana *l.* '명청한 질문'을 가리키는 경우
quaestio facti *l.* 행위에 관한 질문
quaestio iuris *l.* 법적 질문
quaestion juris *l.* 법[률의]문제
quaestio praeiudicialis *l.* 선결 문제
quaestor sacri palatii *l.* 로마 후기의 법무장관
qualificatio *l.* 특정한 특성을 제시하거나 소유함; 국제사법상으로는 법제에 종속될 것을 지시하는 말
Qualifikation <Qualifizierung> *f.* 능력, 자격, 적성
Qualifikation
fachliche ~ 전문지식의 자격
Qualifikation
~ zum Richteramt 재판관자격

Qualifikations~
~gründe *pl.*{*StrR*-형} 가중사유;
~merkmal *n.*{*StrR*-형} 가중사유;
~prüfung *f.* 자격심사
qualifiziert *a.* 적격인, 특별한 자격을 요하는
Qualis rex, talis grex *l.* 왕에 따라 무리도 달라진다. 주인이 하는 대로 노예도 따라한다
Qualität *f.* 성질, 품질
Qualität
handelsübliche ~ 상관습의 품질; mittlere ~ 평균품질; rechtliche ~ 법률적 성질, [법적]성질; schlechte ~ 악질; wesentliche ~ 본질적 성질
qualitativ *a.* [성]질적, 품질상의
Qualitäts~
~abweichung *f.* 품질상의 차이<편차>; ~garantie *f.* 품질보증; ~grad *m.* 품질의 수준; ~kontrolle <~prüfung> *f.* 품질조사; ~mangel *m.* 품질상의 흠결; ~standard *m.* 품질기준; ~vorschriften *pl.* 성<품>질 규정; ~zeichen <~kennzeichen> *n.* 품질표시
qua mandatarius *l.* 특사의 자격으로
Quantenaktie *f.* 액면주
Quantität *f.* [수]량<분량>
quantitativ *a.* [수]량<분량>적인
Quantitäts~
~abweichung *f.* 수량상의 차이<편차>;
~kriterium *n.* 수량규준(規準); ~mangel *m.* 수량부족
quantum possessum, tantum praescriptum *l.* 여기까지가 소유, 여기까지가 취득(소유하지 않는 부속품에 대해서는 취득권을 주장할 수 없다)
Quarantäne *f.* 검역, (전염병 예방을 위한) 격리, 정선(停船)기간

Quarantäne~
~anstalt *f.*검역소; ~artz *m.*검역관;
~maßnahme *f.*검역처분
quarta Falcidia *l.* 보장되는 4분의 1
의 유산(유산의 4분의 1은 채무로부터
면제해준다) → *lex Falcidia*
Quartal *n.*사분의 일 년, 즉, 4분기 또
는 3개월로 칭함
Quartal *n.*.erstes ~ 제1사분기
quartalmäßig *a.*분기별에 따르면
Quartals~
~bericht *m.*[¦*als Dokument*¦] 기말<사반
기>보고서; ~dividende *f.*기말배당[금]; ~ende
n.[, zum jeweiligen ~] 각 사분기 종반
~schluß *m.*분기별 결산
quasi *l.* 준~
quasi *l.* 흡사
quasiaffinitas *l.* 혼인 장애요건이 되
는 제3자와의 약혼(카논법)
quasicontractus *l.* 유사 계약관계, 정
화한 명칭은 obligatio quasi ex contractu
quasidelictum *l.* 범죄유사 행위, 범죄
와 유사한 행위, 정화한 명칭은 obligatio
quasi ex delicto
quasi delictum *l.* 준불법행위
quasidesertio *l.* 배우자로서의 중대의
무 불이행
quasi per inspirationem *l.* (신중한
고려가 아닌) 영감에 의한 것과 유사하
게
quasi possessio *l.* 준점유
Quasi~
~besitz *m.*준점유; ~besitzer *m.*준점유자;
~delikt *n.*준범죄; ~eigentümer *m.*준소유
자; ~entmündigter *m.*(der ~-e) 준금치산
자; ~entmündung *f.*준금치산; ~monopol
*n.*준독점[지위]; ~verbindlichkeit *f.*준채
무; ~vertrag <~kontrakt> *m.*준계약
quasideliktisch *a.*[1¦*i.S.d BGB*-민¦ 유
사 불법행위의 [2¦*i.S.d. StGB*-형¦ 준범
죄적인
quasidinglich *a.*준물적인
quasinegatorisch *a.*준방해배제적인;
~er Schutz 준물권적 보호
quasipossessio *l.* 형체가 없는 것, 즉

권리에 대해 발동하는 유사소유 관계
quasipossessorisch *a.*준점유[적]의, 점
유에 준하는
quasirichterlich *a.*준재판상의
quasiususfructus *l.* 이전(移轉)과 유사
한 행위
quasiverbindlich *a.*준구속력이 있는
quasivertraglich *a.*준계약적<상의>
quatuor doctores *l.* 사용가능한 물권
과 권리의 비유적 용어
q. b. f. f. s. *l.* → quod bonum felix
faustumque sit
q. e. *l.*→ quod est
q. e. d. *l.*→ quod erat demonstrandum
Quelle *f.*¦*allgemein*¦ 원천 ¦2¦*in der
Literatur*¦ 출전
Quelle des Rechts 법원
Quellen~
~angaben *pl.* ¦*i.S.v.* ¦2¦ 인용문헌목록;
~einkommenssteuer *f.*원천소득세;
~nachweis *m.* ¦*i.S.v.* ¦2¦ 출전목록;
~steuer *f.*원천 과세
querela *l.* 다툼, 항고, 소송, 이의 신
청
**querela inofficiosi donationis et
dotis** *l.* 피상속인이 부상으로 증여한
과잉분을 되돌려줄 것을 요구하는 이
의 신청, 이를 통해 채무 분담량이 줄
어듦
querela inofficiosi testamenti *l.* 무
자비한 유언내용에 대한 이의 신청(이
의 신청은 채무 분담자에게 법적으
로 완전한 상속분을 보장한다 - 필연상
속권)
querela non numeratae *l.* 대부차용
증의 증거능력 제한(대부금 지급이 중
단되었다는 항의)
querela nullitatis *l.* 무효 확인 소송,
무효화 가능성에 근거한 무효화 항고
**querela protractae vel denegatae
iustitiae** *l.* 법률 행위의 지연 또는 거
부로 인해 제국대법원에 제기하는 항
고
querela simplex *l.* 간이소송
querela solutae pecuniae *l.* 영수증

의 증거능력 제한
quidam *l.* 모씨(이름이 밝혀지지 않은 상태에서 거론된 사람)
Qui delegat, solvit *l.* 송금하는 자는 지불하는 것이고 입금하는 자도 지불하는 것이다(그러나 채권자에게 돈이 입금된 이후에야 채무로부터 해방된다)
quid iuris *l.* 권리를 지닌 것은 권리를 지닌다(권리문제)
Qui dolo desiit possidere, pro possidente damnatur, quia pro possessione dolus est *l.* 자기 물건이 아니라는 것을 알면서 남의 물건을 소송이 개시되기 전에 고의로 또는 부주의로 매각하거나 파괴한 자는 소유주의 자격으로 재판을 받게 된다, 소유관계가 아니라 악한 의도가 유효하기 때문이다 - D. 50.17.131
Quidquid agis, prudenter agas et respice finem *l.* 시작하려고 마음먹었다면 명철하게 시작하고 마지막을 고려하라(외경의 집회서 7.40)
Quidquid est in territorio, est de territorio *l.* 영토 내에서 일어난 일은 해당 영토의 법에 따라 처벌한다(속지주의 원칙)
Quidquid non agnoscit glossa, nec agnoscit curia *l.* 말씀(→ *glossa*)이 인정하지 않는 것은 법정도 인정하지 않는다(→ Corpus iuris civilis 중 학문적 작업을 거치지 않은 것은 독일에서 적용되지 않는다)
Quieta non movere *l.* 잠자코 있는 것을 움직이면 안 된다(성급한 변화는 피해만 불러온다)
Qui excipit, non fatetur *l.* 이의를 제기하는 자는 (소송 제기권을) 인정하지 않는 자이다(보통법)
Qui iure suo utitur, neminem laedit *l.* 자신의 권리를 행사하는 자는 누구에게도 피해를 끼치지 않는다 - D. 50.17.55
Quilibet status tantum potest in suo territorio quantum imperator in imperio *l.*황제가 제국을 지니듯 각

자 자신의 신분에 따라 자기 영역을 지닌다(12세기 이래 교회법학에서 발전된 내용)
Qui liti se obtulit, cum rem non possideret, comdemnatur *l.* 실제로 물건을 소유하지 않았으면서 (소유주 행세를 하고) 소송에 참가하는 자는 (법정에서 소유주의 자격으로) 재판을 받는다 - D. 5.3.45
Qui negligit censum, perdat agrum *l.* 이자(이자에 해당하는 물품)를 지불하지 않은 자는 경작지를 상실한다(보통법)
Qui possidet dominus esse praesumitur *l.* 물건을 가진 자는 소유주로 추측된다(플라센티누스의 C 4,19,2 및 4,19,12에 대한 해석)
Quiquis praesumitur bonus (nisi contrarium probetur) *l.* 모두가 성실하다는 가정에서 출발한다(그 반대의 내용이 입증되지 않는 한)
Quisque suorum verborum optimus interpres *l.* 자신의 말을 가장 잘 설명할 수 있는 사람은 바로 자기 자신이다
Qui tacet, consentit (consentire videtur) *l.* 침묵은 인정(동의)이다(이는 침묵이 거부라는 원칙에 대한 예외이다) c. 43 de R. I. in VI°
quittieren *v.*~을 받았음을 증명<확인>하다
Quittung *f.*영수[증]서
Quivis praesumitur bonus *l.* 인간이 선하다는 믿음을 지닌다
Quja qui parum deligentem sibi socium acquirit, de se queri debit *l.* 친구를 경솔하게 선택한 자는 자기 자신의 잘못에 대해 한탄해야 한다
quoad dominum *l.* 소유재산으로(경영자의 출자금은 소유재산으로 인정된다)
quoad usum *l.* (경영자의 출자금을) 이용하기 위해
Quod ab initio vitiosum est, tractu temporis convalescere non potest *l.* 애초부터 효력이 없는 것은 시간이

지난다고 해서 효력이 발생하지 않는 다(카토의 규칙[→ regula Catoniana], 법학자였던 M. 포르티우스 카토 리치아누스[기원전 160년경]의 이름에서 유래함) D. 50.17.29

quod bonum felix faustumque sit (q. b. f. f. s.) *l.* 선함과 행복함과 관대함이 함께 하기를(지식층이 행운을 빌 때 쓰는 말)

quod Deus bene vertat *l.* 신의 선한 사업

quod erat demonstrandum (q. e. d.) *l.* 증명해야 했던 것

quod est (q. e.) *l.* 그 의미인 즉슨

Quod est in mundo, sit in actis *l.* 세상에 존재하는 것(범죄)은 재판의 대상이 되어야 한다

quod felix faustum fortunatum sit *l.* 행복, 관대함, 축복이 함께 하기를

Quod iure? *l.* 무슨 권리로?

Quod licet Iovi, non licet bovi *l.* 주피터에게 허락되었다고 해서 황소에게도 허락된 것은 아니다(두 사람이 같은 일을 하더라도 실제로 똑같은 것은 아니다)

Quod non est in actis, non est in mundo *l.* 서류에 적혀 있지 않은 것은 세상에 존재하지 않는다(1879년까지 민사소송의 기본원칙이었던 'Quod non est actum, non est in muno=민사소송에서 문서로 말해지지 않은 것은 존재하지 않는다'에서 비롯된 말)

Quod nullum est, rescissione non eget *l.* 어차피 존재하지 않는 것은 폐지할 필요는 없다

Quod principi placuit, legis habet vigorem *l.* 제후의 마음에 드는 것이 법적 효력을 지닌다(이 로마법의 기본원칙은 절대왕정의 정당화를 위해 적용되었다) D.1.4.1; I. 1.1.6

Quod sine die debetur, statim debetur *l.* 무기한 채무는 즉시 갚아야 할 채무이다 - D. 50.17.14에 의거함

quorum *l.* 무엇에 의해(즉 특정 위원회가 결정을 내릴 때, 의결에 있어 필요한 정족수를 가리키는 말); 영국 치안(중재) 판사의 임명장 서두에 들어가던 말

Quorum *n.* 정족수(定足數) (의결에 필요한); [지정재판관]정원

quota (pars) *l.* 얼마만큼, 비율

quota litis *l.* 분쟁대상 중의 비율(승소했을 경우 변호사에게 지급하던 사례비를 가리키는 말, 오늘날은 금지되었다) → *pactum de quota litis*

Quotation *f.* 시가, (증권)상장[표], (거래소에서의) 시세의 기록

quot capita, tot sensus *l.* 머릿수만큼 의견도 많다

quot causae, tot obligationes *l.* 법규의 숫자만큼 책무도 많다

Quote *f.* 해당 수량, 분담, 몫, 할당;

quoteln *v.* 분담시키다, 할당하다

Quotelung *f.* der Prozeßkosten 소송비용의 분담

Quoten~
~aktie *f.* 무액면주식; ~berechnung *f.* 분담몫 계산; ~system *n.* 할당제; ~verteilung *f.* 할당, 배분, 지분의 분할

R

Rabatt *m.* 할인(割引)
Rabatt~
~beschränkung *f.* 할인제한(割引制限);
~geschäft *n.* 할인행위(割引行爲)
rabulista, rabula *l.* 법률 곡해자, 꼬치꼬치 캐는(따지는)사람, 술수에 능한 법률가
radikal *a.* 급진적(急進的)인, 근본적인
Radikale *m./ f.* 과격<급진>파
Radikalenerlaß *m.* 과격<급진>파의 결정; 과격파의 공직 금지령
Radikalismus *m.* 급진주의
Rahmen *m.* 범위
Rahmen
im objektiv angemessenen ~ 객관적으로 타당한 범위 내에서
Rahmen
~gesetz *n.* (다수의 법규를 총괄하는) 근본법, 원칙법, 외곽법률(= Mantelgesetz);
~gesetzgebung *f.* 기본<전속, 포괄>입법;
~recht *n.* 범주적 권리; ~tarifvertrag *m.* 총괄적 임금 계약, 외곽 계약; ~vertrag *m.* (als Dokument) 기본약관서, 기본계약
raison d'être ⓕ 존재의 이유
Rang *m.* 순위, 지위
Rang
im ~ nachstehend 후순위의;
im ~ vorgehend 선순위의
Rang~
~abtretung *f.* 순위의 양도; ~änderung *f.* 순위의 변경; ~erhaltung *f.* 순위의 유지; ~folge <~ordnung> *f.* 순위, 서열, 계급; ~folge der Hypothekengläubiger 저당권자의 서열<순위>; ~gleichheit *f.* 서열<순위>이 같음; ~ordnung *f.* 순위; ~stelle *f.* 순위<서열>; ~unterschied *m.* 단계<순위>별 차이; ~verlust *f.* 순위 상실; ~verhältnis *n.* 순위<우열>관계; ~vorbehalt *m.* 순위 유보

ranggleich *a.* 동순위의, 순위가 같은
rapina *l.* 물건약탈, 사람에 대한 폭력을 행사하는 강도
raptus *l.* 인신약취, 성적만족의 의도에서의 특히 여자에 대한 납치
Rasse *f.* 인종, 종족
Rassen~
~frage *f.* 인종문제; ~haß *m.* 인종적 증오, 민족적 반감; ~kampf *m.* 인종<민족>간 투쟁; ~trennung *f.* 인종의 (차별적) 격리<분리>
Rasterfahndung *f.* 검색수사
Rat *m.* ①{i.S.v. Ratschlag} 권고, 조언 ②{i.S.e. Einrichtung} 평의회, 회의, 고문 ③{als Person in einer Position} 참사, 평의원; ~sbeschlüsse *pl.* 이사회 결정.; ~vertreter *m.* 이사회 대표자
Raterteilung *f.* 조언
Rate *f.* 분할<지불>금<액>, 분할분
Rate
in ~n zahlen *ad.* 분할로
Raten~
~geschäft *n.* 할부판매, 분할 지불 행위; ~handel *m.* 할부거래; ~kauf *m.* 할부매매; ~rückstand *m.* 할부금의 연체<체불>; ~vereinbarung *f.* 분할 지불에 관한 합의; ~wechsel *m.* 분할급 어음; ~zahlung *f.* 분할급 지불<불입(拂入)>;
~zahlungsbeschluß *m.* 분할금 지불에 관한 결정
ratificatio *l.* 비준, 인가, 합헌적으로 소집된 기관에 의한 국제법상 계약의 증명
Ratifikation *f.*; **ratifizieren** *v.* ~을 비준<재가, 승인>하다
Ratifikations~
~frist *f.* 비준기간; ~klausel *f.* 비준조항<문구>; ~urkunde *f.* 비준서

Ratifizierung → *Ratifikation*
Ratifizierungsurkunde *f.*비준서
ratihabitio *l.* (법률행위의)인가
Ratihabitio mandato comparatur *l.* 인가는 계약과 동일시된다 - D. 46. 3. 12, 4; 범죄에서 D.50. 17.152,2
ratio *l.* 이유부
~ decidendi *l.* [판결]이유[중의본문]; ~ juris <juris> *l.* 법률상의 이유; ~ legis *l.* 법률 근처
ratiocinatio *l.* 이성적 추론(논리주의)
ratiocinium *l.* 부기(경리), 회계
ratio decidendi *l.* 결정 동기
ratio legis *l.* 동기(원인), 의도, 법률의 목적, 상세히: 입법기관의 의도
rational *a.*합리적인, 이성적인
Rationalisierung *f.*; **rationalisieren** *v.*~을 합리화 하다, ~을 합리적으로 하다
Rationalisierungs~
~abkommen *n.*합리화 협정;
~investitionen *pl.*합리화 투자; ~kartell *n.* 합리화 카르텔
Rationalität *f.*합리성
ratio scripta *l.* 쓰여진 이성(로마법에 대한 표시(명칭))
Raub *m.*강도, 약탈, 탈취, 불법착취, 유괴
Raub
einfacher ~ 단순강도; schwerer ~ 가중강도; versuchter ~ 강도미수
Raub
~ mit Todesfolge {als Delikt} 강도치사(죄)
Raub~
~absicht *f.*강도의 의도; ~mord *m.*강도 살인; ~täter *m.*강도; ~vorsatz *m.*강도의 고의
Räuber *m.*강도(범인)
räuberisch *a.*강도적인, 약탈적인
Raubmord *m.*강도 살인
raudusculum, rudusculum *l.* (로마의) 화폐의 초기형태로서의 광석
Raufhandel *m.*드잡이, 시끄러움, 투쟁
Raum *m.*공간, 영역

Raum *m.*, **rechtsfreier** ~ 법적 자유영역
Raumordnungsplan *m.*국토정비<개발> 계획, 공간<대지>이용계획안
Räumung *f.*; **räumen** *v.*~을 명도(明渡)하다
Räumung
sofortige ~ 즉각적 명도
Räumung von Wohnraum 가옥명도(家屋明渡)
Räum(ungs)pflicht *f.*명도의무
Räumungs~
~ankündigung *f.*명도예고; ~anordnung *f.*명도명령<지시>; ~anspruch *m.*명도청구[권];
~aufschub *m.*명도의 연기; ~auftrag *m.*명도집행 명령; ~befehl *m.*명도명령; ~frist *f.*명도기간; ~gläubiger *m.*명도청구권자; ~klage *f.*(집의) 퇴거 요구 소송; ~kosten *pl.*명도비용; ~schuldner *m.*명도채무자; ~schutz *m.*명도보호; ~titel *m.*명도명의; ~urteil *n.*명도판결; ~verfahren *n.*명도수속; ~verlangen *n.*명도요구
Rausch *m.*{i.S.v. *Trunkenheit*} 명정(酩酊)
Rauschtat *f.*취중 범행
Rauschgift *n.*마약
Rauschgift~
~delikt *n.*마약범죄; ~delinquenz *f.*마약사범; ~händler *m.*마약 상인<장수>
Rauschzustand *m.*명정(酩酊)상태
real *a.*사실<현실>적인, 물적(物的)의, 요물(要物)의
Real~
~akt *m.*사실행위; ~angebot *n.*<~offerte *f*> 사실<현실>신청; ~exekution *f.*물적 집행; ~handlung *f.*실체행위;
~einkommen *n.*실수(實收); ~kauf *m.*사실<직접>매매; ~kaution *f.*물상<물적>보증; ~konkurenz *f.*실질적 경합범, 병합병, 수행위(數行爲) 일형벌(~刑罰); ~last → *Reallast*; ~recht *n.*물권(物權);
~sozialprodukt *n.*실질국민총생산;
~teilung *f.*사실분할; ~vermögen *n.*사실재산; ~vertrag *m.*요물(要物)계약, 천성계약 ; ~wert *m.*실가; ~zins *m.*실질이자

Realisation *f*; **realisieren** *v*.~을 실현하다, ~을 환금하다
Realisations~
~verkauf *m*. 청산매각; ~wert *m*. 청산가치
realiter *l*. 실제의
Reallast *f*.[토지정기] 토지부담, 물적부담
Reallast~
~gläubiger *m*. 토지담보채권자;
~schuldner *m*. 토지담보채무자
reassumtio litis *l*. 개시(수용)와 이것으로(소송 당사자의 상속인을 통한) 소송의 계속
reatus *l*. 미결상태
rebus sic stantibus *l*.→ *clqusula rebus sic stantibus*
receptatio *l*. 범죄비호; 후에 작물취득(행위)
receptitum *l*. 남편에게 용익권과 관리를 허가하지 않은 처의 재산
receptum *l*. 수용, 인수
receptum arbitri *l*. 중재계약(중재약관)
receptum argentariorum *l*. 다른 이의 금액 또는 물건의 회계를 수행하는 은행가의 약속
receptum cauponum *l*. 숙박계약(여행자의 물건은 숙소 주인에 보관되고 이것으로부터 숙소주인은 자신의 책임하에 그 물건의 절취 또는 훼손에 대해 책임져야함)
receptum nautarum *l*. 선장계약(→ *receptum cauponum* 과 같은 설명)
receptum stabulariorum *l*. 마구간 주인의 계약 (→*receptum cauponum* 과 같은 설명)
recessus *l*. 퇴각, 사퇴, 퇴직; 논쟁; 비교, 계속
recessus imperii *l*. 제국의 퇴각, 제국의회의 결말에 전체 결정들이 기록되어 있는 1663년 제국 종결 이래의 문서
recessus imperii novissimus *l*. 최신의 (최종의) 제국퇴각(1654년의)
recetio *l*. 수용, 인수(수용)(예: 독일과 다른 유럽국가 등에서 학술적으로 편찬된 로마법의 수용); *l*. 국내 입법으로의 국제적 약정의 수용
Rechenschaft *f*. 전말, 시말, 해명, 변명
Rechenschafts~
~bericht *m*. 해명서, 변명서, 전말<시말>서; ~legung *f*. 해명<변명>; ~pflicht *f*. 해명<답변, 변명>의무
Recherche *f*; **recherchieren** *v*.~을 조사<연구>하다
Recherche~
~antrag *m*. 조사<연구>의뢰; ~bericht *m*. 조사<연구>보고
Rechnung *f*. 계산, 감정(鑑定), 청구서
Rechnung
ausstehende <offenstehende> ~ 미불입(未拂入)된 청구서; beglichene ~ 지불된 청구서; fällige ~ 상환<변제>기일이 된 청구서; fiktive ~ 가공(架空)의 청구서; laufende ~ 교호계산(交互計算), 상호계산; offenstehende ~ 미결산(未決算)
Rechnung
auf eigene ~ 자신의 부담<책임>으로;
auf fremde ~ 타인의 부담<책임>으로;
im eigenen Namen und auf eigene ~ 각자의 이름으로
Rechnungs~
~abgrenzungsposten *m/pl*.[대차대조표]계정항목의 분리<구분>항목; ~abnahme *f*. 계산검사; ~bericht *m* 계산서, 검사보고서; ~betrag *m* 청구(금)액, 계산서의 총액; ~datum *n*. 청구일자; ~einheit *f*.[화폐]계산단위; ~führung *f*. 부기, 경리; ~hof *m* 회계 검사원(院); ~jahr *n*. 회계연도; ~kontrolle *f*. 회계감사; ~leger *m* <legender, (der ~e)> 회계보고자, 회계결산자; ~legung → *Rechnungslegung*; ~prüfung *f*. 회계 검사<감사>, 예산집행감사; ~wesen *n*. 회계제도
Rechnungslegung *f*. 회계보고, 결산
Rechnungslegung
~ im Prozeß 재판상의 회계보고
Rechnungslegungs~
~antrag *m*. 회계보고신청; ~beschluß *m*. 회계보고결정; ~klage *f*. 회계보고의 소(訴); ~pflicht *f*. 회계보고의 의무

Recht n. ⑴ {i.S.v. subjektivem Recht} 권리 ⑵ {als Gesetz} 법률, 법

Recht, ein ~
~ aberkennen v.권리를 박탈하다; ~ abtreten v.권리를 양도하다; ~ anwenden v.법률을 적용하다; ~ aufgeben v.권리를 방기(放棄)하다; ~ behaupten v.권리를 주장하다; ~ durchsetzen v.권리를 관철시키다; ~ einklagen v.권리에 대해 소송청구를 하다, 권리에 대해 소구(訴求)하다; ~ einräumen <~ verleihen> v.권리를 양도하다; ~ geltend machen v.권리를 주장하다; ~ (inne) haben v.권리를 가지다; ~ sichern v.권리를 확실시하다; ~ verletzen v.권리를 침해하다; ~ wiedererlangen v.권리를 복권시키다

Recht
sich ~ ein vorbehalten v.권리를 유보하다; sich eines ~ berühmen v.권리를 ; von ~s wegen 법률상<당연히>

Recht
auf (ein) (anderes) ~ zurückgehen 법으로 소급되다, 법에서 연원하다; nach geltendem ~ 현행법상

Recht
aus abgetretenem ~양도된 권리에서; aus eigenem ~자신의 권리에서; aus fremden ~ 타인의 권리에서

Recht
abdingbares ~ 합의에 의해 변경<절충>할 수 있는 법률; abgeleitetes ~ 소급 적용되는 권리<법률>; absolutes ~ 절대권; abstraktes ~ 추상적 권리<법률>; abtretbares ~ 양도할 수 있는 권리; akzessorisches ~ 부가적 권리; alleiniges ~ 전속권(專屬權); altes ~ 구법; amerikanisches ~ 북미법; angelsächsisches <angloamerikanisches> ~ 영미법; anwendbares <maßgebliches> ~ 준거법; anwendbares {i.S.v. vertraglich vereinbartes ~} 약정준거법; anzuwendendes ~ 약정준거법; ausländisches ~ 외국법<법률>; ausschließliches ~ 전속법; bedingtes ~ 조건부권리; befristetes ~ 기한부권리;

beschränkt dingliches ~ 제한물권; besonderes ~ 특권; dingliches ~물[권적]권[리]; dispositives <nicht zwingendes> ~ 임의법[권]; eheliches ~ 혼인법상의 권리; eingetragenes ~ <기재>권리; einklagbares ~ 소구 가능한 권리; einschlägiges ~ 적용 법[률]; eintragbares <eintragungsfähiges> ~ 등기기재가 가능한 권리; einzutragendes <eintragungsbedürftiges> ~ 등기권리; englisches ~ 영미계통법; ersessenes ~ 실효권리; erworbenes ~ 취득권리; exklusives ≪exclusives≫ ~ 독점적 권리; festländisches ~ 대륙법; formelles ~형식법, 형식적 권리; französisches ~ 프랑스법; fremdes ~ 외국법; fundamentales ~ 근본적 권리, 근본법; geltendes ~ 현행법; gemeines ~ 보통법; gemeinnütziges ~ 공익법; gerichtlich durchsetzbares ~ 재판상관철할 수 있는 권리; gerichtlich nicht durchsetzbares ~ 재판상 관철시킬 수 없는 권리; germanisches ~ 독일법; geschriebenes ~ 성문법; gesetztes ~ 제정법; grundlegendes ~ 기본권리; grundstücksgleiches ~ 토지소유권유사의 권리; gutgläubig erworbenes ~ 선의취득권리; höchstpersönliches ~ 일신권리<전속권>; individuelles ~ 개인적 권리; inländisches <innerstaatliches> ~ 국내법; internationales ~ 국제법; islamisches ~ 이슬람법; italienisches ~ 이탈리아법; klassisches ~ 고전법; kontinentaleuropäisches ~ 구주대륙법; künftiges ~ 장래의 권리<법률>; lokales ~ 국유법; maßgebliches<anwendbares> ~ 준거법; materielles ~ 실체법, 실질적 권리; nationales ~ 국내<국유>법, 본국<자국>법; natürliches ~ 자연법; negatives ~ 소극적 권리; nicht abtretbares ~ 양도할 수 없는 권리; nicht akzessorisches ~ 비종속적권리; nicht einklagbares ~ 소구가 불가능한 권리; objektives ~ 객관적 법<권리>; obligatorisches ~ 채권적 권리; öffentliches ~ 공법; partikulares ~ 개별

적 권리; peinliches ~ 형법 ; persönliches ~ 인적권리, 속인법; positives ~실정<성[분]>법, 적극적 권리; possesorisches ~ 소유권; privates ~ 사법, 사권; quasidingliches ~ 준물권[적권리]; relatives ~ 상대법; römisches ~ 로마법; sachliches ~ 실체법; selbständiges ~ 독립권리<법>; staatsbürgerliches ~ 국민권; streitiges ~ 계쟁(係爭)권리; subjektives ~[고유의]권리, 사법; subjektiv dingliches ~대물권, 물 권리; subsidär geltendes ~ 포족법<권리>; territoriales ~속지법; übertragbares ~ 양도 가능한 권리; unbeschränktes ~ 무제한 권리; uneingeschränktes ~ 무제한 권리; ungeschriebenes ~ 불문법; unveräußerliches ~ 양도 권리; unverjährliches ~ 시효권리; unvollkommenes ~ 불완전권리; verbrieftes ~ 등기제 권리; verliehenes ~ 양도권리; wohlerworbenes ~ 개득권; zu schützendes ~보전권리, 피보전권; zukünftiges ~장래의 권리<법, 법률>; zukünftig entstehendes ~장래<향후> 발생하게 되는 권리; zwingendes ~ 강행법

Recht am
~ eigenen Bild 그림상의 권리; ~ Papier 증서상의 권리

Recht an
~ einem Grundstück 부동산권리;
~ einer beweglichen Sache 동산권리

Recht auf
~ Arbeit 노동권; ~ Aufrechnung <Aufrechnungsrecht> 계상(計上權), 상쇄권;
~ Benutzung <Benutzungsrecht> 이용권리<이용권>; ~ Besitz <Besitzrecht> 점유의 권리<점유권>; ~ Bestellung eines Verteidigers 변호인의뢰권; ~ ein Patent 특허권; ~ Einsichtnahme in die Akten 기록열람권; ~ Gehör 심문의 권리, 심문권; ~ Gehör, ~ rechtliches ~ 법정심문청구권; ~ (lokale) Selbstverwaltung [지방]자치권; ~ nationale Selbstbestimmung 민족자결권; ~ Notwehr <Notwehrrecht> 정당방위의 권리; ~ richterliche Entscheidung 재판청구권; ~

Selbstverteidigung {von Staaten} 자위권; ~ Teilhabe <Teilhaberecht> 입회권; ~ Tod <Recht zum Sterben> 권리;
~ Urkundenvorlage 문서제출의 권리;
~ Verteidigung {StrR-형} 변호<방어>의 권리, 방어권; ~ vorzugsweise Befriedigung 우선변제의 권리; ~ Zugang zu den Gerichten 재판접근성의 권리

Recht der
~ Allgemeinen Geschäftsbedingungen 약관규제법; ~ belegenen Sache 재산소재지법; ~ Beweisführung 입증의 권리;
~ Leistungsstörungen 급부장해법체계;
~ Schuldverhältnissec 채권법체계;
~ Stellvertretung 대리법; ~ unerlaubten Handlungen 불법행위법체계;
~ ungerechtfertigten Bereicherung 부당이득법체계; ~ Unmöglichkeit 채무불이행 법체계

Recht des
~ Aufenthaltsortes 거주지법<법률>;
~ eigenen Staates 자국<본국>법;
~ Erfüllungsortes 이행지법<법률>;
~ Gerichtsortes 법정지의법률;
~ Gerichtsstandes 관할재판소법<법률>;
~ Heimatstaates 본국법; ~ Verttragsortes 계약장소법<률>

Recht zu
~ Schweigen 묵비권

Recht zum
~ Auftreten vor Gericht 재정<입정>권;
~ zum Besitz 점유할 수 있는 권리

Recht zur
~ Wegnahme 회수권

Recht~
~fertigung → Rechtfertigung; ~mäßigkeit f.합법<정당>성; ~setzung f.규칙제정; ~setzungsbefugnis f.<~recht n.>규칙제정권; ~sprechung → Rechtsprechung

Rechte pl.권리
Rechte (pl.)
bürgerliche ~ 시민적 권리, 공민권;
persönliche ~ 개인권리

Rechte
~ aus einem Patent 특허권에서 파생되

는 권리; ~ von Dritten 제3자의 권리
rechtens *a*.[. nicht ~]부적법
Rechtfertigung *f.*; **rechtfertigen** *v.*~
이 옳다고 인정하다
Rechtfertigungs~
~element *n.*위법성조각(또는성립저지)요소;
~element, subjektives ~ 주관적정당화요소;
~erfordernis *n.* 정당화의 필요; ~frage *f.* 정당
화문제; ~gründe *pl.* 정당화의 근거<이유>
rechtlich *a.*법적
rechtlos *a.*권리가 없는. 공권 상실의
Rechtlosigkeit *f.*공권상실, 권리가 없
음
rechtmäßig *a.*합법적
Rechtmäßigkeit *f.*합법<적법>성
Rechts~
~abteilung *f.*(기업의) 법률 담당부서;
~abtretung *f.*권리양도; ~akt *m.*법률적 행
위; ~analogie *f.*법의 유추(類推) 해석
<적용>; ~änderung *f.*법률개정;
~anschauung *f.*법률에 관한 견해, 법 해
석, 옳고 그름에 관한 견해; ~anspruch
*m.*권리요구<주장>, 법률상의 청구권;
~anwalt *m.*변호사; ~anwaltschaft *f.*변호
사(업); ~anwaltsgebühren *pl.*변호사의 수입
료; ~anwaltsgebühren, gesetzlich festgelegte
~ 법적으로 규정된 변호사수임료;
~anwaltskammer *f.*변호사회;
~anwaltskanzlei *f.*변호사 사무소, 합동
법률 사무소; ~anwaltsordnung *f.*변호사
법; ~anwaltssozietät *f.*공동경영<변호>사
무소; ~anwendung *f.*법적용; ~aufsicht *f.*
(하급관청에 대한 상급 관청의) 법 집
행 감독; ~ausdruck *m.*법률용어;
~ausführungen *pl.*권리관의 서술;
~auskunft *f.*법률 문의<상담>;
~auslegung *f.*법해석; ~ausschuß *m.*법사
(분과) 위원회; ~ausübung *f.*(unbefugte
~) 권리행사; ~ausübungsfrist *f.*권리행사
의 기한; ~bedingung *f.*법적 성조건;
~befugnis *f.*법률 권능<권한>; ~begriff
*m.*법률개념, 법 개념; ~begriff, unbestimmter
~ 불명확한<불확정적> 법률개념; ~behelf
m.(당국, 법원의 결정에 대한) 이의신
청; ~beistand *m.*법률고문; ~berater *m.*법

률 고문, 법률 상담자; beratung *f.*법률
상담, 법률문제상의; ~beratungsstelle *f.*
법률 상담소; ~bereich *m.*법[령]분야;
~berühmung *f.*소송외의 권리주장;
~berufe *pl.*법률전문직; ~beschränkung *f.*
권리제한; ~beschwerde *f.*[법률] 항고,
소원(訴願); ~besorgung *f.*제3자의 법률
행사; ~beständigkeit *f.*[법률상] 유효성;
~bestimmung *f.* 1 [*i.S.e. Vorschrift*] 법률
규정, 법규 2 [*i.S.d. IPR*] 준거법 확인;
~beugung *f.*고의적 법의 왜곡(행위), 법
률의 남용; ~besitz *m.*준점유;
~bewußtsein *n.*법[률]의식; ~beziehungen
*pl.*법적관계; ~bindung *f.*법적 구속력;
~blindheit *f.*법적 무관심, 법의 맹목성;
~brecher *m.*위법자, 위법자; ~bruch *m.*법
률위반<침해>, 위법; ~buch *n.*법률서,법
전; ~charakter *m.*법의 성질;
~dogmatik *f.*법[률]해석학; ~einheit *f.*법
[재]통일; ~eingriff *m.*권리침해;
~einwand *m.*[尺訴] 항변, 이의제기; ~
empfinden *n.*[. allgemeines ~] 옳고 그름
을 식별할 줄 아는 감각, 정의감;
~entwicklung *f.*법의 발전; ~entziehung *f.*
<~entzug *m.*> 권리박탈; ~erfolg *m.*법률
적 성공; ~erkenntnis *f.*법<률적>인식;
~erheblichkeit *f.*법률상의 중요성;
~erwerb *m.*권리취득; ~erwerb, abgeleiteter
<derivativer> ~ 승계취득; ~erwerb, konstitutiver
~ 설정적 [권리]취득; ~erwerb, orginärer
<ursprünglicher> ~ 원시취득; ~erwerber
*m.*권리취득자; ~erziehung *f.*법교육;
~fähigkeit *f.*권리 능력; ~fall *m.*[소송]사
건, 법률사건; ~fehler *m.*법률상의 흠결
(欠缺); ~figur *f.*법해석상의 구축개념;
~fiktion *f.*법<률>추정; ~findung *f.*(현행)
법에 맞는 판결을 찾아내는 일, 적법
판단; ~folge *f.*법률효과; ~folgermessen
*n.*법률효과의 계량화; ~folgenseite *f.*법
률효과측면; ~folgenverweisung *f.*법률효
과제시<준용규정>; ~form *f.*법의 형식;
~fortbildung *f.*[richterliche ~][재판관의] 법
창조<계속형성>; ~frage *f.*법률문제[점];
~frage grundsätzlicher Bedeutung 기본적
으로 중요한 법률문제; ~friede(n) *m.*법

[률]적평화; ~gebiet *n.*법[률]영역, 법[률]의 분야; ~gebrauch *m.*법관습; ~gedanke *m.*법사상; ~gehorsam *m.*법률준수; ~gelehrte *pl.*법률학자; ~gemeinschaft *f.* 법공동체; ~geschäft → *Rechtsgeschäft*; ~geschichte *f.*법률사, 법제사(法制史); ~gestaltung *f.*권리형성; ~gestaltungsklage *f.*권리형성의 소; ~gewohnheit *f.*법관습; ~grund *m.*법적근거; ~grundlage *f.*법적 토대<기초>; ~grundsatz *m.*법률원칙, 법원리; ~grundsätze *pl.*, allgemeine ~ 법의 일반원칙; ~grundverweisung *f.*청구원인의 제시<준용규정>; ~gut → *Rechtsgut*; ~gutachten *n.{als Dokument}* 법적감정[의견][서]; ~güterschutz *m.*법적보호대상 (사람의 생명, 건강, 자유, 재산)의 보호; ~gutverletzung *f.*법적보호대상의 권리 침해; ~handlung *f.*법(률) 행위; ~hängigkeit *f.*소송계속, 권리구속; ~hilfe → *Rechtshilfe*; ~inhaber *m./pl.*권리자; ~institut *n.*①*{i.S.v. Forschungs~}* 법률연구소 ②*{allgemein}* 제도; ~irrtum *m.*법률의 착오; ~interesse *n.*법률상의 이익; ~kauf *m.*권리매매; ~kenntnis *f.*법률지식; ~kollision *f.*법률저촉; ~kontrolle *f.*법[률]적 감독; ~kraft → *Rechtskraft*; ~kreis *m.*법권, 법의 범위; ~kultur *f.*법률문명; ~lage *f.*법률상황, 법적<법률상>지위; ~lage, gegenwärtige ~ 현재의 법상황; ~leben *n.*법률생활; ~lehre *f.*[, allgemeine ~] 법[률]학, 일반법학; ~lehrer *m./pl.*법학자; ~lexikon *f.*법률사전; ~lücke *f.*법의 흠결; ~mängel *pl.*권리<법률적>하자; ~mängelhaftung *f.*권리하자담보책임; ~mißbrauch *m.*법률의 남용<악용>; ~mittel → *Rechtsmittel*; ~nachfolge *f.*권리 계승<승계>; ~nachteil *m.*권리훼손; ~natur *f.*법적성질; ~norm *f.*법[률]규범, 법규; ~norm, anzuwendende ~ 적용법규범; ~norm, zwingende ~ 강행규범<규정>; ~normqualität *f.*법규의 성질; ~objekt *n.*권리객체<목적>; ~ordnung *f.*법질서, 법규; ~ordnung, „Die gesamze ~„ 전법질서; ~ordnungen *pl.*법체계; ~organ *n.*사법[법률]기관; ~persönlichkeit

*f.*법[적상]인격; ~pfand *n.*권리질; ~pflege → *Rechtspflege*; ~position *f.*법적<법률상의> 지위; ~position, materielle ~ 실체법상의 법적지위; ~positivismus *m.*법실증주의; ~pflicht *f.*법적 의무; ~philosoph *m.*법철학자; ~philosophie *f.*법철학; ~politik *f.*법률<사법>제도정책; ~praxis *f.*법률분야 실무; ~prinzip *n.*법[원]리, 법원칙; ~problem *n.*법률문제[화두]; ~quelle *f.*법원, 연원; ~referendar *m.*사법수습생; ~reform *f.*법의 개정; ~regel *f.*법원칙; ~sache *f.*사법소송사건; ~sache, streitige ~ 소송사건; ~satz *m.*법규, 법리; ~scheinhaftung 권리외관책임; ~scheinvollmacht *f.*표견대리; ~schöpfung *f.*법창조; ~schutz → *Rechtsschutz*; ~sicherheit *f.*법적안전<안정>성; ~sinn *m.*, im ~ 법률적으로 옳고 그름을 구별할 수 있을 때; ~sprache *f.*법률용어; ~staat → *Rechtsstaat*; ~standpunkt *m.*[법률문제]법적 견해<입장>; ~stellung *f.*법적<법률상> 지위<신분>; ~stellung, persönliche ~ 신분상의 법적지위; ~streit *m.*소송; ~streitigkeit *f.*소송, zvilrechtliche ~ 민사사건<소송>; ~subjekt *n.*법인, 법적<권리>주체; ~system *n.*법체계<체제, 질서>; ~tatsache *f.*법률사실; ~technik *f.*법기술; ~terminologie *f.*법률용어; ~theorie *f.*법리[학], 법률이론; ~titel *m.*법적 요구, 법률상의 청구권, 권리의 주장; ~tradition *f.*법률전통, 권리양도; ~übertragung *f.*권리양도; ~überzeugung *f.*[allgemeine ~] 일반적 법적확신; ~unfähigkeit *f.*권리무능력; ~unsicherheit *f.*법적불안정성; ~unwirksamkeit *f.*법적무효; ~verbindlichkeit *f.*법적 의무<구속력, 책임>; ~vereinheitlichung *f.*법의통일<단일>화; ~verfolgung *f.*법적추구, 권리행사; ~vergleichung *f.*법제비교; ~verhältnis *n.*[, streitiges ~] 계쟁중인 권리법률관계; ~verkehr *m.*①*{i.S.d. Rechts}* 사법, 법률관계 교류 ②*{im Straßenverkehr}* 우측교통; ~verletzer *m.*위법자<위범자>; ~verletzung *f.*위법, 법률침해; ~verlust m.권리상실; ~vermutung f.법률추정; ~verordnung f.법규명령, 법령, 위임명령,[대신]법규명령; ~verteidigung f.권리방위; ~verwahrung f.권리보존; ~verweigerung f.권리거절; ~verwirklichung f.권리실행; ~verwirkung f.법의 실현; ~verzicht m.권리방기(放棄); ~vorbehalt m.권리법적 유보; ~vorgänger m.법적 지위의 전임자; ~vorschrift f.법규; ~wahl f.준거법선거; ~weg m.소송<재판>의 방법, 법률적 방도<수단>; ~widrigkeit → Rechtswidrigkeit; ~wirklichkeit f.법적현실; ~wirksamkeit f.법효력; ~wirkung f.법률상 효력; ~wissenschaft f.법[률]학; ~zersplitterung f.법의 분립; ~zug m.심급, ~zug, im selben <gleichen> ~ 동일 심급; ~zustand m.법적[법률, 권리]상태; ~zuständigkeit f.법정관할

rechts~
~begründend a.권리창설적인; ~erfahren a.법(律)에 밝은<정통한>; ~ erheblich a.법적으로<법률상> 중요한; ~erzeugend a.법률창설적인; ~geschäftlich a.법률행위상; ~geschichtlich a.법률사<법제사>적의 ~gestaltend a.권리를 형성하는; ~gültig a.법률상 유효한, 법으로 타당한; ~hindernd a.권리조각(權利阻却)적인; ~kräftig a.확정적, 최종적, 항소할 수 없는; ~kundig a.법(律)에 정통한; ~philosophisch a.법철학적인; ~politisch a.법정책적인; ~schöpfend a.법창조적인; ~staatlich a.법치국가적; ~technisch a.법기술적인; ~theoretisch a.법이론상의; ~unfähig a.권리의무능력이 없는; ~verbindlich a.법률상의구속력이 있는; ~vernichtend a.권리소각의; ~widrig a.위법<불법>의; ~wirksam a.법률상 유효한, 법적으로 효과가 있는

Rechtsgeschäft n.법률행위
Rechtsgeschäft
~ unter Lebenden 선전<생존자간>[법률]행위; ~ von Todes wegen 사인[적]행위
Rechtsgeschäft
abstraktes ~ 추상적(무인적) 법률행위;

anfechtbares ~ 취소법률행위; bedingtes ~ 조건적 법률행위; bedingungsfeindliches ~ 조건에 반하는 법률행위; dingliches ~ 물권적 법률행위; einseitiges ~일방적 법률행위; entgeltliches ~ 유상법률행위; fiduziarisches ~ 수탁적 법률행위; formelles ~ 요식적 법률행위; formloses ~무형(無形)의 법률행위; höchstpersönliches ~전속적 법률행위; internationales ~국제적 법률행위; kausales ~ 인과적 법률행위; nichtiges ~ 무효[법률]행위; öffentlich-rechtliches ~ 공법상의 법률행위; rechtsgestaltendes ~ 권리 형성적 법률행위; sittenwidriges ~ 양속위반의 법률행위; synallagmatisches ~ 쌍무(雙務)적 법률행위; verdecktes ~ 은닉법률행위; zweiseitiges ~ 상호적 법률행위

Rechtsgeschäftslehre f.법률행위론
Rechtsgrundverweis m.<die ~ung f.> 법률적 근거 제시
Rechtsfolgeverweis m.<die ~ung f.> 법률효과 제시
Rechtsgut n.법익(法益), 법적보호의 대상
Rechtsgut
angegriffenes ~ 피해법익; immaterielles ~ 무형적법익; materielles ~ 유형적 법익; unabhängiges ~ 독립보호법익
Rechtsgutanschauung f.법익관
Rechtsgüter~ (pl.)
~abwägung f.법익형량; ~beeinträchtigung f.법익의 침해; ~gefährdung f.법익의 위해; ~kollision f.법익의 충돌; ~schutz m.법익보호; ~verletzung f.법익의 침해
Rechtshilfe f.사법<법률>상의 공조
Rechtshilfe
gegenseitige ~ 상호적 사법적<법률적> 공조; internationale ~ 국제사법<법률>공조

Rechtshilfe~
~ersuchen n.촉탁서(囑託書); ~organ n.사법공조기관; ~verfahren n.사법공조 수속절차; ~verkehr m.사법공조관계

Rechtskraft f.기판력(旣判力),[판결]확정력
Rechtskraft
Eintritt der ~기판력<확정력>의 발생;

Umfang der ~ 기판력<확정력>의 범위
Rechtskraft
bedingte ~ 조건적 기판력<확정력>;
einseitige ~ 일방적 기판력<확정력>;
formelle ~ 형식적 기판력<확정력>;
materielle ~ 실제<실질>적 기판력<확정력>; partielle ~ 일부적 기판력<확정력>
Rechtskraft
objektive Grenzen der ~ 기판력의 객관적 범위; subjektive Grenzen der ~ 기판력의 주관적 범위; zeitliche Grenzen der ~ 기판력의 시간적 제한
Rechtskraft~
~erstreckung f.[, einseitige ~] 기판력의 [편면적] 확장; ~wirkung f.기판력<확정력>의 효과; ~zeugnis n.[판결] 기판력<확정력>의 증명서
Rechtsmittel n.상소(上訴)
Rechtsmittel
auf ein ~ verzichten v.상소(上訴)를 방기(放棄)하다; ein ~ einlegen v.상소하다; ein ~ zurückweisen v.상소를 각하<기각>시키다
Rechtsmittel
außerordentliches ~ 비상상소(非常上訴); ordentliches ~ 통상상소(通常上訴)
Rechtsmittel~
~antrag m.상소 신청; ~befugnis f.상소권; ~begründung f.상소이유제시; ~begründungsschrift f.상소이유제시기간, 상소이유제출기간; ~belehrung f.상소 가능성을 가르쳐 줌, 상소 절차 지시, 불복고지; ~berechtigter m.(der ~~e) 상소권자; ~berechtigung f.상소권한; ~beschränkung f.상소제한 einlegung f.상소제기<제출>; ~entscheidung f.상소심판결; ~frist f.상소(제출)기간; ~führer m.상소[제출]; ~gericht n.상소법원; ~instanz f.상소심; ~kläger m.상소인<원고>; ~kosten pl.상소 비용; ~schrift f.상소장; ~system n.상소제도; ~verfahren n.상소수속절차; ~verwerfung f.상소기각; ~verzicht m.상소방기
rechtssoziologisch a.법사회학적인
Rechtspflege f.사법(司法), 재판

Rechtspflege
~ in Familiensachen 가사심판제;
internationale ~ 국제사법; staatliche ~ 국내사법
Rechtspfleger m.사법관(리)
Rechtspflege~
~gebühren pl.사법수수료; ~organ n.사법기관; ~statistik f.사법통계
Rechtsprechung f.판례, 판단;
Rechtsprechung
anerkannte ~ 인정되고 있는 판례;
herrschende ~ 지배적인 판례;
höchstrichterliche ~ 최고재판소의 판례;
jüngste <neueste> ~ 최근판례; neue ~ 신판례; ständige <gefestigte> ~ 확정판례; streitige ~ 계쟁(係爭)중인 판례; überholte ~ 석판례; widersprüchliche ~ 애매한<모순적인> 판례
Rechtsprechung
~ der Untergerichte 하급심의 판례<재판례>; ~ des Obersten Gerichts(hofs) 최고재판소의 판례
Rechtsprechung
der bisherigen ~ folgend 종래판례를 답습한 판례
Rechtsprechung und Lehre
판례·학설
Rechtsprechungs~
~analyse f.판례분석; ~recht n.판례법; ~tendenz f.[, überwiegende ~] 판례의<지배적>경향
Rechtsschutz m.권리<법률상의> 보호
Rechtsschutz m., **vorläufiger ~** 일시적인 법률상의 보호
Rechtsschutz~
~anspruch m.권리보호청구권, 재판상의 보호권리; ~bedürfnis n.권리보호의필요[성]; ~fähigkeit f.권리보호자격; ~garantie f.권리보호의 보장; ~interesse n.권리<법률상>보호이익; ~versicherer m.권리보호보험업자; ~versicherung f.(변호사 비용 등에 대비한) 권리보호보험
Rechtsstaat m.[, sozialer ~] [사회적]법치국가
Rechtsstaatsprinzip n.법치국가의원리,

법치주의
Rechtsweg
*m.*소송<재판>의 방법, 법률적 방도<수단>
Rechtsweg
unter Ausschluß des ~s 출소배제,불기소합의
Rechtsweggarantie *f.*소송<재판>의 보장
Rechtswidrigkeit *f.*위법성
Rechtswidrigkeit, die ~
~ ausschließen *v.*위법성을 배제하다; ~ ausschließende Gründe 위법성조각(阻却,작파제)사유
Rechtswidrigkeit
bürgerlich-rechtliche ~ 민법상의 위법성; formelle ~ 형식적 위법성; materielle ~ 실질적 위법성; objektive ~ 객관적 위법성; strafrechtliche ~ 형법상의 위법성; strafwürdige ~ 가벌적 위법성; subjektive ~ 주관적 위법성
Rechtswidrigkeit
Bewußtsein der ~ 위법[성]의식; ~ der Verwaltungsakten 행정행위의 위법성
Rechtswidrigkeits~
~begriff *m.*위법성의 개념; ~element *n.* 위법성요소; ~kriterium *n.*[, formelles ~] 형식적위법성기준
rechtswidrig
~ und schuldhaft 위법유책의
rechtzeitig *a.*시의적절(時宜適切)한
reclamatio uxoria *l.* 공동의 재산에 관하여 한 남편의 처분에 대한 처의 이의제기
reclamtio *l.* 이의제기, 항고
recognitio *l.* (법정에서 증거제시를 통해 사람이나 물건을) 다시 알아봄
reconventio *l.* 반소(맞소송)
Reconventio reconventionis non datur *l.*반소에 대한 반소는 허용되지 않는다(해선자들)
recta via *l.* 단도직입적으로(곧바로)
recuperatio *l.* 되찾음; 권리보호(법률상의 보호)(타인을 위한)
recuperatores *l.* 로마인과 외국인(→

peregrinus)간의 다툼을 위한 합의재 중 재판정소의 배심원들, 후에 모두를 위해 빨리 해결되어야 하는 법률사건
recursus *l.* 상환청구, (손해)배상청구
recursus ab abusu *l.* 성직 권력의 오용에서 세속권력에 대한 상소(성세)
recusatio *l.* (재판관의)각하(거부)
Redaktion *f.*편집<편찬>, 편집과<실>
Redefreiheit *f.*언론의 자유
redemptio *l.* 재매매, (죄수의)사람을 돈주고 빼냄, 구제(해방)
redendo dicere verum *l.* 웃으면서 진리를 말한다(호라티우스)
redigieren *v.*편집하다, (편집인이) 출판원고를 재정리하다
Rediskont *n.*[화폐] 재할인
Rediskontkontingenze *pl.*재할인
redlich *a.*성실한, 솔직한
Redlichkeit *f.*성실성, 정직성, 신뢰성
Redogmatisierung *f.*재교의화
Reduzierung *f.*: **reduzieren** *v.*~을 축소하다, 제한하다
Referat *m.*1 [*i.S.v. Vortrag*] 보고 2 [*i.S.v. Abteilung*] ~부(部)
Referatsleiter *m.*부장, 과장, 국장
Referendar *m.*; **Referendarin** *f.*(사법관) 시보, 예비교사
referendarius *l.* 보고자; 후에 왕실의 책임자; 첫 번째 국가 시험후의 끝찌(마지막의)법률가
Referendum *n.*국민투표
Referent *m.*보고자, 담당자
Referenz *f.*추천서, 소개서; 신원 보증인, 신용 조회처
referieren *v.*(연구결과를) 보고<발표>하다, ~에 대해 논평하다
Reflex *m.*반사, 반응
Reflex~
~bewegung *f.*반사운동; ~wirkung *f.*반사작용, 반사 효과
Reflexion *f.*고찰<숙고>, 반사<반향>
Reflexions~
~fähigkeit <~vermögen *n.*> *f.* 고찰능력
Reform *f.*개정
Reform umfassende ~ 대개정

Reform~
~arbeiten pl.개정작업; ~bestrebungen pl. 개정<개혁, 개선>노력; ~bewegung f.혁신<개혁>운동; ~diskussion f.[법률]개정토론; ~forderung f.개정요구;
~gesetzgeber m.개정입법자;
~gesetzgebung f.개정입법; ~kommission f.법개정위원회; ~planung f.개정계획; ~vorschlag m.개정안
reformatio in peius l. 불이익변경<개악>금지
reformatio in peius l. 불이익한 변경 (이의 제기자의 불리로 판결 변화)
reformatorisch a.혁신적인, 개혁가적인
refugium l. 피난처
refusis expensis l. 비용으로 유죄판결에 따라:
refutatio l. 반박; 봉토해약
regalia l. 왕권, 국가주권, 협의에서 유용한 국가주권; (대)주교의 교구의 세속적 재산과 소득
Regel f.①{i.S.v. → Grundsatz, → Prinzip} 규율, 원칙 ②{i.S.v. Regelung} 규정, 규제
Regel~
~bauzeit f.당초약정공기; ~beispiel n.원칙적 사례; ~fall m.통상적인 일<경우>, 상례<통례>; ~setzungsbefugnis f.규칙설정권; ~strafrahmen m.<~strafmaß n.>법정형벌범위; ~unterhalt m.통상적인 부양료; ~verjährung f.통상시효.
Regel-Ausnahme-Verhältnis n.원칙예외관계
Regeln (pl.)
anerkannte ~ der (Bau)Technik 확인된 공법; anerkannte ~ des Völkerrechts 확립된 국제법규
regelmäßig a.정규의 ,통상적인
Regelmäßigkeit f.균형<조화>, 규칙성
regeln v.{i.S.v. gesetzlich ~} 규정하다, 정하다
Regelung f.규율<규정, 규제, 조정>;
regeln v.~을 규율<규정, 규제, 조정>하다

Regelung
außergerichtliche ~ 재판외의 규정; gesetzliche ~ 법률상의 규율; gütliche ~ 조정적 규율; vergleichsweise ~ 비교가능한 규정
Regelungs~
~gegenstand m.규율대상; ~inhalt m.규율내용; ~vorbehalt m.규제의 유보
regelwidrig a.반칙의, 변칙의, 규칙에 어긋나는, 규정을 따르지 않는
Regelwidrigkeit f.규칙<규정>위반, 규칙에 어긋나는 태도
regesta l. 문서목록(명부)
Regierung f.정부
Regierung
ausländische ~ 외국정부; demokratische ~ 민주적 정부; provisorische ~ 반정부
Regierungs~
~akte pl.통치행위; ~dauer f.통치기간; ~erklärung f.{im VöR-제} 정부성명; ~erlaß m.정령(政令); ~fähigkeit f.통치능력; ~form f.정체(政體); ~gewalt f.정권; ~krise f.정치 위기; ~losigkeit f.무정부; ~macht f.정권; ~mitglied n.정부의 임원; ~nachfolge f.통치승낙; ~organ n.통치<정부>기관; ~partei f.정부당<집권당>, 여당; ~struktur f.통치구조; ~tätigkeit f.정부활동; ~vorlage f.{eines Gesetzes} 정부안(案); ~wechsel m.정권교체
regional a.지역적인
Regional~
~bank f.지역[지방]행정; ~politik f.지역개발정책
Register n.등기<등록>부, 등기소
Register~
~abschrift f.등기부등본; ~anmeldung f.등기부신청; ~beamter m.(der ~~e) 등기소의 관리; ~behörde f.등기소; ~einsicht f. 등기부열람; ~eintragung f.등기부 기재; ~führung f.등기사무; ~gebühren pl.등기료, 등록수수료; ~gericht f.구재판소등기부; ~kosten pl.등기비용; ~pflicht f.등기의무; ~recht n.등기법; ~wesen n.등기제 [도]
Registrierung f.등기, 등록

Registrierungs~
~kosten *pl.*등록비, 등록비용; ~pflicht *f.* 등록의무

registriert *a.*등기제의

Regis voluntas suprema lex *l.* 왕의 의지가 최상위의 법이다(절대왕성)

regnum *l.* 제국, 정부, 통치(권)

Regreß *m.*구상(求償), 상환청구, (손해) 배상청구, 원상회복

Regreß~
~anspruch *m.* 상환<배상>청구권, 구상권 (求償權); ~berechtigter *m.(der~~e)* 상환 <배상>청구권자; ~forderung *f.*상환<배 상>채권; ~klage *f.*상환청구소송; ~nahme *f.*상환<배상>을 받아들임; ~pflicht *f.*상환의무; ~pflichtiger *m.(der ~e)* 상환<배상>의무자; ~schuldner *m.* 상환<배상>의무자; ~verfahren *n.* 상환 <배상>수속절차

regressus per gradum *l.* 등급별 상환 청구(오로지 후자에 대한 지급까지의 채권자의 손해배상의무)

regressus per saltum *l.* 도약상환청 구(모든 후자에 대한 수표배서인 또는 어음배서인(양도인)의 손해배상의무)

regula Catoniana *l.* → *Quod ab initio vitiosum est, tractu temporis convalescere non potest*

Regulierung *f.*; **regulieren** *v.*~을 규제 <조정>하다

rehabilitatio *l.* 초기(이전)권리로 복직

Rehabilitation *f.*; **rehabilitieren** *v.*~를 복귀시키다

Rehabilitations~
~anspruch bei Ehrverletzung 명예회복청 구권; ~gedanke *m.*사회복귀사상

Rehabilisierung *f.*교정, 사회복귀

Rehabilisierungs~
~einrichtung *f.*교정시설; ~medizin *f.*교정 의학

rei vindicatio *l.*소유권반환청구권

rei vindicatio *l.* 물건의 청구(점유하는 무권리자에 대한 점유하지 않는 소유자의 소유권 인도 청구 주장(행사))

Reich *n.*제국

Reichs~
~gericht *n.*독일 제국 대법원(1879-1945); ~gerichtsrechtsprechung *f.*제국대법원의 판례; ~kanzlei *f.*독일제국의 수상; ~parlament *f.*제국의회; ~verfassung *f.* (japanische ~) 대일본제국헌법

Reimport *m.*재<역>수입

Reingewinn *m.*순익

Reise *f.*여행

Reise~
~gepäckversicherung *f.*수화물<하물>포괄 보험; ~gepäck-Diebstahlversicherung *f.*수 화물<하물>도난보험; ~kosten *pl.*여비 (旅費); ~kostenersatz *m.*여비변상; ~scheck *m.*여행자수표; ~(unfall)versicherung *f.*해외여행<상해>보 험; ~unternehmer *m.*여행사; ~veranstalter *m.* 단체 여행 주관자, 여행사; ~veranstaltungsvertrag *m.*여행주권규약; ~vermittlungsvertrag *m.*여행중개계약; ~vertrag *m.*여행계약; ~vertragsrecht *n.*여 행계약법

Rekta~
~indossament *n.*이서금지약정서, 배서금 지배서; ~klausel *f.*이서금지문구<조항>; ~papier *n.* 기명증권; ~scheck *m.*이서금지 수표; ~wechsel *m.*배서금지어음

rekuperatorisch *a.*회수적(回收的)인

Rekurs *m.*이의 신청, 항고, 소원(訴願), 상고(上告)

Rekursverfahren *n.*항고절차

Relata refero *l.* 들은 것만을 보고한다(경험한 것이 아니라-들은 자의 신빙성의 제한)

relatio *l.* 상위관청에 대한 하위관청의 보고; 파악된 결정들에 대한 독일제국 의회의 동의

relatio ante sententiam *l.* 판결 전에 재판관이 황제에게 교황의 답서를 통하여 결정하도록 요구하는 절의 → *rescriptum*

relegatio *l.* 퇴학(제적), (학교나 대학으로부터)퇴교; (어느 지역으로부터) 추방

relevant *a.*중요한, 관계가 있는

Religions~
~freiheit *f.* 종교의 자유; ~gemeinschaft *f.* 종교단체
relocatio tacita *l.* 기한이 만료된 임대 또는 임대차(소작)계약의 묵시적 연장
remancipatio *l.* 청구권 소멸 후의 물건 소유권 반환
remedium *l.* (당국, 법원결정에 대한) 이의 신청, 상소
remissio *l.* 감형, 형의면제; 죄의 사면; 권리, 권한폐지
remissio iurisiurandi *l.* (소송상대에 의한) 서약 면제
remisso mercedis *l.* 흉작의 경우에 소작료 할인
remittens(-entis) *l.* 송환자; 어음수취임, 어음인수자(자신에게 유리하게 어음을 교부하는 자)
Remittent *m.* 어음수취인
remittieren *v.* 어음수취하다
Remonstration *f.* (→ *Gegenvorstellung*) [행정행위 발부 관청] 이의신청
remonstrieren *v.* 이의를 신청하다, 항의<항변>하다
remotio *l.* 면직
Remueration *f.* 보수
remuneratio *l.* 수행된 일에 대한 보수 (봉급과 달리)
remunerativ (remuneratorisch) *a.* 보수<보상>의
Rendite *f.* 연수익, 이자율
renovatio *l.* 복구(수선); 어음연기에서
renovatio imperii *l.* (로마)제국의 부활(중세정치의 표어)
Rentabilität *f.* 수익성, 경제력, 채산성
Rente *f.* [노인]연금, 정기금
Rente
abgekürzte ~ 유기연금; lebenslängliche ~ 종신연금
Renten~
~anspruch *m.* 연금청구권; ~anwartschaft *f.* 연금 계승권<권리>; ~berechtigter *m.* (*der* ~~*e*) 연금청구권리자;
~berechtigung *f.* 연금청구권한; ~brief *m.*

연금증서; ~emission *f.* 연금발행;
~empfänger *m.* 연금수령자; ~fonds *pl.* 연금금; ~forderung *f.* 연금청구; ~kurs *m.* 공채상장; ~markt *m.* 공사채(公社債)시장, 채권시장; ~rechnung *f.* 정기금계산; ~papier *n.* 공사채증서;~ schuld *f.* 지대(地代)채무; ~schuldner *m.* 지대채무자; ~splitting *n.* 연금 분할; ~übertragung *f.* 연금양도; ~versicherung *f.* 연금보험; ~versicherung, betriebliche ~후생연금보험; ~versicherungsbeitragssatz *m.* 연금보험률; ~versprechen *n.* 정기금약속; ~vertrag *m.* 정기금계약; ~werte *pl.* 공사채 증서; ~zahlung *f.* 연금 지불
Rentner *m./pl.* 연금수급자
renumeratio *l.* 반환(환불)
renunciatio *l.* 포기함; 해약(통보)
Reorganisation *f.* **einer Gesellschaft** 회사개정
Reparatur *f.*; **reparieren** *v.* ~을 수리 <수선>하다
Reparatur~
~auftrag *m.* 수리위임; ~kosten *pl.* 수리비[용]; ~vertrag *m.* 수리계약
Repetitio est mater studiorum *l.* 반복은 습득의 어머니
repetitio rerum *l.* 변상(명예회복)요구 (로마에서 교전시작 전에 적에게)
replica doli generalis *l.* 스스로에게 무효인, 경우에 따라서는 풍속에 어긋나는 법률행위에 있어서 신의와 양심 (법조문과는 상관없이)을 고려한 법률행위의 효력
replicatio *l.* 항변, 항변에 대한 응답, (항변에 대한 재항변)
Replik *f.* 재항변, 반박서면
reponantur acta, cassentur... *l.* 옮겨놓다, 부정하다... (연(年)수가 따름-초기의 서류에 기재한 메모)
repraesentatio *l.* 대리<대행>
Repräsentant *m.* 대리<대표자>
Repräsentanz *f.* (회사의) 상설대리점 <대표부>
repressalia *l.* 두 국가 간의 부당 보복에 대한 조치

repressio *l.* 저지른 범죄의 처벌(징계)
reprobatio *l.* 반증
Reprobatio reprobationis non datur *l.* 반증에 대한 반증은 주어지지 않는다(보통법)
Reproduktion *f.*복사, 재생
Reproduktions~
~medizin *f.*재생의학; ~recht *n.*복제권, 저작권
Republik *f.* 1 {*als System*} 공화제 2 {*als Staat*} 공화국
repudiatio *l.* (정벌적)거부; 유증거절
repudium *l.* 혼인의 일방적 해약(로마법)
repudium dicere *l.* 이혼 거절하다
Reputation *f.*명성, 평판, 위신, 존경
Reputation
schlechte ~ 나쁜 평판
requisitio *l.* 공식적 요청(청원); 법률상의 공조 청원(의뢰)
res *l.* 물건(사안, 소송)
Res accessoria sequitur rem principalem *l.* 부차적인 것은 주된 사항을 따른다
→ *Accessio cedit...*
rescissio *l.* 사후의 법률행위의 효력 폐지(예: 불복(취소청구))
res communes *l.* → *res omnium communes*
res composita *l.* 합성물
res composita
~ consumptibles *l.*소비물; ~ immobiles *l.* 부동산; ~ judicata *l.* 기판력, 기재사건; ~ mobiles *l.* 동산
res corporales *l.* 신체적 사안(소송)
rescriptum *l.* 처분
res cum omni causa *l.* 소송, 부가적 청구((원소유자의) 반환청구에서 → *vindicatio*)
res derelictae *l.* 소유권과 점유가 포기된 물건, 주인 없는 물건
res dividua *l.* 나눌 수 있는 물건
res divini iuris *l.* 종교적 이유에서 사법 법률관계 교류에서 벗어난 사안
res dubiae *l.* 의심스러운 물건
res ecclesiasticae *l.* 기증되지 않은 교회 재산

reservatio *l.* 법률행위의 종결유보
reservatio mentalis *l.* 심리유보(의사표현에서 사상적인, 표현되지 않은 그래서 법률상 의미 없는 유보)
reservatio mintalis *l.* 심리유보
reservatum *l.* 권리유보
reservatum ecclesiasticum *l.* 성직유보(제국 직속의 의원은 신교신앙으로 개종한 때에는 관직과 (지배)지역을 상실한다. 1555의 아우구스부르크(Augsburg) 종교분쟁의 평화조약의 규정)
Reservefond *m.*(기업의)준비금, 적립금
Reserven *pl.*[, stille ~] [비밀] 준비<적립>금
res extra commercium *l.* 소송 외에 사안, 법률관계 교류에서 벗어난 사안
res factae *l.* 논쟁의 여지가 없는 사실
res fiscales *l.* 국고에 속하는 물건
res fungibiles *l.* 대체할 수 있는 물건
res furtivas *l.* 퇴직(해임, 전역)
res furtivasres habiles *l.* 절도에 의해 회득된 물건
res furtivasresignatio *l.* 취득시효가 가능한 물건
Residenzpflicht *f.*임지(任地)거주 의무, (성직자나 목사의) 근무지 거주 의무, (변호사의) 사무소 설치 의무
res immobiles *l.*부동산(토지)
res integra *l.* 변함없는 상황
res inter alios acta *l.* 다른 사안 사이에 해결된 사안, 심리(재판)된 사안 (제3자에 대한 소송당사자 사이의 관점에서)
res iudicata *l.* 확정적으로 판결된 사안
Res iudicata pro veritate accipitur *l.* 확정적으로 판결된 사건은 옳게 판결된 것으로 간주된다
- D. 1.5.25;50.17.207
res litigiosa *l.* 논쟁이지고 있는 사안
res mancipi, res nec mancipi *l.* 처음의 로마법상의 물건의 구분, 이 물건

은 엄격한 행위를 통한 →ius civile 에 따라 양도(위임) 될 수 있거나 또는 아니거나(이 특권이 있는 물건은 농민 재산의 근간이었다

res mobiles *l.* 동산

res non fungibiles *l.* 대체할 수 없는 물건

res nullius *l.* 주인 없는 물건

Res nullius cedit occupanti *l.* 주인 없는 물건은 자기 것으로(탈취) 만들 수 없다

resolutio *l.* 결의안; 회담의 종결요약; 그룹의 의사표시; 황제에 의한 제국 평가(판정)의 인가 또는 거부

Resolution *f.* 결의

Resoluto iure dantis resolvitur iure concessum *l.* 선사하는 사람의 권리가 누락되면 그로부터 승인된 권리 또한 탈락된다

res omnium communes *l.* 물, 공기 등등의 모두에게 공동으로 속하는 물건

Resozialisierung *f.* 재사회화

Resozialisierungs~

~gedanke *m.* 재사회화사상

respectus prentelae *l.* 혼인장애(교회법에 따라 여자조카와 숙부(백부, 삼촌) 또한 남자조카와 이모(고모)와의 혼인은 불가능하다

respondentia *l.* 본래적이 아닌 선박저당계약, 특별 해상 소비대차

responsa prudentium *l.* 법률상의 평가

responsum *l.* 훈계판결

res prestita *l.* 빌린 물건(보통 사용대차에 대해)

res privata *l.* 사적인일(용무), 시민의 사적 법영역

Res propria nemini servit *l.* 고유의 물건은 (그 물건 스스로를 위한)지역권(사용권)으로서 이용될 수 없다 → Nemini res... → Nulli res...

res publica *l.* 공공단체, 국가, 공화국

res publicae *l.* 공공단체에 속하고 공공의 목적으로 이용되는 물건(거리, 극장, 항구와 같은)

Respublica Helvetiorum *l.* 스위스의 동맹(국) → *Confoederatio Helvetica(CH)*

res, quae numero pondere mensura consistunt *l.* 수, 무게(그리고) 부피에 따라 존재하는 물건(양으로 취급되어지는 물건)

res, quae sus consumuntur vel minuuntur *l.* 사용이 소비(소모)에 놓여있는 물건, 소모될 수 있는 물건

res, quae tangi possunt *l.* 만져질 수 있는 물건 (육체상의 목적물)

res religiosae *l.* 애장지(로마법); 경건한 기부의 소유물에 속하는 재산(교회법)

res sacrae *l.* 성스러운, 신에게 봉납된 물건, 교회 제식에 사용되는 물건

res sancatae *l.* 성스러운, 신들로부터 보호된 물건 종교적 척도에 따라 성스러운 것으로 간주되는 물건

res se moventes *l.* 스스로 움직이는 물건(동물)

Res severa verum gaudium *l.* 진정한 기쁨은 진정한 사물이다(세네카)

Res succedit in locum pretii et pretium in locum rei *l.* 물건은(특별재산에서) 가격의 위치에, 가격은 물건의 위치에 대체가 된다

Rest *m.* 나머지, 여분, 잔여

Rest~

~betrag *m.* 잔액, 잔고; ~forderung *f.* 잔여채권; ~kaufgeld *n.* 매매잔금; ~kaufgeldhypothek *f.* 매매잔금의 담보저당[권]; ~schuld *f.* 잔여채권; ~teil *m.* 잔본; ~vermögen *n.* 잔여재산

restauratio *l.* 견디어 낸 상황의 부흥(회복): 내쫓기(추방된) 왕가에 의한 왕위점유의 되찾기

restitutio *l.* 법률효과의 폐지와 그에 상응하는 법규

restitutio in integrum *l.* 이전 현황으로의 복직

Restitution *f.* {im VöR-제} 배상<보상>, 원상회복<복구>

Restitutions~
~anspruch *m.* 원상회복청구권; ~befehl *m.* 원상회복명령; ~grund *m.* 원상회복의 원인; ~klage *f.* 원상회복의 소송, 복권소송; ~pflicht *f.* 원상회복의무; ~prinzip *n.* 원상회복주의; ~schaden *m.* 원상회복손해

Restitutio restitutionis non datur *l.* 복직을 위한 기한이 만료된 경우에는 복직은 허용되지 않는다

Res transit cum suo onere *l.* 물건은 그것의 부담과 함께 양도 된다

restrictio *l.* 제한(조건부), 국한, 유보
Restriktion *f.* 제한, 제약, 한정
restriktiv *a.* 제한<한정>하는, 구속적인
Resultat *n.* 결과, 효과
resultieren *v.* [aus *etw.* ~] ~으로부터 결과가 나오다
res uxoria *l.* 결혼준비물, 지참금
res vi possessae *l.* 강제력에 의해 소유된 물건
retaliatio *l.* 보복(보답)
retentio *l.* 유지, 공제, 보유
Retentions~
~berechtigter *m.* (*der ~-e*) 유치권자; berechtigung *f.* 유치권; ~recht *n.* 유치권 (留置權)

retorsio *l.* 보복(조치), 모욕(명예훼손)의 대응; 국제적으로 정중한 행동을 위반한 다른 국가의 지시에 대한 대응, 보복(국제법)
Retorsion *f.* 보복(조치)
Retorten~
~baby *n.* 시험관; ~befruchtng <~besamung> *f.* 제외수정
retractatio *l.* 정정 재판
retractio *l.* 보류, 다시 데리고 옴; Retraktrecht 매각제한, 물적인 선물권
retractus ex iure congrui *l.* 광산법에서 토지소유자의 법률상의 선매권; Teillosung (이전에 완결성을 갖춘(똑같은) 토지의 분할에서 선물권)
retractus ex iure incolatus *l.* (주민/거주자의 Retraktrecht)
retractus ex iure vicinitatis *l.* (이웃

의 Retraktrecht)
Retro~
~aktion *f.* 반동; ~zession *f.* 재양도
retrocessio *l.* 재양도(반환, 되각); 보험법에서 재보험
Rettung *f.*; **retten** *v.* 1 *{allgemein}* 구조하다 2 *{See/Luftfahrtrecht}* 유지<보존>하다
Rettungs~
~aufwand *m.* {*i.S.v.* 2} 보존비용; ~handlung *f.* 구조<구제>행위; ~kosten *pl.* 구제<보존>비용; ~pflicht *f.* 구제의무; ~tätigkeit *f.* 구제<보존, 구조>행위<활동>; ~wille *m.* 구제의사
Reue *f.* 후회, 회한, 회오, 참회, 개전(改悛); tätige ~ {StrR-형} 유효한 회오.
reus *l.* 피고, 피고인
Reus excipiendo rit actor *l.* 피고는 항변과 관련하여 원고의 상황에 있다 (그가 입증책임이 있다) D. 44.1.1
Revaluation *f.* 재평가
re vera *l.* 실제로, 원래는
revidieren *v.* 개정[수정]하다
revidiert *a.* 개정된
Revindikation *f.* 반환청구, 소유권 회복
Revindikationsklage *f.* 반환청구소송
revindizieren *v.* 반환청구하다
revisibel *a.* 상고할 수 있는
revisio *l.* 상고, 형식상의 실수로 인한 판결의 추가시험을 위한 형사 민사 사건에서의 상소
revisio actorum *l.* 독일 제국대법원의 판결에 대한 상고
revisio in iure *l.* 상고에서 법원결정의 법률적인 면에 대한 조사
revisio monitorum *l.* 수많은 경고를 포함한 프로이센 국가를 위한 보통법 전 구상의 개정(→ *monitum*)
Revision *f.* 1 *{als Instanz}* 상고 2 *{i.S.v. Untersuchung}* 검사, 심사 3 *{i.S.v. Gesetzesrevision}* 개정
Revision
~ einlegen *v.* 상고하다; die ~ zulassen *v.* 상고를 허가하다

Revisions~
~antrag m.상고신청; ~beantwortung f.상고에 대한 답변; ~begründung f.상고이유제시; ~begründungsfrist f.상고이유 제출기간; ~begründungsschrift f.상고이유서; ~beklagter m.(der ~~e) 피상고인; ~beschwer f.상고불복; ~einlegung f.상고제기; ~entscheidung f.상고판결<심판>; ~frist f.상고제출기간; ~führer m.상고신청인; ~gericht n.상고재판소; ~grund m.상고이유; ~grund, absoluter ~ 절대적 상고이유; ~instanz f.상고심; ~kläger m.상고인; ~recht n.상고법(권); ~richter m.상고재판관; ~schrift f.상고장; ~summe f.상고심소액; ~urteil n.상고판결; ~verfahren n.상고수속절차; ~zulassung f.상고허가

revisionsfähig a.상고할 수 있는
Revisor m.회계사, 회계 검사관
revocatio l. 재소환; 취소(철회)
revocatorium l. 재소환장
Revokation f.취소, 철회, 폐지
Revokations~
~frist f.취소기간; ~recht n.취소권
Revolution f.혁명
revolutionär a.혁명의, 혁명적인
Revolutionär m.혁명가
Revolutions~
~geist m.혁명정신; ~recht n.혁명권; ~theorie f.혁명론

Rex non moritur l. 왕은 죽지 않는다(후계는 가족을 통해 보장된다, 세습 왕조의 원칙)
Rex regnat sed non gubernat l. 왕은 군림하나 통치하지 않는다
Rezeption f. des Rechts 법의 계수(繼受)
Rezeptionszeitalter n.법의 계수(繼受) 시대
Rezession f.불경기
rezipieren v.계수(繼受)하다, 수용하다
rezipiert a.계수(繼受)의
reziprok a.상호의, 호혜(互惠)의
Reziprozität f.상호성<주의>, 호혜(互惠)

Reziprozitäts~
~garantie f.상호성<호혜성>의 보장; ~grundsatz m.상호주의; ~klausel f.상호주의조항; ~vorbehalt m.상호주의의 유보

richten v.[über etw./jdn ~] ~에 대해 오판(誤判)하다
Richter m.재판관, 판사
Rechter
~ am Bundesgerichtshof 연방통상재판소 재판관; ~ am Obersten Gerichtshof 최고재판소재판관; ~ auf Lebenszeit; ~ auf Probe 종신재판관; ~ auf Zeit 임기한정 [임용]재판관
Richter
abgelehnter ~ ①{i.S.v. von Partei abgelehnt} 기피 재판관 ②{i.S.v. gerichtlich abgelehnt erklärt} 배척 재판관; beauftragter ~ 수령재판관; besitzender ~ 배석재판관; ehrenamtlicher ~ 명예직 재판관; erkennender ~ 수소재판관; erstinstanzilicher ~ 일심재판관; ersuchter ~ 수탁재판관; gesetzlicher ~ 법정재판관; ordentlicher ~ 통상재판관; zuständiger ~ 관할재판관

Richter~
~ablehnung f.{Richter} 기피<제척(除斥)>, 피; ~ablehnungsantrag f.재판관기피<제척(除斥)>신청; ~ablösung f.재판관해임; ~akademie f.재판관연수원; ~amt n.재판관<판사>의 직책; ~anklage f.재판관 탄핵; ~bestellung f.재판관 지명<임명>; ~ernennung f.재판관지명; ~ernennungsrecht n.재판관지명권; ~kollegium n.판사행위; ~qualifikation f.판사<재판관>자격; ~recht n.판례법; ~spruch m.재판, 결정, 판결; ~vorlage f.기본법[재판관신청]
richterlich a.재판관<재판소>의
Richtigkeit f.진실성, 정당성
Richtigkeit
~ des Protokolls 조서의 진실성
Richtigkeit bzw. Unrichtigkeit 공정 및 불공정

Richtigstellung
f. von (Schreib-)Fehlern 오류의 정정
Richtlinie *f.*⦃1⦄⦃untechnisch⦄ 기준 ⦃2⦄⦃im EG-Recht⦄ 지침 ⦃3⦄행정규칙
Richtlinien *pl.* 지도요령
Richtlinienkompetenz *f.* 지도권한<력>
Richtpreis *m.* 공정가격(公定價格), 권장가격, 참정가격
rigor cambialis *l.* 엄격한 교환(교환의 엄격한 손해배상 의무)
rigorosum (examen) *l.* 엄격한 시험; 박사학위(구술) 시험
Risiko *n.* 위험[성]
Risiko
erhöhtes ~ 점증되고 있는 위기;
erlaubtes ~ 허용된 위기[성]; versichertes ~ 보험위험
Risiko~
~analyse *f.* 위험도 분석; ~bewertung *f.* 위험도 측정; ~erhöhung *f.* 위험의 증가; ~erhöhungstheorie *f.* 위험증가론; ~investitionen *pl.* 위험을 감수하는 투자; ~prämie *f.* 위험할증금, 위험 부담 보상금; ~summe *f.* 위험보험금; ~übernahme *f.* 위험부담; ~versicherung *f.* 위험보험; ~verteilung *f.* 위험분담<배분>
rite *l.* 정식으로(박사학위 취득절차에서 평점(성적))
rixa *l.* 싸움(논쟁에서 폭행까지)
Robe *m.* ⦃*Richter und Rechtsanwalt*⦄ 법복
roboratio *l.* 서명과 봉인(도장)을 통한 문서의 재차 확인
rogatio *l.* 청원, 법률안 제출
Rohstoff *m.* 원료
Rohstoffpreise *pl.* 원료가격
Rolle ⦃*i.S.v.* → *Register*⦄ 등록, 등기[부]
Roma locuta, causa finita *l.* 로마는 말했다, 사안은 결정됐다 (더 이상 할 것이 없다)-이미 Augustinus때에 따르면, 하지만 1800년대가 되어서야 이 형식으로 사용
rota Romana *l.* 로마 교황청의 사법관청
rotulus *l.* 목록(명부); 서류명부; 문서의 통합

Rubrik *f.* (책이나 신문의) -난, -단
Rubrum *n.* ⦃1⦄⦃*bei Urteilen*⦄ 판결모두부분 ⦃2⦄⦃*bei Urkunden*⦄ 계약전문
rubrum *l.* 판결과 소장에서 법원과 소송당사자의 표시인 붉은 깃(이전에 붉은색 잉크로 쓰여졌으므로); 서류에서 표제로서 짧은 내용 설명
Rück~
~abtretung *f.* 재(再)양도, 환부(還付); ~antwort *f.* 회답<회신>; ~auflassung *f.* (→ *Auflassung*) 양도함의; ~ausfuhr *f.* 재수출; ~bürge *m.* 상환<구상> 보증인; ~bürgschaft *f.* 상환 보증, 구상보증(求償保證); ~einfuhr *f.* 역수입; ~eintragung *f.* 재등록; ~erstattung *f.* 반환<환불>, 나치시대 부당한<불법적인> 몰수<수용>에 대한 배상; ~erwerb *m.* 재취득; ~erwerbsrecht *n.* 재취득권; ~fall → *Rückfall*; ~forderung *f.* 반환청구; ~forderungsanspruch *m.* 반환청구권; ~forderungsrecht *n.* 반환청구권; ~gabe *f.* 반환; ~gabetermin *m.* 반환기간; ~gewähr *f.* 구상, 상환; ~griff *m.* 구상; ~griffanspruch *m.* 구상권(求償權); ~griffskondiktion *f.* 구상부당이득; ~indossament *n.* 환배서; ~kauf → *Rückkauf*; nahme → *Rücknahme*; ~ruf *m.* (von Produkten vom Markt) 취소<철회>; ~tritt → *Rücktritt*; ~übereignung *f.* 재; ~übertragung *f.* 재양도; ~vergütung *f.* 환불<상환>, 환불<상환>금액; ~versicherer → *Rückversicherer*; ~versicherung → *Rückversicherung*; ~versicherungspflicht *f.* im Straßenverkehr 도로교통상의 후방안전확보의무; ~zahlung *f.* 반환, 환불; ~zahlungsansprüche *pl.* 변제<상환>청구권; ~zahlungsverpflichtung *f.* 변제<상환>의무; ~zession *f.* 재양도
Rückerstattungs~
~anspruch *m.* 반환청구권; ~berechtigter *m.*(*der* ~~*e*) 반환청구권자
Rückfall *m.* 누범(累犯), 재범
Rückfall~
~quote *f.* 누범률; ~strafe *f.* 누범형; ~täter

*m.*누범자; ~wahrscheinlichkeit *f.*누범의 개연성; ~verschärfung *f.*누범증가
rückfällig *a.*누범의, 재범의
Rückfälliger *m.(der ~e)* 누범자
Rückfälligkeit *f.*누범성
Rückgängigmachung *f. von etw.* ~의 취소<포기, 해제>
Rückgewährschuldverhältnis *n.*쌍방급부반환<원상회복>
Rückgriff *m.* (→ *Regreß*) 상환청구
Rückkauf *m.*환매(還買)
Rückkäufer *m.*환매자(還買者)
Rückkaufs~
~befugnis *f.*환매권능; ~berechtigter *m. (der ~e)* 환매권한자; ~berechtigung *f.*환매권한; ~preis *m.*환매가격; ~recht *n.*환매권; ~vertrag *m.*환매계약; ~wert *m.*환매가격
Rücknahme
*f.*①{*i.S.v. Klagerücknahme*} 취하(取下) ②{*allgemein*} 소(訴)의 철회
Rücknahme
~ der Berufung 항고취하; ~ der Klage 소(訴)의 취하; ~ der Widerklage 반소(反訴)취하; ~ des Rechtsmittels 상소취하; ~ von Verwaltungsakten 행정행위의 취소
Rücknahme~
~erklärung *f.*취하의 의사표시; ~recht *n.*취하<취소, 철회>권
Rückschein *m.*[우편] 배달증명서, 수령증
Rücksichtnahmepflicht *f.*고려의 의무
Rückstände *pl.*{*i.S.v. finanzielle ~*} 연체금
Rücktritt *m.*①{*vom Vertrag*} 계약해제, 해약 ②{*von einer Position*} 사임, 사직, 퇴임 ③{*von einer Straftat*} 중지[범]
Rücktritt
freiwilliger ~ 자발적인 사직; geschlossener ~ {*mehrer Personen*} 총사직; versuchter ~ 사직 시도
Rücktritt
~ vom Versuch 미수중지; ~ vom Vertrag 계약해제

Rücktritts~
~androhung *f.*해제위협; ~anspruch *m.*계약해제청구권; ~befugnis *f.*해제권; ~erklärung *f.*해제<사임>; ~frist *f.*해제<사임>기간; ~handlung *f.*중지행위; ~klausel *f.*해제유보문구; ~recht *n.*계약해제<해임>권; ~recht, gesetzliches ~ 법정해제권; ~recht, vertragliches ~ 계약상의 해제권, 계약권; ~vorbehalt *f.*해제유보
Rückversicherer *m.*재보험업자<회사>
Rückversicherung *f.*재보험
Rückversicherungs~
~gesellschaft *f.*재보험회사; ~prämie *f.*재보험료; ~summe *f.*재보험액; ~vertrag *m.*재보험계약
Rückverweisung *f.*{*in einem Text*} 참조
rückwirkend *a.*소급적(遡及的)인
Rückwirkung *f.*소급력(遡及力), 소급효(遡及效)
rückzahlbar *a.*변제할 수 있는, 상환 가능한
Rückzahlung *f.*변제, 상환
Rückzahlung
~ von Forderungen 채무 변제<상환>; ~ von Gebühren 수수료 변제<상환>
Rückzahlungs~
~anspruch *m.*변제<상환>청구[권]; ~bedingungen *pl.*변제<상환>조건; ~pflicht *f.*변제<상환>의무
Rückzug *m.*탈법,[소송] 탈퇴
rufiana *l.* 중매인
Rüge *f.*; **rügen** *v.*~를 힐책<견책>하다
Rüge
~ der Unzuständigkeit 비관할권에 대한 힐책<견책>
Rüge~
~frist *f.*하자(瑕疵) 클레임 기간; ~pflicht *f.*하자 클레임의 의무; ~recht *n.*하자 클레임을 할 수 있는 권리<권한>
Rüge- und Untersuchungspflicht
*f.*목적물험소급 통지의무
Ruhe~
~gehalt <~geld> *n.*퇴직[연]금; ~geldzusage *f.*퇴직금지급의 약속; ~stand *m.*휴직(상태);

~störung *f.* 난동<소동>, 안면침해, 치안파괴; ~tag *m.* 휴일, 공휴일, 휴점일

Ruhen *n.*; **ruhen** *v.* 휴지(休止)하다

Ruhen
~ der Verjährung 시효의 휴지(休止); ~ des Verfahrens 소송수속절차의 휴지(休止)

Rumpfgeschäftsjahr *n.* 기간영업년도

Rund~
~schreiben *n.* 회람; ~verfügung *f.* 통달

S

saccularius *l.* 소매치기
sacerdos *l.* 성직자
sacerdotium *l.* 성직자의 직
Sach~
~abweisung *f.*사건각하; ~antrag *m.*특정 문제토의 제안; ~aufklärung *f.*사안[관계]해명; ~begriff *m.*넓은 의미에서 한 대상을 표현하는 개념; ~beschädigung *f.*(고의적인) 물건훼손, 기물파괴; ~besitz *m.*물건점유; ~besitzer *m.*물적<물건의> 점유자; ~beweis *m.*물적 증거; ~darstellung *f.*사실의 진술; ~dienlichkeit *f.*적절<유익>성; ~eigentum *n.* 물적 소유권; ~einlage *f.*현물출자; ~entscheidung *f.*본안의 판결; ~frage *f.*본안 문제; ~gebrauch *m.*물건사용; ~gefahr *f.*물(物)의 위험; ~gemeinschaft *f.*물건공동; ~gesamtheit *f.*집합물; ~gut *n.*물적 재화, 유형재산; ~haftung *f.*물적 책임; ~hehlerei *f.*장물<죄>; ~herrschaft *f.*물적 지배; ~inbegriff *m.*집합<포괄>물; ~kapital *n.*물적 자본; ~kenntnis <~kunde> *f.*전문적 지식; ~lage *f.*사태, 정황; ~legitimation *f.*당사자적격(當事者適格); ~leistung *f.*현물보험급여(現物保險給付); ~lieferung *f.*현물급부(現物給付); ~mangel *m.*물건의 하자; ~mängelhaftung *f.* 물건의 하자 책임; ~miete *f.*물건임대차; ~patent *n.*생산물특허; ~pfand *n.*물적 저당<담보>; ~prüfung *f.*사실심사; ~register *n.* 사항색인; ~schaden *m.*물적 손해; ~untersuchung *f.*사실조사; ~urteil *n.*본안판결; ~urteilsvoraussetzungen *pl.*실체적 판결조건; ~verbrechen *n.*물적 범죄; ~verhandlung *f.*본안심리<변론>; ~vermögen *n.*현물재산; ~verpfändung *f.*물적 저당<담보>; ~versicherung *f.*물적 보험, 재산보험; ~verständiger → *Sachverständiger*; ~vortrag *m.* 사실주장; ~walter *m.*변호사, 법률고문; ~wehr *f.*대물방어; ~wert *m.*유가물(有價物);

~zusammenhang *m.*상관관계
Sach- und Streistand 사실쟁점
Sache *f.*①{*i.S.v. Ding*} 물(物), 물건(物件),-물(物) ②{*i.S.v. Streitsache*} <소송> 사건, 소송<수속>

Sache {*i.S.v.* ①}
abhanden gekommene ~ 의사 곧 점유 이탈물; anvertraute ~ 위탁물; aufgebene ~ 유기물; bestimmte ~ 특정물; bewegliche ~ 동산<물건>; deponierte ~ 공탁물; dienende ~ 승역물; eingebrachte ~ 현물출자; einheitliche ~ 단일물; entwendete ~ 장물; fremde ~ 타인물, 타주물; gemietete ~임차물; gepfändete ~ 차압물, 차압물건; gestohlene ~ 도품, 장물; herrenlose ~무주물; körperliche ~ 유체<유형>물<물건>; nicht verkehrsfähige ~ 부융통물; nicht vertretbare ~ 부대체<특정>물; öffentliche ~ 공유물; streitbefangene ~ 계쟁물; teilbare ~ 가분물; übertragene ~ 양도물; unbestimmte ~ 불특정물; unbewegliche ~ 부동산; unkörperliche ~무체물; unpfändbare ~차압금지재산; unteilbare ~ 불가물; unveräußerliche ~ 불융통물; verbrachbare ~ 부대체물; verkehrsfähige ~융통물; verlorene ~ 유실물; vertretbare ~ 대체<불특정>물; zugeschlagene ~ 경낙물; zurückbehaltene ~ 유치물(留置物); zusammengesetzte ~ 합성물(合性物)

Sache {*i.S.v.* ②}
anhängige ~ {*untechnisch*} 계쟁(係爭)중인 사건<소송>; bürgerliche ~ 민사사건; entscheidungsreife ~ 판결시점에 이른 사건; gerichtliche ~ 재판사건; streitige <unstreitige> ~ 계쟁중인 사건; schwebende ~ 계쟁 진행중인 사건; streitige ~ 계쟁사건; übertragene ~ 위임사건

Sache, die ~ {*i.S.v.* ②}
~ an ein anderes Gericht abgeben *v.* 타

재판소에서 사건을 고소하다; ~ aufrufen v.소송사건을 호출하다; ~ rechtskräftig entscheiden v.사건을 재판상에서 확정하다; ~ zurückweisen v.소송을 각하하다

Sachenrecht n.물권법(物權법)
Sachenrechts~
~bereinigungsgesetz n.물권관계정리법
sachenrechtlich a.물권적, 물권법상
sachgerecht a.사실에 정당한<맞는>
Sachgerechtheit f.적절성<정당성>
sachkundig a.전문적 지식이 있는, 정통한
sachlich a.(1)객관적인 (2)사실적인
sachlich
~e Geltungsbereich 객관적 효력범위
Sachverhalt m.사실관계
Sachverhalts~
~darstellung f.사실관계진술; ~darstellung f.{in Urteilen} 사실관계
sachverständig a.전문적 지식이 있는
Sachverständigen~
~aussage f.전문가<감정인>의 진술; ~ausschuß m.전문가<감정인>위원회; ~beweis m.전문가<감정인>의 증명<증거>; ~eid m.전문가<감정인>의 선언; ~gebühr f.전문가<감정인> 비용; ~gutachten n.[{als Dokument}] 전문가 감정<의견서>; ~kommission f.전문가<감정인>위원회; ~vergütung f.감정인의 보수
Sachverständiger m.(der ~e) 감정인
Sachverständiger
amtlicher <amtlich bestellter> ~ 공인감정인; beeidigter ~ 선언한 감정인; öffentlich bestellter ~ 공적으로 선임된 감정인
Sachverständiger
einen ~n beiziehen v.감정인을 소환하다; einen ~n bestellen v.감정인을 선임하다
Sachwalter m.관재인(管財人), 변호사, 법률고문
sacrilegium l.성물절도; 봉납된 사람, 장소, 물건에 대한 모독행위

Sacrum Romanum Imperium Nationis Germaniae l. 독일 민족 신성로마제국 (1157년 이래 신성제국, 1254년 이래 신성로마제국, 1500년 중반 독일 민족 추가)
saevitia l. 난폭한 행위; 거친 가혹행위
Saison~
~arbeit f.계절노동; ~arbeiter m.계절 노동자; ~betrieb m.계절 사업, 호경기; ~tarif m.계절 임료
saisonbereinigt a.계절에 적합한
Saldo m.잔액, 잔고
Saldo~
~anerkenntnis n.잔액승인; ~betrag m.잔고; ~forderung f.잔액채권; ~theorie f.차액설
Samenspender m./pl.정자제공자
Sammel~
~depot n.혼합기탁소(混合寄託所), 일괄보관소(一括保管所); ~depotvertrag m.혼합기탁<일괄보관>규약; ~lager m.집결지점(集結地點); ~lagerschein m.혼합창하증서; ~straftat f.(= → Kolletivdelikt) 집합범
Sanktion f.제재
Sanktion
gesetzliche ~ 법적 제재; strafrechtliche ~ 형사<형법상의>제재; verwaltungsrechtliche ~ 행정법상의 제재; wirtschaftliche ~ 경제적 제재
Sanktionenen~
~system m.제재 제도
Sanktions~
~bedürfnis n.제재의 필요성; ~praxis f. [, strafrechtliche ~] 형법상 제재 실무; ~statistik f.제재통계; ~struktur f.제재구조; ~verzicht m.제재 방기(放棄)
Salus populi(publica) suprema lex esto l. 민족의 번영(공공의 번영)이 최상의 법이다(Cicero)
salutem plurimam dicit(S.P.D.) l. (아무개가) 아주 많이 (충심으로) 문안드립니다(맡은 거는 형식)
salva approbatione, ratificatione l.

승인을 유보하여
salvatorisch *a*.; ~e Klausel 보충적 효력 유지 조항
salve *l*. 안녕(들)하십니까, 문안드립니다
salvo iure *l*. (한 개인의) 권리와 상관없이
salvo iure Saxonum *l*. 작센법과 상관없이(보조의 약관 → *clausula salvatoria*)
salvus conductus *l*. 안전한 동행
sanctio *l*. 인가; 축성; 동의, 결의 또는 계약의 비준; 법의 효력(법의 타당성)의 허용(공포); 국가에 의한 강제조치
sanctio legis *l*. 법률 위반의 결과에 대한 규정
sanctio pragmatica *l*. 공공의 이익의 용건에 대한 법규
sanctum officium *l*. (교황청의) 최고위의 추기경회의(신성한 근무)
Sanctum Officium *l*. 신앙의 순수상태 보존과 이단 방지를 위한 교황청의 최고관청
Sapere aude! *l*. 두려워 말고 현명하도록 시도하라!(호라티우스)
sapienti sat *l*. 충분한 의사전달(더 이상의 설명은 필요 없다)
satio et implantatio *l*. 종자는 씨와, 그리고 식물은 뿌리와 함께 각각 토지소유자에게 속한다
satisdatio *l*. 보증(담보제공, 보석금 납부)
satisfactio *l*. 변상(배상), 명예회복의 공개 선언; 징벌
satis superque *l*. 많은 그리고 너무나 많은, 충분한 것보다 더 많은
Satz *m*.①{*z.B. im Gesetzestexe; erster ~*} 제1절<문> ②{*i.S.v. Gebührensatz*} 요금 ③{*i.S.v. Grundsatz*} 원칙
Satzung *f*.①{*generell*} 규제, 규정 ②{*einer Gesellschaft*} 정관(定款), 규약 ③{*einer Gebietskörperschaft*} 조례(條例), 규칙 등의 자치입법
Satzungs~ {*i.S.v.* ③}
~gewalt *f*.; autonomie ~ 자치입법권, 규칙제정권

Satzungs~ {*i.S.v.* ②}
~änderung *f*.규약<정관>변경;
~autonomie *f*. 규약<정관>제정의 자유;
~berichtigung *f*.규약<정관>정정;
~bestimmung → *Satzungsbestimmung*;
~verletzung *f*.규약<정관>위반
Satzungs~ {*i.S.v.* ③}
~autonomie *f*.조례제정의 자율성; ~beschluß *m*.조례결의; ~erlaß *m*.조례제정; ~geber *m*. 조례제정권자
Satzungsbestimmung *f*.{*i.S.v.* ②} 정관규정<사항>
Satzungsbestimmung {*i.S.v.* ②} fakultative ~ 임의적 정관규정, 임의적 조항; obligatorische ~ 절대적 정관규정
satzungsgemäß *a*.정관<조례>상
säumig *a*.지체된, 연체된; ~ sein *v*.지체되다, 연체되다
Sämigkeit *f*.지체, 연체
Säumnis *f*.(= → *Versäumnis*) 출두 불이행; ~ des Beklagten 피고의 결석<출두 불이행>
Säumniszuschlag *m*.연체가산금
SC *l*.→ senatus consultum 원로원의 긴급명령
sc. *l*.→ scilicet 즉, 말하자면
scabinatus *l*. 배심원 칭
scabinus *l*. 배심원
scaccum, schachum *l*. 약탈(무장공격하의 절취, 습격)
scelus *l*. 범죄
Schachtelbeteiligung *f*.소규모참가
Schaden *m*.손해, 피해
Schaden, einen ~
~ abschätzen *v*.손해를 사정하다;
~ berechnen *v*.손해를 계산하다;
~ erleiden *v*.손해를 감당하다; ~ ersetzen *v*.손해를 배상하다; ~ festsetzen *v*.손해를 확정하다; ~ verursachen <*jm*. ~ zufügen> *v*. 손해를 야기하다
Schaden
direkter ~ 직접적 손해; einklagbarer ~ 소구(訴求)할 수 있는 손해; embryonaler ~ 태아장애; entstandener ~ 발생된 손해; erlittener ~ 감당할 수 있

~: 손해; erstattungsfähiger ~ 배상손해; geringfügiger ~ 경미한 손해; ideeller ~ 정신적 손해; immaterieller ~ 피재산적 <정신적>손해; indirekter ~ 간접손해; künftige entstehender ~ 장래발생손해; künftiger ~ 장래손해; materieller ~ 재산적 손해; mittelbarer <indirekter> ~ 간접적 손해; negativer ~ 소극적 손해; normativer ~ 규범적 손해; partieller ~ 부분적 손해; tatsächlicher ~ 실해(實害); totaler ~ 전손; unmittelbarer ~ 직접적 손해; vorsätzlich herbeigeführter ~ 고의적으로 야기된 손해; wirtschaftler ~ 재산적 손해; zu ersetzender ~배상손해

Schadenersatz → *Schadensersatz*

Schadens~

~abwendung *f.*손해방지;
~abwendungspflicht *f.*손해방지의무;
~anzeige *f.*손해통지; ~anzeigepflicht *f.*손해통지의무; ~ausgleich *m.*보상;
~berechnung *f.*손(해)액 산정<계산>;
~berechnung, abstrakte ~ 개략적인 손해산정<계산>; berechnung, konkrete ~ [손해]구체적 산정<계산>; betrag *m.*손해액; ~bewertung *f.*손해조정; ~eintritt *m.* 손해발생; ~eintritt *m.*, konkreter ~ 실해(實害)발생; ~feststellung <~ermittlung> *f.* 손해액의 확인<조사>;
~feststellungskosten *pl.*손해액의 확인비용; ~haftpflicht *f.*손해배상의무; ~haftung *f.*손해배상책임; ~höhe *f.*손해액;
~minderung *f.*손해확대의 방지;
~minderungspflicht *f.*손해확대방지의무;
~nachweis *m.*손해<상해>증명;
~schätzung *f.*손해 조정<평가>; ~summe *f.*손해금<액>; ~tragung *f.*손해배상부담; ~tragungs(ver)pflicht(ung) *f.*손해배상부담의무; ~umfang *m.*손해범위; ~ursache *f.*손해원인; ~verhinderungg *f.*손해[배 *f.*피해예방; ~versicherung *f.*손해보험; ~verteilung 손해 분담<분배>;
~verursacher *m.*가해자; ~verursachung *f.*손해야기; ~wiedergutmachung *f.* 피해회복, 손해원상회복; ~zufügung *f.*가해회복
Schadensersatz *m.*손해배상<보상>,대상

Schadensersatz
~ beanspruchen *v.*손해배상을 청구하다; ~ fordern *v.*손해배상을 요구하다; ~ geltend machen *v.*손해배상청구를 주장하다; ~ leisten *v.*손해배상을 지불하다; ~ zusprechen <zuerkennen> *v.*손해배상을 ~에게 돌리다<귀속시키다>

Schadensersatz
~ für körperliche Schäden 인신(人身)상의 피해로 인한 손해배상; ~ wegen Nichterfüllung 채무불이행으로 인한 손해배상

Schadensersatz
adäquater ~ 상당량의 손해배상;
unbezifferter ~ 불특정금액의 손해배상;
zugesprochener ~ 귀속된 손해배상

Schadensersatz~
~anspruch *m.*손해배상청구권, 구상권(求償權); ~berechtigter *m.(der ~~e)* 손해배상권리자; berechtigung *f.*손해배상 권리; ~betrag *m.*손해액; ~forderung *f.*손해배상청구권; ~klage *f.*손해배상소송; ~leistung *f.*손해배상; ~pflicht *f.*손해배상의무; ~pflichtiger *m.(der ~~e)* 손해배상의무자; ~prozeß *m.*손해배상청구소송; ~summe *f.*손해배상액; ~verbindlichkeit *f.*손해배상의무

schädigen *v.*~에게 손해를 입히다
schädigend *a.*가해적인
Schädiger *m.*가해자
Schädigung *f.*침해<가해, 상해>
Schädigungs~
~absicht *f.*상해<가해>의사<의도, 고의, 목적>; ~handlung *f.*가해행위
schädlich *a.*해로운, 유해한
Schädlichkeit *f.*유해성
Schadloshaltung *f.*(손해의) 보상<보상>
Schadloshaltungs~
~begehren *n.*보상<보상>요구; ~garantie *f.*보상<보상>보증; ~verpflichtung *f.*보상<보상>채무; ~versprechen *n.*보상<보상>약속
Schadlosstellung *f.*보상<보상>
Schamgefühl *n.*수치심

Schamgefühl
sexuelles ~ 성적수치심
Schankerlaubnis f.주류 소매 면허
Schattenkabinett n.야당내각(野黨內閣)
Schatz m.매장물
Schatz~
~fund m.매장물의 발견; ~meister m.(정당, 사회단체 등의) 경리<회계>책임자, (왕실의) 재무 담당자
schätzbar a.조정<평가>가능한
Schätzung f.; **schätzen** v.~을 사정<평가, 평정>하다
Schätzung
~ von Grundstücken 토지평가; ~ von Gesellschaftsanteilen 회사지분평가
Schätzung f.평가<서>
Schätzung
gerichtliche ~ 재판소의 평가;
gutachterliche ~ 감정인의 사정<평가>
Schätzungs~
~fehler m.평가<평정>상의 과오; ~preis m.평가대가; ~wert m.견적<평가>가치
Scheck m.수표, 우편환
Scheck, einen ~
~ ausstellen v.수표를 교부하다;
~ einlösen v.수표를 지불하다; ~ sperren v.수표 지불을 동결시키다; ~ vorlegen v.수표지불을 정지시키다
Scheck
eigenbezogener ~ 자기앞수표; eingelöster ~ 지불 수표; gefälschter ~ 위조수표; gekreuzter ~ 선인 수표; protestierter ~ 부도수표; rückdatierter ~ 일부 수표; ungedeckter ~ 지불불능수표; verspäter vorgelegter ~ 기간도과; vordatierter ~ 선일부 수표
Scheck~
~aussteller m.수표의 교부자<발행인>;
~ausstellung f.수표의 교부<발행>;
~begebung f.수표의 발행<유통>;
~bereicherungsanspruch m.수표의 부당이 득청구권; ~betrag m.수표금액; ~betrug m.수표 사기(詐欺); ~bezogener m.수표 수취인; ~bürgschaft f.수표 보증;
~einlösung f.수표 지불; ~empfänger m.수표 수령인; ~fälschung f.수표위조;
~formular n.수표용지; ~gelder pl.수표액 수; ~inhaber m.수표지참인; ~karte f.수표 보증 카드; ~nehmer m.수표 취인;
~protest m.수표 수취<지불>거부, 거부 증명; ~prozeß m.수표 소송; ~recht n.수표법; ~sperre <~sperrung> f.수표 지불 동결; ~unterschrift f.수표상의 서명;
~urkunde f.수표증권; ~verbindlichkeit f. 수표상의 구속력; ~verkehr m.수표 거래; ~verpflichteter m.(der ~~e) 수표채무자; ~wesen n.수표제도; ~zahlung f.수표의 지불

Scheidung f.이혼
Scheidung, die ~
~ beantragen v.이혼을 신청하다;
~ begehren v.이혼을 요구하다
Scheidung
einverständliches ~ 협의이혼
Scheidung
~ durch Chotel-Verfahren 조정이혼;
~ durch Urteil 판결이혼
Scheidungs~
~antrag m.이혼신청; ~begehren n.이혼요구; ~beklagter m.(der ~~e) 이혼피고;
~grund m.이혼 사유<원인>; ~klage f. 이혼소송; ~kläger m.이혼소송상의 원고; ~ort m.이혼지; ~prozeß m.이혼소송;
~recht n.이혼법; ~sache f.이혼사건;
~urteil n.이혼판결; ~verfahren n.이혼수속
Schein~ 가정, 허위, 표견
Schein~
~abtretung f.허위양도; ~adoption f.허위 입양; ~angebot n.허위제공; ~bedingung f.허위성부분; ~bestandteil m.표견적 구성부분; ~ehe f.허위<가장>혼인; ~erbe m.표견적 상속인; ~erklärung f.허위표시;
~firma f.위장<가짜> 회사; ~forderung f. 가짜 채권; ~geschäft n.허위거래행위;
~kauf m.위장매입; ~scheidung f.위장 이혼; ~verkauf m.허위매각; ~vertrag m.위장계약; ~vollmacht f.(→ Anscheinsvollmacht) 표견상의 전권위임; zahlung f.허위 지불; ~zession f.허위양도
Scheinselbständige f.외관상의 자영업자

Scheitern n.; **scheitern** v.~을 실패하다
Scheitern
~ der Ehe 결혼에서 실패하다; ~ von Vertragsverhandlungen 계약교섭에서 실패하다
Schenker <Schenkender> m.증여자
Schenkung f.; **schenken** v.증여하다
Schenkung
~ auf den Todesfall 사망으로 인한 증여; ~ unter Ehegatten 부부간 증여; ~ von Todes wegen <todeshalber> 사인증여
Schenkung, eine ~
~ machen v.증여(贈與)하다;
~ widerrufen v.증여를 철회하다
Schenkung
bedingte ~ 조건부증여; einfache ~ 단순증여; wechselseitige ~ 상호적 증여
Schenkungs~
~absicht f.증여의사; ~akt m.증여행위; ~anfechtung f.(1){allgemein} 증여취소의 소소송 (2){KonkR-파} 무상부인; ~annahme f.증여를 받아들임; ~empfänger m.수증자(受贈者); ~objekt n.증여의 목적물(目的物); ~steuer f.증여세; ~urkunde f.증여 증서; ~versprechen n. 증여약속; ~vertrag m.증여계약; ~widerruf m.증여 취소<취소>
Scherzerklärung f.희언표시(戲言表示)
Schickschuld f.지참채무(持參債務)
Schieds~
~abrede f.중재합의; ~antrag m.중재신청; ~gericht → *Schiedsgericht*; ~gutachten n. 중재감정서; ~gutachter m.중재감정인; ~klausel f.[, vertragliche ~] [계약] 중재판정 조문; ~kommission f.중재판정소 (仲裁判定所), 중재판정인단(仲裁判定人團); ~organe pl.중재기관; ~richter m.중재인<재판관>; ~spruch m.중재 판결; ~urteil n.중재 판결; ~verfahren n.중재절차; ~verfahren, seerechtliches ~ 해양법상의 중재 절차; ~vereinbarung f.중재합의; ~vertrag m.중재계약[서].조약
Schiedsgericht n.중재원, 중재판정소 (仲裁判定所), 중재판정인단(仲裁判定人團)

schiedsgerichtlich a.중재재판상의
Schiedsgerichts~
~barkeit f.중재재판권; ~hof m.중재재판소<법원>; ~hof m., ständiger ~ 상설중재재판소; ~klausel f.중재<재판>의 문구<조항>; ~kosten pl.중재재판비용; ~ordnung f.중재재판소법; ~vereinbarung f.중재재판상의 합의; ~verfahren f.(internationales ~) 국제중재재판수속절차
schiedsrichterlich → *schiedsgerichtlich*
Schießerei f.저격
Schiff n.선(船), 선박(船舶)
Schifffahrts~
~gericht n.국내 항행 재판소; ~recht n. 항해법규
Schiffs~
~charter f.비선; ~chartervertrag m.비선규약; ~dokumente pl.선박증서; ~eigentümer m./pl.선박소유자, 선주; ~frachtbrief m. 선하운송장; ~frachtführer m.선박운송인; ~frachtversicherung f.선박운송보험; ~frachtvertrag m.선박운송규약; ~führer m.선박 운송자; ~hypothek f.선박저당; ~hypothekengläubiger m./pl.선박저당권자; ~kollision f.선박충돌; ~ladeschein m.선하증서; ~ladung f.선하; ~register n.선박등기부; ~registrierung f.선박등기; ~transport m.선박운송; ~verkehr m.선박교통
Schirm~
~abkommen n.기본조약.[산]조약;
~herrschaft f.후원(역)
Schlägerei f.싸움, 격투
Schlagstock m.곤봉, 경찰봉
Schlechterfüllung f.불완전이행
Schlechterstellung f.불리한 위치에 처함
Schlichter m.조정자(調停者)
Schlichtung f.(→ *Versöhnung*, → *Chotei*) 조정(調停), 중재(仲裁); schlichten v.~을 조정<중재>하다
Schlichtungs~
~abrede f.조정<중재>합의; ~ausschuß m. (= ~kommission f.) (쟁의)조정위원회;

~stelle *f.*조정 담당 기관; ~vereinbarung *f.*조정<중재>합의; ~verfahren *n.*조정절차; ~versuch *m.*조정<중재>시도; ~vorschlag *m.*조정<중재>제안

schließen *v.*①{*i.S.v. Vertrag* ~} (조약을) 체결하다 ②{*i.S.v. beenden*} ~을 종결하다

Schlüssel
~funktion *f.*핵심적<중요한> 기능;
~gewalt *f.*가사처리 권한; ~stellung *f.*중요한 지위<위치, 자리>

Schluß *m.*종결, 종료, 최종

Schluß~
~abrechnung *f.*정산(精算), 결산;
~abschnitt *m.*{*im Gesetz, etc.*} 최종 장;
~antrag *m.*최종신청; ~bericht *m.*최종보고; ~bilanz *f.*종결 대차대조표, 결산;
~bestimmungen *pl.*{*in Gesetzen*} 최종규정; ~erbe *m.*유언최후상속인; ~erfolg *m.*종결결과; ~feststellung *f.*종결확인;
~folge *f.*결론, 논리적 귀결, 추론;
~konferenz *f.*최종회의;
~kurs *m.*{*Börsenkurs*} 마지막 시세, 종가(終價); ~note *f.*매매계약서; ~sitzung *f.*최종회의; ~urteil *n.* 최종판결;
~verteilung *f.*배당변제(配當辨濟);
~vortrag *m.*{*vor Gericht*} 최종진술

Schluß der mündlichen Verhandlung 구두변론종결

Schluß- und Übergangsbestimmungen *pl.*최종규정

Schlüsselgewalt *f.*일상가사대리권(日常家事代理權)

schlüssig *a.*논리정연한
Schlüssigkeit *f.*논리정연함
Schmerzensgeld *n.*위자료
Schmerzensgeld~
~anspruch *m.*위자료청구권; ~forderung *f.* 위자료 요구; ~höhe<~betrag *m.*> *f.*위자료청구금액

Schmuggel <**Schmuggelei** *f.*> *m.* 밀수, 밀수입, 밀수출

Schneeballsystem *n.*(구서독에서 금지된) 다단계 판매방식, 눈덩이식 판매방식(구매자가 새로운 고객을 소매인으로써 상품값의 일부를 할인받고, 그 다음 고객도 같은 조건으로 할인 받게 하는 방식); 연쇄 연락망<비상 연락망>

Schnüffler *m./pl.*①{*als Rauschtäter*} 접착제<본드>상습 흡입자 ②{*i.S.v. Auskundschaftender*} 직업적 염탐꾼(형사, 간첩, 탐정 등)

Schöffe *m.*배심원
Schöffen~
~amt *n.*배심원직; ~gericht *n.*참심법원;
~liste *f.*배심원명부; ~richter *m.*배심 재판관; ~system *n.*배심제; ~gericht *n.*배심재판소; ~gerichtsverfahren *n.*배심재판소송 절차

Schranke *f.*한계, 한정, 제한
Schranke
die verfassungsrechtlichen ~n 헌법상의 제약

Schonfrist *f.*유예 기간
Schreib~
~fehler *m.*{*im Urteilen, etc.*} 잘못 씀, 오기; ~unkundiger *m.*(*der* ~~*e*) 무필자(無筆者); ~urkunde <~unkundigkeit> *f.* 무필(無筆)

schreibunkundig *a.*무필(無筆)의
Schrift~
~form *f.*서면 형식, 문서 형식; ~führer *m.*서기, 기록담당자; ~satz *m.*(신청, 답변) 서면; ~stück *n.*문서, 서면, 문건;
~stück, unterzeichnetes ~ 서명문서;
~zeichen *n.*{*allgemein*} 문자; ~zeichen *n.* 한문

Schriften *pl.*문서
Schriften (*pl.*)
jugendgefährdende ~ 유해도서;
pornographische ~ 외설<적>문서;
unzüchtige ~ 외본

schriftlich *a.*①{*generell*} 서면의 ②{*iS.v. eigenhändig*} 문서에 쓰여진
Schriftlichkeit *f.*서면심리; 문서화
Schriftlichkeit, Grundsatz der ~ 서면<심리>주의
Schriftsatz *m.*서면
Schriftsatz
eingereichter ~ 제출서면; ergänzender ~

추가적 서면; vorbereitender ~ 준비<적>서면
Schriftsätze *pl.*사건서류, 서면
Schrift(satz)wechsel *m.*변호사간 서면교환
Schrumpfstaat-Theorie *f.*수축국가설(收縮國家說)
Schul~
~aufsicht *f.*(국가의) 학교에 대한 감독; ~aufsichtsbehörde *f.*학교감독관청; ~bildung *f.*학교교육; ~pflicht *f.*취학 의무, 의무교육
Schuld *f.*1{*BGB*-민} 책무, 의무, 책임 2{*StrR*-형} 죄책, 비행
Schuld
die ~ ausschließen *v.*책무를 조각(阻却)하다
Schuld
abstrakte ~ 무인채무; akzessorische ~ 부종적 채무; dinglich, gesicherte ~ 물권담보 채무; nicht vertretbare ~ 부대채무; übernommene ~ 양도 채무; unteilbare ~ 불가분의 채무
Schuld~
~anerkenntnis <~anerkennung *f.*> *n.*채무승인; ~analogielehre *f.*책임유추론; ~auffassung *f.*, normative ~ 규범적 책임론; ~ausschließungsgrund *m.*책임조각사유(責任阻却事由), 면책사유(免責事由); ~ausschluß *m.* 책임조각(責任阻却); ~befreiung *f.*채무면제; ~befreiungsvertrag *m.*채무면제규약; ~begriff *m.*[, strafrechtlicher ~] 책임개념; ~begriff, normativer ~ 규범적 책임개념; ~begründung *f.*채무설정; ~beitreibung *f.*채무의 강제 징수<집행>; -beitritt *m.*채무가입<참가>; ~bekenntnis *n.*유죄 고백; ~betrag *m.*채무(금)액; ~beweis *m.*유죄의 증거; ~bewertung *f.*유책증거; ~brief *m.*차용증; ~ebene *f.*책임론상의 단계; ~erlaß *m.*채무면제; ~ersetzung *f.*채무변경; ~fähiger *m.(der ~~e)* 책임능력자; ~fähiger, beschränkt ~ 제한적 책임능력자; ~fähigkeit *f.*책임능력; ~fähigkeit, beschränkte <verminderte> ~ *f.*제한적 책임능력; ~fähigkeitsalter *n.* 책임능력의 연령; ~feststellung *f.*채무인정; ~frage *f.*죄(책임)의 (유무)문제; ~freiheit *f.*죄가 없음, 책임이 없음; ~gemeinschaft *f.*채무공동체; ~haft *f.*채무 구류; ~haftigkeit *f.*유책성; ~interlokut *n.*채무; ~losigkeit *f.*무죄, 결백; ~nachweis *m.*유죄의 증거; ~ort *m.*채무지(債務地); ~präsumtion *f.*책임추정; ~prinzip *n.*책임주의; ~recht *n.*채권법; ~rechtsanpassungsgesetz *n.*채권관계조정법; ~recht, Allgemeines ~ 채권법총론; ~recht, Besonderes ~ 채권법각론; ~rechtsreform *f.*채권법의 개정; ~schein *m.*차용증; ~spruch *m.*유죄 선고<판결>; ~strafe *f.*책임형(責任刑); ~strafrecht *n.*책임형법; ~summe *f.*채무액, 부채액; ~theorie ~ Schuldtheorie; ~tilgung *f.*채무 상환<변제>; ~titel *m.*[, vollstreckbarer ~][집행력] 채무명의; ~übergang *m.* 채무이전; ~übernahme → Schuldübernahme; ~umwandlung *f.*채무의 전환; ~unfähiger *m.(der ~~e)* 책임능력이 없는 자; ~unfähigkeit *f.*책임 무능력; ~unfähigkeit, alkoholbedingte ~ 음주로 인한 책임무능력; ~urkunde *f.*채무<채권> 증서; ~urteil *n.*유죄판결; ~verhältnis → Schuldverhältnis; ~verschreibung → Schuldverschreibung; ~versprechen *n.*채무약속; ~vertrag *m.*채무계약; ~vorwurf *m.*책임비난
schulden *v.*[*(jm.)* *etw.* ~] (~에게) ~에 대한 빚을 지다, (~에게) ~을 상환할 의무가 있다
Schulden~
~beitreibung <~eintreibung> *f.*채권회수; ~erlaß *m.*채권면제
schuldhaft *a.*유책(有責)의, 유죄의
schuldfähig *a.*책임능력이 있는
schuldig *a.*1{*i.S.d. Strafrechts*} 유죄의 2{*i.S.v. etw. ~ sein*} 책임능력이 있는
schuldlos *a.*무죄의, 책임이 없는
Schuldner *m.*채무자
Schuldner
eigentlicher ~ 본래 채무자; persönlicher ~ 채무자; leistungsunfähiger ~ 급부가 불가능한 채무자; zahlungsunfähiger ~

지불능력이 없는 채무자
Schuldner~
~begünstigung f.{als Delikt} 채무자비호<죄>; ~schutz m. 채무자보호; ~vermögen n. 채무자의 재산; ~verzeichnis n. 채무자명부; ~verzug m. 채무변제의 유예<지체>
Schuldtheorie f. 책임론<설>
Schuldtheorie
eingeschränkte ~ 제한적 책임설; persönliche ~ 인격책임론; strenge ~ 엄격책임론
Schuldtitel m.[, vollstreckbarer ~][집행] 채무명의
Schuldübernahme f. 채무인수
Schuldübernahme
befreiende ~ 면책적 채무인수; kumulative ~ 병존적 채무인수; privative ~ 배제적<교체적> 책무인수
Schuldübernahmevertrag m. 채무인수계약
Schuldverhältnis n. 채무관계
Schuldverhältnis
abstraktes ~ 무인적채무관계; konkretes ~ 유인적채무관계; vertragsmäßiges ~ 계약상 채무관계; verwaltungsrechtliches ~ 행정법상의 채무관계
Schuldverschreibung f. 채권, 사채권
Schuldverschreibung
~ auf den Inhaber 무기명식채권; ~ auf den Namen 지명식 채권
Schule f.①{als Lehrinstitution} 학교 ② {in der wissenschaftlichen Lehre} 학파
Schule {i.S.v. ①}
private ~ 사립학교; staatliche ~ 국립학교
Schule {i.S.v. ②}
alte ~ 구[학]파, klassische ~ 고전파; moderne ~ 근대학파; neue ~ 신파; traditionell ~ 전통파
Schulenstreit m. 학파간 분쟁
Schürfrechte pl. 발굴권, 시추권(試錐權)
Schußwaffe f. 총기, 총포
Schußwaffengebrauch m. 총기<총포>

사용
Schutz m.; **schützen** v.~를(을) 보호하다
Schutz
~ der Allgemeinheit 일반대중의 보호; ~ der Privatsphäre 사적영역보호; ~ des Persönlichkeitsrechts 인격권보호; ~ geistigen Eigentums 지적소유권의 보호; ~ gewerblichen Eigentums 산업소유권보호; ~ (menschlichen) Lebens 생명보호; ~ungeborenen 태아보호
Schutz
diplomatischer ~ 외교적 보호; einstweiliger ~ 잠정적<일시적>인 보호; formeller ~ 형식적 보호; materieller ~ 실질적 보호; polizeilicher ~ 경찰보호; rechtlicher ~ 법률보호; strafrechtlicher ~ 형법상의 보호
Schutz~
~aktie f. 방위주<식>; ~anspruch m. 보호청구<권>; ~aufsicht f.(미성년자의) 보호감독; ~bedürfnis <~bedürftigkeit f.> n. 보호 필요성<욕구>; ~befohlener m.(der ~~e) 피보호자; ~begleitung f. 호송; ~bereich m.[군] 군사보호지역; ~dauer f. 보호기간; ~frist f. 보호<보장>기간; ~fristablauf m. 보호기간의 만료; ~funktion f. 보호기능; ~gesetz n. 보호법규; ~gesetz n.{i.S.v. §823 BGB-민} 민법 823조 관련 보호법규; ~gut n.[, strafrechtliches ~] 형법상의 보호법익; ~interesse n. 보호이익; ~macht f. 보호국; ~marke f. 등록상표; ~maßnahme f. 보호<예방>조치; ~normtheorie f. 보호규범론; ~objekt n. 보호객체<대상>; ~pflicht f. 보호<감독>의무; ~prinzip n. 보호주의<원리>; ~recht m.(저작권, 특허권 등) 피보호권; ~recht, gewerbliches ~ 산업소유권; ~rechtsanmeldung f. 피보호권의 청구출원; ~rechtsinhaber m. 피보호권자; ~rechtübertragung f. 피보호권의 양도; ~steuer f. 보호세; ~strafe f. 보호형; ~truppen pl.(구독일 식민지의) 방위<보안>부대; ~umfang m. 보호 범위<정도>; ~verhältnis n. 보호관계; ~wehr f. 보호<방어>장치; ~würdigkeit f. 보호가치;

~würdigkeitstheorie f.보호가치설; ~zelle f.보호실; ~zoll m.보호관세; ~zweck m. 보호목적

schutzbedürftig a.보호가 필요한

schutzwürdig sein v.보호할 가치가 있는

Schwägerschaft f.처가<시댁>과의 인척관계

Schwangere f.임산부

Schwangerschafts~
~abbruch <~unterbrechung f.> m.임신중절; ~verhütung f.피임(避妊)

schwarz~
~arbeit f.불법 노동; ~fahren n.불법승차, 무임승차; ~handel m.불법<암> 거래; ~händler m.암거래상; ~markt m.암시장; ~marktpreis m.암시장의 시세

schwebend a.1){i.S.v. Prozeß} 계속 중, 미확정 2){i.S.v. ~ unwirksam} 미결의

schwebend
~e Unwirksamkeit 유동적 무효; ~e Wirksamkeit 유동적 유효

Schweigen n.; **schweigen** v.침묵하다

Schweige~
~pflicht f.(직무상 알면서도 지켜야 하는) 수비(守秘)의무, 묵비(默秘)의무; ~recht n.묵비권

Schwer~
~industrie f.중공업; ~punktstaatsanwaltschaft f.검찰청특별조사부; ~punktstreik m.중점파업

Schwur m.; **schwören** <etw. **beschwören**> v.~하기로 선서<맹세>하다

Schwurgericht n.배심재판소, 대(大)참심법원

Schwurgerichts~
~sache f.배심재판소사건; ~sitzung f.배심재판<기일>; ~verfahren n.배심재판소 소송수속; ~system n.배심제도

scilicet(sc.) l. 더 정확히 말하면, 즉, 당연히(물론), 당연(자명)하다

Scire leges non hoc est verba earum tenere sed vim ac potestatem l. 법규를 이해하는 것은 원문표현이 아니라 그것의 의미와 의의(영향력)를 깨닫는 것이다

scrinium l. 로마제국에서 궁정관리의 사무실

Scripta manent l. 쓰여진 것은 남아 있다

Scripta publica probant se ipsa l. 공적문서는 스스로 증명 된다

scriptum l. 쓰여진 것

scrutinium l. 조사, 시험, 살살이 수색; 교황선거에서 비밀의 문서에 의한 3분의2 다수결과가 나와야만 하는 투표

secessio l. 탈퇴, 분리(또는 정치적) 분리(고립)

secretaria apostolica l. 교황청 교서 반송을 위한 교황청의 관리관청(~·breve)

sectae l. 프로쿨리안(Antistius Labeo학파)과 사비니안(Capito학파)의 법률학교

securitas l. 안전(확신)

securitas publica l. 국가의 안전

se de parentilla tollere l. 친척관계에서 분리(격리), Entsippung(독일법)

sedes materiae l. 대상의 소재지(법률문제의 조정을 위한 법규소재지)

sedes vacante l. 관청, 소재지, 특히 해결된(공식의)주교구의 수도

seditio l. 반란

See~
~assekuranz <~versicherung> f.해상보험; ~fracht → Seefracht; ~gericht n.해운재판소; ~handel m.해상 무역; ~handelsrecht n.해상 무역권; ~not f.해난(海難); ~not-Testament n.난선유언; ~recht n.[, internationales ~] 국제해상법; ~rettung f.해난구조; ~schaden m.해손(海損); ~schiedsgericht n.해상중재재판소; ~schiedsgerichtsbarkeit f.해상중재판결권<제도>; ~schiedsrichter m.해상중재인; ~testament n.해상유언; ~transport m.(→ Seefracht) 해상<배상>운송, 해운; ~unfall m.해난(海難); ~verkehr m.해상교통; ~verkehrsrecht n.해상교통권; ~versicherung f.해상 보험;

~versicherungsrecht n.해상보험증서;
~völkerrecht n.해상국제법
Seefracht f.해상물품운송
Seefracht~
~auftrag m.해상운송위임; ~brief m.선하증권; ~geschäft n.해상운송거래; ~gut n.해상운송품; ~gutversicherung f.해상운송품보험; ~recht n.해상운송법; ~versicherung f.해상운송보험; ~vertrag m.해상물품운송계약
seerechtlich a.해상법상
seeverkehrsrechtlich a.해상교통법상
segregatio l. 종교적, 인종적 또는 사회적 동기에서의 사회적 공동체의 집단의 분리(격리)(예: 남아프리카 공화국의) 인종차별, 흑백분리
Seite f.측, 면, 관점
Seite
materiellrechtliche ~ 실체법상 관점;
materielle ~ 물적 측면; persönliche ~ 인적 측면
Seitenlinie f.(혈통상의) 방계
Sekretär m.; **Sekretärin** f.비서, 서기; (정당 등)의 서기장
Sektion f.-부(部)
sekundär a.부수적인, 제 이차적인
Selbst~
~ablehnung f. eines Richters 재판관의 회피; ~abtreibung f.{als Delikt} 자기타 래<죄>; ~anzeige f.자수; ~begünstigung f. 자신비호; ~beschränkung f.자기제한, 자주규제; ~beschränkungsabkommen n./pl.자주규제 협정; ~beschuldigung f.{des Täters beim Opfer einer Straftat} 자기탄핵;
~bestimmung f.민족자결, 자치, 자기결정;
~bestimmungsrecht n.(개인의) 자율권, (민족의) 자결권; ~bestrimmungsrecht des Patienten 환자의 자기결정권; ~bindung f.[der Verwaltung] [행정] 자기구속의 원칙; ~einschätzung f.자체 평가<사정>;
~eintrittspflicht f.위탁경영하던 상점의 양도의무; ~eintrittsrecht n.개입<진입>권리; ~gefährdung f.자기위태화;
~gefährdungswille m.자기가해의 의사;
~gefährdungsvorsatz m.자기가해의 고의;

~hilfe f.자조(自助), 자립, 자위(自衛);
~hilfehandlung f.자력구제<자조, 자립, 자위>의 행위; ~hilfeverbot n.자력구제금지;
~hilfeverkauf m.자조매각; ~hilferecht n. 자조권; ~justiz f.비합법적인 사적 제재;
~kontrahierung f.자기계약;
~kontrahierungsverbot n.자기계약의 금지; ~kosten(preis) pl. (m.) (제조)원가, 실비<대금>; mord m. → Selbstmord;
~schädigung f.자기상해, 자해;
~schuldner m.연대보증인; ~schutz m.자위; ~schutzorganisation f.자위조직;
~tötung → Selbstmord; ~verantwortung f.자기책임; ~verletzung f.자기스스로의 침해, 자상; ~verletzungshandlung f.자상행위;
~versicherung f.자가보험; ~verteidigung f.(global) 자위; ~verteidigungshandlung f. 자위행위; ~verteidigungsrecht n.자위권;
~verteidigungstruppen pl.자위대; ~verwaltung → Selbstverwaltung; ~vollstreckungskraft f.자력집행력
selbständig a.독립의, 독자적인
Selbständiger m.(der ~e) 자영업 자
Selbständigkeit f.독립<자주>(성)
Selbständigkeit
äußere ~ 외부독립; staatliche ~ 국가적 독립; wirtschaftliche ~ 경제적 독립
Selbstmord m.(= → Selbsttötung, Suizid, Freitod) 자살
Selbstmord~
~gefahr f.자살위험성; ~klausel f.{im Versicherungsvertrag} 자살 조항; ~methode f. 자살방법; ~rate f.자살률; ~verhinderung f.자살회피; ~verhütung f.자살예방
Selbstmörder m.자살자
selbstschuldnerisch a.연대보증의
Selbstverwaltung f.자치, 자치<행정>
Selbstverwaltung
lokale <kommunale> ~ 지방자치<제>
Selbstverwaltungs~
~angelegenheit f.자치사무; ~berechtigung f.자치권; ~körperschaft f.[, demokratische ~] 민주적 자치단체; ~organ n.자치정치 기관; ~recht n.자치권; ~verband m.자치단체

semel heres, semper heres *l.* 한번 상속(인)은 항상 상속(인)(이 로마 원칙은 오늘날 차 순위 상속 재산의 경우에 깨졌다)

Semper fur moram facere videtur *l.* 도둑은 항상 지체 상태에 처해 있다 -D.13.1.8.1 →*Fur enim semper moram...*

semper idem *l.* 항상 같은 것

Senat *m.{bei/an einem Gericht}* -부(部)

Senat gemeinsamer ~ 연합부; großer ~ 대법정

Senatspräsident *m.{am BGH}* 고등<연방통상>재판소장

senatus consultum (SC) *l.* 원로원 결의

Senatus Populusque Romanus (S.P.Q.R.) *l.*원로원과 로마민중

senior *l.* 연장자

senioratus *l.* 가족의 최고 연상자가 존속과 무관하게 가족재산을 인계 받는다는 상속순서규정(원칙 → *iunioratur*)

sensu lato *l.* 넓은 의미에서

sensu stricto *l.* 엄격한 의미에서

sententia *l.* 판결

Sententia a non suo iudice lata nullam obtinet firmitatem *l.* 누구도 법률상 재판에서 벗어나면 안된다(종교 규칙에 따른 법)

sententia appellatione suspensa *l.* 항소를 통해서 확정력이 차단된 판결

sententia confirmatoria *l.* 일심판결을 확정하는 상소심결정

sententia conformis *l.* (모든 심급의) 의견이 일치하는 판결

sententia nulla *l.* 판결의 무효

sententia reformatoria *l.* 전판결을 변경하는 상소심의 결정

separata oeconomia *l.* 자기 가정의 설립(독일법에 따르면 이것으로 아들에 대한 아버지의 권력이 종료된다)

separatio *l.* 소유권 발생의 결과를 만드는 결실의 분리; 다른 국가와 합병하거나 독립을 위한 국통의 분리 또는 떨어져 나감

separatio quoad thorum et mensam *l.* 식탁과 침대의 분리(카톨릭 혼인법에 따르면 이혼은 불가능하므로 이혼이 아닌 부부의 별거)

separatio quaoad vinculum *l.* 인연의 분리, 이혼은 신교개혁 이후가 되서야 카톨릭 교회에서 예외적으로 인정한다.

septenatus *l.* 7년의 시간

Sequester *m.* 계쟁물(係爭物) 보관인, 압류 재산 관리인

sequestratio *l.* 제3자에게 논쟁의 여지가 있는 목적물의 일시적 관리를 위한 압수 또는 인도; 부동산의 강제관리

Sequestration *f.*; **sequestrieren** *v.*~을 압류하다, 강제 보관 처분에 붙이다

sermo regis *l.* 프랑켄왕의 평화 강론

Service *m.* 손님 접대, 서비스

Service~ (→ *Dienstleistung*)
~angebot *n.* 서비스제공; ~kosten *pl.* 서비스비용; ~leistung *f.* 손님접대; ~netz *n.* 서비스망; ~unternehmen *n./pl.* 서비스업<사>; ~vertrag *m.* 서비스계약

servitium regis *l.* 왕을 섬김(왕에게 권한이 있는 현물 급여)

servitus *l.* 지역권(타인의 물건 이용에 대한 물권적 권리)

servitus actus *l.* 사용중인 이웃의 토지에서 가축을 몰거나 스스로 차량을 가지고 그곳을 통과하기 위한 권리 → *ius actus*

servitus affirmativa *l.* 손상된 토지의 소유자가 감수해야만 하는 지역권

servitus altius non tollendi *l.*→ altius non tollen

servitus aquaeductus *l.* 타인의 토지 위로 또는 통과하여 수도를 놓을 수 있는 권리(수도지역권)

servitus aquaehaustus *l.* 이웃의 샘이나 우물에서 물을 길을 수 있는 권리(우물지역권)

servitus cloacae *l.* 직접적으로 이웃의 벽에 빗물과 개숫물을 유입시키거나 오물 용기를 세워 놓을 수 있는 권리

servitus continua *l.* 계속적으로 표현되는 지역권
servitus discontinua *l.* 일시적으로 수행되는 지역권
servitus fenestrae *l.* 타인의 담에 창문에 대한 권리
servitus fluminis *l.* 낙수지역권(빗물을 이웃의 토지로 흐르게 하는 권리
servitus fumi immittendi *l.* 연기배출을 위한 지역권
Servitus fundo utilis esse debet *l.* 토지지역권은 요역지에 유용해야만 한다
Servitus in faciendo consistere nequit *l.* 토지지역권은 (일반적으로) 긍정의 행위가 아니다(감수와 태만을 약속한다)
servitus itineris *l.* 이웃의 토지 위를 걸어가는 것, (말을) 타고 가는 것 또는 들것에 실어 그 위를 실어 나르게 할 지역권
servitus negativa *l.* 승역지의 소유자가 아무것도 할 수 없는 지역권
servitus ne luminibus officiatur *l.* 자신의 토지의 햇빛을 차단하는 이웃집 토지 위에 모든 식물 심기를 허용하지 않을 권리
servitus ne prospectui officiatur *l.* 자신의 시야를 방해하는 이웃집 토지 위에 모든 식물 심기를 허용하지 않을 권리
servitus oneris ferendi *l.* 승역지의 소유자를 위해 부가적인 의무를 가지고 이웃의 설비에 자신의 건물의 짐을 놓게 하고 그 설치를 유지할 지역권
servius pascendi *l.* 방목법(승역지 소유자는 지역권자의 가축의 떼의 방목을 감수해야만 한다)
servitus pecoris ad aquam appulsu *l.* 이웃에서 가축에게 물을 먹일 지역권
Servitus per partes retinetur *l.* 토지지역권은 부분들에서도 유지된다(요역지, 승역지 토지의 공동소유관계의 변경되어도 토지지역권은 그대로 유지된다)
servitus praediorum rusticorum *l.* 군사지역권
servitus praediorum urbanorum *l.* 건물지역권
servitus proiciendi *l.* 이웃 토지의 공중으로 설비를 높게 세울 수 있는 권리
servitus protegendi *l.* 이웃 토지로 추녀를 돌출시킬 수 있는 권리
Servitus servitutis esse non potest *l.* 토지지역권은 다른 토지지역권에 이행될 수 없다, 토지 지역권은 양도할 수 없다.
servitus stillicidii immittendi *l.* 낙수지역권(떨어지는 액체를 쓸 수 있게 하고 흘러들게 하는)
servitus tigni immittendi *l.* 이웃벽으로 들보(지주)를 끼워 넣을 수 있는 지역권
servitus viae *l.* 모든 종류의 차량으로 이웃의 토지 위를 운행할 수 있는 지역권(운행지역권)
servitus iuris Germanici *l.* 토지 부담의 옛 명칭
Servitut *f.* 지역권<사용권>
Servitutenklage *f.* 지역권<사용권>에 대한 소(訴)
Servitutibus causa perpetuum esse debet *l.* 사용되는 토지는 그 상태에 따라 지역권 실행의 지속적 가능성을 가져야만 한다.- D.8.2.28
Servitutibus civiliter utendum est *l.* 토지지역권은 승역지에게 가장 피해가 적은 범위에서 사용되어야 한다.
servus *l.* 노예, 머슴, 하인
sessio *l.* 집회, 회기
Session *f.* {*im Parlament, etc.*} 회의, 회기
Session
außerordentliche ~ 임시의회; ordentliche ~ 상설 의회
Sexual~
~delikt *n.* 성범죄; ~erziehung *f.* 성교육; ~moral *f.* 성풍속; ~strafbestimmung *f.* 성

범죄처벌규정; ~strafrecht *n.* 형법상의 성범죄 처벌법; ~straftaten *pl.* 성범죄; ~struktur *f.* 성적 구조; ~verhalten *n.* 성적인 행동, 성 행위; ~vermarktung *f.* 성의 상품화

Shoplifting *n.* 쇼핑센터내의 절도

sic *l.* 그렇게

sicarius *l.* 정부살인자, 암살, 범죄자

Sicherheit *f.* 1 {*i.S.v. Garantie*} 담보, 보증 2 {*vor Gefahren, usw.*} 안전성, 보장, 보안

Sicherheit {*i.S.v.* 1}
(eine) ~ leisten *v.* 담보를 제공<보증>하다

Sicherheit {*i.S.v.* 1}
~ an Forderungen 채권담보;
~ an Grundstücken 토지담보

Sicherheit {*i.S.v.* 1}
dingliche ~ 물적<물상>담보;
hypothekarische ~ 저당담보; persönliche ~ 인적<대인>담보

Sicherheit {*i.S.v.* 2}
persöniche ~ 개인적 안전성; soziale ~ 사회보장

Sicherheit {*i.S.v.* 1}
~arrest *m.* 인적보전, 민사구속; ~bestellung *f.* 담보제공; ~garantie *f.* 담보보증; ~gewahrsam *m.* 보호관찰; ~klausel *f.* 담보책임문구<약관>; ~leistung *f.* 담보제공, 소송상담보

Sicherheits~ {*i.S.v.* 2}
~gesetzgebung *f.* 국가보안법의 입법; ~maßnahme *f.* 안전처분<조치>; ~maßregel *f.* 보안처분; ~pakt *m.* 안전 보장 조약; ~rat *m.* [~ der Vereinten Nationen] 국제연합의 안전보장이사회; ~standard *m.* 안전기준; ~verwahrung *f.* 보안 구금

sichern *v.* ~을 보증<보장, 담보>하다

sichern
dinglich ~ 물권적 담보; hypothekarisch ~ 저당담보설정

Sicherung *f.* 보전, 담보, 보장

Sicherung der Beweise 증거보전

Sicherungs~
~abtretung *f.* 담보목적의 채권양도; ~anordnung *f.* 보전명령; ~anspruch *m.* 보전<담보>청구<권>; ~aufsicht *f.* 보안관찰; ~eigentum *n.* 보전소유; ~eigentümer *m.* 보전소유자; ~fall *m.* 담보 원인사실; ~funktion *f.* 보전<담보, 보장>기능; ~geber *m.* 담보 제공 채무자; ~gegenstand *m.* 보전의 대상물; ~geschäft *n.* 보전행위; ~grund *m.* 보전필요; ~grundschuld *f.* 담보 토지 채무; ~gut *n.* 담보물; ~hypothek *f.* 보전저당권; ~interesse *n.* 담보<보전>이익; ~kauf *m.* 담보매매; ~nehmer *m.* 담보권자; ~pfändung *f.* 담보차압; ~pflicht *f.* 보전의무; ~recht *n.* 담보<보전>권; ~recht, atypisches ~ 변칙담보권; ~recht, gesetzlich geregeltes dingliches ~ 법정담보물권; ~recht sui generis 비정형담보권; ~strafe *f.* 보전형; ~treuhand *f.* 담보신탁; ~übereignung *f.* 1 {*allgemein*} 담보제공 2 {*beim Kauf*} 소유권의 양도담보(讓渡擔保); ~verfahren *n.* 보전소송절차; ~verfügung *f.* 보전처분, 담보행위; ~verwahrung *f.* 보안감호; ~wirkung *f.* 담보<보전>적 효력

sicherungshalber *a.* 담보목적의

Sicht~
~einlage *f.* 보통 예금, 요구불 예금; ~wechsel *m.* 보통 어음, 요구불 어음; ~zahlung *f.* 보통<요구불> 지불

Sic transit gloria mundi *l.* 이대로 세상의 영광은 흘러간다(Patricius이후에 피터교회의 새 교황이 이렇게 영접되었다)

Sic volo, sic iubeo *l.* 나는 그것을 원하고, 그렇게 명령한다(Juvenal)

si diis placet *l.* 신들의 마음에 든다면

Siegel *n.* 봉인, 인장

Siegel~
~bruch *m.* {*als Delikt*} (불법적인) 개봉(開封), 관인의 훼손; ~fälschung *f.* {*als Delikt*} 인장위조(죄)

siehe ~ 참조

sigillum *l.* 봉인(인장)

Signatarstaat <~macht f.> m.조인국, 조약체결국가
signatio l. 서면 설명
Signatur f.(→ Unterschrift) 서명
signatura l. 표시, 특징(표지)
signatura gratiae l. 사면을 위한 교황의 관청
signatura iustitiae l. 항소와 무효이의를 위한 교황의 관청
Silent leges inter arma l.→ Inter arma...
simulatio l. 의장, 가상; 거짓(모방)거래, 위장 거래
Simultan~
~gründung f.동시설립;
~zulassung f.{Rechtsanwalt} 겸임등록
simultaneum l. 두 사람 또는 두 가지 설치로부터 동시에 점유된 것
sine ira et studio l. 증오(분노)도 편애도 없이 (중립적인-타기투스)
sine tempore(s.t.) l. 시간(추가)없이, 정시의
Singular~
~klage f.단독소송; ~sukzession f.특정 <자산>승계; ~vermächtnis n.특정 유증 <유언>
Sinn m.①{i.S.v. Bedeutung von etw.} 의미 ②{i.S.v. geistiger Einstellung} 감상
Sinn {i.S.v. ①}
im eigentlichen ~ 본격적<본래적 >의미에서; im engeren ~ 협의의 의미에서; im engsten ~ 가장 최협의의; im weitesten ~ 가장 최광의의
Sinn {i.S.v. ②}
~ für Menschenrechte 인권감상
sinngemäß anwenden v.~을 이상적으로 적용하다
Sint ut sunt aut non sint l. 당신은 당신인 것처럼 당신이다. 아니면 당신이 아닐 것이다.(교황 클레멘스 8세의 예수회에 대한 발언; 다른 해설에 따르면 수도회 규칙 개정을 요구했던 장관 루드비히 15세에게 예수회 총 회장 Ricci의 대답)
Sippe f.{인종} 혈족, 씨족; {생물} 유

(類), 족(族)
siritus rector l. 방향을 유도하는 사람, 정신적 발기인
Sistierung f.(소송 등) 정지<중지, 각하>; sistieren v. → Aussetzung
Sistierung eines Verfahrens 소송수속절차의 중지
Si tacuisses, philosophus mansisses l. 네가 침묵했더라면 너는 철학자로 머물렀을 것이다.(너에게 약점을 드러내지 않았을 것이다.-보에티우스)
Sitten (pl.)
gute ~ 좋은 풍속
sittenwidrig a.풍속에 어긋나는
Sittenwidrigkeit f.풍속에 어긋남
Sittenwidrigkeit
~ eines Vertrages 풍속을 어지럽히는 계약
Sittlichkeits~
~delikt <~verbrechen> n.성범죄;
~verbrecher m.성범죄자
Situationstäter m.상황범인
sit venia verbo l. 실례입니다만
Sitz m.[~ eines Unternehmens] [기업등] 소재지<본부사무소>
Sitz~
~ordnung f., parlamentarische ~ 의석(議席); ~verlegung f.등록영업소의 이전<변경>
Sitzung f.①{allgemein} 회의, 의회, 심의 ②{bei Gericht} 변론<기일>, 법정, 개정
Sitzung {i.S.v. ①, ②}
außerordentliche ~ 임시회의<의회>; beratende ~ 평가회; geheime ~ 비공개회의<합의>,비밀회; nichtöffentliche ~ 비공개변론; öffentliche ~ 공개변론; ordentliche ~ 정시의회
Sitzung {i.S.v. ②}
eine ~anberaumen v.변론기일을 지정하다; eine ~ eröffnen v.변론을 시작하다; ein ~ leiten v.변론을 지휘하다; eine ~ schließen v.변론을 종결시키다; einer ~ beiwohnen v.회의<합의>에 참가하다

Sitzungs~
~bericht m.의사(議事)보고; ~lokal n.회의실, 회장; ~niederschrift f.변론조서; ~ort m.개회지; ~pause f.휴식; ~periode f.①{z.B. Parlament} 회기(會期), 개정기(開廷期) ②{bei Gericht} 개회기; ~polizei f.의장경찰, 법정경비; ~protokoll n.회의의 의사록(議事錄); ~saal m.①{z.B. Parlament} 의장 ②{bei Gericht} 법정; ~tag m.개회일, 개정일; ~zimmer n.회의실

Si vis pacem, para bellum l. 제가 평화를 원한다면 전쟁을 준비하라.(제가 평화를 원한다면 무장하라: 로마 원칙의 의미에서-베게티우스)

Skonto n.현금지불시의 할인
Skontration f.어음교환; {부기} 결산 <공제, 상쇄>
societas l. 사회
societas delinquendi l. 음모
Societas Jesu l. 예수회 조합, 예수회
societas leonina l. 한편에게만 유리한 불평등 조합(사자와 당나귀 간의 계약에 대한 이솝 우화에 따라, 즉 한 당사자에게는 권리만 그리고 다른 당사자에게는 의무와 비용만 있는, 그러니까 비조합계약, 증여)
societas negotiationis l.영리회사 조합 단체
societas occidendi l. 살인모의
societas omnium bonorum l. 일반재산 공동체
societas quaestus l. 일반 영리 공동체
societas unius negotii l. 임시 공동체
socius l. 동업자; 범죄 공범자
sodalitas l. 신도 단체(교단), 동지의 결합(긍정적); 반란을 위한 비밀 결합, 표의 매수(부정적)
sodomia ratione generis l. 수간, 인간과 동물간의 간음
sodomia ratione sexus l. 동성애
Sodomie f.수간(獸姦)
sofortig a.즉시, 즉각

Soforterwerb m.즉시 취득
Software f.소프트웨어
Software-Schutz m.소프트웨어 보호
solarium l. (땅(바닥)의 = 토지, 지면) 지대(地代)
Solawechsel m.약속 어음<자기앞 어음>
Solidar~
~berechtigung f.연대권리; ~bürge m.연대보증인; ~bürgschaft f.연대보증; ~haftung f.연대 책임; ~schuldner m.연대 채무자; ~verpflichtung f.연대채무
sollicitatio l. 간통의 유혹
sollicitatio ad turpia l. 고해(참회)에서 간음에 대한 유혹
Sollkaufmann m.의무상인
Solo cedit, quod solo inaedificatur l. 땅에서 경작된 것은 땅으로 돌아간다(토지의 소유권은 그 지상건물에도 미친다.) D.43.18.2
solum et quod solo cohaeret l. 땅과 그 땅과 연결된 것은 고정되어 있으며 그 토지 소유자에게 속한다.)
solutio l. 해결, 성취
solution l.변제, 이행, 해결
Solution f.문제해결
solutionis causa daiectus l. → adiectus solutionis...
solutum l. 지불된 것
solvendi causa l. → causa solvendi
solvendi causa l.불제목적
solvent a.지불능력이 있는
Solvenz f.지불능력
Solvenzrisiko n. 지불불능
Sonder~
특별(特別)~
Sonder~
~abkommen n.[, internationales ~] 특별조약<협정>; ~abschreibungen pl.특별공제; ~anweisung f.특별지시; ~auftrag m.특별위임<위탁>; ~ausschuß m.특별위원회; ~beauftragter m.(der ~~e) 특별 위원<대리인>; ~besteuerung f.특별 과세; ~bestimmung <~vorschrift> f.특별규정; ~bevollmächtigter m.(der ~~e) 특별<행

위> 대리인; ~botschafter *m.*특사; ~delikte *pl.*특정 범죄; ~depot *n.*특별공탁; ~depotvertrag *m.*특별공탁계약; ~eigentum *n.*구분<공간>소유권; ~erbfolge *f.*특정상속순위; ~forum *n.*특별재판소; ~gebrauch <~nutzung *f.*> *m.*
①{*allgemein*}특별사용<수익>
②{*im VerwR*-행} 전용; ~preis *m.*특별가격; ~recht *n.*고유권, 특권; ~rechtstheorie *f.*특별법설; ~rechte (*pl.*) genießen *v.*특권을 향유하다; ~rechtsnachfolge *f.*특권의 계승<승계>; ~rechtsnachfolger *m.*특권의 계승<승계>자; ~regel(ung) *f.*특별<예외> 규정; ~sitzung *f.*특별총회, 임시회의; ~stellung *f.*특별지위; ~strafrecht *n.*특별형법; ~tarif *m.*특별 과세율; ~verbindlichkeit *f.*특별채무<의무>; ~verbrechen *n.*특별[범]죄; ~verfahren *n.* 특별수속; ~vermögen *n.* (des Bundes)[연방] 특별재산; ~vollmacht *f.*개별적 대리[권]; ~vorschrift *f.*특별 규정; ~votum *n.* 임시 표결

Sonntagsarbeit *f.*일요일에 하는 일<작업, 노동>

Sorge *f.*감호(監護), 보호, 부양

Sorge *f.*, **elterliche ~** (→ *Sorgerecht*) 친권

Sorgeberechtigter *m.*(*der/die* ~*e*) 감호인, 단독친권자

Sorgerecht *n.*보호<부양>권

Sorgerecht
alleiniges ~ 단독 보호<부양>권;
gemeinsames <gemeinschaftliches> ~ 공동 보호<부양>권

Sorgfalt *f.*신중성, 세심함, 용의주도

Sorgfalt
äußerste ~ 경고 주의; besondere ~ 특별한 신중성; erforderliche ~ 불가피한 신중성<세심함>, 용의주도;
verkehrsübliche ~ 거래상 유의해야 할 세심함

Sorgfalts~
~pflicht *f.*특별한 주의(注意) 의무;
~pflicht "wie in eigenen Angelegenheiten" 자기재산 동일 주의의무;
~pflichtverletzung *f.*특별한 주의 의무 위반

Sorten~
~geschäft *n.*환전업(換錢業); ~handel *m.* 환전업(換錢業)

souverän *a.*주권적, 자주적, 독립적인

Souveränität *f.*주권

Souveränität
äußere ~ 대외적 주권; beschränkte ~ 제한적 주권; innere ~ 대내적 주권; territoriale ~ 영토주권

Souveränitätsrechte *pl.*주권

sozial *a.*사회적, 사회상

sozial
~er Bundesstaat 사회적 연방국가;
~e Gerechtigkeit *f.*사회적 정의;
~e Marktwirtschaft *f.*사회(적) 시장경제;
~e Versicherung *f.*사회보험;
~e Versorgung *f.*사회부양;
~er Rechtsstaat *m.*사회적 법치 국가;
~es Entschädigungssystem *n.*사회보상체계

Sozial~
~adäquenz *f.*사회적상당성; ~ausgaben *pl.* 사회지출; ~bewußtsein *n.*사회의식;
~bindung *f.*, ~ des Eigentums 재산권의 사회적 기속성; ~demokratie *f.*사회민주주의; ~ethik *f.*사회윤리학; ~fürsorge *f.* 사회부조; ~funktion *f.*사회적 기능; ~gefährlichkeit *f.*사회적 위험성; ~gericht *n.*사회재판소; ~gerichtsbarkeit *f.*사회재판권; ~gesetzbuch *n.*사회법전;
~gesetzgebung *f.*사회<정책>적입법;
~hilfe *f.*사회부조; ~integration *f.*사회적 통합; ~leistungen *pl.*사회보장납부;
~ordnung *f.*사회질서; ~organisation *f.*사회조직; ~partner *pl.*사회상수방; ~plan *m.*손실 .. <사회계획>; ~politik *f.*사회정책; ~prognose *f.*사회적 예후; ~recht *n.*사회복지법, 사회보장법; ~schädlichkeit *f.* 사회적 유해성<침해>; ~staat *m.*사회국가; ~staatsprinzip *n.*사회국가원리;
~struktur *f.*사회구조; ~transfer *m.*사회적 이전; ~verfassung *f.*사회헌법; ~versicherung → *Sozialversicherung*; ~verteidigung *f.*사회범위; ~wahl *f.*사회선거

sozialethisch *a.*사회 윤리적으로
sozialgefährlich *a.*사회적으로 위험한
Sozialisation <Sozialisierung> *f.*사회화
Sozialisations~
~prozeß *m.*사회화 과정; ~ziel *n.*사회화 목표
Sozialismus *m.*[, demokratischer ~] 민주적사회주의
Sozialist *m.*사회주의자
sozialistisch *a.*사회주의적; ~e Sozialpolitik 사회주의 사회정책
Sozialität *f.*사회성
sozialpolitisch *a.*사회정책적인
Sozialversicherung *f.*사회보험, 공보험
Sozialversicherungs~
~abgaben *f.*사회보험료; ~träger *m.*사회보험, 보험업자; ~wesen *n.*사회보험제도
Sozietät *f.*제휴<공동경영>법률사무소
spado *l.* 생식 능력이 없는 자
Spannungsklausel *f.*압력조항
Spar~
~einlage *f.* 저축예금의 예금액; ~förderung *f.*저축 장려<책>; ~kasse *f.*저축은행; ~konto *n.* 저축 예금 구좌; ~neigung *f.*저축 성향; ~prämie *f.* 저축 장려금; ~quote *f.*국민소득에 대한 국민 저축의 비율; ~zulage *f.* 저축보조금
Sparen *n.*, privates ~ 개인저축
spatium deliberandi *l.* 숙고기간(유산상속의 승낙 여부를 결정하게 하는 기간)
S.P.D. *l.*→ slutem plurimam dicit (아무가) 아주많이(중심으로)문안드립니다
species *l.* (불특정물과는 달리) 단일물
Species ei perit, cui debetur, genus perire non potest *l.* 특정물은 지불할 의무가 있는것에 붕괴되며 불특정물은 붕괴 될 수 없다(보통법)
species facti *l.* 사건의 경과보고
specificatio *l.* 다른 물건의 가공에 의한 새물건의 제작(새 물건에 독자적 소유권이 생성); 생산해야할 물건의 근접 명칭(표현)
spectabilis *l.* 이복은 ㄲㄴ(단과대학장

의 연설)
speculum Saxonicum *l.* 작센법전 (1255년에 기록됨)
Spediteur *m.*운송<취급>업자
Spediteur~
~auftrag *m.*운송취급위탁; ~gebühren *pl.* 운송취급수수료; ~geschäft *n.*운송취급영업; ~gut *n.*운송취급품; ~recht *n.*운송취급법; ~vertrag *m.*운송취급계약
Spekulant *m.*투기자
Spekulation *f.*투기
Spekulations~
~charakter *m.*투기의 성질; ~einsatz *m.*투기축전; ~geschäft *n.*투기행위, 투기성 사업, 투기; ~gewinn *m.*투기로 생긴 이익; ~kauf *m.*투기 매입(買入); ~markt *m.* 투기시장; ~objekt *n.*투기 대상; ~risiko *n.*투기에 따르는 위험
spekulativ *a.*투기적인, 투기성의
Spende *f.*기부금
Spender *m.*기부자
spendium *l.* 교수형에 처함
Sperr~
~klausel *f.*봉쇄조항, 저지조항; ~minorität *f.*소수저지권, (수적 열세에도 불구, 특정 사항의 가결을 저지할 수 있는) 봉쇄<저지, 억지>가능 소수(파); ~patent *n.*억지특허(抑制特許)
Sperrung *f.* eines Schecks 수표의 지불정지
Spesen *pl.*비용, 잡비, 운임
Spesenrechnung *f.*비용 계산서, 운임 청구서
Spezial~ (→ Sonder~)
~behandlung *f.*특별취급; ~gesetz *n.*특별법; ~jurisdiktion *f.*특별 판결<재판권>; ~patent *n.*특별특허; ~prävention *f.*특별예방, 재범 예방(책); ~regelung *f.*{i.S.v. gesetzliche ~} 특별 규율; ~wissen *n.* 전문지식
Spezialität *f.*특이성, 독특성
Spezialitätsgrundsatz *m.*특정성의 원칙
Spezialitätsprinzip *n.*특정주의
Spezialprävention *f.*특별예방<주의, 론>

spezialpräventiv *a.*재범 예방의
Spezies *f.*특종, 종류
Spezies~
~kauf *m.*개별판매; ~schuld *f.*특정물채무, 개별 채무
Spiel *n.*도박
Spiel~
~gewinne *pl.*도박을 통해 얻은 이득; ~schulden *pl.*노름빚; ~vertrag *m.*도박 계약
Spitzenbeträge *pl.*단주액
Spitzenverband *m.*지방자치단체의 중앙연합회
Splitterpartei *f.*분열된 정당
Splitting *n.*분할투표(정당 투표와 후보자 투표에서 각기 상이한 정당에 투표하는 제도)
Splittingtabelle *f.*연금분할표(年金分割表)
sponsa *l.* 신부
sponsalia *l.* 약혼; 약혼선물
sponsalia de futuro *l.* 미래에 혼인하겠다는 상호 약속, 약혼(교회법)
sponsalia de praesenti *l.* 혼인체결; 결혼식
sponsalitia largitas *l.* 신부선물
sponsio *l.* 서약; 보증계약; 내기
sponsio poenalis *l.* 진 경우에 대한 상호간의 내기 약속
sponsor *l.* 보증인
sponsus *l.* 신랑
Sportversicherung *f.*스포츠보험
Spot-Preis *m.*현물 시세
S.P.Q.R *l.* → Senatus Populusque Romanus 로마 원로원과 시민
Spruch *m.*{*eines Gerichts, etc.*} 판단, 심결
Spruch~
~körper *m.*(→ *Kammer*) 판결부(합의제의 재판관 회의 또는 단독 재판관); ~reife *f.*<분쟁본건> 판결을 내릴 상황에 이름
Sprungrevision *f.*도약상고
spurius *l.* 머슴; 사생아
s. t. *l.*→sine tempore

Staat *m.*국가, -국
Staat
abhängiger ~ 속령국(屬領國);
ausliefernder ~ 인도국; demokratischer ~ 민주국; entwickelter ~ 선진국;
ersuchender ~ 청구국; freier ~ 자유국;
industrialisierter ~ 선진공업국가;
konstitutioneller ~ 법치국가, 입헌국가;
kriegführender ~ 교전국; neuentstandener ~ 신생국; neutraler ~ 중립국;
souveräner ~ 주권국; unabhängiger ~ 독립국; unterentwickelter ~ 개발도상국가;
verbündeter ~ 동맹국;
vertragschließender ~ 체결국;
zentralistischer ~ 중앙주권국
Staaten pl. der freien Welt
세계자유제국
Staaten~
~bildung *f.*국가구성; ~bund *m.*국가연합, 연방; ~folge <~sukzession> *f.*국가지위의 승계
staatenlos *a.*무국적의, 국적이 없는
Staatenloser *m.*무국적인
Staatenlosigkeit *f.*무국적
staatlich *a.*국가의, 국유<국립>의
Staats~
~abgaben *pl.*국세; ~akt *m.*국가행위<행정조치>, 국가의식(儀式); ~angehörige *pl.*[, eigene ~] 특정국적을 가진 사람들;
~angehörigkeit *f.*[, doppelte ~] [이중]국적;
~angehörigkeitsland *n.*국적국;
~angehörigkeitsprinzip *n.*국적주의; ~angelegenheit *f.*국사(國事), 국가의 일; ~anleihe *f.*{*als Wertpapier*} 국가 차입(借入), 국채(國債);
~anwalt → *Staatsanwalt*; ~anzeiger *m.*관보;
~aufsicht *f.*국가 관리, 국가의 지휘 감독;
~auftrag *m.*①{*i.S.v. Befugnis*} 국가위임 ②{*zur Vertragsausführung*} 국가 발주;
~autonomie *f.*국가의 자치; ~autorität *f.*국가주권; ~ausgaben *pl.*국가정부지출<세출>; ~bahn *f.*국영철도; ~bankrott *m.*국가 재정파탄; ~beamter *m*(*der ~e*) 국가공무원, 관리, 사무관; ~begriff *m.*국가개념; besitz *m.*[, in ~] 국유; ~betrieb *m.*국영기업체; ~bewußtsein *n.*국가의식; ~bildung *f.*

{i.S.v. Entstehen} 국가구성; ~bürger m./pl. [, eigener ~] 자국민, 자국의 국적 보유자; ~bürgerschaft f.국적, 공민권; ~chef m. 국가원수; ~dienst m 관리(공무원)로서의 직업활동<봉직>; ~eigentum n.국유<국가>재산; ~eingriff m 국가간섭; ~einnahmen pl.국가의 수입, 세입; ~einrichtung f.국가 시설<기관>; ~examen n.국가 시험; ~finanzen pl. 국가 재정; ~form f.국체(國體), 정체(政體); ~forst m.국유림; ~garantie f.국가보증; ~gebiet n.국토, 영토; ~gedanke m.국가사상; ~geheimnis n.국가 기밀; ~gerichtshof m(독일 연방 공화국의 주에 있는) 주헌법재판소; ~geschäfte pl.국무(國務), 정무; ~gewalt f.국가권력, 국권, 통치권; ~grenze f.국경(國境); ~haftung f.국가책임, 국가배상; ~handel m.국가 무역; ~handelsland n.국가무역국(국가가 무역을 독점하는 나라); ~haushalt m.국가 예산<재정>; ~haushalte pl.국가 예산; ~hoheit f.국가주권; ~idee f.국가개념; ~kasse f.(→ Fiskus) 국고,국가급고; ~kosten pl.[, auf ~] 국가의 비용으로; ~lehre f.국가학, 국가론; ~mann m.고위 정치인; ~minister m.장관; ~monopol n.국가 독점(사업); notstand m.국가비상사태; ~oberhaupt n.국가 원수 (元首); ~ordnung f.국가 질서; ~organ n. 국가 기관; ~organ, ausländisches ~ 외국 정부기관; ~organisation f.국가조직; ~philosophie f.국가철학; ~präsident m.(공화국의) 국가원수, 대통령; ~prüfung <~examen n.> f.국가시험; ~prüfung, juristische ~ 국가사법시험; ~prüfung, Erste (juristische ~) 제1차사법시험; ~prüfung, Zweite (juristische ~) 제2차 국가<사법>시험; ~rat m.행정부의 최고 기관, 추밀원(樞密院); ~recht n.[, allgemeines ~] 국법, 헌법; ~rechtler m.헌법학자; ~rechtslehre f.헌법학; rechtslehrer m./pl.헌법 교사; ~regierung f.(한 나라의) 정부, 내각; schutz m.국가 보위(保衛), 국가 보안; ~schutzstrafrecht n.국가보안법; ~sekretär m.차관(次官); ~beamteter; ~sekretär, parlamentarischer ~ 정무(政務)차관; ~sicherheit f.국가안보; ~steuer f.국

세(國稅); ~struktur f.국가의 구조; ~territorium n.국가영토; ~theorie f.국가론; ~verbindung f.국가결합; ~verbrauch m.정부 부문별 소비; ~verbrechen n.국가보안범죄; ~verfassung f.헌법; ~vermögen f.국유 재산; ~vertrag m.국제조약(國際條約); ~verwaltung f.국가 행정; ~volk n.(das gesamte ~) 전국민; ~wald m.국유림; ~wappen n.국가의 문장(紋章); ~wesen n. 국체(國體), 국가제도; ~wirtschaft f.국가경제; ~wirtschaftslehre f.국가경제학; ~zeremonie f.국가 의식; ~zielbestimmung f.국가목표의 규정; ~zweck m.국가의 목적

Staatsanwalt m.검사
Staatsanwalt
Leitender ~ 검사정(檢事正)
Staatsanwalt~
~schaft f.검찰청; ~schaft beim LG 지 재검사국; ~schaft beim OLG 상급재판소검사국

staatsfeindlich a.반국가적인
staatsrechtlich a.국법상의, 헌법의
Stabilisation f.; **stabilisieren** v.~을 안정시키다
Stabilisationsprogramm n.안정화 프로그램
Stadium n. **der Ermittlungen** 수사단계
Stadt f.도시, 시
Stadt~
~bevölkerung f.도시<시>의 주민; ~bezirk m.시의 행정구역; ~planung f.도시계획; ~staat m.도시 국가(함부르크와 브레멘과 같은); ~rat m.시 참사회; ~steuer f.시세; ~verordneter m.참사회의 구성원, 참사; ~verwaltung f.시 행정
Städtetag m.도시 협의회(공동의 이익을 달성하기 위해 몇몇 시가 구성한)
Stahl~
~industrie f.철강업; ~werte pl.철강주(株)
Stamm~
~aktie f.보통주(株); ~einlage f.(유한 책임 회사의) 기본 출자액; ~einlage, einbezahlte ~ 지급된 기본 출자액; ~erbe m.원상속인; ~gesellschaft f.

친회사; ~kapital n.{allgemein} 설립<창립>자본금
Stand m.①{i.S.v. Position, Lage} 지위, 상태 ②{i.S.v. Personenstand} 신분
Stand
~ der Technik 선행기술
Standard m.기준, 수준
Standard
internationaler ~ 국제적 기준;
technischer ~ 기술적 수준;
völkerrechtlicher ~ 국제법상의 기준
Standard~
~bedingungen pl.표준약관; ~klausel f.보통약관; ~vertrag m.약관계약; ~vertragsbedingungen pl.(국제조약법상) 일반계약조항
Standardisierung f.; **standardisieren** v.~을 규격화<통일화>하다
standardisiert a.규격화<통일화>된
Standes~
~amt n.호적사무소; ~beamter m.(der ~~e) 호적 사무소의 관리, 호적계 서기; ~ehre f.직업윤리, 명예<체면>; ~gericht n.직업윤리재판소; ~gerichtsbarkeit f.직업윤리재판권<제도>; ~pflichten pl.직업상의 의무; ~recht n.직업의무법; ~regeln pl.직업윤리; ~register n.호적부(戶籍簿); ~richtlinien pl.직업윤리규제; ~widrigkeit f.직업윤리위반
Standpunkt m.{i.S.v. abstrakter ~} 관점, 입장
Standpunkt
objektiver ~ 객관적 관점;
rechtsvergleichender ~ 비교법적 관점;
subjektiver ~ 주관적 관점
stante pede l. 즉각, 지체하지 않는
Stasi f.{frühere DDR} (= Staatssicherheit(-spolizei)) 비밀경찰
stationes fisei l. 개별적인 행정(관리) 분과
statistisch a.통계상의, 통계학의
stattfinden v.~이 개최되다, ~이 행해지다
stattgeben v.~을 허가하다, ~을 들어주다
statthaft a.허용

Statthaftigkeit f.허용성
Status m.상황<여건>, 신원<신분>관계
Status
ehelicher ~ 기혼상태; gesetzlicher ~ 법정 신분관계; negativer ~ 소극적 지위; positiver ~ 적극적 지위
status l. 상황; 상태
Status~
~akt m.신분행위; ~klage f.신분관계소송; ~sache f.신분사건; ~urteil n.신분관계관련 판결
status ante l. 이전의 상태/상황
status causae et controversiae l. 소송에 있어서 사안과 분쟁상태
status civitatis l. → ius civitas 시민권
status familiae l. (로마)가족으로서의 소속성
status libertatis l. 자유의 상태, 자유에 소속됨
status nascende l. 태어남의 상태, 생성상태
status quo l. 현재 상태, 현상(現狀)
status quo ante l. → status ante
statusrechtlich a.신분법상의
Statut n. → Statuten
statuta personlia, st. realia, st. mixta → lex personalis → lex rei sitae → lex domidilii
Statuta personalia, sunt intelligenda contra ius commune l. 쓰여져 있는 부분적 출처인 정관(규약)은 보통법에 대해서 정확하게 평가되어야만 한다; 가능한 일치되어야 한다 (주석자들)
Statuten pl.①{z.B. Firmen~}[회사 등] 정관 ②{von Vereinigungen}[단체 등] 규칙
Statutenänderung f.정관의 변경, 규약변경
statutum l. 정관, 법규
statutum in favorem principum l. 1231/1232년(세속의) 영주를 위한 법규
stehlen v.~을 훔치다, 표절하다

stellen
einen Antrag ~ v.~을 신청하다;
einander gegenüber ~ v.서로 대립하다

Stellenanzeigen pl.<신문>구인광고
stellionatus l. 사기거래, 사기
Stellung f.(1)(i.S.v. Position) 지위, 위치 (2)(i.S.v. Personenstand) 신분

Stellung
amtliche ~ 공무원상<직무상>의 지위;
berufliche ~ 직업상의 지위<신분>;
gesellschaftliche ~ 사회적 지위;
marktbeherrschende ~ [시장]독점적<지배적> 지위; prozessuale ~ 소송상의 지위;
rechtliche ~ 법률상<법적> 지위

Stellung eines Antrags
신청<출원> 제기

Stellungnahme f.입장 표명, 천명된 견해

Stellungnahme
ablehnende ~ 부정적 견해, 거선의 입장 표명; abweichende ~ 반대의 입장 표명

stellvertretend a.대리의, 대리권을 지닌

stellvertretend
~es commodum 대상(代償)

Stellvertreter m.(→ Vertreter) 대리인, 대행자; direkter ~ 직접대리인

Stellvertreter
gesetzlicher ~ 법정대리인; gewilkürter ~ 임의대리인; mittelbarer ~ 간접대리인;
vollmachtsloser ~ 무권(無權)대리인

Stellvetretung f.(→ Vertretung) 대리
Stellvertretung
gesetzliche ~ 법적 대리; gewillkürte ~ 임의적 대리; mittelbare ~ 간접적 대리;
passives ~ 수동적 대리; prozessuale ~ 소송상의 대리; unmittelbare ~ 직접적 대리

Stellvertreterbefugnis f.대리권
stemma l. 가문의 계보(系譜)
Stempel m.스탬프<도장>, 날인(捺印), 압인, 낙인(烙印), 소인(消印)

Stempel~
~abgabe f.낙인세; ~fälschung f.스탬프 위조; ~marke f.인지; ~steuer f.인지세

Sterbe~
~alter n.사망연령; ~attest n.사망진단서;
~geld n.장례 보험금; ~hilfe f.안락사(술), 장례 보험금; ~hilfe, aktive ~ 적극적 안락사술; hilfe, passive ~ 소극적 안락사술; ~register n.사망등기부

Steuer f.(1)(i.w.S.) 과세, 조세 (2)(im konkreten Sinn) 세금

Steuer
besondere ~ 특별세; direkte ~ 직접세;
indirekte ~ 간접세; progressive ~ 초과누진세

Steuer, vor ~ 세인진
Steuer~
~amnestie f.조세 사면(赦免);
~angelegenheit f.조세사건, 세금 문제 <관계, 사항>; ~anreize pl.조세유인;
~ansatz m.세율(稅率); ~befreiung f.면세, 세금면세; ~behörde f.세무서; ~beitrag m.조세납부금액; ~belastung f.[, hohe ~] 높은 수준의 세금부담; ~bemessung f.과세; ~berater m.세무사; ~beratung f.세무상담; ~betrag m.세액; ~bilanz f.세무;
~delikt n.조세관련 범죄; ~erhöhung f.세금인상; ~erklärung f.세무신고;
~erleichterung f.세무부담의 경감, 감세;
~einnahmen pl.세수(稅收); ~erlaß m.조세<세금> 면제, 면세; ~ermäßigung f.세액 할인<경감>; ~festsetzung f.세액사정;
~festsetzungsverfahren n.세액사정절차;
~flucht f.세금포탈(稅金逋脫); ~forderung f.납세고지; ~freibetrag m.면세액;
~freiheit f.면세; ~gegenstand m.감세물건; ~geheimnis n.(소득이나 재산에 대해) 비밀을 지켜야 할 의무; ~gelder pl.(징수)세금; ~gesetzgebung f.조세입법;
~gewalt f.조세권력; ~harmonisierung in der EG 유럽연합의 회원국 간 세제(稅制)통일; ~herabsetzung f.세금의 인하;
~hinterziehung f.탈세; ~jahr n.조세년도;
~kapital n.과세자본; ~klasse f.과세계급;
~last f.조세부담; ~objekt n.조세물건, 과세대상; ~ordnung f.세제, 과세조례;
~paradies n.세금천국; ~periode f.납부기간; ~pflicht f.납세의무; ~pflichtiger

m.(*der* ∼*e*) 납세의무자; ∼politik *f.*조세정책; ∼prüfung *f.*납세조사; ∼progression *f.*누진세율, 조세 누진, 누진과세의 원칙; ∼rate <∼quote, ∼satz *m.*> *f.*세율; ∼reduktion *f.*조세 축소; ∼reform *f.*조세개혁, 조세개정; ∼rückstand *m.*세금 체납<체불>; ∼rückvergütung *f.*조세 상환; ∼sache *f.*조세사건; ∼satz *m.*과세 표준세액, 과세 표준율; ∼schuld *f.*미납<체납>세금; ∼schuldner *m.*세금 체납자<미납자>; ∼senkung *f.*세금 인하; ∼strafe *f.*세무 형법상의 처벌; ∼strafrecht *n.*세무형법; ∼stundung *f.*세금 지불 기간의 유예; ∼subjekt *n.*납세 의무자; ∼summe *f.*조세액, 납세액; ∼system *n.*세제, 조세제도; ∼umgehung *f.*탈세; ∼veranlagung *f.*조세<세액> 사정; ∼vergünstigung *f.*세제상의 혜택<특전>; ∼vergünstigungen *pl.*세제상의 혜택<특전> 조치; ∼vergütung *f.*세금환불; ∼verkürzung *f.*조세포탈; ∼vermeidung *f.*조세회피; ∼verpflichtung *f.*납세의무; ∼verwaltung *f.*조세관리<행정>; ∼vorauszahlung *f.*세금의 예납; ∼vorschrift *f.*조세규정; ∼wert *m.*과세액; ∼zahler *m.*납세자; ∼zahlung *m.*납세
steuerfrei *a.*면세<무세(無稅)>의
Steuern und Abgaben 공조(公租) 및 공과(公課)
steuerrechtlich *a.*세법상
Stich∼
∼tag *m.*실시일, 시행일자; ∼probenkontrolle *f.*무작위 추출 견본 통제, 무작위 추출 검사<시험> 통제; ∼wahl *f.*결선 투표
Stief∼
반혈(半血), 이부(異父)
Stief∼
∼bruder *m.*의붓형제; ∼eltern *pl.*의부모; ∼geschwister *pl.*의붓남매.; ∼kind *n.*의붓자식; ∼mutter *f.*계모; ∼vater *m.*계부
Stifter *m.*재단 설립자<창설자, 발기인>
Stiftung *f.*재단
Stiftung
rechtsfähige ∼ 재단<법인>;
∼ des bürgerlichen Rechts 민법상의 재단법인; ∼ des öffentlichen Rechts 공법상의 재단법인
Stiftungs∼
∼akt *m.*기부행위; ∼aufsicht *f.*재단감독; ∼gelder *pl.*재단자금; ∼geschäft *n.*재단<기부>행위; ∼organe *pl.*재단의 기관; ∼persönlichkeit *f.*재단의 법인격(法人格); ∼recht *n.*재단법; ∼satzung *f.*재단의 정관(定款); ∼urkunde *f.*기부증(寄附狀); ∼vermögen *n.*법인재단의 재산; ∼vertrag *m.*재단계약; ∼vorstand *m.*재단이사; ∼zweck *m.*법인재단의 목적
Stigma *n.*오명<불명예>, 굴욕
Stigmatisierung *f.*; **stigmatisieren** *v.* 낙인을 찍다, 오명을 부여하다
stillschweigend *a.*암묵적인
Stillstand m. der Rechtspflege 법집행<사법(司法)>의 휴지(休止)
stilus curiae *l.* 교황의 지시(규정)라는 특별방식으로서 증명된 관청규칙
Stimm∼
∼abgabe *f.*[, kumulative ∼] [누적]투표; ∼auszählung *f.*투표의 집계; ∼enthaltung *f.*투표<의견, 평결>의 기권; ∼fähigkeit *f.*표결권, 투표의 능력; ∼recht *n.*투표권, 선거권, 표결권; ∼rechtsausübung *f.*투표권<선거권, 표결권>의 행사; ∼rechtsverbindungsvertrag *m.*의결권계약; ∼verteilung *f.*투표배분; ∼zettel *m.*투표용지
stimmberechtigt *a.*투표<의결>권이 있는
Stimmen *pl.*투표권, 발언권
Stimmen gültige ∼ 유효투표수; tote ∼ (bei der Wahl) 사표(死票)
Stimmen∼
∼anteil *m.*득표율; ∼auszählung *f.*투표의 집계; ∼gleichheit *f.*가부동수(可否同數); ∼mehrheit *f.*과반수 득표; ∼teilung *f.*투표분할; ∼wägung *f.*투표의 정확한 평가; ∼zahl *f.*투표수
stimmfähig *a.*투표권이 있는
stimming *a.*조화로운, 모순이 없는, 논리정연한

Stimmrechts~
~aktie *f.* 의결권주; ~ausübung *f.* 의결권의 시행; ~ausübungsvollmacht *f.* 의결권행사 시 권한 위임; ~ausübungsverbot *n.* 의결권행사의 금지; ~beschränkung *f.* 의결권의 제한; ~bindung *f.* 의결권구속; ~bindungsvertrag *m.* 의결권구속에 관한 조약; ~vereinbarung *f.* 의결권행사에 관한 합의

stimulans *l.* 고무하는
stimulanzia *pl.* 홍분제
stimulus *l.* 동기, 자극
Stipendium *n.* 장학금
stipulieren *v.* ~을 계약<협정>하다, ~을 확정하다
stopendium *l.* 세금, 공과금; (병사의) 급료, (군대의) 급료
Stockwerkseigentum *m.* 계층소유
Störer *m.* 방해자
Störer~
~eigenschaft *f.* 방해자의 특성; ~haftung *f.* 방해자책임
stpulatio *l.* 일방의 화약, 약속
stirps *l.* 혈통, 가문(성) (유선 가문의 혈통, 그리고 인간의 성(性).)
stradaticum *l.* 도로 사용료
Straf~
~androhung *f.* 처벌<형벌>을 내세우는 위협; ~anspruch *m.* 형벌권<처벌권>; ~anspruch, staatlicher ~ 국가 형벌권<처벌권>; ~anstalt *m.* 교도소, 감옥; ~antrag *m.{im Verfahren}* 고소<기소>, 구형; ~anwendung *f.* 형적용; ~anzeige *f.{gegen jemanden}* 고발{~ durch jedermann} 고발; {~ durch das Opfer} 고소; ~arrest *m.* {군} 영창(처분); ~art *f.* 형벌<처벌>의 종류; ~aufhebungsgründe *pl.* 형 면제의 사유; ~aufhebungsgründe, persönliche ~ 인적 형 면제의 사유; ~aufschub *m.* 집행유예; ~ausdehnung *f.* 형벌의 확장; ~ausdehnungsgründe *pl.* 형벌확장의 사유; ~ausschließung *f.* 집행유예; ~ausschließungsgründe *pl.* 집행유예의 이유; ~ausschließungsgründe, persönliche ~일신상의 집행유예 이유; ~aussetzung →

Strafaussetzung; ~barkeit → *Strafbarkeit*; ~bedürfnis *n.* 처벌<형벌>의 필요성; ~befehl *m.* 약식<처벌>명령; ~befehlsverfahren *n.* 약식명령의 절차; ~befugnis *f.{des Staates}* 처벌권<형벌권>; ~bemessung = → *Strafzumessung*; ~bestimmung <~vorschrift> *f.* im Gesetz 법률상의 형벌<처벌>규정; ~bewehrung *f.* 형사상의 무장, 보호; ~dauer *f.* 형기, 형벌기간; ~drohung *f.* 형벌<처벌>의 위협; ~effekt *m.* 형벌효과; ~empfänglichkeit *f.* [~ von Unternehmen] (기업의) 형벌<처벌>수용능력; ~entlassung *f.* 석방, 출감; ~erlaß *m.* 형의 면제, 특사(特赦); ~erschwerung *f.* 형의 가중; ~erschwerungsgrund *m.* 형의 가중사유; ~fähigkeit *f.* 형벌<처벌>능력; ~fälliger *m.(der ~~e).* erstmals ~ 초범; ~festsetzung *f.* 형의 확정; ~folge *f.* 형벌 효과; ~frage *f.* 형벌문제; ~freiheit *f.* 무죄, 형 면제, 무죄 석방; ~funktion *f.* 형벌기능; ~gedanke *m.* 형벌사상; ~gefangene *m./f.* 죄수, 기결수; ~geld *n.* (= → *Geldbuße*) 과료; ~gericht *n.* 형사 법원; ~gerichtsbarkeit *f.* 형사 재판<권>; ~gesetzbuch *n.* 형법전(刑法典); ~gesetze *pl.* 형법상의 법규; ~gesetzgebung *f.* 형사입법(刑事立法); ~gewalt *f.* [, staatliche ~] 국가형벌권; ~gewalt des Staates 국가형벌권; ~grund *m.* 처벌근거; ~haft *f.* 구금, 감금; ~justiz *f.* 형사사법(司法); ~kammer *f.* 형사사건담당; 합의부 형사부; ~kammer, Große ~ 대형사부; ~klage *f.* 공소; ~klagerecht *n.* 형사공소권; ~klageverjährung *f.* 공소시효; ~klausel *f.* {in einem Vertrag} 위약벌약관; ~klagevoraussetzung *f.* 공소조건; ~losigkeit *f.* 무죄(식방), 형 면제; ~maß *n.* 형량; ~maßnahmen ergreifen *v.* 형량을 결정하다; ~milderung *f.* 감형; ~milderungsgrund *m.* 감형의 사유; ~milderungsvorschrift *f.* 감형 규정; ~mittel *n.* 형벌<처벌>수단; ~mündige *f.* 형사상의 여성 성년자; ~mündige *pl.* 유책인; ~mündigkeitsalter *n.* 형사상의 성년

연령; ~norm *f.*형사<처벌>규범; ~normen *pl.*형벌법규; ~prozeß *m.*형사소송; ~prozeßrecht *n.*형사소송법; ~rahmen *m.*형량의 범위, 재량 범위; ~recht → *Strafrecht*; ~rechtler <~rechtslehrer> *m.*형법학자; ~register *n*범죄자명부, 전과부; ~registereintragung *f.*범죄자명부<전과부>상의 기록; ~richter *m./pl.*형사재판관, 형사부 판사; ~risiko *n.*처벌수위; ~sache *f.*형사사건; ~schärfung *f.*형량 가중; ~schutz *m.*형사상의 보호; ~senat *m.*{*beim Oberlandesgericht*} (상급법원의) 형사 합의부; ~senat, großer ~ 형사대부; ~system *n.*형벌<처벌>제도; ~tat *f.*범죄,범행; ~tatbestand *m.*범죄구성요건, 범죄규정; ~taten → *Straftaten*; ~theorie *f.*형벌이론; ~tilgung *f.*전과기록말소; ~umwandlung *f.*형의 변경; ~unmündiger *m.*형사상의 미성년자; ~unmündigkeit *f.*형사상의 미성년; ~urteil *n.*형사재판상의 판결; ~vereitelung *f.*형사상의 무효행위; ~verfahren → *Strafverfahren*; ~verfolgung → *Strafverfolgung*; ~verjährung *f.*형사상의 시효소멸; ~verzicht *m.*형사상의 방기; versetzung *f.*좌천; ~vollstreckung *f.*형집행; ~vollstreckungskammer *f.*형집행부; ~vollstreckungsverjährung *f.*형 집행의 시효소멸; ~vollzug → *Strafvollzug*; ~vorbehalt *m.*형의 유보; ~vorschrift *f.*형벌규정; ~würdigkeit *f.*처벌의 당위성; ~zeit *f.*[스포츠] 장외 대기시간, 벌칙으로 가산되는 시간; ~zumessung → *Strafmessung*; ~zweck *m.*형의 목적

strafausschließend *a.*집행유예의
Strafaussetzung *f.*집행유예, 집행연기
Strafaussetzung
~ zur Bewährung 집행유예
strafbar *a.*처벌해야 할, 유죄인
strafbar *a.*; nicht ~ 무죄인, 처벌하지 말아야 할
Strafbarkeit *f.*유죄, 죄의 성립
Strafbarkeit
die ~ von *etw.* aufheben *v.*~의 유죄를 철회하다

Strafbarkeit
Bewußtsein der ~ 유죄의 인식; Objektive Bedingung der ~ 객관적 처벌조건
Strafbarkeits~
~bedingungen *pl.*처벌조건; ~bedingung, objektive ~ 객관적 처벌조건; ~lücke *f.*가벌성 간속
strafbewehrt *a.*벌칙부, 가벌
Strafe *f.*형벌, 처벌
Strafe
die ~ anrechen *v.*형을 책정하다; die ~ erschweren *v.*형을 가중시키다; *jm.* die ~ erlassen *v.*~에게 형을 면제하다; die ~ vorbehalten *v.*형을 유보하다; eine ~ aussprechen *v.*형을 선고하다; *etw.* mit ~ ahnden *v.*~을 벌하다; von der ~ absehen *v.*형을 면제하다
Strafe
durch das Urteil ausgesprochene ~ 판결을 통해 부여된 처벌형
Strafe
Keine ~ ohne Gesetz 법에 규정되어 있지 않은 형벌
Strafe
ausgesprochene ~ 언도, 형; gesetzlich gestimmte <gesetzmäßige> ~ 법정형; grausame ~ {*als Strafart*} 잔학형; körperliche ~ 체형(體刑); kriminelle ~ 형사상의 처벌; lebenslängliche ~ 무기형; öffentliche ~ 공법(公法)상의 처벌; verwirkte ~ 선고형; zeitliche ~ 유기형
strafen *v.*~를 벌하다, 처벌하다
Strafensystem *n.*형벌제도
straffähig *a.*처벌할 수 있는
straffällig *a.*형을 받아야 하는, 범죄를 저지른
straffrei *a.*무죄의, 형이 면제된
strafgerichtlich *a.*형사재판소의
straflos *a.*무죄의, 죄가 되지 않는
straflos
etw. ~ stellen *v.*~이 무죄임을 밝히다
Strafrecht *n.*①{*i.e.S.*} 형법 ②{*i.w.S.*} 형사법

Strafrecht
allgemeines ~ 일반형법; ausländisches ~ 외국형법; besonderes ~ (→ *Sonderstrafrecht*) 특별형법; formelles ~ 형식적 형법; geltendes ~ 현행형법; internationales ~ 국제형법; materielles ~ 실체적 형법; politisches ~ 정치적 형법
Strafrechtler *m./pl.*형법학자
strafrechtlich *a.*형사법적
Strafrechts~
~dogmatik *f.*형법해석학; ~forscher *m.*형법연구자; ~geschichte *f.*형사법사(刑事法史); ~judikatur *f.*형사판례; ~lehre *f.*형법학; ~lehrer *f./pl.*형법학자; norm *f.*형법규범; ~pflege *f.*형사가법; ~reform *f.*형법개정; ~system *n.*형법제도; ~theorie *f.*형법이론; ~wissenschaft *f.*형법학, 형사법학계; ~wissenschaft, vergleichende ~ 비교형사법학; ~wissenschaftler *m.*형사법연구자
strafprozessual *a.*형사소송법상
Strafsache *f.*형사사건
strafrechtsdogmatisch *a.*형사법의 해석상
Straftat *f.*죄, 범죄
Straftat
nach Begehen der ~ 범행을 저지른 후에~; eine ~ vortäuschen *v.*범죄행위를 저지른 체하다
Straftatgehilfe *n.*범행 공범<종범(從犯)>
Straftaten (*pl.*)
~ auf Seeg 해상범죄; ~ im Ausland 국외범; ~ im Inland 국내범
Straftaten
mehrere ~ 다수의 범죄행위; weitere (nicht angeklagte) ~ 여죄(餘罪)
Straftaten gegen
~ das Leben 생명을 해치는 범죄행위; ~ die körperliche Unversehrtheit 신체상의 온전함에 반하는 범죄행위
strafunfähig *a.*처벌할 수 없는
strafunmündig *a.*형법상 미성년인, 형사책임을 질 수 없는
strafunwürdig *a.*형법상 자격 없는
Strafverfahren *n.*형사소송절차

Strafverfahren
ein ~ einstellen *v.*형사소송절차를 중지시키다
Strafverfahrensrecht *n.*형사소송절차법
strafverfahrensrechtlich *a.*형사소송절차법상
Strafverfolgng *f.*형사소추
Stfrafverfolgungs~
~interesse *n.*형사소추상의 이익; ~maßnahme *f.*형사소추처분; ~organ *n.*형사소추기관; ~recht *n.*형사소추권; ~statistik *f.*형사소추통계; ~tätigkeit *f.*형사소추활동; ~verjährung *f.*형사소추의 시효
Strafvollzug *m.*행형(行刑)
Strafvollzugs~
~anstalt *m.*교도소, 감옥; ~befehl *m.*형집행에 대한 명령; ~behörde *f.*형 집행관청; ~gesetz *n.*행형법(行刑法); ~gesetzgebung *f.*행형입법; ~ordnung *f.*행형규칙; ~organ *n.*행형기관; ~recht *n.*행형권한; ~statistik *f.*행형통계; ~system *n.*행형제도
Strafzumessung *f.*형량 산정
Strafzumessungs~
~ebene *f.*형량 산정의 단계; ~grund *m.*형량 산정의 근거; ~praxis *m.*형량 산정의 실제; ~rahmen *m.*형량 산정의 범위
Strangulation *f.*; **strangulieren** *v.[jn./sich ~]* ~를 교살하다
Straßenbaulast *f.*도로
Straßenverkehrs~
~delinquenz *f.*교통사범; ~ordnung *f.*도로교통규칙; ~recht *n.*도로교통법; ~zulassung *f.*도로교통허가
Streichung *f.*; **streichen** *v.*지우다, 말소하다, 취소하다
Streichung
~ aus der Aktionärsliste 주주명부상의 말소; ~ aus dem Gesetz 법률상의 말소; ~ aus dem Grundbuch 등기부상의 말소; ~ aus dem Handelsregister 사업등기부상의 말소
Streifenwagen *m./pl.*순찰차

Streik *m.*; **streiken** *v.* 파업하다, 파업 중에 있다
Streik
spontaner ~ 자발적 파업; rechtswidriger ~ 법에 저촉되는 파업; wilder ~ 과격한 파업
Streik~
~abstimmung *f.* 동맹파업에 대한 투표; ~ankündigung *f.*<~ausfurung> 동맹파업 선고; ~androhung *f.* 동맹파업의 예고; ~aufruf *m.* 동맹파업 호소(격문); ~ausfall *m.* 동맹파업으로 인한 손실<손해>; ~ausfalltage *pl.* 동맹파업으로 인한 손실노동일수; ~beschluß *m.* 동맹파업의 결의; ~ende *f.* 파업종결; ~lohn *m.* (조합)파업수당; ~posten *m.* 파업 이탈자를 막기 위한 감시요원; ~recht *n.* 쟁의권; ~verbot *n.* 쟁의금지
Streikende *pl.* {Personen} 파업 참가자
Streikende *n.* {i.S.v. Ende des Streiks} 파업 종결
Streit *m.* 분쟁, 계쟁(係爭)
Streit
in ~ befangen 계쟁 중에 있는
Streit~
~beilegung *f.*, außergerichtliche ~ 재판외의 분쟁해결<처리>; ~beilegung, friedliche ~ 우호적<분쟁> 해결; ~beilegungsfunktion *f.* 분쟁처리기능; ~entscheidung *f.* 소송의 재결(裁決); ~erledigung *f.* 분쟁처리; ~gegenstand *m.* 소송목적<대상>, 소송물, 계쟁대상; ~gegenstandlehren *pl.* 소송물이론; ~gegenstandwert *m.* 소송물<물적> 가치; ~gehilfe *m.* 소송보좌인; ~genosse *m.* 공동소송인;
~genossenschaft → *Streitgenossenschaft*; ~helfer *m.* 소송보좌인; ~hilfe *f.* 소송보좌; ~parteien *pl.* 분쟁당사자; ~punkt *m.* 논쟁의 중심, 쟁점; ~objekt *n.* 논쟁의 대상, 소송물(訴訟物); ~sache *f.* 논쟁 사항, 소송 사항; ~verhältnis *n.* 소송관계; ~verkünd(end)er *m.* 소송고지자; ~verkündeter *m.* 소송상의 피고지자; ~verkündung *f.* 소송고지; ~wert *m.* 소송물의 가격; ~wertbewertung *f.* 소송물의 가격 평가; ~wertfestsetzung *f.* 소송물의 가격 확정

streitbar *a.*; ~e Demokratie 투쟁적 민주주의
streitbefangen *a.* 계쟁중인
Streitfall *m.* 계쟁사건 (係爭事件)
Wenn eine Norm im Streitfall der Justiz Entscheidungsmaßstäbe zu liefern vermag, ist sie dann justitiabel.
Streitgenossenschaft *f.* 공동소송
Streitgenossenschaft
echte ~ 고유적 공동소송; eigentliche ~ 본래적 공동소송; notwendige ~ 필요적 공동소송; unechte ~ 유사적 공동소송
streitig <**strittig**> *a.* 계쟁(係爭)중인, 이론의 여지가 있는
Streitigkeit *f.* 분쟁, 소송<사건>
Streitigkeit
arbeitsrechtliche ~ 노동법상의 분쟁<사건>; bürgerlichrechtliche ~ 민법상의 분쟁<사건>; erbrechtliche ~ 상속법상의 소송<사건>; familienrechtliche ~ 가족법상의 소송<사건>; handelsrechtliche ~ 상사사건; nichtvermögensrechtliche ~ 무재산법상의분쟁<소송, 사건>; vermögensrechtliche ~ 재산법상의 쟁송<소송, 사건>
Strengbeweis *m.* 엄격한 증명
streng geheim *a.* 엄밀한
strenuus *l.* 엄격하게 무서운(하위귀족과 법률박사들을 위한 연설 - 엄격하신 분들)
stricto iure *l.* 엄격한 법에 따라
stricto sensu *l.* 엄격한 의미에서
strikt *a.* 엄격한, 엄한
Strohmann *m.* 짚으로 만든 인형, 허수아비
Strohmann
~geschäft *n.* 허수아비 행위
Strom *m.* ① {i.S.v. Elektrizität} 전기 ② {i.S.v. Fluß} 하천
Strom~ {i.S.v. ①}
~lieferungsunternehmen *n./pl.* 전기사업; ~lieferungsvertrag *m.* 전기공급계약
Strom~{i.S.v. ②}
~aufsicht *f.* 하천감독; ~polizei *f.* 하천관

항; ~schifffahrt f.하천 해운
Struktur f.기조, 구성
Struktur~
~analyse f.구조적 분석; ~frage f.구조적 문제; ~krise f.구조적 위기;
~krisenkartell n. 기조; ~risiko n.구조상의 위험
strukturell a.구조상
Stück~
~arbeiter f.도급일꾼, 정부일을 하는 사람; ~fracht f.개유품(個包品)<화물(貨物)>; ~gut n.낱개로 파는 상품, 개별 탁송 화물; ~lizenz f. : ~preis m.개당 가격; ~verzeichnis n개별 명세서; ~zoll m. 개별 관세
Stücksaktie f.무액면주식
Studienanfänger m./pl.입학자
Stufen~
~gründung f.순차적 설립; ~klage f.단계별 소(訴); ~lösung f.단계적 해결; ~verhältnis n.단계별 관계; ~vollzug m. 단계별 시행
stunden v.[(jm.) etw. ~] (~에게) ~을 연기<유예>해주다
Stundenlohn m.시간제 임금<급료>
Stundung f.[von Zahlungen] (지불기한의) 연기<유예>
Stundungs~
~abrede f.연기<유예>협정; ~bewilligung f.지불유예<연기>의 허가<승인>; ~einrede f.지불유예에 대한 항의<항고>; ~frist f.지불유예기간
stuprum l. 흠 없는(결점 없는) 여자와 성교
Sturm(schaden)versicherung 풍수해보험
Stützpreis m.유지가격
sub auspiciis l. 보호 하에, 동지하에
sub condicione l. 조건하에
subditus l. 부하직원
subditus perpetuus l. 특정국적을 가진 사람
subditus temporarius l. 살고 있는 외국인의 국토에서

Sub hac conditione si volam nulla fit obligatio l. "내 마음에 들면" 이라는 조건하에서는 재무관계가 이루어지지 않는다(보통법)
sub hasta l. 창 아래(창은 로마인 사이에서는 국가 권력의 표시다)
subhastatio l. "창 아래" 매각(공개 경매; 토지의 강제 경매) → ad hastam
subiectio l. 종속; 정복
subinfeudatio l. 가신봉토(家臣封土)
sub iudice l. 재판관 아래(미결의)
Subjekt n.주체
Subjektstheorie f.주체설
Subjektionstheorie f.종속설, 법률관계설
subjektiv a.주관적
subjektiv
~es öffentliches Recht 주관적 공법 (Subjektiv-öffentliches Recht)
subjektivistisch a.주관주의적
Subjektivität f.주관성
Subkontrakt m.하청계약
Subkultur f.하위문화
sublocatio l. 전대 (轉貸)
submersio l. 익사시키다(중세의 형벌)
submissio l. 입찰(낙찰),(시험, 일)의 공개공모
Submission f.입찰
Submissions~
~absprache f.입찰합의; ~betrug m.입찰관련 사기행위; ~garantie f.입찰보증; ~preis m.입찰가격
subordinatio l. 종속, 예속; 순종
Subordination f.종속
Subordinationstheorie f.종속설
Subordinationsverhältnis n.종속관계
sub poena l. 처벌을 내세우는 위협 하에
Subrogation f.대립권
Subrogations~
~klause f.대립권조항; ~prinzip n.대립주의; ~recht n. des Gläubigers 채권자대립권
sub rosa, sub sigillo l. 장미 하에, 봉인 하에 (과묵함, 장미는 이것의 상

징으로 간주됨)
subscriptio *l.* 의무를 지우는 서명
subsellium *l.* 재판석
subsidiär *a.*보충적인, 제이차적인
subsidiarius *l.* 임시변통의, 보조의
Subsidiärität *f.*보충성
Subsidiärditäts~
~grundsatz *m.*<~prinzip *n.*> 보충성의 원칙; ~klausel *f.*보충성의 원칙 조항; ~prinzip *n.*보충성의 원칙
subsignatio *l.* 서명(비준)
Substantiierung *f.*; **substantiieren** *v.* 구체화하다
Substantiierungslast *f.*구체화책임
Substitut *n./m.*①{*Vertretungsrecht*} 부대리인 ②{*i.S.e. Sache*} 대체물③{*i.S.d. Erbrechts*} 보충상속인
substitutio *l.* 대리; 소송대리인을 세움; 보충상속인 지정
substitutio duplex tacita *l.* 양쪽의 사안에서 암묵적 대행 (차순위 상속인은 보충상속인이다)
Substitution *f.*보충, 이전
Substitutions~
~befugnis *f.*부대리 권한; ~klausel *f.*부임문(復任文); ~recht *n.*후임권, 직무이전권
substitutio reciproca *l.* 상속인의 상호간 보충 유산
substitutus *l.* 대리인; 보충 상속인; 변호 대리자
Substitutus substituto censetur esse
substitutus instituto *l.* 보충상속인은 다시 보충상속인으로 대체될 수 있다 (보통법)
subsumptio *l.* 법률상 사실구성요건 하에서 개별적(특수한)인 경우의 예속
Subsumtion *f.*포함, 포괄, 종속
Subsumtionsirrtum *n.*포함상의 착오
Subunternehmer <**Sub-Unternehmer**> *m.* 하청부인<업자>
Subunternehmer
nominierter ~ 지정된 하청업자, 지점의 하청업자
subventio *l.* (공공단체, 국가의) 보조

금, 후원, 물질적 도움
Subvention *f.*정부보조금, 교부지원
subventionieren *v.*~을 지원<후원, 보조>하다
subventioniert *a.*~의 보조를 받는
Subventionierung *f.*원조, 보조
Subventions~
~betrug *m.*보조금관련 사기행위; ~recht *n.*보조금법; ~vergabe-Richtlinien *pl.*보조금위탁규정; ~zweck *m.*보조금의 목적
subversio *l.* (국가, 정부의) 전복, 변혁
successio *l.* 권리 계승; 상속순위; 왕위계승(여자는 불가능하다)
successio ad legem Salicam *l.* 자시의 노후를 위한 재산 보유분 계약
successio anticipata *l.* 교회를 위한 상속순위(고인이 성직자인 경우에는 국가의 법적 상속순위가 교회를 우선한다)
successio ecclesiae *l.* 가족재산에서 상속순위(연장자의 결의와 예방책을 통해)
successio ex pacto et providentia maiorum *l.* 취득시효에서 단독상속순위
successio ordinum et graduum *l.* 원칙과 촌수에 따른 상속순위
successio promiscua *l.* 영국 왕국의 왕위계승 원칙, 이에 따르면 우선 최종 지배자의 전체 남성의 자손들이, 그 후엔 여성 자손들이 왕위 계승 권리가 있다
successio singularis *l.* 유증(遺贈)
Suche *f.*추구, 탐구
Suche
die ~ nach *etw.* machen *v.*~을 추구하다
Sühne *f.*①{*i.S.v. Ausgleich*} 속죄(贖罪) ②{*i.S.v. Streitbeilegung*} 화해(和解)
Sühne~
~geld *n.*속죄금, 배상금; ~termin *m.*조정(調停)기한; ~verfahren *n.*조정절차; ~versuch *m.*조정 시도
suffragium *l.* 찬성; 표결; 투표권
suffragium imperii *l.* 황제의 법률제안에 대해서 세 명의 제국국회 평의회원의 동의를 통해 이루어진 제국 권고

적 의견

suggestor *l.* 선동자

sui generis *l.* 고유의 방식으로, 유형에서 벗어난, 독특한

sui iuris *l.* 자기 권리의(자식의 주인) (독립)

Sukzessivgründung *f.* 점차설립

summa *l.* 본아, 성과(결말), 합

summa appellabilis *l.* 상소의 합(재산권상 청구에서 최소 합)

summa cum laude *l.* 격찬으로(박사학위 취득 절차에서 평점)

summa curiae regis *l.* 제3국 최고통치자의 직무상 서식용지의 모음

summae *l.* 주식서에서 교황의 교령에 처음에 언급된 개요

summa gravaminis *l.* 상소인의 실제 손실의 합계

summa revisibilis *l.* 상고를 위한 최소 합

summarium *l.* 저서의 요약내용

summa summarum *l.* 모든 함의 합, 모든 것 안에 모든 것

summum ius, summa iniuria *l.* 최고의 법, 최대의 부담(법규의 너무 엄격한 실시는 불공평으로 이끈다 -키케로)

summus cancellarius *l.* 대재상

summus episcopus *l.* 대주교(종교개혁 이후에 독일 각주(州)교회의 원수로서 신교에 속하는 군주의 명칭)

sum(p)tibus publicius *l.* 국가의 비용으로

sum(p)tus *l.* 경비, 비용

sum(p)tus oeconomici *l.* 파산 수속에서 파산재단(財團)의 몫으로서 파산재단의 분배와 사용, 관리를 위한 분배

sum(p)tus processus *l.* 파산수속에서 파산재산의 몫으로서 법률상의 비용

suo tempore *l.* 적시에

superarbitrium *l.* 상급의 중재 판결

superficies *l.* 건축물, 건물; 지상권

Superficies solo cedit *l.* → *solo cedit quod solo inaedificatur*

Superflua non nocent *l.* 불필요한 것(쓸데없는 것)은 피해를 주지 않는다

- C.6.23.17

superstites *l.* 증인(탄핵)의 증인

supplicatio *l.* 신청서, 청원서; 독일재국대법원에 대한 상소

supplicium *l.* 사형, 사형집행, 고문

suppositio *l.* 전가, 부가; 저당(담보)

suppositio partus *l.* (고의적인) 신생아 교체(바꿔치기)

suppressio *l.* 억류하다; 횡령(은닉); 교회의 서책의 폐지(무효화)

suprema potestas *l.* 교회나 국가의 최고의 권력(강제력)

supremitas territorialis *l.* 군주의 통치권

Suizid *m.* (· *Selbstmord*) 자살

Suizid~

~beihilfe *f.* 자살 공범<종범(從犯)>;
~teilnahme *f.* 자살관여; ~verhinderung *f.* 자살방지

Suizident *m.* 자살(기도)자

Sukzession *f.* 계승<상속>

Sukzessionsrecht *n.* 계승<상속>권

Sukzessiv~

~gründung *f.* (→ *Stufengründung*) 순차적 설립

summarisch *a.* 개관적인, 개요의

Summe *f.* 전액, 총액;
geschuldete <schuldige> ~ 채권액

Summen~

~aktie *f.* 액면주식; ~schuld *f.* 금액책무;
~rückversicherung *f.* 정액재보험;
~versicherung *f.* 정액보험

Supranationalität *f.* 초국가성

Surrogat *n.* 대상물(代償物)

surrogatio *l.* 가치배상; 배상청구권

Surrogation *f.* 대위(代位), 보험자대위

susceptor *l.* 법인 은닉자(다음 의미에서: 도둑 또는 도박꾼을 집에 받아들인 자); 후에 회계원

suspectiosu *l.* 혐의, 불신

suspecti remotio *l.* 수상쩍은(후견인)의 파면

suspensio *l.* 관직해임; 폐직, 중단; 정체(정실임)

Suspensiv~
~bedingung *f.*정지조건; ~effekt *m.*집행정지; ~recht *n.*중지권
sustentatio *l.* 보조(금), 양육비
suum cuique *l.* 각자에게 자기 것(을 주다)(키케로)→ *Iustitia suum...*
Swapgeschäft *n.*(중앙은행의) 통화 교환(주로 시세 안정을 목적으로 한), 선물(先物) 취인(取引)
syllabus *l.* 명부(교황이 80개 문장을 통해 현대 발전의 진보를 금지시킨 유명한 1864년의 명부)
Synallagma *n.*상호[책무]관계, 쌍무조약, 상환성
Symbolwert *m.*상징가치
Sympathiestreik *m.*동정 파업
syndicatus *l.* 직무수행 방식의 시험
syndicus *l.* 법률상 고문자와 법률가의 대리인
Syndikus[anwalt] *m.*{*Syndizi pl.*} (법인 단체 등) 법률 고문
synodus *l.* 교회 집회
System *n.*제도, 조직, 체계
System
bikamerales ~ 이원제도;
gesellschaftliches ~ 사회제도;
konstitutionelles ~ 입헌제도;
parlamentarisches ~ 의회제도
Systemgerechtigkeit *f.*체계정당성
systema civitatum foederatarum *l.* 구성원이 다양한 주권을 가지고 있는 국가연합
Systematisch *a.*조직적<체계적>인
Systematisierung *f.*; **systematisieren** *v.*체계화하다

T

Tabaksteuer *f.*연초세(煙草稅)
tabellio *l.* (문서의) 공식적인 서기
tabulae *l.* 문건, 문서
tabularium *l.* 기록 문서집; 문집
tabularius *l.* 교회에서 해방된 자; 기록문서 전문가
tacitus consensus *l.* 태도에서 추론되는 암묵적인 동의
Tadel *m.*; **tadeln** *v.*~를 비난하다<꾸짖다>
Tag *m.* 기일
Tag
~ des Inkrafttretens 효력발생일;
~wechsel *m.*변경된 효력발생일
Tagelohn *m.*임금, 일당
Tagellöhner *m./pl.*일용 근로자
tagen *v.* 1 |*allgemein*| 회의를 열다 (2)|*beim Gericht*| 개정(開廷)하다
Tages~
~angabe *f.*일존; ~geld *n.* 1 |*i.S.v. Spesen*| 일일분 경비 (2)|*beim Bankgeschäft*| 일일분; ~kurs *m.*|*Börsenkurs*| 당일 시세; ~lohn *m.*임금, 일당; ~ordnung *f.*의사일정(議事日程); ~satz *m.*일일 할당 벌금액; ~satzsystem *n.*일일 할당 벌금액 제도; ~zeitung *f.*|*hier: als Veröffentlichungsorgan*| 일간지
Tagung *f.* 1 |*allgemein*| 회의 (2)|*i.S.v. wissenschaftlicher ~*| 연구회
Talar *m.* → *Robe*
talio *l.* 동일한 것으로 보답(보복)("눈에는 눈")→ *ius talionis* → *poena talionis*)
Talions~
~gedanke *m.*동태복수법(同態復讐法)사상(고대 형법상의 형벌, 피해자가 받은 것과 똑같은 방법으로 가해자에게 과하는 형벌); ~prinzip *n.*동태복수법주의
taliter qualiter *l.* 한만큼, 그렇게

Tante *f.*숙모
Tantundem eiusdem generis est idem *l.* 같은 종류의 양은 같은 것은 이루다(종류 채권에서)
Tarif *m.*정가(定價), 임금율
Tarif
besonderer ~ 특별 임금율<세율>;
einheitlicher ~ 특별 임금율<세율>;
internationaler ~ 국제 임금율<세율>
Tarif~
~abschluß *f.*[노동]협약체결; änderung *f.* 임금율<세율>의 변경; ~abkommen *n.*노동협약; ~angehörige *pl.*노동; ~ausschlußklauseln *pl.*단체협약배제조항; ~autonomie *f.*자유 임금<요금> 협정권, 임금 협약의 자유권; ~bezirk *m.*임금교섭지구; ~erhöhung *f.*(협정) 임금율<세율>의 인상; ~fähigkeit *f.*협약능력; ~festsetzung *f.*임금율의 확정; ~gehalt *n.*<~lohn *m.*> 노동협약 상 약정된 임금; ~hoheit *f.*(국가의) 요금 및 가격 결정권; ~kommission *f.*<~komitee *n.*> 임금협상위원회; ~konkurrenz *f.*단체협약의 중복; ~parteien *pl.*임금협상 측(側); ~politik *f.*임금정책; ~pluralität *f.*단체협약의 병존; ~runde *f.*(연례) 일괄 임금 협상<교섭>; ~streitigkeit *f.*임금분쟁; ~stundenlohn *m.* 시간별 임금; ~vereinbarung *f.*임금협정; ~vertrag *m.*임금협약, 단체협약; ~vertragspartei *f.*임금협약의 당사자; ~wesen *n.*임금제도
Taschengeldparagraph *m.*용돈에 관한 조항
Tat *f.*행위; auf frischer ~ *a.*(범죄)현장에서
Tat
fahrlässige ~ 과실행위; ofperlose ~ 피해자의 범죄행위; politische ~ 정치범;

rechtswidrige ~ 위법행위; schuldhafte ~ 유책 행위; schwere ~ 중대범죄; vorsätzliche ~ 고의행위, 고의범
Tat~
~ausführung f.범죄의 실행 ; ~begriff m.행위개념; ~beitrag m.행위의 기여; ~bestand → Tatbestand; ~durchführung f.범행의 완결; ~frage f.사실문제; ~herrschaft f.[, funktionelle ~] 기능적 행위 지배; ~herrschaft, objektive ~ 객관적 행위지배; ~herrschaftslehre f.행위기지배설[이론]; ~irrtum m.사실 착오; ~irrtumslehre f.사실착오론; ~kontrolle f.행위의 통제; ~motiv n.범죄<행위>의 동기; ~objekt n.행위객체; ~ort m.행위지, 범죄현장, 범행장소; ~ortbesichtigung f.현장검증; ~plan m.범행계획; ~prinzip n.범죄<행위>기회원칙; ~sache → Tatsache; ~schuld f.행위책임; ~spuren pl.죄책; strafrecht n.행위형법; ~subjekt n.행위<범죄>주체; ~umstände pl.[, besondere ~] 범죄사실<정형>; ~unrecht n.행위불법; ~verdacht m.범행혐의; ~verdacht, ausreichender ~ 충분한 범행 혐의; ~verdächtiger m(der ~~) 범행용의자; ~verdächtigter <festgenommener ~> 검거된 범행 용의자

Tatbestand m.①{i.S.v. Sachverhalt} 사실정황 ②{rechtstechnisch} (범죄의) 사실구성 요건 ③{in der Relationstechnik} 사실관시

Tatbestand
gesetzlicher ~ 법적 범죄구성요건; objektiver ~ 객관적 범죄구성요건; offener ~ 관 구성요건; subjektiver ~ 주관적 구성요건

tatbestandlich a.구성요건적<상의>
Tatbestands~
~ausschluß m.사실구성요건의 제외; ~ebene f.구성요건 단계; ~element n.사실구성요건의 요소; ~element, normatives ~ 규범적 구성요건의 요소; ~element, objektives ~ 객관적 구성요건의 요소; ~element, subjektives ~ 주관적 구성요건의 요소; ~erfüllung f.사실구성요건의 충족;

~ermessen n.사실구성요건의 재량; ~handlung f.사실구성요건의 행위; ~irrtum n.사실구성요건상의 오류<착오>; ~irrtum, ~umgekehrter ~ 역구성요건; ~lehre f.구성요건이론; ~umstand m.구성요건적 사정; ~mäßigkeit f.구성요건의 중요성; ~merkmal → Tatbestandsmerkmal; ~wirkung f.구성요건적 효력; ~verwirklichung f.구성요건의 실현

Tatbestandsmerkmal n.사실구성요건의 특성

Tatbestandsmerkmal
normatives ~ 규범적 사실 구성 요건의 특성; qualifizierendes ~ 가중적 사실 구성 요건의 특성

tatbestandsmäßig a.구성요건적
Täter m.①{ZivR-민} 행위자 ②{i.S.v. Handelnder} 행위자 ③{i.S.v. Schädiger bzw. unerlaubt Handelnder} 가해자 ④ {i.S.v. etw. Verwirklichender} 실행자 ⑤ {StrR-형} 정범

Täter unbekannt 범인불명
Täter {i.S.v. ① und ⑤}
eigenhändiger ~ 자수정범자; geistesgestörter ~ 정신병질[범죄]자; geistig gestörter ~ 정신상해[범죄]자; mittelbarer ~ 간접 정범자; verurteilter ~ 수형자; weiblicher ~ 여성범인행위자; wirklicher ~ 진범

Täter~
~befragung f.범인조사; ~begriff m.범인의 개념; ~gruppe f.범인 일당; ~persönlichkeit f.범죄자<행위자>의 인격; ~prinzip n.행위자주의; ~schaft → Täterschaft; ~schuld f.범인의 책임; ~strafrecht n.범죄자처벌법; ~vergeltung f.범죄자의 보복<복수>; ~wille m.범죄인의 의사; ~vorsatz m.범인의 고의

Täter-Opfer-Ausgleich 가해자-피해자 -화해
Täterschaft f.정범[성]
Täterschaft
~ und Teilnahme f.정범, 공범
Täterschaft
mittelbare ~ 간접정범; unmittelbare ~

직접정범
Täterschafts~
~begriff m.정범(正犯)개념;
~begriff, extensiver ~ 광의의 정범개념;
~begriff, restriktiver ~ 제한적 정범개념;
~form f.정범유형
tätig a.; ~e Reue 적극적 중지
Tätigkeit f.활동, 동작, 작용, 행동
Tätigkeit
beratende ~ 상담활동; berufliche ~ 직업활동; ehrenamtliche ~ 명예직 활동; entgeltliche ~ 유급 활동; forensische ~ 법의학적 활동; gefahrgeneigte ~ 위험을 부담하는 활동; gesetzgeberische ~ 입법적 작용<활동>; gewerbliche ~ 상업적 활동; richterliche ~ 재판관활동; subversive ~ 좌상활동; wirtschaftliche ~ 경제적 활동
Tätigkeitsdelikt m.선동범
tätlich a.완력의, 폭력의, 구체적인<실제의>
Tatsache f.사실
Tatsache
allgemeinkundige ~ 공지사실; anspruchsbegründende ~ 청구권에 기초한 사실; beweisentscheidende ~ 증거 상 결정적인 사실; beweiserhebliche ~ 증거상 중요사실; bewiesene ~ 증거 사실; einredebegründende ~ 항고에 기초하고 있는 사실; entscheidungserhebliche ~ 재판상 중요한 사실; erhebliche ~ 중요사실; feststehende ~ 확정사실; gerichtsnotorische ~ 재판상공증<인증>된 사실; juristische ~ 법률적 사실; mittelbare ~ (→ Indiz) 간접사실; neue ~ 새로운 사실; offenkundige ~ 명백한 사실; streitige ~ 계쟁(係爭)사실; zugestandene ~ 이미 시인된 사실
Tatsachen~
~ablauf m.사실경과; ~behauptung f.사실주장; ~feststellung f.사실 확인; ~feststellung, fehlerhafte ~ 오인되고 있는 사실 확인; ~instanz f.사실심(審); ~irrtum m.사실착오; ~schilderung f.사실의 기술<설명, 묘사>; ~vortrag m.사실

에 대한 강의; ~würdigung f.사실 인정<판단>
tatsächlich a.사실상의
Taubstumme pl./f.농아
Tausch m.; **tauschen** v.~을 교환<교역>하다
Tausch~
~beziehung f.교환관계; ~fähigkeit f.교환능력; ~geschäft n.교환행위; ~handel m. 1 {allgemein} 교환거래, 교역 2 {als Handelsform} 구상무역, 대응구매; ~mittel pl.교환수단; ~objekt n.교환 대상물; ~sachen pl.교환물; ~verkehr m.교환거래; ~vertrag m.교환계약; ~wert m.교환가치; ~wirtschaft f.교환경제
täuschen v.속이다, 기만하다
täuschend a.사람을 속이는, 믿을 수 없는
Täuschung f.기만, 속임, 사기
Täuschung, arglistige ~ 악의적 기만
Täuschungs~
~absicht f.사기<기망> 의도, 속임수;
~versuch m.사기미수
Tax~
~preis m.사정<견적>가격; ~wert m.사정가치
taxatio l. 견적, 대략적인 평가, 물건의 가치규정
taxieren v.~을 사정<평가>하다
Taxierung f.사정, 평가
Technik f.기술; Stand der ~ 선행기술
Technische Anleitung
→Abkürzungsverzeichnis "TA" 기술지침서
Technisierung f.; **technisieren** v.~을 기술화<기계화, 공업화>하다
Technologietransfer m.기술이전
Teil m./n.부분
Teil~
일부~
Teil~
~abtretung f.일부 양도; ~amnestie f.일부사면(赦免); ~anerkenntnis n.일부인용; ~anmeldung f.분할출원(分割出願);

~annahme *f*.일부인수; ~anspruch *m*.일부청구; ~arbeitslosigkeit *f*.일부실업; ~beschäftigung *f*.파트타임<단기> 근로; ~betrag *m*.분액(分額), 분담금, 할부금; ~eigentum *n*.일부금액; ~eigentümer *m*.부분소유; ~eigentumsgrundbuch *n*.부분소유권등기부; ~entschädigung *f*.일부 손해배상; ~entscheidung *f*.일부<부분적> 판단; ~entwurf *m*.일부초안; ~erbe *m*.부분상속인; ~erfüllung *f*.일부이행; ~errichtungsgenehmigung *f*.부분공사의 이행 인가<허가>; ~forderung *f*.일부 요구<청구>, 분할채권; ~genehmigung *f*.부분 인가<허가>; ~habe *f*.{*i.S.v. Teilnahme an etw.*} 몫, 할당; ~haber *m*.①{*bei Unternehmen*} 공동 출자자<경영자>, 주주, 조합원; ~haberschaft *f*.출자 사원<조합원>의 지위<신분>; ~haftung *f*.일부책임; ~hypothek *f*.일부저당권; ~indossament *n*.일부이서; ~invalidität *f*.부분적 근무<근로, 취업>장애; ~kündigung *f*.일부청구; ~nichtigkeit *f*.일부<부분적>무효; ~nutzung *f*.일부<부분>사용; ~leistung *f*.일부급부(一部給付); ~lieferung *f*.일부이행(一部履行); ~nahme → *Teilnahme*; ~nichtigkeit *f*.일부무효; ~prämie *f*.일부보험료; ~rechtsnachfolge *f*.공동상속인의 승계; ~rechtsnachfolger *m*.공동상속인의 승계인; ~rechtskraft *f*.부분적 확정력<기판력(既判力)>; ~rücknahme *f*. einer Klage 일부취하; ~rücktritt *m*.일부해제; ~schaden *m*.부분적<일부> 손해; ~schuld *f*.분할채무; ~schuldverhältnis *n*.분할채권관계; ~staat *m*.구성국가(構成國家); ~stationäre Pflege *f*.부분입원 간병; ~summe *f*.일부금액; ~unmöglichkeit *f*.부분적으로 불가능함; ~unwirksamkeit *f*.일부무효; ~urteil *n*.일부 판결(判決); ~veräußerung *f*.부분매각; ~verlust *m*.부분적<일부> 손실; ~verpfändung *f*.일부 저당<담보>; ~vormundschaft *f*.일부후견; ~zahlung *f*.할부, 분할 지불; ~zahlungsgeschäft *n*.할부판매; ~zahlungskredit *m*.분할 상환 신용 대출; ~zahlungsvertrag *m*.할부계약;

분할 납부 계약; ~zeitarbeit *f*.파트타임<단기> 근로; ~zeitarbeiter *m*.파트타임<단기간> 근로자; ~zeitbeschäftigter *m*.(*der ~e*) 파트타임<단기간> 근로자; ~zession *f*.일부양도

teilbar *a*.나눌 수 있는, 구분할 수 있는

Teilbarkeit *f*.가분성, 분할<가능>성

teilen *v*.~을 나누다<분할하다>

Teilnahme *f*.①{*an einer Veranstaltung, usw.*} 참가, 가입 ②{*an einer Straftat*} 공범

Teilnahme {*i.S.v.* ②}
notwendige ~ 필요적 공범; straflose ~불가벌적 관여; versuchte ~ 공범미수

Teilnahme
Versuch der ~ 공범미수

Teilnahme~
~handlung *f*.참가<공범>행위; ~lehre *f*.공범론; ~recht *n*.참정권

teilnehmen *v*.①[*an etw. ~*] ~에 참가<가입>하다 ②[*an einer Straftat ~*] ~한 행위에 가담하다

Teilnehmer *m./pl.*①{*allgemein*} 참가인, 참가자 ②{*an einer Straftat*} 공범자

Teilung *f*.①{*i.S.v. Aufteilung*} 분할 ②{*i.S.v. Verteilung*} 분배 ③{*i.S.v. Gewinnteilung*} 배당

Teilungs~
~anordnung *f*.분할명령; ~anspruch *m*.분할<배당>청구; ~befugnis *f*.분할권; ~beschränkung *f*.분할제한; ~klage *f*.<공유물>분할의 소(訴); ~masse *f*.배당재단(配當財團), 파산 재단; ~plan *m*.배당계획; ~vertrag *m*.[공유물]분할조약<협의>; ~verfahren *n*.분할<배당>수속

teilweise *a*.부분적으로, 일부

Telefon~
~dienst *m*.전화망[통신]; ~dienstmonopol *n*.전화망독점; ~handel *m*.전화거래; ~karte *f*.전화카드

Telekommunikation *f*.전화통신

Telekommunikations~
~dienstleistung *f*.전화통신 서비스; ~einrichtungen *pl*.전화통신시설;

~ordnung *f.* 전화통신 관계 법령
teleologisch *a.* 목적론의
teleologisch
~ auslegen *v.* 목적론적 차원에서 해석하다
teloneum *l.* 관세
temeratio *l.* 부상, 손상(훼손)
temperatio *l.* 실용적인(유효한) 규정
temporalia *l.* 재산과 권리에 대한 교회의 전체점유
Tempora mutantur, et nos mutamur in illis *l.* 시간은 변하고 우리는 당신들과 함께(명목상 Lothar I 세)
temporär *a.* 일시적인, 임시의, 잠정적인
temporum ratione habita *l.* 시간의 고려 하에(카톨릭 교회법의 개별적인, 특히 융통성이 없는 준칙들은 사용될 수 없다)
tempus *l.* 시간, 기간; 취득 시효기간
tempus continuum *l.* 기간 확정의 유효한 시간
tempus discontinuum *l.* 관련 없는 기간
Tempus regit actum *l.* 시간은 법률행위를 지배한다
tempus utile *l.* 유용한 시간
Tempus utile ratione initii, continuum ratione cursus *l.* 기간은 특정한 전제조건의 이행과 함께 시작되며, 그 후에는 중단되지 않고 계속된다(보통법)
Tenno *m.* 천황<일왕(日王)>의 칭호 및 지위)
Tennosystem *n.* 천황제
Tenor *m.*(des Urteils) (→ *Urteilstenor*) 판결 주문(主文)
tenor *l.* 중단되지 않는 진척, 추세, 내용; 판결의 승인된 부분
tentamen *l.* 예비시험
tergiversatio *l.* 소송에서 상대의 불법적인 시간 끌기
Termin *m.* 1 {*als Zeitpunkt*} 기일, 기한, 정기 2 {*i.S.v. Gerichtstermin*} 재판기일 3 {*i.S.v. Ladungstermin*} 선적기일 4 {*i.S.v. Anhörungstermin*} 청문기일

Termin
festgesetzter ~ 확정된 기일; verlegter ~ 연기된 기일; vorbereitender ~ 준비된 기일
Termin
~ im vorbereitenden Verfahren 준비수속 기일
terminus *l.* 국경, 경계석; 끝
terminus a quo *l.* → *dies a quo*
terminus ad quem *l.* → *dies ad quem*
terminus motus *l.* 경계 위조(유죄의 경계 변경, 경계석의 위치 바꿈)
terminus technicus *l.* 예술용어
Termin zur
~ mündlichen Verhandlung 구두변론기일; ~ Durchführung der Beweisaufnahme 증거제출기일; ~ Verkündigung einer Entscheidung 판결언도기일
Termin~
~anberaumung *f.* 기한 지정; ~bestimmung *f.* 기한 결정; ~börse *f.* {*Börsenkurs*} 선물환시장(先物換市場); ~einlage *f.* {*Bank*} 정기예금; ~geschäft *n.* [증권] 선물거래 (先物去來); ~handel *f.* 선물거래; ~markt *f.* 선물시장; ~verlängerung *f.* 기한연장; ~verlegung *f.* 공판연기; ~verpflichtung *f.* 정기의무<책무>; ~versäumnis *f.* 기한을 소홀히 함
Termins~
~änderung *f.* 기일변경; ~aufhebung *f.* 기일의 폐지; ~ladung *f.* 기일호출
terminieren *v.* 기한을 한정하다
Terminologie *f.* [기술, 전문] 용어
terminologisch *a.* 전문<학술>용어상
terminus technicus *l.* 전문용어
terra *l.* 농지단위, 육지
territio *l.* 놀라게 하다, 겁을 주다; 고문의 위협, 구술 또는 실제로 자백강요
territorial *a.* 영토<영역>의
Territorial~
~besitz *m.* 영지점유; ~erwerb *m.* 영토획득; ~gesetz *n.* 영지법; ~gewalt *f.* 영지권 (領地權); ~gewässer *n.* 영수; ~hoheit *f.* 영지<영토>[주권<고권>; ~luftraum *m.* 영공; ~meer *n.* 영해; ~prinzip *n.* 영토[고권]

주의; ~veränderung f.영지변경;
~verhältnis n.영지관계; ~vorrecht n.영지특권
Territorialität f.속지성
Territorialitätsprinzip n.속지주의
Territorium n.영토, 영지
territorium l. 토지, 영역, 구역, 법원구역, 국토
territorium calusum l. 그 자체로 통일체를 이루는 국토(자국의 영내에 있는 타국의 영토로부터 자유롭고, 본국과 떨어져 타국에 둘러싸인 영토 없이)
Terror m.테러
Terror~
~bekämpfung f.테러예방; ~tätigkeit f.테러활동; ~verhütung f.테러행위방지
Terrorismus m.(→ Terror) 폭력주의
tertia pars collaborationis l. 혼인해서 공동으로 취득한 재산의 3분의1에 대한 처의 청구
tertium comparationis l. (논리에서 세 개의 비교되는 목적물이 일치하는 것) 비교의 세 번째, 비교를 위한 제3자(두 사물을 비교하기 위한 제3의 존재)
tertio quoque die l. 하루씩 걸려서 격일로, 매 이틀째(로마법에 따르면 이웃은 걸려있는 가지에서 떨어진 과실을 보유할 수 있었다)
Tertium non datur l. 세 번째는 없다 (논리: 제외된 세 번째의 문장)
Tertius gaudet (duobus litigantibus) l. 제3자는 기쁘다(나머지 둘이 싸우면)
Test m.시험
Testfall m.{i.S.v. Prozeß} 선례, 테스트 케이스
Testament n.①{schriftliches ~} 관[언]서 ②{schriftlich/mündlich} 유언
Testament
außerordentliches ~ 특별방식의 유언; eigenhändiges<eigenschriftliches> ~ 자서[자필]유언; gegenseitiges ~ 상호<상관적>유언; gemeinsames <gemeinschaftliches> ~ 공동유언; mündliches ~ 구두유언; notariell beurkundetes ~ 공식증서유언;

öffentliches <öffentlichbeglaubigtes> ~ 공적<공증절차를 거친> 유언; privates ~ 개인적인 유언; späteres ~ 사후 유언; wechselseitiges ~ 상호적 유언
Testament, ein ~
~ aufsetzen <errichten> v.유언서를 작성하다; (jm.) ~ eröffnen v.(~에게) 유언장을 개봉하다; ~ widerrufen v.유언장을 철회시키다
testamentarisch a.유언[상]의
testamentieren v.유언서를 작성하다
testamenti factio activa l. 유효한 유언을 작성할 능력
testamenti factio passiva l. 유언에서 상속인으로서 지정될 수 있는 능력
Testaments~
~änderung f.유언변경; ~anfechtung f.유언취소; ~annahme f.유언승인; ~auslegung f.유언장의 해석; ~ausschlagung f.유언의 방기; ~bestimmung f.유언지정; ~erbe m. 유언상속인; ~erbfolge f.유언상속; ~eröffnung f.유언장의 개봉; ~errichtung f.유언장의 작성; ~fähigkeit f.유언능력; ~fälschung f.유언장의 위조<변조, 날조>; ~form f.유언방식; ~hinterlegung f.유언의 공탁 ~inhalt m.유언내용; ~nichtigkeit f.유언무효; ~unwirksamkeit f.유언무효; ~urkunde f.유언장; ~verfälschung f.유언의 위조<변조, 날조>; ~vollstrecker m.유언 집행인; ~vollstreckerzeugnis n.유언 집행자의 증명서; ~vollstreckung f.유언 집행; ~widerruf m.유언의 철회
testamantum l.유언
testamentum l. 증언된 것, 최후의 의지, 유언에 의한 처분
testamentum allographum l. 다른 이로부터 쓰여진 그리고 유언자에 의해 현재에 증인에 의해 서명된 유언장
testamentum apud acta conditum, t. ad acta factum l. 공개 유언(장), 관청의 기록에 대해 설명을 통해 작성된; 재판관과 법원 서기 앞에서
testamentum correspectivum l. 상호간의 유언장(피상속인 중 하나의 상속

규칙은 다른 상속인에 의존한다)
testamentum destitutum sive desertum *l.* 유효하게 지정된 상속인 중 아무도 유산을 떠맡을 수 없기에 나중에 무효가 된 유언장
testamentum holographum *l.* 자필로 쓴 유언장
testamentum irritum *l.* 유언자가 유언권한을 잃었기에 나중에 무효가 된 유언장
testamentum militum *l.* 군인의 유언(장)
testamentum mysticum *l.* 상속자가 표시된 다른 문서를 지적하고 있는 유언(장)
testamentum nuncupativum *l.* 구술로 증인에게 진술된 개인 유언장
testamentum parentum inter liberos *l.* 상속자로 지정된 후손이나 유산상속분에 대해서 유언자가 자필로 작성
testamentum pestis temprre conditum *l.* 병환 중, 또는 그 밖의 이례적인 상황에 의한 유언은 지방의회 행정위원회와 두 명 또는 세 명의 증인 앞에서 작성 된다
testamentum principi (indici) oblatum *l.* 공개유언은 황제에 대한 문서의 양도를 통해 작성된다(재판관에게 보통법상의 양도를 통해)
testamentum publicum *l.* 공정증서유언
testamentum reciprocum sive mutuum *l.* 상호간의 유언(장) 유언자들은 상호 상속인으로 지정 된다
testamentum ruptum *l.* 유언사의 명확한 의사표시나 법정 추정 상속인이 고려되지 않는 경우에 의한 나중에 무효로 된 유언(장)
testamentum ruri conditum *l.* 마을법상 유언(장)은 생명이 위독한 경우 지방의회 행정위원회와 두 명의 증인 앞에서 작성된다
testamentum simultaneum *l.* 공동의 유언(장) (몇몇의 유언자가 문서에 유언하는 것)

testatio *l.* 채무자의 재판외의 권고('독촉')
Testator *m.* 유언자
testatorisch *a.* 유언상의
testes classici *l.* → *classicus testis*
testes incapaces *l.* 절대적으로 무능력한 증인(위증)
testes inhabiles *l.* 상대적으로 무능력한 증인(친척관계)
testes per aures tracti *l.* 바이에른에서 "귀에 입회시킨" (문서)증인
testes suspecti *l.* (자기의 이익에 의한) 의심스러운 증인
testes synodales *l.* 주교의 교구재판을 위한 하급 배심원들
testieren *v.* 유언하다, 유언장을 작성하다
Testierender *m.(der ~e)* 유언자
testierfähig *a.* 유언능력이 있는
Testier~
~akt *m.* 유언행위; ~fähigkeit *f.* 유언능력; ~freiheit *f.* 유언자유; ~unfähigkeit *f.* 유언무능력
testierunfähig *a.* 유언능력이 없는
testimoniatio *l.* 공판에 대해 궁중백의 구술보고에 근거한 문서의 교부(진열)
testimonium *l.* 증서
testis *l.* 증인
testimonium paupertatis *l.* 빈민 무료소송권 증명서(빈민 무료소송권의 소송을 위해)
Teuerungsrate *f.* 물가 상승률
thema probandum *l.* 증명문자, 증거주제; 소송에서 증명될 수 있는 것에 대한 질의
theoretisch *a.* 이론적으로
Theorie *f.* 학설, -설, -론
Theorie
~ der adäquten Verursachung 적절한 인과관계설; ~ der Zweckstrafe 목적형주의
Theorie
generalisierende ~ 일반화설;
individualisierende ~ 개별화설;
naturrechtliche ~ 자연법설
Theorie~
~entwicklung *f.* 이론의 발전; ~vergleich

m. 이론의 비교
Therapie *f.* 치료
Therapie~
~auflage *f.* 치료 의무<조건>;
~behandlung *f.* 치료적 처우; ~maßnahme *f.* 치료처분; ~zwang *m.* 치료의 강제
thesaurus *l.* 보석
These *f.* 논문, 이론, 명제
Thron~
황위~, 왕위~
Thron~
~besteigung *f.* 즉위; ~erbe *m.* 왕위 계승자; ~folgeordnung *f.* 황위 계승 순위; ~rede *f.* (의회에서) 왕의 개회식사<칙어(勅語)>; ~verzicht *m.* 퇴위, 양위(讓位)
thunginus *l.* 프랑켄지방의 100인대(隊)법원의 재판관
tiara, triregnum *l.* 본래 페르시아 왕의 딱딱한 모자, 후에 교황의 세 겹의 왕관
Tier *n.* 동물
Tier~
~halter *m.* 동물 사육자(飼育者);
~halterhaftung *f.* 동물 사육자의 책임;
~quälerei *f.* 동물학대; ~schutz *m.* 동물보호
Tilgung *f.*; **tilgen** *v.* [eine Schuld ~] 채무를 상환<변제>하다
Tilgung
~ einer Hypothek 저당권의 상환;
~ einer Verbindlichkeit
Tilgungs~
~fonds *m./pl.* 상각 자금, 감채 기금(減債基金); ~plan *m.* 상각 자금계획; ~summe *f.* 상환액
Tip *m.* 암시
Tip
der ~ von *jdm* über eine Straftat/einen Straftäter
Titel *m.* (법령 따위의) 항(項), 장(章), vollstreckbarer ~ (법령 등)의 집행항목
titulus *l.* 표제(권리); 권리 취득을 위한 법률상 근거(권리의 주장) 교회법에 따르면 본래 특정한 교회에서의 공직, 후에 성직에 임명되어야 하는 자의 소득

Tochter *f.* (= Tochtergesellschaft) 자회사, 지점
Tochter~
~firma *f.* [, ausländische ~] 외국계 자회사; ~gesellschaft *f.* [, überseeische ~] 해외의 자회사; recht~ *n.* 자회사법, 지점법
Tod *m.* 사(死), 사망(死亡)
Tod durch
~ den Galgen {*als Exekutionsform*} 교수형; ~ den Strang {*als Exekutionsform*} 교수형; ~ Erdosselung {*als Tötungsart*} 익사; ~ Erschießen {*als Exekutionsform*} 총살형
Tod
~ einer (Prozeß)Partei 소송당사자의 사망
Tod,
natürlicher ~ 자연사
Todes~
~erklärung *f.* 사망선고; ~fallversicherung *f.* 사망보험; ~gefahr *f.* 생명위험; ~strafe *f.* 사형; ~stunde *f.* 사망시간, 임종; ~ursache *f.* 사인(死因); ~urteil *n.* 사형선고; ~vermutung *f.* 사망추정; ~zeitpunkt *m.* 사망시점
tomentum, tortura *l.* (재판절차에서) 고문
Tonsura facit clericum *l.* 머리 중앙부 삭발은 성직자를 만든다(서품식 준비에서 머리 둘레는 남겨놓고 머리를 삭발하는 것은 성직자 특권을 가져다 준다)
total *a.* 전면적으로, 전체적인
Total~
~invalidität *f.* 중도신체장애; ~schaden *m.* 완전 손해, 전손(全損), 전파(全破); ~summe *f.* 전액; ~verlust *m.* 환손; ~verlust, fiktiver ~ 추정이 가능한 전손(全損); ~vorbehalt *m.* 전부유보설
totalitär *a.* 전체주의의
Totalitarismus *m.* 전체주의
Totenschein *m.* 사망증명서
Totiens praescribitur actioni nondum natae quotiens nativitas eius est in potestae creditoris *l.* 아직 생성되지 않은 청구의 경우에도 그 청구의

발생이 채권자의 의향에 의존하는 경우에는 자주 그 소멸시효가 진행된다 (그러한 청구가 채권자가 원하는 직업 활동과 관련된 경우에는 그 직업 활동의 소멸시효는 시작 된다-보통법)
Totschlag f.고살(故殺)
totschlagen v.~를 때려죽이다, 살해하다
Tötung f.|als Delikt| 살해, 살인[죄]
Tötung
fahrlässige ~ 과실치사; vorsätzliche ~ 고의사
Tötung auf Verlangen 충동적 살인
Tötungs~
~absicht f.살해<살인>의도; ~delikt n.살인범; ~verbrechen n.살인죄; ~versuch m.살인미수; ~vorsatz m.살인고의
tractator l. 선동자;
tractatus l. 계약에 앞서는 공판
tradiert a.전승<구전>되는
traditio l. 양도
traditio l. 소유권 양도; 재산 양도, 물권의 양도
traditio brevi manu l. 간이양도<인도>
traditio cartae l. 소유권 지정의 상징적 실행으로서 계약문서의 양도
traditio longa manu l. 지도양도<인도>
Traditionalist m.전통주의자
Traditions~
~papier n.인도<전승>증전; ~prinzip m.인도<전승>주의; ~urkunde f.인도증서; ~wirkung f.인도<전승>효력
traditio post obitum l. 사망에 의한 양도
Träger m.|einer Anstalt| |영조물(營造物) 등| 경영자
Tragung f. der<von> **Kosten** 비용부담
transactio l.화해행위
transactio l. 대규모 업무행위, 공판, 합의, 비교
Transaktion f.(증자, 사채 발행, 합병 등 회사의 통상 업무를 벗어나는) 대규모 업무 행위
Transaktion f.; eine ~ stoppen v.대규모 업무 행위를 중단하다
transeat l. 지나쳐서 잊혀질 것이다
Transfer m.외국위체(外國爲替), 외화를 통한 지불방법
Transferzahlungen pl.외화를 통한 지불
Transit m.통과
Transit~
~freiheit f.통과자유; ~güter <~waren> pl. 통과 무역 화물; ~handel m.통과 무역(제3국을 통해 상품을 수송하는 무역); ~schein m.통과허가서; ~verbot n.통과 무역<여행>의 금지; ~verkehr m.(여객, 상품의) 통과 왕래; ~zoll m.통과관세
transitorisch a.일시적인, 단기적인
translatio l. 권리의 양도
translatio imperii l. 로마인의 로마제국은 그리스로 거기에서부터 프랑크족으로 그리고 후에는 독일로 넘어갔다는 중세이론
translatio legeti l. 다른 것을 통한 유증의 배상
transmissio l. 상속인에 대한 상소의 승계 유사한 양도 또는 승계
transmissio ex capite infantiae l. 상속인으로 지정된 하지만 그러는 사이에 죽은 아이의 아버지에 대한 유산의 양도
transmissio ex iure patrio l. 상속인으로서 지정된 아이가 유산을 거절하므로 그 아버지를 통한 유산획득
transmissio hereditatis l. 한 상속인의 다음 상속인에 대한 유산의 양도
transnational a.국제적인, 다국적인
Transport m.; **transportieren** v.~을 수송<운송>하다
Transport~
~agent m.운송대리인<점>; ~bedingungen pl.운송약관; ~firma f.운송회사; ~funktion f.운송기능; ~gefahr f.<~risiko n.>운송상에 따르는 위험; ~geschäft n.운송업<행위>; ~gewerbe n.운송업; ~haftung f.운송책임; ~kosten pl.운송비; ~papiere pl.

운송증서; ~schaden *m.*운송피해; ~unternehmung *f.*운송업; ~verlust *m.*운송상의 손실; ~versicherung *f.*운송보험; ~versicherungspolice *f.*운송보험증서; ~vertrag *m.*운송조약
transscriptio *l.* 양도(명의를 바꿈)
Trassant *m.*어음발행인
Trassat *m.*(수표, 어음의) 지불인
Tratte *f.*환어음
trennbar *a.*분리 가능한
Trennbarkeit *f.*분리가능성
Trennung *f.*; **trennen** *v.[etw.* von *etw* ~] ~으로부터 ~을 분리<분할>하다
Trennung von Tisch und Bett 부엌과 침실의 분리
Trennungsprinzip *n.*분리의 원칙
Tres faciunt collegium *l.* 세(사람이) 평의회를 구성한다 (후에는 일곱(사람에) 협회 창설규칙을 정하다)
treuga dei *l.* 신의 휴전
Treu und Glauben (Prinzip von ~) 신의성실의 원칙
Treu und Glauben gegen ~ verstoßen *v.*신의성실의 원칙을 위반하다; wider ~ 신의성실의 원칙에 저촉되어
Treubruch *m.*배신, 반역
Treupflicht *f.*[~ des Arbeitnehmers] 노동계약준수의 의무
Treueverhältnis, besonderes ~ 특별성실관계
Treugeber *m.*위탁자, 신탁자
Treugut *n.*신탁재산
Treuhand *f.*신탁, 신탁관리, 신탁통치
Treuhand~ ~anstalt *f.*신탁공사
Treuhänder *m.*수탁자
treuhänderisch *a.*수탁의, 신탁의
trias politica *l.* (아리스토텔레스이후) 정치적 삼위일체: 입법, 판결(재판권), 직권
Tribunal *n.*재판소,
Tribunal *n.,* **internationales ~** 국제재판소
tribunal *l.* 법원 (상급심)법정

tributum *l.* 세금, 공과금
triplicatio *l.* (원고의) 제3차 응답, 피고의 제2답변(항변)에 대한 원고의 대답
Triplik *f.*(원고의) 제 3차 응답
Triumvirat *n.*(고대 로마의) 삼두정치
Trunkenheit *f.*주취(酒臭), 명정(酩酊)
Trunkenheits~ ~fahrt *f.*음주운전; ~zustand *m.*음주운전상태
Tua res agitur (paries cum proximus ardet) *l.* 너의 물건(일)에 관한 것이다 (이웃의 벽에 불이 나면)(호라티우스)
Tu, felix Austria, nube! *l.*→ Bella gerant alii...
Tun *n.*행위
tunlich *a.*좋은, 가능한
turba *l.* 반란, 혼란(소동)
turbatio sanguinis *l.* 피의 혼란(여자가 빨리 재혼한 경우에는 예상보다 이르게 태어난 아이가 적출자인 것을 의심 받을 수 있음)
turpitudo *l.* 파렴치함, 치욕
tutela *l.* 보살핌, 후견
tutela dativa *l.* 관청을 통해 선출된 후견(역)
tutela legitima *l.* 법규를 통해 선출된 후견(역)
tutela testamentaria *l.* 유언(장)을 통해 선출된 후견(역)
tutor *l.* 후견인
Typ *m.*종류, 유형(類型)<원형(原型)>
Typenzwang *m.*유형강제(類型强制)

U

Ubi acceptum est semel iudicium, ibi et finem accipere debet *l.* 소송은 시작된 곳에서 종결되어야 한다.-D.5.1.30

Ubi bene ibi patria *l.* 내가 잘 지내는 곳, 그 곳이 나의 조국이다(키케로가 그리스에서 모범으로 사용되었던 이 문장을 인용했다)

Ubi cessat statutum, habet locum ius civile *l.* 정관(이탈리아 정관법)이 하는 일이 없는 곳에는 (로마)민법이 (보충적으로) 영향력을 행사한다.

Ubi eadem legis ratio, ibi eadem legis dispositio *l.* 법규의 존재근거(의도)가 동일한 곳에서는 법규의 명령도 동일하다. (유추법-보통법)

Ubi rem meam invenio, ibi vindico *l.* 나의 물건을 찾은 곳에서, 나는 그것의 양도를 요구한다.

Übel~
~tat *f.*범행, 범죄; ~täter *m./pl.*범인

Überarbeitung *f.*; **überarbeiten** *v.*~을 개정<정정>하다, ~을 수정보완하다

Überarbeitung des Rechts 법개정

Überbewertung *f.*과대평가

Überbringer *m.*(수표, 어음의) 지참인, (편지 등의) 전달자

Übereignung *f.*; **übereignen** *v.*~을 양도하다

Übereignungs~
~absicht *f.* 재산양도의사; ~akt *m.* 재산양도행위; ~form *f.*재산양도형식; ~wille *m.* 재산양도의사

übereinkommen *v.*~와 의견이 일치<합치>하다

Übereinkunft *f.* (1) [*zivilrechtlich*] 합의 (2) [*international*] 조약, 협약, 협정

Übereinstimmung *f.*; **übereinstimmen** *v.*~과 일치<합치>하다, ~과 같은 의견이다

Überfall *m.*습격<기습>, (이웃 땅으로) 과일이 떨어짐(떨어진 과일은 이웃집의 소유가 됨)

überfällig *a.*지불 기한이 지난, 지불기한이 만기가 된

Überführung *f.*; **überführen** *v.*~이전<이송>하다, ~의 죄를 확인하다

Übergabe *f.*; **übergeben** *v.*~을 넘겨주다, ~을 인도<위임>하다

Übergang *m.*; **übergehen** *v.*(소유권이) 넘어가다, (화제가) 바뀌다

Übergangs~
~bestimmungen *pl.*<~vorschriften>경과규정; ~gesetz *n.*이행법; ~periode *f.*<~zeit> 과도기, 과도기적 계절(봄과 가을)

Überhangmandat *n.*초과의석(비례제 선거에 의해 배정된 의석수 이 외에 지역구에서 당선된 추가 의석)

Überkriminalisierung *f.*과잉범죄화

überlassen *v.*(1) [*jm.* einen Gegenstand ~] ~에게 ~을 맡기다<넘겨주다> (2) [*jm.* eine Angelegenheit ~] ~에게 (간섭 없이 개인의 판단에) 맡기다

Überlassung *f.*양도

Überlassung
schenkweise ~ 증여방식의 양도; unentgeltliche ~ 무상양도

überlebend *a.*살아남은, 견뎌낼 수 있는

Überlebender *m.*(*der/die* ~e) 살아남은 자, 생존자

Überlebens~
~fall *m.* 생존 사례; ~(fall)versicherung *f.* 생명 보험

Überlegung *f.*숙고, 고려, 고찰

Überleitung *f.* in das normale Verfahren 통상수속이행
Überleitungsgesetz *n.*인도법
Übermaßverbot *n.*과잉<과도>금지
Übermittlungsirrtum *m.*전달<송부, 송달, 인도 시> 착오
Übernahme *f.*; **übernehmen** *v.*~을 넘겨받다
Übernahme eines Gewerbebetriebes 영업인수
Übernahme~
~erklärung *f.*인수의사를 밝힘;
~gründung *f.*발기설립(發起設立), 단순설립; ~handlung *f.*인수행위; ~nachfolge *f.*인수승계; ~preis *m.*인수가격; ~verfahren *m.*인수수속; ~vertrag *m.*재산인수조약; ~wert *m.*인수가치
Übernehmer *m.*인수인, 청부인, 승계인
Übernehmender *m.*인수인, 청부인, 승계인
Überpariemission *f.*액면이상의 발행
Überpfändung *f.*초과차압
Überprüfung *f.*심사, 검사, 검토, 재고, 숙고; juristische ~ 법정검토
Überprüfungsrecht *n.*검사권
Überschreibung *f.*; **überschreiben** *v.*~의 명의를 변경하다, 양도하다
Überschreitung *f.*; **überschreiten** *v.*~을 초과하다<넘어서다>
Überschreitung
~ der Befugnis 권한행사의 월권;
~ der Vollmacht 대리권의 월권행사
Überschuldung *f.*채무 초과
Übersee~ 해외~
Übersee~
~handel *m.*해외무역; ~markt *m.*해외시장
überseeisch *a.*해외의
Übersendung *f.*; **übersenden** *v.*~을 보내다
Übersetzung *f.*; **übersetzen** *v.*① [mündlich ~] (→ dolmetschen) 통역하다 ②[*etw.* schriftlich ~] ~을 글로 번역하다
Übersetzung, beglaubigte ~ 인증을 거친 통역<번역>

Übersetzungsrechte *pl.*번역권
Überstunden *pl.*잔업, 초과시간<근무>
Überstunden~
~bezahlung *f.*잔업수당; ~regelung *f.*잔업과 규약
übertragbar *a.*양도할 수 있는
Übertragbarkeit *f.*양도할 수 있음
Übertragung *f.*; **übertragen** *v.*~을 양도<위탁>하다
Übertragung
~ der Strafverfolgung 형사소추 이관; ~ des streitbefangenen Gegenstandes 계쟁물양도; ~ eines Schutzrechts 보호권리양도; ~ von Forderungen 채무양도
Übertragung
gesetzliche ~ 법정양도;
rechtsgeschäftliche ~ [법률행위]양도;
unentgeltliche ~ 무상양도
Übertragung~
~akt *m.*양도[인도]행위; ~befugnis *f.*양도권한; ~empfänger *m.*(*i.S.v.* Rechtsnachfolger) 양수인; ~erklärung *f.*양도[의사]표시; ~form *f.*양도형식; ~geschäft *n.*양도행위; ~recht *n.*양도권; ~urkunde *f.*양도증서; ~vervot *n.*양도종지; ~verfügung *f.*양도행위
Übertretung *f.*법률 위반, 반칙
Über-Unterordnungsverhältnis *n.*상하<상명하복>관계
Überversicherung *f.*초과 보험, 초과보험 가입
Übervorteilung *f.*타인의 무지를 이용하여 이익을 취함, 감언으로 타인을 속여 넘김
Überwachung *f.*; **überwachen** *v.*~을 감시<사찰>하다
Überwachungs~
~maßnahme *f.*감독조치; ~staat *m.*감시국
Überweisung *f.*; **überweisen** *v.*~을 송금<지불>하다, ~을 이송<회부>하다, 넘기다
Überweisung der gepfändeten Forderung 채무취입
Überweisungs~
~beschluß *m.*이송<회부>결정; ~verfahren

*n.*이송<회부> 수속절차
überzeugen *v.[jn.* von *etw.* ~] ~에 대해 ~를 납득<설득>시키다
Überzeugung *f.*확신<신념>
Überzeugung
allgemeine ~ 일반적 확신<신념>; freie ~ bei der Beweiswürdigung 자유 심증
Überzeugungs~
~kraft *f.*확신력; ~(straf)tat *f.*확신범; ~täter *m.*<~verbrecher> 확신범인
üblich *a.*통상<관례>의
Übung *f.*[, betriebliche ~] [일정 사업소 내] 관행
ultima ratio *l.* 최종의<종극적> 수단
ultima ratio *l.* 최후 수단
ultima ratio regum *l.* 왕의 최후수단 (논증)(카논법·프랑스어와 프로이센어로 강하게 눌박하다.)
ultimatum *l.* 최후통첩(국제법)
Ultimatum *n.* 최후통첩
ultio *l.* 복수, 보복, 보복으로서의 벌
ultra alterum tantum *l.* 원금을 초과하는 이자 지급의 금지
Ultra posse nemo obligatur *l.* → Nemo ultra...
ultra vires *l.*권한 외, 권한<권능>
Ultranationalismus *m.*초국적주의
umbringen *v.*~를 죽이다, 살해하다
Umdeutung *f.*; **umdeuten** *v.*해석을 바꾸다, 새로운 해석을 하다
Umdeutung einer Prozeßhandlung 소송행위에 대한 새로운 해석
Umdeutung eines fehlerhaften Verwaltungsaktes 하자있는 행정행위의 전환
Umfang *m.*범위
Umfang
~ der Bekanntmachung 공시의 범위; ~ der Haftung 책임의 범위; ~ der Rechtskraft 기판력(既判力)<확정력(確定力)>의 범위; ~ des Schadens 손해의 정도<범위>; ~ des Schutzes 보호의 범위; ~ des Urteilsgegenstandes 심판대상의 범위; ~ des Verschuldens 과실의 범위
Umfeld *n.*환경

Umfeld
familiäres ~ 가족적 환경; soziales ~ 사회적 환경
Umgehung *f.*우회, 회피, 무시; ~ des Gesetzes 탈법
Umgehungs~
~geschäft *n.*탈법행위; ~verbot *n.*탈법금지
Umkehr *f.* **der Beweislast** 증명책임의 전환
Umlauf *m.*유동<유포>
Umrechnungskurs *m.*환율, 환율시세
Umsatz *m.*(일정기간의) 총매상고
Umsatz~
~lizenz *f.*총 매상고의 인가<허가>; ~steigerung *f.*매상고의 증가; ~steuer *f.* 거래액 세, 판매 세(稅)
Umschreibung *f.*사환
Umschuldung *f.*빚을 유리하게 차환 (借換)시킴, (빚을) 유리한 조건의 다른 빚으로 바꿈
Umsetzung *f.*(법률 및 기타 정책의) 전환(轉換), 변화(變換).
Umstände *pl.*사정, 정황
Umstände *(pl.)*
besondere ~ des Einteilfalles 개별구체적 사연 특별사정; erschwerende ~가중적<중>사정; mildernde ~참정사정<사유>; strafschärfende ~형벌 가중에 기초한 사정<정황>
umstritten <**strittig, streitig**> *a.*이론이 분분한, 논쟁의 여지가 있는
Umstrukturierung *f.*구조<기구> 개편
Umsturz *m.*전복, 변혁, 혁명
Umstürzler *m.*혁명가
umstürzlerisch *a.*혁명적인
Umtausch *m.*; **umtauschen** *v.*~을 교환하다
Umtauschrecht *n.*상품을 교환할 수 있는 권리, 전환청구권
Umwandlung *f.*; **umwandeln** *v.*~을 변화<변형, 개조>시키다
Umwandlungsgesetz *n.*사업재편법
Umwelt *f.*환경
Umwelt
natürliche ~ 자연환경

Umwelt~
~bewußtsein n.환경의식; ~delinquenz f.환경사범, 공해범죄; ~gefährdung f.환경을 위태롭게 함; ~kriminalität f.환경범죄; ~maßnahme f.공해대책처분; ~medien pl.환경여론매체; ~ministerium n.환경부; ~problem m.환경문제; ~schaden m.환경피해, 공해; ~schutz m.환경보호; ~schutzbewegung f.공해반대<환경보호>운동; ~schutzrecht n.환경[보호]법; ~strafrecht n.환경형법, 공해[죄]법; ~straftaten pl.환경범죄,공해죄; ~streitigkeit f.공해분쟁; ~unfall m.환경사..; ~verschmutzer m/pl.환경오염자; ~verschmutzung f.환경오염; ~verträglichkeitsprüfung f.환경영향평가

Umzugs~
~kosten pl.인월 비용; ~kostenhilfe f.인월비용 수당

UN-~ (→ Abkürzungsverzeichnis)
~Beobachter m./pl.국제연합의 감시 체제; ~Sicherheitsrat m.국제연합 안전보장이사회

Unabänderbarkeit f.<~abänderlichkeit> 변경불가, 영원불변

unabänderlich a.변경할 수 없는, 영원불변의

unabdingbar a.①{i.S.v. nicht abdingbar} 임의 합의로도 대체할 수 없는 ② {i.S.v. unerläßlich} 불가결(不可缺)의

Unabdingbarkeit f.절대적인 필요성, 필수 불가결

unabhängig a.독립의

Unabhängigkeit f.독립, 자주, 자유

Unabhängigkeit
~ der Gerichte 재판의 독립;
~ der Justiz 사법권독립; ~ des Richters (= rechtliche ~) 사법권의 독립성

unabsetzbar a.<nicht absetzbar> 파면할 수 없는, 종신직의

Unabsetzbarkeit f.예견<전망> 불가능

unabsichtlich a.<nicht absichtlich> 고의가 아닌, 의도적인

unabtretbar a.<nicht abtretbar> 양도할 수 없는

Unabtretbarkeit f.양도불가능

unabwendbar a.<nicht abwendbar> 불가피한, 숙명적인

Unabwendbarkeit f.불가피성, 숙명성

unachtsam a.<nicht aufmerksam> 부주의한, 경솔한

Unachtsamkeit f.부주의, 경솔

unanfechtbar a.<nicht anfechtbar> 논란<이론>의 여지가 없는

Unanfechtbarkeit f.논란의 여지가 없음, 분명함

Unanfechtbarkeit
~ von Verwaltungsakten 행정행위의 불가쟁력

unangemessen a.<nicht angemessen> 부적절한, 어울리지 않는

Unangemessenheit f.부적당, 부적절

unangreifbar a.[, prozessual ~] 공격할 수 없는

Unantastbarkeit f.불가침

unanwendbar a.적용할 수 없는

Unanwendbarkeit f.적용할 수 없는

unbeachtlich a.부지불식간

Unbeachtlichkeitsregelung f.{im VerwR-행} 비고량규정(非考量規正)

unbedingt a.무조건, 절대적으로

unbeeidigt a.<nicht beeidigt> ~을 맹세하지 않은

unbefangen a.공평한, 선입견이 없는

unbefristet a.<nicht befristet> 무기한의

unbefugt a.<nicht befugt> 권한이 없는

unbegründet a.<nicht begründet> 근거없는

unbegründet, offensichtlich ~ 명백하게도 근거 없이

unberechtigt a.<nicht berechtigt> 권리없는, 근거 없는

unbescholten a.결점<흠>없는, 평판이 좋은

Unbescholtenheit f.평판이 좋음

unbeschränkt a.<nicht beschränkt> 무제한의

unbesehen a.<ohne gesehen zu haben> 검토하지 않은

unbestimmt a.①{i.S.v. noch nicht} 확정되지 않은 ②{i.S.v. nicht bestimmt}

막연한, 모호한, 애매한
Unbestimmtheit *f.* 애매모호, 불확정
unbestritten *a.* <nicht bestritten> 반론의 여지가 없는
unbeweisbar *a.* <nicht beweisbar> 증명 <입증>할 수 없는
Unbeweisbarkeit *f.* 증명<입증>불가
unbeteiligt *a.* <nicht beteiligt> 관여<참가>하지 않은
unbewiesen *a.* <nicht bewiesen> 증명<입증>되지 않은
unbewußt *a.* 무의식의
unbillig *a.* 정당하지 못한, 부당한
unbrauchbar machen *v.* 사용할 수 없음
undatiert *a.* <nicht datiert> 날짜가 적혀있지 않은
unecht *a.* <nicht echt> 기만의, 진성이 아닌
unecht
~e Gesamtschuld 부진정연대채무
Unechtheit *f.* 모조, 인조, 가짜
unehelich *a.* <nicht ehelich> 서출의, 사생(私生)의
Unehelichkeit *f.* 서출, 내연관계
uneidlich *a.* <nicht eidlich> 선서가 없는
Uneinigkeit *f.* 의견의 불일치, 불화
uneintreibbarkeit *f.* 취입불능
unentdeckt <geblieben> *a.* 미발견의
unentgeltlich *a.* 무상<무보수>의
Unentgeltlichkeit *f.* 무상, 무보수
unentschuldigt *a.* <nicht entschuldigt> 부당한
unerfüllt *a.* <nicht erfüllt> 실현되지 않는, 충족되지 않은
Unerweislichkeit *f.* 증명할 수 없음
unerwiesen *a.* <nicht erwiesen> 증명되지 않은
unfähig *a.* <nicht fähig> 무능한
Unfähigkeit *f.* 부적격, 무능력
Unfähigkeit
absolute ~ 절대적 부적격
Unfähigkeit, Widerstand zu leisten 부적격사항에 항거(抗拒)하다

Unfall *m.* 사고, 재해
Unfall~
~beteiligter *m.* 사고 당사자; ~flucht *f.*(자동차사고 시의) 뺑소니; ~haftpflicht *f.* 사고차량의 손해배상의무; ~opfer *n.* 사고희생자<피해자>; ~rente *f.* 상해 연금; ~schaden *m.* 사고손해<피해>; ~statistik *f.* 사고통계; ~tod *m.* 사고사(死); ~ursache *f.* 사고 원인; ~versicherung *f.* 1 {private ~} 재해보험 2 {i.S.d. Sozialversicherung} 노화보험
unfrei *a.* 부자유스러운
Unfreiheit *f.* 부자유
ungeeignet *a.* <nicht geeignet> 부적절한
ungelöst *a.* {Probleme, etc.} 미해결된
ungerecht *a.* <nicht gerecht> 정당하지 않은, 부당한
ungerechtfertigt *a.* 부당한, 정당성이 없는
Ungerechtigkeit *f.* 부정, 불공평, 부당
ungeschrieben *a.* 글로 쓰여져 있지 않은, 불문의
ungesetzlich *a.* 불법의, 비합법적인
ungesetzmäßig *a.* 위법의
Ungesetzmäßigkeit *f.* 위법성
ungeteilt *a.* <nicht geteilt> 분할되지 않은
ungültig *a.* <nicht gültig> 무효의
Ungültigkeit *f.* 무효
Ungültig(keits)erklärung *f.* 무효선언
unicum *l.* 스스로 존재하는 무엇, 유일본, 원본, 유일하게 작성된 서류
unilateralis *l.* 일방의
unio *l.* 연합
Union *f.* 연합
unio prolium *l.* 이복자식에게도 동일한 상속권을 인정하는 (재혼시의) 부부재산계약(새 남편의 첫 번째 혼인에서 얻은 아이와 태어난 아이와의 재산법상 권리를 대등하게 하는 계약)
unitas *l.* 일치, 통합(연맹)
unitas actus *l.* 행위의 일치(예: 유언장의 작성에서)
Universal~ 포괄적~, 포괄~

Universalitätsprinzip *n.*보편성의 원리
universitas *l.* 법인의 일치를 위한 구성원 다수의 통합
universitas facti *l.* 유형물의 결합(예: 도서관), 집합물, 총체물
universitas iuris *l.* 법률대상의 총체; 유형물, 비유형물(예: 유산); 권리의 총체, 전 재산
universitas personarum *l.* 인적 총체
Unkenntnis *f.*무지, 무식, 알지 못함
unklagbar *a.*소구(訴求)하지 않은
Unkosten *pl.*(책정된 경비 이외의) 잡비, 기타경비
unkündbar *a.*<nicht kündbar> 취소<파기>할 수 없는
Unkündbarkeit *f.*해약<취소, 해고>불능
unlauter *a.*공정하지 못한, 부당한
unlogisch *a.*비논리적인
unmittelbar *a.*직접의, 직접적인
Unmittelbarkeit *f.*직접성;
~ der Beweisaufnahme
Unmittelbarkeitsgrundsatz
m.<~prinzip *n.*> 직접<직접성>주의
unmöglich *a.*<nicht möglich> 불가능한
Unmöglichkeit *f.*불능, 불가능성
Unmöglichkeit
~ der Zweckerzielung 목적달성의 불가능[성]; ~ zur Leistung 급부불능
Unmöglichkeit
absolute ~ 절대적 불능 anfängliche ~ 원시적 불능; nachträgliche ~ 후발적 불능;objektive ~ 객관적 불능; subjektive ~ 주관적 불능; teilweise ~ 부분적 불능; ursprüngliche ~ 원시적 불능; vorübergehende ~ 일시적인 불능<불가능>
unmündig *a.*<nicht mündig> 미성년의, 성년에 이르지 않은
Unmündigkeit *f.*미성년
uno actu *l.* 한 행위에서, 중단 없이
UNO-Generalsektretär *f.*국제연합의 사무총장
uno tenore *l.* 끊임없이
Unparteilichkeit *f.*불편부당, 중립, 무소속, 공평
unpfändbar *a.*<nicht pfändbar> (담보물로) 압류할 수 없는
Unpfändbarkeit *f.*압류<차압> 불능
Unrecht *n.*위법<불법>성, 위법행위, 형사상불법부정
Unrecht einer Tat
행위의 위법성<불법성>
unrechtmäßig *a.*불법<위법>의
Unrechtmäßigkeit *f.*불법<위법>행위
Unrechts~
~ausschließung(sgrund) *m.*대법성조각사유; ~ausschluß *m.*위법성 ; ~begriff *m.*위법<성>개념; ~begriff, kausaler ~ 인과적위법성개념; ~begriff, personaler ~ 인정위법성개념; ~bewußtsein *n.*위법성인식; ~bewußtsein, potentielles ~ 가불적위법성인식; ~ebene *f.*위법성단계; ~element *n.* [, subjektives ~] <주관적>위법성요소; ~gehalt *n.*위법성정도; ~gehalt, geringer ~ 위법성; ~lehre *f.*[, kausale ~] 인과적위법론; ~lehre, personale ~ 인적위법론; ~minderung *f.*위법성강소; ~tatbestand *m.* 불법구성요건
unredlich *a.*<nicht redlich> 부정직<불성실>한
Unredlichkeit *f.*부정직, 불성실
Unrichtigkeit *f.*{von Geschriebenem} 오류<과실>
Unschuld *f.*무죄, 결백
unschuldig *a.*무죄의, 책임이 없는
Unschulds~
~beweis *m.*무죄 증명; ~vermutung *f.*무죄추정
unschlüssig *a.*<nicht schlüssig> 결정짓지 못하는, 결단성이 없는
Unschlüssigkeit *f.*망설임, 우유부단함
unselbständig *a.*의존하는, 독립적이지 못한
unsittlich *a.*풍속에 어긋나는, 비도덕적인
Unsittlichkeit *f.*패덕, 풍속에 어긋남
unstreitig *a.*<nicht streitig> 논쟁의 여지가 없는, 확실한
untätig *a.*하는 일이 없는, 무위(無爲)의

Untätigkeit f. 부작위
Untätigkeitsklage f. 직무 유기<태만> 제소
untauglich a. 쓸모없는, 부적격인
Untauglichkeit f. 부적격, 쓸모없는 일
Untauglichkeit
absolute ~ 절대적 불능; relative ~ 상대적 불능
unteilbar a. 불가분의, 가를 수 없는
Unteilbarkeit f. 불가분성
Unter~
~abteilung f.(하위)분과; ~abteilungsleiter m.(하위)분과의 장<책임자>; ~anspruch f. 종속<적> 청구; ~beauftragter m.(der ~~e) 하청인; ~behörde f. 하급관청; ~bevollmächtigter m.(der ~~e) 부대리권자 (副代理權者); ~bevollmächtigung f. 부대리 (副代理); ~bringung → Unterbringung; ~gruppe f.(하위)분과; ~haus n. 하원, 중의원; ~instanz f. 하급심, 하급 재판소; ~lassung → Unterlassung; ~lizenz f. 전대; ~miete f. 재임대차 (再賃貸借), 전차(轉借); ~mieter m. 재임대자; ~mietvertrag m. 재임 대계약; ~nehmen → Unternehmen; ~pacht f. 전용임임대차; ~staatssekretär m. 사무차관 보전대인; ~vermieter m. 전대인(轉貸人); ~versicherung f. 부분 보험 가입; ~vertreter m. 부대리인; ~vertretung f. 부대리; ~vollmacht f. 부대리; ~vormund m. 복후견인; ~vormundschaft f. 복후견;
unterbewußt a. 잠재의식의
Unterbesußtsein n. 잠재의식
Unterbrechung f.; **unterbrechen** v. ~을 중단하다
Unterbrechung
~ der Verjährung 소멸 시효의 중단; ~ des Kausalzusammenhanges 인과관계의 단절; ~ des Verfahrens 소송수속의 중단
Unterbrechungs~
~folge f. 중단결과; ~grund m. 중단원인; ~handlung f. 중단행위
Unterbringung f. 숙영(宿營), 창고 격납(格納), 입고(入庫), 투자
unterbringen v. ~을 (안전한 곳으로) 갖다 놓다<보관하다>; 숙소를 마련해 주다; ~을 처분<양도>하다
Unterbringung
~ im Arbeitslager 노역장의 유치(留置); ~ in einem psychiatrischen Krankenhaus 치료감호; ~ in einer [sozialtherapeutischen] Anstalt [사회치료]시설의 수용; ~ in der Entziehungsanstalt 금단치료수용; ~ in der Schutzzelle 보호실의 수용
Unterbringung, gemeinsame ~ 공동수용
Unterbringungs~
~frist f. 수용기간; ~ort m. 수용장소
Unterdrückung f.; **unterdrücken** v. ~을 억제하다<억누르다>, ~을 제한하다
Unterdrückung
~ von Beweismaterial {als Delikt} 증거 인멸<죄>
Unterdrückungshandlung f. 진압행위
Unterfrachtvertrag m. 재운송계약
Untergang m. {einer Sache} 몰락, 멸망, 파멸
untergehen v. 몰락<멸망>하다, 파멸<파괴>되다, 붕괴하다
Untergliederung f.(국가 밑의 지역 및 지방과 같은) 하부지역, 하부집단; 항목 세분, 세분된 소항목
Untergrenze f. 마지막 한계
Unterhalt m. 부양료
Unterhalt
angemessener ~ 적절한 부양료; gesetzlicher ~ 법정부양료
Unterhalts~
~anspruch m. 부양료<생계비> 청구; ~bedürftiger m.(der ~~e) 요부양자; ~bedürftigkeit f. 요부양상태; ~berechtigter m.(der ~~e) 부양 받을 권리를 지닌 사람; ~berechtigung f. 부양 받을 권리; ~betrag m. 부양료; ~empfänger m. 피부양자; ~forderung f. 생계비 요구; ~klage f. 생계비 청구 소송; ~kosten pl. 생계비<부양비, 유지비>; ~pflicht f.{, gesetzliche ~} <법적> 부양 의무; ~pflichtiger m.(der ~~e) 부양의무를 지닌 자; ~pflichtverletzung f. 부양의무의 침해;

~rente f.정기 부양금; ~sache f.부양 관련사건; ~summe f.부양 액수; ~urteil n.부양인의 판결; ~verfahren n.부양수속; ~verletzung f.부양위반, ~verpflichteter m.(der ~~e) 부양의무자; ~verpflichtung f.부양의무
unterhaltspflichtig a.부양의무가 있는
Unterhaltung f.{einer Sache} 보전, 유지
Unterhaltungs~
~kosten pl.유지비; ~pflicht f.유지(보좌)의 의무
Unterhaus n.하원
Unterlagen pl.서면(書面), 기록(記錄);
Unterlagen, eingereichte ~ 제출된 서류
Unterlassung f.부작위(不作爲), 의무<채무> 불이행; **unterlassen** v.{i.S.v. Nicht-weiter-tun} ~을 하지 않다, 중지<정지>하다
Unterlassender m.(der ~e) 부작위자
Unterlassungs~
~anspruch m.부작위(不作爲)청구권; ~anspruch, vorbeugender ~ 예방적부작위청구권; ~delikt → Unterlassungsdelikt; ~haftung f.부작위책임; ~klage f.부작위의 소송; ~pflicht <~verpflichtung> f.부작위의무 ~täter m.부작위 정범자; ~täterschaft f.부작위범
Unterlassungsdelikt n.부작위범
unterlegen a.~에게 패소한
unterliegen v.{im Prozeß} 패소(敗訴)하다
Unterliegender m.(der ~e) 패소자
Unternehmen n./pl.①{i.S.v. Betrieb}기업, 사업 ②{i.S.v. daß man etwas tut} 기도(企圖), 시도, 계획
Unternehmen {i.S.v. ①}
börsennotiertes ~ 상장기업; große ~ pl.대기업; gruppenangehöriges ~ 재계; industrielle ~ 공업기업; internationale ~ 국제기업; mittlere und kleinere ~ pl.중소기업; multinationale ~ 다국적 기업; private ~ 사기업; produzierende ~ 생산기업; selbständige ~ 독립기업; staatliche ~ 국영기업; wirtschaftliche ~ 경제적 기업
Unternehmens~
~bewertung f.기업평가; ~expansion <~ausweitung> f.기업진출; ~form f.기업의 형태; ~gewinn m.기업의 이익; ~gruppe f.기업; ~leitung f.경영진, 기업의 수뇌부, 기업의 관리; ~tätigkeit f.기업활동; ~steuer f.기업세; ~übertragung f.기업양도
Unternehmer m.기업자, 영업주
Unternehmer
beauftragter ~ 위탁업자
Unternehmer~
~haftung f.사용자책임; ~risiko n.기업자가 부담해야 할 위험; ~seite f.경영자측; ~tätigkeit f.기업자의 행위<활동>; ~verband m.기업연합<연맹>, 경영자단체
Unternehmungen pl.기업부문
unterrichten v.[jn. (von etw.) ~] ~에게 (~에 대해) 보고하다<알리다>
Untersagung f.; **untersagen** v.[(jm.) etw. ~] (~에게) ~을 금하다
Untersagungs~
~klage f.금지; ~recht n.금지권; ~verfügung f.{als Schriftstück} 금지령 (禁止令)
Unterscheidung f.; **unterscheiden** v.~을 차별<구별, 식별>하다
Unterscheidung nach Geschlecht 성별에 따른 구분
Unterscheidungskraft f.판별능력
Unterschiedsbetrag f.금액상의 차이
Unterschlagender m.(der ~e) 횡령자 <착복자, 유용자>
Unterschlagung f.{als Delikt} 횡령, 착복, 유용, 가로챔
Unterschrift f.; **unterschreiben** v.~에 서명<기명>하다
Unterschrift, eigenhändige ~ 자필 서명
Unterstützung f.; **unterstützen** v.~을 보조<원조, 부조>하다
Untersuchung f.; **untersuchen** v.~을

검사<조사>하다
Untersuchung
ärztliche ~ 진찰<진단, 검진>; ex ante ~ 사전조사; ex post ~ 사후조사; förmliche ~ 공식적인 조사<연구>; gerichtliche ~ 재판소의 조사; körperliche ~ 신체검사; körperliche ~ {auf Gegenstände} 소지품 검사; mündliche ~ 구술상의 조사; rechtsvergleichende ~ 비교법학적인 연구
Untersuchungs~
~ausschuß m.조사위원회; ~beamter m.조사관, 취조관; ~befehl m.{als Dokument} 수색명령서(搜索命令書); ~ergebnis n.조사<검사> 결과; ~gefangener m.(der ~e) 미결수; ~gegenstand m.<검사>대상; ~grundsatz m.<~maxime f.> 직권탐지주의; ~haft → Untersuchungshaft; ~kosten pl., ärztliche ~ 진료비; ~pflicht f.조사<검사>의 의무; ~richter m.예심 판사; ~tätigkeit f.(1)심리<심문>, 취조 (2)조사<검사, 연구> 행위<활동>
Untersuchungshaft f.(미결)구류
Untersuchungshaft~
~-Anstalt 미결구류시설; ~-Vollzug m. 미결구류집행
Untersuchungshäftling m.미결수
Untertan f.신민, 신하
unterzeichnen v.(→ unterschreiben) 서명하다, 비준하다
Unterzeichner m.서명자<기명자>
Unterzeichneter m.(der ~e) 서명자<기명자>
Unterzeichnung f.비준<승인>, 서명
Untreue f.배임죄
unübertragbar a.<nicht übertragbar> 양도할 수 없는
Unübertragbarkeit f.양도불가능
ununterschrieben <**ununterzeichnet**> a.서명<기명>할 수 없는
unverantwortlich
a.(1){i.S.v. ohne Verantwortung} 무책임한 (2){i.S.v. verantwortungslos} 책임을 지지 않는

Unverantwortlichkeit f.무책임
unveräußerlich <**unveräußerbar**> a. 양도<매각>할 수 없는
Unveräußerlichkeit <**Unveräußerbarkeit**> f.양도<매각> 불가능
unverbesserlich a.개선<교정>할 수 없는
Unverbesserlichkeit f.개선할 수 없음
unverbindlich a.<nicht verbindlich> 구속력이 없는, 의무를 지지 않는
Unverbindlichkeit f.구속력이 없음
Unverdächtiger m.(der ~e) 믿을만한 <신뢰할 수 있는> 사람
unvereinbar a.<nicht vereinbar> 일치하지 않는, 모순되는
unvererblich <**unvererbbar**> a.<nicht vererblich, ~ vererbbar> 상속할 수 없는
unverhältnismäßig a.비교가 안될 정도로, 지나친, 균형이 잡히지 않은
Unverhältnismäßigkeit f.균형이 잡혀 있지 않음, 형평성에 어긋남
unverjährbar <**unverjährlich**>
a.<nicht verjährbar> 시효소멸
Unverjährbarkeit f.소멸시효
unverletzbar <**unverletzlich**> a.신성한, 불가침의, 범하기 어려운
Unverletzbarkeit <**Unverletzlichkeit**> f. 불가침성, 신성함
Unverletzlichkeit f. der Wohnung 주거의 불가침성
unvermeidlich <**unvermeidbar**> a.불가피한, 피치 못할
Unvermeidlichkeit f.불가피, 피치 못함
Unvermögen n.(= → Unmöglichkeit, subjektive ~) 주관적 불능
Unvermögen
anfängliches ~ 원시적객관적불능
unvermögend
a.(1){i.S.v. ohne Vermögen} 재산이 없는 (2){i.S.v. ohne Fähigkeit} 무능한
unveröffentlicht a.(1){als Urteil} 공표되지 않은 (2){als Buch} 출판<발행>되지 않은

unverpfändet *a.*<nicht verpfändet> 저당 잡을 수 없는
Unversehrtheit *f.*다치지 않음, 부상이 없음
Unversehrtheit körperliche ~ 신체상에 부상이 없음
unversteuert *a.*관세 면제의, 납세치 않은, 세금이 없는
unvertretbar *a.*①{*als ersetzbar*} 대표할 수 없는 ②{*i.S.v. verantwortlich*} 추천할 수 없는
unverzinslich *a.*이자가 없는, 무이자의
unverzinst *a.*<nicht verzinst> 무이자의
unverzüglich *a.*(= → *sofort*) 즉시<즉각>의, 지체 없는, 주저하지 않는
unvollständig *a.*<nicht vollständig> 불충분한, 불완전한
unvorhergesehen *a.*예상외의, 뜻하지 않은
unvorhersehbar *a.*뜻밖의, 의외의
Unvorhersehbarkeit *f.*예상치 못함
unvorsichtig *a.*<nicht vorsichtig> 지각이 없는, 신중하지 않는
Unvorsichtigkeit *f.*경솔함, 무모함
unwahr *a.*<nicht wahr> 진실이 아닌, 허구의
Unwahrheit *f.*거짓, 허위
Unwert *m.*무가치
Unwerturteil *n.*무가치한 판결
unwesentlich *a.*<nicht wesentlich> 본질적이 아닌, 중요치 않는
unwiderruflich *a.*<nicht widerruflich> 철회<취소, 변경>할 수 없는, 최종적인
unwirksam *a.*<nicht wirksam> 무효의, 효과 없는
unwirksam schwebend ~ 불확정적<일시>무효
Unwirksamkeit *f.*무효과, 무효
unwirtschaftlich *a.*비경제적인, 검약하지 않는
Unwissenheit *f.*알지 못함, 무지, 모름
unwissentlich *a.*모르는, 알지 못하는
Unzucht *f.*외설, 음탕, 간음, 매음
Unzucht gewerbsmäßige ~ 매춘행위

Unzucht ~ mit Kindern; 아동과 매춘행위 ~ mit Tieren 수간행위
Unzuchtbegriff *m.*외설의 개념
unzulässig *a.*<nicht zulässig> 허용되지 않는, 금지된, [소송법상] 부적법한
Unzulässigkeit *f.*불허, 금지
unzumutbar *a.*<nicht zumutbar> 부당한 요구를 하는, 요구할 수 없는
Unzumutbarkeit *f.*요구불가
unzurechnungsfähig *a.*책임능력이 없는, 제정신을 잃은
Unzurechnungsfähigkeit *f.*책임능력이 없음
unzuständig *a.*<nicht zuständig> ~에 속하지 않는, 직권<권한>이 없는
Unzuständigkeit *f.*무권한
Unzuständigkeitsrüge *f.*무권한에 관한 질책
unzustellbar *a.*<nicht zustellbar> 송달할 수 없는
Ur~ (= Ursprungs~, Haupt~) 본~
U.R. *l.* → *uti rogas*
Ur~
~beklagter *m.*(*der* ~*e*) 본소송피고<인>;
~einwohner *m./pl.*원주민, 토착민;
~kläger *f.*본소(本訴)의 원고; ~prozeß *m.* 본소송, 본소; ~rechtsstreit *m.*본소송;
~verfahren *n.*원심수속절차
urbarium *l.* 이자 소득의 목록
urbi et orbi *l.* (로마)시와 전 세계에, 온누리에, 무엇을 알리다; 교황의 메시지 인사말
Urheber *m.*저작자, 저작권자
Urheber~
~benennung *f.*직접점유자<본인>의 지명;
~recht *n.*{*als Gesetz*} 저작권(법)
Urheberrechts~
~gebühr *n.*저작권사용료; ~inhaber *m.*저작권소유자; ~schutz *m.*저작권보호;
~streit *m.*저작권 분쟁; ~verletzung *f.*저작권침해; ~vertrag *m.*저작권조약
Urkunde *f.*문서, 증서
Urkunde, eine ~
~ aufsetzen *v.*문서를 작성하다;

~ vorlegen v.문서를 제출하다;
~ zerstören v.문서를 파기(破棄)하다

Urkunde
amtliche ~ 공문서; beglaubigte ~ 인증문서; bezeugende ~ 확인된 문서; diplomatische ~ 외교공문; echte ~ 문서 falsche ~ 거짓문서; gefälschte ~ 허위문서; notarielle ~ 공증된 증서; öffentliche ~ 공문서; beglaubigte ~ 공증증서, 공문서; verfälschte ~ 위조문서 vollstreckbare ~ 집행력을 가진 증서

Urkunden~
~beweis m.서증(書證), 문서에 의한 증명; ~beschädigung f.{als Delikt} 문서훼손<죄>; ~delikte pl.공문서 관련 범죄; ~einsicht f.(공문서열람; ~fälscher m.문서위조자; ~prozeß m.증서소송; ~sprache f.공문서용어; ~unterdrückung f.(공)문서상의 사실 내용 은폐; ~vernichtung f.문서폐기; ~vorlage f.문서제출; ~vorlagepflicht f.문서제출의무

Urkunden- und Wechselprozeß m. 증서소송수형소송

urkundlich a.문서상의, 믿을 만한, 보증된

Urkunds~
~beamter m.(der ~~e) der Geschäftsstelle 재판소 사무과의 서기관; ~person f.인증인

Urlaub m.{aus der Haft, etc.} 휴가
Urlaubs~
~geld n.휴가수당 ~tage pl.{i.S.v. Anzahl} 휴가 일수

Ursache f.원인
Ursache adäquate ~ 적합한 원인; unmittelbare ~ 직접적 원인
ursächlich a.원인의, 인과적인
Ursächlichkeit <**Kausalität**> f.원인성, 인과성
Ursatzung f.원시정관
Urschrift f.[~ des Urteils] (판결문의) 원본<정본(正本)>
Ursprung m.시작, 출처, 기원, 원산지
Ursprungs~ ~bezeichnung f.<원산지>명; ~land <Herkunftsland n.> n.원산지

<국>; ~zertifikat n.<~urkunde f.> 원산지증명서

ursprünglich a.처음<최초>의, 자연<원시적>의

Urteil n.1 {i.S.v. Gerichtsurteil} 판결, 재판 2 {i.S.e. Meinungsbildung} 판단<판정>, 의견

Urteil, ein ~
~ aufheben v.판결을 철회하다;
~ aufheben und zurückverweisen v.판결을 철회하고, ~로 반송하다; ~ (aus)sprechen v.판결을 알리다; ~ erhalten v.판결을 받다; ~ erlassen v.판결을 공포하다;
~ verkünden v.판결을 공포<포고>하다;
~ vollstrecken v.판결을 집행하다

Urteil
ausländiches ~ 외국<판결소>판결; bestätigendes ~ 인증판결; endgültiges ~ 종국판결; erstinstanzliches ~ 제일심판결; (noch) nicht rechtskräftiges ~ 미확정판결; späteres ~ 사후판결; verneinesdes ~ 부정판결; verwaltungsgerichtliches ~ 행정재판소판결; zivilrechtliches ~ 민사판결

Urteil auf
~ Schadenersatz 손해배상명령판결

urteilen v.{i.S.v. 1} 판결을 내리다<언도하다>, {i.S.v. 2} 판단하다, 논리적인 결론을 내리다

Urteils~
~ausfertigung f.판결문의 정본(正本); ~begründung f.판결의 이유; ~beratung f.판결합의; ~berichtigung f.판결정정; ~element n.판결요소; ~entwurf m.판결안 ~eröffnung f.판결 개시; ~fähigkeit f.판단능력; ~formel f.판결형식; ~gebühr f.<소송비용><판결수수료>; ~gegenstand m.판결<심판>대상; ~grundlage f.판결의 근거; ~gründe pl.(→ „Gründe..) <판결>이유<이유>; ~gründe, in den ~ 판결이유 중; ~kraft f.판단력; ~kurzformel f.판결요지; ~schrift f.판결서; ~spruch m.판결, 선고; ~tatbestand m.판결의 사실내용; ~tenor m.판결 주문(主文); ~urschrift f.판결원본<정본>; ~verfahren

*n.*판결수속; ~verkündung *f.*판결언도; ~verkündungstermin *m.*판결언도의 기일; ~verzeichnis *n.*판결목록; ~vollstreckung *f.*판결의 집행; ~wirkung *f.*판결의 효력; ~zustellung *f.*판결 송달

US-~ {→ *Abkürzungsverzeichnis*} ~Dollar *m.*미화 달러

usucapio *l.* 소유권 획득, 취득시효

usucapio libertatis *l.* 자유의 취득시효(승역지에서의 토지지역권의 수행을 저지하고 따라서 기간만료에 의해 폐지되는 상태를 일컬음)

usucapio pro herede *l.* 주인 없는 유산의 소유권 취득

usucapio pro leagto *l.* 유증에 의한 취득시효

usurae *l.* 이자

usuraria pravitas *l.* 폭리

usurpatio *l.* 불법취득; 월권; 계속되는 사용

usus *l.* 사용, 계속되는 권리의 수행; 사용권

Usus est tyrannus *l.* 오래된 관습은 폭군이다(관습의 힘)

usus fori *l.* 사용권

ususfructus *l.* 용익권

ususfructus maritalis *l.* 부인의 재산에 대한 남편의 사용권(관리공동체)

usus modernus pandectarum *l.* 판례집의 현대적인 사용(1700년대 독일법학계에서의 경향) → *pandectae*

Ut desint vires, tamen est laudanda voluntas *l.* 힘이 모자라면 의지가 찬양될 수 있다(오비디우스)

uterini *l.* 동복 형제자매

uti frui licere *l.* 임대차(소작)은 사용과 수확을 허용 한다

utile dulci *l.* 유쾌한 것에 유익한 것 (유익한 것을 유쾌한 것과 연결)

Uti legassit suae rei, ita ius esto, Uti lingua nuncupassit super pecunia tutelave suae rei, ita ius esto *l.* 자신의 재산과 자신의 가족을 소유한 자 법률상 정당할 것이다(유언 자유의 원칙)

Utile non debet per inutile vitiari *l.* 법률행위의 일부분이 위법하더라도 나머지 유효한 부분을 무효로 할 수 없다

utilitas *l.* 적합성, 유용성, 쓸모; 유용, 이익 장점

uti possidetis *l.* 그들이 점유한 것처럼→ interdictum uti possideti 부동산 점유보유의 특시 명령

uti rogas (U.R.) *l.* 네가 제안한 것처럼(법안에 대한 동의의 표시)

uxor *l.* 아내

Uxor sequitur domicilium viri *l.* 아내는 남편의 주거지를 따른다(로마법 원칙의 보통법상 요약)

Uxor sequitur statum mariti *l.* 아내는 남편의 국적에 따른다

V

V-Mann *m.*(V-Leute *pl.*) 비밀요원
vacantia *l.* 공석, 해결된, 비어 있는 자리
vacatio *l.* (책임으로부터)해방
vacatio legis *l.* 법의 면제
vademecum *l.* 나의 소풍가자; 문고본
vadimonium *l.* 지정된 날에 법정 소환에 응할 것을 재판 내 또는 재판 외에서 서약하다
vagabundus *l.* 부랑자
Vakanz *f.* 공석
vale *l.* 잘 살아
Validität *f.* 유효성
Valuta *f.* 가치<대가>, 외국환<통화>
Valuta~
~geschäft *n.* 환전업; ~klausel *f.* (어음의) 대가문구(對價文句); ~verhältnis *n.* 원인관계
Vandalismus <**Wandalismus** *m.*> *m.* 맹목적 파괴욕
varia *l.* 혼합된 것, 잡다한 혼합물
variatio *l.* 의지 변화
varietas *l.* (법적 견해의) 상이함
vasallus, vassus *l.* 봉신, 신하
Vater *m.* 부(父)
Vater *m.*, **leiblicher ~** 혈연상의 아버지, 친부
Vaterland *n.* 모국
väterlicherseits *a.* (친척관계에서) 아버지쪽으로
Vaterschaft *f.* 부자(父子)관계, 부성
Vaterschaft, die ~
~ anerkennen *v.* 부자관계임을 인정하다;
~ bestreiten *v.* 부자관계임을 부인하다;
~ feststellen *v.* 부자관계임을 확인하다
Vaterschaft
eheliche ~ 적출부자관계; nichteheliche ~ 비 적출 부자관계

Vaterschafts~
~anerkenntnis *n.* 부자관계를 인정함;
~anfechtung *f.* 부자관계의 취소;
~anfechtungsklage *f.* 부자관계취소의 소(訴); ~feststellung *f.* 부자관계 확인;
~(feststellung)sklage *f.* 부자관계 확인을 위한 소(訴); ~nachweis *m.* 부자관계의 증명; ~vermutung *f.* 부자관계임을 추정;
~vermutung, gesetzliche ~ 법적으로 부자관계임을 추정
V.E.D. *l.* → *vigens ecclesiae disciplina*
venditio (emptio) *l.* 매각(매매)
venditio trans Tiberim *l.* 티베리우스강에 대한 (채무자의) 매각(외국으로)
veneficium *l.* 독살, 중독
venia aetatis *l.* 성년 선언
venia legendi, v. docendi *l.* 강의하는 것을 허가
venire contra factum proprium *l.* 선행행위와의 모순금지 (금반언원칙)
Venire contra factum proprium (nulli conceditur) *l.* 자신의 거래에 대한 조치는 (누구에게로 권한이 없다
- Glossatoren)
verabreden, sich zu einer Tat ~ *v.* ~하기로 약정<협정>하다
Verabredung *f.* 1 {*i.S.v. Termin*} 약속, 협정 2 {*zu einem Handeln*} 공모<모의>
Verabredung zu einem Verbrechen <*zu einer Straftat*> 범죄 공모
Verabsäumung *f.*, **verabsäumen** *v.* ~을 게을리 하다, ~을 등한시 하다
Verabschiedung *f.* {*z. B. eines Gesetzes*} 가결, 의결, 통과
Veränderung *f.*, **verändern** *v.* ~을 변경<수정>하다
Veränderungs~
~anzeige *f.* 사정변경공지; ~verbot *n.* 사정

변경금지
Veranlagung *f.*, **steuerliche ~** 조세사정
Veranlagungssteuer *f.* 사정(査定)된 과세<세금>
Veranlassungsprinzip *n.* 원인주의
verantworten *v.* ~의 책임을 지다, 떠맡다
verantwortlich *a.* ~에 대해 책임을 지고 있는
Verantworticher *m.* (*der ~e*) 책임자, 담당자; letz(end)lich ~ 최종단계의 책임자
Verantwortlichkeit *f.* [, rechtliche ~] 책임을 떠맡음, 책임감<의무감>, <법적> 책임
Verantwortung *f.* 책임
Verantwortung
~ tragen *v.* 책임을 지다; ~ übernehmen *v.* 책임을 떠맡다
Verantwortung
deliktische ~ 불법행위에 대한 책임; interne ~ 내부책임; rechtliche ~ 법적책임; strafrechtliche ~ 형사책임<능력>; zivilrechtliche ~ 민사책임<능력>
Verantwortungsbereich *m.* 책임<담당> 영역<범위>, 책임 분야
Verarbeitung *f.*; **verarbeiten** *v.* ~을 가공하다, ~으로 만들다
Veräußerer *m.* 양도인(讓渡人), 매각인(賣却人)
veräußerlich *a.* 양도<매각> 할 수 있는
Veräußerung *f.*; **veräußern** *v.* ~을 양도<매각>하다
Veräußerung
~ der streitbefangenen Sache 계쟁물(係爭物)의 양도<매각>;
~ des Streitgegenstandes 계쟁물(係爭物)의 양도<매각>
Veräußerung, bedingte ~ 조건부양도
Veräußerungs~
~anzeige *f.* 양도<매각>통지; ~befugnis *f.* 양도권한; ~beschränkung *f.* 양도제한; ~erlös *m.* 양도 이익; ~fähigkeit *f.* 양도 능력<가능성>; ~form *f.* 양도행위; ~geschäft *n.* 양도행위; ~gewinn *m.* 양도를 통해 얻을 수 있는 이익; ~handlung *f.* 양도행위; ~recht *n.* 양도권; ~verbot → *Veräußerungsverbot*; ~vertrag *m.* 양도조약; ~vorbehalt *m.* 양도유보
Veräußerungsverbot *n.* 양도금지
Veräußerungsverbot
gesetzliches ~ 법적차원에서의 양도금지; rechtliches ~ 재판관할<재판소>의 양도 금지
Verba contractus sunt lex contractus *l.* 계약의 문구은 계약의 법률이다
verba contumeliosa *l.* 언어를 통한 명예훼손
Verbal~
~angebot *n.* <~offerte *f.*> 구두 제안; ~beleidigung <~injurie> *f.* 구두상의 모욕; ~kontrakt *m.* 구두조약; ~note *f.* 구상서; ~prozeß *m.* 구두<행>소송; ~vertrag *m.* 구두조약
Verband *m.* 단체, 연맹, 연합
Verband
gemeinnütziger ~ 공익단체
Verbands~ ~klage *f.* 단체소송
verbatim *l.* 문자대로의
Verbringen *n.* 반입
verbi causa *l.* 예를 들면
verbum regis *l.* 개별적 사람들을 위한 왕의 피보호권
Verbands~
~autonomie *f.* 단체자치; ~anmeldung *f.* 단체출원; ~klage *f.* 단체소송; ~marke *f.*; ~übereinkommen *n.* <~übereinkunft *f.*> 단체 협약
Verbergen *n.* **von Straftätern** 범인은닉
Verbesserung *f.* 개량<개선>
Verbesserungs~
~antrag *m.* 수정동의; ~handlung *f.* (an einer Sache) 개량행위; ~erfindung *f.* 개량발명; ~patent *n.* 개량특허
verbieten *v.* [(*jm.*) *etw.* ~] (~에게) ~을 금하다<금지하다>
verbinden *v.* 연결<구속>하다

verbindlich *a.*구속력 있는, 의무를 지우는
Verbindlichkeit *f.*1 {*i.S.v. Schuld*} 책무, 임무 (2){*i.S.v. Bindung*} 구속력
Verbindlichkeit, eine ~
~ eingehen *v.* 책무를 떠맡다; ~ erfüllen *v.* 책무를 이행하다
Verbindlichkeit
abstrakte ~ 추상적 책무<의무>; akzessorische ~ 부가적 책무; beschränkte ~ 한정책무; gegenseitige ~ 상호책무; gemeinschaftliche ~ 공동<적>책무; fällige ~ 반드시 이행해야 할 책무; kurzfristige ~ 단기적 책무; noch nicht fällige ~ 이행되고 있지 않은 책무; persönliche ~ 인적책무; unvollkommene ~ 불완전책무; vertragliche <vertragsmäßige> ~ 계약상 책무; zukünftige <noch nicht entstandene> ~ 미발생 책무
Verbindung *f.* 1{*Sachen*} 부합, 결합 2{*abstrakt*} 병합; ~ von Sachen 부합; ~ von Pzozessen 소송의 부합
Verbot *n.* 금지, 금지령
Verbot
~ anderweitiger Klageerhebung 별개의 소(訴) 무효화 금지;
~ grausamer Strafen 가혹처벌행위 금지
Verbot der
~ Doppelpfändung 이중 압류 금지;
~ Isolationshaft 격리 감금의 금지;
~ Gehaltspfändung; (채권자 측의) 급료<봉급>의 (부분적) 차압; ~ refomatio in peius 불이익변경금지; ~ Selbsthilfe 자력 금지원칙; ~ Vermummung 가장의 금지
Verbot des
~ Rechtsmißbrauchs 권리남용의 금지;
~ Selbstkontrahierens 자기조약<쌍방대리>의 금지; ~ venire contra factum proprium 자기행위대배반금지
Verbot mit Erlaubnisvorbehalt
<허가>유보의 금지
Verbot
gerichtliches ~ 재판상의 금지; gesetzliches ~ 법적<법률상> 금지; polizeiliches ~ 경찰에 의한 금지; striktes ~ 엄금
verboten *a.*[~ sein] 금지된, 불가능한
Verbotensein *n.* 금지
Verbots~
~gegenstand *m.* 금지대상; ~irrtum *m.* (umgekehrter ~) 금지의 착오; ~funktion *f.* 금지기능; ~maßnahme *f.* 금지조치; ~norm *f.* 금지 규정; ~rahmen *m.* einer Norm 규범상에서의 금지 범위; ~recht *n.* 금지권; ~voraussetzungen *pl.* 금지에 있어서 성립해야 할 차지요건
Verbrauch *m.* {*i.S.v. Quantität*} 소비, 소모, 소비량
Verbrauch
öffentlicher ~ 정부부문소비; privater ~ 개인소비
verbrauchbar *a.* 소비할 수 있는
verbrauchen *v.* ~을 소모<소비>하다, 다 써버리다
Verbraucher *m.* 소비자
Verbraucher~
~aufklärung *f.* (소비자 단체의) 소비자 계몽; ~ausgaben *pl.* 소비자지출; ~beratung *f.* 소비자상담; ~beschwerde *f.* 소비자가 겪는 불평불만; ~beteiligung *f.* 소비자참여; ~bewegung *f.* 소비자운동; ~erwartung *f.* 소비자기대; ~erziehung *f.* 소비자교육; ~genossenschaft <Konsumgenossenschaft> *f.* 소비자조합; ~kredit *m.* 소비자; ~nachfrage *f.* 소비자수요; ~organisation *f.* 소비자단체; ~preise *pl.* 소비자가격; ~schutz → *Verbraucherschutz*; ~verbände *pl.* 소비자조합
Verbraucherschutz *m.* 소비자보호
Verbraucherschutz~
~bewegung *f.* 소비자보호운동; ~gesetzgebung *f.* 소비자보호에 관한 법률 입법; ~organisation *f.* 소비자보호단체; ~prozeß *m.* 소비자 보호에 관련된 소송; ~rechte *pl.* 소비자보호권
verbraucherschützend *a.* 소비자를 보호하는
Verbrauchs~
~artikel *m.* 소비품; ~gegenstand *m.* 소비물;

~güter *pl.*소모<소비>품; ~gütergewerbe *n.*소비재부문; ~steuer *f.*<~abgabe> 소비세
Verbrechen *n.*①{*untechnisch*} 범죄, 죄 ②{*als Tat-Typus (veraltet)*} 중죄
Verbrechen {*i.S.v.* ①}
~ gegen das Leben 생명범죄; ~ gegen den Staat 국가범죄; ~ im Amt(e) 직무상 저지른 범죄
Verbrechen {*i.S.v.* ①}
berufsmäßiges ~ 직업적 범죄; fahrlässiges ~ 과실범; fortgesetztes ~ 연속범; gemeingefährliches ~ 공안에 위협이 되는 범죄; gewerbmäßiges ~ 영업상 범죄 ; organisiertes ~ 조직범죄; opferloses ~ 피해자범죄; politisches ~ 정치범; versuchtes ~ 미수범; vollendetes ~ 견수범; vorsätzliches ~ 고의범
Verbrechens~
~anschauung *f.*범죄관(觀); ~auffassung *f.*범죄관(觀); ~auffassung, objektives ~ 객관적 범죄관; ~auffassung, subjektivische ~ 주관적 범죄관; ~auffassung, symptomatische~ 경포적 범죄관; ~aufklärung *f.*범죄 규명; ~begriff *m.*범죄개념; ~bekämpfung *f.*범죄 퇴치; ~ermittelung *f.*범죄 조사; ~kontrolle *f.*범죄통제; ~lehre *f.*범죄<이>론; ~merkmal *n.*범죄의 특성; ~opfer *n.*범죄피해자; ~profil *n.*범죄의 개요; ~tatbestand *m.*범죄구성요건; ~typologie *f.*범죄유형학 ~typologisierung *f.*범죄유형화; ~verdacht *m.*범죄가 의심됨; ~verfolgung *f.*범죄(자)추적; ~verhütung *f.*범죄방지; ~vorbeugung *f.*방범, 범죄예방
Verbrecher *m.*범인, 범죄자, 범죄인
Verbrecher
gewohnheitsmäßiger ~ 상습범인; rückfälliger ~ 계범범인
verbrecherisch *a.*범죄의, 범죄자의
verbriefen *v.*~을 문서로 확인<보증>하다
Verbriefung *f.* eines Rechts 권리보증
Verbund *m.*결합

Verbund~
~klage *f.*연계 소송; ~sache *f.*결합사건; ~verfahren *n.*결합소송수속
verbünden *v.*[sich ~] 연합<동맹>하다
Verbündete *pl.*(*der ~e*) ①{*Person*} 동맹자 ②{*Land*} 동맹국
verbürgen *v.*[sich für *etw./jn.* ~] ~를<을> 보증하다
Verbüßung *f.*; **verbüßen** *v.*징역형을 받다
Verdacht *m.*혐의, 의혹; in ~ kommen 혐의를 받다
Verdacht
nicht ausreichender ~ 혐의불충분
Verdachtkündigung *f.*혐의해고
Verdachts~
~grad *m.*혐의정도; ~momente *pl.*혐의사항; ~tatsachen *pl.*혐의사실
verdächtig *a.*혐의가 있는, 의심스러운
Verdächtigter *m.*(*der ~e*) 용의자, 혐의자
Verdunkelungsgefahr *f.*증거 인멸의 우려
Verehelichung *f.*혼인
vereidigen *v.*~을<를> 선서시키다
vereidigt *a.*선서한
Vereidigung *f.*선서
Verein *m.*사단법인
Verein
eingetragener ~ 등기 절차를 마친 사단법인; gemeinnütziger ~ 공익사단법인; nicht eingetragener ~ 등기 절차를 거치지 않은 사단법인; nicht rechtsfähiger ~ 권리능력이 없는 사단법인; nichtwirtschaftlicher ~ 비영리법인<사단법인>; rechtsfähiger ~ 사단법인; wirtschaftlicher ~ 영리법인<사단법인>
vereinbaren *v.*~을 합의<동의>하다
vereinbart *a.*합의된, 동의를 받은; ~ sein *v.*합치되다
Vereinbarung *f.*①{*privatrechtlich*} 합의<동의·약속> ②{*völkerrechtlich*} 협정, 협약
Vereinbarung ~
ausdrückliche ~ 명시적 합의;

außergerichtliche ~ 재판 외의 합의; gegenseitige ~ 상호간의 합의; international ~ 국제적 합의; mündliche ~ 구두상의 합의; öffentlich-rechtliche ~ 공법상 협정; schriftliche ~ 서면 합의; stillschweigende ~ 암묵적 합의; vertragsgemäße<-mäßige> ~ 조약상 합의

Vereinbarung 불가소합의
Vereinheitlichung f.; **vereinheitlichen** v.~ 을 단일화하다, 통일 시키다
Vereinigung f.; **vereinigen** v.~을 합일<결합, 합병>하다
Vereinigung, internationale ~ 국제협회
Vereinigungstheorie f.인지설
Vereins~
~mitglied n.협회<조합> 회원; ~register n.협회<사단(사례)> 등기부; ~satzung f. 협회 정관; ~vermögen n.사단 재산; ~vorstand m.이사회; ~zweck m.사단목적
Vereitelung f.; **vereiteln** v.~을 좌절 시키다, ~을 실패로 돌아가게 하다
Vereitelung
~ der Zwangsvollstreckung 강제집행이 실패로 돌아감
vererblich a.상속되는, 유전되는
Vererblichkeit f.상속성;
~ des Schmerzensgeldanspruchs 위자료 청구권의 상속성
Vererbung f.유전
Verfahren n.(1){i.S.v. Ablauf von etw.} 수속 (2){i.S.e. Vorgangs} 방법
Verfahren, ein ~
~ aussetzen v.수속절차를 중지시키다;
~ einstellen v.수속절차를 밟다;
~ unterbrechen v.수속을 중단하다;
~ wiederaufnehmen v.수속 절차를 다시 속개하다
Verfahren
~ in Ehesachen 혼인사건수속;
~ [in] erster Instanz 제일심수속;
~ in Familienangelegenheiten 친자관계 사건수속; ~ ohne mündliche Verhandlung 구두변론 없이 진행되는 수속절차

Verfahren
abgekürztes ~ 약식 수속; anhängiges ~ 계류중인 사건 수속; amtsgerichtliches ~ 지방법원관할사건 수속; außergerichtliches ~ 재판 외 수속; außerordentliches ~ 비상소 송수속; beschleunigtes ~ 정진수속; disziplinarisches ~ 징벌<적> 수속; ehrengerichtliches ~ 군법회의상의 수속; fehlerhaftes ~ 문제가 있는 수속; gerichtliches ~ 재판<소> 수속; gewöhnliches ~ 통상수속; inquisitorisches ~ 예심판사가 진행하는 수속; kontradiktorisches ~ 대심수속; nichtöffentliches ~ 비공개수속; nichtstreitiges ~ 비소속적수 속; ordentliches ~ 사법<통상·정사수속; schiedsrichterliches ~ 중재<재판>수속; schriftliches ~ 서면수속; späteres ~ 사후수 속; streitiges ~ 쟁송적 수속; summarisches ~ 약식<소송>수속; vereinfachtes ~ 약식 수속; vorbereitendes ~ 준비 소송

Verfahrens~
~ablauf m.소송 진행<과정>의 경과; ~abschnitt m.소송단계; ~antrag m.소송 신청; ~beschleunigung f.소송 진행의 가 속화; ~beschluß m.소송 결정; ~besonderheit f.소송상의 특이사항; ~bestimmung <~norm, ~vorschrift> f.소 송<법>규정; ~beteiligter m.(der ~~e) 소 송 당사자; ~beteiligung f.소송상의 관 여<개입>; ~dauer f.소송기간; ~einstellung f.소송진행절차; ~frage f.소 송문제; ~führung f.소송 진행; ~gang m. 소송과정; ~garantie f.소송권의 보장; ~gebühr f.소송비용; ~grundsätze pl.소송 상 지켜야 할 원칙; ~kosten pl.소송비 용; ~mangel m.소송상의 흠결; ~ordnung f.소송관계법령; ~partei f.소송당사자; ~patent n.방법특허; ~recht n.소송관계 법, 재판관계법; ~rüge f.수속관련질문; ~seite f.소송측; ~stand m.소송의 상태; ~struktur f.소송의 구조; ~unterbrechung f.소송의 중단; ~vereinfachung f.소송의 간소화; ~verzögerung f.소송의 지연; ~vorschriften pl.수속<소송·처분>규정
verfahrensfördernd a.소송 절차를 진

행시키는
verfahrensrechtlich *a.*<소송>수속법상
Verfall *m.*①손실, 소멸, 무효화, 실효 (失效) ②붕괴, 무너짐
Verfall eines Rechts 권리의 손실
verfallen *v.*~이 무효화되다, ~이 효력을 상실하다
verfallen *a.*손실된, 효력을 상실한
Verfalls~
~erklärung *f.*만기선언; ~klausel *f.*유담보약정
verfälscht *a.*위조된, 변조된
Verfälschung *f.*; **verfälschen** *v.*~을 위조<변조>하다
Verfasser *m.*작자, 필자
Verfassung *f.*①{*i.S.e. Staats~*} 헌법 ②{*i.S.e. Vereins~*} 제도, 규약
Verfassung
deutsche ~ 독일 헌법, einheitliche ~ 통일헌법; geschriebene ~ 성문헌법
Verfassungs~
~änderung *f.*헌법개정;
~auslegung <~interpretation> *f.*헌법해석;
~beschwerde *f.*헌법소원, 위헌항고(違憲抗告); ~bestimmung *f.*헌법규정; ~bruch *m.*헌법위반, 위헌; ~eid *m.*헌법상의 선언; ~entwurf *m.*헌법초안; ~frage *f.*헌법문제; ~garantie *f.*헌법<상>보장; ~gericht *n.*헌법재판소; ~gerichtsbarkeit *f.*헌법재판; ~gesetz *n.*헌법률; ~gewohnheitsrecht *n.*헌법관습법; ~interpretation *f.*헌법상의 해석; ~konflikt *m.*헌법상쟁의; ~kontrolle *f.*헌법상의 통제; ~krise *f.*헌법 체계상의 혼란; ~mäßigkeit *f.*합헌성; ~ordnung *f.*헌법에 관련된 규정; ~prinzipien *pl.*헌법원리; ~schutz *m.*헌법의 보호; ~suspension *f.*헌법중지; ~väter *pl.*기본법 제정자; ~wandel *m.*헌법의 변혁
verfassungs~
~ändernd *a.*헌법을 개정한; ~auslegend *a.*헌법을 해석하는; ~gebend *a.*헌법을 제정하는; ~konform *a.*합헌(合憲)의; ~mäßig *a.*①합헌의 ②헌법상의;
~gerichtlich *a.*헌법재판소의;
~gewohnheitsrecht *a.*헌법관습법적인;

~rechtlich *a.*헌법상의
verfassungskonforme Auslegung 합헌적 해석
Verfällung *f.*유죄 판결(을 내림)
verfolgbar *a.*~를 뒤쫓는, ~를 박해하는
verfolgen *v.*①{*jn. rechtlich ~*} (공무로) ~를 단호하게 공격하다, ~에 대한 단호한 수단을 강구하다 ②{*jn. tatsächlich ~*} (정치적, 종교적, 인종적 이유로) ~를 박해하다
verfolgen *v.*~를 박해하다; *jn.* von Amts wegen ~ *v.*~한 이유 때문에, 직무상 ~를 박해하다
Verfolger *m.*{*i.S.v.* ②} 추적자, 추구자
Verfolgung *f.*①소환 ②박해, 탄압; strafrechtliche ~ 형사상의 소환
Verfolgungs~
~befugnis *f.*소환권; ~berechtigter *m.*(*der ~~e*) 소환 권리자; ~interesse *n.*소환을 통해 취할 수 있는 이익; ~recht *n.*소환권; ~praxis *f.*소환실무; ~staat *m.*소환국; ~verjährung *f.*소환<공소>시효소멸;
~zwang *m.*강제소환
verfügen *v.*[über *etw.* ~] ~을 처리<처분, 지명>하다
Verfügender *m.*(*der ~~e*) 처분<행위>자
Verfügung *f.*①{*im BGB-*민} 처분<행위>, 명령<지령> ②{*im VerwR-*행} <행정>처분
Verfügung
ablehnende ~ 거부처분; begünstigende ~ 범죄를 비호하는 처분; belastende ~ (피고의 입장에서) 불리한 처분; dingliche ~ 물적 처분; einstweilige ~ 가처분조치; entgeltliche ~ 유상처분; freie ~ 자위처분; gerichtliche ~ 재판소<상> 처분; letztwillige ~ 최종적인 의사에 기초한 처분; polizeiliche ~ 경찰에 의한 처분; persönliche <personengerichtete> ~ 대인처분; rechtmäßige ~ 과법처분; rechtswidrige ~ 위법처분; richterliche ~ 재판관명령; sachgerichtete ~ 대물처분; testamentarische ~ 물질적 처분;

unentgeltliche ~ 무상처분;
verfahrensleitende ~ 절차상 수반되는 처분; vorläufige ~ 임시 처분;
widerrechtliche ~ 법에 저촉되는 처분
Verfügung *f.*: zur freien ~ stehen *v.* 자유롭게 이용할 수 있다.
Verfügungs~
~adressat *m.* 처분상대방; ~befehl *m.* 처분명령; ~befugnis *f.*<~berechtigung> 처분권한; ~befugter *m.*<~berechtigter> (*der ~-e*) 처분권자; ~beschränkung *f.* 처분권제한; ~geschäft *n.*<~handlung *f.*> 처분행위; ~gewalt *f.*<~macht> 처분권한<권능>; ~gläubiger *m.* 처분채권자; ~recht *n.* 처분권; ~schuldner *m.* 처분채무자; ~verbot *n.* 처분금지
verfügungsfähig *a.*(1){als Subjekt} (공적인) 조치를 취할 수 있는 (2){als Objekt} ~을 가지고 있어서 마음대로 이용할 수 있는
Vergabe *f.* **öffentlicher Bauleistungen** 관청발주공사
Vergehen *n.* -죄, 범죄, 위반
Vergeltung *f.* 되갚음<응보(應報)>, 보복<복수>; ~ (an *jm.*) üben *v.* ~에게 복수하다
Vergeltungs~
~gedanke *m.* 응보; ~idee *f.* 응보이념; ~moment <~element> *n.* 응보요소; ~prinzip *n.* 응보주의(應報主義), 형벌은 죄에 대한 정당한 보복을 가하는데 목적이 있다고 보는 사상; ~strafe *f.* 보복처벌; ~trieb *m.* 보복동향; ~zweck *m.* 보복 목적
Vergewaltigung *f.*; **vergewaltigen** *v.* (특히 부녀자) ~을 폭행하다<능욕하다>
Vergewaltiger *m.* 강간자
Vergewaltigung *f.*{als Delikt} 강간죄
Vergewaltigung
~ in der Ehe 부부강간; ~ mit Todesfolge 강간치사죄
Vergiftung *f.* (· Giftbeibringung); vergiften *v.* ~을 독살하다
Vergleich *m.* (1) 비교 (2) 화해, 화의

Vergleich, einen ~
~ anstellen zwischen A und B *v.* A와 B 사이를 비교하다; ~ schließen *v.* 화의를 맺다
Vergleich vor Klageerhebung 기소 전 화해
Vergleich
außergerichtlicher ~ 재판 외 화해; gerichtlicher ~ 재판상 화해; privatrechtlicher ~ 사법상 화해; prozessualer ~ 소송상 화해; schiedsgerichtlicher ~ 중재 판정상의 화해; vollstreckbarer ~ 집행상의 화해
vergleichend *a.* 비교적
Vergleichschließende (Parteien) *pl.* 화해당사자
Vergleichbarkeit *f.* 비교가능성
Vergleichs~
~antrag *m.* 화해신청; ~bedingungen *pl.* 화해조건, 화의요건; ~gebühr *f.* 화해 수수료; ~gericht *n.* 화의재판소; ~gläubiger *m.* 화해채권자; ~miete *f.* 최고 가격으로 책정된 집세; ~protokoll *n.* 화해조서; ~quote *f.* 화의합당; ~termin *m.* 화의기일; ~verfahren *n.* 화의수속; ~verhandlung *f.* 화해 협의; ~versuch *m.* 화해시도; ~vertrag *m.* 화해조약; ~vorschlag *m.* (1) 화해의 제안 (2) 화해안; ~vorschlag, gerichtlicher ~ 재판소 화해안
Vergnügungssteuer *f.* 유흥세, 오락세
Vergütung *f.*: **vergüten** *v.* (~에게) ~을 사례하다
Vergütungs~
~anspruch *m.* 보상청구(권); ~gefahr *f.* 보상에 따른 위험; ~höhe *f.*<~betrag *m.*> 보상액; ~pflicht *f.* 보상의 의무
verhaften *v.* ~을 구금<체포>하다
verhaftet *a.* 체포된, 구금된
Verhaftung *f.* 체포; um sich der ~ zu entziehen *v.* ~을 체포<목적>하고자 하다
Verhaftung
rechtswidrige ~ 위법체포; vorbeugende ~ 예방구금
Verhaftungsrecht *n.* 체포권
Verhalten
abgestimmtes ~ 회의상의 행동;

dissoziales <antisoziales> ~ 반사회적 행동; ehewidriges ~ 혼인상의 무효행위; konkludentes ~ 단정적인<명확한> 태도; rechtswidriges ~ 위법행위; schuldhaftes ~ 유책행위; vertragswidriges ~ 조약위반행위
verhaltensbedingte Kündigung *f.* 행태상 이유에 의한 해고
Verhaltensweise *f.* 태도
Verhaltensweise *f.*, **abgestimmte ~** <기업 간> 투표<표결> 태도
Verhältnis *f.* 관계, 사정
Verhältnis
~wahl *f.* 비례대표제
Verhältnis
familienrechtliches ~ 가족법상; persönliches ~ 인적관계; sachenrechtliches ~ 물건법상 관계; vertragsmäßiges ~ 조약상관계; zivilrechtliches ~ 사법상관계
Verhältniswahlrecht *n.* 비례대표제 선거법
verhältnismäßig *a.* 비교적, 고르게<비교하여, 비율로>
Verhältnismäßigkeitsgrundsatz (Grundsatz der Verhältnismäßigkeit) *m.* 비례의 원칙, 형평성의 원칙
verhandeln *v.* ①*{allgemein}* 상의<토의>하다 ②*{vor Gericht}* 심리<공판>하다
Verhandlung *f.* ①*{allgemein}* 상의<토의, 담판> *{i.S.v. öffentlicher ~}* 청취 ② *{~ des Gerichts, Gerichtsverhandlung}* (법원의) 심리, 공판
Verhandlung *{i.S.v.* ①*}*
in ~en eintreten *v.* 담판에 들어가다
Verhandlung, die ~ *{i.S.v.* ②*}*
~ eröffenen *v.* <구두>변론을 시작하다;
~ leiten *v.* <구두>변론을 진행하다;
~ schließen *v.* <구두>변론을 종결하다;
~ unterbrechen *v.* <구두>변론을 중단하다
Verhandlung
abgesonderte ~ 분리변론; gerichtliche ~ 재판 변론; kontradiktorische ~ 모순된 변론; mündliche ~ 구두변론;

nichtöffentliche ~ 비공개변론; öffentliche ~ 공개변론; rügelose ~ 책문변론; streitige ~ 쟁송변론
Verhandlung zur Hauptsaches 본건 변론
Verhandlungs~
~eröffnung *f.* 변론개시; ~fähigkeit *f.* 변론능력; ~gebühr *f.* 변론비용; ~leitung *f.* 변론진행; ~maxime *f.* <~grundsatz *m.*> <당사자>변론주의; ~protokoll *n.* 변론조서; ~strategie *f.* {*i.S.v.* ①} 전술, {*i.S.v.* ②} 구두변론전략; ~termin *m.* (구두)변론<판단>기일
verhängen *v.* [Strafe ~] 포고하다<판결하다, 벌로 규정하다>
verhandlungsfähig *a.* 변론능력이 있는, (소송) 심리전에
Verheiratung *f.* 혼인
Verhinderung *f.* 방해, 저지, 장애, 지장
Verhinderung
~ des Erfolgseintritts 결과발생에 있어서의 지장
Verhinderungsgrund *m.* 방지원인
Verhör *n.*; **verhören** *v.* ~를 심문<신문>하다
Verhörs~
~methode *f.* 심문<신문>방법; ~technik *f.* 심문<신문>기술
Verhütung *f.*; **verhüten** *v.* ~을 예방<방지>하다
Verhütungsmaßnahme *f.* 예방처분
Verifikation *f.* 확인, 실증, 입증, 검증
veritas *l.* 진리
Veritas simplex oratio *l.* 진리의 언어는 간단하다 (세네카)
Verjährung *f.*; **verjähren** *v.* 시효가 지나다, 시효가 소멸되다
Verjährung, die ~
~ geltend machen *v.* 시효 소멸을 관철시키다; ~ hemmen *v.* 시효 소멸을 지체하다; ~ unterbrechen *v.* 시효 소멸을 중단하다
Verjährung
deliktsrechtliche (kurze) ~ 불법행위상의

(단기)소멸시효; erlöschende ~ f.소멸시효; erwerbende ~ f.취득소멸시효; kurze <kurzfristige/ kurzzeitige> ~ 단기소멸시효; lange ~ 장기소멸시효; regelmäßige ~ 통상적인 소멸시효.

Verjährung der
~ Strafklage 공소상의 소멸시효;
~ Strafverfolgung 형사소추상의 소멸시효.

Verjährngs~
~bestimmung <~norm> f.소멸시효결정;
~einrede f.소멸 시효에 관한 항고;
~eintritt m.소멸 시효 발생; ~frist f.소멸시효 기간; ~hemmung f.소멸 시효 정지; ~normen pl.소멸 시효<자> 규범;
~unterbrechung f.소멸 시효 중단;
~vorschrift f.소멸시효 규정; ~zeit f.소멸 시효 시기

Verkauf m.; **verkaufen** v.~을 매매<매각, 판매>하다

Verkauf, freihändiger ~
<집행관>자유매각

Verkauf unter Eigentumsvorbehalt
m.소유권유보

Verkäufer m.매주, 매수, 판매<업>자

Verkaufs~
~agent m.판매 대리인<점>; ~angebot n.판매를 위해 상품을 내놓음; ~auftrag m.판매<매각, 경매> 위임; ~bedingungen pl.매매<판매>조건; ~erlös m.판매<매각, 경매> 수익, 매각대금 ~genossenschaft f.판매조합; ~kartell n.공동판매; ~menge f.판매<매각>량; ~netz n.판매망; ~objekt n.매물; ~ort m.판매지; ~praktiken pl.판매전략, betrügerische ~ 사기판매전략, ~praktiken, unlautere ~ 부정판매전략; ~preis m.정가, 파는 값; ~stelle f.<관>매점; ~steuer f.매상세; ~summe f.매상고; ~wert m.정가, 파는 값; ~wille m.매각의사

Verkehr m.1.{i.S.v. Straßenverkehr} 교통 (2.{i.S.v. Austausch} 통행, 교환거래 (3.{i.S.v. Sexual~} 성행위

Verkehr
in ~ sein {Geld, etc.} 유통되다;
in ~ bringen ~을 유통시키다

Verkehr
allgemeiner ~ 일반적인 관계; diplomatischer ~ 외교<적> 관계; direkter ~ 직무상의 관계; freier ~ 자유교통; geschäftlicher ~ 업무상 통상거래; sexueller ~ 성교(性交); wirtschaftlicher ~ 경제적 통상 업무

Verkehrs~
~anschauung f.거래상; ~auffassung f.거래상의 견해; ~delikt n.교통 법규 위반; ~delinquent m.교통 법규 위반자; ~delinquenz f.교통 법규 위반 행위<범법행위>; ~fähigkeit f.유통성; ~gefährdung f.교통상의 위험; ~geltung f.<관계> 거래상의 통용<성>; ~gepflogenheiten pl.상관습; ~hypothek f.유통저당권; ~kreise pl. {in ~n} <관계> 거래지역, 상권; ~mittel n./pl.{öffentliches ~} <공적>교통시간<수단>, ~objekt n.교류 대상 물품; ~ordnungswidrigkeit f.교통법규 위반; ~papier n.; ~polizei f.교통경찰; ~recht n. 1.{auf der Straße} 도로교통법 (2.{im Handel} 거래법 (3.{mit Familie, Anwalt, usw.} 친자와의 교류 권리; ~sachen pl. 교통사범; ~sicherheit f.교통안전; ~sicherungspflicht f.교통안전의무; ~sitte f.거래상의 관행; ~strafrecht n.교통형법; ~straftäter m.{verurteilter ~} 교통사범수형; ~täter m.교통범자; ~übertretung f.교통법규위반, ~überwachung f.교통법규위반 감시; ~unfall m.교통사고; ~unfalldelikte pl.교통사고범죄; ~unfalldelinquenz f.교통사고범죄행위; ~unfallsachverständiger m.(der ~~e) 교통사고 조사 전문가; ~unfallstreitigkeit f.교통사고사건; ~unfallversicherung f.교통상해보험; ~vergehen n.교통경범죄; ~wert m.시장<유통>가치; ~zentralregister n.교통중앙등기부

verkehrsfähig a.교통득
verklagen <**anklagen**> v.~를 고소<고발>하다
verkünden v.1.{von Urteilen} 판결을 언도하다 (2.{von Gesetzen, etc.} (법률 등을) 고지<공시>하다

Verkündung *f.*알림, 공포, 포고
Verkündung
~ eines Urteils {*i.S.v.* ①} 판결의 언도;
~ von Gesetzen{*i.S.v.* ②} 공시, 공지
Verkündungstermin *m.*판결언도기일
Verkürzung *f.*; **verkürzen** *v.*~을 단축시키다
Verladeanzeige *f.(auch → Verladungs~)* 선적공지
Verlader *m.*적재인, 운송업자; 하주
Verladung *f.{i.d.R. nur Schiff}* 하적(荷積), 싣기, 적재
Verladungs~
~dokumente *pl.*하적 서류<증권>;
~gebühren *pl.*하적료<비, 비용>; ~kosten *pl.*하적료; ~hafen *m.*하적항구; ~schein *m.*하적증서
Verlag *m.*출판사, 간행<소>
Verlagerung *f.* **der Beweislast**
증명책임이동
Verlags~
~erzeugnis *n.*<~artikel *m.*> 간행물;
~geschäft *n.*출판영업; ~gesetz → *Gesetzesregister*; ~gewerbe *n.*출판업;
~kosten *pl.*출판비용; ~ort *m.*출판지;
~recht *n.*출판권; ~vertrag *m.*출판조약
verlangen *v.*~을 요구<청구>하다
verlängerbar *a.*연장<연기>할 수 있는
verlängern *v.*연장<연기>하다
Verlängerung *f.*연장<연기>
Verlängerung
~ einer Frist 기간연장; ~ eines Wechsels 어음의 갱신; ~ der Laufzeit eines Vertrages 조약갱신<기간연장>; ~ des Mietverhältnisses 임대차 관계 계약 연장
Verlängerung, automatische ~
자동연장<갱신>
Verlängerungs~
~antrag *m.*갱신 요구<출원>; ~gebühr *f.* {*PatR*-특} 갱신 수수료
verlegen *v.*①{*Termine usw.*} ~을 연기하다 ②{*z.B. Personen*} ~을<를> 옮기다, 이전하다 ③{*Gefangene*} ~를 이감시키다

Verleger *m.*발행자
Verlegung
~ eines Termins 기일변동, {*von Personen i.S.v.* ②} 이송, {*von Gefangenen*} 이감
Verleiher *m.*대여자, 대주(貸主), 양도자
Verleihung *f.*; **verleihen** *v.*①[*jm. eine Sache* ~] ~에게 ~을 빌려주다<대여해 주다> ②[*jm. einen Orden, etc.* ~] ~에게 훈장을 수여하다 ③[*jm. ein Recht/Befugnis zu etw.* ~] ~에게 ~을 할 수 있는 권한을 부여하다, 마련해주다
verlesen *v.*~을 공표하다
verlesen
das Protokoll ~ *v.*의정서(議定書)를 공표하다
Verlesung *f.* **der Urteilsgründe**
판결이유공고
verletzen *v.*~을 해치다, 상하게 하다
Verletzer **<Verletzender, der ~e>** *m.*가해자
Verletzter *m.(der ~e)* 피해자
Verletzung *f.*①{*von Menschen*} 상해, 해사 ②{*von Rechten*} 위반, 위배
Verletzung
fahrlässige ~ 과실상해; vorsätzliche ~ 고의과실
Verletzung der
~ Anzeigepflicht 고지의무위반;
~ Aufsichtspflicht; 감독의무위반;
~ Buchführungspflicht 부기의무위반;
~ ehelichen Pflichten 혼인상 의무위반;
~ elterlichen Aufsichtspflicht 양친의 감독무위반; ~ gesetzlichen Formvorschriften 법률상의 규정 위반; ~ gesetzlichen Sorgfaltspflicht 법정주의의무위반; ~ Privatsphäre 민간 분야의 규정 위반; ~ Unterhaltspflicht (법적인) 부양의무 위반; ~ Vertragspflichten 조약상의무위반
Verletzung des
~ Briefgeheimnisses 서신 비밀 보장권의 침해; ~ Eigentumsrechts 소유권 침해; ~ Urheberrechts 저작권위반
Verletzung von
~ Amtspflichten 직무상의 의무위반; ~ gewerblichen Schutzrechten 상업소유권

의 침해; ~ Warenzeichenrechten 상표권의 침해

Verletzungs~
~absicht *f.* 가해의도, (권리 등의) 침해의도; ~delikt *n.* 상해범; ~folgen *pl.* 상해결과, 침해 결과; ~handlung *f.* 상해행위, 침해행위; ~tatbestand *m.* 상해구성요건; ~vorsatz *m.* 1 {*allgemein*} 침해 의도 {2} {*Körperverletzungs~*} 상해의도

Verleumdung *f.*; **verleumden** *v.*~를 비방하다<중상하다, 헐뜯다>

Verlöbnis <**Verlobung** *f.*> *n.* 혼약, 혼인약속

verloben *v.* [sich mit *jm.* ~] ~와 약혼하다

Verlobte *pl.* 혼인약속당사자

Verlust *m.* 1 상실 2 손익

Verlust
~ der Parteifähigkeit 당사자의 자격상실; ~ eines Rechts < → *Rechtsverlust*> 실권

Verlust der
~ Arbeits<Erwerbs>fähigkeit 노동능력상실; ~ bürgerlichen Ehrenrechte 공민권상실

Verlust
partieller ~ 부분적인 손실; totaler ~ 전반적인 분야에서의 손실

Verlust~
~anteil *m.* 손실배당분, 손익할당; ~ausgleich *m.* 손익조정; ~beteiligung *f.* 손익부담; ~betrag *m.* 손실액; ~quote *f.* 손실율; ~rechnung *f.* 손실계산; ~übernahme *f.* 손실인수; ~verteilung *f.* 손실분배; ~zuweisung *f.* 손익분배<배당>

Vermächtnis *n.*; **vermachen** *v.* [*jm.* *etw.* ~] ~에게 ~을 유증(遺贈)하다

Vermächtnis
bedingtes ~ 조건부유증;
gemeinschaftliches ~ 공동유증

Vermächtnis in Geld 금전유증

Vermächtnis~
~anspruch *m.* 유증청구<권>; ~berechtigter *m.* (*der* ~*e*) 유증권한자; ~erwerb *m.* 유증취득; ~geber *m.* 유증자; ~nehmer *m.* 유증자; ~vertrag *m.* 유증조약

vermeidbar *a.* 피할 수 있는, 꺼려할 수 있는
Vermeidbarkeit *f.* 피할 수 있음
Vermeidbarkeit
subjektive ~ 주관적인 방지 가능성; objektive ~ 객관적 방지 가능성
vermeiden *v.* ~을 피하다, 기피하다, 꺼려하다
vermengen *v.* ~을 피하다, 기피하다
Vermengung *f.* 혼화, 혼합
Vermerk *m.* 비고, 기입<기재>, 각서<메모>
vermieten *v.* ~을 빌려주다, 임대하다, 세놓다
Vermieter *m.* 대주(貸主), 임대인
Vermieter von
~ Grundstücken 토지임대인; ~ Wohn- und Geschäftsräumen 상점 임대인
Vermieterpfandrecht *n.* 임대인의 저당권
Vermietung *m.* 빌려줌, 임대
Vermischung *f.* 혼화, 혼합
vermißt *a.* 행방불명된, 실종된
vermitteln *v.* ~을 중재<조정>하다, ~을 성사<성립>시키다
Vermittler *m.* {*zwischen Personen*} 중개자, 주선자
Vermittlerstaat *m.* 중개 국가
Vermittlung *f.* {*zwischen Personen*} 중개, 주선, 중재, 조정
Vermittlungs~
~agent *m.* 중재 대리인; ~ausschuß *m.* 조정위원회, 양위협의회; ~gebühren *pl.* 중개<조정> 수수료; ~borschlag *m.* 안
Vermögen *n.* 1 {*i.S.v. Geld, etc.*} 재산, 자산 2 {*i.S.v. Können*} 능력
Vermögen
~ übertragen *v.* 재산을 양도하다; ~ verwalten *v.* 재산을 관리하다
Vermögen
bewegliches ~ 동산재산; eigenes ~ 고유재산; geschäftliches ~ 공유재산; pfändetes ~ 저당재산; immaterielles ~ 무형재산; öffentliches ~ 공유재산; persönliches ~ 고유재산; pfändbares ~ 저

당재산; privates ~ 사유재산; staatliches ~ 국유재산; unbewegliches ~ 부동산재산

Vermögen, im Ausland belegenes
~ 타국소유의 자산<재산>

Vermögens~
~abtretung f.재산양도; ~angelegenheit f. 재산<자산>상의 문제; ~anwachsung f. 재산증대; ~auseinandersetzung f.재산분할; ~begriff m.[, wirtschaftlicher ~] 재산개념; ~beschädigung f.재산상의 손해; ~beschlagnahme f.재산 몰수; ~besitz m. 재산소유; ~bestandteil m./n.재산 구성요소; ~bewertung f.재산<자산>평가<조정>; ~bildung f.자산형성; ~bildungsgesetz → Gesezesregister; ~delikt n.재산과 관련되어 저지르는 <범>죄; ~disposition f.재산<자산>처분; ~einlage f.재산 출자; ~einziehung f.재산 압류; ~entschädigung f.자산에 대한 손해배상; ~erwerb m.자산취득; ~gefährdung f.재산상의 위험; ~gegenstand m.자산, 자<산>율; ~gut n.재율; ~haftung f.물적 책임; ~interesse n.재산상 이익; ~lage f.재산 상태; ~losigkeit f.무자력(無資力), 재산이 없는 상태; ~masse f.전 재산, 자산 전체; ~nachteil m.재산상 불이익; ~nachweis m.[{als Schriftstück}] 자산증명<서>; ~objekt n.재산목적물; ~ordnung f.재산상의 규정; ~recht n.재산법<좌>; ~rücklage f.(특정 시기에 대비한 재산상의) 비상금; ~schaden m.[, reiner ~] 재산 손해<손실>; ~schätzung f.자산 평가; ~schutz m.재산보호; ~sorge f.재산 관리; ~steuer f.<고정>재산<자실>세; ~strafe f.재산형; ~sorge f.재산 감호; ~teile pl.재산일부; ~teilung f.재산분리; ~übergang m.재산이동; ~übernahme f.재산인수; ~übernehmer m./pl.재산인수인; ~übertragung f.재산인도; ~verfügung f.재산<적>처분<행위>; ~verfügungsbefugnis f.재산처분행위권한; ~verhältnisse pl.재산상태; ~verschiebung f.자본이동, 재산적이동; ~verwalter m.재산관리인; ~verwaltung f.재산관리; ~verzeichnis n.

재산목록; ~vorteil m.재산상 이익; ~wert m.재산가치; ~zustand m.재산상의 상태; ~zuwachs 재산증가

vermögenslos a.무자력의, 재산이 없는

vermögensrechtlich a.재산권<법>상의

Vermummung f.복면, 변장, 가장

Vermummungsverbot n.가장 금지

vermutlich a.추측할 수 있는, 짐작되는

Vermutung f.; **vermuten** v.~을 추측<추정>하다, 상상하다

Vermutung der
~ Ehelichkeit 적출(嫡出)에 관한 추정;
~ Gültigkeit 유효성의 추측<짐작>;
~ Mangelhaftigkeit 결함이 있음을 추정;
~ Unschuld {StrR-형} 무죄추정;
~ Volljährigkeit 성년으로 추측됨

Vermutung
gesetzliche ~ 법정상의 추정; rechtliche ~ 법률상의 추정<추측>; tatsächliche ~ 사실적<사> 추정<추측>; unwiderlegbare ~ 반박할 수 없는 추정<추측>

Vermutungs~
~norm f.추측과 관련한 규범; ~wirkung f.추측과 관련된 효과; ~wirkung des Grundbuches 등기부의 효과

Vernachlässigung
f.{einer jdm obliegenden Pflicht} 태만

Vernachlässigung der
~ Aufsichtspflichten 감독의무를 게을리 함; ~ Sorgepflicht 보호 의무를 게을리 함; ~ Unterhaltspflicht 부양의무를 게을리 함

Vernehmung f.; **vernehmen** v.(피고, 증인 등) ~를 심문<신문>하다

Vernehmung
~ des Sachverständigen 전문가를 상대로 한 심문<신문>; ~ der Parteien 당사자 심문<신문>; ~ des Zeugen 증인 심문<신문>

Vernehmung
~ zur Person 인적 관계에 관한 심문; ~ Sache 사실관계 심문<신문>

Verneinungs~
~niederschrift f.거부 문서; ~termin m.

거부 기일

Verneinung *f.*; **verneinen** *v.*~을 부정<부인>하다
verneinend *a.*부정적인, ~을 부인하는
Vernichtung *f.*절멸, 근절, 파괴
Vernichtung von
~ Beweismitteln 증거인멸; ~ Urkunden 문서 파기
Veröffentlichung *f.*; **veröffentlichen** *v.*1 {*i.S.v. etw. öffentlich machen*} ~을 공고하다 {2 {*als Autor. usw.*} ~을 출판하다
Verordnung *f.*; **verordnen** *v.*1 {*kommunalrechtlich*} ~을 명령하다 {2 {*i.S.v. Ministerial*} ~을 규정<제정>하다
Verordnungs~
~geber *m.*명령<소령, 조언>설정자, 법령 입법자; ~gebung *f.*법령<명령, 지령>입법; ~text *m.*법령 원문
Verpächter *m.*<용익> 임대인, 지주(地主)
Verpachtung *f.*; **verpachten** *v.*{용익}~을 임대하다
verpfändbar *a.*저당 잡을 수 있는
Verpfändng *f.*; **verpfänden** *v.*~을 담보로 하다, ~을 저당 잡히다
Verpfändungs~
~akt *m.*저당권 설정 행위; ~urkunde *f.* 담보 증서
verpflichten *v.*[*jn.* (zu *etw.*) ~] ~에게 (~에 대한 의무)를 지우다; ~을 요구하다
verpflichtend *a.*; **einseitig** ~ *a.*일방적으로 의무를 지고 있는
verpflichtet
szu *etw.* ~ sein *v.*~을 할 의무가 있다; gesetzlich ~ sein *v.*법률상 의무가 있다; vertraglich ~ sein *v.*조약상 의무가 있다
Verpflichteter *m.*(*der* ~*e*) 의무<책무>자
Verpflichtung *f.*의무, 책무
Verpflichtung
~ auf sich nehmen <eingehen> *v.*의무를 지다; eine ~ erfüllen *v.*의무를 다하다; einer ~ nachkommen *v.*의무를 이행하다

Verpflichtung
~ zu einem Amt 직무상 책임져야할 의무<책무>; ~ zu einem Tun 작위의무<책무>; ~ zu einem Unterlassen 부작위의무<책무>; ~ zur Duldung 수인의무
Verpflichtung
dienstliche ~ 직무상 책무; einseitige ~ 일방적 의무<책무>; gegenseitige ~ 상호의무; gesetzliche ~ 법률상의 의무; rechtliche ~ 법률상 의무; satzungsmäßige ~ 법령에 따른 의무; vertragliche ~ 조약상 의무
Verpflichtngs~
~erklärung *f.*채무신고; ~geschäft *n.* 채권<채무부담, 채무설정>행위, 의무부담행위; ~klage *f.*의무화소송; ~vertrag *m.*의무부담조약; ~wellen *m.*의무력관의사
Verrat *m.*누설, 배신<배반, 반역>; ~ von Betriebsgeheimnissen [{*als Delikt*}] 기업사찰<죄>
Verrechnung *f.*계산, 청산
Verrechnung
nur zur ~ 오로지 청산하기 위해서
Verrechnungsscheck *m.*대체 수표(對替手票)
Verrichtung *f.*[~ von *etw.*] ~의 실행<완수, 수행>, ~의 사무<업무>,
Verrichtungsgehilfe *m.*업무상의 조수<보조자, 감독 직원>
Versagung *f.*; **versagen** *v.*[(*jm.*) *etw.* ~] (~에게) ~을 거부하다<허용하지 않다>
Versagungs~
~beschluß *m.*거부결정; ~ermessen *n.*거절할 수 있는 권리를 행사할 수 있는 재량; ~gründe *pl.*거절의 이유
Versailler Vertrag 베르사유조약
Versammlung *f.*의회
Versammlung
außerordentliche ~ 구시회, 평화적 집회; gesetzgebende ~ 입법의회; verfassungsgebende ~ 헌법제정의회
Versammlungs~
~freiheit *f.*집회의 자유<권리>; ~gesetz → *Gesetzesregister*; ~ort *m.*집회 장소

Versand *m.*발송, 송달
Versand~
~anzeige *f.*발송장, 송달장; ~dokument *n.*송달증서; ~handel *m.*통신 판매업
Versäumnis *n.*; **versäumen** *v.*~을 제대로 하지 않다, ~을 태만히 하다
Versäumnis~
~entscheidung *f.*궐석재판; ~urteil *n.*민사소송에 있어서의 궐석 판결; ~wirkungen *pl.*화석효과
Verschiedenartigkeit *f.*다양, 다양함
Verschiedener *m.(der ~e)* 이혼자
Verschiedenheit *f.*상이함, 서로 다름
Verschiffung *f.*선적, 배로 운송함
Verschlechterung *f.*악화
Verschlechterungsverbot *n.*더 이상 악화 되는 것을 금함
Verschleppung *f.*; **verschleppen** *v.*① {im zeitlichen Sinn} ~을 지연시키다 ② {i.S.v. Menschen verschleppen} ~를 강제로 끌고 가다
Verschleppung des Prozeßverfahrens 소송 절차 진행의 지연
Verschmutzer *m./pl.*, mehrere ~ 다수 오염자
Verschmutzung *f.*{i.S.d. Umweltrechts} 오염
Verschmutzung
~ der Luft 공기오염; ~ des Wassers 수질 오염
Verschmutzungs~
~grad *m.*오염도; ~quelle *f.*오염원
verschollen *a.*오랫동안 행방불명된, 실종된
Verschollener *m.(der ~e)* 실종자
Verschollenheit *f.*행방불명, 실종
Verschollenheitserklärung *f.*실종 신고
Verschulden *n.*과실, 유책, 책임
Verschulden
aus eigenem ~ 자기 책임인; ohne eigenes ~ 자기 책임이 아닌
verschulden *v.*{i.S.v. etw. verursachen} ~에 대한 책임을 지다
Verschulden
~ bei Vertragsschluß 계약 체결상의 책임; ~ bei Vertragsverhandlungen 계약교섭상의 과실
Verschulden
anteiliges ~ von 10% <zehn Prozent> 일할과실상살; beiderseitiges ~ 우방과실; fremdes ~ 제삼자과실; gegenseitiges ~ 상호책임<과실>; geringfügiges ~ 경미한 과실; grobes ~ 중대책임, 중과실; kommerzielles ~ 상업상 과실; konkurrierendes ~ 경합 과실
Verschuldens~
~anteil *m.*과실상살; ~anrechnung *f.*과실상살; ~ausgleich *m.* 과실 청산; ~beschränkung *f.*책임<과실>안정; ~grad *m.*책임내용; ~grenze *f.*과실<책임>한계; ~grundsatz *m.*<~prinzip *n.*> 책임원리; ~haftung *f.*과실 책임; ~prinzip *n.* → ~grundsatz; ~vermutung *f.* 책임의 추정
verschuldet *a.*①{i.S.v. Geldschuld} 부채 ②{i.S.e. Haftung} 책임
verschwägert *a.*결혼을 통해 인척 관계를 맺는
Verschwägerter *m.(der ~e)* 인척자
Verschweigen *n.*; **verschweigen** *v.*[(jm.) etw. ~] (~에게) ~을 숨기다, 비밀로 하다
Verschwiegenheit *f.*과묵함, 침묵, 비밀
Verschwiegenheitspflicht *f.*비밀을 준수할 의무
Verschwörer *m.*공모자, 모반자
Verschwörung *f.*(특히 국가질서에 대한) 반란, 결탁, 공모
Versehen *n.*과실, 실수, 잘못
Versender *m.*발송자
Versendung *f.*발송
Versendungs~
~anzeige *f.*발송장; ~gefahr *f.*발송 과정상에 존재하는 위험; ~kosten *pl.*발송 비용; ~ort *m.*발송 장소
Versetzter *m.(der ~e)* 전임자
Versetzung *f.*; **versetzen** *v.*~를 진급시키다
Versicherer *m.*보험<업>자
versichern *v.*①{i.S.v. etw. zusichern} ~을 보증<보전>하다, ~을 담보하다 ②

[gegen Schaden ~] ~의 피해에 대한 보험을 들다
Versicherten~
~parlament *n.*피보험자의회; ~verband *m.* 피보험자동맹
Versicherter *m.(der ~e)* 피보험자
Versicherung
f. 1 *{i.S.e. Willenserklärungen}* 보증 2 *{i.e.S. als ein Vertrag}* 보험
Versicherung
~ an Eides Statt <eidesstattliche ~> 법정인 선서를 대신한 보증; ~ auf (den) Erlebensfall 보험의 일종, 일정한 나이가 되었을 때 연금을 지급받는 생명보험의 일종; ~auf Gegenseitigkeit 쌍방간의 상호 보증; ~ auf (des) Todesfall 사망보험; ~ auf Zeit 정기보험; ~ auf zwei Leben 연생보험; ~ gegen alle Gefahren 모든 위험에 대비한 보험; ~ mit Gewinnbeteiligung 이익배당 부 보험
Versicherung
abgekürzte ~ 단기보험; freiwillige ~ 임의보험; gesetzliches ~ 법정<의무>보험; gewinnberechtigte ~ 배당부보험; lebenslängliche ~ 종신보험; private ~ (im Gegensatz zu Sozialversicherung) 민간보험
Versicherungs~
~agent *f.*보험 대리자; ~aktie *f.*보험주; ~anstalt *f.*보험기관; ~antrag *m.*보험계약; ~art *f.*보험종류; ~aufsicht *f.*보험감독; ~aufsichtsamt *n.*보험감독청; ~aufsichtsgesetz → *Gesetzesregister*; ~ausweis *m.*사회보험증명서; ~bedingungen *pl.*[, allgemeine ~] 보험약관; ~beginn *m.*보험초기; ~beitrag *m.*보험료; ~berechtigter *m.*보험금수취인; ~berechtigung *f.*보험금의 수취권한; ~betrug *m.*보험사기; ~dauer *f.*<~periode, ~zeit> 보험기간; ~fall *m.*보험사고; ~gegenstand *m.*보험물; ~geschäft *n.*보험사업; ~gesellschaft *f.*보험회사; ~jahr *n.*보험년도; ~kapital *n.*보험자본; ~leistung *f.*피 보험자에 대한 보상; ~modell *n.*보

험모델; ~nehmer *m.*피보험자; ~nennwert *m.*보험의 액면 금액; ~objekt *n.*보험물; ~pflicht *f.*보험<가입>의무; ~police *f.*보험증서<증권>; ~prämie *f.*보험료; ~recht *n.*보험법; ~risiko *n.*보험상의 위험; ~schaden *m.*보험손해; ~schutz *m.*보험을 통한 보호; ~steuer *f.*보험세; ~summe *f.* 보험금; ~träger *m.*근로자들의 사회 보장 보험 담당 기구; ~unternehmen *n./pl.* 보험<기업><회사>; ~verband *m.*보험조합; ~verein *m.* auf Gegenseitigkeit 상호<보험>조합; ~verhältnis *n.*보험관계; ~vertrag *m.{auf Gegenseitigkeit}* 보험 계약; ~vertragsrecht *n.*보험계약법; ~wert *m.*보험<금>가격; ~wesen *n.*보험제도; ~zeit *f.*(법적인 사회 보장 보험에서) 보험료가 지불된 기간; ~zwang *m.*보험강제; ~zweck *m.*보험목적<대상>
versiegelt *a.*~을 봉인한
Versiegelung *f.*; **versiegeln** *v.*~을 봉인하다
Versiegelung, amtliche ~ 행정봉인
Versöhnung *f.*화해, 조정
Versöhnungs~
~verfahren *n.*화해<조정>절차; ~vorschlag *m.*화해안, 조정안
Versorgungs~
~ausgleich *m.*이혼 후 연금 등의 배분; ~unternehmen *n./pl.*공공 기업
verspätet *a.*늦은, 늦게 도착한
Verspätung *f.*지각, 늦게 도착함, 늦음
Versprechen *n.*; **versprechen** *v.*~을 약속<확약, 시약>하다, ~을 잘못 말하다<실언하다>
Versprechen *n.*, **mündliches ~** 구두상의 약속
Versprechender *m.(der ~e)* 합의체결자, 어음발행인
Verstaatlichung *f.*; **verstaatlichen** *v.*~을 국유화하다
Verständnis *n.*이해
Versteigerer *m.* 경매인, 매각인
versteigern *v.*~을 경매<매각>하다
versteigern *v.*, **öffentlich ~** ~을 공개적으로 경매<매각>하다

versteigert *a.*경매 대상인
Versteigerung *f.*경매, 매각
Versteigerung
freiwillige ~ 임의경매; gerichtliche ~ 법원 경매; öffentliche ~ 공개 경매, 공매
Versteigerungs~
~antrag *m.*경매신청; ~auftrag *m.*경매위임; ~bedingungen *pl.*경매<매각>조건; ~erlös *m.*경매대금; ~ort *m.*경매지; ~protokoll *n.*경매조서; ~termin *m.* (erster ~) <초소> 경매기일; ~verfahren *n.* 경매수속
versterben <→*ableben*, →*sterben*> *v.*사망하다
Versteuerung *f.*; **versteuern** *v.*~에 대한 세금을 납부하다
Verstorbener *m.*(*der ~e*) 죽은 사람, 고인
Verstoß *m.*; **verstoßen** *v.*[gegen *etw.* ~] ~을 위반하다
Verstoß gegen
~ die guten Sitten 관행에 저촉됨, 미풍양속 위반; ~ die öffentliche Ordnung 공공질서에 저촉됨; ~ ein Gebot 명령위반, ~ ein Gesetz 법률위반; ~ ein Verbot 금지규정 위반; ~ den Gleichheitsgrundsatz 평등원칙에 위배됨
Verstrickung *f.*(좋지 않은 상황에) 얽혀듦, 끌려 들어감
Versuch *m.*①{*i.S.v. Experiment, Test*} 실험, 시험 ②{*i.S.d. Strafrechts*} 시도, 기도, -미수죄
Versuch ~ der Anstiftung 선동<교사>죄; ~ der Beteiligung 관여자 미수; ~ der Teilnahme 공범 미수
Versuch
abergläubischer ~ 미신적인 시도; abgebrochener ~ 중지 미수; beendeter ~ 실행미수; begonnener ~ 착수미수; strafbarer ~ <불>가벌적 미수; untauglicher ~ [, absolut ~] 불능미수; vollendeter ~ 실행미수
Versuchs~
~begriff *m.*미수개념; ~handlung *f.*실험행위; ~stadium *n.*실험단계; ~strafbarkeit *f.* 미수범가벌성 ~strafe *f.*미수형

versucht *a.*미수의, 시도된
Vertagung *f.*; **vertagen** *v.*①{*z.B. einen Gerichtstermin.*} ~을 연기하다<미루다>; ②[sich ~] {*einer Versammlung, etc.*} 정회(停會)되다
Vertagung der mündlichen Verhandlung 구두상의 협의를 미룸
verteidigen *v.*①{*als aktive Tat*} ~를 옹호하다, 지지하다 ②{*jn. vor Gericht ~*} 피고를 변호<변론>하다
Verteidiger *m.*①{*allgemein*} 방어자, 지키는 사람, (스포츠) 수비수 ②{*i.S.v. Anwalt*} 변호사, (법정의) 변호인
Verteidigerbestellung *f.*변호사 선임
Verteidigung *f.*①{*i.S.v. etw. abwehren*} 방어, 수비 ②{*i.S.v. anwaltlicher ~*} 변호, 변론 ③{*i.S.v. Einstehen für etw.*} 보증, 옹호
Verteidigung
~ der Rechtsordnung; 법질서의 수호; ~ von Menschenrechten 인권 수호; ~ von Schutzrechten 보호권의 행사
Verteidigungs~ {*i.S.v.* ②}
~etat *m.*시행예산; ~handlung *f.*시행 행위; ~krieg *m.*방어전; ~mittel *pl.*방어수단; ~wille *m.*방어의사
Verteilung *f.*; **verteilen** *v.*~을 배당<분할>하다
Verteilung
~ der Konkursmasse 파산 재단(財團)의 배당<분할>; ~ der Mandate 의석배분; ~ des Nachlasses 유산분할
Verteilungs~
~beschluß *m.*배당결정; ~masse *f.*배당재산<자산>; ~maßstab *m.*배당 척도; ~plan *m.*<~tabelle *f.*> 배당계획; ~quote *f.*배당할당; ~summe *f.*배당<금>액; ~system *n.* 배당체계; ~verfahren *n.*배당수속
Vertrag *m.*①{*privatrechtlich, o.Ä.*} 계약 ②{*internationalrechtlich*} 조약, 협정서
Vertrag~
~ auf Zeit 기한부조약;
~ mit Schutzwirkung zu Gunsten Dritter 제삼자보호와 관련된 조약; ~ unter

Abwesenden; 부재자간 조약; ~ zu Gunsten Dritter 제삼자조약; ~ zu Lasten Dritter 제삼자부담목적조약
Vertrag, einen ~
~ abschließen v.조약을 체결하다;
~ brechen v.조약을 파기하다;
~ einhalten v.조약상의 내용을 준수하다
Vertrag
abstrakt-dinglicher ~ 물권적 무인조약; abstrakter ~ 무인조약; akzessorischer ~ 부가적<부차적> 조약; anfechtbarer ~ 취소조약; atypischer ~ 변칙 조약; befristeter ~ 기한부조약; dinglicher ~ 물적 조약; einseitiger ~ 편면<일방>조약; einseitig verpflichtender ~ 편무조약; entgeltlicher ~ 유상조약; formbedürftiger ~ 요식조약; formloser ~ 불요식조약; internationaler ~ 국제 조약<협정>; koordinationsrechtlicher ~ 대등한 개별법상의 조약; kurzfristiger ~ 단기조약; langfristiger ~ 장기조약; mündlicher ~ 구두상으로 체결된 조약; im Gesetz geregelter ~ 무명조약상; nicht zustandegekommener ~ 체결이 성사되지 않은 조약; notarieller ~ 공증을 거친 조약; obligatorischer ~ 채권<적> 조약; öffentlich-rechtlicher ~ 공법상 조약; quasidinglicher ~ 준물권적 조약; schriftlicher ~ 서면조약; schwebend unwirksamer ~ 취소조약; stillschweigender ~ 암묵적 조약; synallagmatischer ~ 쌍무조약; vertikaler ~ 수직적 조약; völkerrechtlicher ~ 국제법상에서 체결된 조약; vorläufiger ~ 임시조약; zweiseitiger ~ 쌍방조약; zusammengesetzter ~ 합병조약

Verträge (pl.)
Römische ~ 로마조약

vertraglich a.조약상, 조약의
Vertrags~
~ablauf m.{i.S.v. Vertragsende} 조약상의 기한 만료; ~abschließende pl.조약 체결자; ~abrede f.조약상 협정; ~abschluß m.조약<조약>체결; ~änderung f.조약개정; ~anbahnungsstadium n.조약 내 관계 개선

규정; ~anfechtung f.조약의 폐기; ~angebot n.조약의 제안 내용; ~annahme f.조약을 받아들임; ~anspruch m.조약상<계약상>의 청구; ~auflösung f.조약의 파기<철회>; ~auslegung f.조약 해석; ~bedingungen pl. 조약상의 조건; ~bedingungen, zusätzliche ~ 조약상의 추가 조건; beendigung f.조약의 종결; ~bestandteil m.조약구성요소; ~bestimmung f.<조약>약속<문구, 조항>; ~beteiligte pl.조약당사자; ~bruch m.조약위배; ~dauer f.조약<조소>기간; ~dokumente pl.조약과 관련한 부속서; ~element n.조약요소; ~entwurf m.조약의 초안; ~erbe m.조약상의 승계인; ~erfordernis n.조약요건; ~erfüllung f.조약이행; ~form f.조약의 형식; ~formular n.조약요식<서식>; ~formularsammlung f.조약서식집; ~freiheit f.조약의 사유; ~fortdauer f.조약의 존속기간; ~gebiet n.조약대상<특정>지; ~gegenstand m.조약대상<목적>물; ~gegner m.조약상대방; ~grundlage f.조약의 근간; ~haftung f.조약의 책임; ~händler m./pl.대리점; ~händlervertrag m.대리점 계약; ~inhalt m.조약내용; ~interesse n.조약과 관련한 이해 관계; ~interesse, negatives ~ 소극적 조약이익; ~interesse, positives ~ 적극적 조약이익; ~klausel f.<조약>문구; ~kosten pl.조약<체결>비용; ~kündigung f.해약고지; ~kündigungsrecht n.해약권, 해약고지권; ~leistung f.약정<조약상> 합부; ~muster n.조약상의 전형(典型); ~ort m.조약<체결>지; ~partei f.조약당사자; ~periode f.조약기간; ~partner m./pl.조약의 상대방; ~pflichten pl.조약상의 의무; ~preis m.약정대가; ~recht n.조약법; ~schließende pl.조약체결<당사>자; ~schließende pl.{i.S.v. Staaten} <조약>체결국; ~schluß m.조약체결; ~schuld f.조약상의 책무; ~schuldner m.조약의 책무자; ~sprache f.<조약>사용<지배>언어; ~staat m.조약<체결><체약>국; ~staat, der andere ~ 상대 국가; ~strafe f.위약금<벌>; ~strafeversprechen n.위약금 약속<확약>;

~text m.{i.S.v. eigentlicher ~, im Gegensatz zur Präambel, usw.} 조약<서>원문; ~theorie f.조약론<설>; ~typ(us) m. 조약의 유형; ~unterzeichnung f.조약의 서명; ~urkunde f.조약<증>서; ~verbindlichkeit f.조약의 구속력; ~verhältnis n.조약관계; ~verhandlungen pl. 조약 체결 교섭; ~verletzung f.조약위반<침해>; ~verletzung, positive ~ 조약상의 적극적 침해; ~verpflichtung f.조약상 의무; ~theorie f.계약설; ~widrigkeit f.조약위반; ~ziel n.조약의 목적; ~zwang m.조약강제; ~zweck m.조약목적
vertragsbrüchig a.조약 위배의
vertragsmäßig a.조약상, 조약에 의한
vertragsrechtlich a.조약법상
vertragsschließend a.조약을 체결한
vertragswidrig a.조약에 위배<저촉>되는
Vertrauen n.신뢰<신용>, 신임
Vertrauens~
~bruch m.신뢰에 대한 배신, 배임(背任.); ~haftung f.신뢰책임; ~interesse n.신뢰를 통해 얻을 수 있는 이익; ~risiko n.신뢰가 안고 있는 위험; ~schaden m. 신뢰로 인해 부담해야 할 손해; ~schutz f.신뢰보호; ~schutzprinzip n.신뢰보호의 원칙; ~tatbestand m.신뢰구축에 필요한 구성요건; ~verhältnis n.신뢰관계
vertretbar a.대체할 수 있는, 받아들일 수 있는, 인정할 수 있는
Vertretbarkeit f.대체, 인정, 정당화;
vertreten v.(잠정적으로) 대리<대표>하다; anwaltlich ~ (타인의 이익 권리)를 대변<대표>하다
Vertretener m.(der ~e) 본인
Vertreter <Stellvertreter> m.대리인
Vertreter
~ des öffentlichen Interesses; 공익대표자, 검찰관; ~ ohne Vertretungsmacht 무권대리인
Vertreter
diplomatischer ~ 외교<적>대표자<사절>; gesetzlicher ~ 법정대리인; gewillkürter ~ 임으로 지정한 대리인; vollmachtloser ~

무권대리인
Vertreter~
~ausschuß m.대리인 위원회; ~haftung f.대리인책임; ~stellung f.대리인에게 부여된 지위
Vertretung <Stellvertretung> f.대리<권>, 대표; ~ ohne Vertretungsmacht 무권대리
Vertretung
gesetzliche ~ 법정대리; mittelbare ~ 간접대리; offene ~ 공식적 대리; rechtsgeschäftliche ~ 법령상의 대리; versteckte ~ 비밀 대리인
Vertretungs~
~befugnis f.대리권, 대리권한<자격>; ~berechtigter m.(der ~e) 대리인; ~berechtigung f.대리권; ~fähigkeit f.대리능력; ~handlung f.대리행위; ~macht f.대리<대표>권; ~organ n.[, gesellschaftliches ~] (회사<조합>)대표기관; ~pflicht f.대리<대표> 의무; ~recht n.대리<대표>권; ~tätigkeit f.대리<대표>대행<활동>; ~verhältnis n. 대리<대표>관계; ~vollmacht f.대리<권>; ~zwang m.강제 대리
vertretungsbefugt a.대리<대표> 권한을 가진
Vertriebs~
~einrichtung f.판매, 판매부서; ~rechte pl.(i.S.d. Verlagsrechts) 판매권
verüben v.{eine Straftat ~} 범죄<죄>를 저지르다
Veruntreuung f.; **veruntreuen** v.~을 횡령하다, 착복하다
Veruntreuung f.{als Delikt} 횡령죄
Verursacherprinzip n.원인자책임의 원칙, 원인제공자 부담원칙
Verursachung f.; **verursachen** v.~을 초래하다, 야기하다
Verursachung des Erfolgs
성공의 초래
Verursachung, adäquate ~ 상당 원인
verurteilen v.①{zivilrechtlich} 형을 선고하다 ②{strafrechtlich} 판결을 내리

다; jdn als schuldig ~ ~에게 유죄 판결을 내리다
Verurteilter m.(der ~e) 유죄판결을 받은 사람, 수형자(受刑者)
Verurteilter, zum Tode ~ 사형 판결을 받은 수형자
Verurteilten~
~statistik f.유죄판결을 받은 사람들에 대한 통계; ~ziffer f.유죄자<수형자>의 수
Verurteilung f.판결, 유죄<언도>
Verurteilung
~ zu einem Tun 작위명판결; ~ zu einer Leistung 급부명; ~ zur Vornahme einer Handlung 행위시행령
Verurteilung f., **lebenslange ~** 무기징역
Verurteilungsquote f.유죄<판결>율
Vervielfältigung f.복사<카피>, 증강<강화>
Vervielfältigungsrechte pl.복사<복제>할 수 있는 권리
verwahren v.~을 잘 보관<보존>하다
Verwahrer m., **Verwahrende** m. 보관자
Verwahrung f.1.{von Sachen} 보관 2.{von Personen} 가둠
Verwahrung
amtliche ~ 공탁; gerichtliche ~ 재판소의 보관; unentgeltliche ~ 무상 위탁
Verwahrungs~
~anstalt f.{i.S.v. (2)} 구치시설<소>; ~bruch m.수감자감금원리 위반; ~haft f.{i.S.v. (2)} 보관 책임; ~kosten pl.보관비용; ~pflicht f.보관의무; ~vertrag m.감금조약; ~vollzug m.{i.S.v. (2)} 감금형(刑)집행
verwalten v.1[etw. privat ~] ~을 (위탁)관리하다 2[öffentlich ~] ~을 (공적으로) 관리하다
Verwalter m.{i.S.v. (1)} 관리인, 관재인
Verwaltung f.1[private ~] 민간분야의 관리 2[öffentliche ~] 공공기관의 관리
Verwaltung {i.S.v. (2)}

fiskalische ~ 예산행정; hoheitliche ~ 재정행정; lokale ~ 지방행정; öffentliche ~ 공공행정
Verwaltung {i.S.v. (1)}
~ der Erbschaftsmasse 상속재산관리; ~ der Konkursmasse 파산재단(破棄)관리
Verwaltung {i.S.v. (2)}
~ der Strafanstalten 형무소행정
Verwaltungs~
~akt → *Verwaltungsakt*; ~aktien pl.관리주; ~akzessorietät f.행정의 부차적 권리; ~anleitung f.행정지도; ~aufgabe f.행정사무; ~aufwand m.행정사무에 드는 비용, 관리비용; ~ausschuß m.행정위원회; ~beamter m.(der ~e) 행정관; ~befehl m.행정명령; ~behörde f.[{i.S.v. bestimmte ~}] 행정<관>청, 행정당국; ~besitz m.; ~bezirk m.행정구역; ~bußgeld n.[행정]법규, 과료; ~delikt n.행정법상의 법규 위반 행위; ~einrichtung f.행정조직; ~entscheidung f.행정적 재결; ~funktion f.행정 기능<작용>; ~gebäude n./pl.청사; ~gebühren pl.행정수수료; ~gericht n.행정재판소; ~gerichtsbarkeit f.행정재판관할권; ~gesetz n.행정법규; ~gesetzgebung f.행정입법; ~handlung f.행정작용, 관리사무; ~helfer m./pl.행정보조자; ~klage f.행정 소(訴); ~kompetenz f.행정권한; ~kontrolle f.행정 통제; ~kosten pl.행정비; ~lehre f.행정학; ~maßnahme f.관리<행정>처분; ~organ n.행정기관; ~organisation f.행정조직; ~organisationsrecht n.행정조직법; ~plan m.행정 계획; ~praxis f.행정실무; ~privatrecht n.행정사법; ~prozeß m.행정소송; ~prozeßordnung f.행정소송법; ~prozeßrecht n.행정소송수속법; ~rat m.(공법)상의 여러 단체의 활동에 대한 감독심의 위원회; ~recht → *Verwaltungsrecht*; ~reform f.행정개혁; ~sache f.행정사건; ~staat m.행정국가; ~stil m.행정업무 처리 방식; ~strafe f.행정법상의 징벌<처벌>; ~strafrecht n.행정형법; ~streit m.<~sache f.> 행정사건; ~streitigkeit f.행정소송<분쟁>;

~streitverfahren *n.*행정분쟁수속절차;
~tätigkeit *f.*행정 활동, ~träger *m.*행정주체; ~typ(us) *m.*행정유형; ~ungehorsam *m.*행정상의 불복종<항명(抗命)>; ~unrecht *n.*행정상의 부당; ~urteil *n.*행정상의 재판<판결>; ~verfahren *n.*(förmliches ~) <방식<요식>> 행정절차; ~verfügung *n.*행정처분; ~vertrag *m.*행정조약; ~verordnung *f.*행정명령; ~vollstreckung *f.*행정<강제> 집행; ~vorschrift → Verwaltungsvorschrift; ~ziel *n.*행정목적; ~zuständigkeit *f.*행정관할권; ~zwang *m.*행정강제

Verwaltungs- und Verfügungsrecht 관리·처분권

Verwaltungsakt
anfechtbarer ~ 취소적 행정행위; befehlender ~ 명령적 행정행위; begünstigender ~ 수익적 행정행위; belastender ~ 해석행정행위; dinglicher ~ 대물행정처분; einseitiger ~ 단독행정행위; fehlerhafter ~ 흠결 있는 행정행위; gestaltender ~ 형성적 행정행위; rechtsvernichtender ~ 권리 소멸상의 행정행위; zweiseitiger ~ 양방의 행정행위

verwaltungs~
~intern *a.*행정부처 내부의; ~gerichtlich *a.*행정재판소상의; ~rechtlich *a.*행정법상의; ~strafrechtlich *a.*행정형벌법적의; ~wissenschaftlich *a.*행정법상의

Verwaltungsrecht *f.*①{*allgemein*} 행정법 ②{*i.S.v. materiellen Rechts*} 행정작용<실체>법

Verwaltungsrecht, Allgemeiner Teil 행정법통칙<총칙>

Verwaltungsrechts~
~akzessorietät *f.*행정법의 종속성; ~lehre *f.*행정법학; ~streitigkeit *f.*행정<소송>사건; ~verhältnis *n.*행정법관계; ~wissenschaft *f.*행정법학

Verwaltungsrechtsprechung *f.*행정<재판소의>판례

Verwaltungsvorschrift *f.*①{*mit Außenwirkung*} 행정규칙 ②{*rein intern*} 통달

Verwaltungsvorschrift
anweisende ~ 지시통달; anleitende ~ 지도통달; ermessenslenkende ~ 재량기준 행정규칙; gesetzesvertretende ~ 법률 대리적 행정규칙; norminterpretierende ~ 해석기준의 행정규칙

verwandt *a.*혈족관계의, 친족의
Verwandte *pl.*친족(인)
Verwandte (*pl.*)
~ absteigender Linie 비속(卑屬)친족; ~ aufsteigender Linie 존속(尊屬)친족
Verwandtenerbfolge *f.*혈족<친족>상속순위
Verwandtschaft *f.*친족<관계>, 혈족
verwandtschaftlich *a.*친족상의
Verwandtschafts~
~grad *m.*촌수; ~verhältnis *n.*친족 관계
Verwarnung *f.*; **verwarnen** *v.*~에게 경고하다
Verwarnungsgeld *n.*벌칙금
Verwechslungsgefahr *f.*혼동의 위험
verweigern *v.*~을 거절(拒絶)하다
Verweigerung *f.*거절, 거부
Verweigerung
~ der Annahme 인취거절;
~ der Genehmigung; 허가 거부;
~der Zahlung 지불 거부;
~ der Zeugenaussage 증언거부
Verweigerungsrecht *n.*거절<거부, 부인>권
Verweis *m.*창조, 인용; ~ auf andere Schriftsätze 타 서류의 인용
Verweisung *f.*; **verweisen** *v.*[an jn. ~] 넘겨주다<회부하다>, 이송(移送)하다
Verweisung
~ an das zuständige Gericht 관할재판소로의 이송; ~ an den Einzelrichter 단독재판관으로의 이송; ~ an ein anderes Gericht 타재판소로의 이송; ~ an eine andere Kammer 타합의체이송; ~ des Rechtsstreits 사건의 이송
Verweisungs~
~antrag *m.*이송신청; ~beschluß *m.*이송결정
Verwendung *f.*; **verwenden** *v.*~을 사

용<상용, 소비>하다
Verwendungen (pl.)
notwendige ~ 필요비용; nützliche ~ 지출가능한 비용
Verwendungs~
~art f.사용방식; ~nachweis m.사용증서; ~verbot n.사용금지
verwerfen v.기각하다
verwerflich a.비난 받아 마땅한
Verwerflichkeit f.비리
Verwerfung f.기각;
~ eines Rechtsmittels 상소기각
Verwerfungs~
~beschluß m. im Wiederaufnahmeverfahren 재정구기각결정; ~kompetenz f.부인권, 거부권
Verwertbarkeit f.[, gewerbliche ~] [영업적] 이용<가능>성
Verwertung f.사용, 이용; ~ einer gepfändeten Sache 차압물의 이용
Verwertungsverfahren n.고가수속
Verweser m.관재인(管財人)
Verwirklichung f.; **verwirklichen** v.~을 실현하다, ~을 실행에 옮기다
Verwirklichungswille m.실현의사
Verwirkung f.; **verwirken** v.권리상실하다, 실효<실권>하다
Verwirkungs~
~einwand m.실효의 항변; ~klausel f.실효약정<문구>
verwitwet a.과부의, 홀아비의
Verwitwete m./f.(der ~e) 홀아비, 과부
Verzeichnis n.목록, 명부
Verzicht m.; **verzichten** v.[auf etw. ~] ~을 방기하다
Verzichts~
~erklärung f.방기(放棄)의 선언<의사표시>, 포기선언 ~klausel f.방기약정 ~leistender m.(der ~~e) 방기자; ~leistung f.방기; ~urkunde f.방기증서 ~urteil n.방기판결
verzinsen v.이자를 지불하다
Verzinsung f.이자 지불, 이자 생김
Verzögerung f.; **verzögern** v.~을 지연시키다
Verzögerungsabsicht f.(소송인의 목적) 지연의도
Verzug m.지연, 지체, 연체
Verzug
~ der Annahme 수령지체; ~ des Gläubigers 채권자의 지연<지체>; ~ des Schuldners 채무자의 이행지체
Verzugs~
~folge f.지체의 효과; ~schaden m.지연으로 인한 손해금; ~zinsen pl.지연<지체>이자
Vestigia terrent l. 흔적은 놀랍게 한다 (여우와 사자 우화에서 사자의 동굴에 모든 흔적들은 안으로 이끌었으나 아무것도 밖으로 가져오지 못한)
vestigii minatio l. 피혐의자에게 3일 안에 가택수사를 실시할 수 있는 증거 조사에 있어서 도움에 대한 권한
vestitura l. Gewere, 독일법에 있어서 사람과 물건과의 관계(실체적으로 물건을 소유하는 것)
vetitum ecclesiae l. 교회의 일시적 금지(예정된 결혼식에 대한) 나는 거절한다: 이의제기, 금지, 동의 거부를 통한 법규의 효력적지
Veto[recht] n.거부권; ein ~ einlegen gegen etw. v.~에 대해 거부하다
Vetorecht, suspensives ~ 정지적 거부<거절>권
via contractus l. 계약의 방법으로
via legis l. 법률상의 방법으로
vicarius l. 대리인
vice versa l. 거꾸로의
vi, clam, precario l. 강제력에 의한, 비밀의, 사용대차를 통해(가져온 것의 점유는 보호받지 못한다)
vicus l. 거래구역, 시구역
vide l. 장소
Videant consules, ne quid res publica detrimenti capiat l. 집정관은 국가가 손해를 입지 않을 것을 볼 것이다(독재적인 전권하에 원로원 결의를 위한 상투어)
videtur l. 빛이 빛나다
vidi l. 나는 보았다; 인증하다, 공증하다

vidimatio *l.* 공증
vidualitium *l.* 신랑 지참금, 과부 생계 보조금
Viel~
~deutigkeit *f.*다의(多義)<성>; ~ehe (↑ *Polygamie*) *f.*중혼
vieldeutig *a.*다의적(多義的)인
Viermächte *pl.*사전승국(四戰勝國)
Viermächte~
~Abkommen *n.*사전승국조약; ~Status *m.* 사전승국지위
vigens ecclesiae disciplina *l.* 현재의 실제적 사용에 대해 완성된 교회법 (관행적이지 않은→ *ius ecclessiasticum* 과 일치한다)
vikariieren *v.*대체(代替)하다
Vikariierungsprinzip *n.*대체주의(代替 主義)
Viktimisierung *f.*; **viktimisieren** *v.*피해자화하다
Viktimologie *f.*피해자학(피해자 연구)
Vim vi repellere naturaliter licet *l.* 강제력에 의하여 강제력을 저지하는 것은 자명하게 가능하다-D.43.16.1
vindicatio *l.* 반환 청구
vindicta *l.* 형벌
Vindikation *f.*소유물반환청구
Vindikations~
~anspruch *m.*소유권반환의 청구<권>; ~klage *f.*소유물반환청구의소(訴) ~recht *n.*소유물반환의 권리(權利)
vindizieren *v.*소유권반환을 청구하다
Vinkulation *f.*양도의 방기(放棄)<제한>
vinkuliert *a.*양도제한부(讓渡制限付)
violatio *l.* 모독
viribus unitis *l.* 일치 협력하여
vis *l.* 강제력, 폭력행위
vis absoluta *l.* 직접적 강요, 물리적 강요, 신체적 정복
vis armata *l.* 무장 권력
vis attractiva *l.* (파산법에 있어서) 매력- 판결을 통해 파산채권자의 순위를 결정
vis compulsiva *l.* 정신적 강요(불법의 위협을 통한 의사표시의 강제)

vis haud ingrata *l.* 불쾌한 폭력(성폭행에서의 문제)
visitatio *l.* 수색, 조사, 샅샅이 수색
vis legis *l.* 법적 효력
vis major : vis probandi *l.* 증명력
visum *l.* 보여짐, 여권에 대한 입국사증(비자)
Visum *n.(pl.* Visa) 입국 사증(查證), 비자
Vita brevis, ars longa *l.* 인생은 짧고, 예술은 길다(히포크라테스)
Vitam inpendere vero *l.* 인생은 사실에 내맡겨 진다(Jevenal)
vitia rerum *l.* 물건의 하자
vitium *l.* 오류, 결점; 범죄
vi uneris, vi officii *l.* 직무, 직무상 의무에 의거하여
Vivant sequentes *l.* 후계자들 만세
viventis nulla hereditas *l.* (아직) 살아있는 자의 비유산
Vize~ 부(副)~
Vize~
~konsul *m.*부영사(副領事); ~minister *m.* 정무차관(政務次官); ~prasident *m.*부사장(副社長)<부의장(副議長)>
Volenti non fit iniuria *l.* 원하는 자에게(동의하는 자) 부당함은 일어나지 않는다-D.47.10.1,5
Volk *n.*, **das gemeine ~** 평민(平民)
Völker~
~bund *m.*국제연맹; ~frieden *m.*국제평화; ~gemeinschaft *f.*국제공동체(國際共同體); ~gewohnheitsrecht *n.*국제관습법; ~mord *m.*인종<민족>말살; ~recht → *Völkerrecht*; ~strafrecht *n.*형사국제법 ~verhetzung *f.* 국민에 대한 선동<사주>
völkergewohnheitsrechtlich *a.*국제관습법상의
Völkerrecht *n.*국제법
völkerrechtlich *a.*국제법상의
Völkerrechts~
~delikt *n.*국제법상의범죄; ~lehre *f.*국제법론; ~ordnung *f.*국제법질서; ~persönlichkeit *f.*국제법상의 법인격; ~problem *n.*국제문제; ~subjekt *n.*국제법

상의주체; ~theorie f.국제법이론; ~verstoß m.국제법위반; ~wissenschaft f.국제법학
Volks~
~abstimmung f.국민투표; ~armee f.인민군; ~aufstand m.민중봉기; ~bewegung f.민중운동; ~bewußtsein n.국민의식; ~eigentum n.사회주의하의 국가재산; ~einkommen → Volkseinkommen; ~entscheid m.국민표결; ~interesse pl.민중의 이익; ~justiz f.인민재판; ~partei f.인민당; ~regierung f.인민정치; ~republik f.(국가형태) 인민공화국; ~schädlichkeit f.반민속성(反民俗性); ~schicht f.사회계층; ~souveränitat f.{politisch} 국민주권; ~verhetzung f.국민선동; ~vertretung f.의회, 국회; ~wille m.민의(民意); ~wirtschaft f.국민경제; ~zählung f.인구조사
Volkseinkommen n.국민소득
Volkseinkommen
~ zu Faktorkosten 요소비용으로 표시된 국민소득; ~ zu Marktpreisen 시장가격으로 표시된 국민소득
Voll~
~akzept n.무조건 받아들임; ~beschäftigung f.완전고용; ~beweis m.완전증명; ~eigentum n.완전소유; ~eigentümer m./pl.완전소유자; ~genehmigung f.전부<완전>인가; ~jährigenadoption f.성년자 입양; ~jähriger m.(der ~e) 성년자; ~jährigkeit f.성년; ~jährigkeitserklärung f.성년선언; ~jurist m.제이차사법시험합격자; ~kaufleute pl.완전상인; ~kaufmann m.(상공인 명부에 기재된) 자영 상인; ~rausch → Vollrausch; ~streckungstitel m.집행원; ~versammlung f.(der → VN) 총회
Vollendung f.; **vollenden** v.1) {allgemein} ~을 완성<달성>하다, 끝내다 2) {eines Delikts} 기수
vollgültig a.완전 유효한, 무제한 통용되는
volljährig a.성년의
Vollmacht f.대리<권한>, 위임장

Vollmacht
ausdrückliche ~ 명시대리권; beschränkte ~ 제한대리권; faktische ~ 사실상의 대리권; generelle ~ 일반대리권; mündliche ~ 구두위임<대리권>; schriftliche ~ 서면위임<대리권>; stillschweigende ~ 암시의 대리권; unbeschränkte ~ 무제한의 대리권
Vollmachts~
~beschränkung f.대리권의 제한; ~entzug m.대리권박탈; ~erteilung f.대리권 행사; ~mißbrauch m.대리권의남용; ~überschreitung f.대리권; ~übertragung f.대리권의 권한 위임; ~urkunde f.대리증서; ~verhältnis n.대리관계; ~widerruf m.대리권의 취소<철회>
Vollrausch m.심한 환각증세
Vollrauschparagraph m.완전규정
Vollrecht n.완전<전부>권
vollständig a.완전한
Vollstationäre Pflege f.완전입원간병
vollstreckbar a.집행<가능>할 수 있는
vollstreckbar
sofort ~ 즉시 집행할 수 있는; vorläufig ~ 일시적으로 집행할 수 있는
Vollstreckbarkeit f.집행<력>
Vollstreckbarkeit, vorläufige ~ 일시적인 집행력
Vollstreckbar|keits|erklärung f.집행선언
Vollstreckbar|keits|erklärung
~ von Schiedssprüchen 중재판결의 집행선언
vollstrecken v.~을 집행하다
Vollstreckung f.집행
Vollstreckung
~ aus einem Titel 채무명의기집행; ~ der Strafe 형<벌>집행; ~ der Todesstrafe 사형집행; ~ gegen Sicherheitsleistung 담보제공에 대한 집행; ~ in bewegliches Vermögen 동산집행; ~ in Forderungen 채권집행; ~ in Sachen andere als Geld 비금전집행; ~ zur Nachtzeit 야간집행
Vollstreckung, die ~
~ anordnen v.집행 명령을 내리다;

~ aussetzen *v.* 집행을 정지하다;
~ betreiben *v.* 집행하다
Vollstreckung
fruchtlose ~ 무익한 집행<행위>;
unzulässige ~ 무과법집행; vorläufige ~ 반집행
Vollstreckungs~
~akt *m.* 집행행위; ~akten *pl.* 집행기록; ~abwehr *f.* 청구이의; ~abwehrklage *f.* <~gegenklage> 청구이의의 소(訴) ~anspruch *m.* 집행청구권; ~antrag *m.* 집행신청; ~aufschub *m.* {*StrR*-형} 집행의 연기; ~auftrag *m.* 집행의 위탁<위임>; ~aussetzung *f.* 집행정지; ~beamter *m.* 집행관<사>; ~befehl *m.* {*heute;* ~bescheid} 집행명령; ~befugnis *f.* 집행권<한>; ~behinderung *f.* 집행방해; ~behörde *f.* 집행기관<담당관청>; ~beschluß *m.* 집행결정; ~beschränkungen *pl.* 집행의 제한; ~bürgschaft *f.* 집행보증; ~einstellung *f.* 집행정지; ~einwand *m.* 집행이의; ~forderung *f.* 집행채권; ~frist *f.* 집행기간; ~gegenklage *f.* 집행방법상의 이의제기 소(訴); ~gegenstand *m.* 집행의 목적물; ~gegner *m.* 집행처분상대방; ~gebühr *f.* 집행수수료; ~gericht *n.* 집행재판소; ~gewalt *f.* 집행권; ~gläubiger *m.* 집행채권자; ~handlung *f.* <~maßnahem> 집행행위; ~instanz *f.* 집행재판소; ~klausel *f.* 집행문; ~kosten *pl.* 집행비용; ~maßnahme *f.* 집행처분; ~objekt *n.* 집행목적물; ~organ *n.* 집행기관; ~recht *n.* 집행법; ~richter *m.* {*StrR*-형} 행형재판관<재판소판사>; ~schuldner *m.* <집행>채무자; ~schutz *m.* 집행제한<보호>; ~schutzverfahren *n.* 집행보전수속; ~termin *m.* 집행기일; ~titel *m.* 집행명의; ~unterbrechung *f.* 집행중단; ~urkunde *f.* 집행증서; ~urteil *n.* 집행판결; ~vereitelung *f.* 강제집행방해; ~verfahren *n.* 집행수속; ~verjährung *f.* 형 집행의 소멸시효; ~vertrag *m.* 집행조약; ~voraussetzungen *pl.* 집행<개시>요건; ~wirkungen *pl.* 집행효과
Vollwertversicherung *f.* 전액보험
Vollzahlung *f.* 전부<전액> 지불

vollziehen *v.* ~을 집행<실행>하다
vollziehend *a.* 집행상의
Vollziehung *f.* 집행, 시행
Vollziehungs~
~auftrag *m.* 집행위임; ~befehl *m.* 집행명령; ~frist *f.* 집행기간; ~gewalt *f.* 집행권한, 행정권; ~handlung *f.* 집행행위; ~organ *n.* 집행기관; ~ort *m.* 집행지
Vollzug *m.* ①{*i.S.v. Vollziehung*} 집행 ②{*i.S.v. Strafvollzug*} 행형(行刑)
Vollzug {*i.S.v.* ①}
sofortiger ~ 즉시집행
Vollzug
~ der (Freiheits)Strafe <자유>형집행;
~ des Haftbefehls 구속영장 집행
Vollzugs~ {*i.S.v.* ①}
~akt *m.* 집행행위; ~akt (*z.B.* der Verwaltung) 행정행위; ~befehl *m.* 집행명령; ~handlung *f.* 집행행위; ~kompezenz *f.* 집행권한; ~organ *n.* 집행기관; ~personal *n.* 집행관; ~plan *m.* {*i.S.v.* ②} 처우용례
Vollzugs~ {*i.S.v.* ②}
~anstalt *f.* 행형시설, 형무소; ~behörde *f.* 행형관청; ~form *f.* 행형방법; ~ideologie *f.* 행형에 있어서의 이데올로기; ~personal *n.* 형무소 직원; ~praxis *f.* 행형의 실무; ~situation *f.* 행형의 상황; ~verwaltung *f.* 행형의 운영; ~wirklicheit *f.* 행형의 실체; ~ziel *n.* 행형목표<목적>
voluntas *l.* 의사
voluntas peccandi *l.* 의사 채무
Vor-~
~ und Nachname *m.* 씨명(氏名); ~ und Nachteile *pl.* 일장일단(一長一短)
Vorab~ 사전~
Vorab~
~entscheidung *f.* ①{*allgemein*} 앞서 결정함 ②{*i.S.e. Urteils/Beschlusses*} 선결적 판결
Vorabentscheidungsverfahren *n.* 선결적 판결수속
vorangegangene/r/s *a.* 선행(先行)하는, 잘 되어가는
Voranmeldung *f.* 우선출원(優先出願), 사전 신청

Voranschlag *m.* {*als Schriftstück*} 견적 <서>

Voraus~
~abtretung *f.* 사전양도<합의>; ~bezahlung *f.* 선(先)지불; ~entrichtung <~zahlung> *f.* 선불; ~leistung *f.* 선이행

vorausdatieren *v.* 역급일부(逆及日附)하다, 서류 따위에 그날그날의 날짜를 역순으로 기재하다

voraussehbar <**vorhersehbar**> *a.* 예견 가능한

Voraussehbarkeit *f.* 예견가능성
voraussetzen *v.* ~을 전제(前提)하다
Voraussetzung *f.* 조건, 요건, 전제
Voraussetzung
eine ~ erfüllen *v.* 조건을 충족하다

Voraussetzung
gesetzliche ~ 법정조건<요건>; materiell[rechtlich]e ~ 실체법상의 조건<요건>; notwendige ~ 필요조건<요건>; objektive ~ 객관적조건<요건>; persönliche ~ 자격; stillschweigende ~ 암묵적 조건; subjektive ~ 주관적 조건<요건>; tatsächliche ~ 사실상의 조건; unabdingbare ~ 불가흠의 조건; verfahrensrechtliche ~ 소송법상조건

vorauszahlen *v.* 미리 지불하다
Vorbehalt *m.* 유보(留保); einen ~ machen *v.* 유보하다

Vorbehalt
ausdrücklicher ~ 명시유보; geheimer ~ 심리유보; ohne ~ 유보 없이; stiller ~ 묵시적 유보; unter ~ 유보 중인

vorbehaltlich *a.* 유보적인, 제한된
Vorbehalts~
~erklärung *f.* 유보의사표시; ~gut *n.* 유보재산; ~kauf *m.* 유보매매; ~klausel *f.* 유보조항; ~urteil *n.* 유보판결

vorbehaltlos *a.* 유보 없이, 제한 없는, 무조건적인

vorbenannt *a.* 전술(前述)<상기(上記), 상술(上述)>한

vorbereitend *a.* 준비적인, 예비적인
Vorbereitungs~
~handlung *f.* 예비행위;

~handlung, strafbare ~ 가벌적 예비행위; ~straftat *f.* 예비죄

Vorbesitzer *m.* 전점유자

vorbestraft sein [einschlägig ~] [동종의] 전과가 있다

Vorbestrafter *m.* (*der* ~*e*) 전과자; mehrfach ~ 다수의 전력을 가진 전과자

Vorbeugehaft *f.* 예방구금
vorbeugend *a.* 예방적인

Vorbringen *n.*; **vorbringen** *v.* 제시하다, 주장하다

Vorbringen
~ von neuen Beweismitteln 새로운 증거 제출

Vorbringen
mündliches ~ 구두진술; nachträgliches ~ 사후진술; neues ~ 신(新)진술; rechtliches ~ 법률상의 진술; sachliches ~ 사실상의 진술; schriftsätzliches ~ 서면상 진술; unerhebliches ~ 중요 진술

Voreid *m.* 사전선서
Voreintragung *f.* 우선등록<기재>
Vorentscheidung *f.* 1 {*i.S.v. früherer* ~} 선결 2 {*i.S.v. Präzedenzfall*} 선례 3 {*für eine spätere*} 선결적 판단<재판>

Vorerbe *m.* 제1상속인
Vorerbschaft *f.* 제1상속인이 물려받은 재산

Vorfahre *m.* 선조, 조상
Vorfahrtsverletzung *f.* 우선통행권침해
Vorfrage *f.* 선결문제
Vorfrage, prozessuale ~ 소송<법>상의 선결문제

Vorfeld *f.* 전단계(前段階)
Vorfeld
~ des Verbrechens 범죄의 전단계

Vorführung *f.* 인치(引致), 구인(拘引)
Vorführung, richterliche ~ 재판관 인치

Vorführungsbefehl *m.* 구인명령
vorgeschrieben *a.* 규정된
vorgeschrieben, gesetzlich ~ 법정(法定)의, 법으로 규정된

Vorgesellschaft *f.* 준비회사
Vorgesetzter *m.* (*der* ~*e*) 상관

Vorhand *f.*우선권
Vorhandensein *n.*존재
Vorhaltung *f.*; **vorhalten** *v.[jm. etw.* ~] {*i.S.v. jm. etw. vorwerfen.*} ~의 ~을 비난하다
Vorhandensein oder Nichtvorhandensein 존부(存否)
vorhergehend *a.*선행(先行)의, 상기(上記)의
vorhersehbar *a.*예견<예상><가능>한
vorhersehbar, nicht ~ 예견<예상>할 수 있는, 예견<예상>할 수 없는
Vorhersehbarkeit *f.*예견가능성
Vorhersehbarkeit
konkrete ~ 구체적 예견가능성; ~ des Erfolges 결과의 예견가능성
Vorindossament *n.*전이서(前裏書)
Vorindossant *m.*전이서인
Vorinstanz *f.*전심(前審), 원심(原審)
Vorinstanzen *pl.*전심(前審)
Vorjahreszeitraum *m.*전년동기
Vorkauf *m.*선매(先買), 우선매입
Vorkaufs~
~berechtigter *m.(der* ~*e)* 선매권자;
~berechtigung *f.*선매권; ~klausel *f.*선매약관; ~recht *n.*선매권(先買權), 우선매입권
Vorladung *f.*; **vorladen** *v.*~를 소환하다
Vorladung *f.*{*als Dokument*} 소환장
Vorlage *f.*①{*einer Sache etc.*} 제출, 제기 ②{*Gesetzentwurf, etc.*} 발안(發案)
Vorlage
~ an ein höheres Gericht 상급재판소에 제시; ~ eines Gesetzentwurfs 발안; ~ eines Schecks 수표의 발행; ~ von Beweismaterial 증거자료제출; ~ von Urkunden 증서제출
Vorlage~
~frist *f.*제출<제시>, 정시>기간; ~ort *m.* 정시(呈示)장소; ~pflicht *f.*제시의무; ~recht *n.*(법률 등) 발안권(發案權); ~termin *m.*제시<정시>기일
Vorläufer *m.[*~ von *etw.]* ~의 전신(前身), 선구자

vorläufig *a.*당장의, 우선의, 일시적인
vorläufig
~ vollstreckbar 우선 집행할 수 있는;
Vorleben *n.*, **deliktisches ~** 범죄전과(全科)
vorlegen *v.[(jm.) etw.* ~] (~에게) ~을 제출<제시>하다; dem Richter ~ 재판관에게 제출하다
Vorlegungsfrist *f.*지급제시기간
Vorleistung *f.*사전급부(事前給付);
vorleisten *v.*(상대방의 상응하는 행동을 기대하면서 무언가를) 먼저 해주다
Vorleistungs~
~pflicht *f.*사전급부의무; ~pflichtiger *m.* (*der* ~*e*) 사전급부의무자
vorleistungspflichtig *a.*사전급부의무가 있는
Vormerkung *f.*가등기; **vormerken** *v.*
Vormerkungs~
~berechtigter *m.(der* ~*e)* 가등기권리자
Vormund *m.*후견인(後見人)
Vormund
gesetzlicher ~ 법정후견인; vorläufiger ~ 가후견인
Vormundschaft *f.*후견
Vormundschaft
außerordentliche ~ 특별 후견; gesetzliche ~ 법정 후견; testamentarische ~ 유언상의 후견; vorläufige ~ 임시적인 후견; *jn.* unter ~ stellen *v.*~에게 후견(後見)을 제공하다; unter ~ stehen *v.*후견을 받다
vormundschaftlich *a.*후견의
Vormundschafts~
~gericht *n.*후견 재판소; ~recht *n.*후견법; ~richter *m.*후견 재판관; ~sachen *pl.*후견사건; ~verwaltung *f.*후견사무관리; ~wesen *n.*후견제도
Vornahme *f.*
~ einer Handlung 작위(作爲); ~ einer Leistung 이행(履行)
Vornahmefrist *f.*실행<실시, 처리> 기한
Vor(ab)prüfung *f.*예비<선발>시험, 모의시험
Vor(ab)prüfungsverfahren *n.*예비<선

반, 모의>시험 절차
Vorrang m.우선<순위>, 우위, 우월(優越)
Vorrang
~ der Verfassung 헌법우위의 원칙; ~ des Bundesrechts 연방법우위의 원칙; ~ des Gesetzes 법률우위의 원칙; ~ des Völkerrechts 국제법우위의 원칙
Vorrecht n.우선권, 특권
Vorrechtsaktie f. → Vorzugsaktie
Vorsatz m.(확고한)의도, (굳은) 결의, 결단
Vorsatz
bestimmter ~ 확정적 고의; bedingter ~ 미필적 고의; tatbestandsmäßiger ~ 구성요소적 고의; unbestimmter ~ 불확정적 고의
Vorsatz~
~begriff m.고의개념; ~element n.고의적 요소; ~handlung f.고의적 행위; ~tat f.<~delikt n.> 고의범
vorsätzlich a.의도적인, 고의의, 미리 기도한
Vorschlag m.제안<정의>, 발의
Vorschlagsrecht n.발의권, 발안권
Vorschlagsrecht
~ des Aktionärs 주주의 제안권
Vorschrift f.규정<규칙>, 명령, 지시
Vorschrift
ausdrückliche (gesetzliche) ~ 명문규정; ergänzende ~ 보충규정; gesetzliche ~ 법률규정; landesrechtliche ~ <명>주 법률규정; materiellrechtliche ~ 실체법상규정; neu eingeführte ~ 신설규정; neue ~ 새로운 규정; prozeßrechtliche ~ 소송법상의 규정
Vorschriften, gemeinsame ~ 통칙(通則)
vorschriftsmäßig a.규정대로의, 지시에 따른
Vorschriftsmäßigkeit f.규칙적합
vorschriftswidrig a.규칙위반의, 규칙에 위배되는
Vorschriftswidrigkeit f.규칙위반
Vorschuß m.선불금, 가불액

Vorschuß~
~betrag m.여남액(予納額); ~leistung f.여남(予納); ~pflicht f.여남의무
Vorsitzender m.<좌>장, 의장
Vorsitzender
~ des Gerichts 재판장
Vorsorgesystem n.사전배려체계
Vorstand m.이사회(理事會)
Vorstands~
~beschluß m.이사회의 결의; ~mitglied n. 이사회의 임원; ~mitglied, zurückgetretenes ~ 퇴직 임원; ~sitzung f.회장단 회의; ~sitzung, außerordentliche ~ 임시회의; ~sitzung, ordentliche ~ 정시 회의; ~vorsitzender m.대표이사회; ~wahl f.이사회 선출
vorstehend a.상기(上記)의
Vorstellungstheorie f.인식설(認識說)
Vorsteuer f.전단계의 세액
Vorsteuer~
~abzug m.전단계의 세액공제; ~abzugsberechtigung f.전단계의 세액공제권한
Vorstrafe f.전과(前科)
Vortäuschung f.위계(僞計)
Vorteil m.1.{abstrakt und konkret} 이익, 이득 (2.{i.S.v. Vorteilhaftigkeit} 유리
Vorteil, rechtlicher ~ 법률상 이익
vorteilbringend a.유리한
Vorteile (pl.)
steuerliche ~ 세무<관세>상의
Vorteils~ 이익~, 수수~
vorübergehend a.일시적인
Voruntersuchung f.예심
Vorurteil n.선행판단
Vorverfahren n.사전<준비>수속
Vorverfahren, schriftliches ~ 서면 사전<선행>수속
Ververhalten n.사전행위
Ververhalten
gefährliches ~ 위험사전행위; pflichtwidriges ~ 의무위반사전행위
Vorverhandlungen pl.예비<적>교섭
Vorverlagerung f.전진이동
Vorveröffentlichung f.선행공개

Vorverständnis n.선행이해
vorversterben v.선사
Vorverstorbener m.(der ~e) 고인
Vorvertrag m.예약
vorvertraglich a.조약체결전의
Vorverurteilung f.①{i.S.v. früherer Verurteilung} 속단 ②{i.S.v. Verurteilung durch die Medien} 선입관
Vorwarnung f.사전예고
Vorwegbefriedigungsrecht n.우선충족권
Vorwegnahme f.선취(先取)
vorwerfbar a.비난 받을만한
Vorwerfbarkeit f.비리 받을 수 있음
vorwerfen v.[jm. etw. ~] ~의 ~을 질책 <비난> 하다
Vorwissen n.예비지식, 사전 지식
Vorwurf m.비난(非難)
Vorzug f.우선, 우위
Vorzugs~
~aktie f.우선주(優先株) ~behandlung f.우선급(優先扱); ~dividende f.우선배당; ~preis m.특가; ~recht n.<선취>특권, 우선권; ~stellung f.우선적 지위; ~zoll m.특혜관세
vorzugsweise a.주로, 우선적으로
vota solennia l.수도회 입회를 위한 선서
votum l. 약속, 서약; 축원, 의사표시
Votum n.; votieren v.투표하다
votum ad imperatorem l. 황제에 대한 제국추밀고문관의 평가보고(제국추밀고문이 결정을 황제에 넘김)
votum consultatvum l. 토의되어야 할 의견, 평가
votum decisivum l. 최종 의견
votum separatum l. 고립된 의사 표시
Vox populi vox Dei l. 민중의 의견은 신의 의견이다(Hesiod)
vulgo l. 일상의
vulgo concepti liberi l. 결혼 전에 생긴 아이, 약혼 중에 생긴 아이
vulgo quaesitus l. 다음 페이지에 첫 줄에서 만나게 되는 문절의 마지막 줄

vulnus l. 상처, 상해

W

wadiatio *l.* 내기; 막대기나 (도끼)손잡이 인도를 통해 채무에 대한 상징으로서의 손해배상의무 증명(중세법)

Waffe *f.*, **gefährliche** ~ 흉기
Waffen~
~besitzkarte *f.* 총기등록증; ~gebrauch *m.* 무기사용(행사), 무력사용(행사);
~gewalt *f.* 무력; ~gleichheit *f.* 무기평등;
~handel *m.* [, illegaler ~] (불법의) 무기 밀매; ~stillstand *m.* 휴전

Wahl *f.*; **wählen** *v.* 1 [*i.S.v. Auswahl*] ~을 선택하다, 고르다 (2 [*politische*~] ~를 선출하다, 투표로 뽑다

Wahl
aus der ~ hervorgehen *v.* 선택에서 기인하다<유래하다>; eine ~ gewinnen *v.* 선거에서 당선되다<이기다>; eine ~ verlieren *v.* 선거에서 낙선되다<지다>

Wahl
allgemeine ~ 일반선거; direkte ~ 직접선거; freie ~ 자유선거; geheime ~ 비밀선거; gleiche ~ 평등선거; indirekte ~ 간접선거; kommunale ~ 지방선거; lokale ~ 지방선거; nationale ~ 국정선거; öffentliche ~ 공개선거, 공선; unmittelbare ~ 직접선거

Wahl~
~feststellung *f.* 선거일 확정;
~gerichtsstand *m.* 선거재판관할지; ~periode *f.* 선임기간; ~recht *n.* (unter mehreren Sachen) 선거권; ~schuld *f.* 선거에서 기인한 채무 ~vermächtnis *n.* 선거 유증;
~verteidiger *m.* 사선(私選) 변호인;
~verteidigung *f.* 사선(私選) 변호

Wahl~
~abstimmung *f.* 투표; ~akt *m.* 선거<투표> 행위; ~ausgang *m.* 선거결과;
~beeinträchtigung *f.* 선거방해;

~behinderung *f.* 선거방해; ~berechtigter *m.* (der ~e) 선거권자; ~berechtigung *f.* 선거권; ~beteiligung *f.* 선거참여, 투표율;
~bewerber *m.* 선거지원자; ~bezirk *m.* 선거구<투표구>; ~bürger *m./pl.* 선거민;
~delikt *n.* 선거범죄; ~entscheidung *f.* 선거에 관련된 결정; ~ergebnis *n.* 선거<투표>결과; ~fälschung *f.* 선거조작;
~freiheit *f.* 선거자유, 자유선거권;
~geheimnis *f.* 선거<투표>상의 비밀;
~gesetz *n.* → *Gesetzesregister*; ~handlung (↑ Wahlakt *m.*) *f.* 선거행위; ~kandidat *m.* 선거 출마자; ~kampagne (→ *Wahlkampf*) *f.* 선거운동, 선거전; ~kampf *m.* 선거운동;
~korruption *f.*<~schwindel *m.*> 선거 사기; ~kosten *pl.* 선거비용; ~kreis *m.* 선거구; ~leiter *m.* 선거장; ~lokal *n.* 투표소;
~modus *m.* 선거방법; ~ordnung *f.* 선거법, 투표규칙; ~periode *f.* 선임기간; ~pflicht *f.* 선거의 의무; ~prüfung *f.* 선거<투표>조사, 선거심사; ~prüfungsausschuß *m.* 선거<투표>조사위원회; ~recht → *Wahlrecht*;
~register *n.* 선거인명부; ~stimme *f.* 투표;
~streitigkeit *f.* 선거소송; ~system *n.* 선거제도; ~tag *m.* 선거일<기일>; ~urne *f.* 선거 투표함; ~verfahren *n.* 선거절차행위 수속;
~vergehen *n.* 선거위반; ~verhinderung *f.* 선거방해; ~versammlung *f.* 선거집회; ~vorgang *m.* 선거과정; ~vorschlag *m.* 선거제안; ~zettel *m.* 투표용지

Wählbarkeit *f.* 피선거권
wahlberechtigt *a.* 선거권을 가진
Wähler~
~liste *f.* 선거인명부; ~schaft *f.* 선거인단;
~stimme *f.* 투표(권), 지지표; jugendliche ~ 청소년 계층 지지표, ~stimme, weibliche ~ 여성 지지표

Wahlrecht *n.* 선거권

Wahlrecht
aktives ~ 선거권; passives ~ 피선거권
Wahlrechtsreform f. 선거법 재개정
Wahndelikt n. 망상 범죄행위
wahr a. 진실한, 사실과 일치하는
Wahrheit f. 진리<진실>
Wahrheit
absolute ~ 절대적 진리; formelle ~ 형식적 진실; materielle ~ 실체적 진실
Wahrheits~
~begriff m. 진리의 개념; ~beweis m. 진실의 증명; ~bewußtsein n. 진리의 인식; ~findung f. [, materielle ~] <실제적>진실 발견, 진리 추구; ~gehalt m. einer Zeugenaussage 증언의 진실성<사실성> 추구; ~pflicht f. 진실을 추구해야할 의무
wahrheits~
~gemäß a.<~getreu> 진실한, 사실대로; ~widrig a. 진실에 반하는, 사실이 아닌
Wahrnehmung f. 인지<감지>
Wahrnehmung
~ gerechtigter Interessen 흥미를 알아차림; ~ von Geschäften 사무 인지
wahrscheinlich a. 아마, 있을법한
Wahrscheinlichkeit f. 개연성
Wahrscheinlichkeits~
~theorie f. 개연성 이론; ~urteil n. 개연성 판단
Wahrung f.; **wahren** v. ~을 보존<유지, 보호>하다
Wahrung der (gesetzlichen) Frist
(법정<법률>상의) 기간 보호
Wahrung von Rechten
권리 보호
Währung f. 화폐, 통화
Währung
ausländische ~ 외국통화<외화>; fremde ~ 외화; gesetzliche ~ 법적으로 통용되는 통화; inländische ~ 국내통화
Währungs~
~ausgleich m. 통화조정, 독일 실향민의 제국 화폐 예금에 대한 보상; ~reform f. 화폐 개혁; ~reserven pl. 외화준비금, 외화보유고; ~risiko n. 외환위기;

~system n. 통화제도
Waise f. 고아
Waisen~
~geld n. (공무원 자녀에 대한) 월정 고아 보조금; ~haus n. 고아원; ~kind n. 고아원생; ~rente f. 고아 연금; ~versicherung f. 고아 보험
Wandel m. 변화, 변천
Wandel
~ der Rechtsprechung 판례의 변화<변천>
Wandelschuldverschreibungen 전환사채
Wandelsschuldverschreibungen mit Bezugsrecht auf Aktien 신주인수권 부사채
Wandelung f. 해체, 매매계약의 해제
Wandelungs~
~anspruch m. 매매계약 해제에 관한 요구; ~begehren n. 매매계약 해제에 관한 욕구<열망>; ~klage f. <도약> 해체 소송
Ware f. 상품, 물건; eingeführte ~ 수입품, 입상품; fehlerhafte ~ 결함이 있는 상품<부품>; gepfändete ~ 저당물로서 압류된 물건; konkurrierende ~ 경진대회 상품
Waren~
~ausfuhr f. 상품수출; ~ausstattung f. 상품공급<장만>; ~ausstellung f. 상품전시회; ~austausch m. 상품 교환; 구상무역; ~auszeichnung f. 부품성질표시; ~bestand f. 상품의 재고; ~bestellung f. 상품주문; ~einfuhr f. 상품 수입; ~forderung f. 상품매매청구; ~gattung f. 상품종류; ~gutschein m. 상품권, 상품교환권; ~handel m. 상품교역, 상업; ~hausman 창고업자; ~kauf m. 상품매매; ~kaufvertrag m. 상품매매조약; ~klasse f. 상품종류<등급>; ~kredit m. 상품신용; ~lager n. 상품 창고; ~papier n.; ~prüfung f. 상품심사<검사>; ~rechnung f. 물품대금 청구서; ~sendung f. 상품 송달; ~steuer f. 상품<부품>세; ~termin → *Warentermin*; ~verkauf m. <상품>판매; ~verpfändung f. 물품 담보<저당>; ~verzeichnis n. (통계를 위한) 상품목록;

~zeichen → *Warenzeichen*; ~zoll *f.* 상품관세

Warentermin~
~börse *f.* 정기 상품거래장; ~geschäft *n.* 상품정기거래업무; ~handel *m.* 상품정기거래; ~händler *m./pl.* 상품정기거래업<자>; ~kontrakt *m.* 상품정기거래조약; ~markt *m.* 상품정기시장; ~option *f.* 상품정기거래의 대안<선택>

Warenzeichen *n.* 상표
Warenzeichen
ausländisches ~ 외국상표 ; eingetragenes ~ 등록<제>상품; geschütztes ~ 보호 상표

Warenzeichen~
~anmeldung *f.* 상표출원; ~benutzer *m.* 상표사용자; ~benutzungsrecht *n.* 상표사용권; ~berechtigter *m.*(*der* ~~*e*) 상표권리자; ~eigenschaft *f.* 상표 특성<특징>; ~inhaber *m.* 상표권자, 상표권리자; ~recht *n.* 상표권; ~register *n.* 상표등록; ~registrierung *f.* 상표등록; ~schutz *m.* 상표보호

Warnstreik *m.* 경고 파업
Warnung *f.*; **warnen** *v.*[(*jn.*) (vor *etw.*) ~] (~에게) (~에 대해) 경고<주의>하다

Warrant Bond *m.* 창고증권(倉庫證券), 질증권(質證券)

Warschauer
~ Konvention *f.* 바르샤바조약; ~ Pakt *m.* 바르샤바 동맹

Warte~
~frist *f.* 유예<대기> 기한; ~zeit *f.* [, gesetzlich vorgeschriebene ~] (법정) 유예 시간, 보험금 지불 대기 기간

Wassernutzungsrecht
n. ①{*Oberflächenwasser*} 수자원이용권 ②{*Grundwasser*} 지하수 이용권

Wechsel *m.*,
~ **in der Regierungsmacht** 정권교체
Wechsel~
~abschrift *f.* 어음등본; ~beziehung *f.* 상호<의견>관계; ~bürgschaft *f.* 어음보증; ~duplikate *pl.* 어음복본; ~erklärung *f.* 어음행위; ~moratorium *n.* 어음지급유예; ~seitigkeit *f.* 상호성; ~strenge *f.* 어음엄정; ~wirkung *f.* 상호작용

Wechsel *m.* ②{*als Wertpapier*} 어음, 환

Wechsel, einen ~
~ ausstellen *v.* 어음을 작성하다;
~ begeben *v.* 어음을 발행하다;
~ einlösen *v.* 어음을 상환하다;
~ protestieren *v.* 어음을 거부하다;
~ vorliegen *v.* 어음을 제출하다

Wechsel
~ an eigene Order 자신이 발행한 어음;
~ auf Sicht 요구불 어음; ~ ohne Obligo 무담보어음

Wechsel
bankinterner ~ 은행이 발행한 어음;
diskontierter ~ 할인어음; eigener ~ 약속어음; fälliger ~ 상환기일이 된 어음; falscher ~ 위조어음; gezogener ~ 발행어음; girierter ~ 배서된 어음; kurzsichtiger ~ 단기어음; langlaufender ~ 장기 어음; protestierter ~ 상환을 거절당한 어음

Wechsel- und Scheckrecht *n.* 어음 및 수표 발행법<권>
wechsel- und scheckrechtlich
a. 어음 및 수표를 발행할 수 있는

Wechsel~
~akt *m.* 어음행위; ~akzept *n.*<~akzeptation *f.*> 어음인수; ~akzeptant *m.* 어음인수인; ~akzeptgebühr *f.* 어음인수 수수료; ~annahem *f.* 어음인수; ~arbitrage *f.* 어음재정; ~ausfertigung *f.* 어음발행; ~aussteller *m.* 어음 작성인; ~ausstellung *f.* 어음 작성; ~bereicherungsanspruch *m.* 어음이득상환청구권; ~beziehung *f.* 상호관계; ~bezogener *m.* 상호 관계인, 어음관계인; ~betrag *m.* 어음 금액; ~blankett *n.* 백지어음; ~börse *f.* 어음보증인; ~bürge *m.* 어음 보증인; ~bürgschaft *f.* 어음보증; ~courtage *f.* 어음 중개료; ~diskont *m.* 어음할인; ~diskontmarkt *m.* 할인어음시장; ~einlösegebühr *f.* 어음 상환 수수료; ~einlösung *f.* 어음상환; ~einrede *f.* 어음에

대한 항고; ~fähigkeit f.어음능력; ~fälschung f.어음위조; ~forderung f.어음채권; ~frist f.어음의 상환기한; ~geber m.어음발행인; ~gebühr f.어음수수료; ~gläubiger m.어음채권자; ~haftung f.어음책임; ~handel m.은행어음취급; ~händler m.어음취급인; ~indossament n.어음의 이서<배서>; ~inhaber m.어음소유자; ~intervention f.어음상가(上價); ~klage f.어음청구소송; ~klausel f.어음문구; ~nehmer m.어음인수인<수취인>; ~nichtigkeit f.어음의 무효화; ~obligio n.<~obligation f.> 어음채무; ~präsentation f.<~vorlage> 어음 제시; ~prolongation f.어음 갱신; ~protest m.어음 지불<인수> 거절; ~prozeß m.어음소송; ~recht n.어음법; ~regreß <~remburs> m.어음 소지인의 상환청구; ~regreßübernahme f.어음 소지인의 상환청구권 인수; ~schuld f.어음 채무; ~schuldner m.어음 채무자; ~spekulation f.어음투기; ~spesen pl.어음 비용<수수료>; ~summe f.어음 금액; ~urkunde f.어음증서; ~urteil n.어음판결; ~valuta f.어음환; ~verbindlichkeiten pl.어음<상>채무; ~verfall f.어음 무효; ~verfügung f.어음처리; ~verkehr m.어음거래; ~verjährung f.어음의 소멸 시효; ~vermutung f.어음이정(이정); ~verpflichteter m.어음채무자; ~verpflichtung f.어음책임; ~voraussetzungen pl.어음 요건; ~vorlage f.어음 원본 ~zeichnung f.어음 표시

wechselfähig a.어음을 발행할 수 있는
wechselrechtlich a.어음법상
wechselseitig a.서로의, 상호간의
Wechselseitigkeit f.상호성
Weg m.길, 노정(路程), 행보(行步), 수단
Wegerecht n.도로법
Wegfall m.중단, 폐지, 소멸
Wegfall
~ der Bereicherung 이득 소멸; ~ der Geschäftsgrundlage 행위지 소멸; ~ des Klageinteressens 소 이익 소멸; ~ des Vollstreckungshindernisses 집행에 장애가 되는 요인 제거
Wegnahme f.; **wegnehmen** v.~을 제거하다, 치우다
Wegnahmerecht n.제거권
Wehr~
~hoheit f.군사고권; ~pflicht f.병역의무; ~pflichtiger f.병역의무자; ~verfassung f.병역제도
wehrhaft a.; ~e Demokratie 방어적 민주주의
Weigerung f.; **sich weigern** v.~하기를 거절<거부>하다
Weigerungsrecht n.거절<거부>권
Weihnachtsgeld n.크리스마스 상여금
Weimarer~
~ Reichsverfassung 바이마르공화국 제국헌법; ~ Verfassung 바이마르공화국 헌법
Weisung f.지시; (행정적) 지시, 훈령; (행정)규정
Weisungs~
~recht n.지시<지휘><명령>권; ~recht, allgemeines ~ 일반<적>가취<지시>권; (Allgemeines) Weisungs- und Aufsichtsrecht (일반적) 지시 및 감독권
weisungsgebunden a.지휘구속력이 있는, 규정에 얽매여 있는
Weißbuch n.백서
Weißbuch
~ Kriminalität; 범죄백서; ~ Umwelt 환경백서
Weiter~
~benutzungsrecht n.평생사용권; ~beschäftigungsanspruch m.평생근로청구권; ~bildung f.평생교육; ~veräußerung f.재매각; ~verkauf m.계속적인 양도<매각>; ~verkäufer m.계속적 양도자<매매자>; ~verweisung f.재회부
Welt~
~bank f.세계은행; ~einkommen n.세계수입; ~einkommensprinzip n.세계수입원리; ~handel m.세계통상, 무역; ~handel, freier ~ 자유무역체제; ~krieg m.세계대

전; ~markt m.세계<국제> 시장;
~marktpreis f.국제 시장 가격;
~raumrecht n.우주 관계 국제법; ~recht
n.세계법; ~rechtsprinzip n.세계법주의;
~wirtschaft f.세계 경제, 국제 경제;
~wirtschaftspolitik f.국제경제정책

Werbeverbot n.[, anwaltliches ~] 광고
금지

Werbung f.광고

Werbung
falsche und übertriebene ~ 허위 및 과장
광고; unlautere ~ 부당광고

Werdegang m.,**beruflicher ~** 직업
교육 과정

Werk n.(1){als Einzelstück} 물품, 공작
물 (2){als Fabrikanlage} 공장

Werk~
~lieferung f.물품공급; ~lieferungsvertrag
m.물품공급계약; ~schaffender m.(der ~e)
저작권자; ~statt f.공장, ~tag → Werktag;
~vertrag m.공사<원고>계약

Werktag m.노동<출동>일

Werkzeug n.도구

Werkzeug~
~begriff m.도구개념; ~theorie f.도구원론

werpitio l. (도끼)손잡이와 입으로써 양
도(획득자에게 규정된 말로 손잡이를
건네주다-중세법)

Wert m.가치, 가격, 대가

Wert
echter ~ 실제가; gewöhnlicher ~ 일반가
치; immanenter ~ 내재가치;
immaterieller ~ 비재산적가치;
individueller ~ 개인적 가치; materieller
~ 물질적 가치; moralischer ~ 도덕적
가치; objektiver ~ 객관적 가치;
versicherter ~ 피보험가치;
wirtschaftlicher ~ 재산적 가치

Wert~
~berechnung f.가치산정; ~berichtigung f.
자산재평가; ~berichtigungsklausel f.자산
재평가 기준<항목>; ~begriff m.가치개념;
~bestimmung f.가치<가격> 결정;
~bildung f.가치형성; ~differenz f.가치차
이; ~erhaltung f.가격유지, 가치보존;

~erhöhung f.가치<가격>증가; ~ermittlung
f.가격조사; ~ersatz m.[, voller ~] <완전
<가치전보<보상, 배상>; ~festsetzung f.가
치 확정; ~gegenstand m.유가물건, 귀중
품; ~minderung f.가치 감소, 감가(減價);
~papier n. → Wertpapier; ~schätzung f.
<가치>평가<판정>; ~sicherung f.가치보증;
~sicherungsklausel f.가치보증기준;
~steigerung f.가치증가; ~urteil n.가치판단;
~verringerung f.가치감소; ~versicherung f.
가치보험; ~zuwachs m.가치증가

Wertpapier n., **börsennotiertes ~** 상
장된 유가증권

Wertpapier~
~analyse f.유가증권 가치분석; ~ankauf f.
유가증권매입; ~anlage f.유가증권출자;
~begriff m.유가증권개념; ~besitz m.유가
증권소유; ~besitzer m.유가증권 소유주;
~börse f.유가증권 거래소;
~dienstleistungen pl.유가증권 처리 업무;
~eigenschaft f.유가증권의 특성;
~emission f.유가증권발행; ~fälschung
f.{als Delikt} 증권위조(죄); ~geschäft n.
유가 증권 거래<매매>; ~handel m.유가
증권거래; ~häuser pl.유가증권회사;
~markt m.유가증권<거래>시장; ~recht n.
유가증권법; ~umsatzsteuer f.유가증권의
거래액세; ~verbindlichkeit f.유가증권채
무; ~verkehr f.유가증권거래; ~vermögen
n.유가증권재산

Wesensgehalt m.본질적 내용

Wesensgehalttheorie f.본질적 내용설

wesentlich a.본질적으로

Wesentlichkeitstheorie f.본질성이론

westdeutsch a.서부 독일의

Westdeutscher m.(der/die ~e) 구서독
시민

Westdeutschland 서부독일, 구서독

Wettbewerb f.경쟁, 경업

Wettbewerb, den ~
~ behindern v.경쟁을 방해하다;
~ beschränken v.경쟁을 제한하다

Wettbewerb
freier ~ f.자유경쟁<경업>;
internationaler ~ f.국제경쟁; lauterer ~

공정경쟁; unlauterer ~ 부정 경쟁<경업>

Wettbewerber m.①{als Individuum} 경쟁자 ②{als Firma} 경쟁회사

Wettbewerbs~
~abrede f.경쟁 협정; ~anreiz m.경쟁에 대한 동기부여<자극>; ~bedingungen pl. 경쟁조건; ~beschränkung f.경쟁제한; ~freiheit f.경쟁의 자유; ~gegner m.경쟁상대; ~klausel f.경쟁문구<약속>; ~ordnung f.경쟁 규정 ~politik f.경쟁 정책; ~recht n.경쟁법(규); ~regeln pl.경쟁규칙<규제>법; ~sache f.경쟁사건; ~streit m.경쟁분쟁<사건>; ~überwachung f.경쟁감시; ~verbot m.경쟁금지<의무>, 경업피지의무; ~verbotsklausel f.경쟁금지조항<약속>; ~vereinbarung f.경쟁금지협정; ~verhältnis n.경쟁 관계; ~vorteil m.경쟁에 있어서 얻게 될 이점

wettbewerbs~
~beschränkend a.경쟁제한적인, 경쟁을 제한하는; ~fördernd a.경쟁을 장려하는; ~rechtlich a.독점금지법상; ~widrig a.경쟁법에 반하는, 경쟁법에 위배되는

Wette f.내기
Wettschuld f.내기로 인해 초래된 채무

White Collar-Straftat (=White-collar-Kriminalität f.) f.화이트칼라 범죄(상류층에 의해서 저질러지는 범죄)

wichtig a.중요한
Wichtigkeit f.중요성
Widerbeklagter m.반소(反訴) 피고
widergesetzlich a.위법의, 법에 저촉되는
Widerklage f.반소
Widerklage
~anspruch m.반소청구권; ~forderung f.반소청구

Widerkläger m.반소원고
widerlegen v.~을 반박하다, 반증하다
widerrechtlich a.위법<불법>의, 법률위반의
Widerrechtlichkeit f.위법성

Widerruf
m. (einer Willenserklärung) (의사표시의) 철회<취소, 취하>
widerrufen v.~을 취소<무효선언>하다; von Verwaltungsakten ~ v.행정행위를 철회<무효화> 시키다

Widerruf der
~ Erlaubnis 허가철회; ~ Schenkung 증여(贈與)철회; ~ Vertretungsmacht 대리권철회; ~ Vollmacht 대리권<권한 위임> 철회

Widerruf des
~ Erbverzichts 상속방기철회; ~ Geständnisses 자백철회; ~ Testaments 유언장 철회; ~ Verwaltungsaktes 행정행위 무효화

widerruflich a.취소<철회>할 수 있는
Widerrufs~
~anspruch m.철회청구권; ~erklärung f.철회표시, 취소고지; ~freiheit f.취소<철회>의 자유; ~grund m.철회<취소>의 원인; ~klausel f.철회약속<문구>; ~recht n.철회<취소>권; ~vergleich m.철회화해; ~verzicht m.철회<취소>방기; ~vorbehalt m.철회<취소>유보

widersinnig a.불합리적인
widersprechen v.~에 반대하다, 항변을 제기하다

Widerspruch m.①{gedanklicher ~} 이의, 반대, 항변 ②{als Erklärung} 모순 ③{im VerwR-행} 행정심판

Widerspruch
~ erheben v.이의를 제기하다; ~ einlegen v.{i.S.v. ③} 항변을 제기하다

Widerspruch
in ~ stehen zu etw. ~과의 관계가 나빠지다

widersprüchlich a.모순되는, 엇갈리는
Widerspruchs~
~begründung f.[{als Schriftsatz}] 이의 이유<서>; ~behauptung f.이의 주장; ~bescheid m.표결; ~frist f.이의<불부>성립기간; ~klage f.(→ Dritt~) 제삼자 이의 소; ~klausel f.이의약관; ~verfahren n.이의심사<불부>수속

Widerstand *m.* 저항, 반대, 반항
Widerstand
~ brechen *v.* ~의 반항을 꺾다<굴복시키다>; ~ leisten *v.* 저항<반대, 반항>하다
Widerstandsrecht *n.* 저항권
Widmung *f.* 공용지정
Wieder~
~annahme *f.* des alten (Familien~) Namens 옛날 성을 받아들임; ~aufbauklausel *f.* 복구약관; ~aufhebung *f.* 재폐지, 재 무효화; ~aufleben *n.* eines Rechts 권리부활; ~aufnahme → *Wiederaufnahme*; ~ausfuhr *f.* 재수출; ~ausgabe *f.* 재발행; ~einräumung *f.* {Besitz} 재승인, 재용인; ~beschaffungspreis *m.* 재조달 원가; ~einreise *f.* 재입국; ~einreisefreiheit *f.* 재입국의 자유; ~einreiserecht *n.* 재입국의 권리; ~einreiseverbot *n.* 재입국금지; ~eintragung *f.* 재등록; ~eintritt *m.* 재가입; ~erlangung *f.* 회수; ~eröffnung *f.* [~ der mündlichen Verhandlung] (구두변론의) 재개; ~erwerb *m.* 재취득; ~gutmachung → *Wiedergutmachung*; ~herstellung *f.* der Grundverfügung 원처분회복; ~holungsfall *m.*, im ~ 반복시에; ~holungstäter *m./pl.* 재독자; ~kauf *m.* 환매; ~käufer *m.* 재매매, 되사들임; ~kaufsrecht *n.* 재매매권; ~vereinigung *f.* [, politische ~] 재통일; ~vereinigung, wirtschaftliche ~ 경제적 재통일; ~verheiratung *f.* 재혼, 재가; ~verleihung *f.* von Rechten 권리회복; ~wahl *f.* 재선, 재임
wiederabtreten *v.* 재양도하다, 재위임하다
wiederanstellen *v.* 재임용하다
Wiederaufheben *n.*; **wiederaufheben** *v.* ~을 재취소<무효화>하다
wiederaufleben *v.* {eines Rechts} 부활하다
Wiederaufnahme *f.* eines Verfahrens 재심
Wiederaufnahme eines Verfahrens, trafrechtliche ~ 형사재심
Wiederaufnahme~
~antrag *m.* 재심 요청; ~gründe *pl.* 재심사유<이유>, 재심개시요건; ~klage *f.* 재심의 소(訴); ~kläger *m./pl.* 재심상의 원고; ~recht *m.*, strafrechtliches ~ 형사 재심법; ~verfahren *n.* 재심수속
wiederaufnehmen *v.* {Verfahren} ~을 속개하다, 다시 시작하다
wiedereinführen *v.* ~을 재도입하다
wiedereinräumen *v.* ~을 재승인<재용인>하다
wiedereinsetzen *v.* {Verfahren} 다시 투입시키다, 복직시키다
Wiedereinsetzung *f.* in den vorigen Stand 이전 직위로의 복귀
Wiedereinsetzungsantrag *m.* 원직위로의 복구 요청
wiedereintragen *v.* 재등록하다
Wiedereintreten *n.* in das Verfahren 수속재개
wiedererlangen *v.* ~을 되찾다, 회수하다
wiedereröffnen *v.* ~을 재개하다
wiedererwerben *v.* ~을 재취득하다
Wiedergutmachung *f.*; **wiedergutmachen** *v.* 1 {im rein materiellen Sinn} ~을 갚다, 배상하다 2 {im umfassenden Sinn} ~을 복구하다
Wiedergutmachungs~
~befehl *m.*<~auflage *f.*> <손해>회복명령; ~(ver)pflicht(ung) *f.* 손해회복의무
Wiederherstellung *f.* 복구, 재건, 수선, (명예 따위의) 회복
Wiederherstellung~
~anordnung *f.* 현 상태에 대한 복구명령; ~anspruch *m.* 현 회복청구<권>; ~pflicht *f.* 현 회복의무
Wiederholungs~
~gefahr *n.* 반복되는 위험; ~täter *f.* 재범자
Wiener Einheitliches Kaufrecht *n.* 통일매매법
Wiener Konvention *f.* 빈 조약
Wille *m.* 의사
Wille
~ der Vertragsparteien 조약당사자들의 의사; ~ zur Notwehr (= Notwehrwille) 정당방위 의사

Wille
böser ~ 해위의사; fingierter ~ 제적의 사; freier ~ 자유의지; letzter ~ 최종 의사; mutmaßlicher ~ 추정 의사; wahrer ~ 본심<본의>, 건의

Willen *m.*, gegen seinen/ihren ~ 타인의 의사에 반하는, 타인의 의사에 위배되는

willenlos *a.*의지가 없는, 소신이 없는

Willens~
~änderung *f.*의지 변화, 의사 변화;
~auslegung (→*Auslegung des* ~) 의사해석; ~äußerung *f.*의사실현<발표, 표명>;
~bestimmung *f.*의지결정, 의사결정;
~betätigung *f.*의사활동;
~betätigungsfreiheit *f.*의사활동자유;
~bildung *f.*의지형성, 의사결정; ~einigung *f.*의사통일, 의사합일; ~entschließung *f.* 의사결정, 결의; ~entschließungsfreiheit *f.* 결의결정자유; ~entschluß *m.*의사결정, 결의; ~erklärung *f.* → *Willenerklärung*;
~fähigkeit *f.*의사능력; ~freiheit *f.*의지자유; ~mangel *m.*의지 부족; ~schuld *f.*의사책임; ~strafrecht *n.*의사형법; ~theorie *f.* 의사설<주의>; ~übereinstimmung *f.*의사합의; ~vermögen *n.*의력; ~verwirklichung *f.*의사실행<행위>

Willenserklärung *f.*의사표시;
ausdrückliche ~ 명시의사표시; durch Arglist hervorgerufene ~ 기만행위에서 기인한 의사표시; durch Drohung erzwungene ~ 강박에 의한 의사표시; einseitige 일방적 의사표시; empfansbedürftige ~ 상대방필요<수령인>의사표시;
rechtsgeschäftliche ~ 법률행위의사표시;
stillschweigende ~ 암묵적 의사표시

Willkür *f.*제멋대로임, 방자, 전횡
willkürlich *a.*제멋대로의, 전제적인
Willkürverbot *n.*자의적 행위 금지, 자의금지

wirksam *a.*유효한, 작용을 일으키는
Wirksamkeit *f.*유효성, 효력, 효과
Wirksamkeit
außer ~ stellen *v.*무효가 성립되다;
~ verlieren *v.*유효<효력>를 상실하다

Wirksamkeitsvoraussetzung *f.*유효성립 조건
Wirksamwerden *n.*효력발생
Wirkung *f.*효력, 효과
Wirkung
~ erzeugen *v.*효력을 발하다; ~ verlieren *v.*실효하다, 효력을 잃다

Wirkung
~ eines Vertrages 조약효력; ~ gegenüber Dritten 제삼자대<대외>효력

Wirkung
~ der Anfechtung 불복<취소청구>의 효력; ~ der Verjährung 시효효력

Wirkung
auflösende ~ 해제적 효력; aufschiebende ~ 정지적 효력; befreiende ~ 변제적 효력; dingliche ~ 물권적 효력; direkte ~ 직접적 효력; generalpräventive ~ 일반예방적 효력; indirekte ~ 간접적 효력; normative ~ 법규적 효력; präventive ~ 예방적 효과; rechtliche ~ 법적효과, 법률적 효력; schuldrechtliche ~ 채권적 효과; sofortige ~ 즉각적 효력; ummittelbare ~ 직접 효력; verfahrensrechtliche ~ 소송법<수속>적 효과; wettbewerbsbeschränkende ~ 경쟁 제한적 효과

Wirkungsbereich *m.*영향권, 활동영역
Wirtschaft *f.*경제
Wirtschaft
nationale ~ 국민경제; öffentliche ~ 공공경제; private ~ 사경제

wirtschaftlich *a.*경제적인;
~e Abhängigkeit 경제적 종속성

Wirtschaftlichkeit *f.*경제성
Wirtschafts~
~betrieb *m.*경제적 경영; ~beziehungen *pl.*경제적 관계; ~bündnis *n.*경제연합;
~flüchtlinge *pl.*경제적 난민; ~einheit *f.* {*i.S.v. wirtschaftlicher* ~} 경제적통일;
~einheit *f.*{*i.S.v. Einheitsgut*} 경제 단위;
~entwicklung *f.*경제적 발달; ~kraft *f.*경제력; ~krise *f.*경제 위기; ~lage *f.*경제 상태, 경제 여건; ~lehre *f.*경제학;
~lenkung *f.*경제통제; ~politik *f.*경제정책;
~prüfer *m./pl.*공인회계사; ~recht *n.*경제

권(經濟權); ~strafkammer f.형사재판소<경제<범죄>부>; ~strafrecht n.경제형법; ~straftat f.<~ vergehen v.> 경제범죄; ~straftäter m.경제범죄자; ~system f.경제제도; ~tätigkeit f.경제<적>활동; ~unternehmen n./pl.경제 기업, 경제 기획, 경제 계획; ~verfassung f.경제 규약, 경제헌법; ~verkehr m.경제 교류; ~verwaltung f.경제행정; ~verwaltungsrecht n.경제행정법; ~welt f.경제계

Wissen n.지식
Wissen
allgemeines ~ 일반 지식; positives ~ 긍정적 지식; privates ~ 민간 지식
Wissenschaft f.①{i.S.v. z.B. juristischer Lehre} 학문, 학자, 학계 ②{i.S.v. Naturwissenschaft} 과학
Wissenschaft, empirische ~ 경험적 과학
wissenschaftlich a.과학<학문>적인, 학문상의
Wissenschafts~
~freiheit f.학문의 자유; ~lehre f.학문
wissentlich a.알고 있는, 의식하고 있는, 고의의
Witwe f.과부, 미망인, 홀어미
Witwen~
~geld n.미망인 보조금; ~rente f.미망인 연금
Witwer m.미망인, 홀아비
Wochen~
~arbeitszeit f.주간 근무 시간; ~endstrafvollzug m.주말 형(刑) 집행; ~frist f.1주조기간; ~lohn m.주급, 주당 임금; ~tag m.업무일, 평일
Wohlfahrt f.복지
Wohlfahrt
nationale ~ 국가복지; soziale ~ 사회복지
Wohlfahrts~
~politik f.사회복지정책; ~staat m.[sozialer ~] [사회]복지국가, 복지국가
Wohlstandskriminalität f.복지범죄
Wohngebäude n.주택, 저택

Wohngeld n.임대보조금
Wohnort m.주거지
Wohnraum m.거실, 주택, 주거
Wohnrecht n.주거권
Wohnsitz m.주소
Wohnsitz, ehelicher ~ 혼인주소
Wohnsitz~
~änderung f.주소변경; ~anmeldung f.주민등록; ~behörde f.주거관청; ~bestimmungsrecht n.거소지정권; ~ort m.주소지; ~recht n.주소지법; ~staat m.주소국
Wohnungs~
~bau m.주택건설;
~baugesetz → Gesetzesregister;
~bauprämie f.주택건설에 드는 할증금;
~bauprämiengesetz → Gesetzesregister;
~miete f.주택<가옥>임대료<임차료>;
~mieter m./pl.주택 임대인; ~politik f.주택정책; ~vermieter m./pl.주택<가옥> 임차인
Wollensbedingung f.순수수의조건
Wort n.단어, 말; Letztes ~ (누구의) 최종 결정
Wort~
~auslegung f.문리<조문상> 해석, 문자해석; ~interpretation f. → ~auslegung
~laut → Wortlaut; ~protokoll n.일문일답 형식의 조서; ~sinn m., im ~ 언어의미
Wortlaut
~ der Vertragsurkunde 조약원문; ~ des Gesetzes 법문
Wortlaut m.문자, 문언, 자구, 본문, 원문, 표현
Wortlaut
genauer ~ 정확한 원문; nach dem ~ 문언<상>; verbindlicher ~ 구속력 있는 문언
wörtlich a.말대로의, 문자대로의, 축어적인
WP-~ {→ Abkürzungsverzeichnis}
~Börse f.<유가>증권 거래소;
~Geschäft n.유가증권거래업무;
~Portefolio-Investitionen pl.유가증권투자
Wucher m.폭리, 고리대금, 부당 이득 행위

Wucherer *m.* 고리대금업자, 모리배
Wucher~
~geschäft *n.* 고리대금행위; ~zins *m.* 고리대금 이자
wucherisch *a.* 폭리적인, 터무니없이 비싼
Würde *f.* 품위, 존엄성
würdigen *v.* {*Sachverhalt*} ~을 평가하다, ~의 진가를 인정하다;
etw. umfassend ~ *v.* ~을 종합적으로 판단하다

X

x *1.* →Liber extra

Z

zahlbar *a.* 지불 기한이 된, 지불할 수 있는
zahlbar
~ an den Inhaber *a.* 점유자에게 지불 기한이 된; ~ bei Fälligkeit *a.* 부채지불확정일인; ~ bei Vorlage *a.* 선불로 지불할 수 있는
Zahlender *m.(der ~e)* 지불인
Zahltag *m.* 봉급일
Zahlung *f.*; **zahlen** *v.* ~을 지불하다
Zahlung
~ bei Kaufabschluß 매매조약 체결 시 지분; ~ bei Lieferung 목적물 인도인 지불, 인도
Zahlung, die ~
~ ablehnen *v.* 지불을 거부하다; ~ einstellen *v.* 지불을 중지하다; ~ leisten *v.* 돈을 지불하다; ~ verweigern *v.* 지불을 거부하다
Zahlung
jn. zur ~ auffordern *v.* ~에게 지불을 독촉하다; *jn.* zur ~ mahnen *v.* ~에게 지불독촉을 하다
Zahlung
an ~s Statt 현금 대신으로
Zahlung
einmalige ~ 일회분 납입; nachträgliche ~ 후불; ordnungsgemäße ~ 절차상의 납입; teilweise ~ 부분 납부; vorbehaltslose ~ 무조건적인 지불; vorzeitige ~ 미리 납부함
Zahlungs~
~angebot *n.* 지불 형식; ~anordnung *f.* 지불명령; ~anspruch *m.* 지불청구권; ~antrag *m.* 지불청구; ~anweisung *f.* (어음, 수표 등의) 지불 명령; ~aufforderung *f.* 지불요구<청구>; ~aufschub *m.* 지불 연기<유예>; ~auftrag *m.* 지불위임<수락>; ~bedingungen *pl.* 지불조건; ~befehl <Mahnbescheid *m.*> *m.* 지불독촉; ~bilanz *f.* [, internationale ~] [국제]수지; ~bilanz, negative ~ 수지 악화; ~einstellung *f.* 지불정지; ~empfänger *m.* 지불수령인<수취인>; ~fäigkeit *f.* 지불능력; ~frist *f.* 지불 기간; ~klage *f.* 지불요구; ~mittel *m.* 지불<결산>수단; ~mittel *pl.* 통화; ~modalitäten *pl.* <~modus *m.*> 지불방법; ~nachweis *m.* 지불증명; ~ort *m.* 지불지<장소>; ~pflicht *f.* 지불의무; ~pflichtiger *m.(der ~e)* 지불의무자; ~schuldner *m./pl.* 지불채무자; ~sperre *f.* 지불금지; ~stelle *f.* 지불장소; ~summe *f.* 지불액; ~tag *m.* 지불기일; ~termin *m.* 지불기한; ~überweisung *f.* <지불>계좌이체; ~unfähigkeit *f.* 지불무능<력>; ~verbot *f.* 지불금지; ~verbindlichkeit *f.* 지불의무; ~vermögen *n.* 지불능력; ~verpflichtung *f.* 지불의무; ~versprechen *n.* 지불약속; ~verweigerung *f.* 지불거부; ~verzögerung *f.* 지불 지연<지체>; ~verzug *m.* 지불 연기; ~weise *f.* 지불방법; ~zusage *f.* 지불약속

zahlungsfähig *a.* 지불 능력이 있는
zahlungshalber *a.* 지불목적으로, 지불하기 위해서
zahlungsunfähig *a.* 지불 능력이 없는
Zählwert *m.{einer Wahlstimme}* 일인투표의 가치
Zedent *m.* 양도인, 배서인
zedierbar *a.* 양도할 수 있는
Zeichen *n.* 기호, 상표
Zeichen~
~gebrauch *m.* 상표사용; ~inhaber *m.* 상표권자; ~recht *n.* 상표권; ~register *n.* 상표등록부; ~stelle *f.* (공채 등의) 입선
Zeichner <der Zeichende> *m.* 그림

그리는 사람, 화가, 도안가

Zeichnung *f.* ①│*an der Börse*│ 서명<응모> ②│*i.S.v. Schaubild, etc.*│ 도면, 설계도

Zeichnung von Wertpapieren 증권의 서명<응모>

Zeichnungs~
~aufforderung *f.* 서명 요구; ~bedingungen *pl.* 서명 조건; ~befugnis *f.* 서명 권한; ~berechtigung *f.* 서명권; ~bevollmächtigter *m.*(*der* ~*e*) 서명권 대리인; ~gründung *f.* 모집설립; ~schein *m.* 서명권 증서; ~stelle *f.* 서명권 발행 기관

Zeit *f.* 시간, 기간

Zeit~
~ablauf *m.* ①│*i.S.v. Periode*│ 기간경과 ②│*i.S.v. Ende*│ 시간 경과

Zeit~
~berechnung *f.* 기간 계산; ~beschränkung *f.* 기간 제한; ~bestimmung *f.* 기한 결정; ~dauer *f.* 기간, 시간의 지속; ~diebstahl *m.* 시간 도둑; ~differenz *f.* 시차(時差); ~fracht *f.* 정기물품운송; ~frachtvertrag *m.* 정기물품운송조약; ~geschäft *n.* 정기<인도>거래<행위>, [증권] 선물거래(先物去來); ~gesetz *n.* 한시<시한>법; ~grenze *f.* 시한; ~lohn *m.* 시간재 급여<임금>; ~pacht *f.* 유기용익<수익>대비; ~police *f.* 정기보험증권; ~prämie *f.* 정기보험료; ~punkt *m.* → *Zeitpunkt*; ~raum *m.* 기간, 시기, 시대; ~rechnung *f.* 시간<기간>산정, 연대(계산), 기원, 연호; ~rente *f.* 시한 연금; ~sichtwechsel *m.* 한시적 요구불 어음; ~stufe *f.* 시간단계; ~unterschied *m.* 시차, 시간차별; ~verlauf *m.* 시간경과; ~verlust *m.* 시간의 손실; ~versicherung *f.* 시간<정기>보험; ~wert *m.*(중고품의 현) 시가(時價)<총액>

Zeitpunkt *m.* 시점, 기한

Zeitpunkt
bestimmter ~ 특정 기한;
unbestimmter ~ 불특정 기한

Zeitpunkt der
~ Anklageerhebung 기소시점; ~ Festnahme 기한의 확정

Zeitpunkt des
~ Anfangs der Ausführung 착수시기; ~ Fristablaufs <기간> 기한 경과 시점; ~ Zugangs (einer Willenserklärung) (의사표현의) 조달 시점

zeitig *a.* 약간 이른, 늦지 않은
zeitlich *a.* 때의, 시간상의, 시간적인
zeitweilig *a.* 일시적인, 잠시
Zelle *f.* 작은방, 독방, 암자, 감방

Zellen~
~arrest *m.* 독방구금; ~platz *m.* 독방

Zensur *f.*; **zensieren** *v.* (출판물, 흥행물 등)을 검열하다, ~을 평가하다

Zensus *m.*│= → *Volkszählung*│ 인구조사

Zentral~
~abteilung *f.* 중앙국<부>; ~ausschuß *m.* 중앙위원회; ~bank *f.* 중앙은행; ~bankrat *m.* 중앙은행이사회; ~börse *f.* 중앙거래소; ~gewerkschaft *f.* 중앙조합; ~gewalt *f.* 중앙권력, 최고권력; ~handelsregister *n.* 중앙 상업 등록부; ~kommission *f.* 중앙위원회; ~notenbank *f.* 중앙발권은행; ~organ *n.* 중앙기관; ~regierung *f.* 중앙<연해>정부; ~verband *m.* 중앙단체

Zentralismus *m.* 권력집중주의, 중앙집권제

Zerrüttung *f.* der Ehe 이혼
Zerrüttungsprinzip *n.* 이혼 성립 기본 항목

Zerstörung *f.*; **zerstören** *v.* ~을 손상시키다, 파멸시키다, 박살내다

Zertifikat *n.* 증명<허가, 면허>서
Zession *f.* │= → *Abtretung*│ 채권양도
zessionsfähig *a.* 권리를 양도할 수 있는

Zessions~ │= → *Abtretungs~*│
~beschränkung *f.* 권리양도의 제한; ~fähigkeit *f.* 권리양도가능성; ~geschäft *n.* 권리양도행위; ~klausel *f.* 권리양도조항; ~recht *n.* 권리양도권; ~urkunde *f.* 권리양도증서; ~verbot *n.* 권리양도금지; ~vertrag *m.* 권리양도조약

Zessionar *m.* 피양도인, 양수인(讓受人), 수탁자(受託者)

Zeuge m.증인
Zeuge
als ~ aufrufen v.증인으로 나서다; als ~ aussagen v.증인 자격으로 증언하다; als ~ erscheinen v.증인으로 소환되다
Zeuge
anwesender ~ {bei Diensthandlung} 입회 증인; beeidigter 법정에서 선서한 증인; glaubwürdiger ~ 믿을만한<신뢰할 만한> 증인; sachverständiger ~ 전문 지식을 갖춘 증인
Zeugen (pl.)
~ bedrohen v.증인을 위협하다;
~ beeinflussen v.증인의 증언에 영향을 미치다; ~ benennen v.증인을 지명하다;
~ anhören v.증인을 심문하다; ~ laden v. 증인을 출두시키다; ~ vernehmen v. 증인을 심문하다
Zeugen~
~ablehnung f.증인거부; ~aussage f.증언, 증인의 진술; ~aussagen vom Hörensagen 전문에 관한 증인의 진술; ~beeidigung f. 증인 선서; ~beeinflussung f.증인에 대한 간섭; ~befragung f.증인심문<신문>; ~benennung f.증인지정; ~beweis m.증인 인증; ~eid m.증인 선서; ~einvernahme f. 증인 심문, 증인 심리; ~entschädigung f. 증인보상; ~gebühren pl.증인의 보수; ~meineid m.증인의 위증; ~pflicht f.증인 의무; ~vereidigung → ~beeidigung; ~verhör n.증인심문; ~vernehmung f.증인 심문; ~(vernehmungs)protokoll n.증인조서; ~vorladung f.증인의 소환
Zeugnis n.①{als Zeuge} 증언 ②{als Urkunde} 증서, 증명서; ~ ablegen v.{i.S.v. ①} 법정에서 증언<진술>하다
Zeugnis~ {i.S.v. ①}
~fähigkeit f.증언능력; ~pflicht f.증언의무; ~urkunde f.증명문서; ~verweigerung f.증언 거부; ~verweigerungsrecht n.증언거부권; ~zwang m.증언의 강제
Zielunternehmen n.특정기업
Zimmervermietung f.하숙, 방을 세놓음
Zins m.이자, 금리

Zins~
~anspruch m.이자<이율>청구<권>;
~ausschüttung f.이자배당; ~berechnung f.이자산정<계산>; ~einkommen n.이자소득; ~ertrag m.이자수익; ~forderung f. 이자<이율> 채권; ~freiheit f.무이자;
~fuß m.[, gesetzlicher ~] <법정>이율;
~fuß, vereinbarter ~ 약정이율;
~herabsetzung f.이자 인하; ~garantie f. 이자보장; ~gläubiger m./pl.이자채권자;
~klausel f.이자문구; ~maximum n.최고 이자; ~minimum n.최저이자; ~niveau n. 금리수준; ~pflicht f.이자의무; ~politik f. 금리정책; ~rückgang m.금리저하; ~satz m.금리<이율>; ~verlust m.이자손실;
~versprechen n.이자약속;
~verbindlichkeit f.이자채무; ~zahlung f. 이자 지불; ~zahlungsanspruch m.금리청구
Zinse pl.집세, 임대료
zinstragend a.이자로 수익을 낼 수 있는
zinspflichtig a.이자의무가 있는
Zirkular n.(다수의 수신자에게 개별적으로 보내는) 회람
Zirkulationspapier n.유통증권
Zitat n.; **zitieren** v.~을 인용하다, ~를 소환하다
Zitiergebot n.인용의무
Zivil ~ 민간~, 민사~
Zivil~
~beklagter m.(der ~~e) 민사상의 피고;
~gericht n.민사재판소; ~gerichtsbarkeit f. 민사재판권<재판관할권>; ~ kammer f. <재판소>민사부; ~klage (=Privatklage) f. 민사소; ~kläger m.민사상의 원고;
~prozeß m.민사소송 ~prozeßordnung f. 민사소송규정; ~prozeßrecht f.민사소송규정; ~recht → Zivilrecht; ~rechtler m. 민법학자; ~richter m.민사법정의 판사;
~sache f.민사소송사건; ~senat m[großer ~] 민사 합의부; ~strafe f.민사상의 처벌;
~streitigkeit <~streitsache> f.민사사건;
~system n.민법체계; ~urteil n.민사판결;
~verfahren n.민사수속

zivilgerichtlich *a.*민사재판소의
zivilprozeßrechtlich *a.*민사소송법규정상
Zivilrecht *n.*(1){*i.e.S.*} 민법 (2){*i.w.S*} 민사법
zivilrechtlich *a.*민법<사법>의
Zivilrechts~
~fall *m.*민사사건; ~ordnung *f.*민사법 규정; ~pflege *f.*민사재판제도
Zoll *m.*관세<액>
Zoll~
~abfertigung *f.*통관수속; ~abkommen *n.*관세협정; ~amt *n.*세관청; ~anmeldung *f.*관세 신고; ~aufhebung *f.*관세 폐지; ~aufschlag *m.*관세 상승; ~ausland *n.*관세상의 국외; ~barrieren *pl.*관세장벽; ~befreiung *f.*면세, 무세, 관세면제; ~behandlung *f.*관세취급; ~behörde *f.*세관; ~bestimmungen *pl.*관세규채; ~bündnis *n.*관세동맹; ~deklaration *f.*과세품 신고(서) ~delikte *pl.*관세 범죄; ~festsetzung *f.*관세화정; ~freiheit *f.*관세면제, 관세화정; ~gebiet *n.*관세구역 ~gesetzgebung *f.*관세법 입법; ~gut *n.*통관화물, 과세품; ~hoheit *f.*관세고권, (국가의) 관세 징수권, 관세 자주권; ~inhaltserklärung *f.*관세대상 품목 명세서; ~inland *n.*관세상 내국; ~kontrolle *f.*세관검사, 통관; ~lager *n./pl.* 과세품 보관 창고; ~lagerhaus *n.*보세 창고; ~pflicht *f.*관세의무; ~pflichtiger *m.* (*der* ~~e) 관세의무자; ~polizei *f.*관세경찰; ~quittung *f.*통관 영수증; ~rückvergütung *f.*관세 상환액<환불액>; ~satz *m.*관세율; ~schuld *f.*관세채무; ~schutz *m.*관세보호; ~stelle *f.*관세청; ~stempel *m.*관세인; ~strafe *f.*관세법 상에 기초한 처벌; ~strafrecht <~strafgesetz> *n.*관세 형법; ~tabelle *f.*관세목표; ~tarif *m.*관세정율; ~tarifpolitik *f.*관세정책; ~tarifsystem *f.*관세세율제도; ~union *f.*관세동맹; ~untersuchung *f.*관세검사; vergehen *n.*관세범; ~verschluß *m.*관세폐지; ~verwaltung *f.*관세행정; ~vorschrift *f.*관세규정; ~vorschriften *pl.*관세규응; ~wesen *n.*관세제도; ~zahlung *f.*관세 지불

zollfrei *a.*면세의, 무세의, 관세가 없는
zollpflichtig *a.*관세(부담)의무가 있는
Zone *f.*지역, 구역
Zonenrandgebiet *n.*(구서독과 구동독과의) 국경 인안 지역
Zubehör *n.*부칙, 부속물
Zubehör~
~eigenschaft *f.*부속물의 성질<특성>; ~sache *f.*부속품
Zuchthaus *n.*1{*als Strafort*} 교도소 2{*in der Umgangssprache; als Ort*} 감옥
Zuchthausstrafe *f.*징역형(刑)
Zuchthäusler *m.*<중> 징역수
Zuchtmittel *n.*훈육처분
Züchtigung *f.*징계<징벌>, 건책, 체벌
Züchtigungs~
~recht *n.*채벌권; ~zweck *m.*징벌형 목적
zueignen *v.*[sich *etw* ~] ~을 영득(領得)하다, ~을 전유(專有)하다, ~을 횡령하다
Zueignung *f.* **rechtswidrige ~** 불법영득(領得)<전유(專有)>
Zueignungs~
~absicht *f.*영득의사; ~wille *m.*영득의사<의도>
Zuerkennung *f.* **eines Rechts** 권리의 승인<인정>
Zufallsurkunde *f.*우연문서
Zug um Zug Leistung 동시이행
Zugabe *f.*{*i.S.v.* zusätzlicher Sache} 덤, 프리미엄, 보너스
Zugang *m.*도달<근접>; den ~ zu *etw.* beschränken *v.*~의 접근을 제한하다
Zugang
~ einer Willenserklärung 의사표시도달; ~ zu den Gerichten 재판소 출입
zugehen *v.*{Willenserklärungen} ~에게 전해지다
zugelassen *a.*허가된, 허용된
zugehörig *a.*~에 속하는; *etw.* ~ sein *v.*~에 소속되어 있다
Zugehörigkeit *f.*소속성
zugestehen *v.*1~에 대한 권리를 승인<인정>하다 2~을 허락하다, 고백하다

Zugewinn *m.*증가액, 추가분
Zugewinn~
~ausgleich *m.*증가액청산제도, (이혼 시) 증식재산의 균배; ~ausgleichsanspruch *m.*(이혼 시) 증식재산 균배에 관한 청구권; ~gemeinschaft *f.*(부부간) 증식 재산 공동 관리제
Zugriff *m.*붙잡음, 체포; *jm.* den ~ zu *etw.* verwehren *v.*~관련해 ~에게 허락하지 않다<허용하지 않다>
zugunsten *Präp.* ~를<을> 위해서; von. *etw* ~ ad. ~를 위해서
Zuhälter *m.*포주, 뚜쟁이
Zuhälterei *f.*{*als Delikt*} 매춘 중개업
Zuhörer *m./pl.*{*z. B. bei Gericht*} 청중, 방청자
zukünftig *a.*미래<장래>의
Zulage *f.*{*i.S.v. finanzieller ~*} 특별 수당, 추가 수당
zulassen *v.*~을 허가하다; *etw.* uneingeschränkt ~ *v.*무제한적으로 ~을 허용하다
zulässig *a.*허락된, 관인된
Zulässigkeit *f.*허용
Zulässigkeit
~ einer Klage 소송의 허용; ~ eines Rechtsmittels 법적 수단의 적법성
Zulässigkeit bzw. Unzulässigkeit 적법성 또는 비적법성
Zulässigkeits~
~prüfung *f.*적법성과 관련한 심리; ~rüge *f.*적법성과 관련한 비난
Zulassung *f.*인가<허가>, 등록, 가입
Zulassung
~ bei einem Gericht 재판소소속민가;
~ der Revision 상고허가;
~ der Zwangsvollstreckung 강제집행허가;
~ eines Rechtsmittels 상소허가; ~ zur Anwaltschaft 변호사자격인가, 변호사등록
Zulassungs~
~antrag *m.*허가<인가>신청; ~antrag als Anwalt 변호사등록신청; ~bedingungen *pl.*허가<인가>조건; ~beschluß *m.* des Wiederaufnahmeverfahrens 재심개시결정;

~theorie *f.*허가설; ~urkunde *f.* des Anwaltes 변호사등록증명서; ~verfahren *n.*허가<인가>수속; ~voraussetzungen *pl.* 허가<인가>요건
Zulieferer(betrieb) *m.*자재공급업자
zumutbar *a.*무리가 없는, 과도하지 않은
Zumutbarkeit *f.*적당, 과도하지 않음
Zumutbarkeitsklausel *f.*적당함에 관한 규정
Zumutbarkeitstheorie *f.*기대가능성설
Zunahme *f.*증가(액)
Zuname *m.*성, 씨
Zuordnungstheorie *f.*귀속설, 신주체설
zurechenbar *a.*{*i.S.v. geistig ~*} 책임능력이 있는
Zurechenbarkeit *f.*①{*Pflicht*} 책임 능력이 있음 ②{*geistige ~*} 책임 부담
Zurechnung *f.*책임(부담)능력
Zurechnung
strafrechtliche ~ *f.*형법상 책임이 있는; zurechnungsfähig *a.*{*geistig ~*} 책임을 부담할 능력이 있는
zurechnungsunfähig *a.*책임질 능력이 없는
Zurechnungs~
~norm *f.*법적 차원에서 규정할 수 있는 책임 부담에 관한 규정; ~unfähigkeit *f.* 책임 부담 능력의 부재
zurückabtreten *v.*~을 다시 양도하다
zurückbehalten *v.*~을 억류하다
Zurückbehaltungsrecht *n.*,
kaufmännisches ~ 상사유치권 (商社留置權)
zurückdatieren *v.*이전 날짜로 하다, 무엇의 생성 시점을 이전으로 추정하다
zurückerstatten *v.*~을 배상<보상>하다, ~을 변제하다
zurückfordern *v.*반환을 요구하다
zurückgeben *v.*~을 돌려주다, 반환하다
zurückgewähren *v.*재 승낙하다
zurückhalten *v.*~을 유치(留置)하다, 보

뮤하다

zurückkaufen v.(판 것을) 도로 매입하다

Zurücknahme f.; **zurücknehmen** v.~을 취하<취소>하다

zurückrufen v.~를 소환하다

zurücktreten v.~에서 은퇴<퇴진>하다, (영향력 등이) 감퇴하다, 희박해지다

zurückübertragen v. 재 위탁<양도>하다

zurückweisen v. 1 {Klage, Antrag} 각하하다 2 {i.S.v. ablehnen} 거절하다, 되돌려 보내다 3 {Behauptungen} 되돌아가도록 명하다

zurückzahlen v.도로 지불하다, 상환하다

zurückzahlen v. 1 {Antrag/Klage} (고소, 요구 등을) 취하하다 2 {allgemein} 도로 치르다, 상환하다

Zurück~

~behaltungsrecht n.유치권; ~behaltungsrecht, kaufmännisches ~ 상사유치권; ~erstattung f. 배상·상환·변재; ~forderung f.<~forderungsrecht n.> 반환청구권; ~gewährung f.재승낙<인가>; ~haltung f. <물>유치, 유보; ~nahme f. 취하, 취소; ~nahme der Klage 소 취하; ~verweisung f. 각하, 거절, 거부; ~weisung f.반송, ~에서 ~로 되돌려 보내짐; ~weisung verspäteten v. 반송이 지체되다; ~weisungsbeschluß f.반송 결정; ~zahlung f. 상환; ~zahlungspflicht <~verpflichtung> f. 상환의 의무; ~ziehung f.취하

Zusage f.; **zusagen** v.[(jm.) (etw.) ~] (~에게) (~을) 승낙<수락>하다

Zusammenhang m.관계, 관련성

Zusammenhang ursächlicher<kausaler> ~ 인과관계

Zusammenleben n.동거

Zusammenleben außereheliches ~ 동거; soziales ~ 사회적 공존

Zusammenlegung f. **von Aktien** 주식의 정리 통합

zusammenrufen v.{i.S.v. einberufen} ~을 소집하다

Zusammensetzung f.; **personelle** ~ 인적구성

Zusammensetzung

~ des Gerichts 재판소구성;

~ des Tatbestandes 구성요건의 구성

Zusammenstoß <**Zusammenprall**> m.; **zusammenstoßen** v.<~prallen> ~과 충돌하다

zusammentreten v.모이다, 회동하다, 개회하다

Zusammentritt m.모임, 회동, 개회

zusammenwirken v.~협력하다, 공동작업 하다, ~과 함께 작용하다

Zusatz m.추가<부가>, 부속

Zusatz~

~anmeldung f.추가출원;
~artikel <~paragraph> m.추가조항;
~bedingungen pl.추가조건; ~bestimmung f.추가규정; ~etat m.추가예산; ~frist f.추가기간; ~gebühr f.추가<할증>금;
~leistungen pl.(건축법상) 신규공사;
~patent n.추가특허; ~protokoll n.부속의정서; ~rechnung f.추가계산서<청구권>;
~steuer f.부가세; ~vereinbarungen pl.추가<보충>조항, 보충협정; ~versicherung f.추가보험; ~vertrag m.부속 조약

zusätzlich a.추가의

Zuschlag m.(in Zwangsversteigerung) <강제경매> 낙찰

Zuschlags~

~datum n.낙찰기일; ~kaufpreis m.낙찰판매가; ~objekt n.낙찰 물품; ~wert m. 낙찰가

Zuschuß m.보조금

zusenden v.[jm. etw. ~] ~에게 ~을 발송하다

Zusicherung f.;**zusichern** v.[jm. etw. ~] ~에게 ~을 확약<보증>하다

Zusicherung einer Eigenschaft 품질 보증

zusprechen v.[jm. etw. ~] (법정에서) 누구의 소유로 공인하는 판결을 얻도록 하다

Zustand m.상태, 상황

Zustand
baulicher ~ 건물상태 betriebsfähiger ~ 업무 준비가 갖추어진 상태;
bewohnbarer ~ 거주상태; einwandfreier ~ 이의 없는 상태, 양호한 상태;
geistiger ~ 정신적 상태; mangelfreier ~ 결함이 없는 상태; rechtlicher ~ 법률상 상황, 조건

Zustandekommen *n.*; **zustandekommen** *v.* 난관에도 불구하고 성립되다, 이루어지다

Zustandekommen des/eines Vertrages 조약성립

Zustandsverbrechen *n.* 정상 참작이 가능한 범죄

zuständig *a.* 관할<권>인, 권한을 가진
zuständig sein *v.* ~가 권한을 가지고 있다

Zuständiger *m.(der ~e)* 저당자, 관할권자

Zuständigkeit *f.* (재판)관할(권)
Zuständigkeit
~ in Ehesachen 혼인사건의 관할(권); ~ in erster Instanz 제일심 관할

Zuständigkeit
die ~ bestreiten *v.* 관할권 분쟁을 야기시키다; die eigene ~ verneinen *v.* 관할권을 부정하다

Zuständigkeit
allgemeine ~ 일반 (재판)관할권;
ausschließliche ~ 배타적 (재판)관할권;
ausschließliche vereinbarte ~ 배타적으로 합의한 권한<관할권>; bestimmte ~ (eines anderen Gerichts) 지정관할; erstinstanzliche ~ 일심관할; falsche ~ 잘못 지정 관할권<권한>; funktionelle ~ 직무<상>관할; gesetzliche ~ 법률상 관할; gewillkürte ~ 임의<합의> 관할; inländische ~ 국내관할;
internationale ~ 국제<적재판>관할<권>;
konkurrierende ~ 경합관할; mangelnde ~ 흠결사항이 존재하는 관할권; örtliche ~ 토지관할; persönliche ~ 인적관할;
sachliche ~ 사무관할, vereinbarte ~ 합의관할

Zuständigkeits~
~bereich *m.*①{*örtlich*} 관할구역

②{*allgemein*} 관할적위; ~bezirk *m.* 관할구역; ~beschränkung *f.* 관할제한;
~bestimmung *f.* 권한<관할>규정; ~erklärung *f.* 관할권에 관한 규정; ~gericht *n.* 관할재판소; ~lücke *f.* 관할권상의 결함; ~normen *pl.* 관할규정; ~problem *n.* 관할문제; ~streit *m.* 관할권상의 분쟁; ~vereinbarung *f.* 관할권상의 합의; ~verteilung *f.* 관할권상의 분배; ~voraussetzung *f.* 관할권상의 가정;
~zwischenstreit *m.* 관할권상의 분쟁

Zustandsdelikt *n.* <~verbrechen> 관할권과 관련된 범죄행위

Zustellung *f.*; **zustellen** *v.* (우편으로) 송달<교부>하다

Zustellung
~ der Klageschrift 고소장의 송달; ~ der Ladung 호출 송달; ~des Urteils 판결 송달; ~ durch Postniederlegung 우편을 통한 송달; ~ von Anwalt zu Anwalt 변호사간<서면> 송달

Zustellung
amtliche ~ 직권송달; erneute ~ 재송달; nicht ordnungsgemäße ~ 공식 규정을 따르지 않은 송달; öffentliche ~ 공식송달; ordnungsgemäße ~ 공식 규정을 따른 송달; vereinfachte ~ 약식송달

Zustellungs~
~adresse *f.* 송달 주소; ~akt *m.* 송달행위; ~art *f.* 송달방식; ~beamter *m.(der ~e)* 송달 책임 공무원; ~bevollmächtigter *m.(der ~e)* 위임송달대리인; ~behinderung *f.* 송달 장애; ~benachrichtigung *f.* 송달보고서; ~bestätigung *f.* 송달확인서;
~mangel *m.* 송달상의 흠결; ~nachweis *m.* {*als Schriftstück*} 송달증명서; ~organ *n.* 송달기관; ~ort *m.* 송달장소; ~tag *m.* 송달일자; ~urkunde *f.* 송달증서; ~wesen *n.* 송달제도; ~zeitpunkt *m.* 송달시점

Zustimmung *f.*; **zustimmen** *v.* [zu etw.~] ~에 찬성<동의>하다

Zustimmung
ausdrückliche ~ 명시적 동의; elterliche ~ 양친동의; mündliche ~ 구두 승인;
nachträgliche ~ 사후 승낙<승인>;
schriftliche ~ 서면상의 승낙, 동의;

stillschweigende ~ 암묵적 승낙<승인>; vorherige ~ 사전 승낙<승인>
Zustimmung des Bundesrates 연방상원의 승인
Zustimmungsrecht n. 동의권, 협찬권
Zuverlässigkeit f. **absolute** ~ 절대적인 신뢰
Zuweisungsgehalt m.(권리 또는 재화의) 귀속내용
Zuwendung f.:**zuwenden** v.[jm. etw. ~] ~에게 ~을 기부<희사>하다
Zuwendender m.(der ~e) 기증자
Zuwendungen (pl.) freigebige ~ 무상 기부<희사>
Zuwendungsverhältnis n. 대가관계
Zuwiderhandlung f. 위반<위배><행위>
Zuziehung f. **von Zeugen** [i.S.v. Augenzeugen] 증인 관여<개입>
Zwang m. 강제
Zwang
direkter ~ 직접강제; mittelbarer ~ 간접강제; rechtlicher ~ 법률상 강제; sofortiger ~ 즉각 강제; unmittelbarer ~ 직무상의 강제, 직접강제

Zwangs~
~abfindung f. 강제보상; ~abschiebung f. 강제송환; ~abtretung f. 강제양도; ~anleihe f. 강제적 차관; ~anwendung f. 강제적 사용; ~arbeit f. 강제노역; ~behandlung f. 강제의무; ~behandlung, medizinische ~ 강제치료; ~betreibung f. [von Geldförderungen] <금전징구> 강제징수; ~bestimmung f. 강제결정; ~beitreibung f. 강제취입; ~eid f. 강제적 선서; ~einweisung f. 강제적 입소; ~einweisungsbeschluß m. 입소 명령; ~enteignung f. 강제<공용>징집; ~ermittlung f. 강제조사; ~ermittlungsbefugnis f. 강제조사권한; ~ernährung f. von Häftlingen 수용자들을 대상으로 한 강제 급식; ~geld n. 과태료, 벌적금; ~gewalt f. 공권력, 강제력; ~haft f. 강제적 책임; ~handlung f. 강제적 행위; ~entnahme f. von Blut 강제 헌혈; ~kauf m. 강제매매; ~liquidation f. 강제청산; ~lizenz f. 강제 실시권; ~maßnahme f. 강제<적> 처분; ~mitgliedschaft f. [z.B.

Anwälte, etc.] 강제입회제도; ~mittel n./pl. 강제수단<방법>; ~räumung f. 강제명도; ~organisation f. 강제조직; ~schlichtung f. 강제조항; ~strafe f. [i.S.v. → Beugestrafe] 강제처벌; ~untersuchung f. [, medizinische ~] 강제적 무검; ~vergleich m. 강제화의 (和議); ~versicherung f. 강제보험; ~versteigerung f. → Zwangsversteigerung; ~vertretungsrecht n. 강제적 대리권; ~verwaltung f. 강제관리; ~versicherung f. 강제보험; ~vollstreckung → Zwangsvollstreckung; ~vorschrift f. 강제적 규정

zwangsernähren v.(먹기를 거부하는 사람에게) 강제로 영양 공급을 단행하다

Zwangsversteigerung f.<강제>경매
Zwangsversteigerungs~
~antrag m. 경매개시신청; ~beschluß m. 경매개시결정; ~erlös m. 경매를 통해 거둬들인 총 수익; ~termin m. 경매기일; ~verfahren n. 경매수속절차

Zwangsvollstreckung f. 강제집행
Zwangsvollstreckung
~ aus Urteilen 판결을 기초로 한 강제집행; ~ in das bewegliche Vermögen 동산에 대한 강제집행; ~ in das unbewegliche Vermögen 부동산에 대한 강제집행; ~ in den Nachlaß 유산에 대한 강제집행; ~ in Sachen andere als Geld 비금전물에 대한 강제집행

Zwangsvollstreckung, die ~
~ beantragen v. 강제 집행을 신청하다; ~ betreiben v. 강제 집행을 실행에 옮기다; ~ einstellen v. 강제집행을 정지시키다

Zwangsvollstreckung
sofortige ~ 즉시강제집행; unzulässige ~ 허가를 받지 않은 강제집행

Zwangsvollstreckungs~
~anordnung f. 강제집행명령; ~gegenklage f. 강제집행이의; ~system n. 강제집행제도; ~verfahren n. 강제집행수속절차

Zweck m. 목적
Zweck
gesellschaftsvertraglicher ~ 사회계약에

기초한 목적; vertraglicher ~ 조약상<약정>목적

Zweck~
~bestimmung f.목적규정; ~bezogenheit f.목적성; ~bindung f.용도의 구속성; ~dienlichkeit f.목적에 부합됨; ~erzielung f.(zur ~) 목적달성; ~erreichung f.목적달성; ~mäßigkeitsermessen n.합목적성에 입각한 자유 재량; ~setzung f.목적설정; ~strafe f.목적형; ~theorie f.목적설<주의>; ~vermögen n.목적 재산

zweckfremd a.목적이외의
zweckmäßig a.합목적적인
zweckwidrig a.목적에 반하는, 부적당한
zweideutig a.불확실한, 두 가지 뜻을 가진
Zweidrittelmehrheit f.
[~ der Aktionäre] <주주> 3분의 2의 다수
Zweifel pl.의문, 의심

Zweig~
~niederlassung f.(회사)지사<지점>; ~stelle f.(회사)지사(지점)

Zweikammersystem n.(= bikamerales System) {Parlament} 이원<양원>제<주의>

Zweikampf m.결투
Zweiparteien-System n.①{politisch} 양당제
Zweiparteien-Prinzip n.②{im Prozeß} 양당제 원리<원칙>
zweiseitig a.양면적인, 쌍무간의
Zweistufentheorie f.이단계이론

Zweit~
~ausfertigung f.부본, 복사, 사본; ~instanz f.제이심; ~schrift (↑Zweitausfertigung) f. 부본, 복사, 사본; ~stimme f.(유권자가 연방의회선거에서 정당에 던지는) 투표권, 제 2표

Zwergstaat(=Kleinstaat) m.소국가
zwingen v.[jn. zu etw. ~] ~에게 ~을 하도록 강제<강요>하다
zwingend a.강제적인

Zwischen~
~bericht m.중간보고서; ~bescheid m.잠정적 보고, 중간 회답; ~besitzer m./pl. 중간점유자; ~entscheidung f.중간재판; ~ergebnis n.중간결과; ~feststellung f.중간확인; ~feststellungsklage f.중간확인소송; ~feststellungsurteil m.중간확인판결; ~form f.(~formen pl.) 중간 형식; ~frist f.잠정적 기한; ~handel m.도매업, 중계무역; ~händler m./pl.중개상인, 도매업자; ~produkt n.(반가공의) 중간제품; ~streit m.중간 쟁의; ~ursache f.간접적 원인, 중간적 원인; ~urteil n.{민사법상} 잠정적<중간> 판결; ~urteil über den Grund 특정원인에 대한 잠정적 판결; ~verfahren n.중간<공판개시>수속절차

zwischenstaatlich a.국가 간, 국제적인

편저자

정창화
한국외국어대학교 독일어과 및 대학원 졸업
독일 Speyer 국립행정대 행정학 석사 및 박사
한국행정연구원 수석연구원
현재 단국대 행정학과 교수

감 수

장윤선
숙명여대졸, 독일 Mainz대 응용언어학부 수료
현재 독일어 통번역사

허영식
서울대졸, 독일 Frankfurt대 사회과학부 철학박사
현재 청주교대 교수

연구진(가나다순)

김재일 교수(단국대)
여상운 박사(한국외대)
한부영 박사(한국지방행정연구원)
Amin Kotz 초빙교수(단국대)
허진성 박사과정(한국외대)

특별연구진

한지호 석사과정(독일 Speyer국립행정대)